공공감사론

Public Audit

손창동

김찬수

박영사

추천사

감사원장으로 재직하던 2010년 즈음에「공공감사에 관한 법률」제정을 추진한 바 있다. 국가적으로 공공부문의 감사활동을 보다 체계적으로 규율하고, 정부기관 등에 소속된 자체감사기구의 독립성과 전문성을 높여 제 역할을 할 수 있도록 하기 위한 목적이었다.

당시 실무 책임을 맡아 법률안을 만들고, 법률제정에 따른 세부적인 제도 설계를 위해 애쓰고 고심하던 저자의 모습이 기억난다. 혈기가 왕성하던 저자가 이제 머리가 희끗희끗하고 연륜이 든 모습을 보니 세월이 흘렀음을 실감한다.

공공감사법이 제정된 지 14년이 되었다. 그동안 자체감사기구의 독립성과 전문성에 상당한 진전이 있고, 감사원과 자체감사기구의 협력체계도 개선되고 있다니 법률 제정을 추진한 보람을 느낀다. 하지만 공공감사에 대한 국민의 기대를 생각하면 아직도 더 많은 발전이 필요한 것도 사실이다.

최근 들어 정부의 기능과 재정은 갈수록 확대되고 있고, 공공기관이나 민간기업 할 것 없이 건전한 운영이 필수적인 시대가 되었다. 이에 따라 공공부문의 건전성을 일차적으로 책임지는 감사원과 자체감사기구의 역할이 더 중요해진 것이다.

모름지기 공공감사는 국민을 대신하여 정부가 법률을 준수하면서 효율적으로 운영되도록 살피고 바로잡아 주는 역할을 한다. 공공감사가 이러한 역할을 제대로 하기 위해서는 독립적이고, 공정하게 운영되어야 함은 물론이고 높은 수준의 전문성과 책임성을 갖추어야 한다.

정부를 보다 나은 방향으로 유도하고 감사대상자로부터 존중받기 위해서는 더 높은 전문성이 있어야 하며, 감사운영에 있어서도 적법절차를 준수하고 인권을 존중하는 등 모범적이어야 하기 때문이다.

이를 위해서는 감사인 개개인의 노력도 필요하지만, 그 못지않게 감사제도와 실무의 발전을 위한 토대와 방향성을 제공할 수 있도록 학문적, 이론적으로 정립하고 체계화하는 일이 중요하다.

이러한 점에서 오랫동안 공공감사 현장에서 실무와 연구를 담당해온 저자들이 감사제도와 실무에 관한 연구를 종합하고, 체계화하여 「공공감사론」을 저술하였다니 대견하기도 하고, 고맙기도 하다.

　이 책을 특별히 추천하고 싶은 것은 감사제두를 감사의 주체와 감사를 받는 대상자, 그리고 감사의 최종수요자인 국민의 관점에서 균형 있게 바라보고 있다는 점이다. 감사주체와 관련하여 감사의 기능과 역할, 권한과 한계를 다루고, 감사대상자의 권익을 보호하기 위한 제도를 살펴본다. 그리고, 공공감사가 건전하게 운영되기 위해 지켜야 하는 규범과 기준으로 독립성과 전문성, 책임성에 관한 원칙들을 제시하고 있다.

　공공감사 제도를 다양한 이해관계자의 관점에서 종합적으로 정리하고, 감사의 원칙과 기준을 제시하여 감사업무에 종사하는 감사인이나 공직자, 일반국민들이 체계적으로 이해하는 데 도움이 될 것이며, 감사제도의 발전방향을 모색하는 데도 좋은 참고가 될 것이다.

　이 책이 공공감사 분야에 대한 이해를 넓히고, 감사제도의 발전에 기여할 수 있기를 기대하면서 「공공감사론」 발간을 진심으로 축하한다.

2023. 7. 6.

김 황 식 (전 국무총리, 감사원장)

머리말

    민주주의 국가에서 정부의 모든 권한은 국민으로부터 나온다. 정부는 국민이 위임한 권한을 정당하게 행사해야 하고, 그 과정과 결과에 대하여 국민에게 책임을 진다. 그러나 민주국가의 두 축인 법치(rule of law)와 민주주의(democracy)는 저절로 보장되지 않는다. 누가, 어떻게 정부를 감시하고 견제할 것인가는 근대국가를 형성하는 중요한 과제였으며, 정부의 역할이 우리의 삶 곳곳으로 스며든 현대국가에서 정부의 책임성(government accountability)을 확보하는 것은 국가의 핵심 의제(national core agenda)가 되었다.

    현대의 공공감사는 거대하고 복잡한 정부의 활동을 효과적으로 감독하기 위하여 탄생하였다. 그리고 정부의 기능과 역할이 계속 확대되어 감에 따라 공공감사의 책임과 역할도 커지고 있다. 이처럼 공공감사는 법치주의와 민주주의라는 터전에서 자리를 잡았지만, 동시에 법치와 민주주의가 작동하기 위한 필수요건이 되었다.

    공공감사(public audit)를 논의하면서 법치와 민주주의, 정부에 대한 책임성을 먼저 논하는 것은 공공감사의 존재 이유가 바로 여기에 있기 때문이다. 공공감사를 기술적으로 보면 행정에서 뭔가 위법하거나 부당한 것을 적발하여 교정하는 것이지만 그 본질(nature)은 국민을 대신하여 독립적이고 전문적으로 정부의 활동을 살피고 바로잡아 그 책임성을 확보하는 데 있다. 이러한 공공감사의 본질에 대한 이해에서 공공감사가 국가 안에서 하는 기능과 역할의 바람직한 모습을 그릴 수 있다.

    우리나라에서 공공감사는 오래전부터 "암행어사 출두요"라는 외침과 함께 일반 국민에게 친숙한 존재가 되어 왔고, 지금은 국민이나 기업이 직접 정부의 잘못에 대하여 감사원과 같은 공공감사기구에 감사를 청구하는 데까지 발전하고 있다.

    이처럼 공공감사는 국민들의 삶에 밀접하게 닿아 있고, 현대 국가에서 중요한 기능을 하고 있음에도 그동안 이에 대한 연구나 저술은 그에 걸맞게 이루어지지 못했다. 공공감사 분야를 다루는 저술이 드물뿐더러 그나마 전체를 통찰할 수 있는 논의의 체계가 세워지지 못한 채 기술적이고 부분적으로 다루어지고 있다. 이러한 점은 공공감사 기능에 대한 오해를 낳는 원인이 되기도 하고, 국가적으로 바람직한 모습을 이끌어내는 데 장애가 될 수도 있다.

이 책은 이러한 문제인식에서 출발하였고, 공공감사에 관한 제도와 실무를 아우르는 종합적이고 체계적인 '공공감사론'을 정립하는 것을 목표로 한다.

저자들은 감사원에서 30년 가까이 공공감사 실무와 제도연구를 담당하면서 「공공감사에 관한 법률」 제정안을 입안하고, 적극행정면책제도와 감사권익보호관제도 등을 직접 설계하였으며, 감사혁신 활동에 참여하여 공공감사 제도와 실무의 발전을 위해 고민해왔다. 이 책은 저자들이 그동안 공공감사의 발전을 위해 동료 감사인들과 함께 고민하고 연구해온 결과물이다.

조심스럽지만 내세우고 싶은 이 책만의 몇 가지 특징이 있다.

「제1편 공공감사 제도」에서는 국내외 학자들의 연구와 법령, 국제감사기준 등을 종합하여 공공감사 제도에 관한 논의의 체계를 세우고자 하였다. 공공감사의 본질에서 개념을 도출하고, 그 개념의 구성요소에 따라 공공감사의 기능과 역할, 법령과 감시기구, 감사의 범위와 한계, 감사 권한과 감사대상자 권익보호, 그리고 감사의 규범과 기준에 이르기까지 감사제도를 구성하는 주요 내용을 차례대로 정리하였다.

이러한 체계 안에서 각 분야별로 최근에 새로 시행되거나 바뀐 제도를 빠짐없이 수록하고, 쟁점이 되는 사안들은 "issue note"로 상세한 해설을 붙였다. 그리고 역사적 접근을 통해 지난 30여 년 동안의 혁신·발전 과정과 앞으로의 과제를 정리하여 독자들이 감사제도를 정태적, 동태적 관점에서 종합적으로 이해할 수 있도록 하였다.

한편, 그간 공공감사에 대한 논의가 주로 감사를 수행하는 주체의 관점에서 감사 권한이나 방법 등을 다루어왔다면, 이 책은 감사의 주체는 물론 감사를 받는 대상자와 국민의 관점에서 균형 있게 접근하고자 하였다. 이를 위해 공공감사가 갖추어야 하는 전제조건이자 규범으로 독립성과 책임성, 전문성을 제시하고, 감사 과정에서의 적법절차 준수와 인권존중 등을 감사수행 원칙과 기준으로 정리하였다.

「제2편 공공감사 실무」에서는 감사의 시작부터 마무리까지 일련의 과정에서 수행하는 감사업무와 그 방법을 살펴본다. 감사를 수행하는 '과정'과 '원리', '접근방법'을 거시적인 관점에서 살펴본 후 각각의 감사업무를 구체적으로 설명하여 감사실무자나 일반인들이 감사가 어떻게 계획되고, 실행되고, 처리되는지 입체적으로 이해할 수 있도록 하였다.

이와 함께, 감사사례 연구에서는 다양한 분야의 감사사례를 활용하여 감사를 수행하는 과정에서 부딪히는 문제들을 풀어가는 방법을 설명하여 감사업무를 생생하게 이해하고, 현실에 응용할 수 있도록 하였다.

이제 출간을 앞두고 돌이켜보니 처음에 세웠던 목표에는 많이 부족해 보인다. 이에 대한 평가는 전적으로 저자들이 감당해야 할 몫이다. 다음에 누군가가 이 책을 디딤돌로 공공감사론을 더 채워줄 수 있다면, 누군가가 이 책을 통해 공공감사를 좀 더 쉽고, 정확하게 이해할 수 있다면 더할 나위가 없겠다.

이 책이 세상에 나오기까지 많은 사람의 도움이 있었다. 바쁜 중에도 시간을 내어 원고를 감수하고 교정해준 경찰청 감찰관 김동석 국장과 감사원 디지털감사지원관 남가영 국장, 부천시 감사담당관 윤종현 과장, 좋은 감사사례를 제공해 준 경북대학교 감사행정 석사과정 수강생들과 책을 기획·편집하고 디자인해준 박영사의 관계자분들 모두에게 깊이 감사드린다. 그리고 오랜 기간 주말에도 이어지는 저술작업에 늘 가까이에서 응원해준 가족들에게 깊은 사랑과 감사의 마음을 보낸다.

지금 이 순간에도 국민을 대신하여 정부의 책임성을 확보하기 위하여 헌신하고 있는 전국의 공공감사인에게 존경과 감사의 마음과 함께 이 책을 바친다.

2023. 7. 20.

손창동, 김찬수

차 례

제1편 공공감사 제도

제2편 공공감사 실무와 사례연구

Issue note 차례

제 1 편

공공감사 제도

공공감사 개관

제1장에서는

공공감사에 관한 국내외 학자들과 국제감사기구의 다양한 개념 정의와 구성요소를 살펴보고, 공공감사의 역사적인 발전과정과 현대국가에서 공공감사가 하는 기능과 역할, 감사의 종류 등을 개괄적으로 살펴본다.

이러한 내용들은 공공감사 제도와 실무를 이해하는 데 기초가 되는 것으로, 이를 통해 공공감사의 본질적인 의미와 전체적인 모습을 이해할 수 있다.

제 1 절

공공감사의 개념

1. 의의

현대 민주주의 국가는 국민주권 원리에 따라 정부의 모든 활동은 국민의 감독을 받고 국민에게 책임을 진다. 국민은 정부를 직접 감독하기도 하지만 국민의 대표기관인 의회나 전문적인 감사기능을 수행하는 기구를 통해 간접적으로 하기도 한다.

현대 국가는 공통적으로 정부 활동을 검사하고 감독하는 전문적인 기구를 두고 있다. 이처럼 국민을 대신하여 공공행정을 감사하는 것을 '공공감사(公共監査)'라고 하고, 그 기능을 수행하는 기구를 '공공감사기구'라고 한다. 공공감사기구는 우리나라의 감사원과 같이 정부와 별개의 기관으로 설치되어 독립적인 지위에서 그 기능을 수행하기도 하며, 자체감사기구처럼 정부기관의 내부 기구로 설치되어 활동하기도 한다.

근대국가 시기에는 정부에 대한 감독은 주로 의회에 의해 수행되었다. 하지만, 현대국가로 오면서 정부의 기능이 계속 확대되고 전문화되어 의회만으로는 공공행정을 제대로 감독하기 어렵게 되었다. 이에 따라 공공행정을 효과적으로 감독하기 위하여, 전문적인 감독기능을 수행하는 현대적인 공공감사기구가 탄생하게 되었다. 그리고 정부의 기능과 역할이 계속 확대되어 감에 따라 공공감사의 기능과 역할의 중요성도 커지고 있다.

이처럼 공공감사기구는 법치주의와 민주주의라는 터전에서 자리를 잡았지만, 동시에 법치주의와 민주주의가 작동하기 위한 필수요건이 되었다.[1]

---

[1] 국제최고감사기구회의(INTOSAI)는 각국의 최고감사기구에 대해 "the rule of law and democracy are essential foundations for independent and accountable government auditing. Independence, accountability and transparency of SAIs are essential prerequisite in a democracy based on the rule of law."라고 하고 있다(INTOSAI-P 20).

공공감사에 관한 제도를 이해하기 위해서는 먼저 공공감사는 무엇을 의미하고, 공공감사를 구성하는 요소는 무엇인지를 살펴볼 필요가 있다. 공공감사의 개념은 공공감사가 지니는 본질적인 특성이나 구성요소들을 종합하여 일반적이고 보편적인 관념으로 정리한 것이다. 이러한 공공감사의 개념 정립을 통해 공공감사가 국가안에서 수행하는 기능과 역할을 보다 정확하게 이해할 수 있고 그 작동원리가 되는 규범과 기준을 도출할 수 있다.

2. 공공감사의 다양한 개념

공공감사에 대한 체계적 개념 정의와 이론은 정치, 경제, 사회적 환경의 맥락에서 감사의 목적, 존재 의의에 대한 일관된 설명을 제공하고 감사절차와 방법에 대한 합리적 근거를 제공(Flint, 1988)한다. 다양한 관점, 서로 다른 제도적 토대에서 정의된 공공감사의 개념을 살펴봄으로써 공공감사의 의미를 보다 깊이 있고, 종합적으로 이해할 수 있다.

감사(監査)의 사전적(辭典的) 의미는 "감독하고 검사하는" 것이다(국립국어원 표준국어대사전). 감독은 잘못되지 않도록 살피는 것이며, 검사는 조사하여 옳고 그름을 판단하는 일이다. 이렇게 보면 감사는 조사하여 옳고 그름을 판단하고 나아가 잘못되지 않도록 살피는 것이다.

한편으로, 공공감사와 관련된 법령과 국내외 학자, 국제최고감사기구회의(INTOSAI[2]) 등은 공공감사에 관한 개념을 제도적, 이론적으로 정의하고 있다. 공공감사에 관한 개념 정의는 현실의 제도와 운영을 기초로 하는데 각 국가마다 차별화되는 제도적인 특성이 공공감사의 개념 구성에 영향을 미친다.

역사적으로 보면, 감사는 세금의 징수와 사용을 검사하고 관료의 행위를 통제하는 활동으로 그 기원이 고대로까지 거슬러 올라갈 만큼 오래되었고(Guy et al, 1990), 사회의 기대에 부응하기 위해 끊임없이 변화·발전해왔으며(Power, 1999), 공공부문과 민간부문에 걸쳐 존재하고 있기 때문에 감사의 개념도 다양한 관점에서 정의되고 있다.

---

2) INTOSAI(International Organization of Supreme Audit Institutions)는 각국의 최고감사기구로 구성된 국제기구의 약자이다. 1953년에 설립되었으며, 현재 195개의 회원국이 있다. www.intosai/org

2.1. 법령의 정의

공공감사는 공적인 활동으로서 법령에 규정된 제도를 토대로 작동된다. 따라서 법령에 규정된 공공감사의 개념과 기능을 살펴보는 것은 공공감사를 이해하는 출발점이 된다. 우리나라의 공공감사와 관련된 대표적인 법률은 감사원의 조직과 직무범위 등을 규정한 「감사원법」과 자체감사기구의 구성과 운영 등을 정하고 있는 「공공감사에 관한 법률」(이하 '공공감사법'이라 한다)이다.

「감사원법」(제20조)에서는 감사를 회계검사와 직무감찰로 나누어 '회계검사'는 "법률에서 정한 회계를 상시 검사·감독하여 적정을 기하는 것"으로, '직무감찰'은 "행정기관 및 공무원의 직무를 감찰하여 행정운영의 개선과 향상을 기하는 것"으로 규정하고 있다.[3] 이를 종합하면, 감사는 "정부 등의 회계를 상시 검사·감독하여 적정을 기하고, 행정기관 및 공무원의 직무를 감찰하여 행정운영의 개선과 향상을 기하는 것"이라고 할 수 있다.

공공감사법(제2조)은 자체감사에 대하여 "감사기구의 장이 감사대상 기관과 그 기관에 속한 자의 모든 업무와 활동을 조사·점검·확인·분석·검증하고 그 결과를 처리하는 것"으로 정의하고 있다.[4]

한편, 「공공감사기준」(감사원규칙)은 공공감사의 목적에 대하여 "공공감사는 감사대상기관의 회계를 검사·감독하고 그 사무와 소속 직원의 직무를 감찰함으로써 공공부문의 책임성 확보와 성과를 높이고 공공정보의 이용자가 올바른 판단을 할 수 있도록 지원함을 목적으로 한다"고 규정하고 있다. 그리고 그 방향에 대하여 "공공감사는 감사대상기관의 문제점을 미리 예방하고 발견된 문제점을 효과적으로 해결하는 데에 중점을 둔다"고 규정하고 있다.

위와 같은 법령에 규정된 내용을 보면, 감사원법은 감사를 회계검사와 직무감찰을 나누어서 정의하고 있으며, 공공감사법은 양자를 구분하지 않고 포괄적으로

---

3) 감사원법 제25조는 회계검사 및 직무감찰을 통칭하여 "감사"라고 하고 있다. 그리고 감사원법 제20조에서는 감사원의 임무를 "국가의 세입·세출의 결산검사를 하고, 이 법 및 다른 법률에서 정하는 회계를 상시 검사·감독하여 그 적정을 기하며, 행정기관 및 공무원의 직무를 감찰하여 행정 운영의 개선과 향상을 기한다"로 규정하고 있다.

4) 「지방자치단체에 대한 행정감사 규정」 제2조도 "감사"를 주무부처 장관 등이 감사대상 사무에 관한 업무와 활동 등을 조사·점검·확인·분석·검증하고 그 결과를 처리하는 것으로 정의하고 있다.

정의하고 있다. 감사원법과 공공감사법 모두 감사의 정의에 감사의 목적과 수행 주체, 감사대상, 감사활동을 포함하고 있다. 다만 감사원법은 회계의 적정과 행정 운영의 개선·향상이라는 감사의 목적을 명시적으로 기술하고 있으며, 공공감사 법은 조사·분석·검증 등과 감사결과 처리라는 감사 활동의 측면을 보다 구체적으로 기술하고 있다는 점에서 차이가 있다.

법령에 규정된 공공감사의 구성요소를 보면 감사의 주체로 '공공감사기구'를 규정하는 한편, 감사의 목적은 '공공부문의 책임성 확보와 성과 제고, 정보이용자의 판단 지원'으로 규정하고 있다. 그리고 감사의 대상은 공공부문의 '회계와 직무, 활동', 감사 활동은 '조사·점검·분석·검증 등과 감사결과 처리', 감사 방향은 '공공부문의 문제 예방 및 해결' 등으로 규정하고 있다.

2.2. 이론 및 실무적 정의

국내외의 학자들과 국제감사기구 등은 공공감사의 개념에 관하여 이론적으로 정의하고 있다. 공공감사에 관한 이론은 현실의 제도와 운영을 토대로 형성되지만 잘 정의된 이론은 다시 공공감사가 작동하는 원리와 그 기능의 본질을 설명하는 유용한 수단을 제공한다.

학자들과 국제감사기구인 INTOSAI의 견해를 위주로 "감사"에 관한 일반적인 정의와 "공공감사"에 대한 정의로 나누어 살펴본다.

2.2.1. 감사에 관한 일반적인 정의

먼저, 감사에 대한 일반적인 개념으로 Arter는 감사를 "자격을 갖춘 독립적인 제3자가 문제가 의심되거나 중요한 사안에 대하여 증거를 수집하여 판단기준과 비교하고, 그 결과를 감사보고서를 통해 이해관계자에게 알리는 절차(Arter, 2002)"라고 정의하였다.

그리고, INTOSAI는 "정보나 현실이 판단기준에 부합되는지 결정하기 위해 객관적으로 증거를 획득하고 평가하는 체계적 과정"이라고 정의하고 있다(ISSAI 100, 공공감사의 근본 원칙).

한편, Mehmer는 감사의 공통적인 요소를 네 가지로 제시하고 있다(Mehmer, 2015).

첫째 감사는 정치적 기능이라기보다는 관리·행정적 기능(administrative function)이다. 따라서 감사는 업무, 활동, 인적자원, 물적자원 등 관리나 행정의 대상이 되는 모든 것에 적용된다.

둘째, 감사는 관계적(relational) 기능이다. 즉 감사는 감사를 수행하는 주체, 감사를 받는 대상, 감사결과를 보고받는 자라는 관계나 구조 속에서 이루어지고 정의된다.

셋째, 감사의 기저에는 비교(comparison)가 깔려있다. 감사는 본질적으로 당위(what should exist)와 실태(what exists), 계획된 목표와 실제 결과를 비교한다. 여기서 당위나 계획된 목표는 비교의 기준 역할을 한다.

넷째, 감사는 비교에 그치는 것이 아니라, 객관적이고 전문적인 결론을 도출하여 무엇인가를 확인(affirmation)하는 활동이다.

위와 같은 감사에 관한 일반적인 정의를 보면 "감사활동"에 초점을 두면서 감사는 "당위와 실태의 비교", "정보나 현실이 판단기준에 부합하는지 확인"하는 것이라고 정의하고 있다.

2.2.2. 공공감사에 관한 정의

공공감사에 관한 개념 정의로, Normanton는 "주인인 국민과 대리인인 정부 사이에 존재하는 정보의 비대칭성을 최소화하기 위한 독립적 3자의 비판적 검증 및 보고활동"이라고 정의하고(Normanton, 1996), 박재완은 "대리인인 공직자의 도덕적 해이를 방지하거나 내부성으로 인한 정부실패를 억제하기 위해 주인이 제3의 대리인으로 하여금 대리인인 정부의 성과를 점검하고 그 결과를 보고하도록 제도화한 정부활동의 하나이다"라고 정의한다(박재완, 1997).

그리고, 성용락은 우리나라의 공공감사 제도의 현실을 반영하여 공공감사를 "독립된 지위에 있는 기관 또는 조직이 회계검사와 행정기관 및 공무원에 대한 직무감찰을 통해 행정의 적정성을 확보하고 그 운영상의 개선향상을 기하기 위해 수행하는 일련의 국가기능"으로 정의하고 있다(성용락, 2013a).

한편, 공공감사의 목적에 대하여 INTOSAI는 "감사는 그 자체가 목적이 아니라 규제체계의 불가결한 일부분으로서 일반적인 회계기준에서 이탈 여부, 재무관리가 합법성·효율성·효과성·경제성 원칙에 반하는지 여부를 조기에 판단하여, 시정조치, 책임추궁, 배상확보가 이루어질 수 있게 하고 문제발생을 예방하거나 문제발생 가능성을 최소화하는 것"(INTOSAI-P 1)[5]이라고 하고, Geist는 "공공행정을 대상으로 합법성과 합목적성 관점에서 검증하고, 오류나 부정을 예방·식별·교정하는 것"이라고 정의하고 있다(Geist, 1991).[6]

그리고, 미국 연방감사원(GAO, Government Accountability Office)이 제정한 정부감사기준(GAGAS)[7]은 감사를 재무감사와 성과감사로 나누어 정의하고 있다.

재무감사(financial audit)는 기관의 재무정보가 정해진 판단기준에 따라 공정하게 표시되었는지 독립적으로 평가하는 것이며, 성과감사(performance audit)는 경영진, 거버넌스 책임자, 감독당국에게 객관적인 분석·사실·결론을 제공하여, 이들이 사업의 성과와 운영을 개선하고, 비용을 줄이고, 의사결정이나 교정 활동을 촉진하고, 공공 책임성을 확보할 수 있도록 지원하는 활동으로 정의하고 있다(GAO, 2018).

3. 공공감사의 개념 종합

위와 같은 감사 또는 공공감사에 관한 개념 정의를 보면 각자의 견해에 따라 다양한 관점에서 정의되고 있지만, 대체로 감사의 주체와 감사의 목적 및 기능, 감사기준과 활동 등이 개념의 주요 구성요소가 되어 있다.

---

5) INTOSAI Lima Declaration, "Audit is not an end in itself but an indispensable part of a regulatory system whose aim is to reveal deviations from accepted standards and violations of the principles of legality, efficiency, effectiveness and economy of financial management early enough to make it possible to take corrective action in individual cases, to make those accountable accept responsibility, to obtain compensation, or to take steps to prevent--or at least render more difficult—such breaches"

6) 김찬수(2014)에 따르면, 일본에서 회계'감사'는 주로 민간부문에서 사용하는 용어로서 재무제표 의견 표명에 중점을 두는 반면, 회계'검사'는 회계의 감독 및 시정이라는 지도적 기능에 중점을 두는 것으로 구분한다. 일본 최고감사기구의 명칭은 '회계검사원(會計檢査院)'이다.

7) GAGAS, Generally Accepted Government Auditing Standard

공공감사의 주체는 "국민을 대신하는", "독립적인" 지위이고, 목적과 기능은 "국민과 대리인 사이의 정보의 비대칭 방지", "공공 책임성 확보", "정부의 도덕적 해이 방지" 등이다.

그리고 감사기준과 활동은 "업무처리가 확립된 판단기준에 부합하는지 여부"를 "비판적으로 검증"하여, "합법성·효율성·효과성·경제성 원칙에 반하는지 여부를 조기에 판단"하는 것으로 제시하고 있다.

감사결과 처리는 "국민에게 보고"하거나 "책임자 등에게 제공"하여, "시정조치, 책임추궁, 배상확보가 이루어질 수 있게 하고", "의사결정이나 교정 활동을 촉진"하여 "문제발생을 예방"하는 것으로 정의되고 있다.

법령과 국내외의 학자, 국제감사기구가 제시하고 있는 공공감사에 관한 개념 정의를 종합해 보면 그 구성요소로 감사의 목적과 주체, 감사의 대상과 감사기준, 활동 등을 포함하면서 공공감사에 관하여는 그 목적과 주체 등에 있어 일반적인 감사와 차이를 보이고 있다.[8] 그리고 공공감사의 감사활동은 감사를 실시하는 활동과 감사결과를 처리하는 활동으로 구성되고, 감사결과를 국민에게 보고하고 문제를 바로잡는 조치가 보다 강조되고 있다.

위와 같은 개념 정의를 참고하는 한편, 우리나라의 공공감사와 관련된 제도와 운영을 반영하여 이 책에서는 공공감사를 다음과 같이 정의하고자 한다.

> "공공감사는 법령에 규정된 감사기구가 국민을 대신하여 일정한 기준에 따라 공공행정을 검증하고 바로잡아 공공 책임성을 확보하는 활동이다."

---

8) 공공감사와 민간의 회계감사는 감사의 구조나 감사가 수행되는 절차 측면에서는 유사성이 있지만, 감사의 대상, 감사의 근거 및 목적, 감사의 기능과 역할, 책임 등의 측면에서는 상당한 차이가 있다. 민간부문 회계감사의 주요 목적은 재무제표가 기준에 맞게 작성되었는지 의견을 표명하는 데 있다. 반면 공공감사의 목적은 공공행정을 대상으로 합법성과 합목적성 관점에서 검증하고, 오류나 부정을 예방·식별·교정(Geist, 1991)하여 책임성을 확보하는 데 있다.
또한, 민간부문과 공공부문은 책임의 구조가 다르기 때문에 감사결과의 보고대상도 다르다. 민간 회계감사의 결과는 주주와 경영자에게 보고하지만, 공공감사는 궁극적으로 주인(principal)인 국민에게 책임을 지고 감사결과를 보고한다.

4. 공공감사의 구성요소

앞에서 정의한 공공감사의 개념을 기초로 공공감사를 구성하는 본질적인 요소들과 그것이 의미하는 바를 살펴본다. 공공감사의 구성요소를 감사의 목적, 감사의 주체, 감사의 대상, 감사기준, 감사활동으로 나누어 살펴본다.9)

4.1. 공공감사의 목적

공공감사는 "공공행정의 책임성을 확보"하는 활동이다.

민주주의 국가에서 공공감사의 본질적 목적은 주인(principal)인 국민을 대신하여 대리인(agent)인 정부가 국민으로부터 위임받은 권한과 임무를 적절하게 수행하고 있는지 점검하여 국민에게 보고함으로써 공공 책임성을 확보하는 데 있다(박재완, 1997).

공공감사는 그 자체가 목적이 아니라 국민을 대신하여 공공행정의 책임성을 확보하는 것을 본질적인 목적으로 한다. 공공행정이 법령을 준수하며, 경제적이고 효율적으로 수행되는지를 점검하여, 공공부문 회계의 적정을 기하고 사무와 직무를 개선·향상함으로써 국민에 대한 책임성 확보를 지원한다.

공공감사가 공공행정의 책임성을 확보하는 방법은 감사기구가 직접적으로 행정의 변화를 강제하거나 기관장, 의회, 국민 등에게 필요한 감사결과를 제공하여 간접적으로 변화를 유도하는 방법까지 그 스펙트럼은 다양하다(Sabet 2020).10)

감사원법과 공공감사법은 공공감사의 목적인 공공 책임성을 확보하는 수단으로 감사원과 자체감사기구 등 공공감사기구에 대하여 감사를 실시하는 권한과 위법·부당한 행정을 시정하거나 제재할 수 있는 권한을 부여하고 있다.

---

9) INTOSAI는 공공감사의 구성요소로 감사의 당사자, 감사대상 업무 및 판단기준, 감사활동, 신뢰와 보증으로 설명하고 있다(ISSAI 100).

10) Sabet(2020)은 감사기구의 책임성 확보 방법으로 ① 프랑스 감사원(Cour des Comptes)의 회계판정과 같은 감사결과를 통한 직접 제재, ② 검찰 및 경찰과의 협조를 통한 위법·반부패 사항에 대한 공동조사나 강제력 확보, ③ 의회를 통한 개선 등을 제시하고 있다.

4.2. 공공감사의 주체

4.2.1. 주체

공공감사는 "법령에 규정된 감사기구가 수행"하는 활동이다.

공공감사는 법령에 규정된 감사기구가 감사의 주체가 된다. 우리나라는 물론 국제적으로 공공감사를 수행하는 기구는 각국의 법령에 의해 정해진다.

법령에 규정된 감사기구가 공공감사의 주체가 된다는 의미는 "국민을 대신하는 공공감사기구의 지위"를 내포한다. 법령을 통해서 공공감사기구가 국가의 주인 (principal)인 국민을 대신하여 공공행정의 책임성을 확보하는 대리인(agent)의 지위와 권한, 책임을 위임받는 것이다. 이에 따라 공공감사기구는 법령에 규정된 권한에 따라 감사를 수행하고, 감사활동에 대하여 법적인 책임을 지며, 그 권한과 책임을 임의로 포기하거나 이전할 수 없다.

공공감사에서 감사를 수행하는 주체는 기관 내부에서 자신을 감사하는 내부감사기구와 기관 외부에서 감사를 수행하는 외부감사기구로 나뉜다.

우리나라는 헌법과 감사원법에서 감사원을 국가의 회계와 행정기관의 사무, 공무원의 직무에 대하여 감사를 수행하는 주체로 규정하고 있으며, 공공감사법은 자체감사기구를 정부기관과 그 소속기관, 구성원 등에 대한 내부감사의 주체로 규정하고 있다.

공공감사기구(감사원 및 자체감사기구)의 지위와 조직, 기능에 관하여는 제2장 "공공감사 법령과 기구"에서 살펴본다.

4.2.2. 국민과 공공감사기구의 관계

공공감사는 "국민을 대신하여 수행"하는 활동이다.

공공감사는 국민으로부터 그 지위를 위임받은 것으로 그 활동에 대해 국민에게 책임을 진다. 현대 공공감사의 지위와 기능에 관한 대표적인 이론은 대리인 이론 (agency theory)이다.[11]

대리인 이론은 다양한 주인(principal) − 대리인(agent) 관계에 내재되어 있는 정보의 비대칭성의 특징을 살피고 이로 인한 비용과 해결 수단을 다루는 이론이다. 공공부문에서도 국민·국회와 정부, 상급기관·상급자와 하급기관·하급자 사이에 주인−대리인 관계가 성립한다. 공공감사는 공공부문에서 발생할 수 있는 대리인 비용을 줄이기 위한 여러 제도적 장치[12] 중 하나로 볼 수 있다.

그림 1-1_ 공공감사에 대한 대리인 이론

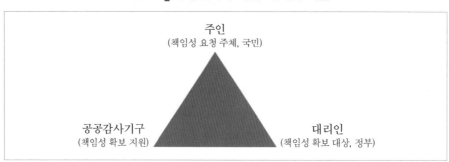

주인이나 대리인이 아닌 독립적인 제3자가 공공부문의 합규성이나 성과정보 등의 신뢰성을 검증하는 이유는 주인과 대리인의 이해상충(conflict of interest)을 방지하기 위함이다. 대리인은 주인의 이해관계가 아닌 본인의 이익을 위해 자원과 권한을 사용할 유인이 있지만 주인은 대리인 업무의 복잡성(complexity)으로 인해 감독에 필요한 전문성을 가지고 있지 못할 수 있기 때문이다(IIA, Institute of Internal Auditors, 2012).

이처럼 공공감사는 본질적으로 주인을 대신하여 대리인의 활동을 점검하고 그 결과를 주인에게 보고함으로써 대리인이 공공 책임성을 다하도록 하는 역할을 수행한다. 외부감사는 국민이나 국회를 대신하여 정부를 감사하는 것으로 해석할 수 있다. 내부감사는 기관장이나 상급기관을 대신하여 소속 직원이나 하급기관을

---

11) Hay and Cordery(2017)는 민간감사의 존재 이유 6가지를 제시하고 있다. 대리인 비용의 축소를 중시하는 대리인 이론(agency theory), 내부통제 수단의 성격을 강조하는 경영통제(management control) 이론, 감사를 통해 정확한 정보를 제공하는 신호전달 이론(signaling theory), 감사가 행정이나 경영에 대한 내·외부 비난을 막아준다는 '정치적 보험' 역할 등이 대표적이다.

12) 여기에는 국회의 국정조사나 정부업무 평가제도, 정보공개제도, 내부고발자 제도 등이 있다.

감사하는 것으로 이해할 수 있지만, 동시에 그 기관장이나 상급기관도 국민의 대리인이므로 모든 공공감사는 궁극적으로 국민을 대신하여 공공행정의 책임성을 확보하는 것이다.[13)]

이와 같이 국민을 대신하는 지위에서 공공감사의 독립성과 책임성, 전문성 등 공공감사가 갖추어야 할 고유한 규범과 핵심가치(core value)가 도출된다.

그리고 공공감사기구가 국민이 요청하는 감사를 실시하는 국민감사청구제도 및 국회감사요구제도 등과 감사결과를 국민에게 공개하고, 국회에 보고하는 제도는 이러한 원리에서 나오는 것이다.

> 공공감사 규범과 핵심가치에 대하여는 "제6장 공공감사 규범과 기준"에서, 국민감사청구제도 등에 대하여는 "제7장 공공감사의 혁신과 발전"에서 각각 살펴본다.

4.3. 공공감사의 대상[14)]

공공감사는 "공공행정(public administration)을 대상"으로 한다.

공공행정은 "공익실현을 목적으로 공공정책을 형성하고 집행, 관리하는 공공부문의 활동(박수영 외, 2009)"을 말하며,[15)] 국민의 대리인으로서 공공부문이 수행하는 모든 활동은 공공 책임성 확보의 대상이 되고 국민에게 책임을 진다. 따라서 공공감사의 대상은 원칙적으로 정부나 지방자치단체, 공공기관 등 공공부문이 수행하는 회계와 사무 등 모든 활동이 포함된다. 그리고, 민간부문의 경우에도 예외적으로 공공부문과 관련되는 범위에서 감사의 대상이 된다.

---

13) 공공감사의 당사자(three parties)에는 감사인(auditor), 감사대상(responsible party), 감사결과 이용자(intended users)가 포함된다. 감사결과 이용자는 감사결과를 통보 또는 보고받는 주체로서, 여기에는 감사대상 기관이나 부서, 이에 대한 지휘·감독권자, 의회, 감사요청자, 국민, 언론 등 다양한 감사의 이해관계자(stakeholder)가 해당된다.

14) 감사대상은 "책임당사자(responsible party)"라고 하기도 하는데, 그 이유는 감사대상이 단지 감사를 받는 수동적 역할만 하는 것이 아니라, 대상업무에 대한 관리와 감사결과에 대한 처리 등에 대한 권한과 책임을 가지고 있기 때문이다.

15) 고재학(2010)은 공공행정을 "행정의 주체인 정부가 공익의 실현을 목적으로 국가의 물적·인적 자원을 생산적으로 관리하고, 각종 사회문제를 가치지향적으로 해결해 가는 일련의 과정", 즉 관리영역과 정책영역을 포괄하는 정의를 내리고 있다.

감사대상 업무(subject matter)는 감사대상기관의 사무와 그 구성원이 수행하는 직무를 말한다. 사무는 "인적·물적 자원의 관리, 법령·제도의 운영과 업무수행, 이와 관련된 결정 및 집행 등"을 포괄한다.[16] 직무는 "법령이나 직제에 의하며 행정기관이나 공무원 등이 처리하도록 정해진 일정 범위의 사무로서 직무 그 자체뿐만 아니라 직무와 밀접한 관련이 있는 행위를 포함"[17]한다.

감사대상 업무는 감사유형에 따라 다양한 형태와 특성을 띤다. 규정준수 여부를 감사하는 합법성 감사의 경우 감사대상 업무는 주로 활동, 거래, 정보가 된다(ISSAI 400; 33). 경제성, 효율성, 효과성 등 관점에서 성과 달성 여부를 감사하는 성과감사는 특정한 사업, 기관, 자금 등을 감사대상 업무로 하지만, 이외에도 활동이나 성과, 성과 부진의 원인, 정책 및 규제의 효과 등도 감사대상 업무가 된다(ISSAI 300; 19).

공공감사는 국민을 대신하여 공공책임성 확보를 목적으로 공적 권한을 행사하는 활동이기 때문에 감사수행 주체와 감사대상은 모두 법령으로 정해진다. 감사원법과 공공감사법은 각각 감사원과 자체감사기구의 감사대상과 범위를 구체적으로 규정하고 있다.

> 공공감사의 대상·범위에 관하여는 "제3장 감사 대상·범위와 한계"에서 살펴본다.

4.4. 공공감사의 기준

공공감사는 "일정한 기준에 따라 수행"하는 활동이다.

공공감사는 국민을 대신하여 공공행정이 적정하게 수행되는지를 검증하는 기능을 하므로 그 기능의 본질상 객관적이고 공정하게 수행되어야 한다. 이를 위해서는 공공감사기구가 바람직하게 운영될 수 있는 조건을 갖추어야 하고, 감사 수행과 공공행정의 적정 여부를 판단하는 데 있어 객관적인 기준과 절차에 따라야 한다.

---

16) 舊 직무감찰규칙(감사원 규칙) 제4조 2항
17) 대법원 1996. 11. 15. 선고 95도1114 판결

공공감사의 기준은 공공감사 운영에 있어서의 거시적인 작동원리로서의 기준과 감사를 수행하는 기준, 공공행정의 적정 여부를 판단하는 기준을 포괄하는 개념이다.

4.4.1. 공공감사 규범

공공감사는 국민을 대신하여 수행하는 활동으로 그 기능과 역할을 제대로 하기 위해서는 어떠한 조건이 필요한가? 이것은 공공감사가 제대로 작동하기 위한 근본원리(principle)이면서(ISSAI 100), 동시에 공공감사기구나 구성원이 갖추어야 하는 본질적인 조건에 관한 질문이다.

공공감사가 갖추어야 하는 조건에 대하여는 다양한 의견이 있을 수 있지만, 이 책에서는 "독립성(independence)", "책임성(accountability)", "전문성(professionalism)"을 공공감사가 갖추어야 하는 본질적인 조건이자 가치로 본다. 이러한 가치들은 국민을 대신하여 공공부문의 책임성을 확보하는 공공감사 기능의 본질에서 나오는 것이며, 공공감사가 적정하게 작동하기 위한 전제조건이다.

이에 대하여는 공공감사의 "일반원칙(general principle)" 또는 "핵심가치(core value)"라고 하기도 한다. 이 책에서는 위와 같은 가치들은 공공감사가 정상적으로 작동하기 위해 반드시 갖추고 준수되어야 한다는 점에서 "공공감사 규범(規範, norm)"이라고 하기로 한다.

4.4.1.1. 독립성(independence)

공공감사기구는 주인(principal)을 위해 일하기 때문에 대리인(agent)인 정부 등 감사대상기관으로부터 독립적이어야 한다. 감사대상기관으로부터 관여, 지시, 간섭 등을 받지 않고 자율적으로 감사와 관련된 결정을 할 수 있어야 하며 의회 등 외부의 영향으로부터 보호되어야 한다. 독립성과 중립성이 확보되지 못할 경우 감사를 객관적이고 공정하게 수행할 수 없고 결국 공공감사의 본질적인 기능을 할 수 없게 된다.

INTOSAI가 제정한 국제기준으로서 공공감사의 대헌장(Magna Carta)에 해당하는 리마선언(Lima Declaration)[18]은 "최고감사기구는 감사대상기관에서 독립적이고 외부 영향력으로부터 보호될 때에만 자신의 임무를 객관적이고 효과적으로 수행할 수 있다"[19]로 시작하고 있다. 그리고, 내부감사에 대해서도 "각국의 헌법 제도가 보장하는 범위 안에서 가능한 한 최대한 기능적으로 또는 조직적으로 독립적이어야 한다"라고 명시하고 있다.

이러한 원리에서 감사원법과 공공감사법은 감사원과 자체감사기구의 직무상 독립성을 명문으로 규정하고 있다.

4.4.1.2. 책임성(accountability)

공공감사기구는 공공행정이 책임성 원리에 따라 적정하게 수행되고 있는지를 검증하여 그 결과를 국민과 국회 등에 보고한다. 그렇다면 감사기구 '자체'의 책임성 확보는 감사기구의 효과적인 임무 수행에서 무엇보다 중요한 전제조건이 된다. 견제와 균형의 원리에 따라, 독립성을 갖춘 기관에 대해 그에 합당한 책임성을 요구하는 것은 동전의 양면과 같은 것이다. 스스로 책임성이 확보되지 않은 상태에서 다른 기관에 책임성을 요구하는 것은 실효적이기 어렵다.

감사기구의 책임성은 밖으로는 국가의 주인인 국민에 대한 책임성이다. 국민이 위임한 감사기능을 충실하게 수행하고 그 결과를 국민과 국회 등에 보고하며, 국민의 의견이 공공감사 운영에 반영될 수 있는 시스템을 갖추어야 한다.

안으로는 적법한 감사절차의 마련과 준수, 투명하고 효율적인 소식 운영, 적절한 내·외부 통제 거버넌스의 구축과 실행 등을 통해 달성될 수 있으며, 궁극적으로 감사기구는 공공부문의 모범을 지향하여야 한다(INTOSAI-P, 12).

이러한 원리에서 감사원법과 공공감사법은 공공감사기구의 책임성을 확보하기 위해 감사결과의 국회보고, 감사보고서의 공개 등을 규정하고 있다.

4.4.1.3. 전문성(professionalism)

공공감사는 그 출발부터 전문성을 전제로 한다. 주인(principal)이 스스로 대리인을 감독할 수 있는 역량과 전문성을 갖추고 있다면 굳이 감사기구와 같은 중개

---

18) INTOSAI가 1977년 페루 리마(Lima)에서 개최한 총회에서 제정한 최고감사기구(SAI)의 독립성 원칙이다.

19) "Supreme Audit Institutions can accomplish their tasks objectively and effectively only if they are independent of the audited entity and are protected against outside influence." (INTOSA-P 1)

기구가 필요 없을 것이다. 특히 공공감사는 공공행정이 적정하게 수행되는지를 검증하고 문제를 적발(detection), 교정(correction)하는 역할을 하기 때문에 감사결과의 수용성 측면에서 볼 때 그만큼 더 전문성의 수준이 높아야 한다.

공공감사의 전문성은 감사인 개인의 관점에서는 감사대상 및 감사에 대한 지식, 실무역량, 감사 자세 등 감사를 수행하는 데 필요한 역량(auditing competency)을 갖추는 것이며, 감사기구 관점에서는 감사대상자가 수용할 수 있는 높은 수준의 감사품질을 유지하고 감사목적 달성에 걸림돌이 되는 요인들을 적절히 관리하는 감사품질관리체계(audit quality control system)와 감사위험관리체계(audit risk management system)를 갖추는 것이다.

4.4.2. 공공감사 수행기준

공공감사 규범이 공공감사기구의 거시적인 작동원리라면 감사 수행 기준은 감사 활동에 관한 기준과 절차로서 공공감사가 객관성과 공정성을 확보하고 높은 수준의 품질(quality)을 유지하기 위한 조건이다.

감사수행 기준은 감사기구나 감사인이 감사수행의 전 과정에서 지켜야 할 준칙으로서, 감사품질의 안정성을 유지하고 궁극적으로 감사의 신뢰성을 확보하는 역할을 한다(신민철, 2011). 공공감사는 민간부문 감사와 목적과 대상 및 범위, 이해관계자(stakeholders), 감사의 규범 등의 측면에서 많은 차이가 있으며, 이러한 특징은 민간부문과 다른 독자적인 공공감사기준의 형성을 요구하게 되었다.

미국 연방감사원(GAO)이 1972년에 제정한 감사기준(Standards for Audit of Governmental Organizations, Programs, Activities and Functions)은 현대적 공공감사기준의 시발점으로 볼 수 있다.[20] INTOSAI는 1992년 공공감사기준을 공표하였으며, 우리나라에서도 INTOSAI 공공감사기준을 모델로 하여 1999년에 「공공감사기준」(감사원규칙)을 제정하였다. 이후 영국(2001), 네덜란드(2002) 등에서도 공공감사기준에 상응하는 실무규칙이나 매뉴얼을 마련하였다(박희정, 2013).

공공감사기준은 공공감사를 수행할 때 지켜야 하는 일반원칙과 감사 실시기준 및 절차, 보고기준, 그리고 감사인의 자세와 주의의무 등에 관하여 규정하고 있다.

---

20) 현재는 미국 정부감사 기준(GAGAS, Generally Accepted Governmental Auditing Standards)으로 변경되었다.

4.4.3. 공공감사 판단기준

공공감사가 공공행정의 위법·부당 여부를 검증할 때는 일반적으로 인정되는 준거(準據)에 따라 판단하여야 한다. 감사의 판단기준(criteria)은 감사대상 업무의 적정 여부나 기대치 충족 여부를 검토하고 평가할 때 적용하는 가치나 논리 체계를 말한다. 간단히 말하면 감사대상 업무의 적정 여부를 평가하는 잣대이다.

공공감사의 판단기준으로는 합법성과 합목적성[21]이 사용된다. 정부 등은 국민의 대리인으로서 공공행정을 수행함에 있어 법령을 준수하여야 하고, 경제적이고 효율적으로 수행하여야 한다. 이와 같이 합법성, 합목적성 등은 공공행정의 준거로서 공공감사가 행정의 적정 여부를 판단하는 기준이 된다.

감사의 판단기준은 감사목적이나 유형 등에 따라 다양한 기준이 적용된다. 합법성 감사는 문자 그대로 법령과 규정 등 공적으로 정해진 기준이 적용되며, 이외에도 건전한 관리원칙이나 행위준칙도 판단기준이 될 수 있다. 성과감사는 경제성, 효율성, 효과성 등이 주요한 판단기준이 적용되는데, 이외에도 공공행정의 특수성을 반영한 윤리성, 투명성, 형평성, 민주성 등도 판단기준이 될 수 있다.

> 공공감사 규범 및 수행기준과 감사판단기준에 관하여는 각각 "제6장 공공감사 규범과 기준", "제2편 제2장 감사 수행과정과 감사사무"에서 살펴본다.

4.5. 공공감사 활동

공공감사는 공공행정의 "위법·부당 여부를 검증하고 바로잡는 활동"이다.

공공부문의 책임성을 확보하는 공공감사의 목적은 감사활동을 통해 실현되며, 감사활동은 "공공행정의 위법·부당 여부를 검증하는 활동"과 검증활동의 결과로

---

21) 합목적성은 '목적과의 합치성'인데, 공공행정에서 합목적성 판단은 공익판단을 의미하며, 이를 그르친 경우 '부당'(Unzweckmäßigkeit)이라 한다. 합목적성 감사의 기준은 다양하다. 사업이나 정책의 경우 일반적으로 경제성, 효율성, 효과성 등이 사용되지만, 형평성, 투명성, 시민의 접근성, 지속가능성 등도 사용될 수 있다. 개별 행위의 경우 목적위반 여부, 사실평가 오인 여부, 판단시 검토의 충분성 여부 등이 기준이 된다. 그런데 현저한 목적위반의 경우 위법으로 이어질 수 있다는 점에서 합법성과 합목적성은 상호 연결되어 있다. 자세한 내용은 김유환(2019)을 참고하기 바란다.

확인되는 "위법·부당사항을 시정, 개선, 제재하여 바로잡는 활동"으로 이루어진다. 전자는 "감사 실시", 후자는 "감사결과 처리"라고 한다.

감사활동은 법령에 규정된 감사 권한의 행사로 이루어진다. 감사원법과 공공감사법은 각각 감사원과 자체감사기구가 본연의 기능과 역할을 할 수 있도록 감사를 실시하는 데 필요한 권한과 감사결과에 따라 위법·부당한 행정을 바로잡는 데 필요한 권한을 부여하고 있다.

4.5.1. 감사 실시

공공감사는 공공행정이 적정하게 수행되고 있는지, 위법·부당한 사항은 없는지를 검증한다. 감사활동으로서의 검증은 기본적으로 당위(what should be)와 실태(what is)의 비교(comparison)로 이루어진다. 공공행정의 정당한 업무처리방법·기준 또는 바람직한 상태(이는 감사의 판단기준이 된다)와 실제의 업무처리 또는 상태를 비교하여 그 격차(gap) 여부를 식별하고, 격차[22]가 발생한 원인(cause)과 결과(effect)를 확인하는 것이다.

이러한 공공감사의 검증은 두 가지 유형으로 구분할 수 있다. 당위와 실태의 격차 여부를 판단하는 방법에 따라 "실태가 당위에 부합하는지를 검증하는 유형"과 "실태보다 바람직한 당위가 있는지를 검증하는 유형"으로 구분된다. INTOSAI는 전자를 "입증형(attestation) 감사활동", 후자를 "직접 보고형 감사활동(direct reporting engagement)"이라고 하고 있다.

"입증형 감사활동"은 공공행정이 법령과 규정 등 객관적으로 명시되어 있는 업무처리 기준(당위)에 따라 처리(실태)되었는지를 판단하고 감사결론을 제시하는 것이다. 합법성 감사와 재무제표 감사는 대표적인 입증형 감사활동이다.

"직접 보고형 감사활동"은 현재의 업무처리(실태)보다 더 효율적이고 경제적인 방법(당위)이 있는지를 분석하여 제시하는 것이다. 감사인이 직접 감사대상 업무와 판단기준을 설정하고, 감사대상 업무를 분석·평가하여 새로운 정보나 분석결과, 개선사항 등을 제시한다. 성과감사나 행정개선감사는 이 유형에 해당된다.

---

22) 합법성감사의 경우 위법·부당한 업무처리, 성과감사의 경우 비효율적인 사업수행 등이다.

한편, 감사활동의 본질적인 기능은 공공행정의 적정 여부를 "검증"하는 것이며, 부적정한 사항 또는 위법·부당한 사항을 "적발"하는 활동만을 의미하는 것은 아니다. 공공감사의 결과는 일반적으로 위법·부당사항으로 나타나지만, 감사결과를 통해 위법·부당하지 않음을 증명하는 것도 중요한 의미를 가진다. 위법·부당이 의심되는 사항(국회감사요구사항 또는 국민감사청구사항 등)에 대하여 객관적인 감사 과정을 거쳐 그 의심을 증명하거나 해소하는 것은 감사활동으로서 동일한 가치를 가진다.

4.5.2. 감사결과 처리

공공감사는 검증에 그치는 것이 아니라, 감사결과에 따른 시정과 제재를 통해 공공행정의 문제를 바로잡는 역할을 한다. 감사결과 처리는 감사의 목적과 유형에 따라 행위책임 규명, 성과 개선, 정보제공 등으로 구체화 된다.

한편, 감사결과 이용자는 감사를 거친 정보들이 객관적이며 믿을만하고 적합성이 높다는 신뢰(confidence)와 보증(assurance)을 얻고자 한다. 따라서 공공감사는 적절하고 충분한 증거(evidence)에 기반해서 결과를 도출해야 하며, 잘못된 결론에 도달할 가능성을 줄이거나 관리할 수 있는 절차(procedure)를 마련하고 준수해야 한다(ISSAI 100).

공공감사가 제시하는 보증(assurance)은 두 가지 형태를 띤다. 한 가지는 감사의견이나 결론에 직접 보증 수준을 제시하는 것이다. 예를 들면, 재무제표 감사에서는 재무제표의 적정 여부를 '적정', '한정', '의견거절' 등 감사의견의 형태로 직접 밝히고, 합법성 감사에서는 특정한 업무가 관련 규정을 준수했는지 여부를 직접 제시한다. 또 다른 형태는 명시적으로 보증의 수준을 제시하는 대신, 판단기준, 감사를 통해 발견한 사실, 감사결과 등을 균형 있고 논리적으로 제시하는 방식으로 감사결과 이용자에게 전반적인 신뢰를 제공하는 것인데, 주로 성과감사에서 사용된다.

> 감사 실시와 감사결과 처리에 관한 "권한"과 "방법"에 대하여는 각각 "제4장 감사 권한"과 "제2편 제2장 감사 수행과정과 감사사무"에서 살펴본다.

제 2 절

공공감사의 역사와 발전

1. 공공감사의 역사

공공감사는 국가의 재정과 질서를 유지하는 데 필수 불가결한 것으로 고대로부터 현대에 이르기까지 국가의 발전단계에 따라 그 기능과 형태가 계속 변화·발전해 오고 있다. 역사적인 흐름 속에서 공공감사의 기능과 역할의 변화를 살펴봄으로써 현재의 공공감사 제도를 이해하고, 앞으로의 발전방향을 유추할 수 있다.

공공감사 제도의 발전과정에 관하여는 관점에 따라 전통적 감사와 현대적 감사로 구분하거나(김명수·박준, 1995), 근대 이전, 근대, 현대 복지국가로 구분하여 설명(문호승, 2002; 전훈, 2021) 하기도 한다. 다만, 각 시기에 있어서도 국가에 따라 구체적인 감사제도의 형태는 상당한 차이를 보인다.

여기서는 공공감사 제도의 발전방향을 개괄적으로 이해할 수 있도록 하는 목적으로 근대 이전과 근대, 현대 등 세 단계로 구분하여 시대별로 감사의 목적과 기능, 감사주체의 지위 등의 관점에서 특징적인 점을 살펴본다.

1.1. 근대 이전

고대로부터 국민주권의 개념이 형성되는 근대 국가 등장 이전의 감사형태로서 이 시기의 공공감사는 기능과 역할, 조직 등이 국가별·시기별로 다양한 모습을 보인다. 감사기구는 절대군주나 국고 또는 재정 관련 장관에 소속되는 경우가 많았으며,[1] 독립성과 자율성은 높지 않았다.

---

[1] 프랑스의 회계법원(Chambre des comptes)은 군주 직속이었으며, 영국의 전도금 감사관(Auditors of the Imprest)이나 공공회계감사위원(Commissioner of Auditing the Public Accounts)은 각각 국고 및 재무 부처의 일부 기능으로 수행되었다.

공공감사는 국왕, 봉건영주, 군주를 위해 왕실·국고의 출납확인, 관료에 대한 감찰 등 내부 책임성(internal accountability) 확보를 주된 목적으로 하였지만, 반드시 그러했던 것은 아니다. 예를 들면, 로마 공화정 시대 공공감사를 담당하는 재무관(quaestor)은 원로원(senate)의 감독을 받았으며, 동양의 감찰기구는 법률과 규정에 따라 관료를 감찰하고 탄핵하는 과정에서 군주와의 긴장관계가 형성되기도 하였다.

역사적으로 보면, 감사는 인류의 역사에서 무엇인가를 기록(記錄)하고 이것이 정확한지 확인(確認)하거나 검증(檢證)하면서부터 시작되었고, 기록의 정확성을 유지함과 동시에 부정을 예방하는 기능을 수행하였다.

서양에서는 고대 메소포타미아 문명권에서 초기 감사에 대한 기록이 발견되고(Keister, 1963),[2] 고대 이집트에서 공적기록관은 상당한 중요한 위치를 차지하여 벽화에도 종종 등장한다(Woolf, 1912).[3]

로마는 원로원(senate) 산하에 재무관(quaestor)을 두어 국고를 관리하고 공적기록관이 기록한 회계를 감독하는 역할을 담당하게 하였다. 재무관들 또한 자신이 이직할 때, 후임자와 원로원에 의해 자신의 회계를 점검받고 청문(hearing)을 받았는데, 감사를 의미하는 "audit"의 라틴어 "audire(듣다)"는 이러한 관행에서 유래한 것이다(Stone, 1969).

중세시대는 영국을 중심으로 장원회계(manorial accounting)에 기반한 감사가 발전하였다. 봉건영주는 농노 등에게 보유토지에 대하여 경작을 하게 하고 그 대가로 공납품과 지대를 받았는데 장원회계를 통해 이를 관리하였다(홍정화·장영란, 2013). 영주는 대리인(agent)인 집사가 수탁책임을 성실하게 이행하는지 확인하기 위해 자신이 지명하는 감사인을 통해 조사하도록 하였으며, 감사결과는 영주와 모든 대리인들이 참석하는 공청회에서 공표되었다(Chatfield, 이정호[역], 1985).

---

2) 오늘날 회계사의 전신이라 할 수 있는 공적기록관(scribe)이 점토판에 각종 거래나 출납을 기록했는데, 숫자를 검사(checking)한 표시들이나 왕의 대리인이 거래를 점검(inspection)했음을 보여주는 점토판들이 발견된다

3) 한 벽화 설명에 따르면, 곡물은 감독자의 입회하에 입고되어 공적기록관에 의해 기록되며, 출고될 때에는 또 다른 공적기록관에 의해 기록되며 감독자는 양자를 비교한다. 오류가 발생할 경우 처벌이 뒤따랐는데 심할 경우 사형도 가능했다.

동양에서는 고대 중국의 기원전 1,100년 경에 설립된 봉건국가인 주(周) 왕조 시대에 정부의 재정관리와 회계책임에 대한 개념이 확립된 것으로 파악되고 있다(Zhibin Chen et al, 2017).[4] 그리고 관리에 대한 감찰기능은 국가의 탄생과 함께 시작되었지만, 이것이 하나의 조직으로 정비된 시기는 진(秦)나라 때이다. 진나라는 기원전 3세기경 감찰을 담당하는 어사대부(御史大夫)를 설치하였고, 당(唐)나라 때에는 제도를 정비하여 어사대(御史臺)를 설치하여 관리의 비리를 감찰하였다. 중국의 감사제도는 이후 우리나라 감사기구 설립에 영향을 미쳤다(손승태, 2007).

1.2. 근대

　근대적 감사제도는 국민주권 이념이 정착되면서 확립되었다고 할 수 있다. 근대국가는 민주주의와 법치주의를 핵심 요소로 하여 군주의 절대적인 지배력이 갖는 힘이 무너지고 시민혁명 이후 권력을 법의 지배하에 두는 것을 목표로 하였다. 이에 따라 공공감사도 내부적으로 재정을 감사하고 군주에게 보고하는 것에서 벗어나 감사 대상인 행정부로부터 독립하기 시작했으며, 감사결과 보고도 국민의 대표인 의회에 하는 것으로 발전하였다(전훈, 2021).

　이 시기를 거치며 공공감사는 절대군주가 아닌 국민에게 보고하고 책임지는 공공 책임성(public accountability) 개념이 형성되었다. 근대적인 국가가 먼저 태동한 유럽국가에서 공공감사는 예산에 대한 근대적인 책임성 확보 절차의 확립과 함께 발전하였고, 정부 예산이 관련 법령에 맞게 집행되었는지를 검증하고 그 결과를 의회에 보고하는 합법성감사가 발전하였다.

　이 시기에 영국은 1866년 재정개혁과 함께 국고·감사부법(Exchequer and Audit Departments Act)에 따라 독립적인 감사기구인 감사원장(C&AG, Comptroller and Auditor General)과 국고·감사부(E&AD)가 설립되었고(NAO, 2002), 미국은 1921년 예산회계법(Budget and Accounting Act)에 따라 연방감사원(GAO, Government Accountability Office)이 출범하였다.

---

4) 사회(司會)는 회계에 대한 최고통제업무를 담당하는 기관으로 회계, 보고, 감독 등의 기능을 수행하였으며 월간 또는 연간 보고서를 작성하여 국정의 최고책임자인 대총재(大冢宰)에게 보고하였다

1.3. 현대

현대의 국가는 행정부의 기능과 역할이 강화되는 행정국가 또는 복지국가의 특성을 가진다. 과거 자유방임주의 국가에서 강조되었던 질서유지 기능에서 나아가 소득재분배와 효율적인 재정운용, 공공서비스의 제공 등 다양하고 복잡하며 적극적인 정부의 역할을 강조한다(전훈, 2021).

이와 같은 행정이념과 정부 역할의 패러다임 변화는 공공감사의 역할에도 변화를 가져왔다. 공공감사는 그동안 수행해왔던 소극적인 통제기능에서 나아가 정부활동의 효율성과 정부 사업의 성과를 점검·평가하고 대안을 제시하는 적극적인 기능과 역할을 수행하도록 요구받게 된 것이다. 이와 같은 시대적 요구에 부응하여 미국, 영국 등의 감사원은 성과감사(performance audit) 또는 지출가치감사(value for money audit)를 도입하게 되었다(성용락, 2013a).

1.3.1. 영국의 국가감사원

영국에서는 정부의 기능과 역할이 확대됨에 따라 1960년대 이후 정부가 달성한 성과(value for money)에 대해 감사원장이 감사하여 의회에 보고할 수 있는 권한을 부여하고, 정부로부터 감사원의 독립성을 보장할 임밀한 제도가 마련되어야 한다[5]는 주장이 의회 등으로부터[6] 제기되었다. 이러한 변화들이 1983년 국가감사법(National Audit Act)에 반영되었다.

이 법에서 감사원장은 정부의 공공자금 사용의 경제성, 효율성, 효과성에 대해 재량적으로 감사하고 의회에 보고할 권한을 부여받았다. 그리고 원장을 지원하기 위한 조직으로 국고·감사부(E&AD)를 대체하는 현재의 국가감사원(NAO, National Audit Office)이 설립되었다.[7]

---

5) Funnell(1994)은 감사원장이 감사전문성이 없는 재무부 출신이라는 점, 감사원의 인사와 예산이 재무부 통제를 받고 있다는 점에서 당시 감사원의 독립성을 환상(illusion)이라고 평가한다.

6) Normanton(1966)은 정부 기능이 양적·질적으로 확대되는 상황에서 1866년 국가감사체계의 한계를 지적하면서, 다양한 공적기관을 포함하는 감사대상 확대, 경제성, 효율성, 효과성에 기반한 감사의 법률화, 재무부로부터의 감사원의 독립성 등을 강조하였다.

7) NAO 설립과 함께 NAO를 감독하기 위해 의회에 공공회계위원회(TPAC, The Public Accounts Commission)를 설립하였다. TPAC는 국가감사원의 예산을 확정하고, 외부감사인을 임명하고 그들의 보고서를 검토하는 역할을 부여받았다.

1.3.2. 미국 연방감사원(GAO)의 기능·역할 변화[8]

GAO는 2차 세계대전이 끝날 때까지는 주로 정부지출의 지출증명서(voucher) 점검을 통해 개별 재무거래의 합법성과 적절성을 점검하는 방식으로 감사를 운영하였다.[9]

하지만, 2차 대전 이후, GAO는 기존의 감사방식으로는 확대되는 정부의 기능과 재정지출을 효과적으로 대응하기가 곤란한 감사의 한계에 직면하였고, 의회는 정부 사업이 그 목적을 달성하고 있는지에 관한 평가[존슨 행정부의 빈곤대책 사업인 위대한 사회(Great Society)프로그램에 대한 평가 등]를 GAO에 요구하였다.

이에 따라 GAO는 정부 사업의 경제성과 효율성, 효과성을 점검하는 한편, 보다 광범위하고 포괄적인 관점에서 정부의 재정관리시스템을 점검하는 방향으로 감사운영을 전환하였다.

1974년에 의회는 GAO의 평가(evaluation)역할을 확대하였으며, 예산과정에서도 더 큰 책임을 부여하였다. 그리고 1986년에는 법 집행 경력을 가진 전문 조사관들(investigator)로 공직자의 연방법률 위반이나 권한남용 등 부정·비리를 특별조사(special investigation)하는 팀을 설치하였다.

GAO의 기능과 역할이 확대되고 변화함에 따라 2004년 GAO의 법적 명칭이 "General Accounting Office"에서 "Government Accountability Office"로 변경되었다. 이는 GAO가 미시적인 "재정통제 기관"에서 거시적인 "정부 책임성 확보기관"으로 변화된 것을 의미한다.

이러한 미국 연방감사원의 기능과 역할, 명칭의 변화는 현대 공공감사의 기능과 역할이 변화하는 방향을 상징적으로 보여준다.

---

8) 이 부분은 GAO 홈페이지(www.gao.gov)에 게시된 "GAO past and present, 1921 through the 1990s"를 주로 참고하였다.

9) 지출증명서 점검은 중앙집중적으로 이루어졌기 때문에 정부기관은 GAO에 회계기록을 보내야 했으며, GAO에는 지출서류를 점검하는 인력들이 점점 더 많이 필요하게 되었다. GAO 인력은 1921년 1,700여 명에서 1945년 14,000여 명으로 증가하였다.

2. 우리나라 공공감사의 발전

우리나라의 공공감사 제도는 오랜 역사를 가지고 있다. 공공감사기구의 역사를 거슬러 올라가면 삼국시대인 신라의 사정부(司正府)[10]로부터 고려시대의 어사대(御史臺), 조선시대의 사헌부(司憲府)를 거쳐 오늘의 감사원(監査院)에 이어지고 있다(감사원, 2018c; 18-19).

2.1. 심계원 및 감찰위원회

현대적 의미의 감사기구는 1948년 대한민국 정부의 수립과 더불어 설치된 심계원(審計院)과 감찰위원회(監察委員會)에서 비롯된다.[11]

심계원은 1948년 7월 제정·공포된 제헌헌법 제95조[12]에 따라 국가 수입·지출의 결산검사 기관으로 설치되었다.[13] 감찰위원회는 1948년 7월 제정·공포된 '정부조직법'에 근거하여 대통령 소속으로 공무원에 대한 감찰사무를 담당하는 기관으로 설치되었다.[14]

---

10) 사정부는 659년(태종무열왕)에 설치되었다. 백관을 감찰하는 기능을 가진 관서는 544년(진흥왕) 경(卿)이 설치되면서부터 있어 왔지만 사정부로 격상된 것은 659년이었다. 이는 이 시대에 감찰업무의 중요성이 커진 것을 의미한다(한국민족문화대백과, 한국학중앙연구원).

11) 대한민국 임시정부에도 감사기관이 존재했었다. 임시정부는 1919년 9월 제정된 임시헌법에 의하여 대통령 직속기관으로 '회계검사원'을 설치하였다. 회계검사원은 1925년 4월 개헌으로 폐지되었고, 이후 1940년 10월 개정된 임시약헌에 의하여 부활되었으며, 1944년 4월 개정된 대한민국 임시헌장에서도 그 기능이 유지되었다(감사원, 2018c).

12) 제헌헌법 제95조 국가의 수입지출의 결산은 매년 심계원에서 검사한다. 정부는 심계원의 검사보고와 함께 결산을 차년도의 국회에 제출하여야 한다. 심계원의 조직과 권한은 법률로써 정한다.

13) 심계원은 대통령 직속기관이며 행정부인 국무원으로부터는 직무상 독립의 지위를 가졌다(심계원법 제1조).

14) 감찰위원회는 1955년 정부조직법 개정으로 폐지되었으며, 그해 11월 대통령령으로 대통령 소속하에 사정위원회가 발족되었다. 사정위원회는 1960년 8월 폐지되고 1961년 「감찰위원회법」이 제정되어 그해 3월 감찰위원회가 새로이 발족되었다. 감찰위원회법에 따르면, 감찰위원회는 공무원의 직무상 비위를 감찰하여 징계처분을 하는 기능을 수행하며, 국무총리에 소속하되 직무상 독립의 지위를 가진다(감사원, 2018c).

2.2. 감사원

이후 1963년 헌법개정에 따라 심계원과 감찰위원회가 통합되어[15] 감사원이 설립되었다. 두 기관이 통합된 사유는 '회계사무'와 '직무'의 한계가 불분명하여 두 기관이 각각 회계검사와 직무감찰을 독자적으로 실시하는 데 따른 감사의 중복과 그로 인한 행정기관의 부담 등 번폐(煩弊)가 컸기 때문이다.[16]

감사원은 헌법에 따라 국가 세입·세출의 결산, 국가 및 법률에서 정한 단체의 회계검사, 행정기관 및 공무원의 직무를 감찰하는 기능을 수행하고 대통령 소속으로 설치되었다. 그리고 감사원법에 직무상 독립의 지위가 규정되었다. 이후 현재까지 감사원의 기능과 지위 등 기본적인 골격이 유지되어 오고 있다.

감사원은 1990년대 중반이후 공익감사청구(1996년), 국민감사청구(2001년), 국회감사요구(2003년) 등 국민과 국회로부터 감사를 요청받아 실시하는 국민참여감사(citizen participation audit) 제도를 운영하고 있고, 2000년대에는 공공부문의 적극행정을 지원하기 위한 '적극행정면책제도' 등을 시행하고 있다. 감사원의 회계검사·직무감찰 기능 통합수행, 국민참여감사제도, 적극행정 지원 등은 우리나라 공공감사 제도의 특징적인 요소로 발전되고 있으며, 국제적으로 긍정적인 평가를 받고 있다.[17]

---

15) 감사원이 심계원과 감찰위원회의 기능을 통합한 기관이지만, 감사원의 직무감찰과 감찰위원회의 감찰이 완전히 동일한 것은 아니다. 예를 들면 감찰결과 특정 공무원을 징계할 필요가 있다고 판단할 경우 감찰위원회는 직접 징계'처분'을 하였지만, 감사원은 해당 기관에 징계를 '요구'한다는 점에서 차이가 있다. 그리고 감찰의 대상에 있어서도 감찰위원회의 감찰대상은 "공무원의 비위" 등이었지만 감사원의 감찰대상은 "행정기관의 사무와 공무원의 직무"로 보다 포괄적으로 규정되어 있다.

16) "회계를 상시 검사·감독하는 심계원과 행정 및 공무원의 비위를 감찰하는 감찰위원회의 양 기능은 성질상 상호표리를 이루는 불가분의 관련을 가지고 있어서 이를 분리된 양 기관에서 집행하게 하는 것은 그동안의 경험으로 보아 여러 면에서 심히 불합리하고 검사와 감찰을 받는 기관으로서도 그 번폐가 적지 않았던 실정이었으므로 그 일원화가 절실히 요청, 감사업무의 중복을 피하기 위하여도 단일기관으로 설치할 필요" (1962, 헌법공청회, 국가재건최고회의 등)

17) OECD는 35개 회원국 중 우리나라와 미국, 프랑스 등 10개국의 감사원을 "선도적인 최고감사기구(advanced SAI)"로 선정하였다(OECD, 2016).

2.3. 자체감사기구

한편 2010년에는「공공감사에 관한 법률」이 제정되어 정부기관과 지방자치단체, 공공기관 등 공공부문 자체감사기구의 독립성과 전문성을 확보하고, 감사원과 자체감사기구 간의 협력과 지원 등 국가 공공감사 체계의 효율성을 높일 수 있는 기틀이 마련되었다.

우리나라 공공감사 제도와 운영의 최근 발전과정에 관하여는 "제7장 공공감사의 혁신과 발전"에서 살펴본다.

제 3 절

공공감사의 기능과 역할

1. 공공감사의 기능

공공감사의 기능(function)[1]은 공공감사가 공공행정 체계나 공공 책임성이라는 구조 속에서 어떠한 활동과 역할을 하며, 어떠한 영향을 미치고 있는지를 의미한다. 현대 국가에서 공공감사가 하는 기능을 활동 측면, 역할 측면, 영향 측면으로 나누어 살펴본다.

1.1. 활동 측면의 기능

먼저 공공감사 기능을 감사활동 측면에서 보면 공공감사 기능은 자료·정보의 검증, 위법하거나 부당한 사항의 적발, 성과의 분석·평가 등으로 나누어볼 수 있다(Hay and Cordery, 2017; Crerar, 2007; 신민철, 2014)

첫째, 공공감사는 정부, 의회 그리고 국민들의 의사결정에 필요한 정보의 신뢰성을 검증한다. 공공부문의 재무적 자원이나 인사·조직 관리, 규제와 감독, 사업계획 수립과 집행 등에서 제시되는 각종 자료와 정보 등이 적정하고 신뢰할 만한 것인지 검증함으로써 감사결과 이용자들이 이러한 정보들을 합리적으로 활용할 수 있도록 해준다.

둘째, 공공부문의 활동이 법령이나 기준을 준수하고 있는지 점검하여 부정·비리행위를 적발하고, 나아가 책임을 추궁하는 기능을 한다. 이러한 사후적 통제기능은 피드백 과정을 통해 위법·부당한 행정을 사전에 예방하는 기능과 연결된다.

---

1) 기능은 "서로 의존하고 관계하고 있는 몇 개의 부분으로 이루어져 있는 전체의 구조속에서 어느 부분이 담당하는 특유의 역할 및 활동"(철학 사전), "상호의존관계에 있는 체제의 구성요소들이 수행하는 개별 활동 및 전체적 협동 활동"(행정학 사전), "사회현상이 속하는 더 광범위한 체제에 대해 갖게 되는 객관적 영향(사회학 사전)"으로 정의되고 있다(네이버 지식백과).

셋째, 분석·평가를 통해 재무적·관리적 활동에 대한 개선을 권고하거나 대안을 제시한다. 공공부문에 대한 감사활동은 공공부문의 역할과 규모의 확대와 신공공관리(NPM, New Public Management) 개혁[2]의 일환으로 실질적인 성과와 효율성을 강조하는 방향으로 전환되고 있다.

이러한 차원에서 정부의 사업과 정책에 대한 분석, 평가, 환류 역시 관리적 책임성 확보를 위한 공공감사의 기능으로 이해되고 있다. 이는 문제점에 대한 사후적발과 처벌이라는 전통적 감사접근방법에서 경제성, 효율성, 효과성 관점에서 문제점에 대한 사전 예방과 대안 수립과 관련된 정보제공이라는 새로운 감사 기능을 의미한다.

1.2. 역할 측면의 기능

공공감사 기능을 역할 측면에서 보면, 공공행정의 "질서유지"와 "개선·향상"으로 구분할 수 있다. 공공감사는 공공행정이 법령과 재무규칙을 준수하도록 점검하여 직무와 회계 질서를 확립하고, 정책이나 사업의 경제성, 효율성, 효과성을 분석하여 성과를 높이고 보다 바람직하게 운영될 수 있도록 개선한다.

이러한 역할은 "통제기능"과 "지원기능"으로 바꿔 말할 수 있다. 문호승은 공공 감사기구의 임무는 공적인 자원을 질서 있게 사용하도록 통제하면서(controlling), 효율적으로 사용될 수 있도록 지원(supporting)하는 것(문호승, 2010)이라고 한다.

공공감사는 전통적으로 정부와 공무원이 법령과 규정을 준수하고 일탈을 방지하도록 감독하는 감시자(watch dog)의 역할을 수행하여 왔다. 그러다가 점차 행정이 복잡다기화되고 행정이념이 다원화됨에 따라 공공 책임성의 내용도 정부 활동의 효율성과 성과를 제고하는 것으로 바뀌었다.

이에 따라 공공감사도 정부활동에 대한 소극적 통제기능에서 적극적인 지원·지도 역할(guide dog)로 변화하고 있다(성용락, 2013a; 38).

---

2) 신공공관리적 정부개혁은 정부실패를 극복하고 정부의 성과와 효율성을 높이기 위하여 공공관리에 민간의 관리기법을 적용하기 위하여 시작되었다. 신공공관리의 주요원리는 ① 자원의 억제와 절약을 통한 감축관리, ② 공공부문의 성과 및 결과 중심의 관리, ③ 경쟁을 통한 공공부문의 민간화, ④ 의사결정과 조직구조의 분권화와 자율성 확대, ⑤ 불합리한 절차와 규제의 간소화와 투명성 제고 등이다(오영민 외, 2014)

한편, 미국 연방감사원(GAO)은 2007년 '최고감사기구 성숙도 모델(maturity model)'을 통해 공공감사의 역할을 세분하여 제시하였다.

이에 따르면, 최고감사기구의 기능은 맨 아래층의 '부패방지'에서부터 그 위로 '책임성 확보', '경제성·효율성·효과성(3Es) 및 윤리성과 형평성 증진', '통찰(insight)', '예견(foresight)' 등 5개의 층으로 이루어져 있는데, 최고감사기구의 기능은 맨 아래층의 부패방지에서 점차 그 위층으로 성숙해간다는 것이다(GAO, 2007).

그림 1-2_ 최고감사기구 성숙도 모델

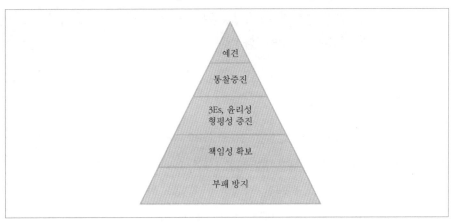

자료: GAO(2007), "Enhancing performance, accountability and foresight"

위 모델에서 부패방지와 책임성 확보는 정부의 재정과 직무집행에 대한 감시·감독(oversight) 기능과 연관되고, 경제성·효율성·효과성 증진 및 통찰은 정부 사업에 대한 거시적이고 종합적인 분석기능, 예견(foresight)은 미래의 위험요인에 대한 예측 기능과 각각 관련된다고 할 수 있다.[3]

---

3) '통찰' 기능은 공공감사가 정부의 사업이나 정책을 평가하여 성과 개선의 기회를 제시하는 등 의사결정자에게 통찰력 있는 정보제공을 통해 공공부문의 개선을 지원하는 기능이다.
'예견' 기능은 공공부문이 직면한 미래의 위험과 도전과제를 식별하고 대처를 촉구하는 역할을 말한다. 저출산 고령화 등의 인구구조 변화, 장기 재정건전성 등 미래의 도전과제들은 정부나 의회의 단견주의로 인해 충분한 관심을 못 받지 못할 가능성이 있는데 공공감사가 충분히 발전한다면 미래의 위험을 적절히 식별하고, 대응할 수 있는 정보를 제공할 수 있다.

1.3. 영향 측면의 기능

공공감사가 공공행정에 미치는 영향, 효과, 목적 측면에서 보면, 공공감사의 기능은 공공부문의 책임성 확보, 성과 제고, 공공정보 이용자의 올바른 판단 지원 등이다(공공감사기준 제5조).

물론 위 세 가지 접근은 상호 연결되어 있다. 예를 들면 위법·부당사항의 적발 기능은 통제의 역할, 부패방지, 감독 역할과 연관되며 결국 책임성 확보라는 목적으로 귀결된다.

성과 분석·평가 기능은 지원의 역할, 효율성 증진 및 분석과 연관되며 결국 성과 제고 기능으로 귀결된다. 자료·정보검증은 공공정보 이용자의 올바른 판단을 지원하는 기능과 밀접한 관계가 있다.[4]

1.4. 공공감사 기능 종합

위와 같은 공공감사의 활동과 역할, 영향 측면에서의 기능을 정리하면, 공공감사는 자료 및 정보 검증과 위법·부당사항 적발, 사업성과 분석·평가 등의 활동을 하여, 공공행정의 질서를 유지하고 개선·향상하는 역할을 하며, 이를 통해 공공부문의 책임성을 확보하고, 성과를 제고하며, 정보이용자의 올바른 판단을 지원하는 기능을 한다.

그림 1-3_ 공공감사의 활동·역할·영향

활동	역할	영향
• 자료 및 정보 검증 • 위법·부당사항 적발 • 사업성과 분석·평가	• 공공행정 질서유지 및 개선·향상	• 공공부문의 책임성 확보 • 공공사업의 성과 제고 • 정보이용자의 판단 지원

---

4) 최재해(2018)에 따르면, 우리나라 감사원은 '회계질서 및 공직기강 확립', '행정 및 재정운영의 개선 향상', '주요 시책, 사업의 성과제고', '정책실패에 대한 행정책임성 확보'라는 네 가지 역할을 순차적이고 중첩적으로 수행하고 있다.

2. 공공정책·재정과 공공감사

공공감사는 공공행정과 동떨어진 채로 수행되는 활동이 아니라 행정과정에서 필수 불가결한 일부를 구성하거나, 행정과정 그 자체를 개선하는 역할을 한다. 공공행정에 대한 공공감사의 역할을 정책과 재정의 관점에서 살펴본다.

2.1. 공공정책과 공공감사의 역할

2.1.1. 정책의 개념과 과정

정책이란 바람직한 사회 상태를 이룩하려는 정책목표와 이를 달성하기 위해 필요한 정책수단에 대하여 권위 있는 정부기관이 공식적으로 결정한 기본방침이다(정정길 외, 2003). 현대 행정은 정책을 통해 실현되며, 정책은 정부가 행정목적을 달성하기 위해 설정한 목표와 수단으로서 법률이나 제도, 사업 등으로 구체화된다.

정책과정(policy process)은 정책이 산출되고 실행되는 데 거쳐야 할 일정한 단계적 절차를 말한다. 정책과정의 단계에 대해서는 학자에 따라 견해가 다양하지만 일반적으로 '정책결정', '정책집행', '정책평가 및 환류'의 과정으로 이루어진다.[5]

'정책결정'은 정책목적과 하위목표를 설정하고, 목적달성이 가능한 정책수단과 집행체계를 선택한다.

'정책집행'은 선택된 정책수단을 실현시키는 과정으로 정책서비스를 실제로 제공하고 정책수단의 구체적인 내용을 현실화한다.

'정책평가와 환류'는 의도된 목표가 어느 정도 실현되었는지, 의도되지 않는 부정적 효과가 발생하였다면 그 원인은 무엇인지, 정책의 영향이나 효과를 등을 평가하고 판단하여 다시 정책과정에 환류시키는 단계이다.

공공감사는 정책 과정의 각 단계에서 발생할 수 있는 오류나 위험을 방지하거나 최소화함으로써 정책과정을 지원한다.

---

5) 미국의 정책학자 앤더슨(J. Anderson)은 정책과정을 정책의제설정(政策議題設定), 정책형성(政策形成), 정책채택(政策採擇), 정책집행, 정책평가 등 5단계로 구분하고 있다. (이해하기 쉽게 쓴 행정학 용어사전, 2010. 3. 25., 하동석, 유종해)

참고로, 영국 국가감사원(NAO)은 정책의 과정과 각 과정에서 이루어지는 주요
활동을 <그림 1-4>와 같이 제시하고 있다.

그림 1-4_ 정책과정과 주요활동

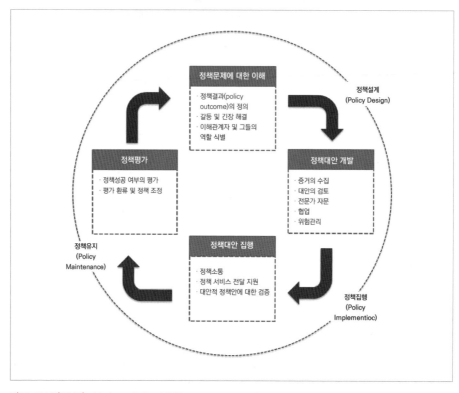

자료: NAO(2001), Modern Policy-Making; ensuring policies deliver value for money

2.1.2. 정책결정 과정과 공공감사

정책결정 과정에 있어서 공공감사의 역할을 살펴보기 위해서는 정책결정(policy
making) 과정을 보다 구체적으로 살펴볼 필요가 있다.

정책결정 과정은 다시 '정책의제 설정', '정책형성', '정책대안 채택'의 세 단계로
구분할 수 있다. 여기서 '정책의제 설정(policy agenda setting)'은 사회문제를 공식
적인 정책문제로 전환하는 과정으로 정책 의제와 목적을 설정하는 것을 말한다.

'정책형성(policy formulation)'은 정책의제가 된 사회문제를 해결하기 위한 대안(alternatives)을 모색하고 비교·평가하여 적절한 대안을 찾는 것을 말하며, '정책대안 채택'은 정책문제를 해결할 수 있는 최적의 대안을 선택하는 것을 말한다.

위와 같이 '정책결정'은 정책의제와 목적 설정, 정책형성, 정책대안 선택 등 정책목적과 수단을 선택하는 과정을 모두 지칭하는 반면 '정책형성'은 정책결정의 하위과정으로서 주어진 정책목적 설정과 정책문제 해결을 위한 정책수단을 적절하게 짝짓기하는 과정(Howlett and Mukherjee, 2017; 3)이다.

'정책결정'은 정책목적 설정과 관련된 가치판단적 기준과 정책수단 선택과 관련된 합리적·기술적 의사결정 기준을 모두 가지고 있는 반면, '정책형성'은 합리적·기술적 의사결정 기준에 입각하여 판단하는 과정이다.

따라서 정치적 가치판단의 요소를 포함하고 있는 정책목적과 관련된 과정은 사실관계의 확정을 근본적인 토대로 하여 판단이 이루어지는 감사의 영역에 포함되기에는 적절하지 않으며, 정책수단의 선택과 관련된 정책형성과 그 이후 과정으로 감사의 영역을 설정하는 것이 타당하다고 할 수 있다(이석원·신재은, 2021).

정책결정 단계에 있어 공공감사는 정책의 하위 목표가 상위목적과 일관성이 없게 설정되거나[6] 정책수단이나 집행체계 선택이 불합리한 문제를 교정하고, 정책목적 설정에 사용된 자료의 신뢰성을 검증[7]하는 등을 통해 합리적인 정책결정을 지원한다.

한편, 정책결정 과정에서 정책의제와 목적의 설정은 가치판단의 영역으로 정치적인 과정에 의해 이루어지므로 공공감사는 원칙적으로 정책의제와 목적 설정의 당부(當否)를 판단하지 않는다. 우리나라 감사원도 "정부의 중요 정책결정 및 정책목적의 당부(當否)"는 감찰 대상에서 명시적으로 제외하고 있다.

---

6) 여기서 말하는 정책목표는 앞서 논의한 정책목적과는 개념적으로 다른 수준이다. 정책목적이 가치적 측면에 해당하는 것이라면 정책목표는 목적을 구체화한 수단적 개념으로 감사대상에 포함된다(서울대학교 산학협력단, 2017).

7) Sharkansky(1988)은 정책목적이 얼마나 충분하고 관련성 있으며 신뢰성 있는 자료에 입각하여 설정되었나의 문제는 감사의 대상이 될 수 있다고 한다. 감사원은 "정부의 중요 정책결정 및 정책목적의 당부"는 감찰 대상에서 제외하지만, "정책결정의 기초가 된 사실판단, 자료·정보 등의 오류, 정책결정 과정에서의 절차준수 여부 등"은 감찰대상으로 하고 있다(「감사원 감사사무 처리규칙」 제5조).

다만, 공공감사는 사회현상이나 공공행정의 실태, 미래의 위험요인 등에 대한 합리적·기술적인 분석을 통해 도출한 결과를 토대로 사회문제 해결이 필요한 과제를 정부에 권고함으로써 정책의제 설정을 지원할 수 있다.

예컨대, 건강보험 재정에 대한 장기적인 수지분석 결과를 토대로 정부에 대하여 기금재정의 안정성을 확보할 수 있도록 제도개선을 권고하거나 그 밖에 공공재정이나 사회의 위험요인을 분석하여 정부에 그에 관한 정보를 제공함으로써 정책의제 설정에 기여할 수 있다.

2.1.3. 정책집행 과정과 공공감사

정책집행 과정은 선택된 정책수단을 실현시키는 과정으로 가치판단적 요소보다는 합리적, 기술적인 판단에 따라 이루어진다. 따라서 정책집행의 전 과정은 공공감사의 대상이 된다. 공공감사는 정책 수단의 실행과정에서 법령을 준수하는지, 경제적이고 효율적인 방법으로 이루어지는지를 검증하고 위법·부당하거나 비효율을 시정·개선·재제하여 집행과정의 적정성을 확보한다.

2.1.4. 정책평가 과정과 공공감사

공공감사는 정책평가와 환류 과정이 적정하게 이루어지는지를 점검하는 한편, 정책이 의도한 목적을 달성하였는지 직접 평가하고 성공과 실패 요인을 분석하여 정책과정에 환류함으로써 정책과정의 개선을 지원한다.

2.1.5. 정책과정과 공공감사의 역할 종합

정책의 각 과정에서 공공감사가 하는 기능과 감사대상 영역을 정리해보면 <표 1-1>과 같다. 이와 같이 공공감사는 정책의 각 과정에 깊이 관여하면서 정책의 목적이 달성될 수 있도록 지원하는 기능과 역할을 한다.

표 1-1_ 정책과정과 공공감사 기능 및 대상[8]

정책과정	정책행위			감사기능과 대상
정책결정	정책 목적과 의제 설정			• 중요정책결정, 정책목적의 당부는 감사대상에서 제외 • 정책결정의 기초가 된 사실판단, 자료·정보의 오류 • 정책결정 과정에서의 적법성과 절차준수 여부 • 미래위험요인 발굴을 통한 정책의제 설정 지원
정책결정	정책 형성 · 대안 채택	목표 설정		• 정책목적과 하위 목표의 일관성 여부 • 목표설정의 적정성과 합리성
정책결정	정책 형성 · 대안 채택	수단 선택		• 정책목적 달성을 위한 수단의 적정 여부 • 정책수단의 비용－효과 • 정책수단의 부정적 효과 여부
정책결정	정책 형성 · 대안 채택	집행 체계 선택		• 집행체계(주체, 권한, 예산, 방법 등)의 효과성 • 집행체계의 부정적 효과 여부 • 정책대상 선정 및 범위의 적정성과 공정성
정책집행	정책집행			• 집행과정의 법령 및 직무규범 준수 여부 • 집행과정의 경제성과 효율성 • 집행과정의 부정과 오류
정책평가 및 환류	효과성평가			• 정책의 목적과 목표 달성 여부 • 정책 성과와 산출의 적정성, 공정성 • 부수적, 부정적인 영향과 효과 • 정책의 성공 및 실패요인 분석
정책평가 및 환류	집행평가			• 집행실적이 정책 목적달성에 미친 영향 • 정책의 성공 및 실패요인 분석
정책평가 및 환류	환류			• 평가결과 환류, 정책개선에 반영 여부

---

8) 서울대학교 산학협력단(2017)의 "주요 정책 및 사업에 대한 감사수행방안 연구"를 참조하여 작성하였다.

2.2. 공공재정과 공공감사의 역할

공공감사는 그 기원에서부터 공공재정과 밀접한 관계를 맺고 있다. 공공부문은 국민이 부담하는 세금으로 운영되며, 국민은 세금이 정해진 목적과 용도에 맞게, 경제적이고 효율적으로 사용되기를 바라지만 거대하고 복잡한 정부재정[9]을 국민이 세밀하게 감독하기는 불가능하다. 이에 따라 국민을 대신하여 공공행정의 책임성을 확보하는 공공감사는 공공재정이 적정하게 사용되도록 감독하는 것을 기본적인 임무로 한다.

공공재정에 대한 공공감사의 역할은 예산과정에서의 역할과 거시적인 재정관리 측면에서의 역할로 구분할 수 있다.

2.2.1. 예산 과정과 공공감사

예산과정(budget process)은 <표 1-2>와 같이 예산의 편성, 심의·확정, 집행, 결산으로 이어지는 일련의 과정을 말한다. 감사기능이 예산 과정에 관여하는 범위는 각 국의 제도에 따라 차이가 있지만, 일반적으로 공공감사는 예산의 편성 및 집행과정에 대한 점검과 분석, 결산검사를 통해 예산과정을 개선하는 역할을 한다.

2.2.1.1. 예산 편성

예산편성은 정부가 하고자 하는 사업과 활동에 관하여 재정적인 계획을 수립하는 것이다. 예산편성 작업은 정부가 하고 편성된 예산안을 국회에 제출한다.

정부의 재정계획 수립이라는 예산편성 과정의 특성상 공공감사의 관여 범위는 넓지 않지만, 독일 연방감사원과 같이 정부의 예산안을 검사하고 그 의견을 의회에 보고하는 등 보다 적극적으로 관여하는 사례도 있다.[10]

---

9) 우리나라의 2023년도 정부 예산은 639조 원으로 국내총생산(GDP)의 30%를 넘는 규모이다. 여기에 지방자치단체와 공공기관의 예산을 더하면 그 비중은 훨씬 커진다.

10) 미국 연방감사원도 의회 요청으로 부처 예산에 대해 타당성을 검토하는 예산타당성 검토(Budget Justification Review) 제도를 운영하고 있다.

표 1-2_ 예산과정

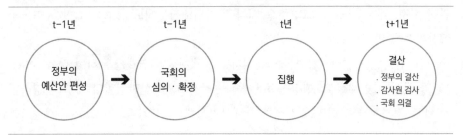

구분	과정	내용	근거규정
편성	중기사업계획서 제출	중앙관서 장→기획재정부(1월 31일)	국가재정법 §28, §66①
	예산안편성지침 통보	기획재정부→중앙관서 장(3월 31일)	국가재정법 §29①, §66②
	예산요구서 작성	중앙관서 장→기획재정부(5월 31일)	국가재정법 §31①, §66⑤
	정부예산안 편성	기획재정부의 예산안 편성, 국무회의 심의 및 대통령 승인	국가재정법 §32, §66⑥
	예산안 국회 제출	정부→국회(회계연도 개시 120일 전)	국가재정법 §32, §68①
심의 확정	국회 예산심사	상임위(예비심사), 예결위(종합심사)	국회법 §84
	본회의 심의·확정	본회의 부의 → 예결위원장의 심사 보고 → 토론 → 표결·확정	헌법 §54② 국회법 §84의2①
결산	출납정리기한	• 출납정리(각급 기관 → 기획재정부) • 총세입부/총세출부 마감(2월 10일)	국고금관리법 §4의2①
	중앙관서결산보고서 작성·제출	중앙관서 장→기획재정부장관(2월 말)	국가회계법 §13조② 국가재정법 §58①, §73
	국가결산보고서 작성, 승인 및 감사원 제출	국가결산보고서 작성(기획재정부장관), 국무회의 심의 및 대통령 승인 감사원에 제출(4월 1일까지)	국가회계법 §13③ 국가재정법 §59
	감사원 결산검사	감사원 → 기획재정부장관(5월 20일)	헌법 §99 국가재정법 §60
	국가결산보고서 제출	정부 → 국회(5월 31일)	국가재정법 §61
	국회 결산심사	상임위(예비심사), 예결위(종합심사)	국회법 §84
	본회의 심의의결	국회(정기회 개회 전까지)	국회법 §84, §128의2

자료: 국회예산정책처(2023), 「2023 대한민국 재정」 126~128를 일부 발췌

우리나라는 감사원이 예산편성과 관련된 위법·부당사항에 대하여 해당 정부기관에 시정, 개선하도록 하고, 주요 사항은 기획재정부에도 통보하여 다음 연도의 예산편성에 반영하도록 하고 있다.

한편, 감사원은 감사기능과 예산편성기능의 체계적인 연계를 위하여 다음 <Ref. 1>과 같이 기획재정부, 행정안전부 등과 「감사결과예산반영협의회」를 운영하면서 매년 정기적으로 회의를 개최하여 예산편성에 반영할 필요가 있는 감사결과를 공유하고 있다.

2.2.1.2. 예산 심의·확정

국회는 정부가 편성, 제출한 예산안을 심의·확정한다. 국회의 예산 심의·의결 과정은 행정적인 과정이라기보다는 정치적인 과정에 가깝다. 공공감사는 정부의 재정사업에 대한 감사결과 등을 통해 국회의 예산 심의·의결 과정을 간접적으로 지원한다.

2.2.1.3. 예산 집행

예산집행 과정에서 공공검사는 합법성과 경제성·효율성·효과성 등의 관점에서 예산이 법령과 지침에 따라 정해진 목적과 용도에 맞게 집행되는지, 부정이나 비효율, 낭비 요인은 없는지 등을 점검한다. 예산집행 과정에서 공공감사의 역할은 개별 예산집행을 점검하여 부정과 비리, 오류와 낭비를 방지하는 데서부터 정부의 대규모 재정사업을 분석하여 성과를 높이는 데 이르기까지 광범위하다.

2.2.1.4. 결산

대부분의 국가에서 공공감사는 정부가 작성한 결산서를 검사하고, 그 결과를 의회에 제출한다. 우리나라의 경우 감사원은 매년 국가 등의 결산을 검사하여 국가 재무정보의 적정성을 확보하는 한편, 예산편성 및 집행과정에 대한 감사결과를 환류(feedback)하여 국회의 결산심의를 지원한다.

표 1-3_ 예산과정과 공공감사 역할

예산 과정	주체	공공감사 역할
편성	정부	• 예산편성의 적정성 점검 및 감사결과 환류를 통해 정부의 예산편성 과정을 지원
심의·확정	국회	• 감사결과를 통해 국회의 심의·확정 지원
집행	정부기관	• 합법성, 경제성·효율성·효과성 등의 관점에서 예산집행 과정을 점검, 개선 • 예산집행의 부정과 오류, 낭비 방지 • 재정사업의 성과 제고
결산	국회, 정부, 감사원	• 결산보고서 검사를 통해 국가 재무정보의 적정성 확보 • 결산검사 결과보고 등을 통해 국회의 결산 지원

━ Ref.1 「감사결과 예산반영협의회」의 운영

정부 예산이 보다 효율적으로 편성되고 집행과정에서 낭비나 부정을 방지하기 위해서는 이에 대해 감사를 실시하는 감사원의 감사 결과가 다음 연도의 예산편성과 집행에 반영되는 것이 바람직하다.

이러한 취지에서 감사원이 2004년에 감사결과를 다음 연도 예산에 반영하기 위해 만든 기구가 「감사결과 예산반영 협의회」(이하 '협의회'라 한다)이다.

협의회는 예산과정에서 감사 기능의 환류(feedback)가 이루어지는 구체적인 사례로서 예산편성기능과 감사기능의 연계를 통해 정부 예산의 효율적인 편성과 운용에 기여하고 있다. 협의회는 감사원의 「감사결과 권고 등의 처리 및 이행관리 규정」(감사원 훈령)에 근거를 두고 운영되고 있으며, 국가의 예산을 편성하는 기획재정부, 지방자치단체를 감독하는 행정안전부가 참여하고 있다.

협의회를 통해 재정사업의 예산낭비 요인이나 제도개선 사항 등 다음 연도의 예산편성 등에 반영할 필요가 있는 정보를 공유한다. 그리고 기획재정부와 행정안전부는 정부나 지방자치단체 등의 예산집행에 대하여 감사를 실시할 필요가 있는 사항을 감사원에 전달한다. 협의회는 2004년 구성된 이후 매년 1~2회 개최되고 있으며, 협의회에서 논의되는 안건에 대해 감사원과 기획재정부, 행정안전부는 각각 다음 연도의 감사운영이나 예산편성에 반영하고 있다.

2.2.2. 정부 재정관리와 공공감사

최근 들어 국제적으로 정부 등 공공부문의 재정건전성 확보가 중요한 이슈로 부각되고 있다. 이에 따라 공공감사의 역할에 있어서도 정부의 거시적인 재정관리의 건전성을 확보하고, 미래 위험요인을 분석하여 대비하는 역할이 중요해지고 있다.

이와 관련하여 미국 연방감사원(GAO)는 1990년대부터 정부의 재정관리 등에 대한 위험평가를 통해 국가적으로 중요하면서 문제발생 가능성이 큰 사항을 고위험영역(high risk area)으로 지정하고, 이에 대해 체계적으로 감사를 실시(high risk series)[11]하고 있다.

우리나라의 경우 감사원은 최근 주요 재정사업의 효율성과 효과성을 분석하여 개선방안을 제시하는 한편, 정부의 거시적인 재정관리제도와 장기적인 재정 안정성, 범정부적인 재정 위험요소 등을 분석하여 그 감사결과를 정부에 제공하는 등을 통해 정부의 재정관리를 지원하고 있다.

---

11) 미국 연방감사원은 1990년부터 정부운영에 대한 위험평가를 통해 국가적으로 중요하면서 문제발생 가능성이 큰 사항을 고위험영역(high risk area)으로 지정하고, 이에 대해 체계적으로 감사를 실시 (high risk series)하고 있다. 2년을 주기로 신규사항을 발굴하고, 고위험영역에서 해제여부를 결정한다. 2023년 4월 말 기준으로 '의료보험사업(medicaid program) 부정수급 방지' 등 37개 사항이 고위험영역으로 지정되어 있다(GAO 홈페이지 www.gao.gov).

3. 부패방지와 공공감사

3.1. 부패의 개념

부패는 '사적인 이익을 위한 공적 지위의 오·남용(misuse or abuse of public position or authority for private gains)'으로 정의되며, 우리나라 '부패방지권익위법'에서도 부패행위를 "공직자가 직무와 관련하여 그 지위 또는 권한을 남용하거나 법령을 위반하여 자기 또는 제3자의 이익을 도모하는 행위"로 규정하고 있다. 공공부문의 부패는 주로 뇌물 및 금품수수, 횡령, 배임, 직권남용 등의 형태를 띤다.

3.2. 부패방지를 위한 접근방법

3.2.1. 사전예방과 사후처벌

부패방지를 위한 접근에는 사전예방적 접근과 사후처벌적 접근이 있다. 사전예방적 접근은 부패가 발생하는 원인을 제거하는 접근으로 윤리강령 등 규정의 마련과 준수, 직무분리 등 내부통제 시스템의 구축·운영 등을 중요시한다. 사후처벌적 접근은 부패행위를 효과적으로 적발하고 법을 엄정하게 집행하는 접근으로 여기에는 감사·수사기관의 역할이 중요하다.

부패방지를 위해서는 사전예방이 사후처벌에 비해 더 근원적인 접근이지만, 부패발생의 원인이 복잡하고 인식변화에 오랜 시간이 걸리기 때문에 많은 나라에서 사후처벌적 접근을 우선 적용하고 있다.

3.2.2. 미시적, 중범위적, 거시적 접근

부패를 방지하기 위한 접근방법은 부패의 원인과 대책을 바라보는 관점에 따라 세가지 범주로 구분할 수 있다.

개인의 일탈 행위를 중시하는 미시적(micro) 접근, 조직 관리의 구조적 결함에 중점을 두는 중범위적(meso) 접근,[12] 국가의 정치·행정시스템과 사회문화 등을 중시하는 거시적(macro) 접근이 그것이다.

많은 경우 부패는 세 가지 범주가 상호작용하면서 발생하므로 효과적인 부패방지를 위해서는 종합적인 접근이 필요하다(최진욱, 2019).

국가적으로 보면 미시적 접근은 부패행위자를 적발하여 처벌하는 기능과 연결되고, 중범위적 접근은 부패를 유발하는 제도나 행정운영을 개선하는 기능과 연결되며, 거시적 접근은 부패방지에 관한 정책수립 기능과 연결된다.

3.3. 부패방지와 공공감사의 역할

감사원과 자체감사기구 등 공공감사기구는 공공행정에 대한 일차적인 감시·감독기구로서 공공행정의 적법성과 적정성을 검증하는 그 기능상의 특성으로 인해 공공부문의 부패방지에 중요한 역할을 할 수 있다.

공공부문의 회계와 직무를 상시적으로 점검하여 부정과 비리를 적발·처벌하고, 비리의 원인이 되는 불합리한 행정규제나 제도, 부실한 내부통제 시스템 등을 개선하도록 하여 부패방지를 위한 사전예방과 사후처벌, 미시적·중범위적 접근에 있어 핵심적인 역할을 한다.

감사원의 징계요구, 고발 등은 공직부패에 대한 사후처벌 수단으로서, 개선·시정요구 등은 사전예방 수단으로서 각각 공직부패에 대응하는 효과적인 기능을 한다.[13]

INTOSAI는 '부패방지를 위한 공공감사의 가이드라인(Guideline for the Audit of Corruption Prevention)'을 <그림 1-5>와 같이 제시하고 있다.

---

12) Kligaard(1998)는 조직의 구조와 환경에서 부패발생을 설명하는 대표적인 이론가인데, 그는 부패(C)를 'M+D-A'라는 식으로 설명하고 있다. M은 조직의 독점적 권한(Monopoly), D는 조직구성원의 재량권(Discretion), A는 책임성(Accountability)를 말한다. 즉 조직의 독점적 권한이 높을수록, 구성원의 재량권이 많을수록, 책임성이 약할수록 부패발생 가능성이 높아진다.

13) 일반적으로 감사는 대상기관에 대해 지니는 직접적 효과와 대상기관을 포함한 관련분야 모든 기관에 대해 발생시키는 간접적 효과인 예방효과를 지닌다. 감사를 받지 않는 기관이나 사람들도 언젠가는 감사를 받을 수 있다는 감사위협(audit threat)을 느끼고 있어야 하며, 감사결과가 개인적 책임성과 연계되어야 감사의 예방적 효과가 발생할 수 있다(Birskyte, 2013).

그림 1-5_ 부패방지를 위한 감사 가이드라인

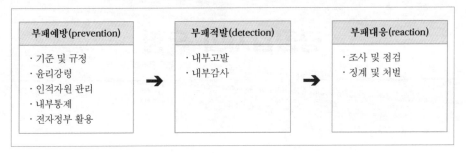

자료: INTOSAI GUID 5270

Ref.2 「공직비리 근절 유관기관 협력체계」의 운영

정부 기관 중에서 공직자의 부패와 비리에 대응하는 기관은 대표적으로 감사원과 같은 감사기관과 검찰청, 고위공직자범죄수사처(이하 '공수처'라 한다), 경찰청 등 수사기관을 들 수 있는데 각 기관들은 그 권한과 직무범위 등에 따라 공직비리 방지 기능 수행에 있어 나름대로 강점과 한계를 지니고 있다.

감사원은 자료제출요구와 출석·답변요구 등 감사권한으로 공직비리 혐의가 있는 사안에 대하여 비교적 용이하게 접근·조사할 수 있는 강점이 있지만, 강제적인 수사권이 없는 등 감사수단에 한계가 있고, 감사인력과 비리정보 수집기능도 제한적이다.

반면, 검찰청 등 수사기관은 공직비리 혐의 사안에 대하여 강제 수사권을 발동할 수 있고, 방대한 조직과 수사인력을 보유하고 있다. 하지만 비리 혐의가 구체화되기 전에는 수사권 발동이 여의치 않고 감사기관에 비해 일차적인 진위 확인이 용이하지 않은 한계가 있다.

위와 같이 각 기관별로 공직비리 감찰 기능 수행에 특성이 있으므로 각 기관이 법령의 범위 내에서 공직비리 정보를 공유하는 등 적절하게 협력할 경우 국가 전체적으로 공직부패에 보다 효과적으로 대응할 수 있다.

이러한 취지에서 감사원은 2013년에 대검찰청과 경찰청, 2022년에 공수처[14]와 각각 협약(MOU)을 체결하여 「공직비리 감찰 유관기관 협력체계」를 구축하고, 각 기관과 협의회를 만들어 공직비리 정보와 감사·수사 기법을 공유하는 등 공직비리에 효과적으로 대응하기 위해 협력하고 있다.

---

14) 감사원 보도자료(2022. 09. 21. 고위공직자범죄수사처와 공직비리 근절을 위한 실무 협약 체결) 참조

공공감사의 유형

공공감사는 감사의 주체와 목적, 시기, 감사실시 주기 등 관점에 따라 다양한 유형으로 분류될 수 있는데, 이를 살펴봄으로써 공공감사가 현실에서 작용하는 모습과 방식에 대한 이해를 높일 수 있다.

1. 감사 주체에 따른 분류: 내부감사와 외부감사

감사수행 주체와 감사대상의 관계에 따라 감사대상기관에 소속된 감사기구가 수행하는 감사를 내부감사(internal audit)[1]라 하며, 감사대상기관과 조직적으로 분리된 감사기구가 수행하는 감사를 외부감사(external audit)리 한다.

내부감사와 외부감사는 각각의 필요성과 역할이 있다. 내부감사는 기관 업무에 대한 전문성을 바탕으로 상시적이고 자율적인 점검을 통해 기관의 목적 달성에 기여하며, 외부감사는 독립적이고 객관적인 시각으로 기관의 중요한 영역을 검검함으로써 기관의 대외적인 책임성을 높인다. 따라서 내부감사와 외부감사는 상호보완적으로 기능하여 공공부문의 책임성 확보에 기여한다.

1.1. 내부감사

내부감사는 기관의 내부에 설치된 감사기구가 감사를 실시하며, 감사결과는 관리층이나 이사회 등에 보고된다. 기관이 스스로 자신을 통제하여 기관운영을 개선하기 위한 장치 중 하나로서, 외부감사와 비교하여 처벌보다는 예방과 시정, 개선에 중점을 두는 특징이 있다(김명수 외, 2007; 16).

---

1) 내부감사는 "자체 감사"라고 하기도 한다. 다만 공공감사법의 자체감사는 소속된 기관 외에 피감독기관 등을 감사대상으로 하는데 이러한 경우 엄밀한 의미에서는 외부감사라고 할 수 있다.

내부감사[2])는 중앙행정기관, 지방자치단체 등에 소속된 자체감사기구가 공공감사법에 따라 소속기관에 대하여 실시하는 자체감사가 대표적이다.

1.2. 외부감사

외부감사는 감사대상기관으로부터 조직적으로 분리된 기구가 감사를 수행하고 감사결과를 국회, 대통령, 정부, 국민 등에게 보고하고 책임을 진다. 내부감사에 비해 더 독립적이고 객관적이며, 중요한 영역을 다루고, 거시적이고 다양한 관점에서 감사를 수행할 수 있다.[3])

외부감사는 감사원이 정부기관, 지방자치단체, 공공기관 등에 대하여 감사원법에 따라 실시하는 감사가 대표적이며, 그 밖에 중앙행정기관이 국가위임사무에 대하여 지방자치단체에 대하여 실시하는 감사도 외부감사에 해당된다.

표 1-4_ 내부감사와 외부감사 비교

	내부감사	외부감사
위상	기관내 부서	기관 외부의 기구
독립성	감사대상 '활동'으로부터 독립	감사대상 '조직'으로부터 독립
책임성	조직의 관리층이나 이사회	국회, 정부, 국민
역할·범위	• 기관의 '모든' 측면을 고려 • 사전 예방과 시정, 개선	• 재무보고서에 대한 독립적 의견표명 • 거래·활동에 대한 합법성 감사 • 주요 정책·사업에 대한 성과감사
초점	내부통제시스템의 '모든' 측면	내부통제시스템의 '중대성' 측면

자료: 신민철 외(2021; 33), 일부 수정

---

2) 현재 국제내부감사인협회(IIA)는 내부감사를 조직의 리스크 관리, 통제, 거버넌스의 효과성을 체계적으로 평가함으로서 조직운영의 가치를 높이는 독립적이고 객관적인 보증 및 자문 활동으로 정의하고 있다(IIA, 2017).

3) 염차배·진상기(2011)는 외부감사의 필요성으로 내부감사의 독립성 결여와 전문성 부족으로 인한 문제점 보완, 국가적 차원에서의 감사 필요성 등을 제시하고 있다.

1.3. 내부감사·외부감사의 관계

공공부문에는 다수의 내부감사기구와 외부감사기구가 존재하는데, 국가 전체적으로 공공감사가 체계적이고 효율적으로 운영되기 위해서는 이들 사이에 관계가 적절하게 정립되어야 한다. 특히 감사원과 같은 최고감사기구의 역할이 중요하다.

INTOSAI는 최고감사기구가 내부감사의 효과성을 점검해야 하며, 만약 내부감사기구가 충분히 효과적이라고 판단되면 적절한 역할분담과 협력방안을 마련하도록 권고하고 있다(INTOSAI-P 1). 이러한 원리에 따라 공공감사법은 감사원과 자체감사기구의 협력·지원 관계를 규정하고 있다.

> 감사원과 자체감사기구, 양자의 협력·지원관계 등은 "제2장 공공감사 법령과 기구"에서 살펴본다.

2. 감사 시기에 따른 분류: 사전감사와 사후감사

2.1. 사전감사

사전감사(pre-audit, ex-ante audit)는 감사대상이 되는 회계나 사무가 실행되기 전에 그에 대한 적법·타당 여부를 점검하는 감사로서, 이 감사를 통과해야 비로소 지출이나 업무처리가 가능하게 된다. 이런 의미에서 사전감사는 국경을 통과하기 위해서 비자를 점검하는 것과 유사하다는 의미에서 '비자통제(visa control)'나 '거부권(veto)'이라고도 부른다(Murara, 2012; Santiso, 2007).

2.2. 사후감사

사후감사(post-audit, ex-post audit)는 감사대상이 되는 회계나 사무가 실행된 이후에 그 합법성이나 성과 등을 점검하는 감사이다. 여기서 '이후'는 지출이나 사업 등의 '완료'를 의미하는 것은 아니다. 사후감사는 감사실시 시기를 기준으로 구분한 것이지 감사대상 업무 자체를 한정하는 것은 아니다. 즉 사업계획 수립 등도 사후감사의 대상이 될 수 있다.

2.3. 사전감사·사후감사의 관계

사전감사는 문제점을 미리 예방할 수 있다는 장점이 있지만, 정부와 감사 기구에 과도한 업무부담을 줄 수 있고, 잘못 운영될 경우 감사기구가 행정책임의 일부를 분담한다는 신호로 작동하여 정부의 행정책임을 모호하게 만들 수 있다는 단점도 있다.[4] 반면 사후감사는 문제를 미리 예방하지는 못하지만 발생한 문제의 책임을 규명하고 재발을 방지할 수 있다는 장점이 있다(INTOSAI-P 1).

의사결정 전 합법성 통제는 기관의 자체적인 내부통제의 성격이 강하기 때문에 사전감사는 내부감사의 역할과 어울리며, 사후감사는 독립적인 점검이나 평가의 성격이 강하기 때문에 외부감사의 역할로 볼 수 있다(Sanstiso, 2007[5]).

우리나라의 대표적인 사전감사는 자체감사기구의 '일상감사'이다. 자체감사기구의 장은 기관의 주요 업무 집행에 앞서 그 업무의 적법성과 타당성을 점검·심사하는 '일상감사'를 실시하여야 한다(공공감사법 제22조).

국제적으로 보면, 외부감사기구인 최고감사기구가 실시하는 감사는 대부분 사후감사이다. 그렇다고 외부감사기구가 사전감사를 실시하지 않거나 실시하지 못하는 것은 아니다.

역사적으로 볼 때, 많은 나라의 최고감사기구가 처음에는 직접 지출 등을 사전통제하였으나, 점차 내부통제가 내실화되고 외부감사기구에 새로운 역할이 부여되면서 현재에는 유럽연합 중 그리스, 이탈리아, 포르투갈, 슬로베니아 등 소수의 최고감사기구에서만 사전감사[6]를 실시하고 있다(European Court of Auditors, 2019).

---

4) 백상기·김정욱(1990; 73-74)은 사전감사와 사후감사를 동시에 실시하는 경우 ① 내부감사기구의 업무 소홀, ② 감사기구의 직무상 독립성 감소, ③ 감사기구의 행정부에 대한 우위현상 초래, ④ 정부재정활동의 비능률 초래 등의 위험성이 있다는 점을 밝히고 있다.

5) Santiso(2007)에 따르면, 감사의 수행시점 문제는 공공감사에 대한 두 개의 다른 철학을 반영한다. 즉 행정권을 제한하고자 하는 자유주의적 접근은 사전감사를 선호하고, 공공관리 개선에 관심이 있는 관리주의적 접근은 사후감사를 선호한다는 것이다.

6) 이탈리아 감사원(Corte dei Conti)은 1994년까지는 정부의 거의 모든 지출에 대해 사전감사를 실시하였다. 이를 통해 감사원은 공공자금의 통제과정에서 핵심적인 역할을 하였지만, 여기에 많은 시간이 소요되고 각 정부기관에 있는 회계부서 업무와 중복되는 측면도 있었다. 이에 따라 1994년 법률 개정을 통해 사전감사 대상을 공공자산 매각, 대규모 계약, 오류가 반복적으로 발생하는 지출, 총리가 요청하는 사항 등 '중요한 지출'로 축소하였다. 정부기관은 사전감사의 대상이 되는 거래관련 서류를 감사원으로 보내고, 감사원은 거래의 적정성, 법적 근거, 금액의 정확성 등을 검사한다. 검사결과 문

최고감사기구가 사전감사를 실시했다는 것은 감사원장의 명칭에 그 흔적이 남아 있다. 지출에 대한 사전통제를 수행하는 역할을 통제관(comptroller)이라고 불렀는데, 영국 국가감사원(NAO) 원장의 명칭은 'Comptroller and Auditor General (C&AG)'이며, 미국 연방감사원(GAO) 원장의 명칭은 'Comptroller General'이다.

우리나라의 경우 감사원감사는 기본적으로 사후감사이다. 감사원이 사전컨설팅 제도를 운영하고 있지만 신청에 의해 이루어지며, 승인이 집행의 필수요건이 아니라는 점에서 엄격한 의미에서의 사전감사와는 다르다.

3. 감사 목적에 따른 분류: 합법성감사와 성과감사 등

공공감사는 감사의 목적에 따라 합법성감사와 행정개선감사, 성과감사 등으로 분류할 수 있다.

3.1. 합법성감사

합법성감사(legality audit, compliance audit)는 "합규성감사"라고도 하며, 공공행정이 법령과 공적으로 정해진 기준을 준수하도록 하여 행정질서를 유지하기 위한 목적으로 실시하는 감사이다. 각종 재무거래, 회계처리, 업무처리 등이 법령과 규정, 기준 등에 부합하는지, 합법성을 판단기준으로 감사대상업무를 검증하고, 위법·부당사항을 시정·제재하는 방식으로 감사를 실시한다.

3.2. 행정개선감사

행정개선감사는 공공행정이 보다 바람직한 방향으로 운영될 수 있도록 유도하고 개선하기 위한 목적으로 실시하는 감사이다. 법령이나 제도, 행정운영, 행정사무 등의 불합리나 모순, 비효율 요소 등 문제점을 진단하고 개선방안을 제시하는 감사이다.

제가 없는 경우 비자(visa)를 덧붙여 거래를 승인하고, 문제가 있는 경우 서류를 반려한다(National Audit Office, 2005).

행정개선감사의 판단기준은 행정이 지향하는 가치, 준거로서 공정성과 형평성, 투명성 등과 함께 경제성·효율성·효과성(3E) 등을 들 수 있다. 경제성·효율성·효과성은 성과감사의 주요 판단기준으로 이해되고 있지만 일반적인 행정개선감사에 있어서도 판단기준이 될 수 있다.

3.3. 성과감사

성과감사(performance audit)는 경제성·효율성·효과성에 대한 검토와 평가를 위주로 특정사업이나 정책에 대하여 수행하는 감사를 말한다(공공감사기준 제2조).

주요 사업이나 정책을 대상으로 경제성(economy), 효율성(efficiency), 효과성(effec-tiveness) 등 3Es의 관점에서 사업의 추진체계와 집행과정, 성과 등을 심층적으로 분석하여 문제점을 진단하고 개선방향을 제시하는 방식으로 감사를 실시한다.

성과감사는 그 이름과 같이 사업의 성과(performance)를 개선·향상하는 것이 주된 목적이지만 공공행정의 성과는 물질적, 경제적 측면의 성과 외에 사업대상자인 국민의 만족도나 형평성 등을 포괄하는 개념이므로 이러한 관점에서 사업을 개선하는 것도 성과감사의 범주에 포함될 수 있다.

경제성(economy)은 투입되는 자원의 비용을 최소화하는 것이고, 효율성(efficiency)은 투입되는 자원으로부터 최대한의 산출을 얻어내는 것을 말한다. 그리고, 효과성(effectiveness)은 설정된 목표를 달성하고 의도한 결과를 성취하는 정도를 의미한다.

성과감사는 경제성, 효율성, 효과성이 준수되고 있는지 분석할 뿐만 아니라 이것이 준수되는 데 필요한 조건들(conditions)도 분석한다. 이 조건들에는 성과에 영향을 미칠 수 있는 관리방식과 절차, 규제나 제도 등 다양한 요인이 포함될 수 있다. 이처럼 성과감사는 성과와 그것에 영향을 미칠 수 있는 조건에 대한 분석을 포함하기 때문에 그 범위가 상당히 넓어진다.[7]

---

7) 성과감사의 판단기준은 3Es외에도 형평성, 투명성, 대응성 등이 포함될 수 있다. 또한 합법성도 성과에 영향을 미치는 '조건' 중 하나라면 성과감사의 판단기준이 될 수 있다. 미국 정부감사기준(GAGAS)은 성과감사의 목적으로 사업의 경제성·효율성·효과성 평가뿐만 아니라 내부통제 평가, 규칙준수 평가, 미래전망 평가 등 광범위하게 규정하고 있다.

성과감사의 판단기준인 경제성, 효율성, 효과성 등은 합법성 감사의 준거인 법, 규정, 기준 등에 비해 상대적으로 분석력은 높지만, 주관성을 내재하고 있기 때문에 감사에서 판단기준으로 사용되기 위해서는 객관성 확보가 중요하다.

3.4. 감사대상 및 역량 등 비교

합법성감사와 성과감사 등을 감사의 목적과 대상, 감사역량 측면에서 비교해 보면, 합법성감사는 특정 사안의 합법성 점검을 통해 법적·행정적·재무적 책임성을 확보하는 것을 목적으로 하며, 법과 재무회계 지식 등이 필요하다. 성과감사는 업무, 사업, 조직 등의 성과 점검을 통해 경제적·효율적·효과적 거버넌스 구축을 목적으로 하며, 다양한 분석 역량이 필요하다.

표 1-5_ 합법성감사와 행정개선감사, 성과감사 비교[8]

	합법성감사	행정개선감사	성과감사
목적	규범 준수	행정 개선·향상	정책·사업의 성과 제고
판단기준	법률 등 규정	행정의 준거, 바람직한 가치	성과기준 (경제성, 효율성, 효과성 등)
판단기준 특성	객관적	분석적(주관성 내재)	분석적(주관성 내재)
대상	특정 사안	법령, 제도, 행정운영 시스템 등	• 사업추진 체계 • 사업, 활동, 조직의 성과 • 성과에 영향 미치는 조건
필요 역량	법률, 재무규칙	업무분석	정책, 사업분석

8) 행정개선감사와 성과감사는 모두 행정의 개선·향상을 기한다는 점에서 그 차이는 상대적이며, 성과감사는 넓은 의미의 행정개선감사에 포함된다고 할 수 있다. 다만 행정개선감사는 주로 특정 사안을 위주로 하는 반면 성과감사는 사업에 대하여 종합적이고 거시적으로 접근한다는 점에서 차별화된다. 자세한 내용은 "제2편 제3장 감사접근방법"을 참조하기 바란다.

4. 기타 분류

4.1. 정기감사 및 수시감사

공공감사는 감사 실시의 주기(cycle)에 따라 정기감사와 수시감사로 구분할 수 있다. 결산검사는 대표적인 정기감사로서 감사원은 헌법과 감사원법에 따라 매년 결산검사를 수행하고 있다. 이외에도 감사원은 중앙행정기관, 지방자치단체 등에 대해 일정한 주기를 두고 기관 정기감사를 실시하고 있는데, 이는 감사의 사각을 방지하고 감사의 중복이나 과잉을 억제하기 위한 것이다.

수시감사는 일정한 주기 없이 특정 사업이나 업무에 대하여 실시하는 감사를 말한다. 성과감사나 특정사안감사, 감사청구에 의한 감사 등은 수시감사에 해당된다.

4.2. 기획감사 및 청구감사

공공감사는 감사를 실시하는 동인(動因)에 따라 기획감사와 청구감사로 구분할 수 있다. 기획감사는 공공감사기구가 스스로 감사를 기획하여 실시하는 감사를 말한다. 기획감사는 감사운영을 체계적이고 효율적으로 할 수 있는 장점이 있는 반면, 그 비중이 과도할 경우 감사사항 선정이 감사기구의 내부적, 관료적 합리성 기준에 따라 결정될 수 있어 국가적으로 필요한 감사가 누락될 수 있다.

청구감사는 외부의 요청에 의하여 감사를 실시하는 감사를 말한다. 외부요청 감사는 국민과 다양한 이해관계자들의 감사수요를 반영한다는 점에서 공공감사의 책임성과 민주성을 높이는 데 기여할 수 있다.

감사원에서 실시하는 감사는 대부분 감사원이 스스로 기획한 감사이지만, 일부는 외부의 감사청구 등에 의해 시작되기도 한다. 예를 들면, 국민감사청구, 공익감사청구, 국회감사요구가 그것이다.

── Ref.3 주요국 최고감사기구의 감사유형 분류

1. 한국 감사원

결산검사	재정정보의 신뢰성과 회계 책임성 확보를 위해 결산보고서와 재무적 자원의 집행을 검사·검증하는 감사
기관정기감사	감사대상기관 업무 적정성과 효율성을 높이기 위해 조직, 인력, 예산 운영 및 업무처리 전반을 정기적으로 점검하는 감사
성과감사	정책, 사업, 제도 운영의 경제성, 능률성, 효과성 분석이나 업무 흐름별 실태 점검 등을 통해 종합적·체계적으로 진단하고 문제점의 근본 원인을 규명하여 개선 대안을 제시하는 감사
특정사안감사	특정사안에 대한 구체적 사실관계와 책임소재를 규명하거나 구체적 현안 및 이슈에 관한 실태를 점검하기 위한 감사
국민제안감사	국민, 국회, 대상기관 등의 요청에 따라 구체적 사항에 관한 사실 관계 등을 확인하거나 업무처리의 적정성을 점검하는 감사

2. 미국 연방감사원(GAO)

재무감사 (financial audit)	재무상태, 결과, 자원 활용 등 기관의 재무정보에 대한 보고가 공인된 기준에 따라 공정하게 이루어졌는지 평가하는 감사
성과감사 (performance audit)	프로그램의 성과와 운영을 개선하고, 비용을 줄이며, 의사결정자를 지원하는 감사로서, 경제성, 능률성, 효과성, 내부 통제, 합법성, 미래 전망적 분석에 대한 평가를 아우름
입증업무 (attestation)	활용자의 요청에 따라 특정 문제나 주장을 확인하는 것으로서, 재무적·비재무적 목표를 포괄
특별조사 (special investigation)	연방 형법 위반이나 이해상충, 조달·계약 비리 등과 관련된 조사

3. 프랑스 감사원(Cour des Comptes)

회계심판	회계책임자의 배임행위, 잘못된 행정조치로 인한 손해와 공공자금 및 자산의 결손 등에 따른 배상 등 회계책임에 대한 사법적 심판
공공회계 확인·인증	공공회계의 규정 적합성 및 진실성, 관리·운영 성과나 공공재정 상황에 대해 신뢰할 수 있도록 작성되었는지 확인하고 인증
관리통제	공공재정의 사용이 합규성, 정확성, 경제성, 효율성 등의 기준을 준수했는지 여부를 검사
정책평가	정책목표가 효율적이고 경제적으로 달성되었는가 평가

자료: 각국 감사원 홈페이지 참조

제 2 장

공공감사 법령과 기구

제2장에서는

공공감사를 규율하는 법령의 체계와 감사원과 자체감사기구 등
공공감사기구의 조직과 기능, 역할에 대하여 살펴본다.

공공감사는 법령에 규정된 감사 주체가, 법령에 규정된 권한에
따라 감사를 수행한다.

따라서 공공감사의 근거와 감사 권한을 규정하는 법령과 감사를
수행하는 주체인 공공감사기구는 공공감사 제도를 구성하는 가장
기본적인 요소이다.

공공감사 제도

1. 의의

공공감사 제도(institution)는 공공감사를 규율하는 규범과 공공감사를 수행하는 구조의 체계를 의미하는 것으로 국가 전체적으로 공공감사의 주체나 감사대상, 감사 기능 등을 어떻게 배분하고 상호작용하는지를 규율하는 체계이다. 즉 어떤 기구가 무엇을 감사하는지, 감사기구간 기능 배분을 어떻게 할 것인지에 대해 법령 등을 통해 제도화한 것이다.

공공감사는 국민을 대신하여 공공행정의 책임성을 확보하는 활동으로 국가 전체적인 공공감사의 기능 배분은 헌법과 법률에 의해 규정된다. 공공감사의 주체는 법령에 규정되어 있고, 그 활동도 법령에 규정된 감사범위와 권한, 책임에 따라 이루어진다.

따라서 공공감사 제도를 구성하는 체계의 기본적인 요소는 공공감사의 근거와 감사권한 등을 규율하는 "법령"과 감사를 수행하는 주체인 "공공감사기구"라고 할 수 있다. 공공감사에 관한 법령의 체계와 공공감사기구의 조직과 기능·역할을 살펴봄으로써 우리나라 공공감사 제도의 기본구조를 이해할 수 있다.

2. 공공감사 제도의 구성

2.1. 공공부문의 구성

공공감사는 기본적으로 정부 등 공공부문을 대상으로 하므로 그 제도를 이해하기 위해서는 먼저 공공부문의 구성에 대한 이해가 필요하다. 일반적으로 공공부문은 국가, 지방자치단체, 공공기관으로 구성된다.

국가기관에는 중앙행정기관뿐만 아니라 국회, 법원, 헌법재판소, 중앙선거관리위원회, 감사원 등 헌법기관이 포함된다. 중앙행정기관은 전국 단위의 행정사무를 담당하는 기관으로 정부조직법에 따른 부·처·청과 방송통신위원회 등 개별법률에 따른 위원회, 고위공직자범죄수사처 등이 있다.

지방자치단체는 특별시·광역시 등 광역자치단체와 시·군·구 등 기초자치단체, 특별시·광역시 및 도 교육청 등이 있다.

공공기관은 「공공기관운영에 관한 법률」(약칭: 공공기관운영법)에 의한 공기업, 준정부기관, 기타 공공기관과 감사원의 감사대상이 되는 공공기관 등이 있다.[1]

2.2. 공공감사 제도의 구성체계

2.2.1. 내부감사와 중층적 구조의 외부감사

공공감사 제도는 공공 책임성 확보를 위해 내부감사와 중층적 구조의 외부감사 체계로 구성되어 있다. 제1장에서 살펴본 바와 같이 내부감사와 외부감사는 각각의 필요성과 그에 따른 역할을 수행하면서 상호보완적으로 기능하여 공공부문의 책임성 확보에 기여한다. 우리나라의 대표적인 외부감사는 감사원감사이며, 내부감사는 자체감사기구에 의한 감사이다.

공공감사의 외부감사 체계는 중층적으로 이루어져 있다.[2] 대부분 한 기관에 대해 둘 이상의 외부감사가 존재한다. 공공부문은 국민 세금으로 운영되는 만큼 촘촘한 책임을 요구받기 때문이다.

또한 공공부문의 외부감사는 연쇄적(chain)인 특성을 띤다. 국회는 감사원을 감사하고, 감사원은 중앙행정기관을 감사하고, 중앙행정기관은 소관 공공기관을 감사한다. 이는 "기관 간 연쇄적인 위임관계[3]"를 반영한 것이다.

---

1) 한국은행, 금융감독원 등은 공공기관운영법에 따른 공공기관은 아니지만 감사원의 감사대상기관이다.

2) 중층적 구조의 외부감사는 감사의 중복으로 인한 비효율을 야기할 수 있고, 감사의 사각(死角)을 발생시킬 수도 있다. 따라서 공공감사를 수행하는 다양한 기관 간의 역할분담과 협력·조정은 공공감사와 관련된 중요한 제도·운영의 이슈 중 하나가 된다

3) 국민은 국회와 정부에 권한을 위임하고, 국회와 정부는 지방자치단체나 공공기관에 권한을 위임하여 연쇄적인 위임관계가 발생하며, 이에 따라 공공기관은 정부에, 정부는 국민과 국회에 책임을 지는 연쇄적인 책임성(chain of accountability) 관계가 형성된다.

2.2.2. 외부감사의 기능 배분

공공부문을 구성하는 국가기관과 지방자치단체, 공공기관에 대한 외부감사의 기능배분 현황이 <표 2-1>에 정리되어 있다.

국가를 보면, 중앙행정기관은 국회, 감사원 등으로부터 외부감사를 받고, 국회·법원·헌법재판소는 국회와 감사원으로부터 외부감사를 받는다. 단 이때 감사원 감사는 결산검사와 회계검사가 실시되고 직무감찰은 제외된다.

표 2-1_ 공공부문 감사대상별 외부감사 수행 주체

구분	감사대상	외부감사 수행 주체
국가	국회, 법원, 헌법재판소 등	• 국회 • 감사원(결산검사, 회계검사)
	중앙행정기관	• 국회 • 감사원 • 인사혁신처장, 기획재정부 장관 등(소관 사무)
지방 자치 단체	광역자치단체	• 국회(국가위임사무, 보조금) • 감사원(회계검사, 직무감찰) • 주무부장관(위임사무, 보조금) • 행정안전부장관(법령 위반 자치사무)
	기초자치단체	• 국회(본회의 의결시) • 감사원(회계검사, 직무감찰) • 주무부장관(위임사무, 보조금) • 행정안전부장관(법령 위반 자치사무) • 시·도지사(위임사무, 보조금, 법령위반 자치사무)
공공 기관	공공기관	• 국회 • 감사원(회계검사, 직무감찰) • 주무부장관(자체감사기구, 인사감사) • 기획재정부장관(인사감사) 등

지방자치단체는 국회와 감사원, 주무부처인 중앙행정기관으로부터 감사를 받는다. 감사원이 지방자치단체의 자치사무와 위임사무를 포괄적으로 감사할 수 있는 것과 달리 주무부처의 행정감사는 지방자치단체의 위임사무에 한정한다.

　　자치사무에 대한 감사는 법령 위반 사항에 대해서만 행정안전부 장관이 감사할 수 있다.[4] 또한 광역자치단체에 대한 국회의 국정감사는 원칙적으로 국가위임사무나 보조금 등 예산지원사업에 한정된다.

　　지방자치단체 중 광역자치단체는 국회(위임사무와 보조금), 감사원(회계검사, 직무감찰), 주무부처 장관(위임사무, 보조금), 행정안전부장관(법령위반 자치사무) 등으로부터 외부감사를 받을 수 있다. 기초자치단체에 대한 외부감사는 광역자치단체에 대한 외부감사에서 국회가 원칙적으로 제외되고,[5] 여기에 시·도지사의 감사가 추가된다.

　　공공기관은 국회, 감사원, 주무부처인 중앙행정기관 등으로부터 감사를 받는다.

2.2.3. 공공감사 체계의 중심 구조

　　위와 같이 우리나라의 공공감사 체계는 국가기관 등에 설치된 자체감사기구에 의한 내부감사와 중층적으로 이루어지는 외부감사로 구성된다.

　　다만, 이 책에서 개념 정의한 공공감사는 공공부문에서 독립성을 가진 감사전문기구가 실시하는 감사를 의미하며, 이러한 의미에서의 공공감사는 외부감사로서 감사원법에 따라 감사원이 실시하는 '감사원감사'와 내부감사로서 공공감사법에 따라 중앙행정기관과 지방자치단체, 공공기관에 설치된 자체감사기구가 실시하는 '자체감사'가 중심이 되는 체계로 구성되어 있다.

　　그밖에 국회의 국정감사[6]나 중앙행정기관의 소관 사무에 관한 감사 등은 법령에 근거를 두고 공공부문을 감사대상으로 하고 있어 넓은 의미의 공공감사의 범주에 포함될 수 있지만 공공감사가 갖추어야 하는 기본적인 전제인 감사기구 운

---

4) 지방자치단체에 대한 감사원과 중앙행정기관 등의 감사에 대한 자세한 내용은 "제3장 제4절 지방자치단체에 대한 감사"를 참조하기 바란다.

5) 국회도 본회의 의결시 기초자치단체에 대한 감사를 실시할 수 있다(국정감사 및 조사에 관한 법률」 제7조 4항).

6) 국회의 국정감사는 헌법과 「국정감사 및 조사에 관한 법률」에 근거하여 국회가 주요 국가기관에 대하여 실시하는 감사이지만 감사 주체와 활동의 독립성과 정치적 중립성이 보장되지 않고, 감사의 기준도 행정적, 기술적인 판단 외에 정치적인 판단이 작용하는 등으로 이 책에서 정의하는 공공감사 개념에 부합되지 않는다.

영과 감사 활동의 독립성, 정치적 중립성이 확보되지 못하거나 감사를 전문적으로 수행하기보다는 소관업무의 일환으로 감사를 수행하는 등으로 인해 이 책에서 말하는 공공감사 개념에 부합되지 않는 점이 있다.

따라서 이 책에서는 감사원법에 의한 감사원감사와 공공감사법에 의한 자체감사를 중심으로 공공감사 제도를 설명하고, 그밖에 개별 법률에 의한 감사는 공공감사 체계를 이해하는 선에서 간략하게 소개하는 정도로 살펴보기로 한다.

공공감사 관련 법령

1. 공공감사 법령 체계

감사원감사와 자체감사는 각각 외부감사와 내부감사로서 국가의 공공감사체계
를 구성하는 중심축(中心軸)이라고 할 수 있다.

'감사원감사'는 헌법에 그 근거를 두고 있으며, 감사원법과 감사원규칙에서 감
사대상과 권한 등에 대하여 각각 일반적인 사항과 구체적인 사항을 규정하고 있
다. 그 밖에 국회법, 부패방지권익위법 등 개별 법률에서 감사원감사의 특례 등에
관한 사항을 규정하고 있다.

'자체감사'는 공공감사법에서 자체감사기구의 설치, 운영 등에 관한 일반적인
사항을 규정하고, 감사원규칙(「중앙행정기관 및 지방자치단체 자체감사기준」 등) 또는
시행령에서 법률에서 위임한 사항을 규정하고 있다. 그리고 각 기관별로 자체감
사규정[1]을 제정하여 운용하는 체계로 이루어져 있다.

다만, 예외적으로 공공기관 자체감사기구의 구성과 감사기준 등에 관한 사항은
공공기관운영법과 「공기업·준정부기관 감사운영규정(기획재정부 규정)」이 적용된다.

그 외에도 공공부문 내에서 실시하는 감사에는 국정감사법에 따라 국회가 수행
하는 국정감사, 지방자치법에 따라 지방의회가 수행하는 행정사무감사, 개별 법
률에 따라 일부 중앙행정기관이 소관 업무에 대하여 실시하는 감사(예를 들면, 인
사혁신처의 인사감사, 기획재정부의 국유재산 관리 감사 등) 등이 있다.

---

1) 예를 들면, 「기획재정부 감사업무 처리규정」(훈령), 「서울특별시 감사위원회 구성 및 운영에 관한 조
례」(條例), 「한국전력공사 감사규정」(社規) 등이 있다.

그림 2-1_ 공공감사 법령 체계

감사원감사	자체감사	기타
헌법		
감사원법 (＋ 개별법률)	공공감사법 (＋ 공공기관운영법)	국정감사법2)(국정감사) 지방자치법(행정사무감사) 국가공무원법(인사감사) 공공기관운영법(공공기관 인사감사) 국유재산관리법(국유재산감사) 물품관리법(물품관리감사)
감사원규칙(감사사무처리 규칙, 공공감사기준 등)	대통령령(법률시행령) 감사원규칙(자체감사기준 등)	
감사원훈령, 예규, 지침 등	감사운영규정 등 (공공기관 등 내부규정)	

---

2) 국회의 국정감사는 헌법 제61조에 근거가 규정되어 있다.

2. 감사원감사 관련 법령

2.1. 법령 체계

감사원감사는 헌법(제97조)에 근거를 두고 있다. 헌법에서 감사원의 직무범위 등은 법률로 정하도록 한데 따라 감사원법에서 감사원감사에 관한 일반적인 사항을 규정하고 있고, 그 밖에 개별법률에서 감사원감사에 관한 예외 사항 등을 규정하고 있다.

그리고 감사원법과 개별 법률의 위임에 따라 감사원 규칙 또는 시행령에서 감사원감사의 절차나 감사사무 처리 등에 관한 구체적인 사항을 규정하고 있다.

그림 2-2_ 감사원감사 관련 법령 체계

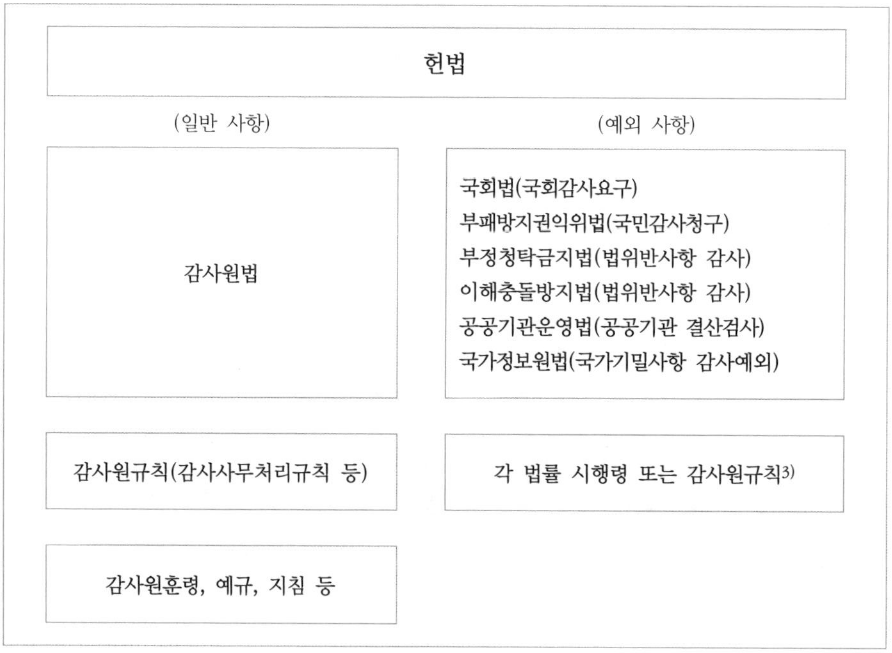

---

3) 개별 법률에서 감사원감사에 관한 사항(예, 부패방지권익위법에 따른 국민의 감사원에 대한 감사청구)을 규정하면서 그에 관한 절차 등을 감사원규칙으로 정하도록 하는 경우가 있다.

2.2. 헌법

2.2.1. 의의

헌법은 제4장 정부 제2절 행정부 제4관에서 감사원의 소속과 기능, 구성 등에 관한 기본적인 사항을 규정하고 있다(제97조~제100조).

대한민국 헌법 (제4장 정부 제2절 행정부 제4관 감사원)

제97조 국가의 세입·세출의 결산, 국가 및 법률이 정한 단체의 회계검사와 행정기관 및 공무원의 직무에 관한 감찰을 하기 위하여 대통령 소속하에 감사원을 둔다.

제98조 ① 감사원은 원장을 포함한 5인 이상 11인 이하의 감사위원으로 구성한다.

② 원장은 국회의 동의를 얻어 대통령이 임명하고, 그 임기는 4년으로 하며, 1차에 한하여 중임할 수 있다.

③ 감사위원은 원장의 제청으로 대통령이 임명하고, 그 임기는 4년으로 하며, 1차에 한하여 중임할 수 있다.

제99조 감사원은 세입·세출의 결산을 매년 검사하여 대통령과 차년도국회에 그 결과를 보고하여야 한다.

제100조 감사원의 조직·직무범위·감사위원의 자격·감사대상공무원의 범위 기타 필요한 사항은 법률로 정한다.

제헌헌법부터 제2공화국 헌법까지는 회계검사를 담당하는 헌법기관인 심계원과 직무감찰권을 가진 법률상 기관인 감찰위원회가 분리되어 있었다. 제3공화국 헌법(1962. 12. 26. 개정, 1963. 12. 27. 시행)부터 두 기관을 통합하여 현행 헌법과 같이 감사원을 규정하고 있다.

2.2.2. 감사원의 지위

헌법은 "감사원의 지위와 기능에 관하여 국가의 세입·세출의 결산, 국가 및 법률이 정한 단체의 회계검사와 행정기관 및 공무원의 직무에 관한 감찰을 하기 위해 대통령 소속하에 감사원을 둔다"(제97조)라고 규정하고 있다.

헌법은 국가의 기본질서를 규정하는 최상위 규범으로 헌법이 감사원의 기능과 지위를 규정한 것은 다음과 같은 중요한 의미를 갖는다.

2.2.2.1. 헌법기관 및 국가의 필수기관

헌법은 감사원의 기능과 임무, 구성 등에 관한 기본적인 사항을 직접 규정하여 감사원을 국가가 필수적으로 설치하여야 하는 헌법기관의 지위를 부여하였다. 이에 따라 감사원의 기능과 구성, 임무 등 기본적인 사항은 헌법개정에 의하지 아니하고는 변경할 수 없다.

감사원의 헌법기관으로서의 지위는 조직의 운영과 감사기능 수행에 안정성을 부여하며, 감사를 독립적으로 수행할 수 있는 기반이 된다.

2.2.2.2. 최고감사기구

헌법은 국가의 세입·세출의 결산, 국가기관 등에 대한 회계검사, 행정기관과 소속 공무원의 직무에 대한 감찰을 하기 위하여 감사원을 둔다고 하여 공공감사에 있어 최고감사기구(Supreme Audit Institution)의 지위를 부여하였다.

이는 감사원이 공공감사 제도를 총괄하고 정부기관 등에 설치된 자체감사기구를 지원하거나 감독할 수 있는 근거가 된다. 이러한 원리에 따라 공공감사법은 감사원이 자체감사 활동을 개선하기 위한 종합대책을 수립하도록 하고, 자체감사기구에 대한 교육 등 지원을 하며, 자체감사 활동을 심사하고 감사계획을 조정할 수 있도록 규정하고 있다.

2.2.2.3. 대통령 소속기관

헌법은 감사원을 "대통령 소속하에 둔다"고 규정하였다. 감사원의 지위를 대통령 소속으로 규정함으로써[4] 감사원의 '외관의 독립성'에 부정적으로 작용할 수

---

4) 감사원이 속한 대통령의 지위에 대하여 '행정부의 수반으로서의 대통령'을 의미한다는 주장과 '국가 원수라는 국정 최고책임자로서의 대통령'을 의미한다는 주장이 대립한다. 전자는 헌법의 구성체계상 감사원이 행정부의 한 요소로 편제되어 있다는 점을 주요 근거로 제시하고 있다. [대표학자는 성낙인 (2010), 「헌법학」 p.1105] 후자는 감사원의 헌법상 직무수행의 독립성과 중립성을 강조한다. [대표학 자는 김철수(2010), 「헌법개설」 p.347] (방동희(2010)에서 인용). 그런데 감사원이 헌법기관으로서 입법부와 사법부에 대해서도 감사할 수 있다는 점 등에 비추어 보면 감사원이 속한 대통령의 지위는 국정 최고책임자로 보는 것이 적합하다고 판단된다.

있으나 감사원법(제2조)에서 "감사원은 대통령에 소속하되, 직무에 관하여는 독립의 지위를 가진다"라고 규정함으로써 감사원의 직무상 독립적인 지위를 명확하게 하였다.

헌법은 비록 독립기관으로서 감사원의 지위를 명시적으로 규정하고 있지 않지만, 감사원의 독립성은 이미 헌법에 의해 부여받은 임무와 기능의 본질로부터 나오는 것이라고 할 수 있다(한수웅, 2013). 헌법은 감사원장 임명에 있어서 국회의 동의(헌법 제98조 제2항), 감사원장 및 감사위원의 임기와 신분보장 등을 규정하여 감사원의 독립적이고 중립적인 지위를 보장하는 장치를 두고 있다.

2.2.3. 감사원의 임무 및 기능

헌법은 감사원의 임무와 기능을 ① 국가의 세입·세출의 결산, ② 국가 및 법률이 정한 단체의 회계검사, ③ 행정기관 및 공무원의 직무에 관한 감찰 등 세 부문으로 규정하고 있다.

헌법에서 위와 같이 감사원의 기능을 규정하고 각 기능별로 감사대상을 달리 정함에 따라 감사원법은 감사원의 감사대상을 결산검사와 회계검사, 직무감찰로 구분하여 각각 그 대상과 범위를 세부적으로 규정하고 있다.

2.2.3.1. 국가 세입세출 결산

헌법이 '국가'의 세입·세출의 결산을 감사원의 기능으로 규정함으로써 감사원법과 공공기관운영법은 감사원이 국가기관과 국가기관이 출자 등을 한 공공기관5) 등에 대하여 결산검사를 하도록 규정하고 있다. 한편, 지방자치단체의 결산검사는 지방자치법에 따라 지방의회가 수행한다.

2.2.3.2. 국가 등에 대한 회계검사

헌법은 '국가 및 법률이 정한 단체'의 회계검사를 감사원의 기능으로 규정함으로써 입법부와 사법부를 포함한 모든 국가기관의 회계가 감사원의 회계검사 대상이 된다.

---

5) 감사원법은 국가의 세입·세출에 대한 결산 검사를 규정하고 있고, 공공기관에 대한 결산검사는 공공기관운영법 또는 개별 법률에서 감사원의 결산검사 대상을 규정하고 있다.

그리고 감사원법에서 정한 지방자치단체와 공공기관 등의 회계, 국가·지방자치단체 등이 출자 등을 한 단체 등 공공부문의 회계와 관련되는 모든 회계가 감사원의 회계검사 대상이 된다.

권력분립의 원칙에도 불구하고 헌법이 입법부, 사법부를 포함한 모든 국가기관을 감사원의 회계검사 대상으로 명시한 것은 국가 전체적으로 통일되고 일관된 회계집행의 필요성이 반영된 것이며, 감사원의 국가 최고감사기구 지위를 확인하는 의미가 있다.

2.2.3.3. 행정기관 및 공무원에 대한 직무감찰

헌법은 '행정기관 및 공무원의 직무'를 감사원의 직무감찰 대상으로 규정하고 있다. 이에 따라 국가의 행정기관과 그에 소속한 공무원의 직무는 원칙적으로 감사원의 직무감찰 대상이 된다.

그리고 헌법은 회계검사 대상과 달리 직무감찰 대상을 '행정기관'으로 규정함으로써 행정기관이 아닌 입법기관과 사법기관의 직무가 감사원의 감찰대상에서 제외되는 근거가 되어 감사원법(제24조 제3항)은 국회·법원 및 헌법재판소에 소속한 공무원의 직무를 감찰대상에서 제외하고 있다.

한편, 감사원의 직무감찰 대상을 회계검사 대상과 달리 규정한 것은 국가적으로 통일된 기준이 적용되어야 하는 회계사항과는 달리 입법기관이나 사법기관의 직무는 고유한 특성이 있어 자율적인 집행의 필요성이 반영된 것이라 할 수 있다.[6]

2.2.4. 감사원의 구성

헌법은 감사원을 원장을 포함한 5인 이상 11인 이하 감사위원으로 구성(제98조 제1항)하고, 감사원장은 국회의 동의를 얻어 대통령이 임명(제98조 제2항)하며, 감사위원은 감사원장의 제청으로 대통령이 임명(제98조 제3항)하도록 하였다.

---

6) 입법·사법기관의 직무(또는 사무) 중에는 입법·사법에 관한 고유한 직무 외에 일반적인 행정사무가 있다. 이러한 사무는 그 성질상 직무감찰의 대상에서 제외되어야 하는 본질적인 이유는 없다. 따라서 이에 관하여 최고감사기구의 감사대상에 포함할지 여부는 헌법 정책적으로 결정될 수 있는 사항이라 할 것이다. 실제로 2018. 3. 26. 대통령이 발의한 헌법개정안에 따르면 '법률로 정하는 국가·지방정부의 기관 및 공무원의 직무'가 감사원(헌법상 독립기관으로 규정)의 직무감찰 대상으로 규정(개헌안 제114조)된 바 있다.

2.2.4.1. 합의제 의결기관

헌법은 감사원을 원장을 포함한 복수의 감사위원으로 구성하도록 하여 합의제 의결기관으로서의 구성을 예정하고 있다.

이에 따라 감사원법은 감사원장을 포함한 감사위원 전원으로 감사위원회의를 구성(법 제11조 제1항)하도록 하고, 감사원의 감사정책 등 중요한 사항을 감사위원회의의 의결로 결정(법 제12조 제1항)하도록 명시하고 있다.

합의제[7](合議制) 기관은 독임제(獨任制) 기관에 비해 일반적으로 의사결정을 보다 신중하게 할 수 있고, 정치적 중립이나 공정성을 확보하는 데 유리한 조직형태이다. 헌법이 감사원을 합의제 기관으로 구성한 것은 감사권한의 공정하고 신중한 행사와 함께 감사원 운영의 독립성을 확보하기 위한 취지로 해석된다.

2.2.4.2. 감사원장 임명의 국회 동의

헌법은 대통령이 국회의 동의를 얻어 감사원장을 임명하도록 규정하고 있다. 감사원을 대통령 소속으로 두면서도 대통령과 국회의 협력에 의해 감사원장을 임명하도록 한 것은 최고감사기구를 대표하는 감사원장 직책의 중요성과 함께 직무상의 독립성과 정치적 중립성에 관한 요구가 반영된 것이다.[8]

2.2.4.3. 감사원장 및 감사위원 임기

헌법은 감사원장과 감사위원의 임기는 4년으로 하고 1차에 한하여 중임할 수 있도록 규정하고 있다(제98조 제2항, 제3항). 임기제를 채택한 것은 신분보장을 통해 직무수행의 안정성을 확보하고, 직무상 독립성을 보완하기 위한 것이다.[9]

---

7) 합의제(合議制, council system)는 여러 사람으로 구성되는 합의체(合議體)에 조직의 의사결정권을 부여하고, 그 운영 또는 행정이 여러 사람의 합의에 의하여 이루어지도록 하는 조직형태를 말한다. 합의제 조직은 특히 의사결정이나 그 집행에 있어서 보다 신중을 기할 필요가 있거나, 정치적 중립 및 행정의 공정성(公正性)이 강조될 경우, 또 업무의 결정 및 처리에 각계의 전문가로부터 의견을 들을 필요가 있을 경우 등에 적합한 조직 유형이다. 그러나 합의제는 단독제에 비하여 책임의 소재가 불명확하고, 행정이 지연되기 쉬우며, 시간과 비용이 낭비적일 수도 있다는 단점도 없지 않다. (이해하기 쉽게 쓴 행정학용어사전, 2010. 3. 25., 하동석, 유종해)

8) 미국, 영국, 독일 등에서도 감사원장 임명에 행정부와 입법부가 동시에 관여한다. 미국 연방감사원장은 의회에서 3명을 후보로 추천하면 대통령이 이중 1명을 지명하여 상원의 승인을 거쳐 임명한다.

2.2.4.4. 감사결과 보고

헌법은 감사원에 대하여 국가 세입·세출의 결산을 매년 검사하여 대통령과 차년도 국회에 그 결과를 보고하도록 규정하고 있다. 이에 따라 감사원은 매년 국가 및 법률로 정한 공공기관 등에 대하여 결산검사를 하고 그 결과를 국회와 대통령에게 보고하고 있다.

감사원이 수행한 결산검사의 결과를 국민의 대표기관인 국회와 대통령에게 보고하도록 한 것은 국가의 주인(principal)인 국민에 대한 감사원의 책임성을 명확하게 한 것이라고 할 수 있다.

2.2.5. 감사원의 직무범위 등에 관한 사항

헌법은 감사원의 기능과 구성, 지위 등에 관한 기본적인 사항을 직접 규정하는 한편, 감사원의 조직·직무범위·감사위원의 자격·감사대상공무원의 범위, 기타 필요한 사항은 법률로 정하도록 하였다.

이에 따라 감사원법은 헌법이 위임한 감사원의 조직·직무범위, 감사대상과 권한 등 감사에 필요한 사항을 정하고 있다.

헌법은 감사원의 직무범위와 감사대상공무원의 범위를 "법률"로 정하도록 하여 법률에 의하지 아니하고는 감사원의 직무범위나 감사대상 기관 및 공무원의 범위 등을 정할 수 없게 하였다. 감사원의 직무범위 등은 감사원의 권한의 범위인 동시에 책임의 범위이므로 국회가 법률로서 그 범위를 명확하게 정하도록 한 것이다.

따라서 감사원법 등 법률에 규정된 감사대상 기관이나 공무원이 행정입법 등의 방법으로 감사원의 감사대상에서 제외할 수 없음은 물론 감사원 스스로도 법률에 정해진 감사대상과 범위에 대하여 충실하게 감사를 수행할 책임을 지고, 임의로 법률에 정해진 직무범위를 확대하거나 축소할 수 없다.

헌법에 따라 감사원의 직무범위를 일반적으로 정하고 있는 법률이 감사원법이며, 그 밖에 국회법(제127조의2, 국회의 감사원에 대한 감사요구), 부패방지권익위법(제72조,

---

9) 1993년 김영삼 정부부터 문재인 정부까지 역대 감사원장의 실제 재임기간을 보면, 이회창(10개월), 이시윤(4년), 한승헌(1년), 이종남(4년), 전윤철(4년), 전윤철(6개월), 김황식(2년), 양건(2년 5개월), 황찬현(4년), 최재형(3년 5개월)이다. 이를 평균하면 2년 6개월(31.4개월)이다.

감사원에 대한 국민의 감사청구), 부정청탁금지법(제7조 등, 법 위반사항에 대한 신고 및 감사원의 감사), 공공기관운영법(제43조 등, 감사원의 결산검사 대상이 되는 공공기관) 등의 법률에서 감사원의 직무범위에 관한 사항을 예외적으로 규정하고 있다.

2.3. 감사원법

2.3.1. 제정 목적

감사원법은 헌법이 감사원의 조직, 직무범위 등을 법률로 정하도록 한 데 따라 감사원의 조직, 직무 범위, 감사위원의 임용자격, 감사 대상 기관 및 공무원의 범위와 그 밖에 필요한 사항을 규정하기 위한 목적으로 제정된 법률이다.

감사원법은 감사원의 구성과 운영, 감사의 대상과 권한 등 전반적인 사항을 규정하고 있는 일반법적 성격을 지니고, 감사원법 외에 감사원감사에 관한 사항을 규정한 국회법 등 개별 법률은 특별법적 성격을 가진다.

2.3.2. 개정 연혁

감사원법은 1963. 2. 27. 1차 제정되었으며, 같은 해 12월 헌법 개정에 따라 이 법이 폐지되고 개정헌법에 부합하는 새로운 감사원법이 제정되었다. 감사원법 제정 이유를 보면, "국가의 세입·세출의 결산, 국가 및 법률이 정한 단체의 회계검사와 행정기관 및 공무원의 직무에 관한 감찰을 하기 위해 감사원을 새로 설치하게 되었으므로, 감사원의 조직 및 직무 범위를 규정함으로써 결산 및 회계검사와 감찰에 관한 사무처리의 적정과 원활을 기하기 위한 것이다"라고 명시되어 있다.

제정 감사원법은 감사원을 대통령에 소속하되 직무에 관해서는 독립의 지위를 갖도록 하고, 원장을 포함한 감사위원 9인으로 구성된 감사위원회의와 사무처로 감사원을 조직하고, 감사위원의 정년을 65세로 하고, 검사사항을 회계검사 사항과 감찰 사항으로 구분하여 구체적으로 명시하고, 징계 사유에 해당하는 공무원에 대해 징계처분을 요구할 수 있도록 하였다.

감사원법은 1963년 제정 이후 2023년 3월 말까지 총 13차례 개정되었다. 주요 개정 연혁을 보면, 1970년 1차 개정에서는 감사위원 수를 9인에서 7인으로 줄였으며, 1973년 2차 개정에서는 공적단체를 감사대상에 추가하였다.

1995년 3차 개정에서는 감사원법이 대폭 개정되었는데, 감사원의 직무상 독립성을 실질적으로 확보할 수 있도록 감사원의 조직과 예산, 인사 등의 자율성을 강화하는 규정이 신설(실·국 설치 및 정원 책정과정에서 국무회의 협의 규정 삭제, 인사사무에 대한 감사를 자율적으로 실시, 자체 징계위원회 설치 등) 되었다. 그리고 중복감사의 부작용을 최소화하기 위한 감사계획 협의와 자체감사 지원에 관한 규정을 신설하고, 회계검사시 금융거래 정보나 자료의 제출을 요구할 수 있도록 하였으며, '권고' 제도를 도입하여 성과감사 실시 근거를 마련하였다.

1999년 4차 개정에서는 감사원장의 정년을 다른 헌법기관과 동일하게 65세에서 70세로 연장하였고, 2015년 12차 개정에서는 적극행정면책제도의 법률적 근거를 규정하였다. 2020년 13차 개정에서는 대통령에 대한 '수시보고'를 '중요감사결과 등 보고'로 명칭을 변경하고 보고의 대상·절차·방법 또는 공개 등에 필요한 사항을 감사원규칙으로 정하도록 하였다.

표 2-2_ 감사원법 개정 연혁

차수	시행일	주요 개정 내용
1차	1970. 12. 31.	감사위원 정원 조정(9인→7인), 시정요구에 대한 결과 동시
2차	1973. 1. 25.	공적단체를 회계검사 및 직무감찰 대상에 포함 등
3차	1995. 1. 5.	감사원 운영(조직, 인사, 예산 등)의 자율성 강화, 자제감사 지원 등
4차	1999. 8. 31.	감사원장 정년 연장(65세→70세)
5차	2004. 3. 5.	감사위원 임용자격 추가
6차	2005. 5. 26.	평가연구원 근거규정 마련, 신상정보 보호
7차	2006. 12. 28.	고위감사 공무원제도 도입
8차	2008. 2. 29.	평가연구원 명칭을 감사연구원으로 변경
9차	2009. 1. 30.	법의 문장 정비
10차	2012. 1. 17.	감사계획수립 협의 대상에 세종특별시 추가
11차	2014. 1. 7.	감사방해 등 감사원법 위반행위에 대한 벌금액 상향(1천만원)
12차	2015. 2. 3.	적극행정 면책 도입
13차	2020. 10. 20.	대통령 수시보고 명칭 변경, 직권재심의 범위 확대

2.3.3. 구성 및 체계

감사원법은 본문 4개 장, 52개 조와 부칙으로 구성되어 있다.

제1장은 '조직'에 관한 부분으로 감사원의 지위와 구성, 원장, 감사위원, 감사위원회의, 사무처, 감사교육원, 감사연구원에 관한 사항을 다루고 있다(제1조~제19조).

제2장은 '권한'에 관한 부분으로 감사원의 임무, 결산의 확인 및 회계검사의 범위, 직무감찰의 범위, 감사방법, 통보와 협력, 감사결과의 처리, 재심의, 감사보고에 관한 사항을 다루고 있다(제20조~제42조).

제3장은 '심사청구'에 관한 부분으로 청구방법, 제척기간, 심리, 결정 등을 다루고 있다(제43조~제48조). 제4장은 '보칙'으로 회계관계 법령 등에 대한 의견표시, 감사대상 기관 외의 자에 대한 협조 요구, 벌칙, 감사원 규칙 제정 권한 등을 규정하고 있다(제49~제52조).

그림 2-3_ 감사원법의 구성

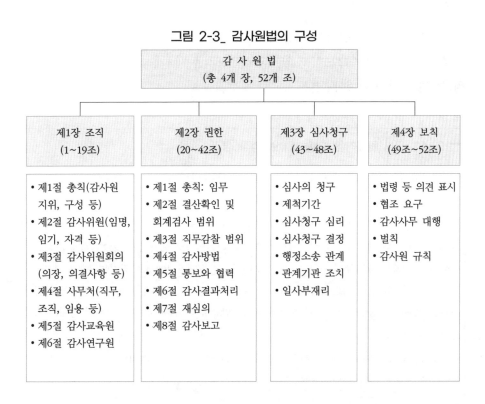

감사원법의 주요 내용에 대하여는 각각 해당 분야에서 자세하게 살펴보기로 한다. 감사원의 조직과 기능은 제3절에서, 감사대상과 범위는 제3장에서, 그리고 감사권한과 방법 등은 제4장에서 각각 살펴본다.

2.4. 감사원규칙

2.4.1. 의의

감사원은 감사에 관한 절차, 감사원의 내부규율, 감사사무처리에 관한 규칙을 제정할 수 있다(감사원법 제52조). 이러한 자주입법권을 부여한 취지는 감사에 관한 절차, 감사원의 내부규율과 감사사무 처리에 관한 사항을 감사원이 자체적으로 정할 수 있도록 함으로써 감사대상기관인 정부로부터의 행정입법을 통한 간섭을 배제하여 감사원의 직무상 독립성을 실질적으로 보장하려는 데 있다.

감사원법은 감사원규칙의 제정 및 개정·폐지에 관한 사항을 감사위원회의의 의결사항으로 규정(제12조)하고 있어 감사원규칙을 제·개정하기 위하여는 감사위원회의의 의결을 거쳐야 한다.

Ref.1 감사원규칙(監査院規則)의 법적 성격

감사원의 규칙제정권은 국회, 법원 등 헌법에서 규칙제정권을 규정한 다른 헌법기관과 달리 감사원법(제52조)에서 규정하고 있다.

이에 따라 감사원규칙의 법적 성격에 대하여 살펴보면, 감사원법에서 감사원의 내부규율에 관한 사항뿐 아니라 대외적으로 효력을 미치는 감사에 관한 절차, 감사사무 처리에 관한 규칙을 제정할 수 있도록 한 점, 행정기본법(제2조)에서도 감사원규칙을 훈령·예규 등 행정규칙(行政規則)과 구분하여 다른 헌법기관이 제정하는 규칙과 동등하게 규정하고 있는 점 등을 고려할 때 감사원규칙은 법규명령(法規命令)[10]으로서의 성격을 가진다고 판단된다.

감사원은 감사원규칙의 법규명령으로서의 효력에 따라 감사위원회의에서 의결된 규칙을 의결된 날부터 15일 이내에 관보에 게재하여 공포하고 있다.

2.4.2. 감사원규칙 현황

2023년 3월 말 현재 총 29개의 감사원 규칙이 제정·시행되고 있다.

감사원법과 관련된 주요 규칙을 보면, 감사원의 감사사무처리를 규정한 「감사원 감사사무 처리규칙」, 회계관계서류의 제출을 규정하고 있는 「계산증명규칙」, 중요감사결과 등에 대한 대통령 보고를 규정한 「중요감사 결과 등 보고의 운영에 관한 규칙」, 공공감사 수행에 필요한 기본사항을 규정한 「공공감사 기준」, 감사위원회의 운영을 정한 「감사위원회의 운영 등에 관한 규칙」 등이 있다.

공공감사법과 관련된 규칙은 「중앙행정기관 및 지방자치단체 자체감사 기준」, 「자체감사활동 심사에 관한 규칙」이 있으며, 공공기관운영법과 관련된 규칙은 「공공기관의 회계감사 및 결산감사에 관한 규칙」 등이 있다.

표 2-3_ 감사원규칙 현황

근거 법률	감사원규칙
감사원법 (22개)	감사원감사사무처리규칙, 공공감사기준, 계산증명규칙, 감사원심사규칙 중요감사결과등보고의운영에관한규칙, 감사위원회의운영등에관한규칙 등 자체감사활동심사에관한규칙(공공감사법) 자체감사활동의지원및대행·위탁감사에관한규칙(공공감사법, 공공기관운영법)
공공감사법 (4개)	중앙행정기관및지방자치단체자체감사기준, 감사활동조정협의회구성· 운영등에관한규칙, 자체감사활동심사에관한규칙(감사원법) 자체감사활동의지원및대행·위탁감사에관한규칙(감사원법, 공공기관운영법)
공공기관운영법 (2개)	공공기관의회계감사및결산감사에관한규칙 자체감사활동의지원및대행·위탁감사에관한규칙(감사원법, 공공감사법)
기타 (4개)	감사원변상판정청구에관한규칙(회계관계직원 등의 책임에 관한 법률) 감사원행정심판위원회규칙(행정심판법) 국민감사청구·부패행위신고등처리에관한규칙(부패방지권익위법) 감사원소관비영리법인의설립및감독에관한규칙(민법)

---

10) 법규명령(法規命令)은 법규로서의 성질을 가지기 때문에 국가와 국민에 대하여 일반적인 구속력을 가지는 규범이다. 행정권에 의하여 정립되는 명령이라는 점에서 행정명령과 같으나, 대외적·일반적 구속력을 가진다는 뜻에서 행정명령과 다르다. (법률용어사전, 2016. 1. 20., 이병태)

2.5. 감사원감사의 예외 등을 규정한 법령

위에서 기술한 바와 같이 헌법(제100조)에서 감사원의 직무범위 등을 법률로 정하도록 한 데 따라 국회법 등 일부 법률에서 감사원감사에 관한 사항을 규정하고 있다.

국회법에서 규정한 '국회의 감사원에 대한 감사실시 요구', 부패방지권익위법에서 규정한 '국민의 감사원에 대한 감사청구' 등 개별 법률에서 정한 감사원감사에 관한 사항들도 공공감사 분야의 중요한 제도로 자리매김하고 있다.

따라서 감사원감사와 관련된 법령과 제도를 종합적으로 이해하기 위하여는 이러한 법령과 제도에 대한 이해가 필요하다. 개별 법률에서 규정하고 있는 주요 사항에 대하여는 관련분야에서 자세히 살펴보기로 한다.

표 2-4_ 개별법률에 규정된 감사원감사 관련 사항

법률	규정 내용
국회법 (제127조의2)	국회의 의결로 감사원에 대한 감사실시 요구를 규정 (국회감사요구제도, "제7장 공공감사의 혁신과 발전" 참조)
공공감사법 (제32조 등)	간사원의 자체감시활동 심사, 지원, 감사계획 협의 및 감사활동개선 종합대책 수립 등을 규정 ("제2장 제5절 감사원과 자체감사기구의 관계" 참조)
공공기관운영법 (제43조)	감사원의 결산검사 대상이 되는 공공기관을 규정 (공공기관 결산검사 대상, "제4장 감사 대상·범위와 한계" 참조)
부패방지권익위법 (제72조)	일반 국민의 감사원에 대한 감사 청구를 규정 (국민감사청구제도, "제7장 공공감사의 혁신과 발전" 참조)
부정청탁금지법 (제14조 등)	법 위반사항에 대한 감사원 신고 및 감사원의 감사 등을 규정
이해충돌방지법 (제19조 등)	법 위반사항에 대한 감사원 신고 및 감사원의 감사 등을 규정
국가정보원법 (제17조)	중대한 국가기밀사항에 대해 감사원감사의 자료제출 거부 등을 규정 (감사감사의 한계, "제4장 감사 대상·범위와 한계" 참조)

3. 자체감사 관련 법령

3.1. 법령 체계

자체감사에 관한 법령 체계는 <그림 2-4>와 같이 공공감사법에서 자체감사기구의 설치, 운영 등에 관한 일반적인 사항을 규정하고, 감사원규칙(공공감사기준, 「중앙행정기관 및 지방자치단체의 자체감사기준」 등) 또는 시행령에서 법률에서 위임한 사항을 규정하고 있으며, 각 기관별로 자체감사규정[11]을 제정하여 운용하는 체계로 이루어져 있다.

그림 2-4_ 자체감사 관련 법령 체계

(중앙행정기관)	(지방자치단체)	(공공기관)

공공감사법	
	공공기관운영법[12]

공공감사기준(감사원 규칙)	
공공감사법시행령, 「중앙행정기관 및 지방자치단체 자체감사기준」(감사원규칙)	공공기관운영법시행령

감사운영규정(각 기관)	
	「공기업·준정부기관 감사운영 규정」(기획재정부)

---

11) 예를 들면, 「기획재정부 감사업무처리규정」(훈령), 「서울특별시 감사위원회 구성 및 운영에 관한 조례」(조례), 한국전력공사감사규정(사규) 등이 있다.

12) 공공감사법의 적용범위는 기본적으로 중앙행정기관, 지방자치단체, 공공기관의 자체감사기구이다. 다만, 공공기관은 중앙행정기관 및 지방자치단체와 달리 공공감사법 중 감사기구 장의 임용(제8조~제11조), 인사관리(제13조~제15조), 감사담당자의 임용 및 인사관리(제16조~제17조) 규정은 적용되지 않고, 공공기관운영법이 적용된다.

다만, 예외적으로 공공기관 자체감사기구의 조직과 감사기준 등에 관한 사항은 공공기관운영법과 「공기업·준정부기관 감사운영규정(기획재정부 규정)」이 적용된다. 공공기관의 자체감사기구 조직 등을 공공기관운영법에서 규정하는 이유는 중앙행정기관이나 지방자치단체와는 달리 각 공공기관의 설립근거, 형태(주식회사, 비영리법인 등)가 다양하고 감사책임자(공공기관의 감사 등)에 대한 임명방식이 개별 법률에 규정되어 있는 등으로 인해 공공감사법에서 조직 등을 일률적으로 규정하기가 곤란하기 때문이다.

3.2. 「공공감사에 관한 법률」(약칭: 공공감사법)

3.2.1. 제정 목적 및 의의

공공감사법은 정부와 지방자치단체, 공공기관 등에 설치된 자체감사기구의 독립성과 전문성을 확보하고, 감사원과 자체감사기구를 포괄하는 효율적인 공공감사체계를 확립하기 위한 제도적 기반을 마련하기 위해 2010년 3월 제정되어 2010. 7. 1. 시행되었다.

공공감사법의 제정은 두 가지 측면에서 자체감사 내실화에 기여하고 있다. 첫째, 이 법의 제정으로 자체감사의 법적 근거가 명확해졌다. 법률 제정이전에 자체감사는 감사원감사와 달리 기관장의 소관 업무에 대한 감독체계의 일환으로 내부규정 등에 따라 감사기구가 설치되어 운영됨으로써 법적 근거가 미약하였다.

둘째, 자체감사의 독립성과 전문성 향상의 토대가 되었다. 그간 자체감사는 대부분 기관장 통제하에 운영되고 해당기관의 내부 직원이 순환보직하는 형태로 감사업무를 수행하여 독립성과 전문성을 기대하기 어려웠고, 감사활동에 대한 적절한 감사기준과 절차도 확립되지 못하여 온정적이고 자의적인 감사활동과 부실감사가 초래된다는 비판이 있었다(감사원, 2014; 4).

3.2.2. 개정연혁

공공감사법은 제정 이후 2023년 3월 현재까지 4차례 개정되었는데, 이 중 3차례는 정부조직법 개정에 따른 후속 개정이었으며, 2015년에 이루어진 3차 개정에서 적극행정면책 조항(제23조의 2)이 신설되었다.

3.2.3. 구성 및 체계

공공감사법은 총 6개 장, 41개 조와 부칙으로 구성되어 있다. 제1장은 총칙으로 법률제정의 목적, 정의, 적용범위, 다른 법률과의 관계 등에 관한 사항이며, 제2장은 자체감사의 운영으로 자체감사기구(제1절), 감사기구의 장(제2절), 감사담당자(제3절)와 관련된 사항이다.

제3장은 자체감사활동으로 감사계획의 수립·실시, 자료제출 요구, 감사결과의 통보 및 처리, 적극행정면책, 재심의 신청, 감사결과의 공개 등에 관한 사항이며, 제4장은 감사활동체계의 개선으로 감사활동조정협의회 설치, 감사활동개선 종합대책 수립, 중복감사 금지, 감사계획 협의, 감사의 대행과 감사기준 등에 관한 사항이다.

제5장은 자체감사활동의 지원으로 감사원의 자체감사활동 지원, 자체감사활동 심사에 관한 사항이며, 제6장은 벌칙 조항이다.

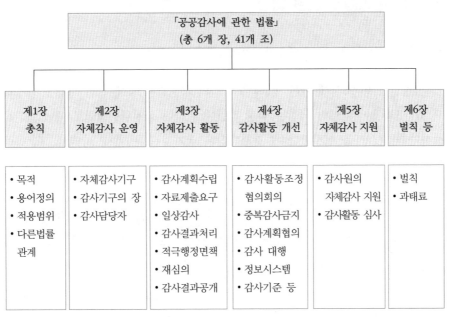

그림 2-5_ 「공공감사에 관한 법률」 구성

3.3. 「공공기관 운영에 관한 법률」(약칭: 공공기관운영법)

공공기관운영법은 공공기관 운영에 관한 기본적인 사항과 자율경영·책임경영 체제의 확립에 관한 사항을 정하여 경영을 합리화하고 운영의 투명성을 제고함으로써 공공기관의 대국민 서비스를 증진시키기 위해 2007년 1월 제정되어 2007년 4월 시행되었다.

공공기관운영법은 총 6개 장, 56개 조와 부칙으로 구성되어 있다. 감사와 관련된 주요 내용은 공기업·준정부기관의 감사의 설치(제24조)와 감사위원회의 설치·기능·보고(제24조), 공기업의 감사 및 상임감사위원의 임면(제25조), 준정부기관의 감사 및 상임감사위원의 임면(제26조), 공기업·준정부기관 감사 및 감사위원의 임기(제28조), 자격요건(제29조), 직무(제32조), 책임(제35조), 직무수행실적평가(제36조), 감사보고서 공개(제11조) 등이다.

4. 기타 공공감사 관련 법령

4.1. 「국정감사 및 조사에 관한 법률」: 국회 국정감사

「국정감사 및 조사에 관한 법률」은 국회의 국정감사 등에 관한 사항을 규정하고 있다. 법률에 따르면 국회는 국정 전반에 관하여 상임위원회별로 매년 기간을 정하여 국정감사를 실시한다.[13] 감사대상은 국가기관, 특별시·광역시·도, 공공기관 등이며, 그 밖에 지방자치단체나 감사원 감사대상기관은 본회의 의결로 감사대상이 될 수 있다. 감사를 위하여 서류 등의 제출이나 증인, 감정인, 참고인의 출석을 요구할 수 있다. 국회는 본회의 의결로 감사결과를 처리하며, 감사결과 위법·부당한 사항이 있을 경우 정부나 해당 기관에 변상, 징계조치, 제도개선, 예산조정 등 시정을 요구할 수 있다.

---

13) 국정조사는 재적위원 4분의 1 이상의 요구가 있을 때 특별위원회나 상임위원회로 하여금 국정의 특정한 사안에 관하여 조사하는 것이다(「국정감사 및 조사에 관한 법률」 제3조).

4.2. 지방자치법

4.2.1. 지방의회의 행정사무감사 및 결산검사

지방자치법(제49조5~제50조)은 지방의회의 지방자치단체에 대한 행정사무감사 등을 규정하고 있다. 지방의회는 매년 1회 해당 지방자치단체의 사무에 대하여 정해진 기간 범위에서 행정사무감사를 실시할 수 있다. 감사를 위하여 필요하면 현지확인하거나 서류제출을 요구할 수 있으며, 관계자의 출석 및 증언 또는 참고인의 의견 진술을 요구할 수 있다. 본회의 의결로 감사결과를 처리하며, 감사결과 시정이 필요한 사유가 있을 때에는 지방자치단체 등에 시정을 요구할 수 있다.

그리고 지방의회는 해당 지방자치단체의 결산을 심사하고 승인하며, 위법하거나 부당한 사항이 있는 경우 본회의 의결로 지방자치단체 또는 해당 기관에 변상 및 징계 조치 등 그 시정을 요구할 수 있다.

4.2.2. 중앙행정기관과 지방자치단체의 행정감사

지방자치법은 중앙행정기관 등의 지방자치단체에 대한 행정감사를 규정하고 있다. 주무부처 장관은 지방자치단체에 위임한 국가사무에 관하여, 시·도지사는 시·군·자치구에 위임한 사무에 관하여 지도·감독의 일환으로 감사를 실시할 수 있다(제185조). 그리고 자치단체의 자치사무에 대하여는 행정안전부 장관이나 시·도지사는 법령 위반사항에 대해서만 감사할 수 있다(제190조).[14]

주무부처 장관과 행정안전부장관은 지방자치단체의 감사부담을 줄이고 감사효율성을 높이기 위해 같은 기간 동안 함께 감사할 수 있는데(제191조), 이를 정부합동감사라고 한다. 감사의 절차와 방법 등 감사실시에 관한 구체적인 사항은 「지방자치단체에 대한 행정감사 규정」(대통령령)에 명시되어 있다.[15]

---

14) 헌법재판소는 지방자치단체의 자치사무에 대한 중앙행정기관의 감사권을 사전적·일반적인 포괄적인 감사권이 아니라 그 대상과 범위가 한정적인 제한된 감사권으로 해석하였다(헌재 2009. 5. 28. 선고 2006헌라6). 즉 자치사무에 대해 감사를 착수하기 위해서는 특정한 법령위반행위가 확인되었거나 위법행위가 있었으리라는 합리적 의심이 가능한 경우이어야 하고 또는 그 감사대상을 특정해야 한다. 이에 관한 자세한 내용은 "제3장 제4절 지방자치단체에 대한 감사"를 참조하기 바란다.

15) 공공감사법에서는 '지방자치단체에 대한 행정감사'에 대해 중복감사(33조), 감사계획 협의(34조), 감사정보시스템 입력 규정(36조 2항)을 적용한다고 되어 있다(공공감사법 제3조 2항).

4.3. 국가공무원법: 인사혁신처의 인사감사

국가공무원법(제17조)은 중앙행기관에 대한 인사혁신처장의 인사감사에 관한 사항을 규정하고 있다. 법률에 따르면, 인사혁신처장은 행정기관의 인사행정 운영의 적정 여부를 정기 또는 수시로 감사할 수 있으며, 필요하면 관계서류를 제출하도록 요구할 수 있다.[16] 감사결과 위법 또는 부당한 사실이 발견되면 관계기관의 장에게 그 시정과 관계 공무원의 징계를 요구하도록 규정되어 있다. 감사실시에 관한 구체적인 사항은 「인사감사 규정」(대통령령)에 명시되어 있다.

4.4. 공공기관운영법: 기획재정부, 주무기관의 공공기관 인사감사

공공기관운영법(제56조의6)은 기획재정부 장관 또는 주무기관의 장의 공공기관에 대한 인사감사에 관한 사항을 규정하고 있다. 법률에 따르면, 기획재정부장관 또는 주무기관의 장은 공공기관 채용비위의 근절 등을 위하여 공공기관의 인사운영의 적정성을 감사할 수 있으며, 필요한 경우 관계 서류를 제출하도록 요구할 수 있다. 기획재정부장관 등은 감사감사 결과 위법 또는 부당한 사실이 발견되면 해당 공공기관의 장에게 그 시정과 관련자에 대한 인사상의 조치 등을 요구하도록 되어 있다.

4.5. 물품관리법: 조달청의 물품관리 감사

물품관리법(제7조)은 중앙행기관에 대한 조달청장의 물품관리감사에에 관한 사항을 규정하고 있다. 법률에 따르면, 조달청장은 중앙관서의 장[17]이 수행하는 물품관리 상황에 대한 실지감사나 서면감사를 실시할 수 있고, 감사결과 부당하거나 위법한 사실이 있으면 중앙관서의 장에게 시정요구나 관계 공무원에 대한 주의

---

16) 국회, 법원, 헌재, 선관위는 국가공무원법 제17조 2항에 따라 그리고 감사원은 감사원법 제18조 4항에 따라 자체적으로 인사 사무에 대한 감사를 실시한다.

17) 국가재정법 제6조에 따른 중앙관서의 장을 말하는데, 여기에는 중앙행정기관뿐만 아니라 국회 사무총장, 법원행정처장 등이 포함되어 사실상 모든 국가기관을 의미한다고 볼 수 있다.

또는 징계처분을 요구할 수 있다. 감사실시에 관한 구체적인 사항은 「물품관리법 시행규칙」(기획재정부령)에서 정하고 있다.[18]

4.6. 국유재산법: 기획재정부의 국유재산 감사

국유재산법(제21조 등)은 기획재정부의 중앙행기관에 대한 국유재산감사에 관한 사항을 규정하고 있다. 법률에 따르면, 기획재정부는 중앙관서의 장 등[19]의 재산관리상황과 유휴 행정재산 현황을 감사할 수 있고, 감사결과 위법하거나 부당하다고 인정되는 사실이 있으면 해당 중앙관서의 장 등에게 시정을 요구하는 등 필요한 조치를 할 수 있고, 행정재산의 사용승인을 철회할 수 있다.

4.7. 「행정기관의 조직과 정원에 관한 통칙」: 행정안전부의 정원감사

행정안전부 장관은 「행정기관의 조직과 정원에 관한 통칙」(대통령령)에 따라 조직관리상 필요하다고 인정하는 때에는 행정기관에 대하여 정원감사를 실시하고, 그 결과를 해당 기관에 통보하도록 되어 있다. 감사실시에 관한 구체적인 사항은 「정원감사 업무처리 지침」(행정안전부 예규)에 명시되어 있다.

---

18) 조달청장의 물품관리 감사는 공공감사법상 중복감사(33조), 감사계획 협의(34조), 감사정보시스템 입력 규정(36조 2항)을 적용한다고 되어 있다(공공감사법 제3조 2항).
19) 국가재정법 제6조에 따른 중앙관서의 장과 일반재산 관리 사무를 위임 위탁받은 자를 말한다.

제 3 절

감사원

감사원은 헌법(제97조)과 감사원법에 따라 설치된 우리나라의 최고감사기구이다. 감사원은 국가의 세입·세출에 대한 결산검사와 국가와 법률이 정한 단체의 회계검사, 행정기관 및 공무원의 직무에 대한 감찰 기능을 수행하는 한편, 정부기관 등의 자체감사기구를 감독하고 지원하는 역할을 한다. 이하에서 감사원의 조직과 기능·역할에 대하여 자세하게 살펴본다.

1. 조직

감사원은 합의제 기관으로 감사원장을 포함한 감사위원 7인으로 구성한다.[1] 감사원은 감사위원회의와 사무처, 감사교육원, 감사연구원 및 자문기관 등을 내부 조직으로 두고 있다.

1.1. 감사원장

감사원장은 국회의 동의를 받아 대통령이 임명한다. 감사원장은 감사원을 대표하며 소속 공무원을 지휘·감독한다. 원장의 임기는 4년, 1차에 한하여 중임할 수 있으며 정년은 70세이다. 원장이 궐위되거나 사고로 인하여[2] 직무를 수행할 수 없을 때에는 감사위원으로 최장기간 재직한 감사위원이 그 직무를 대행한다.

---

[1] 헌법(제98조 제1항)은 감사원이 원장을 포함한 5인 이상 11인 이하 감사위원으로 구성된다고 규정하고 있으며, 감사원법(제3조)은 이를 7인으로 구체화하여 규정하고 있다.

[2] 궐위란 사망, 사직, 탄핵결정에 의한 파면 등으로 직이 공석이 된 것을 말하며, 사고란 원장이 재임하고 있으나, 질병, 탄핵소추로 인한 직무집행 정지 등으로 직무를 수행할 수 없는 경우를 말한다.

1.2. 감사위원

감사위원은 감사원장의 제청으로 대통령이 임명한다. 임기는 4년, 1차에 한하여 중임할 수 있으며 정년은 65세이다.

감사원장을 포함한 감사위원은 탄핵 결정이나 금고 이상의 형을 선고받았을 때, 장기의 심신쇠약으로 직무를 수행할 수 없게 된 때가 아니면 본인의 의사에 반하여 면직되지 아니한다. 이처럼 감사위원의 신분을 보장하는 것은 직무수행의 독립성과 공정성을 확보하려는 데 그 취지가 있다.

1.2.1. 임용자격

감사원장을 포함한 감사위원의 임용자격은 일정한 요건을 갖춘 공무원, 법률가, 교수, 민간인 등으로 법률로 정하고 있는데, 이는 감사업무의 전문성을 반영한 것임과 동시에 감사원의 독립성을 보장하고자 하는 데 그 목적이 있다.

> **감사위원 임용자격[3] (감사원법 제7조)**
> 1. 고위공무원 또는 3급 이상 공무원으로 8년 이상 재직한 사람
> 2. 판·검사·군법무관·변호사로 10년 이상 재직한 사람
> 3. 공인된 대학에서 부교수 이상으로 8년 이상 재직한 사람
> 4. 주권상장법인이나 공기업 등에서 20년 이상 근무한 사람으로 임원으로 5년 이상 재직한 사람

1.2.2. 겸직 및 정치활동 금지

감사원장을 포함한 감사위원은 국회나 지방의회의 의원의 직, 행정부처 공무원의 직, 감사대상기관 임직원의 직, 기타 보수를 받는 직을 겸직하거나 영리목적의 사업을 할 수 없으며, 정당에 가입하거나 정치운동에 관여할 수 없다 (법 제9조, 제10조).

---

3) 감사위원 임용자격 각 호의 경력은 합산하지 않는다.

1.3. 감사위원회의

1.3.1. 구성 및 의결 정족수

감사위원회의는 감사원의 최고의사결정기구로서 감사원장을 포함한 감사위원 전원으로 구성되고, 원장이 의장이 된다(법 제11조). 원장은 감사위원회의의 의장으로서 회의를 주재하는 한편, 의안의 심의와 의결에 참여한다. 감사위원회의는 재적(在籍) 감사위원 과반수의 찬성으로 의결하며, 의장도 의결에 있어서는 감사위원의 한 사람으로서 동등한 한 표를 행사한다.[4]

의장이 부득이한 사유로 회의에 참석할 수 없을 때에는 선임 감사위원이 그 직무를 대행한다(「감사위원회의 운영 등에 관한 규칙」 제4조 제4항).

감사원법은 감사위원의 정수(定數)를 감사원장을 포함 7인으로 규정하고, 감사위원회의의 의결 정족수(定足數)를 "재적 감사위원 과반수"로 규정하고 있다. 이에 따라 재적 감사위원이 7인인 경우 회의에 출석한 위원 수에 관계없이 4인 이상의 감사위원이 의안에 동의하여야 의결할 수 있다. 예컨대, 재적 감사위원이 7인이고 회의에 출석한 감사위원이 5인인 경우 재적 감사위원의 과반수인 4인 이상이 동의하여야 의안을 의결할 수 있는 것이다.

1.3.2. 의결사항

감사원법은 감사위원회의의 의결사항으로 감사원의 감사정책 및 주요 감사계획, 결산의 확인, 변상책임 등 감사결과, 심사청구결정, 감사원규칙의 제·개정 및 폐지, 감사원 예산 및 결산 등 16개 사항을 명시하고 있다(법 제12조).

위와 같은 의결사항 외에도 감사원법(제18조)은 감사원장이 사무총장, 고위감사공무원, 4급 이상 공무원을 대통령에게 임용제청할 때에는 감사위원회의의 의결을 거치도록 하고 있다.

---

4) 한편 감사원장은 다른 감사위원과 달리 국회 동의를 받아 대통령이 임명하고, 감사위원을 대통령에게 임명 제청하며, 사무처의 회계검사, 직무감찰, 심사결정 등 행정사무를 지휘·감독한다. 이러한 점들을 고려하여 감사원을 "감사원장 우위의 합의제 기관"이라고 부르기도 한다(법제처, 2010).

감사위원회의 의결사항 (감사원법 제12조)

1. 감사원의 감사정책 및 주요 감사계획에 관한 사항

2. 제21조에 따른 결산의 확인에 관한 사항

3. 제31조에 따른 변상책임의 판정에 관한 사항

4. 제32조에 따른 징계 및 문책 처분의 요구에 관한 사항

5. 제33조에 따른 시정 등의 요구에 관한 사항

6. 제34조에 따른 개선 요구에 관한 사항

7. 제34조의2제1항에 따른 권고 등에 관한 사항

8. 제36조·제38조 및 제39조에 따른 재심의에 관한 사항

9. 제41조에 따른 결산검사보고 및 제42조에 따른 중요 감사 결과 등 보고에 관한 사항

10. 제46조에 따른 심사청구결정에 관한 사항

11. 제49조에 따른 의견 표시 등에 관한 사항

12. 감사원규칙의 제정 및 개정·폐지에 관한 사항

13. 감사원의 예산 요구 및 결산에 관한 사항

14. 제28조에 따른 감사의 생략에 관한 사항

15. 제50조의2에 따른 감사사무의 대행에 관한 사항

16. 그 밖에 원장이 회의에 부친 사항

※ 제5호·제7호·제8호·제10호 및 제11호의 사항 중 경미한 것으로서 감사원규칙으로 정하는 사항은 원장이 처리

issue note 1: 감사위원회의의 주요 감사계획 의결[5]과 감사 실시의 관계

감사원법은 감사위원회의 의결사항의 하나로 "주요 감사계획[6]"을 규정하고 있다. 이에 따라 감사원이 수시로 발생하는 감사수요에 대응하여 감사를 실시하는 경우 사전에 그 감사계획에 대하여 감사위원회의의 의결을 거쳐야 하는지에 관하여 의문이 있을 수 있다.

감사원법의 취지를 고려하면 원칙적으로 중요 감사사항은 감사위원회의의 의결을 거쳐 실시하는 것이 바람직하다. 다만, 감사위원회의에서 의결된 감사계획에 포함되지 않은 감사사항에 대하여 감사의 개시를 엄격히 제한하는 취지로 감사원법을 해석하는 데는 신중한 판단을 요하며, 다음과 같은 점을 고려할 필요가 있다.

우선, 감사원이 감사를 실시하는 경우 감사 개시만으로는 법적인 효과가 발생하지 않고, 감사원법에 따른 징계·시정요구 등 감사결과는 감사위원회의의 의결을 통해 확정되며, 확정된 감사결과를 감사대상기관 등에 시행함으로써 비로소 법적인 효력이 발생한다는 점이다. 이에 따라 감사위원회의의 의결을 거치지 않고 개시한 감사에 대하여도 감사위원회의는 그 감사결과를 심의·의결하는 과정에서 위법·부당하다고 인정하는 사항이 있으면 감사결과의 성립을 배제하거나 교정할 수 있다.

　다음으로, 위와 같은 감사결과 확정 절차 등에 따라 감사위원회의의 감사계획 의결을 거치지 않고 감사를 개시하는 경로가 제도적으로 운영되고 있다는 점을 고려할 필요가 있다. 예컨대, 국민감사청구사항과 공익감사청구사항의 경우 그 감사실시 결정은 각각 국민감사청구심사위원회의 의결 또는 감사원 사무처의 결재(일반적인 사항은 소관 사무차장, 중요 사항은 사무총장의 결재)로 이루어진다. 국민·공익감사청구사항 중에도 중요 감사사항이 많이 있고, 이러한 감사의 실시에 있어서는 감사위원회의의 의결 없이 감사실시 여부에 관한 결정이 이루어지고 있는 현실을 감안하면 수시로 발생하는 감사 수요에 대하여 감사위원회의의 사전 감사계획 의결을 엄격하게 요구하는 것은 관련 제도의 운영에 있어 부조화스러운 면이 있다.

　그리고, 감사원의 본연의 기능을 수행하기 위해 공공부문의 위법·부당사항에 대하여 적기에 대응하여 문제를 바로잡을 필요가 있는 점도 고려할 필요가 있다.

　이러한 점들을 종합적으로 고려하면, 감사원이 수시로 발생하는 감사수요에 대응하는 데 있어서는 주요 감사계획을 감사위원회의의 의결사항으로 규정한 감사원법의 취지와 감사원의 본연의 기능을 수행하기 위해 공공부문의 문제에 대하여 적기에 대응할 필요성 등 두 가치가 조화롭게 충족될 수 있도록 제도를 설계·운영하는 것이 바람직하다.

1.3.3. 감사위원 제척 및 회피

　감사원법(제15조)은 감사위원은 자기와 관련이 있는 사항, 감사위원 임명 전 조사나 검사에 관여한 사항 등에 관한 의안의 심의에 관여할 수 없도록 감사위원

---

5) 감사원법 제12조 제1항 제1호 "감사원의 감사정책 및 주요 감사계획"에 관한 사항은 1995. 1. 5. 감사원법 개정으로 추가된 규정이다.
6) 감사원은 연간감사계획과 반기감사계획을 감사위원회의의 의결을 거쳐 확정하고 있으며, 연간감사계획 등에 포함된 개별 감사사항의 감사실시계획은 감사원장 또는 사무총장의 결재로 수립하고 있다.

제척(除斥) 사항을 규정하고 있다. 그리고 감사위원은 제척 사항에 해당하지 않더라도 심의의 독립성, 중립성을 확보하기 어렵다고 판단되는 경우에는 의장의 승인을 받아 심의를 회피(回避)할 수 있다(「감사원 운영규칙」 제8조).

감사위원회의에 출석하여 감사원의 중요 의사결정사항을 심의·의결하는 것은 헌법기관인 감사위원의 권한이자 의무라고 할 수 있는데 위와 같이 감사위원 제척·회피 제도를 운영하는 것은 감사위원의 이해충돌을 방지하고 감사위원회의의 공정하고 객관적인 심의·의결을 기하기 위한 것이다.

감사위원 제척 사항 (감사원법 제15조)

1. 자기와 관계있는 사항[7]
2. 친족관계가 있거나 이러한 관계가 있었던 사람과 관계있는 사항
3. 감사위원이 해당 안건과 관계있는 사람의 증인 또는 감정인으로 된 사항
4. 감사위원이 감사위원으로 임명되기 전에 조사 또는 검사에 관여한 사항

감사위원의 회피 (감사원운영규칙 제8조)

감사위원은 제척 사유에 해당하거나 그밖에 심의의 독립성 및 중립성을 확보하기 어렵다고 판단되는 경우에는 감사위원회의 의장의 승인을 받아 심의를 회피할 수 있다.

1.3.4. 의안 작성 및 운영

감사위원회의는 매주 1회 정기적으로 개회하는 것을 원칙으로 하되, 원장이 필요하다고 인정할 때에는 임시회의를 개회할 수 있다(「감사원 운영규칙」 제5조).

감사위원회의는 변상판정, 재심의, 중징계 사항을 심의하는 경우에는 관계자 등에게 의견진술의 기회를 주어야 하며, 기타 사항에 대해서도 의견진술 기회를 줄 수 있다.

---

7) 「감사원 운영규칙」 제8조(감사위원의 제척·회피) ① 법 제15조제1항제1호에 따른 "자기와 관계있는 사항"은 다음 각 호의 어느 하나에 해당하는 경우로 한다.
  1. 자기가 해당 안건의 당사자이거나 이해관계가 있는 경우
  2. 감사위원이 감사 외에서 용역·자문·연구 등 직무상 또는 직업상의 이유로 해당 안건에 관여한 경우 ("이하 생략")

감사위원회의는 심도 있는 심의를 하기 위해 분과위원회나 소위원회를 둘 수 있으며, 심의에 필요하다고 인정하면 관계인 또는 증인을 출석시켜 신문할 수 있으며, 학식·경험 있는 자에게 감정을 위촉할 수 있다.

사무총장은 원장의 명을 받아 의안을 작성하고 감사위원회의에 출석하여 의안을 설명하며, 회의에 관한 사무를 처리한다.

Ref.2 감사위원회의 운영 현황

감사위원회의는 2021년에 총 37회 개최되었다. 감사위원회의에 부의된 안건은 총 1,014건으로 이중 감사결과 처리에 관한 사항이 855건, 심사청구 113건, 재심의 청구 39건, 업무계획 등이 7건이었다. 안건 심의결과, 원안의결 651건(64.2%), 문안수정 의결 195건(19.2%), 처분요구 변경 52건(5.1%), 법리 오해 등을 고려하여 불문에 부친 것 15건(1.5%) 등이다.

표 2-5_ 감사위원회의 의결 현황

	계	원안의결	문안수정	종류변경	불문	기타
계	1014	651	195	52	15	101
감사결과	855	556	180	45	15	59
심사청구	113	62	6	4	0	41
재심의	39	31	7	1	—	—
기타	7	2	2	2	0	1

자료: 감사원(2022a; 29)

1.4. 사무처

사무처는 원장의 지휘·감독하에 회계검사, 직무감찰, 심사결정 및 감사원 행정사무를 처리한다. 감사원의 사무처는 감사원의 일반 행정사무뿐만 아니라 감사원의 주된 기능인 감사사무를 처리한다는 점에서 위원회 등에 부설하여 일반행정사무를 보조하는 통상적인 사무기구와는 그 성격을 달리한다.

감사원은 국회, 법원 등 다른 헌법상 독립기관과 같이 실·국 설치와 사무분장을 감사원규칙으로 정할 수 있으며(법 제16조 2항), 직원의 정원은 예산의 범위내에서 대통령의 승인을 받아 감사원규칙으로 정한다(법 제17조 2항). 이는 감사원의 조직 운영의 자율성을 보장하기 위한 것이다.[8]

사무총장은 원장의 명을 받아 사무처의 사무를 관장하며 소속 직원을 지휘하고 감독한다. 사무총장, 고위감사공무원, 4급 이상 공무원은 감사위원회의 의결을 거쳐 원장의 제청으로 대통령이 임용하고, 5급 공무원은 원장의 제청으로 대통령이 임용하며, 6급 이하 공무원은 원장이 임용한다.[9]

감사원 소속 직원의 징계처분을 의결하기 위하여 감사원에 징계위원회를 두되[10], 직원의 징계는 징계위원회의 의결을 거쳐 원장이 한다. 다만 고위공무원이나 5급 이상직원에 대한 파면과 해임은 징계위원회 의결을 거쳐 원장의 제청으로 대통령이 하되, 3급부터 5급 공무원에 대해서는 그 권한이 원장에게 위임되어 있다(법 제18조의2 2항).

1.5. 감사교육원

감사교육원은 감사원 소속 직원 및 감사원법에 따른 감사대상 기관의 감사 또는 회계업무 종사자에 대한 교육을 실시하는 기구로서 1995년에 설립되었다(법 제19조의2).

1.6. 감사연구원

감사연구원은 감사대상 기관의 주요 정책·사업·기관운영 등의 회계검사, 성과감사 및 직무감찰과 관련된 감사제도 및 방법 등을 연구하고 개발하기 위하여 설립된 기구로서 2005년에 설립(구 평가연구원)되었다. 감사연구원은 각종 감사제도와 방법에 관한 조사·연구 등 감사 인프라의 구축에 관한 지원을 할 수 있다(법 제19조의4).

---

8) 1995년 감사원법 3차 개정 이전에는 감사원의 조직 및 정원을 감사대상기관인 행정각부의 장으로 구성된 국무회의와 협의하도록 규정되어 있어 조직, 인사 등 측면에서 감사원 운영의 자율성 확보가 어려웠다.

9) 3급부터 5급 공무원에 대한 임용권은 원장에게 위임되어 있다(감사원법 제18조 3항 및 공무원임용령 제5조).

10) 종래에는 감사원 소속 공무원의 징계사건이 국무총리 소속 중앙징계위원회에서 심의 의결하도록 하였으나, 3차 감사원법 개정시 다른 헌법기관처럼 자체 징계위원회를 두도록 하였다.

2. 기능

감사원의 기능은 헌법에 근거한 국가의 세입·세출에 대한 결산 확인, 국가 및 법률이 정한 단체의 회계검사, 행정기관의 사무와 공무원의 직무에 대한 감찰과 감사원법에 근거한 심사청구 등이 있다.

2.1. 세입·세출에 대한 결산의 확인

2.1.1. 개념

결산은 한 회계연도 내에서 예산에 제시된 모든 수입과 지출, 성과정보 등을 확정하여 숫자 등으로 표시하는 행위이다. 우리나라 결산과정을 보면, 정부는 대통령 승인을 거친 국가결산보고서를 감사원에 제출하고, 감사원은 결산검사를 한 후 결산검사보고서를 정부에 송부하며, 정부는 감사원의 결산검사를 거친 국가결산보고서를 국회에 제출한다. 이후 국회가 결산보고서를 심의·의결함으로써 결산 과정이 마무리된다.

감사원이 수행하는 결산의 확인은 국가결산서 등의 수치가 정확한지[11], 수입과 지출에 예산목적이나 법령에 위반된 것은 없는지, 예산낭비나 비효율 등 부당한 것은 없는지, 성과정보는 정확한지, 재무제표는 회계기준에 맞게 작성되었는지 등을 검사하고 그 결과를 제시하는 것이다.[12]

2.1.2. 대상

결산의 확인 또는 결산검사의 대상은 국가기관의 결산보고서와 근거자료들이다. 국가결산보고서는 세입·세출 결산, 재무제표, 성과보고서로 구성되어 있다(국가회계법 제14조).

---

11) 계수의 정확성은 ① 정부가 제출한 결산서의 수치, ② 국가기관이 감사원에 제출한 계산서의 수치, ③ 한국은행의 국고금 잔액 등을 비교하여 그 일치 여부를 확인한다.

12) 감사원은 국가기관에 대한 결산의 확인 이외에도 공공기관운영에 관한 법률 제43조에 근거하여 일부 공기업 및 준정부기관에 대한 결산검사도 수행하고 있다.

2.1.3. 기능과 역할

감사원의 결산 검사는 신뢰할 만한 재정정보를 제공함으로써 국회의 결산 승인을 지원하여 재정 민주주의가 구현되는 기반 역할을 한다. 정부의 재정건전성 확보의 필요성이 커지고, 재정정보의 대국민 공개가 확대됨에 따라 감사원 결산검사의 의의는 더욱 커지고 있다.

2.2. 회계검사

2.2.1. 개념

회계검사란 회계의 적정을 기하고, 회계부정과 예산낭비, 예산집행의 비효율성 등을 개선·시정하기 위하여 국가 등의 회계관련 사무와 이를 수행하는 공무원의 직무에 대하여 조사·점검·확인·분석·검증하는 것이다(「감사원 감사사무 처리규칙」 제4조).

감사원법(제20조)에 따르면, 감사원은 감사원법 및 다른 법률에서 정하는 회계를 상시 검사·감독하여 그 적정을 기하도록 되어 있다. 이 규정은 회계검사의 방법으로 상시 검사를 해야 한다는 것, 그리고 회계검사의 목적으로 회계를 감독하여 그 적정을 기하는 것임을 나타내고 있다.

'상시' 회계검사를 한다는 것은 결산을 기다리지 않고 회계과정의 어느 단계에서도 검사를 할 수 있다는 것을 의미하며, 감사원법은 감사원이 상시 회계검사를 할 수 있도록 감사원감사를 받는 자에 대하여 수시로 발생하는 계산서 등 회계관계서류를 감사원에 제출하도록 규정하고 있다.

2.2.2. 대상과 범위[13]

회계검사의 대상은 감사원법 및 다른 법률에서 정하는 단체의 회계이다. 여기에는 중앙행정기관은 물론이고 국회 등 헌법기관, 지방자치단체, 공공기관 등 국민의 세금이 사용되는 곳은 기본적으로 감사원 회계검사의 대상이 된다.

---

13) 회계검사 대상에 관한 자세한 내용은 "제3장 감사 대상·범위 및 한계"에서 살펴본다.

회계검사의 범위는 회계관련 사무와 이를 수행하는 공무원의 직무이다. 여기서 회계관련 사무는 예산의 편성, 집행과 결산, 수입과 지출, 재산(물품·유가증권·권리 등을 포함한다)의 취득·보관·관리·처분, 채무부담 등 모든 재정활동 및 이에 관한 기록, 보고 등의 관련 사무를 포함한다(「감사원 감사사무 처리규칙」 제4조).

2.2.3. 기능과 역할

감사원은 회계검사를 통해 회계부정 행위를 적발하는 데 그치지 않고, 비위 등의 원인을 규명하여 재발 방지대책을 강구하고 나아가 경제성·효율성·효과성 등의 측면에서 사업의 성과, 경영실적 등을 평가하여 그 시정 또는 개선 등을 요구(「감사원 감사사무처리규칙」 제4조)하는 적극적 기능을 수행한다.[14] 회계검사는 국가재정 활동의 합법성확보와 성과 제고에 기여한다.

2.3. 직무감찰

2.3.1. 개념

감사원의 직무감찰은 행정기관 등의 사무와 그 소속 공무원 등의 직무, 그리고 이와 관련된 행위에 대하여 조사, 평가 등의 방법으로 법령상, 제도상 또는 행정상의 모순이나 문제점을 적출하여 이를 시정, 개선하기 위한 행정사무감찰과 공무원 등의 위법·부당행위를 적발하여 이를 바로잡기 위한 대인감찰을 말한다(「감사원 감사사무처리 규칙」 제5조).

2.3.2. 대상과 범위[15]

직무감찰의 대상은 행정기관의 사무와 공무원의 직무, 지방자치단체의 사무와 공무원의 직무, 한국은행·국가나 지방자치단체 출자법인 등의 사무와 소속 임원 및 회계사무와 직·간접 관련이 있는 직원 등이다.

---

14) 역사적으로 볼 때, 회계검사의 적극적 기능은 감사원의 전신인 심계원(審計院)으로까지 거슬러 올라간다. 심계원은 1948년 설립된 헌법기관으로 회계검사를 전담했는데, 심계원의 심계결과 처리는 변상책임 판정, 징계 요구, 시정·주의 요구, 개선요구 등으로 현재 감사원의 그것과 대동소이하다.
15) 직무감찰 대상에 관한 자세한 내용은 "제3장 감사 대상·범위 및 한계"에서 살펴본다.

다만, 국회, 법원, 헌법재판소에 속하는 공무원의 직무, 국무총리 등이 소명하는 국가기밀사항 등은 감찰 대상에서 제외된다(감사원법 제24조).

2.3.3. 기능과 역할

직무감찰은 공무원 등의 직무상 비위를 적발하여 바로잡고, 행정사무의 문제점을 찾아내어 개선함으로써 행정운영의 개선과 향상을 기하는 역할을 한다.

2.3.4. 직무감찰 기능의 변천

감사원 역사를 볼 때, 직무감찰은 감찰위원회에서 그 연원을 찾을 수 있다. 감찰위원회는 1948년 정부조직법에 따라 설치된 대통령 소속기관으로 공무원에 대한 감찰사무를 담당하였으며, 위법·비행 공무원에 대해 직접 징계처분을 하였다. 감찰위원회는 1955년 폐지되었다가 1961년 감찰위원회법에 근거하여 다시 설치되었다. 다시 설치된 감찰위원회의 감찰사항은 "공무원의 비위"에서 "기관의 사무"로 확대되었으며, 감찰결과에 대한 행정상 시정요구가 추가되었다.

1963년 심계원과 감찰위원회가 감사원으로 통합되면서 제정된 감사원법은 "행정기관 등의 사무와 공무원의 직무"를 감찰사항으로 규정하여 현재와 같은 직무감찰 제도가 확립되었다.

한편, 감찰위원회법과 감사원법의 중요한 차이는 감찰위원회법[16]은 감찰위원회가 직접 "징계처분"을 의결하도록 하였지만, 감사원법은 감사원이 "징계요구"를 할 수 있도록 한 것이다. 당시 감사원법 제정 이유를 보면, "감사원이 비위공무원을 적발한 경우에 임명권과 해면권의 분리 및 징계의결의 이원화를 지양하기 위하여 감사원은 당해 공무원에 대하여 징계의결은 하지 않고, 다만 징계처분의 요구를 함에 그치도록 한다"라고 되어 있다. 즉 감사원이 직접 징계의결 할 경우 임명권과 해임권이 분리되고 징계의결도 이원화될 수 있어 이를 지양하고, 대신 감사원은 임명권자에게 징계를 요구하고 임명권자가 징계를 의결하는 방식을 채택하였다.

---

16) 구 감찰위원회법(법률 제590호, 1961. 1. 14. 제정) 제14조(징계처분) ① 감찰위원회는 공무원의 비위사실을 조사하여 징계처분을 행한다. 단 국무위원, 중앙선거위원회위원, 선거에 의한 공무원과 정규군인신분령에 의한 군인이외의 군인에 대하여는 징계처분을 할 수 없다.

표 2-6_ 감사원 감찰기능의 변화

	감찰위원회 (1948~1955)	사정위원회 (1955~1960)	감찰위원회 (1961~1963)	감사원 (1963~)
법적 근거	정부조직법	사정위원회 규정 (대통령령)	감찰위원회법	감사원법

감찰
대상
	공무원의 위법
	또는 비위
		공무원의 직무상
		비위
			• 국가·지방자치단체
			  행정공무원 및
			  행정기관의 직무상
			  비위
			• 국영기업체나
			  주식의 과반수가
			  국가에 귀속하는
			  법인의 직무상
			  비위 등
				• 행정기관의 사무와
				  소속 공무원의 직무
				• 지방자치단체의
				  사무와 소속
				  공무원의 직무
				• 한국은행, 국가 및
				  지자체 출자법인
				  등의 사무와 임원 및
				  회계관련직원의 직무
				• 국가 등의 위탁·대행
				  사무, 준공무원 등

조치 권한	징계 의결	조사결과 통보	징계 처분	징계 요구

2.4. 심사청구 처리

2.4.1. 개념 및 의의

감사원은 감사원감사를 받는 자의 직무에 관한 처분이나 그 밖에 감사원규칙으로 정하는 행위에 관하여 이해관계자로부터 심사청구가 있는 경우 이를 심리하여 청구의 이유가 있을 때에는 관계기관의 장으로 하여금 시정이나 그밖에 필요한 조치를 하도록 요구할 수 있다.

감사원의 심사청구는 행정기관의 위법 또는 부당한 처분 등으로 권리를 침해당한 국민이 간소한 행절절차로 신속하게 권리구제를 받을 수 있도록 하는 취지로 운영하는 제도이다. 감사원은 상시적인 감사를 통해 위법·부당한 행정행위를 시정할 수 있는 권한을 보유하고 있고, 정부로부터 직무상 독립의 지위에 있으므로 실질적인 권리구제 기능을 수행하기에 적합한 지위라고 할 수 있다.[17]

2.4.2. 심사의 청구

감사원의 감사를 받는 자의 직무에 관한 처분이나 그 밖에 감사원규칙으로 정하는 행위[18]에 관하여 이해관계가 있는 자는 감사원에 그 심사의 청구를 할 수 있다. 심사청구는 청구의 취지와 이유를 적은 심사청구서로 하되 청구의 원인이 되는 처분이나 그 밖의 행위를 한 기관의 장을 거쳐서 감사원에 제출하여야 한다(감사원법 제43조).

2.4.3. 심사청구에 대한 심리·결정 및 조치

심사청구의 심리는 심사청구서와 그 밖에 관계기관이 제출한 문서에 의하여 한다. 다만 감사원이 필요하다고 인정하면 심사청구자나 관계자에 대하여 자료제출이나 의견 진술을 요구하거나 필요한 조사를 할 수 있다(법 제45조).

감사원은 심사청구가 감사원 규칙으로 정하는 요건과 절차를 갖추지 못한 경우 각하하고, 심리 결과 심사청구의 이유가 있다고 인정하는 경우에는 관계기관의 장에게 시정이나 그 밖에 필요한 조치를 요구하고, 관계기관의 장은 이에 따른 조치를 하여야 한다(법 제46조).

2.4.4. 결정에 대한 불복

청구인은 심사청구 및 결정을 거친 행정기관의 장의 처분에 대하여는 해당 처분청을 당사자로 하여 행정소송을 제기할 수 있다. 특히, 국세의 경우 소송전심절차로서 국세청 심사청구, 조세심판원 심판청구, 감사원 심사청구 중 하나를 거쳐야만 행정소송을 제기할 수 있다.

---

17) 감사원 심사청구는 사전에 문제를 예방하는 예방 감사적 효과도 있다(방동희, 2010)

18) 감사원의 감사를 받는 자의 직무에 관한 처분 외의 행위 또는 부작위(직무상 행위를 해야 할 법률상 의무가 있는 경우에 한한다)로서 상대방의 구체적 권리·의무에 직접적인 변동을 초래하는 것을 말하며, 다만 사법상의 법률관계로 인한 경우는 제외한다(「감사원 심사규칙」 제2조의2).

자체감사기구

자체감사기구는 감사원과 함께 공공감사를 구성하는 중요한 한 축으로서 중앙행정기관, 지방자치단체, 공공기관 내부에 설치된 기구로서 해당 기관 및 산하기관과 그 구성원의 업무와 활동을 감사한다.

1. 조직

중앙행정기관과 지방자치단체 자체감사기구의 조직은 공공감사법이 적용되고, 공공기관 자체감사기구의 조직은 공공감사법과 공공기관운영법이 적용된다.

1.1. 중앙행정기관과 지방자치단체의 자체감사기구

1.1.1. 자체감사기구 설치

중앙행정기관과 지방자치단체는 공공감사법에 따라 자체감사기구를 설치한다(법 제5조 1항). 자체감사기구는 감사업무만을 전담하여 수행하는 감사기구와 감사업무 이외의 다른 업무를 같이 수행하는 감사기구로 구분된다.

감사업무를 전담한다는 것의 의미는 감사기구가 감사업무 및 그와 직·간접으로 관련되는 업무만을 담당하는 것을 말한다. 감사업무와 관련되는 업무는 비위 관련 조사, 민원·진정사항 조사, 공직자 재산등록, 옴부즈만 등 부패방지 시책 및 제도운영, 일상감사 등이다. 따라서 기획, 홍보, 법무, 안전 등의 업무를 함께 수행하는 자체감사기구는 감사전담기구가 아니다(감사원, 2014; 33-34).

자체감사를 전담하는 감사기구를 두도록 하는 이유는 집행기능과의 분리를 통해 자체감사의 독립성과 전문성을 확보하기 위한 취지이다.

중앙행정기관과 지방자치단체는 기관의 규모, 관장 사무 또는 대상기관의 수 등을 고려하여 관계 법령에서 정하는 경우에는 감사업무를 전담하여 수행하는 자체감사기구를 두어야 한다(법 제5조 제1항). 예를 들면, 중앙행정기관은 「기획재정부와 그 소속기관 직제」[1](대통령령) 등과 같이 직제에 관한 법령이 정하는 바에 따라 감사관 또는 감사담당관 등의 자체감사를 전담하여 수행하는 감사기구를 두어야 한다.

지방자치단체는 「지방자치단체의 행정기구와 정원기준 등에 관한 규정」(대통령령)과 「지방교육행정기관의 행정기구와 정원기준 등에 관한 규정」(대통령령)에 자체감사를 전담하는 감사기구를 두어야 하는 기관의 범위를 정하고 있다.

특별시·광역시·특별자치시·도, 인구 30만 명 이상의 시·군·구, 특별시·광역시·특별자치시·도의 교육청은 자체감사를 전담하는 감사기구를 설치하여야 한다. 그리고 30만 명 미만의 시·군·구는 조례로 감사를 전담하는 기구를 설치할 수 있다.[2]

1.1.2. 합의제(合議制)와 독임제(獨任制)

감사기구는 독임제와 합의제의 두 가지 유형이 있는데, 독임제는 의사결정이 단일인에 의해 이루어지는 것이며, 합의제는 2인 이상의 다수인에 의해 결정되는 것이다. 독임제는 책임의 소재를 명확히 하고 비밀을 보호하며 사무의 통일성과 신속성을 확보하는 데 유리하다. 합의제는 사무처리를 신중하게 할 수 있고, 이해를 공평하게 조정할 수 있으며, 전문가의 참여를 통해 공정성을 높일 수 있다는 장점이 있다. 따라서 감사사무 처리에서 능률성과 신속성보다 공정성과 신뢰성에 더 큰 가치를 부여할 필요가 있을 경우 합의제감사기구로 운영하게 된다.

중앙행정기관과 지방자치단체는 법령, 조례 등이 정하는 바에 따라 합의제 감사기구를 둘 수 있다(법 제5조 2항).

---

1) 동 직제에 따르면, 기획재정부는 장관 밑에 감사관 1명을 두고, 감사관은 사정업무와 기획재정부와 소속기관에 대한 감사 등에 대해 장관을 보좌한다.

2) 예를 들면, 경주시, 목포시 등은 인구가 30만 명 미만이지만 전담 감사기구를 설치하고 있다.

합의제 감사기구는 위원장을 포함하여 3~7인의 위원으로 구성된다(법 제6조). 위원장은 합의제 감사기구를 대표하고 사무를 총괄한다. 회의는 재적위원 과반수 출석으로 개의하며 출석위원 과반수의 찬성으로 의결한다(시행령 제4조).

1.1.3. 자체감사기구의 소속

자체감사기구 장의 소속은 감사활동에서 독립성이 최대한 보장될 수 있도록 법령이 정하는 바에 따라 적정하게 정해져야 한다(법 제7조 2항). 중앙행정기관은 기관의 직제규정에 장관 또는 차관 직속으로 자체감사기구를 두고 있으며, 지방자치단체는 「지방자치단체의 행정기구와 정원기준 등에 관한 규정」(대통령령) 등에서 부시장, 부지사, 부교육감 등의 직속으로 감사기구를 두도록 하고 있다.

1.1.4. 자체감사기구의 장

1.1.4.1. 개방형 임용

자체감사기구 장은 감사를 전담하는 기구의 경우 개방형 직위로 임용하여야 한다. 중앙행정기관 등의 장은 자체감사기구의 장을 임용하거나 임용제청을 할 때에는 적격 여부를 공정하게 심사하기 위한 합의제 기구를 설치하고 그 심사를 거쳐야 한다(법 제8조). 개방형 직위로 임명된 감사기구의 장의 임기는 5년의 범위에서 임용권자가 정하되, 최소 2년 이상으로 하여야 한다. 또한 계속 근무하게 하여야 할 필요가 있는 경우에는 5년을 넘지 않는 범위에서 임용기간을 연장할 수 있다(법 제9조).

1.1.4.2. 임기와 신분보장

자체감사기구 장의 임용권자는 신체상·정신상 장애로 직무를 수행할 수 없게 된 경우 등[3])의 사유를 제외하고는 임기내에 그의 의사에 반하여 채용계약을 해지하거나 다른 직위에 임용할 수 없다(법 제10조). 이처럼 자체감사기구 장의 신분보장을 명문화한 것은 감사기구의 장이 부당한 사유로 해임되지 않도록 하여 감사활동을 독립적이고 안정적으로 수행할 수 있도록 하기 위한 것이다.

---

3) 공공감사법 제10조는 그 이외 5가지 사유를 제시하고 있는데, 승진임용, 휴직, 법 제15조에 따른 결격사유, 법 제39조에 따른 교체권고, 징계처분이나 직위해제 처분을 받은 경우이다.

1.1.4.3. 자격요건과 결격사유

공공감사법은 자체감사기구 장의 전문성을 확보하기 위하여 그 자격과 결격사유를 아래와 같이 규정하고 있다.

자체감사기구(중앙행정기관 및 지방자치단체)의 장의 자격 및 결격사유

- 자격 (공공감사법 제11조)
  1. 중앙행정기관 또는 지방자치단체에서 감사·수사·법무, 예산·회계, 조사·기획·평가 등의 업무(이하 이 조에서 "감사 관련 업무"라 한다)를 3년 이상 담당한 사람으로서 5급 이상 또는 이에 상당하는 공무원으로 근무한 경력이 있는 사람
  2. 판사, 검사, 변호사 또는 공인회계사로서 3년 이상 근무한 경력이 있는 사람
  3. 「고등교육법」 제2조제1호부터 제5호까지의 규정에 따른 학교에서 감사 관련 업무와 직접 관련이 있는 분야에서 조교수 이상으로 3년 이상 재직한 경력이 있는 사람
  4. 공공기관 또는 「자본시장과 금융투자업에 관한 법률」 제9조제5항제4호에 따른 주권상장법인에서 감사 관련 업무를 3년 이상 담당한 사람으로서 임용예정직위에 상당하는 부서의 책임자 이상으로 근무한 경력이 있는 사람
  5. 공공 또는 민간연구기관에서 감사 관련 업무를 3년 이상 담당한 사람으로서 임용예정직위에 상당하는 부서의 책임자 이상으로 근무한 경력이 있는 사람
  6. 그 밖에 해당 기관의 관장 사무에 따라 기술·보건·세무 또는 환경 등의 분야에 전문성을 갖춘 사람으로서 대통령령으로 정하는 자격을 가진 사람

- 결격사유 (공공감사법 제15조)
  1. 감사기구의 장을 임용하려는 중앙행정기관 및 지방자치단체의 주요 업무와 밀접한 관련이 있는 법인 또는 단체의 임직원으로 근무하다가 퇴직한 후 2년이 지나지 아니한 사람
  2. 정직 이상의 징계 또는 문책(제4호에 따른 징계 또는 문책은 제외한다)을 받은 날부터 3년(파면 또는 문책에 따른 퇴직의 경우에는 5년으로 한다)이 지나지 아니한 사람
  3. 정직 미만의 징계 또는 문책(제4호에 따른 징계 또는 문책은 제외한다)을 받은 날부터 2년이 지나지 아니한 사람
  4. 「형법」 제129조부터 제133조까지, 제355조 및 제356조에 해당하는 행위로 징계, 문책 또는 벌금 이상의 형벌을 받은 사람

1.1.4.4. 직급

자체감사기구 장의 직급은 감사대상 기관의 수, 공무원의 규모, 예산 규모 등을 고려하여 업무수행의 독립성이 보장되도록 관계 법령이나 조례에 따라 적정하게 부여하여야 한다(법 제14조).

1.1.5. 감사담당자

1.1.5.1. 임용

중앙행정기관 및 지방자치단체의 장은 감사업무에 대한 전문성과 그 직무수행에 필요한 자질과 적성을 갖춘 사람을 감사담당자로 임용하여야 한다(법 제16조).

1.1.5.2. 자격요건과 결격사유

공공감사법 및 시행령은 감사담당자의 자격요건 및 결격사유를 아래와 같이 규정하고 있다. 이는 감사업무 수행에 필요한 자질과 역량을 갖춘 사람을 감사담당자로 임용하도록 함으로써 자체감사의 전문성을 확보하기 위함이다.

자체감사기구(중앙행정기관 및 지방자치단체) 감사감당자의 자격 및 결격사유

- 자격 (공공감사법시행령 제9조)
  중앙행정기관 및 지방자치단체의 장은 감사담당자로 임용하려는 해당 기관에서 2년 이상 근속하였거나 다른 국가기관, 지방자치단체 또는 공공기관에서 2년 이상 감사 관련 업무를 담당한 사람으로서 다음 각 호의 어느 하나에 해당하는 자격요건을 갖춘 사람을 감사담당자로 임용하여야 한다.
  1. 공인회계사·세무사 등 감사업무 수행에 필요한 자격증 또는 감사 분야의 전문학사 이상의 학위를 소지한 사람
  2. 「상훈법」, 「모범공무원 규정」, 「정부 표창 규정」, 자치법규에서 정하는 바에 따라 서훈을 수여받거나 표창을 받은 사람
  3. 그 밖에 감사기구의 장이 감사업무 수행에 필요한 전문성, 자질, 적성을 갖추었다고 인정하는 사람

- 결격사유 (공공감사법 제17조)
  1. 「국가공무원법」 제33조 각 호 또는 「지방공무원법」 제31조 각 호의 어느 하나에 해당하는 사람
  2. 정직 이상의 징계 또는 문책(제4호에 따른 징계 또는 문책은 제외한다)을 받은 날부터 3년(파면 또는 문책에 따른 퇴직의 경우에는 5년으로 한다)이 지나지 아니한 사람
  3. 정직 미만의 징계 또는 문책(제4호에 따른 징계 또는 문책은 제외한다)을 받은 날부터 2년이 지나지 아니한 사람
  4. 「형법」 제129조부터 제133조까지, 제355조 및 제356조에 해당하는 행위로 징계, 문책 또는 벌금 이상의 형벌을 받은 사람

1.1.5.3. 장기근속 등

기관장은 감사담당자를 임용할 때에는 감사기구의 장이나 합의제 감사기구의 의견을 들어야 하며, 감사담당자의 장기근속방안을 마련하여야 한다(법 제16조). 또한 기관장은 감사담당자에 대하여 근무성적평정이나 임용 등에서 우대할 수 있다(법 제18조).

1.2. 공공기관의 자체감사기구

1.2.1. 감사기구 설치

공공기관의 자체감사기구 설치는 기본적으로 '공공기관운영법'이 적용된다. 공공기관운영법은 공기업과 준정부기관에 감사위원회를 설치(법 제20조)하거나 감사를 두도록 규정하고 있다(법 제24조).

시장형 공기업과 자산규모 2조 원 이상의 준시장형 공기업은 이사회에 감사위원회를 설치하여야 한다(법 제20조 제2항).[4] 시장형 공기업은 감사의 전문성 제고와 경영진에 대한 견제기능을 강화하기 위하여 2007년 4월 감사위원회 설치가 의무화되었다.

---

4) 공공감사법 제5조에서도 공공기관은 "관계 법령, 조례 또는 정관으로 정하는 바에 따라 자체감사기구를 합의제감사기구로 둘 수 있다"고 규정하고 있다.

그리고, 2009년 12월에는 감사위원회 의무 설치 대상이 자산 2조 원 이상 준시장형 공기업으로 확대되었다. 자산 2조 원 미만의 준시장형 공기업과 준정부기관은 개별 법률에 따라 감사위원회를 설치할 수 있다(법 제20조 제3항).

감사위원회의 구성은 공공기관운영법과 상법의 적용을 받는다.[5] 감사위원회는 3명 이상의 이사로 구성하며, 사외이사가 위원의 3분의 2 이상이어야 한다. 그리고 감사위원 중 1명 이상은 회계나 재무 전문가이어야 하며, 감사위원회의 대표는 사외이사이어야 한다(상법 제542조의 11).

1.2.2. 임명 절차

공기업의 감사와 상임감사위원은 임원추천위원회의 복수 추천, 공공기관 운영위원회의 심의·의결을 거쳐 기획재정부장관의 제청으로 대통령이 임명하는데, 일정 규모 이하의 기관[6]은 기획재정부장관이 임명한다(법 제25조).

표 2-7_ 공기업·준정부기관의 감사와 감사위원회 제도 비교

구분	감사	감사위원회
형태	독임제	합의제
신분	단일 신분	이중 신분(이사, 감사위원)
임명절차	대통령(또는 기획재정부장관) 임명	감사위원은 이사회에서 이사 중 선임 (상임감사위원은 독임 감사와 동일)
감사권	공공감사법, 공공기관운영법 등에 따라 회계, 일반사무 감사	좌동
이사회에서 권한	의견진술권	의결권
이사회와 관계	이사회와 분리, 이사회에 대한 중립적 비판 가능	이사회 하위기구로서 이사회 의사 결정에 참여

---

5) 감사위원회의 구성 및 권한 등에 관하여는 공공기관운영법에서 규정한 것을 제외하고는 「상법」 제542조의11 및 제542조의12 제3항부터 제6항까지의 규정을 준용한다(공공기관운영법 제20조 4항)

6) "일정규모 이하의 기관"은 총수입액이 1천억원 미만이거나 직원 정원이 500명 미만인 공기업을 말한다(공공기관운영법 시행령 제21조 제1항).

준정부기관의 감사와 상임감사위원은 임원추천위원회의 복수 추천, 공공기관 운영위원회의 심의·의결을 거쳐 기획재정부장관이 임명한다. 다만 일정 규모 이상의 기관[7]은 기획재정부장관의 제청으로 대통령이 임명한다(법 제26조).

감사나 감사위원의 임기는 2년이며, 평가결과 등에 따라 1년 단위로 연임할 수 있다(법 제28조).

1.2.3. 해임 등

공공감사법에서 중앙행정기관이나 지방자치단체 자체감사기구의 장의 신분보장 규정을 두고 있는 것과 달리 공공기관운영법은 공기업·준정부기관의 감사나 감사위원에 대한 신분보장 규정을 두지 않고 있다.

기획재정부 장관은 감사가 본인의 의무나 책임, 직무[8]를 이행하지 않거나 게을리한 경우 공공기관운영위원회의 심의·의결을 거쳐 해임하거나 임명권자에게 해임을 건의할 수 있다(법 제35조).

또한 기획재정부 장관은 필요한 경우 감사나 감사위원의 직무수행 실적을 평가하고, 실적이 저조할 경우 공공기관 운영위원회의 심의·의결을 거쳐 해임하거나 임명권자에게 해임을 건의할 수 있다(법 제36조).

1.2.4. 자격요건 등

감사나 상임감사위원의 자격요건은 기관장이나 다른 임원에 비해 더 구체적으로 규정되어 있다. 기관장이나 다른 임원의 추천 요건은 학식과 경험이 풍부하고, 능력을 갖춘 사람으로 규정되어 있지만, 감사나 감사위원의 경우 여기에 더해 공인회계사나 변호사 경력 등 특별한 자격요건을 두고 있다.

자격요건은 2020년에 법률에 포함되었는데, 이는 감사업무에 대한 전문성을 갖춘 자가 감사에 임명될 수 있도록 하는 취지이다.[9]

---

7) "일정규모 이상의 기관"은 위탁집행형 준정부기관(총수입액이 1천억원 이상이고 직원 정원이 500명 이상일 것), 기금관리형 준정부기관(자산규모가 1조원 이상이고 직원 정원이 500명 이상일 것)이다 (공공기관운영법 시행령 제22조 제1항).

8) 공기업 및 준정부기관의 감사는 기획재정부장관이 정하는 감사기준에 따라 기관의 업무와 회계를 감사하고 그 의견을 이사회에 제출한다.

9) 의안번호 24749, 「공공기관의 운영에 관한 법률」 일부 개정법률안(대안), 2020. 3

감사 또는 상임감사위원의 자격요건은 중앙행정기관이나 지방자치단체 자체 감사기구 장의 자격요건과 대부분 유사하지만 정당의 감사관련 업무 경력이 인정되는 차이가 있다.

공기업·준정부기관의 감사 자격요건 (공공기관운영법 제30조 제2항)

감사로서 업무를 수행하기 위하여 필요한 학식과 경험이 풍부하고, 능력을 갖춘 사람으로서 다음 각 호 중 어느 하나의 자격을 갖춘 사람

1. 공인회계사 또는 변호사의 자격을 가진 사람으로서 그 자격과 관련된 업무에 3년 이상 종사한 경력이 있는 사람
2. 「고등교육법」 제2조제1호부터 제5호까지의 규정에 따른 학교에서 감사·수사·법무, 예산·회계, 조사·기획·평가 등의 업무(이하 "감사 관련 업무"라 한다)와 직접 관련이 있는 분야에서 조교수 이상으로 3년 이상 재직한 경력이 있는 사람
3. 공공기관, 「자본시장과 금융투자업에 관한 법률」 제9조제15항제3호에 따른 주권상장 법인 또는 연구기관에서 감사 관련 업무를 3년 이상 담당한 사람으로서 대통령령으로 정하는 경력(부서의 책임자 이상의 지위에 근무한 경력)이 있는 사람
4. 국가 또는 지방자치단체에서 감사 관련 업무를 3년 이상 담당한 사람으로서 대통령령으로 정하는 직급(「국가공무원법」 또는 「지방공무원법」에 따른 5급 이상이나 이에 상당)의 공무원으로 근무한 경력이 있는 사람
5. 그 밖에 해당 기관의 관장 사무에 따라 전문성을 갖춘 사람으로서 대통령령으로 정하는 자격(1. 임명 예정인 공공기관의 업무와 관련된 분야에서 5년 이상 근무한 경력이 있을 것, 2. 국가기관, 지방자치단체, 공공기관, 법인, 「비영리민간단체 지원법」에 따라 지원을 받은 단체 또는 「정당법」에 따라 관할 선거관리위원회에 등록된 정당에서 감사·수사·법무, 예산·회계, 조사·기획·평가 등의 업무를 1년 이상 담당했을 것)을 가진 사람

2. 기능

자체감사기구가 실시하는 감사에는 자체감사계획을 수립하여 실시하는 종합감사, 특정감사, 재무감사, 성과감사, 복무감사(공공감사법 시행령 제10조)와 주요 업무집행에 앞서 실시하는 일상감사(공공감사법 제22조)가 있다.

2.1. 종합감사 등

종합감사는 자체감사 대상기관의 주요 기능과 임무, 조직·인사·예산 등 업무전반의 적법성과 타당성 등을 점검하기 위해 실시하는 감사이다. 이는 기관의 주요 기능을 중심으로 기관운영 전반을 점검하는 일차적이고 기본적인 감사이다.

재무감사는 예산의 운용실태 및 회계처리의 적정성 여부 등에 대한 검토와 확인을 위주로 하는 감사이다. 이는 예산집행과 회계처리의 합법성과 투명성을 확보하고 나아가 사업의 경제성 등 타당성을 높이기 위한 것이다.

특정감사는 특정한 업무, 사업, 자금 등에 대하여 문제점을 파악하여 그 원인과 책임 소재를 규명하고 개선대책을 마련하기 위해 실시하는 감사이며, 성과감사는 특정한 정책, 사업, 조직, 기능 등에 대한 경제성, 효율성, 효과성의 분석과 평가를 위주로 하는 감사이다.

복무감사는 자체감사 대상기관에 속한 사람의 복무의무 위반, 비위사실, 근무실태 점검 등을 목적으로 실시하는 감사이다. 종합감사, 특정감사 등이 주로 업무처리의 합법성과 합목적성을 규명하는 데 비하여 복무감사는 직원 개인의 복무규율 위반이나 비위에 중점을 두고 감사하는데 그 특징이 있다. 복무감사는 감사의 실효성을 확보하기 위해 사전통보 없는 불시점검 형식으로 이루어질 수 있다.

2.2. 일상감사

공공감사법은 자체감사기구의 장에 대하여 기관의 주요 업무 집행에 앞서 그 업무의 적법성, 타당성 등을 점검·심사하는 일상감사를 하도록 규정하고 있다(법 제10조).

일상감사(日常監査)는 기관의 집행부서가 업무에 관한 결정이나 집행을 하기 전에 그 업무처리의 내용이나 방법이 적법하고 타당한지에 관하여 자체감사기구가 점검·심사하여 그에 대한 의견을 제시하는 감사이다.

일상감사는 사전감사(事前監査)로서 업무가 실행되기 전에 그 내용과 방법 등의 적정 여부를 검토하고, 위법·부당한 부분을 시정, 보완함으로써 문제의 발생을 예방하는 기능을 한다. 이와 같이 사전예방 기능을 하는 일상감사는 내부감사인 자체감사기구의 역할 중 중요한 부분의 하나이며, 일상감사를 충실하게 수행함으로써 사후적발 감사의 한계를 보완하는 역할을 할 수 있다.

Ref.3 자체감사기구 현황

• **공공감사법 적용기관**

공공감사법 적용을 받는 기관은 2022년 기준 중앙행정기관 49개, 지방자치단체 258개, 공공기관 376개로 총 683개이다. 중앙행정기관, 지방자치단체, 공공기관운영법에 따른 공기업과 준정부기관이 모두 포함되며, 기타공공기관과 지방공사 및 공단은 정원 100명 이상 기관이 포함된다.

• **전담감사기구설치 현황**

자체감사기구 중 감사전담기구를 설치한 기관은 2021년 12월 말 기준 501개이며, 이는 전체 공공감사법 적용 대상기관의 73.8%에 해당한다. 중앙행정기관과 지방자치단체 중 감사전담기구 설치 의무기관 133개는 모두 감사전담기구를 설치하였다.

• **개방형 직위 임용 현황**

감사기구의 장을 개방형 직위로 임용한 기관은 2021년 12월 말 기준 493개이며, 이는 전체 공공감사법 적용 대상기관의 72.6%에 해당한다. 중앙행정기관 및 지방자치단체 중 개방형 직위 임용 의무기관 133개 중 개방형직위로 임용한 기관은 125개이다.

• **감사위원회 설치 현황(광역자치단체)**

2022년 12월 기준 제주특별자치도와 충청남도를 포함하여, 서울특별시, 부산광역시, 대전광역시, 광주광역시, 대구광역시, 세종특별자치시, 강원도, 경상남도 등 총 10개 광역자치단체에 감사위원회가 설치되어 있다. (자료: www.pasa.go.kr)

제 5 절

감사원과 자체감사기구의 관계

1. 의의

우리나라 공공감사체계의 중심축은 외부감사기구인 감사원과 내부감사인 자체감사로 구성된다. 국가 전체적으로 공공감사체계의 효율성을 높이기 위해서는 감사원과 자체감사기구 간의 협력, 역할분담, 지원 등 상호보완적인 관계 정립이 필요하다.

감사원과 자체감사기구 간의 관계에 관하여 국제감사기준, 공공감사법 등을 기초로 살펴본다.

1.1. 국제감사기준

INTOSAI(Lima Declaration)은 최고감사기구와 내부감사기구의 관계에 대해 두 가지 원칙을 제시하고 있다. 이에 따르면, 최고감사기구는 외부 감사자로서 내부감사의 효과성을 점검하여야 하고, 내부감사가 효과적이라고 판단된다면, 최고감사기구의 권한이 침해되지 않는 범위 내에서 적절한 역할분담과 협력이 이루어지도록 노력하여야 한다.[1]

또한, INTOSAI는 최고감사기구와 내부감사기구간 협력에 있어서의 이익(benefit)과 위험(risk), 조건(condition)을 제시하고 있다.

---

[1] As the external audit, the Supreme Audit Institution has the task of examining the effectiveness of internal audit. if internal audit is judged to be effective, efforts shall be made, without prejudice to the right of the Supreme Audit Institution to carry out ans overall audit, to achieve the most appropriate division or assignment of tasks and cooperation between the Supreme Audit Institution and internal audit. (INTOSAI P-1. Section 3. Intrrnal audit and External audit, Lima Declaration)

최고감사기구와 내부감사기구간 협력과 조정은 지식의 공유, 상호간의 역할에 대한 이해 증진, 상호보완적인 감사실시, 감사결과의 이행력 강화, 감사중복 완화, 수감부담 경감 등의 이익이 있을 수 있다.

하지만, 동시에 이해상충, 독립성·기밀성·중립성의 훼손, 책임의 분산, 다른 감사기준이나 감사결과에 따른 혼란 등의 잠재적 위험도 있다.

양자간 협력과 조정이 소기의 성과를 거두기 위한 조건으로 협력에 대한 헌신 (commitment), 의사소통(communication), 공통의 이해(common understanding), 신뢰(confidence)가 필요하다(INTOSAI GOV 9150).

1.2. 공공감사법

공공감사법의 주요 제정이유의 하나는 "감사원의 자체감사 지원, 감사원감사와 자체감사의 연계 등을 통해 효율적인 공공감사체계를 확립"하는 것이다.

이를 위해 공공감사법은 '제4장 감사활동체계의 개선'에서 감사활동개선 종합 대책 수립, 감사중복 방지와 감사계획 협의, 감사 대행 등 공공감사체계의 개선에 관한 사항을 규정하는 한편, '제5장 자체감사활동의 지원'에서 감사기준 제정 및 교육, 인력지원 등 감사원의 자체감사 지원에 관하여 규정하고 있다.

국제감사기준과 공공감사법 등 현행 법령과 제도를 종합해보면 감사원과 자체 감사기구의 관계는 '감독', '협력', '지원'의 세 범주로 정리할 수 있다.

표 2-8_ 감사원과 자체감사기구의 관계

	목적	주요 제도
감독	자체감사기구 설치 및 운영의 적정성 점검, 시정·개선	자체감사 활동에 대한 심사 및 감사
협력	감사기구간 역할 분담 및 조정을 통한 공공감사체계의 효율성 제고	감사활동조정협의회 운영, 감사계획 협의·조정, 감사대행 등
지원	자체감사의 독립성 제고 및 전문성 향상 지원	감사활동 종합개선대책 수립, 감사기준 제정, 교육·인력 등 지원

2. 감독 관계

2.1. 자체감사활동 심사

감사원은 최고감사기구로서 자체감사활동의 개선을 유도하고 국가전체 감사역량을 제고하기 위해 공공감사법(제39조)에 근거하여 자체감사기구의 운영실태, 감사기준 및 감사활동수칙의 준수 여부, 자체감사 활동, 감사결과 및 처리 등을 심사하고 있다(법 제39조).

심사기준과 방법·절차 등에 관한 구체적인 사항은 「자체감사활동의 심사에 관한 규칙」(감사원 규칙)에 규정되어 있다.

감사원의 자체감사에 대한 심사는 당초 감사원법(제28조 제1항)에 따라 자체감사 결과에 대한 심사로 수행되다가 공공감사법(제39조) 제정으로 자체감사기구의 운영실태와 감사기준 준수 여부 등 자체감사 활동 전반에 대한 심사로 확대되고 체계화되었다.

2.1.1. 심사대상

자체감사활동 심사는 공공감사법이 적용되는 기관을 대상으로 하며, 감사원은 기관 규모와 업무 성격 등을 고려하여 심사군(群)을 나누고, 실지심사와 서면심사 대상으로 구분하여 실시하고 있다.

2023년도 전체 심사대상은 676개 기관이며, 이 중 실지심사는 218개 기관, 서면심사는 458개 기관이다. 실지심사는 중앙부처 등 9개 군(group)으로 세분하여 심사하며, 서면심사도 기관의 성격과 규모를 고려하여 9개 군(group)으로 세분하여 심사한다.[2]

---

2) 실지심사의 9개 군은 중앙행정기관(부·위원회), 중앙행정기관(처·청), 광역자치단체, 교육자치단체, 인구 30만 명 이상 시, 인구30만 명 이상 자치구, 공기업, 준정부기관(상임감사 설치), 금융(연·기금) 기관이며, 서면심사의 9개 군은 인구 30만 명 미만 시, 인구 30만 명 미만 구, 인구 30만 명 미만 군, 준정부기관(상임감사 미설치), 공공병원, 지방공기업(광역), 지방공기업(기초), 기타공공기관, 연구기관이다.

표 2-9_ 2023년도 자체감사활동심사 대상기관

구분	총계	행정기관								공공기관							연구기관
		중앙행정기관		지방자치단체													
		부·위원회	처·청	광역	교육	시	구	군	공기업	준정부기관	금융공공기관	공공병원	지방공기업(광역)	지방공기업(기초)	기타공공기관	연구기관
계	676	25	22	17	16	75	69	82	36	83	16	16	36	69	93	21
실지심사		25	22	17	16	27	36		36	23	16					
서면심사						48	33	82		60		16	36	69	93	21

자료: 감사원(2023), 「2023년 자체감사활동 심사편람」

2.1.2. 심사기준과 방법

심사기준은 자체감사기구의 설치·운영, 독립성, 전문성, 감사절차의 표준화, 감사성과, 사후관리, 일상감사 이행실적 등을 고려하여 정해진다(자체감사활동의 심사에 관한 규칙 제12조). 실제 심사는 이러한 기준에 적합한 심사항목과 심사지표를 수립하여 실시한다.

2023년의 경우 실지심사 기준은 <표 2-10>과 같이 2개 영역(내부통제지원, 자체감사활동), 6개 심사분야(기관의지, 기관역량, 기관실적, 감사활동, 감사성과, 사후관리), 24개 심사지표(내부통제지원 의지 표명 등)로 구성되어 있다.[3]

실지심사와 서면심사는 심사대상 기관이 속한 군(群)별로 심사를 실시하고, 심사결과에 따라 등급을 부여한다.

---

3) 서면심사는 실지심사와 심사영역, 심사분야는 같지만, 심사지표의 구성, 배점, 개수는 다르다.

표 2-10_ 2023년도 실지심사 기준

심사영역	심사분야	심사지표	배점
내부통제 지원 (50점)	기관의지	• 내부통제 지원의지 표명	4
		• 감사활동체계의 독립성 확보 지원	8
		• 감사활동체계 인프라 개선 지원	12
	기관역량	• 내부통제체계의 목표 설정	3
		• 내부통제체계 목표의 공유 · 전파	3
		• 내부통제 관련 규정 제정 등	5
		• 내부통제체계 점검 · 관리 지원	5
	기관실적	• 범죄 · 직장내 괴롭힘 발생 및 그에 대한 조치	5
		• 외부감사 지적 발생 및 그에 대한 조치	5
자체감사 활동 (50점)	감사활동	• 감사인의 경력	4
		• 감사인의 전문성 확보 노력도	3
		• 일상감사 이행노력도	3
		• 사전컨설팅 제도 운영	1
		• 감사 연인원	2
		• 감사절차 준수 등 실시의 적정성	5
		• 본부 · 본청 감사실시 정도	2
		• 감사결과 처리의 적정성	6
		• 적극행정 면책제도 운영	2
		• 감사지원 공유 및 감사정보시스템 운용	3
		• 감사활동분야 종합평가	2
	감사성과	• 재무 · 신분 · 제도개선 등 감사성과	12
	사후관리	• 자체감사 지적사항 집행도	2
		• 외부감사 지적사항 집행도	2
		• 감사결과 공개 정도	1

자료: 감사원(2023), 「2023년 자체감사활동 심사 편람」

2.1.3. 심사절차

감사원은 자체감사활동 심사계획을 수립하고, 이에 기반하여 심사지침을 마련하여 심사대상기관의 장에게 통지하고 심사에 필요한 자료를 제출받는다. 서면심사와 현지실사를 통해 심사결과와 후속조치가 포함된 심사결과보고서를 작성한다. 심사결과는 자체감사활동심사위원회[4]의 심의를 거쳐 감사위원회의의 의결로 최종 확정한다(자체감사활동의 심사에 관한 규칙).

2.1.4. 심사결과 후속 조치

감사원은 심사결과 자체감사기구의 운영 개선이 필요하다고 인정되는 기관에 대하여는 자체감사 관련 규정의 제정·개정 및 제도의 개선 등의 조치를 하도록 요구할 수 있다.

자체감사가 적정하게 실시되고 있다고 인정할 때에는 결산 확인 등에 지장이 없는 범위에서 감사원감사의 전부 또는 일부를 하지 아니할 수 있고(공공감사법 제39조 제3항 및 제4항), 우수기관과 직원에 대해서는 표창이나 부상을 수여할 수 있다(「자체감사활동의 심사에 관한 규칙」 제23조 제1항).

한편, 감사원은 심사결과, 감사기구의 장이 감사업무를 현저하게 게을리하고 있다고 인정할 때에는 해당 감사기구의 장의 임용권자 또는 임용제청권자에게 감사기구의 장의 교체를 권고할 수 있고(법 제39조 제5항), 감사원법에 따라 해당 기관의 자체감사 활동에 대한 감사를 실시할 수 있다.

감사원은 심사결과를 국회에 보고하고(법 제39조 제6항), 심사 대상기관의 장에게 통보하며, 공공감사 홈페이지(www.pasa.org)를 통해 공개한다(규칙 제26조 제2항).

감사원의 자체감사활동 심사결과는 기획재정부의 공기업·준정부기관 '상임감사 직무수행실적 평가', 금융위원회의 '금융공공기관 경영실적 평가', 산업통상자원부 등의 기타공공기관 경영평가 등에 반영되고 있다.

---

4) 감사원은 자체감사활동 심사결과보고서 등을 심사하기 위해 위원장(감사원 사무총장)을 포함하여 20인 이내의 위원으로 구성된 자체감사활동심사위원회를 운영하고 있다(「자체감사활동의 심사에 관한 규칙」).

2.1.5. 자체감사활동심사와 상임감사 등 직무수행실적 평가 비교

공기업과 준정부기관은 감사원의 자체감사활동 심사와 별도로 공공기관운영법에 따라 기획재정부 장관으로부터 상임감사·감사위원 직무수행실적 평가를 받고 있다. 평가결과 실적이 저조한 상임감사와 감사위원에 대해서는 공공기관운영위원회의 심의·의결을 거쳐 해임하거나 임명권자에게 해임을 건의할 수 있으며(공공기관운영법 제6조), 평가결과는 이들의 성과급과 연계된다.

공공기관운영위원회에서 확정된 평가지표 및 평가방법에 따라 평가가 이루어지며, 평가결과는 공공기관운영위원회의 심의·의결을 거쳐 확정된다. 감사원의 자체감사활동심사는 자체감사 활동과 운영 전반에 대하여 심사하는 반면, 직무수행실적평가는 상임감사 등의 직무수행을 평가한다는 점에서 차이가 있다.

한편, 상임감사 등의 직무수행은 자체감사활동의 일부로 볼 수 있어 2012년도부터 감사원의 자체감사활동 심사결과를 직무수행실적평가에 반영(25%)하고 있다.

표 2-11_ 자체감사활동 심사와 상임감사 등 직무수행실적 평가 비교

	자체감사활동 심사	상임감사 등 직무수행실적 평가
주체	감사원 (직접 실시)	기획재정부 (경영평가단 구성)
근거	공공감사법 제39조, 감사원법 제28조	공공기관운영법 제36조
대상	• 중앙행정기관, 지자체, 공공기관의 자체감사기구 • 2023년 676개 기관 심사	• 공기업, 준정부기관의 상임감사·감사위원 • 2021년 63개 기관 평가
기준	• 4개 분야 24~25개 심사지표	• 2개 범주, 5개 지표[5]
결과 활용	• 우수기관·직원 선정, 포상 • 우수기관 기관정기감사 생략 • 부진기관 감사책임자 교체 권고 등 • 심사결과 통보, 공개, 국회 보고	• 상임감사 등의 보수, 성과급 결정 • 연임 결정, 해임 또는 해임건의 등 인사 관련 자료로 활용 • 평가결과 공개, 국회 보고

---

5) 2개 범주는 감사역량, 직무수행성과이며, 감사역량은 감사의 전문성 확보, 감사의 윤리성 및 독립성 확보로, 직무수행성과는 내부감사 운영성과 및 사후관리의 적정성(감사원 심사활동 결과 반영), 기관의 청렴도(권익위 결과 반영)로 각각 구성되어 있다(기획재정부, 2022; 8).

2.2. 자체감사기구에 대한 감사

자체감사기구나 그 구성원도 감사원의 감사대상기관에 소속된 기구 및 임직원이므로 감사원은 자체감사기구의 회계와 사무, 공무원 등의 직무 등에 관하여 감사원법에 따른 감사를 실시할 수 있다.

감사결과 위법·부당사항에 대하여는 일반적인 감사결과와 같이 관계자에 대한 징계·문책요구나 시정요구 등을 할 수 있고, 자체감사 책임자가 감사업무를 현저하게 게을리하고 있다고 인정되는 경우에는 해당 임용권자 또는 임용제청권자에게 그 교체를 권고할 수 있다(감사원법 제30조의2 제3항).

감사원의 자체감사기구에 대한 감사는 자체감사기구가 법령을 준수하며, 그 직무를 적정하고, 충실하게 수행하도록 유도하는 기능을 한다.

3. 협력 관계

감사원과 자체감사기구는 공공감사체계를 구성하는 양대 축으로서 공공부문의 책임성을 확보하는 데 있어 상호보완적으로 기능하며, 협력하는 관계에 있다. 양자 간의 협력관계는 '감사계획 협의·조정'과 '감사원 감사의 대행 및 위탁' 등으로 구체화 된다.

3.1. 감사계획 협의·조정

3.1.1. 의의

공공감사 제도는 외부감사와 내부감사로 구성되어 있는데, 외부감사와 내부감사는 감사대상이 중첩될 수 있다. 또한 외부감사는 중층적인 체계로 이루어지기 때문에 외부감사 간에도 중복이 발생할 수 있다. 이로 인해 자체감사, 감사원감사, 중앙행정기관의 감사 등 각 감사기구의 활동이 감사대상이나 범위, 시점 측면에서 중복될 수 있다. 이러한 감사의 중복은 감사자원의 낭비 등 공공감사체계의 비효율을 초래하고, 감사를 받는 기관의 부담을 가중시키는 문제를 초래한다.

따라서 감사기구 간에 감사활동을 조정하여 불필요한 중복을 방지하는 것은 공공감사뿐 아니라 공공행정의 효율성을 제고하기 위하여도 필요하다.

3.1.2. 법적 근거

감사계획 협의·조정의 법적 근거는 공공감사법과 감사원법에 규정되어 있다. 공공감사법은 '감사원과 중앙행정기관 등의 장은 필요한 경우 중복감사를 방지하고 감사의 효율성을 높이기 위하여 감사계획 등에 관하여 협의한다'고 규정하고 있으며(공공감사법 제34조), 감사원법은 '중앙행정기관, 지방자치단체 및 공공기관의 장은 필요한 경우에 감사의 중복을 피하기 위하여 감사계획 등에 관하여 감사원과 협의한다'고 규정하고 있다(감사원법 제30조의2).

감사계획의 협의·조정은 '감사활동조정협의회'를 통해서 이루어진다.

3.1.3. 감사활동조정협의회

감사활동조정협의회는 감사원감사와 자체감사, 그 밖에 중앙행정기관 등의 감사제도의 개선·발전에 관한 사항을 협의·조정하기 위하여 감사원에 설치된 기구이다. 협의회의 협의·조정 사항은 자체감사기구간 협조, 중복감사[6] 금지, 감사계획 협의 등이다(공공감사법 제31조). 협의회는 위원장(감사원 사무총장) 1인을 포함하여 20명 이내의 위원으로 구성된다.[7]

3.1.4. 감사계획 협의 대상

감사계획 협의의 대상은 감사원의 감사계획, 공공감사법 적용을 받는 중앙행정기관 등의 자체감사계획, 중앙행정기관 및 시·도가 지방자치법에 따라 국가 및 시·도 위임사무와 지방자치단체의 자치사무에 대해 실시하는 감사계획, 조달청의 물품관리 감사계획이다(「중복감사 방지를 위한 감사계획 협의조정 등에 관한 규정」, 감사원 훈령).

---

6) "감사계획의 중복"이란 동일 연도에 동일 기관의 동일 분야에 대하여 2회 이상 실시하는 감사계획을 말한다[「중복감사 방지를 위한 감사계획 협의조정 등에 관한 규정」(감사원훈령) 제2조].

7) 감사활동조정협의회 구성 및 운영에 관한 세부사항은 「감사활동조정협의회의 구성·운영 등에 관한 규칙」(감사원 규칙)에 규정되어 있다.

3.1.5. 협의·조정 절차 및 기준

협의절차를 보면, 감사원은 자체감사기구에 '연간감사계획 협의지침'을 시달하고(통상 9월), 감사원과 자체감사기구는 각각 감사계획을 수립하여 공공감사 정보시스템에 입력하며(12월), 감사대상 및 분야 등에서 감사범위 중복사항을 추출한다(12월). 감사원은 감사사항이 중복되는 기관에 중복사항을 통보하고 감사계획 협의·조정 기준에 따라 기관 간 자율적으로 협의·조정한 이후 감사활동조정협의회에서 심의하여 최종적으로 감사계획을 확정한다.[8]

> **감사계획 협의·조정 기준[9]**
>
> 감사계획 협의·조정은 해당 감사의 중요도, 감사 여건, 감사 순기 등을 종합적으로 고려하여 수감 부담을 최소화하고 감사성과를 높일 수 있는 방향으로 이루어져야 하며 다음 각 호의 어느 하나의 방법에 따른다.
> 1. 감사실시 주체의 단일화
> 2. 협력감사(합동감사, 대행·위탁감사) 실시
> 3. 감사 대상기관 및 감사 분야 등 감사범위 조정
> 4. 감사 실시연도 등 감사일정 조정
> 5. 그 밖의 감사실시 주체 상호간 동의한 중복 해소 방안

3.2. 감사원감사의 대행 및 위탁

3.2.1. 의의

감사원은 감사원감사 등의 효율성을 높이고, 중복감사를 방지하기 위하여 감사원 감사사무 중 일부를 자체감사기구나 중앙관서·지방자치단체·공공기관의

---

8) 2021년에 감사원은 131개 감사사항, 자체감사기구는 6,484개 감사사항 등 총 6,615개 감사사항을 공공감사 정보시스템에 입력하였다. 이 중 감사원의 57개 감사사항과 자체감사기구의 384개 감사사항간에 감사 범위가 중복되는 것으로 나타났고, 자체감사기구 간에는 457개 감사사항에서 감사 범위가 중복되어 이를 협의·조정하였다(감사원, 2022a; 709).

9) 「중복감사 방지를 위한 감사계획 협의조정 등에 관한 규정」 제5조

장에게 대행하게 하고 그 결과를 제출하게 할 수 있다. 여기서 감사사무는 사실의 조사, 확인, 분석 등의 사무로서 국민의 권리, 의무와 직접 관계되지 아니하는 사무에 한정한다(공공감사법 제35조, 감사원법 제50조의2).

또한 감사원은 공공기관운영법(제52조)에 따라 공기업, 준정부기관의 업무와 회계에 대한 감사를 관계 행정기관의 장 등에게 위탁할 수 있다. 위탁감사는 감사원의 감사권한 중 일부를 주무부처 장관 등에게 위탁하여 그의 권한과 책임 하에 감사를 실시하고 결과까지 처리하도록 한다는 점에서 대행감사와 구분된다.

3.2.2. 절차

감사원은 대행·위탁감사가 필요한 사항에 대해서 감사중점 및 방향, 감사접근 방법, 감사결과 처리, 감사원과 자체감사기구의 역할분담 등이 포함된 대행·위탁 감사 실시계획을 수립하고 해당 기관에 감사를 의뢰한다. 감사를 대행하게 하거나 위탁할 때는 감사실시지침, 감사수행에 필요한 정보와 참고자료를 제공할 수 있으며, 자문·인력·교육 등의 요청이 있을 경우 최대한 지원하여야 한다.

3.2.3. 결과 처리

대행 감사기관의 장은 대행감사가 종료되면 지체없이 그 결과를 감사원에 제출하여야 하며, 감사원은 변상판정, 중징계, 국민의 권리·의무와 직접 관련된 중요한 사항 등이 아닌 경우 대행기관에서 직접 조치하게 할 수 있다. 위탁감사기관의 장은 위탁감사가 종료되면 감사결과를 그의 책임하에 처리하고 그 결과를 감사원에 지체없이 제출하여야 한다(「자체감사활동의 지원 및 대행·위탁감사에 관한 규칙」).

4. 감사원의 지원

4.1. 의의

감사원은 자체감사기구의 발전과 자체감사의 효율적인 수행을 위하여 '자체감사 활동 지원대책'을 수립하여 시행할 수 있다(「자체감사활동의 지원 및 대행·위탁감사에 관한 규칙」 제4조).

감사원의 자체감사기구 지원대책에는 감사계획·방법 자문의 활성화, 감사원 인력의 지원방안, 감사기법 전수, 감사·회계분야 전문교육 강화, 감사담당자 우대 등 근무여건 개선과 사기진작 방안, 감사기준 및 감사요령·편람·매뉴얼 등 감사절차 표준화, 자체감사기구 설치·운영 표준모델 개발 및 컨설팅, 연찬회 및 설명회 개최 등이 포함된다.

감사원의 자체감사기구 지원은 최고감사기구로서 국가 공공감사체계 전반의 효율성을 제고하기 위한 목적이라고 할 수 있다.

4.2. 감사매뉴얼 배포 및 감사전문교육 실시 등

감사원은 2012년 7월 자체감사기구별로 제각각 처리하고 있는 감사업무를 표준화고, 감사의 전문성을 강화하기 위해 '자체감사 통합 매뉴얼'을 발간·배포하였다. 2018년에는 적극행정면책제도 등 신설·변경된 제도와 새로운 감사결과 등을 반영하여 개정하였다.

감사원은 매년 감사담당자 등을 대상으로 순회교육을 하고 있으며, 감사교육원에서도 감사담당자 등을 대상으로 감사 및 회계분야 전문교육을 실시하고 있다.

4.3. 감사관계관회의 개최

감사원은 이러한 자체감사활동 지원을 내실있게 수행하고, 감사원과 자체감사기구간 협조에 관한 사항 등을 논의하기 위해 감사관계관회의를 매년 개최하고 있다. 감사관계관회의는 감사활동조정협의회와 더불어 공공감사의 개선과 발전을 위한 논의 및 소통의 장을 제공한다.

4.4. 자체감사기준 제정

감사원은 최고감사기구로서 공공감사 전반의 성과와 책임성 제고를 위해 중앙행정기관 및 지방자치단체의 자체감사활동에 적용되는 감사기준이나 감사활동수칙을 정할 수 있다(공공감사법 제37조).

이에 따라 감사원은 2010년에 감사활동조정협의회의 협의·조정을 거쳐「중앙행정기관 및 지방자치단체 자체감사기준」을 감사원규칙으로 제정·시행하였다.

　한편 공공기관운영법은 공기업·준정부기관의 감사기준을 기획재정부장관이 정하도록 하고, 감사원은 기획재정부장관에게 감사기준에 관하여 의견을 제시할 수 있도록 규정하고 있다(법 제32조). 이에 따라 공기업·준정부기관 자체감사기준은 기획재정부가 정한「공기업, 준정부기관 감사운영 규정」이 적용된다.

　국가 공공감사체계의 일관성 확보를 위하여는 공공기관의 자체감사기준도 중앙행정기관과 지방자치단체의 경우와 같이 감사원이 제정하는 방향으로 제도 개선이 필요하다.

외국의 공공감사기구

1. 최고감사기구(SAI, Supreme Audit Institution)

1.1. 의의

현대의 국가는 공통적으로 정부 등 공공부문의 책임성을 확보하기 위한 장치의 하나로 직무상 독립성을 가진 최고감사기구(SAI)를 설치·운영하고 있다.

최고감사기구는 각 국가의 헌법 또는 법률에 근거를 두고 설치되고, 독립적인 지위에서 국가의 회계와 직무 등을 감사한다. 우리나라는 헌법에 의하여 설치되고 직무상 독립성을 가진 감사원이 최고감사기구이다.

각 국가는 고유한 역사와 전통에 따라 최고감사기구의 조직과 기능 등에 관한 제도를 설계하여 운영하고 있는데, 이러한 각국 최고감사기구와 관련된 제도와 운영에 관하여 살펴봄으로써 공공감사 제도에 대한 이해의 폭을 넓히고, 우리나라 공공감사 제도의 발전에 관한 시사점을 얻을 수 있다.

1.2. 최고감사기구의 유형

최고감사기구의 유형은 다양한 기준에 따라 분류할 수 있지만 국제적으로 많이 활용되는 유형분류는 감사기구의 의사결정방식 또는 소속을 기준으로 하는 것이다.

1.2.1. 의사결정방식에 따른 분류[1]

최고감사기구의 의사결정 방식을 기준으로 분류하면 입법부형(Parliamentary model), 사법부형(Judicial model), 위원회형(Board model)으로 구분된다.

---

1) DFID(Department for International Trade), 2014

입법부형은 웨스트민스터(Westminster) 모델이라고 불리며, 감사원은 의회의 책임성 시스템과 깊숙이 연계되어 있다. 감사원의 감사결과는 의회의 전담위원회(통상 PAC, Public Accounts Committee라고 불린다)에 제출되어 검토되고, PAC가 보고서와 권고사항을 제시하면 정부는 이를 이행하는 체계이다. 영연방 국가의 감사원들이 주로 해당된다.

사법부형은 나폴레옹(Napoleonic) 모델이라 불리며, 감사원은 사법시스템의 일부로서 작동한다. 감사원의 구성원은 판사이며, 부적정한 공공자금 지출에 대한 판정 기능을 보유하고 있다. 의회와의 관계는 제한적이다. 프랑스, 이탈리아 등 남유럽 국가들과 브라질 등이 여기에 속한다.

위원회형은 위원회 구성원에 의해 의사결정이 이루어진다. 감사원 내 위원회에서 감사보고서를 승인하고 승인된 보고서는 의회에 제출된다. 독일, 일본, 네덜란드, 한국 등이 여기에 속한다.

1.2.2. 소속에 따른 분류

최고감사기구의 소속 또는 설치형태를 기준으로 하면 독립기관형, 입법부소속형, 행정부소속형으로 분류할 수 있다. 우리나라에서는 이와 같이 최고감사기구의 소속에 따른 분류가 일반적으로 활용되고 있다.

독립기관형은 입법부와 행정부 어디에도 속하지 않는 조직형태로 최고감사기구를 설치하는 유형으로, 독립기관형 내에서 법원형과 비법원형으로 세분하기도 한다. 입법부소속형과 행정부소속형은 각각 최고감사기구를 의회 또는 행정부에 소속하는 형태로 설치하는 유형이다.

1.2.3. OECD 국가 유형

OECD 38개 국가의 최고감사기구를 소속을 기준으로 분류하면, 독립기관형은 프랑스, 이탈리아, 스페인, 일본, 독일 등 19개국이며, 입법부형은 미국, 영국, 오스트레일리아, 캐나다 등 17개국이다. 행정부형은 대통령 소속인 한국과 재무부 소속인 스위스 등 2개국이 있다.

표 2-12_ OECD 최고감사기구 유형분류

정부형태	독립기관형(19)		입법부형(17)	행정부형(2)
	비법원형(13)	법원형(6)		
의원내각제	독일, 벨기에, 일본, 네덜란드, 아일랜드, 체코, 슬로바키아, 룩셈부르크, 에스토니아, 슬로베니아, 라트비아	이탈리아, 터키, 스페인, 그리스	영국, 뉴질랜드, 호주, 아이슬란드, 캐나다, 노르웨이, 스웨덴, 이스라엘, 덴마크, 헝가리, 폴란드, 핀란드, 오스트리아	
대통령제	칠레, 콜롬비아		미국, 리투아니아, 멕시코, 코스타리카	한국
이원집정부제		프랑스, 포르투갈		
의회제				스위스

자료: 감사연구원(2017), 「OECD 국가 감사제도 개황」 자료를 수정(2016년 이후 OECD에 가입한 라트비아, 리투아니아, 콜롬비아, 코스타리카 추가)

OECD 국가를 기준으로 보면 다수의 국가가 독립기관형 또는 입법부소속형으로 최고감사기구를 설치하고 있다. 다만, 각국의 정부형태와 최고감사기구의 소속 또는 설치형태와는 특별한 상관관계가 발견되지는 않는다.

1.2.4. 아시아 국가 현황

서구 국가들의 경우 회계검사 제도가 발전하여 최근에는 직무감찰로까지 그 영역이 확대되고 있는 추세이나, 아시아 국가들의 경우 왕실재정과 국가재정이 구분되지 않은 전제군주제 역사로 인해 공무원 감찰제도가 발전하여 근대화 이후 도입된 회계검사 제도와 병행하여 운영하고 있다.

이에 따라 아시아 국가들은 서구 국가들에 비해 최고감사기구의 공직비리 대응 역할을 강조하여 직무감찰 기능을 보다 강화한 형태로 운영하고 있으며, 회계검사기구와 통합하여 운영하거나 별도의 감찰기구를 설치하여 운영하고 있다.

예컨대 중국·베트남 등은 회계검사기구와 감찰기구를 각각 설치하여 운영하고 있으며, 해당 감찰기구는 공무원에 대한 검열을 목적으로 하고 있는 특징이 있다.

표 2-13_ 아시아 국가 최고감사기구 설치형태

국가	최고감사기구 설치 형태
대만 감찰원	• 감찰원을 제4부의 독립기관으로 설치하여 일체의 시책과 위법 또는 직무태만 여부를 조사하는 등 감찰업무와 심계업무 수행 • 감찰원 내에 심계부를 설치하여 운영
홍콩 염정공서	• 反 부패 조사·예방·교육 목적의 염정공서를 설치하여 부패관련 수사를 전담하고 직무감사기능 수행(경찰은 일반 범죄사건만 수사, 검찰은 수사권 없이 기소권만 보유)
일본 회계검사원	• 독립기관으로 회계검사원을 설치, 1997년 법률개정을 통해 성과 감사 실시
중국 감찰부·심계서	• 국무원 내에 감찰부와 심계서를 설치·운영 중이며, 감찰부는 정책준수 여부 및 공무원의 비위조사를 수행하고 심계서는 재무·성과감사와 경제책임감사 실시

자료: 감사원(2017b), 「국가감사제도에 대한 이해」, 일부 수정

1.2.5. 최고감사기구와 의회와의 관계

최고감사기구의 주된 기능이 감사를 통하여 정부 등 공공부문의 책임성을 확보하는 데 있으므로 국정 전반을 감독하는 의회의 역할과 밀접하게 관련된다.

이에 따라 각국의 최고감사기구는 그 소속과 관계없이 다양한 방식으로 의회를 지원하고 있다.

최고감사기구가 의회를 지원하는 방식은 감사결과 또는 정부의 예산안에 대한 검토결과 등을 의회에 보고하거나 의회가 요구하는 사항에 대하여 감사를 실시하고, 의회의 정부기관 운영에 대한 질의에 응답하는 등 다양한 방식으로 이루어지고 있다.

표 2-14_ 주요 국가 감사원과 의회의 관계

국가	의회와의 관계
미국 연방감사원 (GAO)	• 의회를 지원하기 위한 기준·절차를 내부규정의 형식으로 마련하고 있음(GAO's Congressional Protocols) • GAO의 감사개시는 의회 및 위원회 지시(Congressional Mandate) 또는 의원의 요청(Congressional Request)에 따라 행하여짐
영국 국가감사원 (NAO)	• NAO는 의회 공공회계위원회(PAC, Public Accounts Committee)와 밀접하게 연계하여 소관 업무를 수행하고 있으며, 의회 공공회계위원회 청문회(hearing) 결과를 반영하여 보고서 발간
독일 연방회계 검사원	• 연방의회가 연방회계검사원에 대해 특정 사항을 감사하도록 요구할 수 있는 법적 근거는 없으나, 연방회계감사원은 가능한 한도에서 의회가 요청하는 사항을 수용하고 있음 • 연방하원의 예산위원회는 정부의 예산사업의 합규성, 효율성 등을 평가하기 위하여 연방회계검사원의 보고 및 의견에 의존
프랑스 회계감사원	• 프랑스헌법에 따라 회계감사원은 의회의 정부감시 및 재정관련 법률 진행 감시 기능을 지원할 의무가 있음(헌법 제47－2조) • 회계감사원은 의회 양원 재무위원회(des commissions des finances)의 위원장 및 보고위원(Rapporteur)의 감사요구에 응해야 함
일본 회계검사원	• 양원 및 그 위원회는 심사 또는 조사의 필요가 있는 때에는 회계검사원에 대하여 특정 사항에 관하여 회계검사를 요청할 수 있음 • 회계검사원은 의회의 회계검사요구가 있는 때에는 해당 요청에 관련된 특정사항에 관하여 검사를 실시하고 그 검사 결과를 보고할 수 있음 • 1997년 제도 도입 이래, 도입 초기에는 검사요청이 드물었으나, 참의원과 중의원의 다수당이 일치하지 않는 '뒤틀린 국회(ねじれ国会)' 현상과 맞물려 2006년 이후 비약적으로 늘어나는 경향을 보임

자료: 감사원(2017b), 「국가감사제도에 대한 이해」, 일부 수정

2. 주요 국가의 최고감사기구

입법부소속형인 영국과 미국의 최고감사기구와 독립기관형인 독일, 프랑스, 일본의 최고감사기구를 대상으로 그 조직과 기능 등을 살펴본다.

2.1. 영국 국가감사원(NAO)

2.1.1. 설립과 조직

영국의 최고감사기구는 감사원장(C&AG, Comptroller and Auditor General[2])과 국가감사원(NAO, National Audit Office)으로 구성된다. NAO는 1983년 국가감사법(National Audit Act 1983)에 의해 현재의 형태로 설립되었다.

감사원장은 NAO의 집행책임자(chief executive)이다(Budget Responsibility and National Audit Act 2011). 감사원장은 모든 정부부처와 관련 공공기관의 회계를 감사하여 보고할 수 있으며, 공공자금 사용의 경제성, 효율성, 효과성을 검사하고 보고할 권한을 가지고 있다(National Audit Act 1983). 감사원장은 총리가 하원 공공회계위원회(PAC, Public Accounts Committee) 위원장의 동의를 받아 임명제청안을 하원에 제출하고, 하원의 승인을 받아 국왕이 임명한다. 하원의 공무원 신분을 가지며, 임기는 10년 단임이다.[3] 해임사유가 있는 경우 양원 승인(address)하에 의해 국왕이 해임한다.

NAO는 감사원장의 법적 기능을 지원하기 위한 법인(body corporate)이며, 9명의 임원(member)으로 이사회(NAO Board)를 구성하는데 NAO의 피고용자가 아닌 비집행 임원(non-executive member) 5명, 감사원장, 그리고 NAO의 피고용자인 집행임원 3인으로 구성된다.

---

2) 감사원장의 영문 명칭은 통제 및 감사총감(Comptroller and Auditor General)이며, 통상 C&AG로 줄여서 표현한다. 이는 역사적으로 지출에 대한 사전통제 기능을 담당했던 국고통제관(comptroller)과 감사를 총괄했던 감사 총감(auditor general)이 하나로 통합되었기 때문이다. 현재 국고통제관으로서의 감사원장의 기능은 예산 총액에 대해서만 형식적으로 실시된다.

3) Budget Responsibility and National Audit Act 2011. 이 법 이전에는 원장의 임기 조항이 없어서 종신으로 간주되었다.

비집행 임원 중 1인이 의장을 맡고, 의장은 총리가 공공회계위원회 위원장의 동의하에 임명제청을 하면 하원이 승인하고 국왕이 임명한다. 이사회는 NAO의 운영 개선과 전략계획 및 예산안을 심의하고, 감사원장에 대한 자문 기능 등을 수행한다.

NAO의 집행기능은 감사원장과 이를 지원하는 국장 6인으로 구성된 집행 팀(executive team)에서 책임지고 있다. 각 국장은 기능별 부서를 담당하고 있다.

2.1.2. 기능과 역할

NAO는 재무감사(financial audit)와 성과감사(value for money audit) 기능을 수행한다. 재무감사는 감사원장이 NAO의 도움을 받아 매년 공공부문의 400여 개 회계에 대해 독립된 감사의견(audit opinion)을 제시한다. 여기에는 모든 정부부처, 집행기관, 공공기관(arm's length body), 공기업, 자선단체 등이 해당된다.

성과감사는 정부의 인적·물적 자원 이용의 경제성, 효율성, 효과성을 분석하고 그 결과를 의회에 제출하는 방식으로 이루어진다. 성과감사 보고서에는 감사결과에 기반한 성과개선을 위한 권고(recommendation)사항이 포함되며, 매년 60여 개 정도의 성과감사를 실시한다.

성과감사 사항의 선정은 전적으로 감사원장의 재량사항이다. "감사원장은 경제성, 효율성, 효과성 감사와 관련하여 감사사항 선정 및 수행방법을 포함하여 그 기능 수행에서 완벽한 재량을 갖는다"(Budget Responsibility and National Audit Act 2011). 다만, "감사원장은 감사사항을 결정할 때, 공공회계위원회의 제안을 존중(regard)하여야 한다"고 하여, 공식적인 의회의 감사요청제도는 없지만 현실적 가능성을 열어두고 있다.

성과감사에서 정부 정책 목적의 당부(merit of policy objective)에 대해서는 감사하지 않는다(국가감사법 제6조). 다만, 정책목적 달성을 위해 자원이 가장 효율적이고 경제적으로 이용되고 있는지를 감사한다.[4]

---

4) 의원내각제를 채택하고 있는 영국에서 정책 목적은 정치인 장관이 결정하며, 이에 대한 책임성은 의회의 분야별 상임위에서 다루어진다. 국가감사원의 감사결과를 논의하는 공공회계위원회에는 부처의 행정차관(permanent secretary)이 출석한다. 행정차관은 관료이면서 회계책임관(accounting officer)이기도 하며 행정적 책임을 진다.

2.1.3. 의회와의 관계

NAO는 의회와 밀접한 관련이 있다. 감사원장(C&AG)이 하원의 공무원이며, 국가감사원의 감독기관인 공공회계감독위원회(TPAC, The Public Accounts Commission)도 하원 의원으로 구성되어 있으며, TPAC는 NAO의 예산 의결, 성과 점검, 비집행 임원 임명, 외부감사인 선임 등 국가감사원에 대한 외부통제 기능을 수행한다.

NAO의 감사결과는 공공회계위원회(PAC)에 보고된다. 공공회계위원회는 하원의 상설위원회로서 대부분 NAO의 감사결과에 기반하여 활동하고 있다.[5]

2.2. 미국 연방감사원(GAO)

2.2.1. 설립과 조직

미국 연방감사원은 1921년 예산회계법(Budget and Accounting Act)에 의해 정부로부터 독립된 감사기구로 설립되었다. 설립 당시 명칭은 General Accounting Office였다. 예산회계법은 대통령에게 예산편성 과정에서 상당한 권한과 책임을 부여하면서 확대된 행정부의 권한과 균형을 이루기 위해 재무부 내에 있던 통제·감사 기능(comptroller and auditor)을 이관하여 독립된 감사기구를 설립한 것이다.

연방감사원은 설립 초기부터 상당히 폭넓은 권한을 부여받았다. "공공자금의 수취, 지출, 사용과 관련된 모든 문제를 조사"할 수 있으며, 이에 필요한 포괄적인 자료접근권이 부여되었다. 또한 재정관련 개선을 위한 법률 권고 권한과 양원의 요청에 의한 특별조사(special investigation) 권한이 부여되었다.

연방감사원의 소속에 대해서 법률상 행정부로부터의 독립 규정은 있지만 다른 규정은 없다. 다만, 역사적으로 의회 지원을 위해 설립되었고, 대법원이 입법부의 한 기관이라고 판결하였으며[6], 연방감사원의 임무(mission)에도 의회 지원이 명시되어 있는 점 등을 감안하면 의회 소속으로 볼 수 있다.[7]

---

5) 2021-22년 국가감사원은 PAC 회의에 69번 출석하였고, PAC는 정부에 319건을 권고하였으며, 정부는 288개를 수용하여 수용률은 90%이다.

6) 대법원은 1986년 Bosher vs Synar 판결에서, 연방감사원의 법적 위상에 대해, 설립 당시 입법자의 의도, 감사원장 해임에 있어서 의회의 주도적 역할, 실무적 측면에서 의회와 감사원의 인식 등을 종합하여 연방감사원을 입법부 기관으로 판결하였다(황의관, 2021)

감사원장(CG, Comptroller General)의 임기는 15년이며 단임이다. 의회가 감사원장 후보추천위원회8)를 구성하여 최소한 3명을 추천하면 대통령이 1명을 지명하고, 상원의 인준을 거쳐 임명한다. 감사원장은 탄핵이나 양원 합동결의에 의해 해임될 수 있다.

연방감사원은 감사원장 산하에 법무실장(General Counsel), 사무총장(Chief Operating Officer), 행정·재무실장(Chief Administrative Officer·Chief Financial Officer)을 두고 있으며, 이들이 감사원의 집행위원회를 구성한다. 사무총장 산하에 15개 임무 수행팀이 있어서 감사, 평가, 연구 등의 임무를 수행한다.9)

2.2.2. 기능과 역할

연방감사원의 권한, 기능, 임무가 시간에 따라 확대됨에 따라 2004년 연방감사원의 명칭이 변경되었다. 영문 약자는 GAO로 동일하지만, "General Accounting Office"에서 "Government Accountability Office"가 된 것이다. 이것은 GAO의 기능이 회계 중심의 재무감사에서 정부 책임성 확보를 위한 포괄적인 감사기능으로 확대되었음을 보여준다. 현재 GAO의 주요 기능은 다음과 같다.

Ref.4 GAO의 주요 기능10)

① 연방정부의 사업이나 운영에 대한 감사와 평가(auditing and evaluation)
② 연방 형법 위반, 이해상충, 조달·계약 비리 등과 관련된 특별조사(special investigation)
③ 대의회 법률 서비스와 예산법 집행에 대한 해석
④ 입찰이의에 대한 재결(bid protest ruling)
⑤ 연방정부의 회계나 감사와 관련된 기준 마련

---

7) 연방감사원은 의회의 헌법적 책무 달성을 지원하고, 국민의 이익을 위해 연방정부의 성과 개선과 책임성 확보를 지원하기 위해 존재한다(GAO Performance and Accountability report).
8) 하원의장, 상원임시의장(president pro tempore of the Senate), 하원과 상원의 여당 및 야당 원내대표, 상원 정부업무위원회와 하원 정부운영위원회의 의장 및 야당 간사 등으로 구성된다.
9) 2021 회계연도 기준 직원은 3,318명이다. 워싱턴에 본부를 두고 있으며, 로스엔젤레스 등 11곳에 지부를 두고 있다.
10) Congressional Research Service(2008)

연방감사원은 연방정부의 통합재무제표에 대한 재무감사를 매년 실시하는 한편 각 정부기관의 내부감찰관이 수행한 재무감사 결과를 점검(review)하고, 점검결과나 권고사항을 의회에 보고할 수 있다. 또한 감사원장은 재량 판단이나 의회의 요청 시 기관의 재무제표를 직접 감사할 수 있다.

미국의 '정부감사의 일반 기준'(GAGAS, Generally Accepted Government Auditing Standards)에 따르면, 성과감사의 목적은 상당히 폭넓게 규정되어 있다. 정부 사업 (program)의 경제성, 효율성, 효과성에 대한 평가뿐만 아니라, 내부통제, 합규성, 전망분석(prospective analyses)까지 포함된다.

GAO는 의회와 정부를 대상으로 공공자금 지출에 관한 법률 해석과 결정을 제공한다. GAO는 이 업무 수행을 위해 '연방예산집행법의 원리(Principles of federal appropriations law)'라는 기준서를 작성하여 공개하고 있다.

또한 GAO는 연방정부의 조달관련 입찰과정에서 법규위반 등에 대한 이의신청이 있는 경우 입찰절차를 중단시키고, 조사를 수행하여 위법 여부를 재결한다.

GAO의 연간 감사활동 및 성과는 '성과와 책임성 보고서'(Performance and Accountability Report)로 공개되고 있다.

표 2-15_ GAO의 감사활동 성과

	2021	2020	2019	2018
재무편익(10억 달러)	66.2	77.6	214.7	75.1
권고사항	1,602	14,59	1,607	1650
권고사항 이행률	76%	77	77	76
보고서	578	586	617	633
입찰이의 재결(건)	약 2,000	2,100	2,200	2,600
예산법 집행 의견	500회 이상	500회 이상	600회	600회 이상

자료: GAO, Performance and Accountability Report

2.2.3. 연방의회와의 관계

GAO는 양원, 위원회, 소위원회, 의원의 요청을 받아 감사를 실시하고 그 결과를 의회에 보고한다. 의회로부터 감사요청을 접수한 이후 10일 이내에 감사요구의 수락·거절 여부를 서면으로 통보한다. GAO는 의회 감사요청에 대한 처리 절차와 기준을 담은 '대의회 프로토콜'(congressional protocol)을 운영하고 있다.[11]

GAO 감사의 95% 이상이 의회 요청이나 의회가 제정한 법적 의무사항으로 이루어지고 있다(GAO, 2021 - 22 Performance and Accountability Report). GAO는 감사요청자에게 감사의 진행 상황에 대해 중간보고를 하며, 감사원 고위간부, 감사책임자 등이 의회 청문회에 출석하여 감사결과를 설명한다.

2.3. 독일 연방감사원(BRH)

2.3.1. 설립과 조직

연방감사원(Budesrechnungshof)은 1950년 독일헌법인 기본법(Grundgesetz)에 근거하여 설립되었다. 기본법은 연방감사원의 존립근거인 동시에 연방감사원의 결산검사권, 예산 및 재정운영의 합규성 및 경제성 심사권, 연방감사원 구성원에 대한 법관에 준하는 신분보장 등을 규정하고 있다. 연방감사원은 의회와 행정부 어디에도 속하지 않는 독립적 재정통제기관이자 최고 연방행정기관이다(독일 연방감사원법[12]).

연방감사원은 9개 감사국과 50개 과, 총무국으로 구성되어 있으며, 직원은 1,100여 명이다. 본부는 본(Bonn)에 있으며, 베를린과 포츠담에 분원을 두고 있다.

---

11) 대의회 프로토콜은 감사원과 의회와의 협력을 규정한 문서로서 의회와 협의하에 만들었다. 2000년에 처음 만들었으며 2004년과 2017년에 업데이트되었다. 여기에는 의회가 요청한 감사수용의 우선순위가 제시되어 있다. 최우선 순위는 의회 의무사항(congressional mandate)이다. 이는 법률 사항, 양원 합동 결의사항, 위원회 보고서 등에 의한 요청사항이다. 두 번째는 의회 및 위원회 지도자들의 요청이다. 의회 지도자는 상원 임시의장, 상원 여야 원내대표, 하원의장, 하원 여야 원내대표이며, 위원회 지도자는 상임위와 소위원회의 의장과 야당 간사를 말한다. 세 번째는 개별 의원의 요청이다.

12) 연방감사원은 3부 어디에도 소속되어 있지 않는 최고 연방행정기관이며, 재정통제에 관한 독립기관으로 오직 법의 지배를 받으며, 법에서 규정한 바에 따라 양원 및 연방정부의 의사결정을 지원한다(「독일 연방감사원법」 제1조).

감사원장과 부원장은 연방정부의 제청으로 연방하원과 상원에서 각각 토론없이 비밀투표에 의한 다수결로 선출되며, 연방대통령은 선출된 자를 반드시 임명하여야 한다. 해임절차는 직업공무원에게 적용되는 연방공무원법을 적용받는다. 임기는 12년 단임이며, 정년은 65세이다. 감사원장과 부원장 이외의 다른 구성원은 원장의 제청으로 연방 대통령이 임명한다.

2.3.2. 기능과 역할

연방감사원은 감사(Prüfung), 보고(Bericht), 자문(Beratung) 기능을 수행한다. 연방감사원은 정부의 회계와 예산, 재정운영 등의 합규성과 경제성을 검사한다. 연방감사원의 감사초점이 개별 부서의 운영에 대한 감사에서 탈피하여 목표달성을 위한 합리적 자원이용으로 이동함에 따라 감사기준도 전통적인 합규성에 그치지 않고 경제성, 효율성의 관점으로 확대되고 있다.

다만, 연방감사원은 정책 결정 그 자체에 대해서는 감사할 수 없고 그 전제조건이나 파급효과에 대하여는 감사할 수 있다.[13]

감사결과는 연간 감사결과보고서(Bemerkungen)에 반영되어 다음 연도에 연방하원과 상원, 그리고 연방정부에 제출한다.

연방감사원은 감사결과에 근거하여 정부의 세출예산 삭감 등을 의회에 권고하는 자문보고서(Beratungsbericht)를 발표할 수 있다. 이 외에 특별보고서(Sonderbericht)가 있는데, 이는 연방감사원이 긴급하게 알려야 할 사안에 관하여 수시로 연방의회와 연방정부에 보고하는 것이다(연방예산법).

2.3.3. 의회와의 관계

연방감사원은 감사사항 선정에서 재량권을 보유하고 있으며, 특정사항에 대한 행정부와 의회의 감사요청권은 없다. 그러나 관례상 의회는 감사요청을 하며, 감사원은 수용해야 하는 법적 근거는 없으나 수용하여 감사를 한다.

---

13) "감사결과가 정책적 결정과 관련이 있는 경우, 감사원은 직접 정책 평가를 한 것이 아니라 정보 제공과 자문으로 그 역할을 한정하였다는 점을 명시해야 한다. 이를 통해 정책의 전제조건과 파급효과에 감사결과를 집중할 수 있다"(「연방감사원 감사규칙」 제6조)

연방감사원은 연방정부의 예산편성과 연방의회의 예산심사 및 결산심사를 지원한다. 연방 부처는 부처별 예산안을 연방재무부에 송부하면서 연방감사원에도 송부해야 하며, 연방감사원은 이에 대해 의견을 표시할 수 있다(연방예산법).[14]

정부의 예산안은 연방의회(예산위원회)와 연방감사원에 제출되는데, 양자는 합동으로 예산안 심사에 착수한다. 연방감사원은 예산안에 대해 권고 및 자문사항을 작성하여 예산위원회에 제출하며, 예산위원회는 이에 기초하여 예산안을 심사한다.

연방감사원장은 바이마르 공화국 시절부터 관행적으로 연방성과감독관(BMW)을 당연직으로 겸직하고 있다. 이는 연방행정의 경제성을 제고하기 위해 의견을 권고하거나 제시하는 기능을 수행한다.

2.4. 프랑스 감사원

2.4.1. 설립과 조직

프랑스 감사원(Cour des Comptes)은 나폴레옹 1세 시대인 1807년 9월 법률에 의해 독립된 회계법원의 형태로 설립되었다. 이후 제5공화국 헌법 제47조에 따라 헌법상 독립기관의 지위를 유지하고 있다.

프랑스 감사원은 법원의 특성을 갖는다. 회계 판결에서 지방감사원이 1심, 감사원이 2심, 국사원(Conseil d'État[15])이 상고법원(최종심)의 역할을 수행한다. 감사원은 법원과 마찬가지로 행정부와 입법부로터 독립적인 지위를 가진다.[16]

감사원은 원장, 재판부의 장, 수석감사관, 부수석감사관, 감사관으로 구성되는데, 이들은 종신직 법관(magistrats)의 지위를 갖는다(재정관할법전 제L. 112−1).

---

14) 통상 연방재무부 장관, 각 부처장관, 연방감사원 고위 간부가 함께 참여하는 '3자회의'에서 각 부처에서 제출한 예산요구안에 대해 연방감사원이 의견을 제시한다.

15) 프랑스의 국사원은 행정재판의 최종심을 담당하는 최고행정법원이다.

16) 프랑스 헌법위원회는 2001년 "감사원은 재정관할법전에 규정에 비추어 독립성과 특수성이 인정되는 행정법원이며, 헌법은 입법부와 행정로부터 감사원의 독립성을 인정하고 있다"면서, "감사원의 감사 계획을 미리 의회에 제출하는 법률 조항은 감사원의 독립성을 침해하므로 위헌"이라고 판단하였다.

감사원은 감사원장과 7개의 재판부[17], 그리고 검찰총국으로 구성된다. 감사원장, 재판부의 재판장, 검찰국장, 그리고 수석감사관은 대통령이 주재하는 국무회의의 명령으로 임명한다. 그 이외의 법관들인 부수석감사관과 감사관은 국무회의를 거치지 않고 대통령이 임명한다.

검찰국장(procureur général)은 감사원 내부에서 공익의 대표자 임무를 수행하고, 이를 위해 공소제기를 담당한다. 즉 감사원이 감사를 통해 회계관의 위법·부당사항을 발견한 경우 검찰국장이 검사로서 감사원에 공소를 제기하고, 감사원은 이에 따라 재판을 한다.

프랑스는 1982년 지방자치법을 제정하면서 광역단체(region)별로 지방감사원(CRTC)를 설립하여 감사업무를 분담하였다. 현재 프랑스 지방감사원은 본토 13개, 군도·해외자치령 6개를 포함하여 총 19개 기관이 설치되어 있다. 지방감사원 원장은 감사원의 수석감사관이나 부수석감사관이 담당한다. 2021년 기준 감사원 직원은 798명, 지방감사원 직원은 1,012명으로 총 1,810명이다.

2.4.2. 기능과 역할

프랑스 감사원의 기능은 재판적 통제, 비재판적 통제, 회계의 확인, 정책평가로 나뉜다. 전통적인 기능인 재판적 통제는 공공회계관(comptable public)이 제출한 회계 그 자체에 대한 심사이다.[18] 회계가 예산 및 회계규칙 관련 규정에 맞게 올바르게 작성되었는지 여부, 즉 합규성과 정확성을 사후에 확인한다. 검사 결과 '면책' 결정을 하거나 관련 규정에 부합하지 않아 '결손이 있으므로 변상책임이 있다'는 결정을 하게 되는데 이를 '사법적 판단'이라고 한다.

비재판적 통제는 관리통제라고도 불리는데 공공재정이 규정에 맞게, 경제적, 효율적, 효과적으로 사용되었는지를 감독, 통제하는 것이다.

---

17) 프랑스 감사원은 사법형 감사제도를 택하고 있으므로 실, 국이 아니라 재판부로 나눈다(Chambre)
18) 프랑스 재정법의 중요한 원칙인 재정명령관(ordonnateur)과 공공회계관(comptable public)의 분리에 따라 공공회계관은 재정명령관으로부터 독립되어 있다. 재정명령관은 대통령, 장관, 도지사, 시장 등을 말하며 중요정책을 결정하고 행정기관의 장으로서 정책집행에 필요한 재정지출을 공공회계관에게 요구하고, 공공회계관은 이 요구에 따라 재정지출을 집행한다. 만약 재정명령관의 지출요구가 법령이나 규정에 위반되는 경우 공공회계관은 집행을 거부할 수 있다.

관리통제의 결과는 구속력 있는 판결이 아니라 '의견'의 형태로 표명한다. 관리통제는 국가, 지방자치단체, 공공기관뿐 아니라 국가 재원을 사용하는 민간단체에 대해서도 할 수 있다.

프랑스 감사원의 기능은 재판적 통제에서 관리통제, 그리고 회계의 확인 및 정책평가로 확대되고 있다. 2005년 재정조직법(LOLF)이 시행되면서 발생주의·복식부기에 입각하여 회계검사를 실시하며, 2008년 헌법개정을 통해 공공정책을 평가할 수 있게 되었다. 감사원의 공공정책평가 결과는 의회에 전달되어 행정부 통제에 기여하고, 일반국민들에게 공개된다.

2.4.3. 의회와의 관계

감사원은 의회에 감사결과 및 감사원 운영에 대한 보고서를 제출하고 있다. 전통적으로 연간 감사결과보고서, 연보를 제출하였으며, 2001년 재정조직법(LOLF) 제정에 따라, 결산에 관한 보고서, 예산집행 성과보고서, 국가회계 인증보고서, 차년도 예산 및 공공정책 방향에 대한 사전검토 보고서 등을 의회에 새롭게 제출하여 의회의 재정통제 강화에 기여하고 있다.

의회는 감사원에 특정한 사항에 대한 감사요구나 특정 주제에 대한 조사를 요청할 수 있다. 의회의 감사요구는 다양한 법률 규정에 근거하고 있는데, 재정위원회가 요구하는 사항, 특별조사위원회가 요구하는 사항[19] 등이 있다.

2.5. 일본 회계검사원

2.5.1. 설립과 조직

회계검사원은 1947년 헌법과 회계검사원법에 근거하여 내각과 국회로부터 독립된 재정감독기관으로 설립되었고, 의사결정기구인 검사관회의와 감사업무를 총괄하는 사무총국으로 구성된다. 검사관 회의는 3인으로 구성된 합의체 기구로서 사무총국의 검사업무를 지휘·감독하고, 규칙 제정 및 검사결과 등을 결정한다.

---

19) 양원 의장은 감사원에 대하여 직접 요청하거나, 상임위원회의 요청이 있는 경우 공공정책 평가보고서를 작성하여 제출할 것을 요청할 수 있다. 그러나 이러한 평가요구는 감사원이 독자적으로 재정을 조사·통제하고 문제점을 평가할 수 있는 권한을 침해해서는 안 된다는 조항(재정관할법전 제L.132-5조)도 담고 있어 감사원이 의회에 종속되는 것을 방지하고 있다.

검사관은 양원의 동의를 거쳐 내각이 임명한다. 원장은 검사관 중에서 호선된 사람을 내각이 임명한다. 검사관의 임기는 7년이며 1회에 한하여 연임할 수 있으며, 정년은 65세이다.

사무총국은 사무총장의 지휘하에 5개 감사국과 총무, 인사 등을 담당하는 관방으로 구성되어 있으며, 정원은 2022년 1월 기준 1,250명이다.

2.5.2. 기능과 역할

회계검사원은 결산의 확인, 회계검사, 성과감사를 수행한다. 결산의 '확인'이란 국가의 수입·지출을 검사하고 정확성, 합규성, 경제성 등을 판정하여 검사를 종료하는 것을 의미한다. 이 확인이 있으면 내각은 결산을 국회에 제출할 수 있게 된다. 회계검사는 회계에 대하여 정확성, 합규성의 관점에서 검사를 실시하고, 성과감사는 효율성, 유효성의 관점에서 감사한다.[20]

회계사무직원에 대한 검정은 현금출납직원이나 물품관리직원이 현금 또는 물품을 망실·훼손하여 국가에 손해를 끼친 경우 변상책임 유무를 검정(판정)하는 것이다.

2.5.3. 의회와의 관계

회계검사원은 1년간의 감사결과[21]를 통합하여 결산검사보고서 형태로 내각에 제출하고 내각은 이 보고서를 각 부처의 결산보고서와 함께 의회에 제출한다.

회계검사원은 의회의 의원 등으로부터 국회법 규정에 의한 요청이 있는 때에는 검사를 실시하여 검사결과를 보고할 수 있다. 국회 요청에 의한 감사는 의무가 아니라 회계검사원의 재량에 속한다. 2021년도에는 1건, 2020년에는 5건을 보고하였다.

---

20) 1997년 회계검사원법 개정을 통해 20조 2항에 "회계검사원은 정확성, 합규성, 효율성, 유효성의 관점 그 외 회계검사상 필요한 관점에서 검사를 행한다"는 규정을 신설하였다.
21) 변상책임, 징계처분요구, 조치 요구(제도개선, 주의 등), 의견표시, 검찰 통고 등이 있다.

3. 주요 국가의 내부감사기구

3.1. 영국 중앙정부 내부감사

3.1.1. 정부기관의 거버넌스(governance)

영국 중앙정부 내부감사기구의 기능을 이해하기 위해서는 먼저 중앙정부의 독특한 거버넌스를 이해할 필요가 있다. 영국은 부처별 위원회 모델(departmental board model)을 채택하고 있다. 정부 부처가 민간처럼 운영될 필요가 있다는 인식 하에 민간기업의 이사회처럼 경륜과 식견을 가진 사람들로 위원회를 구성한다. 위원회는 장관, 고위공무원 등 내부인사와 외부 인사들로 구성되며[22] 장관이 의장을 맡는다.

위원회는 부처의 전략과 정책집행에 대한 자문(advisory) 기구이다. 위원회는 효과적인 임무 수행을 위해 '인사위원회(nomination committee)'와 '감사 및 위험보증위원회(ARAC, Audit and Risk Assurance Committee)'를 둔다(UK HM Treasury, 2017).

ARAC는 부처의 감사 및 위험관리 과정의 효과성을 점검하고 이사회와 회계책임관(accounting officer)을 지원하며, 내부감사의 지원과 보고를 받는다. ARAC 회의에는 부처의 재무차관, 최고운영책임자, 내부감사기구의 장, 재무부 관계자, 국가감사원(NAO) 관계자 등이 참석한다(UK HM Treasury, 2016).

3.1.2. 정부 내부감사청

영국 정부는 2009년 중앙정부 내부감사의 성과 제고를 위해 '내부감사 혁신 프로그램(IATP[23])'을 시작하였는데, 그 핵심은 내부감사를 집단화(grouped)하는 것이다. 소규모 내부감사기구들을 통합하여 일정 수 이상의 감사인력을 확보하여 고품질의 내부감사를 효율적으로 제공하는 것이다.

---

22) 내부인사는 부처 장관, 다른 부처 장관, 행정차관, 재무국장, 기타 고위 공무원으로 구성되며, 외부인사는 적어도 4명은 되어야 한다. 외부 인사의 다수는 크고 복잡한 기업을 관리한 경험이 있는 민간부문 출신이어야 한다.

23) Internal Audit Transformation Programme

2012년 재무부는 중앙부처에 이러한 통합모델 실행을 요청하였고, 2013년 4월 11개의 핵심 부처부터 내부감사의 통합이 이루어졌다. 2015년 4월에는 통합된 내부감사 서비스를 제공하기 위한 기관으로 재무부 산하에 정부 내부감사청(GIAA, Government Internal Audit Agency)이 설립되었다.

정부 내부감사청은 2021-22 회계연도 기준 493명의 인원이 근무하고 있으며, 13개 중앙부처, 120여 개 준정부기관에 대한 내부감사와 반부패 조사 활동을 담당하고 있다. 2022-23 회계연도에는 GIAA가 16개 모든 중앙부처의 내부감사를 담당할 것으로 보인다. GIAA는 부처의 위험관리, 지배구조, 내부통제를 객관적으로 평가하고 보증(assurance)하거나 컨설팅 서비스를 제공한다. 내부감사는 공공부문 내부감사기준(PSIAS[24])을 준수해야 한다(GIAA, 2022).

3.2. 미국 연방정부 내부감사[25]

3.2.1. 감찰관(Inspector General:IG)

미국은 각 연방정부부처 내에 설치된 감찰관실이 내부감사를 담당하고 있다. 1978년 감찰관법(IG Act)이 제정되면서 정치적 중립성과 독립성을 갖춘 감사기관이 각 연방기관별로 설치되었는데, 이후 1988년 법 개정을 통해 특정 독립기관이나 공기업, 기타 연방기관 등으로 감찰관실의 설치 범위가 확대되었다.

감찰관의 임명은 연방정부 부처와 그보다 큰 연방기관들의 경우, 감찰관법에 따라 상원의 자문과 동의를 거쳐서 대통령이 임명한다. 또한 대통령에 의해서만 해임되고 사전에 양원에 해임 사유를 설명하도록 하고 있다. 반면, 특정 연방기관, 예컨대 이사회, 위원회, 재단 및 공기업 등 작은 규모의 기관은 각 기관의 장이 임명하게 된다. 이때, 해당 기관의 장에 의해 해임될 수 있으나 의회에 해임 사유를 알리도록 하여 소속기관으로부터 독립성 보장 장치를 마련하고 있다. 현재 73명의 연방감찰관이 활동 중이며, 이중 반은 상원의 동의를 거쳐 대통령이 임명하였고, 나머지 반은 기관장이 임명하였다.

---

24) Public Sector Internal Audit Standards
25) 양지숙(2021), 홍종현(2016)을 주로 참조하였다.

3.2.2. 감찰관의 임무와 권한

감찰관법에 따르면 감찰관은 소속 기관의 사업과 운영에 관한 낭비, 사기, 남용을 방지하고 기관운영의 경제성, 효율성, 효과성을 촉진하는 역할을 담당한다. 감찰관은 소속기관장의 일반적인 감독을 받지만 법률에 따라 감사활동에 있어 독립성을 보장받는다. 연방정부의 장 또는 소속 직원들은 감찰관의 감사활동에 간섭할 수 없으며, 감찰관은 감사를 계획하고 실시하는 과정에서 외부의 지시에 따르지 않고 스스로 정할 수 있다.

감찰관은 소속기관의 사업과 업무수행에 관한 자료와 정보에 폭넓게 접근할 수 있고, 감찰관실 직원을 선발할 수 있는 인사권이 있으며, 예산을 기관 예산 내에서 별도로 구분하여 요청할 수 있다. 감찰관법은 대통령 예산안에 제안된 금액이 감찰관의 직무 수행을 실질적으로 방해할 것으로 판단되는 경우 감찰관이 예산의 충분성에 대해 의회에 의견을 제시할 수 있도록 규정하고 있다.

3.2.3. 감사결과 의회보고

감찰관은 1년에 2번 감사활동과 그로부터 발견된 사실 및 개선 권고사항 등을 담은 보고서를 소속기관의 장에게 제출한다. 이 경우 기관장은 30일 이내에 의회에 보고서를 제출하고, 의회에 제출된 때부터 60일 이내에 일반 국민에게 공개하여야 한다. 이 외에도 감찰관은 특별히 중대하거나 심각한 문제가 발생한 경우 해당 기관장에게 즉시 보고하고, 해당 기관장은 의회에 7일 이내에 보고하여야 한다.

3.2.4. GAO의 감찰관 감독과 지원

GAO는 여러 기관이 연계된 사안을 감사하는 경우 감찰관실의 관련 감사자료를 참고하면서 부처 감찰관과 협력적 관계를 유지한다. GAO는 감찰관의 관리·운영이 독립적으로 이루어지는지 감시하고 효과적인 업무수행을 위해 조언한다. 감찰관은 GAO의 감사기준이나 감사운영 방향을 참고하여 자체감사를 수행한다. GAO는 정부 부처의 내부감사기준을 제정하고, 연방정부의 예산지출 효율화에 관한 다양한 가이드라인을 제공하여 감찰관의 업무활동을 지원한다.

제 3 장

감사 대상·범위와 한계

제3장에서는

공공감사의 대상과 범위, 그리고 한계에 대하여 살펴본다.

공공감사는 공공부문의 책임성 확보를 목적으로 하므로 공공감사의

대상과 범위는 "공공감사를 통해 책임성을 확보하는 공공부문의

범위"이자 "공공감사의 권한과 책임의 범위"라고 할 수 있다.

정부와 공무원은 그 업무와 활동에 대하여 국민에게 책임을 지므로

원칙적으로 공공부문의 모든 활동은 공공감사의 대상이 되지만

감사기능의 본질에서 유래하는 한계영역도 존재한다.

감사대상 설정의 의의와 원리

1. 의의

공공감사의 대상과 범위는 공공감사를 받는 기관과 사람, 그리고 이들이 수행하는 사무의 범위를 말한다.

공공감사는 국민을 대신하여 공공부문의 책임성 확보를 목적으로 하므로 공공감사의 대상과 범위는 "공공감사를 통해 책임성을 확보하는 대상과 범위"라 할 수 있다. 그리고 공공감사기구의 관점에서 보면 감사대상과 범위는 "공공감사기구의 권한과 책임의 범위"이기도 하다.

공공감사는 "공공행정"을 대상으로 하는데 국가나 행정기관, 그리고 공무원은 맡은 바 업무를 법령을 준수하면서 경제적이고 효율적으로 수행하여야 하고, 그 업무수행에 대하여 국민에게 책임을 진다. 이러한 점에서 공공부문의 모든 공적 업무와 활동은 국민에 대한 책임의 대상이므로 원칙적으로 공공감사의 대상이 된다.

그리고 공공부문이 아닌 민간의 개인이나 단체도 공적 영역과 관련되는 범위에서 직접 또는 간접[1]으로 공공감사의 대상이 될 수 있다.

INTOSAI는 멕시코 선언(Mexico Declaration)에서 최고감사기구가 그 기능을 적정하게 수행할 수 있도록 광범위한 권한과 재량을 가져야 하고, 정부와 공공부문의 재정과 자원의 사용, 정부와 공공기관의 운영 등에 대해 감사할 수 있는 권한이 부여되어야 한다고 규정하고 있다.[2]

---

1) 국가로부터 보조금을 지원받은 단체 등은 그 회계에 관하여 직접적으로 공공감사의 대상이 되고, 조세나 부담금 등에 대한 감사의 과정에서 납세자인 개인이나 기업이 간접으로 감사의 대상이 될 수 있다.

2) INTOSAI-P 10, Mexico Declaration on SAI Independence, PRINCIPLE 3. A sufficiently broad mandate and full discretion, in the discharge of SAI functions. SAIs should be empowered

한편, 공공감사기구가 모든 공적활동을 검증하고 옳고 그름을 판단하는 것이 국가적으로 반드시 바람직한 것은 아니다. 감사대상 기관이나 사람, 사무의 특성에 따라 공공감사의 대상으로 하기에 적합하지 않은 사항이 있고, 국회의 입법활동, 대통령과 정부의 고도의 정책 결정사항, 법원의 사법적 판단 등과 같이 공공감사기구가 그에 관한 옳고 그름을 판단하는 것이 적절하지 않은 감사의 한계영역도 존재한다.

공공감사기구가 그 권한과 책임에 따라 감사를 적정하게 수행하기 위하여는 감사대상과 범위, 그리고 감사의 한계에 대한 이해가 필요하다.

2. 감사 대상·범위의 결정원리

공공감사를 통한 공공부문의 책임성 확보가 적정하게 실현되기 위하여는 감사의 대상과 범위가 적절하게 설정되어야 한다. 만약 공공 책임성 확보와 객관적인 검증이 필요한 기관이나 업무가 감사대상에서 제외되면 공공부문의 책임성 확보에 빈틈이 발생할 수 있고, 반면 감사대상이나 범위가 과도한 경우 공공행정 주체의 자율성을 저해할 수 있다. 또한 감사대상이 명확하지 않은 경우에는 감사의 중복이나 사각 또는 감사 주체와 대상 간의 분쟁 등이 발생할 수 있다.

공공감사기구의 구체적인 감사대상과 범위는 기구에 부여된 임무(mandate)와 기능(function), 감사대상 기관이나 사람, 사무의 특성 등에 따라 달라진다. 그리고 공공행정의 변화나 공공책임성에 대한 사회적 요구(social needs)의 변화는 공공감사기구의 임무나 기능을 변화시키고, 이는 다시 감사대상과 범위에 영향을 미칠 수 있다. 현대 국가에서 정부의 기능이 확대되고 대규모 재정을 투입하는 사업이 증가함에 따라 공공감사 분야에서도 국제적으로 성과감사가 발전하고 감사기능이 확대되는 것이 그러한 예이다.

---

to audit the use of public monies, resources, or assets, by a recipient or beneficiary regardless of its legal nature; collection of revenues owed to the government or public entities; legality and regularity of government or public entities accounts; quality of financial management and reporting; and economy, efficiency, and effectiveness of government or public entities operations.

감사원과 자체감사기구의 감사대상과 범위는 각각 감사원법과 공공감사법에서 일반적으로 규정하고 있으며, 그 밖에 부정청탁금지법, 국가정보원법, 공공기관운영법 등 개별 법률에서 예외적으로 감사원감사의 대상과 범위와 관련된 사항을 규정하고 있다.

　이하에서 감사원감사와 자체감사의 대상과 범위, 그리고 감사의 한계에 관하여 구체적으로 살펴본다.

감사원감사의 대상·범위와 한계

1. 개관

감사원법은 감사원의 헌법상 기능인 국가 세입·세출에 대한 결산검사, 국가 및 법률로 정한 단체에 대한 회계검사, 행정기관 및 공무원에 대한 직무감찰로 구분하여 각각 감사대상과 범위를 규정하고 있다.

감사원감사는 외부감사이므로 감사대상 기관과의 관계에서 감사대상과 범위가 명확하게 설정되어야 하므로 감사원법은 각 감사의 종류별로 감사대상과 범위를 구체적으로 규정하고 있다.

감사원의 감사대상은 원칙적으로 국가와 지방자치단체, 공공기관과 그 구성원 등 공공부문을 대상으로 하지만 민간부문이라도 공적 재정(public money) 또는 사무와 관련되는 경우 직·간접적으로 감사원의 감사대상이 될 수 있다.

민간의 개인이나 기업, 단체 등이 국가나 지방자치단체로부터 재정 보조나 출자, 출연, 원조, 채무보증 등을 받은 경우 또는 국가 등과 계약을 체결하거나 국가 등의 사무를 수탁·대행하는 등의 경우 감사원의 회계검사나 직무감찰의 대상이 된다.

감사원법에 규정된 감사원의 결산검사, 회계검사, 직무감찰의 대상을 종합하면 <표 3-1>과 같이 정리할 수 있다. 이하에서 각 감사의 종류별로 감사대상과 범위를 구체적으로 살펴본다.

표 3-1_ 감사원의 감사대상

감사대상 기관		결산검사	회계검사	직무감찰
공공 부문	국가			
	• 국회, 법원, 헌법재판소	○	○	
	• 중앙선거관리위원회	○	○	○
	• 중앙행정기관	○	○	○
	지방자치단체		○	○
	한국은행		○	△**
	국가·지자체의 출자법인(자본금의 1/2이상)	△*	○	△**
공적 단체 및 민간 부문	국가·지자체의 현금 등을 취급하는 자		○ (현금 등 회계)	
	보조금·출연금 등을 교부하거나 재정 원조한 자 (재보조, 재교부 등 포함)		○	
	국가·지자체 출자 및 재출자법인(자본금 일부)		○	
	국가·지자체가 채무를 보증한 자		○	
	공적 단체(민법·상법 외의 법률에 의해 설립 및 국가·지자체가 임원 임명·임명승인)		○	△**
	국가·지자체 등과 계약을 체결한 자		○ (계약관련 회계)	
	국가재정법이 적용되는 기금을 관리하는 자 및 기금에서 출연·보조한 단체 등		○	
	국가·지자체의 위탁·대행 사무			○
	준공무원의 직무			○

* 공공기관운영법에 따라 국가가 자본금의 1/2 이상을 출자한 공공기관은 감사원의 결산검사 대상이 된다.

** 기관의 사무와 임원 및 회계관련 직원의 직무가 감찰 대상이 된다.

** 한국은행, 출자법인(공공기관, 지방공사·공단 등) 등의 직원은 벌칙적용에서 공무원으로 의제되는 준공
무원이기 때문에 이들의 직무는 감찰 대상이 된다(자세한 내용은 "4. 직무감찰의 대상 및 범위" 참고).

2. 결산검사의 대상과 범위

2.1. 의의

감사원은 국가의 세입·세출과 공공기관에 대한 결산검사를 실시하고 있다. 국가의 세입·세출에 대한 결산검사는 헌법과 감사원법 등에 규정되어 있고, 공공기관에 대한 결산검사는 공공기관운영법에 규정되어 있다.

감사원은 국가와 공공기관의 결산보고서 및 재무제표 등 부속서류가 법령에서 정한 기준에 따라 적정하게 작성되었는지를 확인하는 한편, 예산집행 등에 대하여 위법·부당 여부를 합법성과 효율성 등의 관점에서 검사한다.

감사원은 결산검사 결과를 정부와 국회에 제출하여 국가 및 공공기관 결산의 적정을 기하고 국회의 결산심사를 지원하는 기능을 한다.

2.2. 국가 세입·세출 결산검사

2.2.1. 방법

감사원은 회계검사의 결과에 따라 국가의 세입·세출의 결산을 확인한다. 감사원의 회계검사는 상시적인 활동이며, 회계사무 전반을 대상으로 한다(감사원법 제20조, 제21조, 제22조).

따라서 결산검사는 시기적 측면에서 정부가 감사원에 결산보고서를 제출한 이후로 검사시기가 한정되지 않으며, 내용적 측면에서도 정부의 결산보고서에 국한되는 것은 아니다. 감사원은 결산보고서의 근거가 되는 회계사무 전반을 연중 검사할 수 있으며, 그 결과로 결산을 확인한다.

2.2.2. 대상·범위

결산검사는 일차적으로 정부의 결산보고서를 대상으로 하기 때문에 검사의 구체적인 대상과 범위는 국가재정법 및 국가회계법 등에 규정된 국가결산 제도 및 국가결산보고서의 내용에 따라 달라진다.

국가결산 검사의 범위를 보면, 2008회계연도까지는 현금주의, 단식부기에 따른 세입세출에 대한 결산검사를 하였다. 2009회계연도부터는 성과보고서 검사가 추가되고, 2011회계연도부터는 발생주의, 복식부기에 방식에 따라 작성된 재무제표를 검사하고 있다.

그림 3-1_ 회계연도별 국가결산검사 범위변화

2008 회계연도 이전		2009~2010 회계연도		2011 회계연도 이후
세입세출 결산검사	⇨	세입세출 결산검사	⇨	세입세출 결산검사
		성과보고서 검사		재무제표 검사
				성과보고서 검사

자료: 감사원(2022c; 4)

2.2.3. 검사 현황

중앙관서의 장은 회계연도마다 소관에 속하는 일반회계·특별회계 및 기금을 통합한 결산보고서를 작성하여 다음 연도 2월 말까지 기획재정부에 제출한다.

기획재정부는 중앙관서 결산보고서들을 통합하여 국가결산보고서를 작성하고, 국무회의 심의와 대통령의 승인을 받아 4월 10일까지 감사원에 제출한다.

감사원은 국가결산보고서를 검사하고 그 보고서를 다음 연도 5월 20일까지 기획재정부장관에게 송부한다. 정부는 감사원의 검사를 거친 국가결산보고서를 다음 연도 5월 31일까지 국회에 제출한다.

국가결산보고서를 작성하는 중앙관서의 장은 ① 헌법, 정부조직법, 그 밖의 법률에 따라 설치된 중앙행정기관의 장, ② 국회 사무총장, 법원행정처장, 헌법재판소 사무처장 및 중앙선거 관리위원회 사무총장 등으로 2021 회계연도 기준 결산검사가 이루어진 중앙관서는 59개이다.[1]

---

1) 이는 국회, 대법원, 헌법재판소, 중앙선거관리위원회, 감사원, 민주평화통일 자문회의, 대통령 비서실·국가안보실, 대통령 경호처, 국무조정실·국무총리 비서실, 18개 부처, 4개 처, 17개 청, 방송통신위원회, 공정거래위원회 등 국무총리 산하 5개 위원회, 국가인권위원회 등 4개 독립 위원회, 고위공직자범죄수사처 등이다.

국가결산보고서는 결산 개요, 세입세출 결산, 재무제표, 성과보고서로 구성된다. 결산검사 대상이 되는 국가의 세입·세출은 일반회계, 특별회계, 기금이다. 2021회계연도 기준 결산검사의 대상이 되는 일반회계는 1개이며, 특별회계는 교통시설특별회계 등 20개이다. 특별회계에는 양곡관리특별회계 등 5개의 기업특별회계가 포함된다. 결산검사의 대상이 된 기금은 22개 기관에서 관리 67개 기금이다.[2]

재무제표는 재정상태표, 재정운영표, 순자산변동표로 구성되며, 국가회계기준에 따라 작성되어야 한다. 성과보고서는 국가재정법에 따른 성과계획서에서 정한 성과목표와 그에 대한 실적을 대비하여 작성하여야 한다(국가회계법 제15조).

2.3. 공공기관 결산검사

2.3.1. 대상·범위

공공기관 결산검사의 대상기관은 「공공기관의 운영에 관한 법률」(제43조 제4항)에 따라 공기업과 준정부기관 중 감사원법(제22조 제1항 제3호)에서 정한 국가가 자본금의 2분의 1 이상을 출자한 법인인 한국조폐공사 등 22개 공공기관과 한국전력공사, 한국지역난방공사, 한국가스공사 등을 포함하여 총 25개 공공기관이다.[3]

2.3.2. 검사 현황

공공기관 결산검사 대상 기관 중 공기업은 기획재정부장관에게, 준정부기관은 주무기관장에게 재무제표(회계감사인의 감사의견서를 포함)와 부속서류 등 결산서를 2월 말까지 제출하고 3월 말까지 승인을 받아 결산을 확정한다.

기획재정부 장관과 주무기관의 장은 5월 10일까지 공공기관 결산서를 감사원에 제출한다.

---

2) 기금은 설치목적과 운용성격에 따라 사회보험성기금, 금융성기금, 사업성기금, 계정성기금 등 4가지로 분류된다. 사회보험성 기금은 국민연금기금 등 6개, 금융성기금은 산업기반신용보증기금 등 8개, 사업성기금은 과학기술진흥기금 등 48개, 계정성기금은 공공자금관리기금 등 5개이다(감사원, 2022c; 119).

3) 「공공기관의 회계감사 및 결산감사에 관한 규칙」(감사원 규칙) 제20조(결산감사의 대상) ② 감사원은 공기업·준정부기관 중 제1항에서 정한 기관 외에 자산의 규모나 수행하는 업무의 중요성 등을 감안하여 결산감사 대상기관을 새로 지정하거나 해제할 수 있다.

감사원은 공공기관 결산서를 검사하여 그 결과를 매년 7월 31일까지 기획재정부장관에게 제출하고, 기획재정부 장관은 감사원 검사 결과를 첨부하여 공공기관 결산서 등을 매년 8월 20일까지 국회에 제출한다.

2.3.3. 방법

「공공기관의 회계검사 및 결산감사에 관한 규칙」(감사원규칙)에 따르면 감사원은 「감사원법」에서 정한 방법과 절차에 따라 공기업·준정부기관에 대해 결산감사를 하도록 규정되어 있다(규칙 제21조). 따라서 공공기관에 대한 결산검사에 있어서도 국가 세입·세출에 대한 결산검사와 마찬가지로 결산보고서에 대한 검사뿐만 아니라 상시적으로 실시하는 회계검사의 결과로 결산을 확인한다.

한편, 감사원은 결산검사를 할 때 회계법인 등의 회계감사 결과를 활용할 수 있으며, 회계법인 등에 대하여 관련 자료 등의 제출이나 답변 등을 요구할 수 있다.

— Ref.1 지방자치단체 세입·세출에 대한 결산검사

지방자치단체는 감사원의 결산검사 대상이 아니다. 지방자치단체 결산검사는 지방자치법 제150조[4])에 따라 지방의회가 선임한 검사위원에 의해 실시된다.

검사위원의 수는 시·도의 경우 7명 이상 20명 이내, 시·군 및 자치구의 경우 3명 이상 10명 이내로 하며, 그 수·선임방법·운영 등 필요사항은 해당 지방자치단체의 조례로 정한다. 검사위원은 해당 지방의회의원이나 공인회계사·세무사 등 재무관리에 관한 전문지식과 경험을 가진 사람 중에서 선임한다. 이 경우 지방의회의원의 수는 전체 검사위원 수의 3분의 1 이하로 하며, 3명을 초과할 수 없다(법 시행령 제83조).

결산검사 사항은 세입세출 결산, 재무제표, 성과보고서 등이며, 결산검사의 세부 기준 및 절차 등에 관하여 필요한 사항은 행정안전부 장관이 정한다(법 시행령 제84조).[5])

---

4) 지방자치법 제150조(결산) ① 지방자치단체의 장은 (중략) 결산서와 증명서류를 작성하고 지방의회가 선임한 검사위원의 검사의견서를 첨부하여 다음 해 지방의회의 승인을 받아야 한다
5) 「지방자치단체 결산 통합기준」(행정안전부 훈령)

3. 회계검사의 대상과 범위

3.1. 개관

헌법(제97조)은 감사원의 기능에 대하여 "국가 및 법률이 정한 단체의 회계검사"를 규정하면서 감사원의 직무범위는 법률로 정하도록 하였다.

이에 따라 감사원법은 '필요적 검사사항'과 '선택적 검사사항'으로 구분하여 회계검사의 대상을 구체적으로 규정하고 있다(법 제22조 및 제23조).

필요적 검사사항은 국가, 지방자치단체, 국가나 지방자치단체가 소유하거나 실질적으로 지배하는 기관이나 법인의 회계 전반을 검사대상으로 규정하고 있다.

선택적 검사사항은 국가 등이 소유하거나 지배하는 기관은 아니지만 국가 등의 재정이 투입되거나 지원되는 등 공적 재정과 연관되는 단체 등의 회계를 대상으로 하고, 검사의 범위는 그 검사대상이 되는 근거에 따라 전부 또는 일부가 대상이 된다. 선택적 검사대상으로 규정된 단체 또는 개인 중에는 민간부문에 속하는 경우도 있지만 공공재정을 관리하거나 지원받는 등의 사유로 공공회계와 연결되어 감사원의 회계검사대상이 되는 것이다.

한편, 회계검사의 대상은 기본적으로 국가 등의 회계 관련 사무와 이를 수행하는 공무원 등의 직무이다. 여기서 회계 관련 사무는 예산의 편성·집행·결산, 수입과 지출, 재산(물품, 유가증권, 권리 등을 포함)의 취득·보관·관리·처분, 채무부담 등 모든 재정 활동 및 이에 관한 기록·보고 등의 관련 사무를 포함한다(「감사원 감사사무 처리규칙」 제4조 제2항).

3.2. 필요적 검사사항

3.2.1. 검사대상 회계

감사원법(제22조)에 따라 감사원이 검사하는 필요적 검사대상은 국가 및 지방자치단체와 한국은행의 회계, 국가나 지방자치단체가 자본금의 1/2 이상을 출자한 법인의 회계, 다른 법률에 따라 회계검사를 받도록 규정된 단체 등의 회계이다.

> **필요적 검사사항 (감사원법 제22조)**
>
> ① 감사원은 다음 각 호의 사항을 검사한다.
>
> 1. 국가의 회계
> 2. 지방자치단체의 회계
> 3. 한국은행의 회계, 국가나 지방자치단체가 자본금의 1/2 이상을 출자한 법인의 회계
> 4. 다른 법률에 따라 회계검사를 받도록 규정된 단체 등의 회계
>
> ② 회계검사에는 수입과 지출, 재산(물품, 유가증권, 권리 등을 포함)의 취득, 보관, 관리 및 처분 등의 검사를 포함한다.

3.2.2. 회계사무의 범위

필요적 회계검사의 대상이 되는 회계는 그 종류나 성질과 관계없이 모든 회계가 포함된다. 즉 일반회계, 특별회계, 기금의 세입 및 세출뿐만 아니라 현금, 물품, 국유재산 및 채권의 회계를 포함하며, 소유에 국한하지 않고 보관 중인 것도 해당된다.

3.2.3. 검사대상 기관의 범위

회계검사의 대상에는 모든 국가기관과 지방자치단체의 회계가 포함된다. "국가의 회계"에는 행정부뿐만 아니라 국회, 법원, 헌법재판소 등의 회계가 포함되는데, 이는 회계에 대하여는 국가 전체적으로 통일적인 기준을 수립하여 적용하고 관리·감독해야 할 필요성이 있기 때문이다.

한국은행은 한국은행법과 국가재정법에 따라 국고금, 국가의 귀금속 및 국가가 소유 또는 보유하고 있는 유가증권을 취급하기 때문에 감사원의 회계검사 대상이 된다. 한국은행의 회계에는 한국은행 자체의 회계뿐만 아니라 한국은행이 국가를 위해 취급하는 현금, 귀금속 및 유가증권의 출납도 포함된다.

국가나 지방자치단체가 자본금의 2분의 1 이상 출자한 법인의 회계를 필요적 검사사항으로 규정한 것은 회계검사를 통해 국가 등이 지배하는 출자법인의 건전한 운영을 확보함으로써 국가나 지방자치단체의 출자목적 달성을 지원하고 출자금을 보전하여 국고 등의 손실을 막기 위한 것이다. 한국도로공사, 한국수자원공사, 한국조폐공사 등 국가가 출자한 주요 공기업이 이에 해당된다.

다른 법률에 의해 감사원의 회계검사를 받도록 규정된 단체는 그 설치목적이 공익과 밀접한 관련이 있기 때문에 감사원의 회계검사 대상으로 규정된 것이다. 한국방송공사, 한국교육방송공사, 한국은행 등은 각각 그 설치 근거법에서 감사원 감사를 받도록 규정되어 있다.[6] 하지만 이들 기관은 이미 감사원법 제22조 제1항 제3호에 따른 필요적 검사대상이기 때문에 현재 감사원법 제22조 제1항 제4호에 의해서만 회계검사 대상이 되는 기관은 없다.

3.3. 선택적 검사사항

3.3.1. 의의

감사원법(제23조)은 감사원이 필요하다고 인정하거나 국무총리의 요구가 있는 경우 검사를 할 수 있는 회계사항을 규정하고 있다.

'국무총리의 요구가 있는 경우'는 요구가 있을 경우 반드시 검사하여야 한다는 것이 아니라 감사원의 회계검사가 외부적 원인으로 발생하는 경우를 규정한 것이며, 이 경우에도 감사원이 감사의 필요성을 판단하여 감사실시 여부를 결정한다.

3.3.2. 검사대상과 회계사무의 범위

필요적 검사사항의 경우 그 기관 등의 회계사무 전반이 대상이 되는 반면, 선택적 검사사항의 경우 회계검사 대상이 되는 원인에 따라 '회계사무 전반이 대상'이 되는 경우와 '공적 재정과 관련되는 회계'만 대상이 되는 경우로 구분된다.

예를 들면, 국가 등이 보조금을 교부한 단체 등은 보조금이 적정하게 집행되고 있는지 확인하기 위하여는 보조단체 등의 회계 전반을 검사할 필요가 있으므로 전체 회계가 대상이 된다. 반면, 국가와 계약을 체결한 단체 등은 그 계약과 관련된 회계만 대상이 된다.

---

6) 방송법 제63조(감사) ③ 공사의 외부감사는 감사원법에서 정하는 바에 따라 감사원이 이를 실시한다. 한국교육방송공사법 제26조(감사) ③ 공사의 외부감사는 감사원법에서 정하는 바에 따라 감사원이 실시한다. 한국은행법 제95조(감사원의 감사) 한국은행은 매년 감사원의 감사를 받는다.

선택적 검사사항은 국가나 지방자치단체가 소유·지배하는 기관이 아니고 자본금의 일부를 출자하거나 재정 원조 등을 한다거나 국가 등과 계약을 체결한 민간기업이나 개인의 회계 등을 대상으로 하므로 공적 재정의 적정성을 확보할 수 있는 범위에 국한하여 회계검사를 할 수 있도록 한 것이다.

선택적 검사사항 (감사원법 제23조)

감사원은 필요하다고 인정하거나 국무총리의 요구가 있는 경우에는 다음 각 호의 사항을 검사할 수 있다.

1. 국가 또는 지방자치단체 외의 자가 국가 또는 지방자치단체를 위하여 취급하는 현금, 물품 또는 유가증권의 출납

2. 국가 또는 지방자치단체가 직접 또는 간접으로 보조금·장려금·조성금 및 출연금 등을 교부하거나 대부금 등 재정원조를 제공한 자의 회계

3. 제2호에 규정된 자가 그 보조금·장려금·조성금 및 출연금 등을 다시 교부한 자의 회계

4. 국가 또는 지방자치단체가 자본금 일부를 출자한 자의 회계

5. 제4호 또는 제22조 제1항 제3호(한국은행, 국가·지방자치단가 자본금 절반 이상 출자한 자)에 규정된 자가 출자한 자의 회계

6. 국가 또는 지방자치단체가 채무를 보증한 자의 회계

7. 민법, 또는 상법 외의 법률에 따라 설립되고 임원의 전부 또는 일부나 대표자가 국가 또는 지방자치단체에 의하여 임명되거나 임명 승인되는 단체 등의 회계

8. 국가, 지방자치단체, 제2호부터 6호까지 또는 제22조 제1항 제3호·제4호에 규정된 자와 계약을 체결한 자의 그 계약에 관련된 사항에 관한 회계

9. 국가재정법 제5조[7]의 적용을 받는 기금을 관리하는 자의 회계

10. 제9호에 따른 자가 그 기금에서 다시 출연 및 보조한 단체 등의 회계

---

7) 국가재정법 제5조(기금의 설치) ① 기금은 국가가 특정한 목적을 위하여 특정한 자금을 신축적으로 운용할 필요가 있을 때에 한정하여 법률로써 설치하되, 정부의 출연금 또는 법률에 따른 민간부담금을 재원으로 하는 기금은 별표 2에 규정된 법률에 의하지 아니하고는 이를 설치할 수 없다

3.3.2.1. 국가 · 지방자치단체를 위한 현금 출납 등

제1호는 개인이나 법인이 국가나 지방자치단체를 위하여 현금 등을 출납하는 것을 말한다. 현금 등의 출납은 법령에 의한 것과 계약에 의한 것이 있다. 법령에 의한 것은 예를 들면, 양곡관리법(제16조)에 따라 농업협동조합중앙회가 양곡을 매입하고 매입대금을 지불하는 것이다. 계약에 의한 것은 국고대리점이나 시 · 도 금고로 지정된 금융기관의 국고금 출납이 해당된다.

이는 성격상 국가나 지방자치단체가 취급해야 할 것을 특별한 사무 위탁관계에 의해 개인이나 법인을 지정하여 취급하게 하는 것이다. 따라서 그 취급을 적정하게 하는지 여부에 따라 국가나 지방자치단체의 재산에 영향을 미칠 수 있기 때문에 이를 회계검사 대상으로 한 것이다. 이때 회계검사는 그 기관의 회계사무 전반을 대상으로 하는 것이 아니라 현금, 물품, 유가증권의 출납 사항에 한한다.[8]

3.3.2.2. 국가 · 지자체가 보조 · 출연 등 재정원조를 제공한 자의 회계

제2호는 보조 및 출연단체의 회계이다. 이는 '보조금 관리에 관한 법률'이나 '특정연구기관 육성법' 등 법령에 근거를 두고 보조금 또는 출연금을 교부한 단체로서 한국개발연구원, 한국문화재보호재단, 한국장애인개발원 등이 해당된다. '보조금, 장려금, 조성금 및 출연금 등'은 명칭에 관계없이 국가나 자치단체가 상응하는 반대급부 없이 금전을 교부하는 실질적인 보조금의 성질을 가진 모든 것을 의미한다.

보조 · 출연 단체는 회계사무 전반이 검사의 대상이 된다. 국가의 출연 등 포괄적인 재정원조인 경우 회계사무 전체가 검사대상이 되는 것은 당연하다. 한편, 보조금을 교부한 경우 보조금이 그 단체 재정의 일부에 불과한 경우가 있지만 보조금 집행의 적정 여부를 확인하기 위하여는 그 단체의 회계를 확인할 필요성(예, 보조단체가 자체 회계로 지출한 경비를 보조금으로 지출한 것으로 이중 계상하는 등의 문제를 확인하기 위하여는 단체 등의 자체 회계에 대한 검사가 필요하다)이 있기 때문에 단체 등의 회계가 포괄적으로 검사대상으로 규정된 것이다.

---

8) 법인이 국가 등을 위하여 소득세를 원천징수하여 납부할 때 법인의 회계사무 전반이 아니라 원천징수 세금 출납사항만 검사대상이 되며, 건설공사 수급자가 관급자재를 지급받는 경우에도 관급자재 출납 사항만 검사대상이 된다.

'직접 또는 간접으로'는 보조금의 직접적인 보조대상뿐만 아니라 실질적으로 보조금을 받은 자도 검사대상이 된다는 의미이다. 대부금(융자금)의 경우에도 국가 등으로부터 대부금을 받은 자가 다시 제3자에게 이를 대부하였을 때, 그것이 당초부터 융자대상으로 정해져있다면 '간접으로'에 해당한다.

그러나 국가가 금융기관에 대부하고 금융기관이 그 자금 등으로 대부한 경우에는 '간접으로'에 해당하지 않는데, 이는 금융기관의 대부가 그 기관의 자율적 판단에 의한 것이며 자금도 국가로부터 받은 것인지 여부가 불분명하기 때문이다.

3.3.2.3. 재보조 및 재출연 단체 등의 회계

제3호는 재보조 및 재출연단체의 회계이다. '보조금 관리에 관한 법률'에 따라 국가 등으로부터 보조금 등을 교부받은 자가 이를 다시 교부한 단체로서 신용보증재단중앙회[9] 등 각종 사회단체와 협회가 이에 해당된다.

3.3.2.4. 국가·지자체가 자본금의 일부를 출자한 자의 회계

제4호는 국가나 지방자치단체가 자본금의 일부를 출자한 자, 즉 일부 출자단체의 회계를 말한다. 자본금의 절반 이상을 출자한 자는 필요적 검사사항에 해당하며, 그 미만은 선택적 검사사항이 되는 것이다. 공항철도㈜, ㈜벡스코, ㈜문경레저타운 등이 해당된다.[10] 국가 등의 출자범위와 기타 자본의 회계상 구분이 어렵기 때문에 검사범위는 그 법인의 회계사무 전반이 된다.[11]

---

9) 신용보증재단중앙회는 정부, 지자체 등의 출연으로 설립된 경기신용보증재단 등 지역신용보증재단이 재출연한 기관이다.

10) 2021.12월 말 기준 공항철도㈜의 국토교통부 지분율 41.58%, ㈜벡스코의 부산광역시 지분율 37.83%, ㈜문경레저타운의 문경시 지분율 27.27%이다.

11) 감사원법 23조 4항에 따르면, 국가나 지자체가 자본금의 일부를 출자한 자의 회계는 감사원감사의 대상이 된다. 그렇다면, 출자의 하한에 대한 규정이 없기 때문에 1%만 출자한 경우에도 그 법인의 회계 사무 전반이 감사원의 회계검사 대상인지 의문이 들 수 있다. 상법상 발행주식의 100분의 3 이상에 해당하는 주식을 가진 주주에게 회계장부 열람권과 회사의 업무와 재산상태를 조사하기 위한 감사인 선임청구권을 부여하고 있다. 이러한 취지를 감안한다면 출자비율이 3% 이상은 되어야 감사원의 회계검사 대상으로 규정한 취지에 부합한다고 할 수 있다(감사원, 2018a; 106)

3.3.2.5. 재출자단체의 회계

제5호는 재출자단체의 회계를 말한다. 이는 국가나 지방자치단체가 출자한 기관이 다시 출자한 기관으로 한국가스기술공사, 주식회사 에스알(SR) 등이 이에 해당된다.

3.3.2.6. 국가·지자체가 채무를 보증한 자의 회계

제6호는 국가나 지방자치단체가 채권이나 차관 등의 채무를 보증을 한 단체로서 생극산업단지㈜가 이에 해당된다. 감사범위는 재정관리의 건전성, 채무 이행 가능성 유무를 판단할 수 있도록 회계사무 전반을 대상으로 한다.

3.3.2.7. 공적단체의 회계

제7호는 민법이나 상법 이외의 법률에 의해 설립되고 임원의 전부나 일부가 국가 또는 지자체에 의하여 임명되거나 임명 승인되는 공적단체의 회계이다. 공무원연금공단, 국민건강보험공단 등[12]이 여기에 해당된다.

3.3.2.8. 계약상대방의 그 계약에 관한 회계

제8호는 국가 등과 계약을 체결한 상대방의 회계를 말한다. 감사원의 필요적, 선택적 회계검사(제2호부터 제6호) 대상인 국가, 지방자치단체기관, 공적 단체 등과 계약을 체결한 자의 해당 계약과 관련된 회계는 감사원의 회계검사 대상이 된다.

3.3.2.9. 기금을 관리하는 자의 회계

제9호는 국가재정법 제5조의 적용을 받는 기금으로써 정부 출연금이나 법률에 따른 민간부담금을 재원으로 하는 기금을 관리하는 자의 회계이다. 국가 등의 재정에 의해 조성된 기금[13]은 감사원의 필요적 검사대상이 되므로 제9호는 여기에 해당하지 않는 민간부담금에 의해 조성된 기금까지 포함하는 것으로 해석된다.

---

12) 공무원연금공단의 설립근거는 '공무원연금법'이며, 이사장은 대통령이 임면하고 이사는 인사혁신처장이 임명한다. 국민건강보험공단의 설립근거는 '국민건강보험법'이며 이사장은 대통령이 임명한다.
13) 2021년 기준 국가재정법 제5조에 따른 기금은 67개이며, 이 기금은 모두 감사원의 2021 회계연도 국가 결산검사 대상이 되었다.

3.3.2.10. 기금이 출연·보조한 단체 등의 회계

제10호는 제9호의 기금을 관리하는 자가 기금에서 다시 출연이나 보조한 단체의 회계로써, 수산업협동조합중앙회(수산발전기금 보조), 광복회(보훈기금 보조) 등이 해당된다.

3.3.3. 회계검사 제외사항

회계검사는 기본적으로 공적자금(public money)의 징수 및 이용과 관련된 모든 공공부문을 대상으로 한다. 하지만 예외적으로 국가 회계에 속하는 사항이지만 감사원의 회계검사의 대상에서 제외되는 사항이 있다.

그러한 예로써 국가정보원법 제17조에 따라 국가정보원장이 국가의 안전보장에 중대한 영향을 미치는 국가기밀 사항이라고 소명한 사항은 회계검사의 대상에서 제외된다. 다만, 감사원은 국가정보원장의 소명이 불충분하다고 인정될 때에는 그 보정을 요구할 수 있다.

국가정보원법 제17조(국회에서의 증언 등)

① 원장은 국회 예산결산 심사 및 안건 심사와 감사원의 감사가 있을 때에 성실하게 자료를 제출하고 답변하여야 한다. 다만, 국가의 안전보장에 중대한 영향을 미치는 국가기밀 사항에 대하여는 그 사유를 밝히고 자료의 제출 또는 답변을 거부할 수 있다.

「감사원 감사사무 처리규칙」 제4조(회계검사)

⑤ 「국가정보원법」 제17조에 따라 국가정보원장이 국가의 안전보장에 중대한 영향을 미치는 국가기밀 사항이라고 소명한 사항은 회계검사의 대상에서 제외한다. 다만, 국가정보원장의 소명이 불충분하다고 인정될 때에는 감사원장(이하 "원장"이라 한다)은 그 보정을 요구할 수 있다.

이외에도 감사원법에는 보조·출연기관의 재보조·재출연, 출자기관의 재출자, 기금의 재출연 등에 해당하는 단체 등은 감사원 회계검사 대상으로 규정되어 있지만, 보조·출연기관의 재출자, 출자기관의 재보조·재출연 등은 공적 재정과 관련되지만 감사원의 회계검사 대상으로 규정되어 있지 않다.

issue note 2: 법원 공탁금, 사립학교의 회계가 감사원의 감사대상인지?

1. 법원 공탁금[14]

법원 공탁금은 정부 보관금의 일종이다. 정부보관금은 정부소유는 아니지만, 정부가 임시적으로 법령에 의하여 보관하는 세입·세출 외의 현금을 말한다. 기획재정부는 정부 보관금을 공탁금, 보증금, 압수·압류금, 권리자 미상금, 기타 보관금, 일시보유금 등 6개 유형으로 분류하고 있다.

감사원법 제22조 제1항 1호에 따라 국가의 회계는 감사원의 회계검사 대상이며, 법 제22조 제2항에 따라 회계검사의 범위에는 '재산의 보관'이 포함된다. 따라서 법원 공탁금은 감사원 회계검사의 대상이 된다.

감사원은 2021년 법원 공탁금 관리에 대한 국회의 개선요구가 반복되고 있어 법원 소관의 정부 보관금 관리를 개선하기 위해 '공탁금 및 법원 보관금 관리 실태'에 관한 성과감사를 실시한 사례가 있다.

2. 사립학교의 회계와 사무

사립대학에 대한 감사원의 감사는 정부 재정이 투입된 분야에 대해서만 가능하다는 주장이 있지만 사립학교는 감사원법에 따라 회계사무 전반이 감사원의 회계검사 및 직무감찰 대상이 된다.

그 이유는 학교법인(학교 포함)은 '사립학교법' 제10조의 규정에 따라 설립되고, 같은 법 제20조에 따라 그 임원의 전부가 국가(교육부장관) 및 지방자치단체(시·도 교육감)의 승인을 받아 취임하므로, 감사원법 제23조 제7호에 따라 학교법인의 회계사무 전반이 감사원의 회계검사의 대상(선택적 검사사항)이 된다. 그리고 감사원법 제24조 제3호에 따라 학교법인의 사무와 임원 및 회계사무 관련 직원의 직무는 직무감찰 대상이 된다.

그리고 사립학교가 국가 등으로부터 보조금을 지원받은 경우 감사원법 제23조 제2호의 규정에도 해당하여 감사원의 회계검사 대상이 된다.

이에 따라 감사원은 지난 2011년 사립대학교를 포함한 전국 66개 대학을 대상으로 "대학재정 운용실태 감사"를 실시한 바 있다.

---

14) 법원 공탁금은 변제·담보·보관 등의 목적으로 금전·유가증권 및 기타의 물건을 법원 공탁소에 임치하는 것을 말한다.

4. 직무감찰의 대상과 범위

4.1. 의의

감사원의 직무감찰은 정부와 지방자치단체, 공공기관 등 행정기관의 사무와 소속 직원의 직무를 대상으로 한다.

감사원의 직무감찰 대상이 되는 사무는 인적·물적 자원관리, 법령·제도 운영과 업무수행, 이와 관련된 결정 및 집행 등 모든 사무가 포함된다.[15] 그리고 직무는 "법령이나 직제에 의하여 행정기관이나 공무원 등이 처리하도록 정해진 일정 범위의 사무로서 직무 그 자체뿐만 아니라 직무와 밀접한 관련이 있는 행위를 포함"[16]한다.

직무감찰은 기관의 사무와 구성원의 직무를 대상으로 하므로 사생활 등 직무와 관련이 없는 사항은 원칙적으로 직무감찰의 대상이 아니다. 공무원의 비위행위는 공문서 위조와 같은 '직무상 비위', 직무와 관련하여 향응을 받는 것과 같은 '직무와 관련된 비위', 폭행·사기·도박과 같은 '직무 외의 비위' 등 세 가지 유형으로 구분할 수 있는데, 직무상 비위와 직무와 관련된 비위는 감찰 대상이지만, 직무 외의 비위는 원칙적으로 감찰대상이 되지 않는다.[17]

다만, 부정청탁금지법 등 일부 법령에서 직무와 관련이 없이 공무원 등의 신분에 대하여 일정한 의무를 부여하거나 금지사항을 규정(<issue note 3> 참조)하고 감사원의 감사대상으로 규정하는 경우가 있는데 이러한 경우 예외적으로 직무와 관련이 없는 사항도 감사원감사의 대상이 될 수 있다.[18]

---

15) 舊 직무감찰규칙(감사원 규칙) 제4조 제2항

16) 대법원 1996. 11. 15. 선고 95도1114 판결

17) 다만, 직무 외의 비위라도 품위를 손상하는 행위는 품위유지 의무에 위반되어 기관장이나 감독기관장의 복무감독 대상이 되므로 감독의 적정성 측면에서 직무감찰 대상이 될 수는 있다(감사원, 2018a; 123).

18) 부정청탁금지법 제8조(금품등의 수수 금지) ① 공직자 등은 직무 관련 여부 및 기부·후원·증여 등 그 명목에 관계없이 동일인으로부터 1회에 100만 원 또는 매 회계연도에 300만 원을 초과하는 금품 등을 받거나 요구 또는 약속해서는 아니 된다.
제14조(신고의 처리) ① 제13조 제1항 제1호 또는 제2호의 기관은 같은 조 제1항에 따라 신고를 받거나 제2항에 따라 국민권익위원회로부터 신고를 이첩받은 경우에는 그 내용에 관하여 필요한 조사·감사 또는 수사를 하여야 한다.

issue note 3: 부정청탁금지법 위반행위와 감사원의 감사 대상

「부정청탁 및 금품등 수수의 금지에 관한 법률」(약칭, 부정청탁금지법) 제14조에 따르면 공직자의 법률위반행위에 대하여 감사원이 감사를 하도록 되어 있다. 일견 공직자의 법 위반행위에 대하여 감사원이 감사 또는 조사를 하는 것이 당연해 보이지만 유의하여 볼 부분이 있다.

감사원의 직무감찰은 원칙적으로 행정기관의 사무와 소속 공무원의 직무를 대상으로 하는데 부정청탁금지법 제8조 등에서는 공직자 등에 대해 "직무 관련 여부와 관계없이" 법에서 정한 한도 이상의 금품을 수수하는 것을 금지하고 이를 위반한 경우 감사원이 감사를 하도록 되어 있다.

이에 따라 공직자 등이 직무와 관계없이 지인 등으로부터 금품을 수수한 경우 감사원법에 따른 감사원의 직무감찰 대상에는 해당되지 않지만 부정청탁금지법에 따른 감사대상에는 해당되는 것이다.

2022. 2. 17. 공개된 감사원의 감사보고서[19]에 따르면 공무원이 경제적으로 어렵다는 사유로 지인으로부터 1년간 3,600만 원의 금품을 수수한 행위에 대하여 감사원은 직무 관련성은 확인되지 않았지만 청탁금지법 위반을 사유로 소속기관에 해당 공무원에 대해 적정한 조치를 하도록 통보(비위)한 사례가 있다.

한편, 감사원의 직무감찰은 원칙적으로 공무원 등의 직무를 대상으로 하는데 부정청탁금지법에서 공무원 등의 직무와 관련없는 사항에 대하여 감사를 하도록 규정한 것에 대해 법령 체계상 의문이 들 수 있다. 하지만 헌법 제100조[20]에서 감사원의 직무 범위는 법률로 정하도록 되어 있고, 부정청탁금지법으로 감사원의 감사 범위를 정한 것이므로 헌법에서 정한 규정 체계에 부합된다고 하겠다.

---

19) 자세한 내용은 감사원 홈페이지(https://www.bai.go.kr) 감사보고서 공개문(2022. 2. 17. 부산경남경찰청 정기감사_금품 수수로 부정청탁금지법 위반) 참조

20) 헌법 제100조 감사원의 조직·직무범위·감사위원의 자격·감사대상공무원의 범위 기타 필요한 사항은 법률로 정한다.

4.2. 직무감찰 대상 기관 및 공무원

감사원의 직무감찰 대상과 범위는 감사원법 제24조 제1항에 규정되어 있다.

직무감찰 사항 (감사원법 제24조)

① 감사원은 다음 각 호의 사항을 감찰한다.
1. 정부조직법 및 그 밖의 법률에 따라 설치된 행정기관의 사무와 소속 공무원의 직무
2. 지방자치단체의 사무와 소속 지방공무원의 직무
3. 제22조 1항 제3호 및 제23조 제7호에 규정된 자의 사무와 소속 임원 및 감사원의 검사대상이 되는 회계사무와 직접 또는 간접으로 관련이 있는 직원의 직무
4. 법령에 따라 국가 또는 지방자치단체가 위탁하거나 대행하게 한 사무와 그 밖의 법령에 따라 공무원의 신분을 가지거나 공무원에 준하는 자의 직무

4.2.1. 행정기관의 사무와 소속 공무원의 직무

제1호는 정부조직법 등에 따라 설치된 행정기관의 사무와 소속 공무원의 직무이다. 행정기관은 대통령 직속기관인 대통령 비서실, 국가안보실, 대통령 경호처, 국가정보원, 그리고 국무총리 직속기관인 국무조정실, 국무총리비서실, 국가보훈처, 인사혁신처, 법제처, 식품의약품안전처, 그리고 행정 각부와 그 소속의 청이 있다.

정부조직법 이외의 법률에 따라 설치된 행정기관으로는 방송통신위원회와 공정거래위원회, 국민권익위원회, 국가안전보장회의, 민주평화통일자문회의 등이 있다.

행정기관에는 군 기관과 교육 기관이 포함되는데, 군 기관으로는 육군, 해군, 공군 본부와 그 소속부대인 군사령부, 군단 등이 있고, 교육기관에는 서울특별시교육청 등 17개 시도교육청과 산하 교육지원청 등이 포함된다.

4.2.2. 지방자치단체의 사무와 소속 공무원의 직무

　제2호는 지방자치단체의 사무와 소속 공무원의 직무이다. 지방자치단체에는 광역지방자치단체와 기초지방자치단체, 교육자치단체가 해당된다.

　지방자치단체의 사무와 그 소속 공무원의 직무가 직무감찰대상이기 때문에 지방의회의 사무나 선출직인 지방자치단체장의 직무도 직무감찰 대상에 포함된다.

　한편, 지방자치단체의 장, 지방의회 의원 등 선출직 공무원은 감사 대상은 되지만 지방공무원법의 징계 규정이 적용되지 않기 때문에 비위행위가 있더라도 징계 요구는 할 수 없다.[22]

---

21) 감사원법 제24조(감찰 사항) ① 감사원은 다음 각 호의 사항을 감찰한다.
　1. 「정부조직법」 및 그 밖의 법률에 따라 설치된 행정기관의 사무와 그에 소속한 공무원의 직무
　2. 지방자치단체의 사무와 그에 소속한 지방공무원의 직무 ("이하 생략")

22) 지방자치단체장 등 선출직 공무원은 "특수경력직공무원(정무직공무원)"으로서 지방공무원법의 징계 관련 규정(제69조 등)이 적용되지 않아(제3조) 징계의 대상이 되지 않는다. 중앙행정기관의 장관, 차관 등 정무직 공무원도 국가공무원법에서 정한 "특수경력직공무원(정무직공무원)"으로서 국가공무원법에 규정된 징계관련 규정(제78조 등)이 적용되지 않아(제3조) 징계의 대상이 되지 않는다.
선출직공무원의 비위에 대한 감사원의 조치에 관하여는 "제4장 제2절 감사원의 감사 권한"을 참조하기 바란다.

4.2.3. 한국은행 및 국가·지자체 출자법인, 공적 단체 등의 사무와 직무

제3호는 한국은행과 국가와 지방자치단체가 2분의 1 이상 출자한 법인(법 제22조 제1항 제3호), 민법이나 상법 외의 법률에 따라 설립되고 임원이나 대표자가 국가 등에 의해 임명(또는 임명승인)되는 공적단체(법 제23조 제7호)의 사무와 직무이다.

이들 기관의 직무감찰 대상은 이원적으로 규정되어 있다. 기관의 사무는 전체적으로 감찰 대상이 된다. 그리고 기관의 임원과 회계사무와 직접 또는 간접으로 관련이 있는 직원의 직무[23]는 감찰 대상이 된다.

한편, 임원이 아닌 직원으로서 회계사무와 관련이 없는 직원의 직무는 감찰 대상에 해당되지 않는다(다만, 회계와 관련이 없는 직원이더라도 공무원의 신분으로 의제되는 경우 제4호에 따라 감찰 대상이 된다).

---

issue note 5: SPC, PFV는 감사원 감사대상인지?

도시개발사업의 경우, 지방자치단체가 SPC(특수목적법인)나 PFV(프로젝트금융투자회사)에 지분 일부를 갖는 경우가 있다. 이 경우 지방자치단체의 지분율이 50%를 넘으면, 감사원법 제22조 제1항 제3호에 따라 필요적 회계검사 사항, 지분율이 50% 미만이면 감사원법 제23조 제4호에 따른 선택적 회계검사 사항이 된다.

지방자치단체가 소유한 SPC나 PFV로부터 재출자를 받은 기관은 감사원법 제23조 제5호에 따라 선택적 회계검사 사항이 된다. SPC나 PFV와 계약을 체결한 자는 해당 계약과 관련된 사항에 대해 선택적 회계검사 대상이 된다(제23조 제8호).

그리고 지방자치단체 지분율이 50%를 넘으면, SPC 등의 사무, 임원 및 회계관련 직원의 직무는 직무감찰 대상이 된다(법 제24조 제1항 제3호).

---

23) 회계사무와 직접 관련된 직원은 통상적으로 해당 회계사무를 직접 담당하는 직원을 말하며, 간접으로 관련이 있는 직원이란 직접 그 사무를 담당하는 것은 아니나 이와 직무상 관련이 있는 업무를 담당하는 직원을 말한다.

4.2.4. 민간 위탁·대행 사무와 준공무원(準公務員)의 직무

제4호는 법령에 따라 국가 또는 지방자치단체가 위탁하거나 대행하게 한 사무와 그 밖의 법령에 따라 공무원의 신분을 가지거나 공무원에 준하는 자의 직무이다.

위탁·대행 사무는 행정권한의 민간위탁 등이 증가하는 상황에서 위탁·대행사무에 대한 감사의 근거를 명확히 하기 위해 1995년 제3차 감사원법 개정에서 포함되었다.

법령에 따라 '공무원의 신분을 가지는 자'와 '공무원에 준하는 자'를 통상 '준(準)공무원'이라고 한다. 먼저 법령에 따라 공무원 신분을 가지는 자를 보면, 청원경찰은 청원경찰법 제5조 제4항에 따라 복무에 관하여 경찰공무원에 관한 규정을 준용하도록 되어 있으며, 국방과학연구소 임직원은 국방과학연구소법 제14조에 따라 국가공무원법의 복무규정을 준용하도록 되어 있다.

공무원에 준하는 자는 벌칙적용에 있어서 법령에 의하여 공무원으로 의제되는 자를 말한다. 국가나 지방자치단체 사무 등을 위탁·대행하는 사인(私人)이나 단체의 임직원에 대하여 벌칙적용에서 공무원으로 의제하도록 규정된 경우가 있다.

이들은 회계사무와 직·간접적으로 관련성이 없더라도 직무감찰 대상이 된다. 예를 들면, 공공기관의 임직원·공공기관운영위원회와 임원추천위원회의 위원[24] 등과 한국은행(한국은행법 제106조)·금융감독원(금융위원회의 설치 등에 관한 법률) 등의 임직원이 여기에 해당된다. 또한 지방공사와 지방공단의 임직원도 벌칙조항에서 공무원 의제가 적용되고 있다.[25]

한편, 국립대학의 강사와 같이 법령에 의하지 않고 사법(私法)상의 계약에 의한 준공무원은 직무감찰 대상에서 제외된다.

---

24) 「공공기관 운영에 관한 법률」 제53조(벌칙 적용에서의 공무원 의제) 공공기관의 임직원, 운영위원회의 위원과 임원추천위원회의 위원으로서 공무원이 아닌 사람은 「형법」 제129조(수뢰, 사전수뢰)부터 제132조(알선수뢰)까지의 규정을 적용할 때에는 공무원으로 본다.

25) 「지방공기업법」 제83조(벌칙 적용에서 공무원 의제) 다음 각 호의 어느 하나에 해당하는 사람은 「형법」 제129조부터 제132조까지의 규정을 적용할 때에는 공무원으로 본다.
   1. 공사와 공단의 임직원
   2. 평가원의 임직원 및 지방공기업정책위원회의 위원 중 공무원이 아닌 사람

한국은행과 공공기관, 지방공사 및 공단의 직원의 직무는 제3호의 감찰대상에는 해당되지 않지만 제4호에 의해 직무감찰의 대상이 될 수 있다.[26]

공공기관운영법에 의한 공공기관은 아니지만 공공성을 띠고 있는 기관들은 개별 검토가 필요하다. 예를 들면, 한국은행과 금융감독원은 공적단체이며 공무원으로 의제가 되기 때문에 그 사무와 임직원의 직무가 감찰대상이 된다.

지방공사와 지방공단은 지방공기업법에 따라 설립되고, 지방자치단체장이 임원을 임면하기 때문에 공적단체에 해당되고 벌칙적용에서 공무원으로 의제가 되기 때문에 그 사무와 임직원의 직무가 감찰대상이 된다.

---

26) 반면, 중소기업협동조합중앙회, 한국교육방송공사(EBS), 경찰공제회 등 각종 공제회는 공적단체이지만 공무원으로 의제가 되지 않기 때문에, 그 사무와 임원·회계 관련 직원의 직무가 직무감찰 대상이 된다.

issue note 6: 감사원 감찰의 대상으로서 '사무'와 '직무'에 대한 이해

사무(事務)와 직무(職務)는 일상생활에서 그 의미를 엄격하게 구분하지 않고 사용되고 있고, 사전적인 의미[27]에서도 특별한 차이가 없다.

그런데, 감사원법은 감사원의 감찰 대상이 되는 직무를 규정하면서 행정기관에 대하여는 "사무"라고 하고, 공무원에 대하여는 "직무"라고 규정하고 있다. 그리고 감사대상 기관에 따라 사무와 직무 중 하나만 감찰 대상으로 규정하기도 한다.

이에 따라 감사원법에 규정된 사무와 직무는 어떤 의미이고, 감사에 있어서 어떤 차이가 있는지를 살펴볼 필요가 있다.

감사원법에 사무와 직무에 대한 개념 정의가 있는 것은 아니지만, '사무'는 "기관이 수행하는 추상적인 일"을 의미하고, '직무'는 기관의 사무를 수행하는 "공무원의 구체적인 행위"를 의미한다.

「감사원 감사사무 처리규칙」은 직무감찰을 '행정사무감찰'과 '대인감찰'로 구분하면서 '행정사무감찰'은 "법령, 제도, 행정상의 모순이나 문제점 등" 추상적인 문제와 결부시켜 이를 시정, 개선하는 것이라고 하고, '대인감찰'은 "공무원 등의 위법·부당행위"와 결부시켜 이를 바로잡는 것이라고 하여 위와 같은 개념 정의를 뒷받침한다.

쉽게 설명하면 '사무감찰'은 기관이 수행하는 일이 적정하게 되었는지에 관한 것이고 그 결과는 시정과 개선으로 이어진다. '대인감찰'은 일을 수행하는 공무원의 행위가 위법·부당한지에 관한 것이고 그 결과는 징계요구 등 제재로 이어진다.[28]

이에 따라 감사대상기관 중에 그 기관의 사무만 감찰대상으로 규정한 경우(예, 공적 단체에 소속한 회계와 관련없는 직원의 직무는 감찰대상에 미포함)는 감사원이 감찰을 통해 일이 적정하게 되었는지 여부만 판단하여 문제를 개선, 시정하되 그 일을 수행한 공무원 등의 행위에 대하여는 따지지 않는다는 것을 의미한다.[29]

---

27) 사무(事務)는 자신이 맡은 직책에 관련된 여러 가지 일을 처리하는 일, 직무(職務)는 직책이나 직업상에서 책임을 지고 담당하여 맡은 사무를 말한다.

28) '행정사무감찰'의 판단기준은 감사대상업무와 관련되는 법령 등 업무규범(業務規範)이 되고, '대인감찰'의 판단기준은 성실의무 등 행위규범(行爲規範)이 된다.

29) 직무상 비위가 있는 관계자가 감사원의 직무감찰 대상에 해당하지 않는 경우 감사원이 직접 책임을 묻지 않더라도 그에 대한 제재 조치가 불가한 것은 아니다. 이러한 경우 감사원은 해당 기관에 대해 관계자의 책임 여부를 조사하여 적정한 조치를 하도록 통보하고 있다.

4.3. 직무감찰 제외사항

감사원법에 따라 행정기관의 사무와 소속 공무원의 직무는 원칙적으로 감사원의 직무감찰 대상이 된다. 하지만 예외적으로 행정기관의 사무와 공무원의 직무 가운데 직무감찰 대상에서 제외되는 사항이 있다.

감사원의 직무감찰 대상에서 제외되는 사항은 감사원법(제24조 제2항)과 「감사원 감사사무 처리규칙」(제5조 제2항) 등에서 규정하고 있다.

4.3.1. 직무감찰 제외사항(감사원법)

감사원법은 국회·법원·헌법재판소 소속 공무원, 전투부대와 소규모 군부대, 국무총리와 국방부장관이 소명하는 국가기밀 사항 등을 직무감찰 대상에서 제외하고 있다.

직무감찰 제외사항 (감사원법 제24조)

① 감사원은 다음 각 호의 사항을 감찰한다. ("각 호는 165쪽 참조")

② 제1항1호의 행정기관에는 군기관과 교육기관을 포함한다. 다만, 군기관에는 소장급 이하의 장교가 지휘하는 전투를 주된 임무로 하는 부대 및 중령급 이하의 장교가 지휘하는 부대는 제외한다.

③ 제1항의 공무원에는 국회, 법원 및 헌법재판소에 소속한 공무원은 제외한다.

④ 제1항에 따라 감찰을 하려는 경우 다음 각호의 어느 하나에 해당하는 사항은 감찰할 수 없다.

1. 국무총리로부터 국가기밀에 속한다는 소명이 있는 사항

2. 국방부장관으로부터 군기밀이거나 작전상 지장이 있다는 소명이 있는 사항

4.3.1.1. 전투부대와 소규모 군부대

제2항은 소장급 이하 전투부대와 중령급 이하 소규모 군부대의 사무와 소속 공무원의 직무를 감찰대상에서 제외하는 조항이다. 전투부대와 소규모 부대를 감찰에서 제외한 것은 이들 기관의 행정사무와 직무의 비중이 상대적으로 낮고 전투부대의 특성을 고려한 것이다.

4.3.1.2. 국회, 법원, 헌법재판소 소속 공무원

제3항은 국회, 법원, 헌법재판소 소속 공무원을 감찰 대상에서 제외하는 조항이다. 회계검사 대상은 헌법이 "국가와 법률이 정하는 단체의 회계"라고 규정하여 행정기관은 물론 국회와 법원 등 국가의 모든 기관의 회계가 대상이 되지만, 직무감찰 대상의 경우 헌법에서 "행정기관 및 공무원의 직무"라고 규정하여 행정기관이 아닌 국회와 법원 및 헌법재판소 등에 소속된 공무원의 직무는 감사원의 직무감찰 대상에서 제외한 것이다.

---

issue note 7: 선거관리위원회는 감사원의 직무감찰 대상인지?

감사원법(제24조)은 "「정부조직법」 및 그 밖의 법률에 따라 설치된 행정기관의 사무와 그에 소속한 공무원의 직무"를 감찰대상으로 규정하면서 입법기관인 국회와 사법기관인 법원 및 헌법재판소 소속 공무원은 직무감찰 대상에서 제외하고 있다.

선거관리위원회(선관위)는 선거 및 국민투표 관리, 정당사무의 처리 등 행정기능을 수행하는 기관이고, 그 조직과 직무 등은 선거관리위원회법에 규정되어 있으므로 감사원법의 규정에 따라 감사원의 직무감찰 대상에 해당된다.

한편, 선거관리위원회는 중립적이고 공정하게 선거와 투표사무를 처리하기 위해 헌법에 의해 설치된 기관으로 그 독립성이 보장되어야 하기 때문에 국회, 법원, 헌법재판소 등 다른 헌법기관과 같이 감사원의 직무감찰 대상에서 제외되어야 한다는 견해가 있을 수 있다.

그러나 감사원의 직무감찰 대상은 헌법(제97조)에서 "행정기관과 공무원의 직무"로 규정한 데 따른 것이고, 선관위가 수행하는 선거·투표관리, 정당사무 처리 등은 그 성질상 행정작용 또는 집행작용이며, 선관위는 본질상 행정기관이라는 견해[30]를 고려하면 감사원법의 직무감찰 제외 대상에 선관위가 포함되지 않은 것을 이해할 수 있다.[31]

---

[30] "선거관리는 그 성질상 행정작용에 속하지만, 우리 헌정사의 특별한 경험에 비추어 헌법에서 별도로 선거관리기관에 관해 규정한 것"(양건, 2013; 1238-1239), "선거나 국민투표의 관리는 그 성질상 집행작용에 속하지만"(권영성, 2005; 1061), "한국과 같이 선거관리위원회를 설치하고 있는 나라는 흔치 않고 외국에서는 오히려 선거관리 그 자체는 전국적 조직을 갖고 있는 내무부(또는 지방자치부) 및 지방자치단체가 관리하고"(성낙인, 2011; 1174).

[31] 1994년, 2001년, 2011년, 2022년 등 여러 차례에 걸쳐 의원입법으로 선관위 소속 직원을 감사원의 직무감찰 대상에서 제외하는 내용의 감사원법 개정안이 발의되었으나 국회에서 의결되지 않았다.

4.3.1.3. 국무총리와 국방부장관이 소명한 국가기밀사항 등

감사원법 제24조 제4항은 국무총리로부터 국가기밀에 속한다는 소명이 있는 사항과 국방부장관으로부터 군기밀 또는 작전상 지장이 있다는 소명이 있는 사항은 감찰대상에서 제외하고 있다.

여기서 '국가기밀'은 국가의 안전에 대한 중대한 불이익을 피하기 위하여 한정된 인원만이 알 수 있도록 허용되고 다른 국가 또는 집단에 대하여 비밀로 할 사실·물건 또는 지식으로서 국가 기밀로 분류된 사항을 말한다(국가정보원법 제4조). 그리고 '군사기밀'은 일반인에게 알려지지 아니한 것으로서 그 내용이 누설되면 국가안전보장에 명백한 위험을 초래할 우려가 있는 군(軍) 관련 문서, 도화(圖畵), 전자기록 등 특수매체기록 또는 물건으로서 군사기밀이라는 뜻이 표시 또는 고지되거나 보호에 필요한 조치가 이루어진 것과 그 내용을 말한다(군사기밀보호법 제2조).

국가기밀이나 군 기밀로 분류되지 않은 사항과 기밀로 분류된 사항이라 할지라도 국무총리나 국방부장관의 소명이 없는 사항은 감찰대상이다.

이와 같이 직무감찰 제외의 요건으로 '국무총리 등의 소명'을 규정한 것은 감사대상기관이 단순히 국가기밀로 지정되었다는 사유로 감사원의 감사를 회피하는 것을 방지하고 국무총리 등이 소명하는 국가의 안전보장에 중대한 영향을 미칠 수 있는 국가기밀사항에 한정하여 감사의 예외를 인정하기 위한 것이다.

이와 관련하여 「감사원 감사사무 처리규칙」(제5조)은 국무총리나 국방부장관의 소명이 불충분하다고 인정될 때에는 감사원장이 그 보정을 요구할 수 있다고 규정하고 있어, 소명에 대한 심리권은 원칙적으로 감사원에 있다. 소명이 불충분한 경우 감사원은 보정을 요구할 수 있고, 보정에 응하지 않거나 불충분한 경우에는 감사원은 감사를 실시할 수 있다고 해석된다.

4.3.1.4. 국가정보원장이 소명한 국가기밀사항(국가정보원법)

감사원법에 규정된 직무감찰 제외사항은 아니지만 국가정보원법에 의해 감사원의 감사(회계검사 및 직무감찰)가 제한되는 사항이 있다.

국가정보원법(제17조)[32]은 국가정보원장은 감사원감사에 대하여 국가의 안전보장에 중대한 영향을 미치는 국가기밀 사항에 대하여는 그 사유를 밝히고 자료의 제출 또는 답변을 거부할 수 있다고 규정하고 있어 이러한 경우 감사원은 해당 사항에 대한 감사를 사실상 수행하기가 곤란하므로 감사가 제한된다.

위와 같은 국가정보원법 규정은 국가정보원의 사무나 소속 공무원의 직무를 감사원의 감사대상에서 제외되는 것이 아니라 국가의 안전보장에 중대한 영향을 미치는 국가기밀사항에 한정하여 감사원감사의 예외를 규정한 것이다.

한편, 감사원은 국가정보원이 국가기밀사항이라는 이유로 과도하게 감사를 회피하는 것을 방지하기 위하여 국가정보원장의 소명이 불충분하다고 인정될 때는 그 보정을 요구할 수 있다(「감사원 감사사무 처리규칙」 제5조).

4.3.2. 직무감찰 제외사항(「감사원 감사사무 처리규칙」)

「감사원 감사사무 처리규칙」은 감사원법과 국가정보원법에 규정된 직무감찰 제외사항 외에 '정부의 중요 정책결정 및 정책목적의 당부'와 '준사법적 행위'를 직무감찰 제외사항으로 규정하고 있다.

직무감찰 제외사항 (「감사원 감사사무 처리규칙」 제5조)

② 다음 각 호의 경우는 직무감찰의 대상에서 제외한다. 다만, 제1호 및 제2호의 경우에 국무총리, 국방부장관 및 국가정보원장의 소명이 불충분하다고 인정될 때에는 원장은 그 보정을 요구할 수 있다.
1. 법 제24조제4항에 따라 국무총리가 국가기밀에 속한다고 소명한 사항과 국방부장관이 군기밀 또는 작전상 지장이 있다고 소명한 사항
2. 「국가정보원법」 제17조에 따라 국가정보원장이 국가의 안전보장에 중대한 영향을 미치는 국가기밀 사항이라고 소명한 사항
3. 정부의 중요 정책결정 및 정책목적의 당부(當否). 다만, 정책결정의 기초가 된 사실판단, 자료·정보 등의 오류, 정책목적 달성을 위한 수단의 적정 여부, 정책결정 과정에서의 적법성, 절차 준수 여부 등은 감찰대상으로 한다.
4. 준사법적 행위

---

32) 국가정보원법 제17조(국회에서의 증언 등) ① 원장은 국회 예산결산 심사 및 안건 심사와 감사원의 감사가 있을 때에 성실하게 자료를 제출하고 답변하여야 한다. 다만, 국가의 안전보장에 중대한 영향을 미치는 국가 기밀 사항에 대하여는 그 사유를 밝히고 자료의 제출 또는 답변을 거부할 수 있다.

4.3.2.1. 중요 정책결정과 정책목적의 당부

제3호는 "중요 정책결정 및 정책 목적의 당부"이다. 이는 '정책에 대한 감사'와 연관된 것이다. 헌법(제97조)은 "행정기관 및 공무원의 직무"를 감사원의 감찰대상으로 규정하고 있고 감사원법도 정책에 관하여 달리 예외를 규정하지 않고 있다. 따라서 공공부문의 책임성 확보라는 관점에서 보면 최고감사기구인 감사원의 감사대상은 원칙적으로 행정기관의 법령·제도 운영과 이와 관련된 결정·집행 등 모든 활동을 포괄한다고 보는 것이 타당하다.

하지만 중요 정책결정이나 정책목적의 설정은 국가적 의제나 자원배분의 기본방향 등과 같이 국가운영의 방향을 정하는 의사결정으로써 헌법에서 정한 정치적 과정에 의해 결정되거나 정책결정자의 가치판단이 개입되는 영역이다. 이러한 중요 정책결정이나 정책의 목적에 대하여 감사기구가 그 당부(當否)를 판단하는 경우 정치논쟁에 휘말리거나 독립성과 정치적 중립성이 훼손될 우려가 있다. 이러한 맥락에서 감사원은 중요 정책결정 및 정책목적의 당부를 직무감찰 대상에서 제외하고 있다.

이러한 중요 정책결정에 대한 감사의 한계는 감사기능의 본질에서 나오는 내재적 한계(內在的 限界)와 관련되는 사항으로 우리나라뿐 아니라 영국[33], 독일[34] 등 국제적으로 최고감사기구의 감사한계 영역으로 인정되고 있다. 감사 기능의 내재적 한계에 관하여는 다음의 "5. 감사원감사의 한계"에서 자세하게 살펴본다.

한편, 정책목적의 당부는 정책을 목적, 수단, 대상으로 구분할 때 목적 자체의 당부는 입법부나 행정부의 판단영역으로 볼 수 있다. 다만 정책목적 달성을 위한 수단이 목적에 맞게 설계되고 집행되었는지, 정책결정 과정에서의 절차준수 여부 등은 감사대상이 된다.

---

33) 성과감사에서 정부 정책 목적의 당부(merit of policy objective)에 대해서는 감사하지 않는다(영국 국가감사법 제6조 제2항). 다만, 정책목적 달성을 위해 자원이 가장 효율적이고 경제적으로 이용되고 있는지를 감사한다.

34) "감사결과가 정책적 결정과 관련이 있는 경우, 감사원은 직접 정책 평가를 한 것이 아니라 정보 제공과 자문으로 그 역할을 한정하였다는 점을 명시해야 한다. 이를 통해 정책의 전제조건과 파급효과에 감사결과를 집중할 수 있다"(독일 연방감사원 감사규칙 제6조)

「감사원 감사사무 처리규칙」(제5조 제2항 제3호 단서)에서도 '중요 정책결정'을 감사대상에서 제외하면서도 "정책결정의 기초가 된 사실판단, 자료·정보 등의 오류, 정책목적 달성을 위한 수단의 적정 여부, 정책결정 과정에서의 적법성, 절차 준수 여부 등은 감찰대상으로 한다."라고 규정하여 정책결정 자체를 제외한 정책의 결정 과정과 정책의 수단 등은 감사대상임을 분명히 하고 있다.

4.3.2.2. 준사법적(準司法的) 행위

제4호는 "준사법적 행위"이다. 사법(司法)은 구체적인 법적 쟁송을 해결하기 위하여 공권적(公權的)인 법률판단을 하여 법을 적용하는 국가작용을 말한다.[35]

따라서 준사법적 행위는 행정기관이 행정상의 쟁송에 대하여 공권적인 법률판단을 하여 판정하는 등 사법작용에 준하는 작용을 하는 행위를 말한다. 행정심판위원회의 재결(裁決)이 대표적이다. 재결은 행정청 등에 기속력을 가지는 등 준사법적 효력을 갖는다.

또한 사법권과 밀접한 관계를 맺으면서 사법절차에 긴밀하게 관여하는 행위로서 검찰의 기소와 공소유지에 관한 고도의 법률판단 행위는 준사법적 행위에 해당한다고 할 수 있다.

한편, 헌법이나 감사원법에서 감사제외 사항으로 규정하지 않는 준사법적 행위를 감사원규칙에서 감사제외사항으로 규정하는 것이 적절한지에 관하여는 다른 의견이 있을 수 있지만 이 역시 감사기능의 내재적 한계의 관점에서 이해될 수 있다. 다만, 준사법적 행위의 범위를 넓게 해석하는 것은 헌법과 감사원법이 부여한 감사원의 책무를 다하지 못할 수 있으므로 바람직하지 않다.

행정심판위원회의 재결, 검찰의 기소 등이 준사법적 행위에 해당된다 하더라도 이와 관련된 모든 사무나 직무가 감사대상에서 제외되는 것은 아니다.

'중요 정책결정'을 감사대상에서 제외하되 정책결정의 기초가 된 사실 판단, 자료·정보 등의 오류, 정책결정 과정에서의 적법성, 절차준수 여부 등은 감사대상으로 하는 바와 같이 준사법적 행위에 있어서도 그 행위의 본질에 해당하는

---

35) 실질적 의미의 사법이라 함은 입법 및 행정에 대하여 법규를 적용하여 권리관계를 확정하거나 또는 어떤 사항의 적법(適法)·위법(違法)을 판단함으로써 구체적 쟁소(爭訴)를 해결하는 국가작용을 말한다(네이버 백과사전, 법률용어사전).

고도의 법률판단과 공권적인 판정 외에 판단의 기초가 된 자료·정보 등의 오류, 과정의 적법성, 절차준수 여부 등은 당연히 감사의 대상이 되는 것이다.

4.4. 직무감찰 대상·범위 종합

위에서 살펴본 감사원의 직무감찰 대상과 제외사항을 종합적으로 정리하면 <표 3-2>와 같다.

표 3-2_ 감사원의 직무감찰 대상 및 제외사항

감사원법 제24조 제1항	행정사무 감찰	대인 감찰
행정기관 (제1호) [제외: 소규모·전투 부대]	기관의 사무 [제외: 국무총리, 국방부장관, 국가정보원장이 소명하는 국가기밀사항 등, 중요 정책결정 및 정책목적의 당부, 준사법적 행위]	공무원의 직무 [제외: 국회·법원·헌법재판소 공무원의 직무]
지방자치단체 (제2호)	사무	공무원의 직무
• 한국은행 • 출자법인 (자본금 1/2 이상) • 공적단체 (이상 제3호)	사무	임원·회계관련직원의 직무
공무 수탁·대행 (제4호)	사무 (수탁·대행 사무)	
준공무원 신분 (제4호)		(임직원) 직무

※ 공공기관의 회계와 관련없는 직원은 제3호에 따른 감찰대상에는 제외되지만, 공무원신분으로 의제 되는 직원은 제4호에 따른 감찰대상이 된다.

5. 감사원감사의 한계

위에서 감사원의 회계검사 및 직무감찰의 대상과 범위에 관하여 살펴보았다. 원칙적으로 공공부문의 모든 활동은 공공 책임성 확보의 대상이자 최고감사기구인 감사원의 감사대상이 될 수 있다.

하지만 감사원이 모든 공적활동을 검증하고 옳고 그름을 판단하는 것이 국가적으로 반드시 바람직한 것은 아니다. 국회의 입법활동, 대통령과 정부의 고도의 정책 결정사항, 법원의 사법적 판단 등과 같이 공공감사기구가 그에 관한 옳고 그름을 판단하는 것이 적절하지 않은 감사의 한계영역도 존재한다.

그밖에 입법정책적으로 법령에 의해 감사대상과 권한, 방법 등에 관한 제한을 규정하거나 현실적으로 감사인력, 예산 등 감사자원의 제한으로 인한 한계가 있다.

헌법에서 부여한 감사권한과 기능을 부족하거나 과도하지 않게, 적정하게 운영하기 위하여는 감사의 대상과 범위, 한계에 대한 이해가 필요하다.

감사기능의 한계를 감사기능의 내재적 한계, 법령·제도상의 한계, 기타 현실적인 한계로 구분하여 살펴본다.

5.1. 공공감사의 내재적 한계

5.1.1. 의의

공공감사는 그 본질에서 기인하는 '내재적 한계(inherent limitation)'가 있다. 공공감사는 기본적으로 공공행정의 일부로서 공공 책임성 확보를 지원하는 역할을 한다. 따라서 공공감사는 직접적인 경영책임(managerial responsibility)을 지지 않는다. 공공감사는 대상기관의 의사결정이나 집행의 개선을 유도하는 것이 목적이지 직접 처분이나 자원을 동원하여 문제점을 해결하거나 집행하지 않는다.

또한 공공감사는 증거에 기반한 합리적 판단이 적용될 수 있는 영역을 대상으로 한다. 공공행정을 행정이 궁극적으로 지향하는 본질적 가치와 이를 구현하기 위한 수단적 가치로 구분할 때 공공감사는 정의, 자유, 평등 등과 같은 본질적 가치보다는 합법성, 경제성, 효율성, 효과성 등 수단적 가치의 구현과 연관되어 있다.

국가의 이념이나 본질적 가치에 대한 판단과 결정은 행정보다는 정치적인 영역에 해당되기 때문에 공공감사의 대상으로 하기에는 적합하지 않다.

「감사원 감사사무 처리규칙」에서 감사의 제외사항으로 규정한 "정부의 중요 정책결정 및 정책목적의 당부" 또는 "준사법적 행위"는 이러한 맥락에서 감사원 감사의 내재적 한계를 명문화한 것이라고 이해할 수 있다.

---

issue note 8: 감사원규칙에서 정한 직무감찰 제외사항에 대한 이해

「감사원 감사사무처리규칙」(제5조 제2항)은 감사원법과 국가정보원법에 규정된 사항 외에 "중요 정책결정 및 정책 목적의 당부"와 "준사법적 행위"를 직무감찰 제외사항으로 추가로 규정하고 있다.

헌법(제100조)은 감사원의 직무범위는 "법률"로 정하도록 하고 있어, 법률에 의하지 아니하고는 감사원의 감사대상을 제외하거나 추가, 확대할 수 없다. 그런데 감사원규칙으로 직무감찰 제외사항을 규정하여 법령 체계상 적정한지 의문이 제기될 수 있다.

헌법의 취지로 볼 때 감사원감사의 예외를 규정하는 경우 법률의 형식으로 하는 것이 바람직하다. 다만, 감사원규칙에 규정된 중요정책결정 등 직무감찰 제외사항은 특정한 사무나 직무를 헌법이나 법률의 위임없이 정한 것이라기보다는 감사를 통해 그 당부를 판단하는 것이 적절하지 않은 "감사의 내재적 한계"를 명문화한 것이라고 이해된다.

이렇게 본다면 법령 체계상의 문제는 없다고 할 수 있다. 다만 헌법과 법률에서 정한 감사원의 감사대상은 감사원의 감사 권한의 범위이자 책임의 범위이므로 감사 제외사항에 해당되는지는 신중하고 엄격하게 해석하여야 할 것이다.

5.1.2. 내재적 한계의 엄격한 해석

정부 등 공공부문의 직무 가운데는 "고도의 정치적, 정책적, 법리적, 전문적인 판단이 요구되는 업무(외교, 안보, 국방, 문화, 학·예술 등)"가 있다. 이러한 분야는 법률에 규정된 "직무감찰 대상에 해당"되지만, 공공감사기구가 그 "당부(當否)를 판단하기가 곤란하거나 부적절"한 경우가 있을 수 있다. 다만, 헌법과 법률에 규정된 감사대상과 범위는 감사 권한의 범위일 뿐 아니라 책임의 범위이므로 법률에 규정되지 않은 감사의 예외를 판단할 때는 신중하고 엄격하게 판단하여야 한다.

따라서 "공공감사의 내재적 한계"에 대한 해석은 예외적이고, 불가피한 경우로 한정되어야 하며, 감사를 회피하는 수단이 되어서는 아니된다. 단순히 특정 행정기관의 사무나 공무원의 직무가 "고도의 전문적인 분야" 등이라는 사유로 쉽사리 "감사의 한계영역"으로 판단하고 감사대상에서 제외하는 것은 공공감사의 책임성 원칙에 위배되는 것이므로 바람직하지 않다.

전문적, 정책적인 분야인 경우에도 그 사무나 직무를 구성하는 요소를 구체적으로 분석하여 "증거에 기반한 합리적인 판단이 적용될 수 있는 영역"이거나 감사기준에 의해 "명확하게 위법·부당 여부를 판단할 수 있는 영역"은 감사대상에 포함되어야 한다. 이러한 이유로 「감사원 감사사무 처리규칙」은 "정부의 중요 정책결정 및 정책목적의 당부"를 직무감찰 대상에서 제외하면서도 "정책결정의 기초가 된 자료 등의 오류, 정책수단의 적정 여부, 정책결정 과정에서의 적법성, 절차준수 여부 등은 감사대상임을 명시한 것이다.

그리고 특정 사무나 직무가 전문 분야라도 해당기관이 스스로 전문성에 기초하여 정한 업무처리 기준, 절차, 방법 등을 잣대로 감사를 할 수 있다.

5.2. 법령 및 제도적 한계

공공감사는 공적인 권한을 행사하는 작용이므로 법령에 규정된 감사 권한, 감사 대상, 감사 방법을 준수하여야 한다. 이에 따라 법령에 규정된 감사 대상, 권한·수단의 제한으로 인한 감사의 한계가 있다.

법령 및 제도적 한계는 일반적으로 인정되는 공공감사의 대상·범위, 권한 중 일부를 법령에서 명시적으로 제외하여 감사에 제한을 받는 것을 말한다.

이러한 한계로는 감사원법에서 정한 각종 감사 제외사항(전투부대 및 소규모 군부대의 직무, 국무총리 및 국방부장관이 소명한 국가기밀사항, 국회·법원·헌법재판소 소속 공무원의 직무 등), 국가정보원법에 규정된 감사의 예외(국가정보원장이 소명한 국가안보에 중대한 영향을 미치는 국가기밀사항)가 있다.

감사 권한 측면에서 보면, 감사원법은 회계검사에 대하여만 금융기관에 대한 금융거래자료의 제출을 요구를 할 수 있는 등 감사수단의 제약으로 인해 직무관련 금품수수 등 공직비리 조사에 제한을 받는다.

5.3. 현실적 한계

현실적인 한계는 한정된 감사인력, 예산 등 감사자원의 제약으로 인해 감사활동에 제한을 받는 것을 말한다. 감사원법은 감사원의 조직과 정원, 예산 등에 관한 특례 규정(감사원법 제2조 제2항)[36]을 두고 있지만 현실적으로 발생하는 감사자원의 제한은 존재할 수밖에 없다.

그리고 감사자원의 제약 외에 감사자료의 부존재, 감사수단의 미비, 감사실시 범위 등으로 인해 감사증거를 확보하거나 감사결과를 도출하는 데 있어 현실적인 한계가 발생할 수 있다.

6. 회계검사와 직무감찰의 법적 성격과 관계

6.1. 의의

헌법과 감사원법은 감사원의 임무와 기능을 '회계검사(會計檢査)'와 '직무감찰(職務監察)'로 구분하여 규정하고 있다. 이에 따라 감사원법은 회계검사와 직무감찰을 통칭하여 "감사(監査)"라고 규정하면서도 회계검사와 직무감찰의 대상을 별개로 규정하고 있다.

이와 같이 감사기능을 이원적으로 규정하게 된 것은 우리나라의 정부수립 초기에 회계검사는 심계원법에 따라 헌법기관인 심계원이, 직무감찰은 감찰위원회법에 따라 법률기구인 '감찰위원회'가 각각 수행하다가 1963년 두 감사기구를 통합하여 감사원을 설립한 데서 유래한다.

그렇다면 ① 감사대상으로서 '회계'와 '직무', 감사활동으로서 '검사'와 '감찰'은 그 법적 성격과 권한의 원천(源泉) 등에 어떤 차이와 유사성이 있는지 살펴본다. 그리고 이에 대한 이해를 기초로 ② 감사기능으로서 회계검사와 직무감찰의 관계에 관하여 살펴본다.

---

36) 감사원법 제2조 ② 감사원 소속 공무원의 임용, 조직 및 예산의 편성에 있어서는 감사원의 독립성이 최대한 존중되어야 한다.

이에 대한 고찰은 국가의 감사기능에 대한 이해를 높이는 한편, 국가 감사기능 배분에 관한 개편방향을 논의 할 때 바람직한 방향을 모색하고 합리적으로 접근 할 수 있는 기초가 될 수 있다.

6.2. 회계검사 및 직무감찰의 법적 성격

6.2.1. 감사대상으로서 회계(會計)와 직무(職務)

'회계'는 '재무상태에 관해 수치적인 정보를 제공'하는 것으로 회계 관련 사무는 예산의 편성, 집행과 결산, 수입과 지출, 재산의 취득·보관·관리·처분, 채무부담 등 모든 재정활동 및 이에 관한 기록, 보고 등의 관련 사무를 말한다(「감사원 감사사무처리규칙」 제4조 제2항).

'직무'는 "법령이나 직제에 의하여 행정기관이나 공무원 등이 처리하도록 정해진 일정 범위의 사무로서 인적·물적 자원관리, 법령·제도 운영과 업무수행, 이와 관련된 결정 및 집행 등을 말한다.

회계사무는 주로 재무활동과 관련되는 업무를 말하므로 회계와 직무는 수행하는 업무의 종류에 차이가 있다. 그리고 회계사무는 국가 전체적으로 통일되고 일관된 기준이 적용될 수 있는 업무인 반면, 직무는 기관의 특성에 따라 수행하는 업무의 내용이 달라질 수 있다.

하지만 회계와 직무는 위와 같은 업무의 구체적인 "내용"에 차이가 있을 뿐 공공 책임성 확보의 대상이 된다는 점에서는 차이가 없다. 왜냐하면, 회계와 직무는 둘 다 정부 활동의 한 부분(회계사무는 정부 사무의 한 부분이다.)으로서, 국민이나 국회, 독립된 감사기구에 의한 공적인 검증이 필요한 영역이기 때문이다.

대표적인 회계사무인 '예산집행 업무'나 일반 행정사무인 '인허가, 규제 업무'를 보더라도 양자 모두 감독이나 감사를 통해 그 직무수행의 적정 여부를 검증할 필요가 있다는 점에서 차이가 없는 것이다.

더구나 현대의 행정국가에 있어 정부의 주요 기능은 사업(program)을 통해 수행되는데 이러한 사업은 행정목적을 달성하기 위한 조직화된 활동으로서 예산의 투입을 수반한다.

이로 인해 정부의 사업은 예산을 매개로 회계와 직무가 결합되는 형태로 수행되어 정부가 사업을 수행하는 과정에서 수행하는 일련의 업무를 회계와 직무의 어느 하나로 구분하기가 어렵게 되었다.

예컨대, 정부가 저소득층에 대해 보조금을 지원하는 복지사업을 하는 경우 그에 관한 법령을 입안하고 예산을 편성하며, 사업계획과 집행기준을 수립하여, 보조금을 집행하는 데 이러한 일련의 업무는 일반적인 행정사무로도 볼 수 있고, 예산의 투입과 관련되는 회계사무로도 볼 수 있다.

결론적으로, '회계'와 '직무'는 각각 정부의 활동의 한 부분으로서 독립된 감사기구에 의해 그 직무 수행의 적정 여부에 대한 검증이 필요하다는 점에서 본질적인 차이가 있는 것은 아니며, 특히 현대행정에서는 회계와 직무의 구분 자체가 어려운 영역이 계속 확대되고 있다.

6.2.2. 감사활동으로서 검사(檢査)와 감찰(監察)

감사원법은 회계에 대하여는 "검사", 직무에 대하여는 "감찰"이라는 용어를 사용하고, 회계검사와 직무감찰을 통칭하여 "감사(監査)"라고 하고 있다.

검사와 감찰은 각각 '회계'와 '직무'를 대상으로 하는 점에서 "대상의 차이"가 있다. 그렇다면 대상의 차이 외에 "감사활동"에 있어 "검사"와 "감찰"의 법적인 성격에 차이가 있는지 살펴본다.

감사원법(제20조)에 따르면 회계검사는 "회계를 상시 검사·감독하여 그 적정을 기한다"라고 하고, 직무감찰은 "행정기관 및 공무원의 직무를 감찰하여 행정 운영의 개선과 향상을 기한다"라고 규정하고 있다. 이러한 감사원법의 개념을 보면, 회계검사와 직무감찰은 감사 대상의 차이를 제외하면 그 목적에 있어서는 표현의 차이("적정을 기한다" ↔ "개선과 향상을 기한다")가 있을 뿐 실질의 차이는 없는 것으로 보인다.

특히, 감사원법(제4절 감사방법, 제24조~제35조)은 회계검사나 직무감찰에 있어 감사의 권한이나 방법, 감사결과의 처리 등 감사활동에 있어서는 아무런 차이를 두지 않고 동일하게 규정하고 있다.[37]

---

37) 금융거래자료 제출 요구는 회계검사에 필요한 경우에만 인정된다. 다만 이러한 차이는 감사권한의 세부적인 것으로 본질적인 차이는 아니다.

이와 같은 감사원법의 규정을 토대로 회계검사와 직무감찰을 쉽게 설명하면,

① 회계검사는 "<u>회계</u>(예: 예산집행 업무)의 <u>적정</u>을 기하기 위하여 자료제출 요구 등을 하여 <u>검사</u>하고 위법·부당사항에 대하여 징계·시정요구 등을 하는 활동"이다.

② 직무감찰은 "<u>직무</u>(예: 인허가 업무)의 <u>개선·향상</u>을 기하기 위하여 자료제출 요구 등을 하여 <u>감찰</u>하고 위법·부당사항에 대하여 징계·시정요구 등을 하는 활동"이다.

이와 같이 '검사'와 '감찰'은 감사대상에 따라 용어를 달리 사용하고 있을 뿐 그 목적과 감사활동은 법률적으로 동일하게 취급되고 있다.[38]

6.2.3. 직무감찰 기능에 대한 오해(誤解)와 이해(理解)

한편, 직무에 대한 감사에 있어서는 "감찰"이라는 용어를 사용함에 따라 직무 감찰과 회계검사의 법적인 성격이 다른 것으로 오해[39]하는 경우가 있다. 그리고 이러한 오해는 국가의 감사기능 배분에 관한 논의에서 감사기능의 분리의 논거가 되기도 한다.

위와 같은 오해는 과거 정부수립 초기에 감찰기능은 정부조직법(1948년) 또는 감찰위원회법(1961년 이후)에 근거하여 대통령 소속으로 설치된 감찰위원회가 수행하였고, 감찰대상은 '공무원의 비위' 등으로 규정되어 '감찰' 기능은 대통령의 행정감독권에 유래하고 "비위행위에 대한 조사"를 하는 기능으로 오해하게 된 것으로 보인다.[40]

---

38) 한편, 「감사원 감사사무 처리규칙」은 직무감찰을 '행정사무감찰(행정기관 등의 사무와 그 소속 공무원 등의 직무 및 이와 관련된 행위에 대하여 조사, 평가 등의 방법으로 법령상, 제도상 또는 행정상의 모순이나 문제점을 적출하여 이를 시정, 개선하기 위한 행정사무감찰)'과 '대인감찰(공무원 등의 위법·부당행위를 적발하여 이를 바로잡기 위한 대인감찰)'로 구분하고 있어 "대인 감찰"을 회계검사와 구분되는 직무감찰의 고유한 특성으로 오해하는 경우가 있다. 하지만, 대인감찰은 공무원 등의 위법·부당행위를 적발하고 바로잡는 감사업무로서 일반적인 직무뿐 아니라 회계직무와 관련된 위법·부당행위에도 그대로 적용되고, 실제로 과거 회계검사기구인 심계원도 회계사무의 위법·부당행위에 대하여 조사(대인감찰)하여 징계요구 등을 하였으므로 이를 이유로 검사와 감찰을 구분하는 것은 타당하지 않다. [구 심계원법 (1948. 12. 4. 제정) 제24조에 따르면 심계원장은 심계의 결과 위법 또는 부당하다고 판정을 받은 자에 대하여 그 소속장관에 이첩하여 징계처분을 요구할 수 있도록 규정되어 있다.]

39) 직무감찰 권한을 왕권(王權)이나 대통령의 행정감독권에서 유래하는 것으로 전제하고 직무감찰 기능을 회계검사 기능과 본질적인 차이가 있는 것으로 오해하는 경우가 있다.

하지만 과거의 법령체계에 있어서는 회계검사와 직무감찰 권한의 유래나 목적 등에 있어 달리 해석될 여지가 있었지만, 현행 헌법과 감사원법에 따르면 회계검사와 직무감찰 모두 헌법에서 유래되는 기능이고, 직무감찰의 대상은 "행정기관의 사무와 공무원의 직무"이며, 그 목적은 "행정운영의 개선과 향상"을 지향하고 있으므로 현재의 법령체계에 있어 회계검사와 직무감찰은 그 권한의 유래나 목적, 행사방법 등에 있어 실절적으로 차이가 없다.

즉, 직무감찰은 단순히 공직자의 비리를 조사하는 것을 넘어 공공행정이 합법적이고 경제적, 효율적으로 수행되도록 하여 행정의 개선·향상을 기하고, 법령상·제도상 또는 행정상 모순이나 불합리를 개선하는 활동을 포괄하는 것이다.

따라서 '직무감찰 기능'을 단순히 "비위행위를 조사"하는 것으로 오해하거나 회계검사와 법적인 성격이나 권한의 유래를 달리 해석하는 것은 맞지 않으며, 현재의 법령체계에 맞게 직무감찰 기능을 이해할 필요가 있다.

6.3. 회계검사와 직무감찰의 관계

6.3.1. 의의

2000년대 들어 감사원 개편방안의 일환으로 감사원의 회계검사·직무감찰 기능을 분리하여 각각 별개의 기관으로 설치하는 의견[41]이 제기된 적이 있다. 이러한 의견은 회계검사와 직무감찰 기능이 분리될 수 있으며, 분리하는 것이 국가적으로 바람직하다는 전제하에 가능한 대안이 될 수 있을 것이다.

현행 헌법 97조와 감사원법 제20조는 감사원의 임무로 회계검사와 직무감찰을 각기 구분하여 규정하고 있으며, 감사원법은 회계검사와 직무감찰의 대상 및 범위를 따로따로 규정하고 있다. 따라서 형식적으로 보면 양자의 분리가 불가능한 것은 아니다. 문제는 실질적인 분리가 가능한지, 그리고 분리가 국가적으로 바람직한 효과를 가져올 수 있는지 등일 것이다.

---

40) 일반인들이 직무감찰 기능을 오해하는 데는 법률적인 개념에 앞서 '감찰(監察)'이라는 용어의 일반적인 의미로 인해 비롯된 측면이 있음은 물론이다.

41) 회계검사기관과 직무감찰기관을 각각 독립된 헌법기관으로 설치하거나 회계검사기관을 국회 소속으로 설치하는 의견 등이 있다.

이러한 논의는 공공감사체계는 물론 국가의 공공 책임성 확보 체계에 커다란 영향을 미치기 때문에 회계검사와 직무감찰의 관계에 대한 이해를 바탕으로 신중하게 검토하여야 할 것이다.

6.3.2. 회계검사기구(심계원)와 직무감찰기구(감찰위원회)의 통합 이유

현재의 감사원은 1963년 회계검사를 담당하는 심계원[42]과 직무감찰을 담당하는 감찰위원회[43]가 통합되어 설립되었으며, 이후 감사원은 회계검사와 직무감찰 기능을 통합하여 수행하고 있다. 그렇다면 두 기관을 감사원으로 통합한 이유는 무엇일까?

당시 자료에 따르면 "회계검사기능과 직무감찰기능은 성질상 상호 표리의 관련이 있는데 이를 분립된 기관에서 수행하는 것은 심히 불합리하고, 그로 인해 감사 중복과 감사를 받는 기관의 부담 등 여러 부작용이 있어 단일기관으로 설치한 것이다."라는 취지로 감사기관 통합의 이유가 기술되어 있다.

Ref.2 **회계검사기관(심계원)과 직무감찰기관(감찰위원회)의 통합 배경**

"회계검사와 직무감찰이 많은 경우 중복되어 통합" (1963, 헌법학자 박일경)

"회계를 상시 검사·감독하는 심계원과 행정 및 공무원의 비위를 감찰하는 감찰위원회의 양 기능은 성질상 상호표리를 이루는 불가분의 관련을 가지고 있어서 이를 분립된 양 기관에서 집행하게 하는 것은 그동안의 경험으로 보아 여러 면에서 심히 불합리하고 검사와 감찰을 받는 기관으로서도 그 번폐가 적지 않았던 실정이었으므로 그 일원화가 절실히 요청, 감사업무의 중복을 피하기 위하여도 단일기관으로 설치할 필요" (1962, 헌법공청회, 국가재건최고회의 등)

---

42) 심계원은 1948년 대한민국 정부수립과 발맞추어 헌법기관으로 설치되었다. 제헌헌법에서 재정을 다루고 있는 제7장의 제95조는 "국가의 수입지출의 결산은 매년 심계원에서 검사한다. 정부는 심계원의 검사보고와 함께 결산을 차연도의 국회에 제출하여야 한다. 심계원의 조직과 권한은 법률로써 정한다"고 규정하여 심계원의 헌법적 기능과 지위를 명시하였다.

43) 감찰위원회는 정부조직법에 근거한 대통령 소속기관으로 1948년에 설치되었다. 정부조직법 제6장에서 "감찰위원회는 대통령 소속하에 공무원에 대한 감찰사무를 장리하며(제40조), 대통령이 임명하는 위원장 1인과 위원 8인으로 구성하며(제41조), 공무원의 위법행위 또는 비행이 있을 때에는 사실을 심사한 후 위원 과반수로 징계를 의결한다(제43조)."라고 규정하였다.

이러한 사실을 보면 회계검사기관과 직무감찰기관이 분립되어 운영되었던 1950, 60년대는 우리나라의 행정이 지금에 비해 훨씬 단순했던 시기였음에도 두 감사기관의 감사중복과 그로 인한 행정기관의 부담이 심각했던 것을 알 수 있다.

6.3.3. 현대 행정의 특성과 회계검사·직무감찰의 영역 중첩

그렇다면 지금은 어떨까? 회계검사와 직무감찰 기관을 분리하여 설치하였던 역사로 인해 감사원법은 감사원의 임무를 회계검사와 직무감찰로 구분하여 규정하고 있다. 이러한 구분으로 인해 양자를 별개의 감사영역으로 생각하는 경우가 있다.

하지만 회계검사, 직무감찰은 앞에서 살펴본 바와 같이 감사의 목적과 방법이 동일하다. 그리고 현대 행정과 감사의 특성으로 인해 감사대상과 영역이 서로 연결되고 중첩된다. 이로 인해 현대행정에서 감사대상 업무를 회계검사, 직무감찰 중 어느 한 영역이라고 구분하기가 어려운 실정이다.

현대의 행정에서 정부의 업무를 회계와 직무, 어느 하나로 규정하기 어렵거나 감사영역이 중첩되는 것은 다음과 같은 이유 때문이다.

먼저, 회계사무는 행정기관 사무의 한 부분이므로 회계관련 업무는 회계검사의 대상인 동시에 직무감찰의 대상이 된다.[44]

다음으로, 정부가 예산을 투입하여 정책과 사업을 수행하는 현대의 행정에서는 예산을 매개로 회계와 일반 행정사무가 결합되어 추진되므로 그 사업을 추진하는 과정에서 수행하는 일련의 업무를 회계와 직무 중 어느 하나라고 하기 어렵게 되었다.

예컨대, 정부가 복지사업, SOC사업, R&D사업 등을 수행하면서 계획을 수립하고, 법령을 제정하며, 사업추진 방법을 설계하고, 사업을 집행한다. 그리고 이와 동시에 사업에 필요한 예산을 편성하고, 집행한다. 이와 같이 정부의 사업은 일반 행정 사무와 회계관련 사무가 결합되어 수행되므로 그 사업과 각각의 업무를 회계와 직무, 어느 하나라고 하기 어려운 것이다.[45]

---

44) 「감사원 감사사무 처리규칙」 제4조(회계검사) ③ 제1항에 따른 회계 관련 사무와 이를 수행하는 공무원 등의 직무는 회계검사의 대상인 동시에 직무감찰의 대상으로서 불가분의 관계에 있으므로 감사원은 감사를 할 때에는 원칙적으로 회계검사와 직무감찰을 같이 실시한다.

45) 2005년에 감사원이 시행한 감사결과 3,630건 중 62.9%가 회계검사·직무감찰의 중첩영역으로 분석되었다(감사원, 2017b).

그림 3-2_ 회계검사와 직무감찰의 영역 중첩

「회계검사」 · 결산·계수확인 · 재무제표 검사	(중첩영역) · 회계 및 행정사무의 적정성 점검·시정 · 회계제도 및 내부통제시스템 점검·개선 · 정책·사업의 경제성·능률성·효과성 평가 · 법령·제도 문제점 분석·개선 · 회계 및 직무관련 비위 조사	「직무감찰」 · 개인비위 조사 · 복무기강 점검

자료: 감사원(2017b), 「국가감사제도에 대한 이해」

그리고, 이러한 현대행정의 특성에 대응하여 현대의 감사는 회계검사의 경우 회계집행의 부정·오류 외에 사업의 비효율을 방지하고 성과를 높이는 데 중점을 두고 있고, 직무감찰은 비리 적발뿐 아니라 행정운영의 개선·향상을 지향하므로 회계검사와 직무감찰의 목적과 방향은 서로 다르지 않다.

위와 같이 정부의 회계와 사무의 본질적인 중첩성과 현대 행정기능 및 감사기능의 특성으로 인해 현대 행정에 있어 회계검사와 직무감찰의 영역이 중첩될 수밖에 없고, 그러한 중첩영역이 확대되고 있다.

6.3.4. 감사기관을 분리·설치하는 경우의 영향

지금 우리나라의 공공부문과 행정은 1960년대와는 비교할 수 없을 정도로 거대해지고 복잡해졌다. 그리고 현대의 공공감사 기능은 공공행정의 효율성, 성과 확보라는 요구에 따라 재무감사와 합법성감사 외에 행정개선감사, 성과감사에 이르기까지 발전하고 있다.

이러한 공공행정, 공공감사의 현실에서 회계검사와 직무감찰 기능을 분리하여 별개의 기관에서 수행하면 국가 운영에 어떤 영향이 있을까?

정부의 사업추진 과정에 부정과 비리, 비효율이 있어 이에 대한 감사가 필요한 경우에 현재는 감사원이 회계와 직무 구분 없이 종합적으로 감사를 하지만 회계검사 기관과 직무감찰 기관이 별개의 기관으로 설치되어 각각 감사를 하게 되면, 감사가 중복될 뿐 아니라 감사를 종합적으로 하기 어려울 것이다.

그리고 감사를 받는 행정기관은 비슷한 감사를 두 번 받게 되어 부담이 가중될 수 있으며,[46] 이러한 중복과 부담은 행정의 규모가 커진 데 따라 과거보다도 문제가 더 심각할 수 있다.

6.3.5. 외국 최고감사기구의 감사기능 변화

위와 같은 현대행정의 특성으로 인해 미국, 유럽 국가 등의 최고감사기구(SAI, Supreme Audit Institution)는 회계와 사무를 구분하지 않고 "정부의 모든 활동"을 대상으로 감사를 수행하고 있는 점을 참고할 필요가 있다.

특히, 미국의 최고감사기구인 GAO(연방감사원)의 사례는 많은 시사점을 준다. GAO는 과거에는 "General Accounting Office"라는 명칭으로 회계검사 위주로 감사를 하였다. 하지만 현재는 현대의 행정기능 변화에 대응하여 회계와 직무를 구분하지 않고 통합적으로 감사를 수행하고 있으며, 2004년에 기관의 명칭(legal name)도 "Government Accountability Office"(정부 책임성 확보기관)로 변경하였다.

┌ Ref.3 미국 감사원(GAO)의 감사기능 및 명칭 변화

"In 2004, GAO's legal name changed from the General Accounting Office to the Government Accountability Office. The change reflected the agency's expanding role in a growing federal government. Moving beyond financial audits, GAO began conducting performance audits—examining how government programs were performing and whether they were meeting their objectives."

자료: GAO 홈페이지(https://www.gao.gov/about/what-gao-does/hundred-years-of-gao)

6.4. 감사기능 배분에 관한 논의의 방향

위에서 회계검사와 직무감찰의 법적 성격과 관계에 대하여 살펴보았다.

정리하면, 감사의 대상으로서 회계와 직무는 각각 정부의 활동을 구성하는 일부분으로, 양자 모두 공공 책임성을 확보하고, 독립된 감사기구에 의한 검증이 필요한 영역이다. 그리고 회계검사와 직무감찰은 감사의 목적과 방법에 있어 실질적으로 차이가 없다.

---

46) 정부가 수행하는 사업 등에 대하여 감사기구는 각각 자신의 감사영역이라고 주장할 수 있으며, 반대로 감사대상기관에서는 회계검사기관에 대하여는 행정사무라고, 직무감찰기관에 대하여는 회계라고 각각 주장하면서 감사를 회피하려고 할 수 있다.

한편으로, 현대 행정의 특성으로 인해 정부가 하는 일을 회계와 직무의 어느 하나로 구분하기가 어렵고, 감사기능 또한 그 중첩되는 영역이 확대되고 있다.

이러한 상황에서 감사기능을 분리하여 별개의 기관에서 감사를 수행하게 하면, 감사기구는 감사를 종합적으로 하기가 어려워 행정감시 기능을 제대로 수행하기가 어려울 수 있다. 그리고 감사를 받는 행정기관은 비슷한 감사를 이중으로 받게 되어 부담이 가중될 것이다.

따라서 국가 감사기능의 배분에 관한 개편방향을 논의함에 있어서는 회계검사와 직무감찰의 관계, 현대 행정과 감사기능의 특성, 감사기능 분리시의 영향 등에 대한 종합적인 이해를 바탕으로 국가적으로 위험(risk)을 최소화하는 방향을 모색하는 것이 바람직할 것이다.

최고감사기구에 대한 감사기능 배분은 회계검사와 직무감찰 기능을 기계적으로 구분하여 논의하기보다는[47] 국가의 공공부문에 대하여 "독립된 감사기구에 의해 책임성 확보가 필요한 영역인지" 여부를 기준으로 논의하는 것이 타당한 것으로 판단된다.

자체에 회계검사, 직무감찰 대신 "감사(監査)"라는 용어(회계감사, 직무감사)를 사용함으로써 개념상의 혼란과 오해를 줄일 수 있을 것이다.[48]

---

47) 회계사무와 직무의 특성에 따라 감사대상의 범위를 구분하여 논의할 필요는 있다.

48) 국회의 국정감사, 지방의회의 행정사무감사 및 주무부처의 행정감사, 그밖에 개별법률에 의한 감사는 감사원감사와 유사하지만 모두 회계와 직무, 검사와 감찰을 구분하지 않고 "감사"라는 용어로 일원화하여 사용하고 있다.

제 3 절

자체감사의 대상·범위와 한계

1. 의의

공공감사법(제2조)은 자체감사기구의 감사대상과 범위를 감사원법과 같이 구체적으로 규정하고 있지는 않다. 하지만 법 제2조에서 자체감사를 "중앙행정기관, 지방자치단체 및 공공기관의 감사기구의 장이 그 소속되어 있는 기관(그 소속 기관 및 소관 단체를 포함한다) 및 그 기관에 속한 자의 모든 업무와 활동 등을 조사·점검·확인·분석·검증하고 그 결과를 처리하는 것을 말한다"고 정의하고 있다.

이러한 정의에 따르면 자체감사의 대상은 자체감사기구가 "소속되어 있는 기관(그 소속 기관 및 소관 단체를 포함한다) 및 그 기관에 속한 자"이고 감사의 범위는 "모든 업무와 활동"이라고 할 수 있다.

공공감사법이 자체감사의 대상 및 범위를 감사원법(감사원의 회계검사 및 직무감찰 대상 및 범위)과 같이 구체적으로 규정하지 않은 이유는 감사원감사는 외부감사로서 감사원과 감사대상기관 간에 포괄적인 지휘·감독관계가 있는 것은 아니므로 감사대상과 범위를 구체적으로 규정하여 감사기관과 감사대상기관 간의 관계 설정을 명확하게 할 필요가 있는 반면, 자체감사는 기본적으로 내부감사로서 관계 법령에 규정된 해당 기관의 지휘·감독 권한이 미치는 범위에서 작용하기 때문이다.

자체감사의 대상과 범위는 해당기관의 직제나 조례, 정관 등 관계 법령에 의해 정해지는 것이므로 개별 자체감사기구의 감사의 대상과 범위는 위와 같은 관계 법령에 따라 판단하여야 한다.

이처럼 공공감사법은 소속기관 및 소관단체의 범위를 확정하거나 특정 기관에 대한 감사 권한을 수여 또는 배제하는 것은 아니지만[1], "소속되어 있는 기관

(그 소속기관·소관단체 포함)과 그 기관에 속한 자의 모든 업무와 활동"이 자체감사의 대상임을 명확히 하는 의의가 있다. 따라서 관계법령에 의해 자체감사의 대상에 해당하는 기관이나 부서, 업무나 활동 등을 임의로 감사대상에서 배제할 수 없는 것이다.

따라서 자체감사는 감사기능의 본질에서 오는 내재적 한계(경영판단 사항 등) 외에는 원칙적으로 감사대상기관과 그 구성원의 모든 업무와 활동을 감사할 수 있다.

2. 중앙행정기관 자체감사의 대상과 범위

2.1. 감사대상

중앙행정기관 자체감사기구의 기능과 업무범위는 대부분 기관의 직제(대통령령)에 규정되어 있다.[2] 직제에 따르면 자체감사기구는 일반적으로 해당 기관·소속기관·산하단체에 대한 감사, 진정·비위 사항의 조사·처리 등 감사업무와 함께 공직자재산등록·심사, 부패방지시책 등 감사 및 부패방지 관련 업무를 수행한다.

예를 들면, 환경부 감사관은 「환경부와 그 소속기관 직제」(제5조의2)에 근거하고 있는데, 환경부와 그 소속기관 및 산하단체에 대한 감사, 진정 및 비위사항에 대한 조사·처리, 공무원 행동강령 운영 및 부패방지시책, 공직자 재산등록·심사 등의 사항에 관하여 장관을 보좌한다. 그리고 환경부 자체감사기구의 구체적인 감사대상 기관과 사무는 「환경부 자체감사 등에 관한 규정」(환경부 훈령)에 명시되어 있다.

규정에 따르면 감사대상기관은 「환경부와 그 소속기관 직제」에 따른 환경부 및 소속기관, 공공기관운영법에 따른 소관 공공기관(산하기관), 환경 행정에 관하여 장관의 지도·감독을 받는 지방자치단체 등이며, 필요한 경우 위탁·대행사무, 장관의 지도·감독을 받거나 보조금을 받는 단체 등에 대해서도 감사할 수 있다.

---

1) 공공감사법 제2조 제1호는 "자체감사"의 용어를 정의하고 있는 규정으로서, 이는 소속기관 및 소관 단체의 범위를 확정한다거나 특정 기관에 대한 감사 권한을 수여 또는 배제하는 규정이라고 볼 수 없다(감사원, 2014; 18).

2) 다만, 대검찰청 감찰부는 「검찰청 사무기구에 관한 규정」(시행령), 고위공직자범죄수사처 인권감찰관은 「고위공직자범죄수사처 직제」(수사처 규칙)에 근거하고 있다.

「환경부 자체감사 등에 관한 규정」(환경부 훈령)

제3조(감사대상기관 및 사무) ① 이 규정에 따른 감사의 대상기관은 다음 각 호와 같다.
1. 「환경부와 그 소속기관 직제」에 따른 환경부 및 그 소속기관
2. 「공공기관의 운영에 관한 법률」제4조에 따라 지정된 환경부 소관 공공기관(산하기관)
3. 환경 행정에 관하여 장관의 지도·감독을 받는 지방자치단체
② 장관은 필요하다고 인정되는 경우에는 제1항의 감사대상기관 외에 다음 각 호의 사무 또는 법인 및 단체에 대하여 감사를 실시할 수 있다.
1. 「국유재산법」에 따른 위탁사무
2. 「행정권한의 위임 및 위탁에 관한 규정」에 따른 위탁사무
3. 「국가를 당사자로 하는 계약에 관한 법률」에 따른 대행계약사무
4. 장관의 지도·감독을 받거나 보조금을 받는 법인 또는 단체

환경부 소속기관[3]은 국립환경과학원, 국립환경인재개발원, 지방환경청, 수도권대기환경청, 홍수통제소 등이 있다(「환경부와 그 소속기관 직제」제2조). 산하기관은 공공기관운영법에 따른 공공기관 중 환경부 소관 공공기관을 말하며, 수자원공사, 환경공단, 공원공단, 환경산업기술원 등 12개가 있다.

'환경행정에 관하여 장관의 지도를 받는 지방자치단체'에 대한 감사는 지방자치법(제185조)[4]에 따른 국가 위임사무에 대한 주무부장관으로서의 감사권한이다.

2.2. 감사범위

위와 같이 직제규정 등은 감사대상 기관과 사무를 정하고는 있지만 감사의 범위를 명시적으로 규정하고 있지 않다. 그러나, 공공감사법은 자체감사를 "그 기관에 속한 자의 모든 업무와 활동에 대하여 조사, 검증 등을 하는 것"으로 정의하고 있고,

---

3) 소속기관은 중앙행정기관에 소속된 기관으로서 특별지방행정기관과 부속기관을 말한다. 특별지방행정기관은 중앙행정기관에 소속되어 당해 관할구역내에서 시행되는 소속 중앙행정기관의 권한에 속하는 행정사무를 관장하는 국가의 지방행정기관이며, 부속기관은 행정권의 직접적 행사를 임무로 하는 기관에 부속하여 그 기관을 지원하는 행정기관을 말한다(「행정기관의 조직과 정원에 관한 통칙」제2조).
4) 지방자치법 제185조(국가사무나 시·도 사무 처리의 지도·감독) ① 지방자치단체나 그 장이 위임받아 처리하는 국가사무에 관하여 시·도에서는 주무부장관, 시·군 및 자치구에서는 1차로 시·도지사, 2차로 주무부장관의 지도·감독을 받는다.

감사기구 장의 임무를 감사 대상기관의 회계와 사무 및 그 소속 공무원이나 직원의 직무를 독립적으로 감사하는 것으로 규정하고 있으며(제12조), 감사결과 처리의 종류로 변상명령, 징계·문책, 시정, 주의, 개선, 권고, 고발 등을 규정하고(제23조), 공공감사법 시행령에 자체감사의 종류로 종합감사, 특정감사, 재무감사, 성과감사, 복무감사 등을 규정(제10조)하고 있는 점을 종합적으로 고려하면, 감사 대상기관과 그 기관에 속한 자의 모든 업무와 활동이 자체감사의 범위에 해당되는 것으로 해석된다.[5]

3. 지방자치단체 자체감사의 대상과 범위

3.1. 감사대상

지방자치단체 자체감사기구의 감사대상은 해당 자치단체의 조례나 규칙 등에 규정되어 있다. 예를 들면, 「서울특별시 감사위원회 구성 및 운영에 관한 조례」, 「경기도 감사규칙」, 「수원시 감사규칙」, 「가평군 자체감사 규칙」 등이다.

<표 3-3>은 서울특별시, 경기도, 수원시, 가평군 자체감사기구의 감사대상을 예시한 것이다. 이를 보면, 지방자치단체 자체감사기구의 감사대상이 서로 유사함을 알 수 있다.

지방자치단체 자체감사의 대상은 일차적으로 자치단체 본청과 소속기관이다. 소속기관은 직속기관, 사업소, 출장소를 포괄한다.[6] 예컨대 서울특별시의 직속기관은 서울시립대학교, 농업기술센터, 보건환경연구원 등 10개이며, 사업소는 도시기반시설본부, 상수도사업본부, 한강사업본부 등 22개이다.[7] 경기도에는 직속기관 7개, 사업소 11개, 출장소 1곳이 있다.

---

5) 복무감사는 기관에 속한 사람의 복무의무 위반, 비위사실, 근무실태 점검 등을 목적으로 하는 감사이다. 구성원의 분장사무나 직무를 대상으로 하는 것이기 때문에 직무와 전혀 관계없는 사항은 감사할 수 없다. 다만 직무 외의 행위라도 관계 법령과 복무규정에 따라 소속기관의 장이나 감독기관의 장의 복무감독에 해당하는 행위는 관련 규정의 범위 내에서 감사대상이 될 수 있다.

6) 지방자치단체의 행정기구와 정원기준 등에 관한 규정 제2조 4항에 따르면, "소속기관"이란 직속기관·사업소와 출장소를 말한다.

7) 「서울특별시 행정기구 설치 조례」

다음으로, 지방자치단체가 지방공기업법에 따라 설립한 지방공사와 지방공단, 지방출자출연법에 따른 출자·출연기관 등 지방 공공기관이다. 예컨대, 2022. 9. 30일 기준 서울특별시는 서울교통공사 등 공사 4개와 서울시설공단 등 공단 2개, 경기도는 경기주택도시공사 등 공사 4개를 두고 있다.[8] 그리고 지방자치단체로부터 보조금을 받는 기관이 감사대상이 된다.

표 3-3_ 지방자치단체 자체감사의 감사대상

	서울특별시	경기도	수원시	가평군
근거	「서울특별시 감사위원회 구성 및 운영에 관한 조례」 제16조	「경기도 감사규칙」 제3조	「수원시 감사규칙」 제3조	「가평군 자체감사 규칙」 제3조
감사대상	1. 본청·소속기관 2. 시금고, 시비 보조 단체·기관 3. 공사·공단, 출자· 출연 법인·단체 4. 자치구, 자치구 금고, 자치구비 보조 단체·기관 주)	1. 본청·소속기관 2. 지방공기업, 출자 ·출연 단체·기관 3. 도비 보조한 단체·기관 (보조사업만 해당) 4. 도내 시·군 본청, 직속기관· 사업소, 출장소, 구청, 읍·면·동	1. 본청, 직속기관, 사업소, 구청 및 동 2. 출자·출연한 단체·기관 3. 지방공기업 4. 시비 보조한 단체·기관 (보조사업만 해당)	1. 군 본청, 직속기관. 사업소, 읍· 면, 의회 사무과 2. 지방공기업 3. 출자·출연 단체·기관

주: 「지방자치법」 제185조 및 제187조부터 제190조까지의 규정에 따른 사항으로 한정.

한편, 서울특별시, 경기도와 같은 광역자치단체는 시·군 및 자치구를 감사할 수 있는데, 이때 감사범위는 지방자치법(제185조 및 제190조)에 따라 위임사무에 대하여는 포괄적인 감사가 가능하지만, 자치사무에 대해서는 법령 위반사항에 대해서만 감사할 수 있다.

---

[8] www.cleaneye.go.kr 참조

3.2. 감사범위

지방자치단체 자체감사기구의 감사 범위도 앞서 중앙행정기관 자체감사기구와 마찬가지로 특별한 사유가 없는 한 감사대상기관의 모든 업무와 활동이 포함된다.[9]

---

issue note 9: 지자체 자체감사기구가 지방의회 사무처를 감사할 수 있는지?

지방의회 사무처가 해당 자치단체 자체감사의 대상에 포함되는지 여부는 자치단체장이 자치단체의 사무집행 전반에 대한 통제권을 행사할 수 있다는 점과 지방의회가 집행부인 자치단체에 대한 견제를 실효적으로 수행해야 한다는 점 사이의 조화 문제이다.

2022년 12월 기준, 우리나라 17개 광역자치단체 중 의회 사무처를 조례나 규칙에서 감사대상에 포함시키고 있는 곳은 인천, 대전, 광주광역시와 강원도, 충청북도 등 11개 단체이며, 명시적 규정이 없는 곳은 서울특별시, 부산광역시 6개 단체이다. 2012년 지방자치법 소관 부처인 구 안전행정부에서는 "지방의회사무국에 대한 집행기관의 감사가능 여부"에 대하여 아래와 같이 회신한 바 있다.

- 우리나라 지방자치제도는 기관대립형 원리를 채택하면서도 지방자치법 제101조에 집행기관의 장을 지방자치단체의 대표권자로 규정하고 있어서, 자치단체장은 (중략) 지방자치단체를 대표하고 그 사무를 통할할 권한을 가지고 있으며, 지방의회에서 결정된 주요 정책을 효율적으로 수행하기 위하여 지방자치단체의 조직, 인사, 예산, 감사 등에 관한 사무를 관장하고 있다.

- 이러한 원칙하에서 자치단체장은 (중략) 원칙적으로 사무집행 전반에 관한 통제권을 가진다고 볼 수 있으며, 여기에는 지방의회의 회의운영 등 자율적인 운영사항을 제외한 예산·회계 등 행정집행에 관한 부분도 포함된다고 판단된다.

- 다만, 지방의회에 대한 감사는 상호 협의에 따라 실시하되 행정 수행의 적법성 확보를 위한 필요 최소한의 범위로 제한함이 적절할 것이며, 기관대립의 원리와 주민에 의해 선출되고 주민에게 책임을 진다는 점 등을 고려하여 의원 개인에 대한 감사는 불가할 것으로 사료되며, 의원에 대한 징계요구 및 처리권한은 의회에 있다고 할 것이다" (2012. 2. 1. 안전행정부 선거의회과)

---

9) 충청남도 감사위원회는 「충청남도 행정기구 및 정원 운영에 관한 조례」 제68조에 감사대상기관 및 그 기관에 속한 자의 '모든 업무와 활동 등'을 대상으로 한다고 명시하고 있다.

4. 공공기관 자체감사의 대상과 범위

공공기관 자체감사의 경우에도 중앙행정기관과 지방자치단체의 자체감사와 마찬가지로 공공감사법의 취지나 자체감사의 종류 등이 적용된다.

그리고 공공기관운영법은 공기업·준정부기관의 감사 또는 감사위원회에 대하여 기관의 업무와 회계를 감사하고, 그 결과를 이사회에 제출하거나 보고하도록 규정하고 있으며(공공기관운영법 제20조, 제32조), 감사대상이 되는 '업무와 회계'의 범위를 제한하는 규정은 없다.

이와 같은 공공감사법 및 공공기관운영법의 규정에 따르면 공기업·준정부기관의 자체감사기구도 중앙행정기관·지방자치단체의 자체감사기구와 같이 해당 기관과 기관에 속한 자의 모든 업무와 활동을 감사할 수 있는 것으로 해석된다.

한편, 공기업·준정부기관의 감사는 기관의 감사규정 등 사규에 근거하여 출자회사를 감사할 수 있다. 2022년 기준 자회사[10]가 존재하는 공기업·준정부기관 10곳 중 감사위원회가 아닌 감사가 설치된 3개 기관 모두 감사규정 등에 출자회사 감사의 근거를 명시하고 있다.[11]

그리고 「공기업·준정부기관의 감사 운영규정(기획재정부 규정)」(제33조)에 따르면 공기업·준정부기관의 감사위원회는 해당 기관의 업무와 회계에 대한 감사뿐만 아니라 그 기관이 재투자 또는 재출자한 기관의 업무와 재산상태를 조사할 수 있도록 규정하고 있다.[12]

---

10) 공공기관 자회사란 공공기관운영법에 근거한 공공기관 중 모기업에 해당하는 기관이 자회사인 기관의 지분을 50% 이상 소유하였거나, 모기관의 소유지분이 50% 미만이나 30% 이상의 지분을 소유하고 임원임면권 등 실질지배력을 가진 공공기관을 의미한다(기획재정부·한국조세재정연구원, 2022; 113)

11) 자회사를 보유한 준정부기관은 한국관광공사, 중소벤처기업진흥공단, 국민체육진흥공단 등 3곳인데, 각각 '감사직무규정', '감사직무규정', '감사규정'에 출자회사 감사의 근거가 있다.

12) 한국전력공사는 2023.1월 자회사인 한전FMS(주)와 한전CSC(주)에 대한 종합감사 결과를 공개하였는데, 중점 감사사항을 보면 자회사의 운영, 급여, 채용, 재무 등 기관 운영 전반을 포괄하고 있었다(한국전력공사 감사실, 2023).

「공기업·준정부기관의 감사 운영규정」 제33조(위원회의 직무와 권한)

① 위원회는 법 제20조제5항에 따라 업무와 회계에 대한 감사를 실시하고 그 결과를 이사회에 보고한다.

④ 위원회는 그 직무를 수행하기 위하여 필요한 때에는 재투자·재출자기관에 대하여 영업의 보고를 요구할 수 있다.

⑤ 위원회는 제4항의 경우에 지체없이 보고를 하지 아니할 때 또는 그 보고의 내용을 확인할 필요가 있는 때에는 해당 기관의 업무와 재산상태를 조사할 수 있다.

이러한 점들을 종합하면 공기업·준정부기관의 자체감사의 대상은 해당 기관과 출자회사, 재출자 또는 재투자회사를 포괄하고, 감사의 범위는 원칙적으로 감사 대상기관의 모든 업무와 활동이 포함된다.

issue note 10: 자체감사기구의 감사 대상에 소속 기관장의 직무가 포함되는지?

공공감사법(제2조 및 제12조)은 자체감사에 대해 그 소속되어 있는 기관 및 소관 단체와 그 기관에 속한 자의 "모든 업무와 활동 등"이 감사대상임을 명시하고, 자체감사기구의 장에 대해 "자체감사 대상기관의 회계와 사무 및 그 소속 공무원 등의 직무를 독립적으로 감사"하도록 규정하고 있다.

한편, 중앙행정기관 및 지방자치단체, 공공기관 등의 기관장은 그 기관을 대표하는 지위와 업무 집행자로서의 지위를 가진다. 기관의 대표자의 지위에서는 자체감사를 일반적으로 지휘·감독하지만, 업무 집행자 또는 집행 책임자의 지위에 있어서는 공공감사법에 따라 그 직무의 집행에 관하여 자체감사의 대상이 된다. 그리고 기관장은 자신의 직무가 자체감사의 대상이 되는 때에는 이해충돌방지법(제5조)[13]에 따라 그에 대한 자체감사업무를 지휘하거나 관여할 수 없고, 회피하여야 한다.

자체감사기구가 기관장의 하부조직이고 기관장을 보좌하는 기능을 수행하는 등으로 기관장의 직무에 대한 감사가 가능한지 의문을 가지는 경우가 있으나 기관의 예산을 개인용도(자녀 교육비, 자택 수리비 등)로 사용하는 등의 경우 감사의 대상이 되지 않을 이유가 없다.[14] 이는 자체감사기구가 감사결과를 이사회에 보고하는 공공기관은 물론 중앙행정기관이나 지방자치단체도 마찬가지이다.

다만, 정부 등 공공부문의 기관장은 기관을 대표하는 지위에 있고, 기관의 업무를 일반적으로 지휘·감독하는 역할을 하므로 기관장의 직무상 비위행위에 대한 감사는 감독기관이 하는 것이 자연스럽다. 그리고 자체감사기구가 감사를 하는 경우는 법령이나 사규 위반 등이 명확한 경우에 하는 것이 바람직하고, 일반적인 경영판단에 관하여는 감사를 할 수 없다. 그리고 기관장은 일반적으로 법령이나 사규에서 정한 징계규정이 적용되지 않으므로 비위행위에 대하여 형법에 따른 고발은 가능하지만, 징계요구를 할 수는 없다.

---

13) 이행충돌방지법 제5조(사적이해관계자의 신고 및 회피·기피 신청) ① 다음 각 호의 어느 하나에 해당하는 직무를 수행하는 공직자는 직무관련자(직무관련자의 대리인을 포함한다. 이하 이 조에서 같다)가 사적이해관계자임을 안 경우 안 날부터 14일 이내에 소속기관장에게 그 사실을 서면(전자문서를 포함한다. 이하 같다)으로 신고하고 회피를 신청하여야 한다.
  1. 인가·허가·면허·특허·승인·검사·검정·시험·인증·확인, 지정·등록, 등재·인정·증명, 신고·심사, 보호·감호, 보상 또는 이에 준하는 직무
  2. 행정지도·단속·감사·조사·감독에 관계되는 직무 ("이하 생략")
14) 실제로 기관장이 퇴임한 이후에 자체감사기구가 기관장이 수행했던 직무에 관하여 감사를 하는 사례가 종종 있다.

5. 일상감사의 대상과 범위

공공감사법은 주요 정책의 집행업무, 계약업무, 예산관리업무, 그 밖에 중앙행정기관 등의 장 또는 감사기구의 장이 필요하다고 인정하는 업무 등을 자체감사기구의 일상감사 대상으로 규정하고 있다(법 제10조 및 시행령 제13조).

주요 정책의 집행업무는 정부 역점과제와 관련된 정책이나 기관의 핵심 과제와 관련된 정책의 집행에 관한 업무를 말하며, 계약업무는 공사·용역·물품의 제조·구매, 자산의 매각·매입 등 기관에서 체결하는 계약과 관련된 업무를 말한다. 일상감사 대상이 되는 계약업무의 기준금액은 기관의 업무특성, 계약업무 건수, 감사기구의 업무부담 등을 종합적으로 고려하여 결정한다.

예산관리 업무는 예산의 이·전용, 지방채 발행, 업무추진비 등 경비 집행에 관한 사항 등이다. 그 밖에 예산·회계 관련 규정의 제·개정, 등도 대상이 될 수 있다.

구체적인 일상감사 기준은 각 기관의 훈령 등 내부규정으로 정하고 있다. <표 3-4>는 행정안전부와 경기도 자체감사기구의 일상감사의 대상을 예시한 것이다.

표 3-4_ 자체감사기구 일상감사 대상

	행정안전부	경기도
근거	행정안전부 일상감사 실지지침(훈령)	경기도 일상감사 규정
주요 정책 집행	재정인센티브 지원사업(10억 이상), 민간보조금(50억 이상), 국고보조사업(총사업비 200억 이상)	총사업비 30억 원 이상 소요 사업 민간자본보조금·민간위탁금 지원사업(1억 원 이상)
계약업무	종합공사(2억 이상), 전문공사(1억 원 이상). 용역(0.5억 원 이상), 물품의 제조·구매(0.5억 원 이상)	종합공사(5억 원 이상), 전문공사(3억 원 이상), 용역(2억 원 이상), 물품의 제조·구매(0.5억 원 이상)
예산관리 업무	1억 원 이상 일시차입금, 채무부담행위·민자사업, 예산 수반 행사 0.5억 원 이상의 위탁사업	예비비 집행, 지방채 발행, 금고의 선정 및 변경
기타		지방공기업, 출자·출연기관 등에 대한 1억 이상 신규 출연 등

자료: 행정안전부 일상감사 실시 지침, 경기도 일상감사 규정

6. 자체감사의 한계

감사원감사와 달리 자체감사의 감사대상이나 범위에 대하여는 법령에서 명시적으로 제한하는 규정이 없다. 자체감사는 본부나 본청 감사에서는 내부감사의 성격을 가지고 있으며, 소속기관 등에 대한 감사에서는 외부감사라는 이중적 성격을 가지고 있다.

외부감사의 경우 특별한 경우를 제외하면[15] 소속기관에 대한 지도·감독의 성격을 동반하기 때문에 그 권한의 범위 내에서 감사가 가능하다.

하지만 자체감사에 있어서도 감사기능의 본질에 기인하는 내재적 한계는 적용된다. 기관 운영의 기본방향 설정이나 중요 경영상의 판단 등 자체감사기구가 그 당부를 판단하는 것이 곤란하거나 부적절한 사항은 감사가 제한될 수 있다.

한편, 자체감사 운영현황을 보면 본부(청) 감사비율이 낮은데[16], 이는 자체감사기구가 내부감사보다는 기관간 상하 위계적 관계에서 상급기관의 자체감사기구가 하급기관을 외부감사하고, 하급기관의 자체감사기구가 다시 그 하급기관을 외부 감사하는 모습이 반영된 것으로 판단된다.[17]

---

15) 광역자치단체의 기초자치단체 자치사무에 대한 감사는 지방자치법에 따라 법령 위반사항으로 제한된다.
16) 자체감사기구의 2017년 본부(청)의 감사비율을 보면, 소속·산하기관이 상대적으로 많은 중앙행정기관(부), 광역자치단체, 교육자치단체는 낮고, 소속·산하기관이 상대적으로 적은 중앙행정기관(처,청), 기초자치단체는 높았다. 자세한 내용은 윤석준·김성연(2020; 28)을 참고하기 바란다.
17) 문호승(2017)은 이를 '계층적 감사제'라고 한다.

제 4 절

지방자치단체에 대한 감사

1. 지방자치단체의 사무와 감사체계

지방자치단체는 자치사무와 국가 등의 위임사무를 처리하고, 주민의 생활에 관한 종합 행정기능을 수행하고 있으며, 그에 대한 외부 감사체계는 감사원과 중앙행정기관, 상급자치단체의 감사로 중층적으로 편성되어 있다.

지방자치단체에 대한 감사를 논의할 때에는 내부감사와 외부감사라는 차원뿐만 아니라 사무의 성격, 즉 자치사무인지 위임사무인지를 구별할 필요가 있다. 왜냐하면 자치사무인지 위임사무인지에 따라 감사 주체와 범위가 달라지기 때문이다.

지방자치단체가 수행하는 사무는 지방자치법 제11조, 제115조, 제117조에 따라 자치사무, 단체위임사무, 기관위임사무로 구분된다.

자치사무는 지방자치단체의 고유한 업무로서 자기 책임으로 처리하는 사무를 의미한다. 단체위임사무는 국가나 다른 공공단체가 법령에 근거하여 지방자치단체에 구체적으로 위임한 사무를 말한다. 지방자치단체는 위임의 법리에 따라 자기의 이름과 책임으로 단체위임사무를 처리하는 것이므로 자치사무와 유사하다. 그러나 단체위임 사무에 대하여 지방자치단체가 갖는 권한은 법령에 의해 한정되며, 사무 처리에 있어서 국가 등의 지도와 감독을 받는다.

기관위임사무는 지방자치단체의 집행기관에 위임된 국가 등 다른 행정주체의 사무를 의미한다. 기관위임사무를 처리하는 지방자치단체의 기관은 당해 지방자치단체의 기관이 아니라 국가 등의 행정기관으로서의 지위를 갖게 된다. 해당 사무는 국가의 직접적인 행정에 속하게 된다(한부영·박재희, 2019; 95-26).

2. 지방자치단체에 대한 감사원감사의 범위

감사원법은 제22조와 제24조에서 지방자치단체의 회계와 사무, 소속 공무원의 직무를 감사원의 회계검사와 직무감찰의 대상으로 각각 규정하고 있다.

이와 같이 감사원법에서 감사원의 지방자치단체에 대한 감사의 범위를 포괄적으로 규정하고 있는데 따라 감사원은 지방자치단체의 회계와 사무에 대해 자치사무 및 국가위임사무 구분 없이 감사를 실시할 수 있으며, 합법성 감사부터 합목적성 감사에 이르기까지 포괄적으로 감사를 할 수 있다.[1]

지방자치에도 불구하고 지방자치단체에 대한 감사원의 감사가 포괄적으로 인정되는 근거는 헌법이 감사원을 독립된 외부 감사기관으로 정하고 있는 취지, 중앙정부와 지방자치단체는 서로 행정기능과 행정책임을 분담하면서 중앙행정의 효율성과 지방행정의 자주성을 조화시켜 국민과 주민의 복리증진이라는 공동목표를 추구하는 협력관계에 있다는 점, 국가재정지원에 상당 부분 의존하고 있는 지방재정의 현실, 독립성이나 전문성이 보장되지 않은 지방자치단체 자체감사의 한계 등이 반영된 것이다.

이에 관하여는 아래 <issue note 11>을 참고하기 바란다.

---

issue note 11: 지방자치단체 자치사무에 대한 감사원감사의 범위

감사원은 감사원법 제22조와 제24조에서 지방자치단체의 회계와 사무, 소속 공무원의 직무를 감사원의 회계검사와 직무감찰의 대상으로 각각 규정하고 있는데 따라 지방자치단체의 회계와 사무에 대하여 자치사무 및 국가위임사무 구분 없이 감사를 실시하고 있다. 한편, 헌법은 제8장에서 지방자치를 규정하고 있어, 지방자치권과 감사원감사의 관계가 문제가 될 수 있다.

이러한 쟁점에 대하여 일부 지방자치단체가 권한쟁의심판을 청구한 데 대하여 헌법재판소는 지방자치단체에 대한 감사원의 감사는 "합법성 감사와 합목적성 감사 등이 포괄적으로 가능"하다는 취지로 판단하고 청구를 기각(2008. 5. 29. 2005헌라3 전원재판부)하였다.

---

1) 헌법재판소 결정례(2008. 5. 29. 2005헌라3 전원재판부) 참조

1. 지방자치단체의 권한쟁의 청구

2005. 6. 20. 일부 지방자치단체는 감사원이 지방자치단체를 대상으로 실시한 감사가 자치사무에 대한 합목적성 감사까지 포함한 것으로 헌법 및 지방자치법에 의하여 부여된 지방자치권의 본질적 내용을 침해하였다고 주장하며 지방자치단체의 자치사무에 대한 감사원의 감사권의 존부 또는 범위 확인을 구하는 권한쟁의심판을 헌법재판소에 청구한 바 있다.

2. 심리의 쟁점 및 기각 결정

위 청구에 대하여 헌법재판소는 "가. 감사원이 지방자치단체에 대하여 자치사무의 합법성뿐만 아니라 합목적성에 대하여도 감사한 행위가 법률상 권한 없이 이루어진 것인지 여부, 나. 지방자치단체의 자치사무에 대한 합목적성 감사의 근거가 되는 감사원법 제24조 제1항 제2호 등 관련규정(이하 '이 사건 관련규정'이라 한다) 자체가 청구인들의 지방자치권의 본질을 침해하여 위헌인지 여부"를 심리하고, 지방자치단체에 대한 감사원의 감사는 "합법성 감사와 합목적성 감사 등이 포괄적으로 가능"하다는 취지로 판단하고 심판청구를 기각하는 결정을 하였다.

3. 결정 요지

가. 감사원법은 지방자치단체의 위임사무나 자치사무의 구별 없이 합법성 감사뿐만 아니라 합목적성 감사도 허용하고 있는 것으로 보이므로, 감사원의 지방자치단체에 대한 이 사건 감사는 법률상 권한 없이 이루어진 것은 아니다.

나. 헌법이 감사원을 독립된 외부 감사기관으로 정하고 있는 취지, 중앙정부와 지방자치단체는 서로 행정기능과 행정책임을 분담하면서 중앙행정의 효율성과 지방행정의 자주성을 조화시켜 국민과 주민의 복리증진이라는 공동목표를 추구하는 협력관계에 있다는 점을 고려하면 지방자치단체의 자치사무에 대한 합목적성 감사의 근거가 되는 이 사건 관련규정은 그 목적의 정당성과 합리성을 인정할 수 있다.

또한 감사원법에서 지방자치단체의 자치권을 존중할 수 있는 장치를 마련해두고 있는 점, 국가재정지원에 상당 부분 의존하고 있는 우리 지방재정의 현실, 독립성이나 전문성이 보장되지 않은 지방자치단체 자체감사의 한계 등으로 인한 외부감사의 필요성까지 감안하면, 이 사건 관련규정이 지방자치단체의 고유한 권한을 유명무실하게 할 정도로 지나친 제한을 함으로써 지방자치권의 본질적 내용을 침해하였다고는 볼 수 없다.

3. 지방자치단체에 대한 중앙행정기관 등의 감사 범위

3.1. 자치사무에 대한 감사

지방자치법(제190조)은 시·도지사와 행정안전부장관에게 지방자치단체의 자치사무에 관하여 보고를 받거나 서류·장부 또는 회계를 감사할 수 있도록 규정하고 있다. 하지만, 감사는 '법령 위반사항'에 대하여만 하고, "감사를 하기 전에 해당 사무의 처리가 법령에 위반되는지 확인"하도록 제한하고 있다. 이에 따라 지방자치단체의 자치사무에 대한 시·도지사와 행정안전부장관의 감사는 법령위반사항에 대하여만 가능하고 합목적성을 판단하는 감사는 할 수 없다.

그리고 법령위반사항에 대한 감사는 사전적·일반적인 포괄 감사권이 아니라 그 대상과 범위가 제한된 감사권한으로 감사에 착수하기 위해서는 자치사무에 관하여 특정한 법령위반행위가 확인되었거나 위법행위가 있었으리라는 합리적인 의심이 가능한 경우이어야 한다. 또한 그 감사대상을 특정해야 하며, 전반기 또는 후반기 감사와 같은 포괄적·사전적 일반감사나 위법사항을 특정하지 않고 개시하는 감사 또는 법령위반사항을 적발하기 위한 감사는 모두 허용되지 않는다.[2]

중앙행정기관의 지방자치단체 자치사무에 대한 감사 범위에 관하여는 207쪽의 <issue note 12>를 참조하기 바란다.

3.2. 위임사무에 대한 감사

반면 위임사무에 대한 감사는 지방자치법(제185조)에서 위임기관의 수임기관에 대한 지도·감독권을 명시하고 있는데 따라 위임기관의 지도·감독 차원에서 실시되고 있다. 이에 따라 위임사무에 대하여는 합법성 감사뿐만 아니라 경제성, 효율성 등을 점검하는 합목적성 감사도 할 수 있다. 국가위임사무에 대한 감사의 주체는 시·도의 경우 주무부장관, 시·군 및 자치구의 경우 일차적으로 시·도지사, 이차적으로 주무부장관 순이며, 시·도 위임사무에 대해서는 시·도지사가 감사한다.

---

2) 헌재 2009. 5. 28. 선고 2006헌라6 전원재판부 참조

> ### 지방자치단체의 위임사무에 대한 감사
>
> 지방자치법 제190조(지방자치단체의 자치사무에 대한 감사) ① 행정안전부장관이나 시·도지사는 지방자치단체의 자치사무에 관하여 보고를 받거나 서류·장부 또는 회계를 감사할 수 있다. 이 경우 감사는 법령 위반사항에 대해서만 한다.
>
> ② 행정안전부장관 또는 시·도지사는 제1항에 따라 감사를 하기 전에 해당 사무의 처리가 법령에 위반되는지 등을 확인하여야 한다.
>
> 제185조(국가사무나 시·도 사무 처리의 지도·감독) ① 지방자치단체나 그 장이 위임받아 처리하는 국가사무에 관하여 시·도에서는 주무부장관, 시·군 및 자치구에서는 1차로 시·도지사, 2차로 주무부장관의 지도·감독을 받는다.
>
> ② 시·군 및 자치구나 그 장이 위임받아 처리하는 시·도의 사무에 관하여는 시·도지사의 지도·감독을 받는다.

지방자치단체는 다수의 위임사무를 처리하기 때문에 다수의 주무부 장관들에 의한 감사가 있을 수 있다. 지방자치단체의 수감부담을 줄이고 감사의 효율성을 높이기 위하여 주무부 장관들의 위임사무 감사와 행정안전부 장관의 자치사무 감사는 같은 기간 동안 함께 실시될 수 있다(지방자치법 제191조). 이를 '정부합동감사'라 한다(「지방자치단체에 대한 행정감사 규정」 제2조).

issue note 12: 지방자치단체 자치사무에 대한 정부합동감사의 범위

행정안전부 등 중앙행정기관은 지방자치법에 따라 지방자치단체의 자치사무에 대한 감사를 실시하고 있다. 지방자치와 관련하여 지방자치단체의 자치사무에 대한 중앙행정기관의 감사 범위가 문제될 수 있다.

이러한 쟁점에 대하여 서울특별시가 권한쟁의심판을 청구한 데 대하여 헌법재판소는 지방자치단체 자치사무에 대한 정부합동감사는 "사전적·일반적인 포괄 감사권이 아니라 그 대상과 범위가 한정적인 제한된 감사권"이며, "감사에 착수하기 위해서는 자치사무에 관하여 특정한 법령위반행위가 확인되었거나 위법행위가 있었으리라는 합리적 의심이 가능한 경우이어야 하고, 위법사항을 특정하지 않고 개시하는 감사 또는 법령위반사항을 적발하기 위한 감사는 허용될 수 없다"는 취지로 결정(2009. 5. 28. 2006헌라6 전원재판부)하였다.

1 지방자치단체의 권한쟁의 청구

2006. 9.19 서울특별시는 '정부의 합동감사 대상으로 지정된 사무 중 일부가 자치사무인데, 그에 관한 법령위반 사실이 밝혀지지 아니하였고 법령위반 가능성에 대한 합리적인 의심조차 없는 상황에서 구(舊) 지방자치법 제158조[3] 단서에 위반하여 사전적·포괄적으로 이 사건 합동감사를 실시하는 것은 헌법과 지방자치법이 지방자치단체에 부여한 자치행정권, 자치재정권 등 지방자치권을 침해하였다'고 주장하며 헌법재판소에 권한쟁의심판을 청구하였다.

2. 심리의 쟁점 및 인용 결정

위 청구에 대하여, 헌법재판소는 "가. 중앙행정기관의 지방자치단체의 자치사무에 대한 감사를 법령위반사항으로 한정하는 구 지방자치법 제158조 단서 규정이 사전적·일반적인 포괄감사권인지 여부, 나. 구 지방자치법 제158조 단서 규정이 중앙행정기관의 지방자치단체의 자치사무에 대한 감사개시 요건을 규정한 것인지 여부, 다. 서울특별시의 거의 모든 자치사무를 감사대상으로 하고 구체적으로 어떠한 자치사무가 어떤 법령에 위반되는지 여부를 밝히지 아니한 채 개시한 행정안전부장관 등의 합동감사가 구 지방자치법 제158조 단서 규정상의 감사개시 요건을 전혀 충족하지 못하여 헌법 및 지방자치법에 의하여 부여된 지방자치권을 침해한 것인지 여부"에 대해 심리하고, 정부가 서울특별시의 자치사무에 대하여 실시한 정부합동감사는 헌법 및 지방자치법에 의하여 부여된 지방자치권을 침해한 것이라고 결정하였다.

3. 결정 요지

가. 지방자치제 실시를 유보하던 개정전 헌법 부칙 제10조를 삭제한 현행헌법 및 이에 따라 자치사무에 관한 감사규정은 존치하되 '위법성 감사'라는 단서를 추가하여 자치사무에 대한 감사를 축소한 구 지방자치법 제158조 신설경위, 자치사무에 관한 한 중앙행정기관과 지방자치단체의 관계가 상하의 감독관계에서 상호보완적 지도·지원의 관계로 변화된 지방자치법의 취지, 중앙행정기관의 감독권 발동은 지방자치단체의 구체적 법 위반을 전제로 하여 작동되도록 제한되어 있는 점, 그리고 국가감독권 행사로서 지방자치단체의 자치사무에 대한 감사원의 사전적·포괄적 합목적성 감사가 인정되므로 국가의 중복감사의 필요성이 없는 점 등을 종합하여 보면, 중앙행정기관의 지방자치단체의 자치사무에 대한 구 지방자치법 제158조 단서 규정의 감사권은 사전적·일반적인 포괄 감사권이 아니라 그 대상과 범위가 한정적인 제한된 감사권이라 해석함이 마땅하다.

나. 중앙행정기관이 구 지방자치법 제158조 단서 규정상의 감사에 착수하기 위해서는 자치사무에 관하여 특정한 법령위반행위가 확인되었거나 위법행위가 있었으리라는 합리적 의심이 가능한 경우이어야 하고, 또한 그 감사대상을 특정해야 한다. 따라서 전반기 또는 후반기 감사와 같은 포괄적·사전적 일반감사나 위법사항을 특정하지 않고 개시하는 감사 또는 법령위반사항을 적발하기 위한 감사는 모두 허용될 수 없다.

다. 행정안전부장관 등이 감사실시를 통보한 사무는 서울특별시의 거의 모든 자치사무를 감사대상으로 하고 있어 사실상 피감사대상이 특정되지 아니하였고 행정안전부장관 등은 합동감사 실시계획을 통보하면서 구체적으로 어떠한 자치사무가 어떤 법령에 위반되는지 여부를 밝히지 아니하였는바, 그렇다면 행정안전부 장관 등의 합동감사는 구 지방자치법 제158조 단서 규정상의 감사개시 요건을 전혀 충족하지 못하였으므로 헌법 및 지방자치법에 의하여 부여된 서울특별시의 지방자치권을 침해한 것이다.

---

3) 현 지방자치법 제190조 제1항, 2006년 헌법재판소 결정시에는 동조 제2항은 없었다.

감사 권한

제4장에서는

공공감사기구가 감사를 실시하고, 감사결과를 처리하는 데 필요한 권한에 대하여 살펴본다.

공공감사는 공공행정이 적정하게 수행되는지를 검증하고, 잘못된 부분을 바로잡아 행정의 책임성을 확보하는 기능을 한다.

공공감사가 이러한 기능을 수행하고 감사의 목적을 달성하기 위해서는 감사를 실효적으로 실시하고, 감사결과로 확인된 문제를 바로잡을 수 있는 권한이 필요하다.

개 관

1. 의의

공공감사는 공공부문의 활동에 대하여 비판적 관점에서 검증하고 위법·부당 사항을 바로잡는 활동이다. 감사활동의 결과에 따라 감사대상 기관은 부정적인 평가를 받거나 불이익한 제재 조치를 받기도 한다. 감사활동의 이러한 본질적인 속성으로 인해 감사를 받는 대상자는 감사에 대하여 저항하거나 기피하는 경향을 보인다.

이러한 상황에서 공공감사의 목적을 달성하기 위하여는 감사를 효과적으로 실시하고, 감사결과로 확인된 위법·부당한 사항을 바로잡을 수 있는 권한이 필요하다.

INTOSAI는 최고감사기구가 그 목적을 달성하기 위해 가져야 하는 권한으로 조사권한, 감사결과 집행권한, 감사결과 보고권한 등을 제시하고 있다(INTOSAI-P 1; section 10, 11, 16).

감사원법과 공공감사법 등 법령은 각각 감사원과 자체감사기구에 대하여 감사를 실시하고, 감사결과로 확인된 문제를 바로잡을 수 있도록 필요한 권한을 규정하고 있다. 법령에 규정된 감사권한은 감사실시 권한, 감사결과 처리 권한, 감사결과 보고 및 이행관리 권한으로 구분할 수 있다.

2. 감사실시 권한

감사실시에 관한 권한은 감사대상 업무의 적정 여부를 검증하기 위하여 감사에 필요한 자료에 접근하고 문제발생 원인을 규명하는 등 감사목적을 달성하는 데 필요한 조사 권한(power of investigation)을 말한다.

INTOSAI에 따르면, 최고감사기구가 본연의 역할을 수행하기 위해서는 감사와 관련된 모든 기록과 서류에 접근할 수 있어야 하고, 감사에 필요하다고 판단되는 경우 모든 정보를 요청할 수 있는 권한을 가져야 한다(INTOSAI-P 1, section 10.1). 이러한 제약 없는(unrestricted) 정보접근은 최고감사기구의 독립성을 확보하기 위한 요건 중 하나라고 제시하고 있다(INTOSAI-P 10, principle 4).

감사실시 권한은 권한행사의 상대방에 따라 감사대상 기관에 대한 권한, 감사와 관련되는 기관에 대한 권한, 감사대상 이외의 자에 대한 권한으로 구분할 수 있으며, 권한의 유형으로는 서면감사 및 실지감사 실시, 자료제출요구, 출석·답변요구, 봉인, 감사협조 요구 등이 있다.[1] 감사원법과 공공감사법에 규정된 감사원과 자체감사기구의 감사실시에 관한 권한을 종합하면 <표 4-1>과 같다.

표 4-1_ 공공감사의 감사실시 권한

구분	감사원감사 (감사원법)	자체감사 (공공감사법)
감사대상기관	• 서면감사, 실지 감사 • 출석·답변 요구 • 자료제출 요구 • 금융거래자료 제출 요구 • 봉인(금고, 장부 등)	• 실지감사, 일상감사 • 출석·답변 요구 • 자료제출 요구 • 전산시스템 자료조사 • 봉인(금고, 장부 등)
관계기관	• 협조, 지원, 인력파견요구 등	
감사대상 외의 자	• 협조 요구 • 자료제출 요구 • 출석·답변 요구 • 금융거래자료제출 요구	• 다른 중앙행정기관 등의 장에게 자료제출 요청 • 다른 자체감사기구에 협조 요청 • 감사원에 감사인력 지원 요청
벌칙	• 징역 또는 벌금 (감사대상자: 감사 및 자료제출 거부, 감사 방해) (감사대상 외의 자: 자료제출, 출석 답변 거부)	• 과태료 (감사대상자: 감사 및 자료제출 거부, 감사 방해)

---

1) 법률에 규정된 감사대상자 등에 대한 권한 이외에도 계약이나 협약 등의 내용에 따라 상대 업체나 기관에 자료제출요구 등이 가능할 수 있다.

3. 감사결과 처리에 관한 권한

공공감사의 목적은 위법·부당사항을 단순히 확인하는 데 그치는 것이 아니라, "시정조치, 책임추궁, 배상확보가 이루어질 수 있게 하고 문제발생을 예방하거나 문제발생 가능성을 최소화하는 것"(INTOSAI-P 1)이다.

따라서 감사결과가 적정하게 조치가 되지 않는 경우 감사목적이 달성될 수 없으므로 감사결과로 확인된 위법·부당사항을 바로잡을 수 있게 적정한 조치를 하는 것이 중요하다.

이에 따라 감사원법과 공공감사법은 감사원과 자체감사기구에 대하여 감사결과 처리에 필요한 권한을 부여하고 있다. 법령에 규정된 감사결과 처리에 권한을 종합하면 <표 4-2>와 같다.

표 4-2_ 감사결과 처리 권한

감사원감사(감사원법)	자체감사(공공감사법)
변상 판정 (법 제31조) 징계·문책 요구 (법 제32조) 시정 요구 (법 제33조) 주의 요구 (법 제33조) 개선 요구 (법 제34조) 권고·통보 (법 제34조의2) 고발 (법 제35조)	변상명령, 징계·문책, 시정, 주의, 개선, 권고, 고발 등의 처분 요구 또는 조치사항 (법 제23조)

한편, 감사대상업무가 위법·부당하게 처리된 경우 그로 인해 발생되는 문제는 두 각도에서 볼 수 있다. 하나는 업무를 위법·부당하게 처리한 '행위'이며, 다른 하나는 위법·부당한 행위로 인해 발생된 '결과'이다. 따라서 감사를 통해 위법·부당사항이 확인되면 그에 대한 조치는 ① 업무를 위법·부당하게 처리한 행위에 대해 제재하는 조치와 ② 발생된 결과를 바로잡을 수 있는 조치가 필요하다.

이와 같이 감사결과에 따른 조치는 위법·부당한 행위를 제재하는 조치인 '문책성 조치'와 부당한 결과를 바로잡는 '시정성 조치'로 구분할 수 있다. 문책성 조치는 변상판정이나 징계·문책요구, 주의요구, 통보(인사자료), 고발 등이 있고, 시정성 조치는 시정요구, 개선요구, 권고·통보 등이 있다.

표 4-3_ 감사결과 조치의 구분 및 종류

구분	개념	조치 종류
문책성 조치	위법·부당 행위를 한 관련자를 제재하는 조치	변상판정(명령)[2], 징계·문책 요구, 주의 요구, 통보, 고발 등 형사 조치
시정성 조치	위법·부당 행위로 발생한 결과를 바로잡거나 정당한 상태를 실현하는 조치	시정요구, 개선요구, 권고·통보

4. 감사결과 보고·공개 및 이행관리 권한

감사의 목적은 최종적으로 감사대상기관 등이 감사결과 조치에 따라 위법·부당 사항을 바로잡는 조치를 실행함으로써 달성된다. 하지만, 감사결과 조치는 일반적으로 감사대상자에 대해 불이익한 제재를 하거나 기존의 업무처리를 수정, 변경하도록 하는 것이므로 감사대상기관 등은 감사결과에 따른 조치를 하는 데 있어 소극적인 경향을 보인다.

감사결과가 적정하게 조치되었다고 하더라도 감사 대상기관이 이를 이행하지 않거나, 형식적이거나 편법적으로 이행한다면 감사의 목적은 달성되지 못하게 된다. 따라서 감사결과에 따른 조치가 적정하게 이루어질 수 있도록 국회 등에 보고하거나 국민에게 공개하며, 감사결과 조치에 대한 이행관리가 필요하다.

---

2) 변상판정은 회계관계직원이 고의 또는 중대한 과실로 법령 등에 위반하여 국가 등의 재산에 손해를 끼친 경우 회계관계직원에 대하여 손해의 전부 또는 일부를 변상하도록 하는 조치이다. 변상판정은 발생된 손해를 회계관계직원의 변상으로 보전하는 점에서 시정성 조치의 성격이 있다. 한편, 회계관계직원의 위법한 행위로 손해가 발생한 데 대해 회계관계직원에게 금전적으로 변상을 하도록 불이익한 제재를 하는 점에서 문책성 조치의 성격이 있다.

최근 들어 변상금액의 감면이 일반화되어 실제 변상금액은 손해의 일부에 불과하여 변상판정이 위법하게 발생된 결과를 실질적으로 회복하지 못하고 있는 점, 변상판정을 하는 경우 징계요구 등 다른 문책성 조치는 경감하는 경향이 있는 점 등을 감안하면 변상판정은 회계관계직원의 위법한 행위에 대해 금전적인 불이익을 주는 문책성 조치의 성격이 더 강한 것으로 판단된다.

INTOSAI는 감사원이 독립성을 확보하면서 감사결과의 실효성을 확보하는 일반적인 방법으로 감사결과의 보고, 공개, 이행관리(follow-up) 등을 제시하고 있다(INTOSAI-P 10, principle 6, 7).

감사결과의 보고, 공개, 이행관리에 관한 INTOSAI 기준

(INTOSAI-P 1. The Lima Declaration)

V. Reporting

Section 16. Reporting to Parliament and to the public

1) The Supreme Audit Institutions shall be empowered and required by the Constitution to report its findings annually and independently to Parliament and any other responsible public body; this report shall be published. This will ensure extensive distributions and discussion, and enhance opportunities for enforcing the findings of the SAI.

2) The SAI shall be also be empowered to report in particularly important and significant findings during the year.

(INTOSAI-P 10. Mexico Declaration on SAI Independence)

Principle 6 The right and obligation to report on their work

Principle 7 The existence of effective follow-up mechanisms on SAI recommendation

---

감사원법과 공공감사법은 각각 감사원과 자체감사기구의 감사대상기관에 대하여 감사결과에 따른 처분요구 등을 이행하도록 의무를 부여하거나 이행결과를 회보하도록 규정하고 있다. 그리고 감사원법과 감사원규칙은 감사원의 감사결과에 대한 국회·대통령 보고와 공개 등을 규정하고 있다.

제 2 절

감사원의 감사 권한

1. 개관

감사원의 감사 권한은 감사원법 제2장(감사권한)의 제4절(감사방법)과 제5절(통보와 협력), 제6절(감사결과의 처리)에서 감사를 실시하는 데 필요한 권한과 감사결과 조치에 관한 권한 등을 규정하고 있다.

감사원법은 감사실시에 관한 권한으로서 실지감사와 서면감사를 할 수 있도록 하고, 감사에 필요하면 관계자에 대한 출석 · 답변요구나 자료제출요구 등을 할 수 있도록 규정하고 있다.

그리고, 감사결과 처리에 관한 권한으로 위법 · 부당사항의 내용에 따라 변상판정이나 처분요구(징계 · 시정 · 주의 · 개선), 권고 · 통보 등의 조치를 할 수 있도록 규정하고 있다.

그리고 감사원은 중요 감사결과 등을 국회 또는 대통령에게 보고하여 감사결과에 따른 문제가 개선되도록 유도할 수 있고, 감사결과 조치사항의 이행관리를 통해 감사의 실효성을 확보할 수 있다.

2. 서면감사와 실지감사

감사원은 감사에 필요한 경우 감사대상기관이 주기적으로 제출하는 서류에 의하여 상시 서면감사를 할 수 있고, 직원을 현지에 파견하여 실지감사(實地監査)를 할 수 있다(감사원법 제26조).

감사원은 감사대상기관이 제출하는 계산증명에 의한 결산의 확인 등을 위해 서면감사를 하고 있으며, 주요 감사활동은 대부분 실지감사의 방법으로 하고 있다.

뒤에서 다루는 감사 권한은 주로 실지감사와 관련하여 적용되는 내용이므로 여기서는 감사원의 서면감사에 관한 내용을 살펴본다.

2.1. 서면감사의 의의

서면감사란 법령, 규칙 등에 따라 감사 대상기관이 제출하는 서류(계산서·증거서류·조서 및 그 밖의 자료)에 근거하여 그 회계처리의 적정 여부 등을 감사하는 것을 말한다.

서면감사를 통해 감사대상기관의 회계사무 처리에 관한 상시적인 점검이 가능하고, 비위 예방효과를 거둘 수 있다.

2.2. 계산증명

계산증명이란 감사원감사를 받은 기관의 회계사무 집행자가 회계사무가 정확하고 적법하게 처리되었다는 것을 증명하기 위해, 「계산증명규칙」(감사원규칙)이 정하는 바에 따라 계산서와 그 기초가 되는 증거서류 등을 감사원에 제출하는 행위를 말한다.

증명책임자는 계산증명을 해야 하는 자로서 계산증명규칙에 의하여 계산서, 증거서류, 첨부서류 등을 감사원에 제출할 의무를 지는 자를 말한다. 국가 세입의 경우 수입징수관, 세출의 경우 지출관이 각각 증명책임자로 규정되어 있다.

계산증명서류는 계산증명규칙으로 감사원에 제출해야 하는 서류들을 총칭한다. 계산서는 기간별로 회계사무 집행실적을 계수로 집계한 서류로서 국가세입은 '세입징수액계산서', 세출은 '지출계산서', 현금은 '출납계산서'라 불린다. 증거서류는 계산서의 내용을 증명하는 서류로서, 수입징수액계산서의 증거서류는 징수결정에 관한 결의서, 계약서 및 부속서류 등이다.

감사원은 2021년 9,156개 기관의 계산증명책임자 4만 4,473명으로부터 26종의 계산서 33만 7,456책을 온라인이나 서면 등으로 제출받았다(감사원, 2022a; 28).[1]

---

1) 계산증명규칙 제12조의2에 따라 증거서류는 해당 회계관서에서 원본을 보관하며, 증거서류의 제출은 생략하며 감사원장의 요구가 있을 때 원본을 제출하여야 한다.

2.3. 계산증명에 대한 서면감사

서면감사는 계산증명서류에서 계수의 적정성을 검산하는 데서 출발한다. 지출계산서의 금액과 영수금액의 일치 여부, 계산서 각 란의 합계금액이 한국은행의 월계대사표 또는 금융기관의 잔액증명서 금액과 일치하는지 여부 등이 주요 검사항목이다.

검산결과 적정하지 않은 사항이 발견될 경우 증명책임자로부터 소명을 받고 계산서를 다시 제출받는 등 정정한다. 서면감사 결과 의심사항 등에 대하여는 필요한 경우 실지감사를 실시할 수 있다.[2]

계산증명에 대한 감사의 최종단계는 국가 세입세출의 결산액 확인에 있다. 이는 정부가 제출한 국가세입세출 결산액과 각 기관의 회계증명책임자가 제출한 계산서를 검사하여 나온 결산액(계산증명액)과의 일치 여부 등을 확인하는 것이다. 그 결과는 헌법 제99조에 따라 작성되는 '결산검사보고서'에 수록된다.

2.4. 기타 서면감사

감사원감사를 받는 기관의 장은 직무에 관한 범죄사실이 발견되었을 때나 징계처분이 있을 때, 현금·물품·유가증권이나 그 밖의 재산을 망실 또는 훼손한 사실이 발견된 때에는 지체없이 소속 장관이나 감독기관의 장을 거쳐 감사원에 통보하여야 한다(감사원법 제29조).

그리고 각 중앙관서의 장은 「국가계약법 시행령」(제23조, 제26조)에 따라 지명경쟁 계약이나 수의계약을 체결하는 경우, 국유재산법(제54조, 제70조)에 따라 일반재산을 교환하거나, 소관 국유재산이 멸실되거나 철거된 경우 감사원에 통보하여야 한다.

감사원은 2021년에 범죄 및 징계통보 2,077건, 망실 등 통보 39건, 계약체결통보 등 377건을 제출받아 서면감사를 하는 한편, 감사자료로 활용하고 있다(감사원, 2022a; 28).

---

2) 「계산증명서류의 검산결과 불부합사항확인 감사실시 및 처리요령」(감사원 예규)

3. 감사실시 권한

감사원은 감사에 필요하면 감사대상기관이나 관련기관 및 관련자 등에 대하여 자료제출 요구나 출석·답변 요구, 봉인 등의 조치를 할 수 있으며, 회계검사와 금융기관 감사에 필요할 경우 금융거래정보 제출을 요구할 수 있다.

3.1. 자료제출 요구

3.1.1. 감사대상기관에 대한 자료제출 요구

3.1.1.1. 의의

감사를 실시하는 과정에서 감사대상 업무의 위법·부당 여부를 검증하고 확인하는 일은 대부분 감사대상기관 등이 제출한 자료의 검토를 통해 이루어진다. 감사대상기관에 대해 자료제출을 요구할 수 있는 권한은 감사를 실시하는 데 있어 가장 기본적이며 핵심적인 권한이라고 할 수 있다.

3.1.1.2. 근거 및 벌칙

감사원법은 감사에 필요한 경우 감사원은 감사대상기관에 증명서, 변명서, 그 밖의 관계문서 및 장부, 물품 등의 제출을 요구할 수 있도록 규정하고 있다(감사원법 제27조 제1항). 감사대상기관 등이 자료제출요구에 대하여 거부, 회피, 지연하는 등으로 자료접근이 제한되는 경우 감사목적 달성에 심각한 저해요인이 된다. 이에 따라 감사원법은 정당한 사유없이 감사를 거부하거나 자료제출을 게을리한 공무원 등에 대에 징계·문책 요구를 할 수 있도록 하는 한편, 감사를 거부하거나 자료제출 요구를 따르지 않는 사람에 대한 벌칙(징역이나 벌금)을 규정하여 감사실시의 실효성을 확보할 수 있도록 하고 있다(법 제51조).

3.1.1.3. 방법

자료제출요구는 '자료제출요구서'를 통한 서면요구가 원칙이다. 다만, 긴급하거나 감사대상기관에서 감사업무를 수행하고 있는 등의 경우에는 구두로 요구할 수 있다.

그러나 구두로 자료제출을 요구하는 경우라도 요구를 받은 사람이 요청하는 경우에는 자료제출요구서를 발부하여야 한다(「감사원 감사사무 처리규칙」 제21조).

'자료제출요구서'는 제출할 사람의 성명, 제출자료, 제출기한 등을 기재하여 발부한다. 자료제출요구를 받은 기관은 자료제출 일시를 감사원에 통지하고, 정해진 제출일시에 자료를 제출하여야 한다. 자료제출이 어려운 경우 지체없이 그 사유와 가능한 제출일자를 감사원에 통지하여야 한다(규칙 제21조).

3.1.2. 감사대상기관 이외의 자에 대한 자료제출 요구

3.1.2.1. 의의

감사대상 업무의 위법·부당 여부의 확인은 일차적으로 감사대상 기관의 관련 자료 검토를 통해 이루어진다. 하지만 많은 경우 이러한 검토만으로는 부족하며, 위법·부당 여부에 대한 완전한 검증을 위해서는 여러 단계의 확인 작업과 감사대상 업무와 관련되는 기관이나 사람(업무협조기관, 민원인, 계약상대방 등)에 대한 조사 또는 이들이 보유하고 있는 자료에 대한 접근이 필요하다. 특히 감사실무에 있어서는 관련기관이 보유하고 있는 자료를 통해 감사대상업무의 위법·부당 여부를 확인하는 대사(對査, data matching) 방법이 많이 사용되는데 이를 위해서는 감사대상기관 외의 관련기관에 대한 자료제출 요구가 필요하다.

3.1.2.2. 근거 및 벌칙

이러한 이유로 인해 감사원법은 감사에 필요한 경우 감사원은 감사대상기관 외의 기관이나 사람3)에 대하여 자료제출을 요구할 수 있도록 규정하고 있다. 다만, 이러한 요구는 감사에 필요한 최소한도에 그쳐야 하며, 요구를 받은 사람은 정당한 사유가 없으면 그 요구에 따라야 한다(법 제50조).

감사대상기관 외의 자라 할지라도 자료제출요구를 받고 정당한 사유없이 이에 따르지 아니할 경우 벌칙(징역이나 벌금) 규정이 적용된다(법 제51조).

---

3) 감사대상 기관 외의 자는 주로 업무 유관기관 및 소속 공무원(협조기관, 감독기관, 유권해석 기관 등), 업무 상대방(계약업체, 납세자, 민원인, 인허가 업체 등), 관련 자료 보유기관(국세청, 건강보험공단 등)을 의미한다.

3.1.2.3. 방법

감사대상기관 외의 자에 대해 자료제출 등의 협조를 요구할 때에는 협조할 내용, 이유 등을 기재한 '협조요구서'를 발부하여야 한다. 다만 긴급한 경우에는 구두로 요구할 수 있다.[4] 그러나 구두로 자료제출을 요구하는 경우에도 요구를 받은 관계자가 요청하는 경우에는 자료제출요구서를 발부하여야 한다(규칙 제31조).

3.1.2.4. 자료제출 방법

감사원에 자료를 제출할 때는 해당 자료의 원본이나 관계책임자의 서명날인 등으로 확인한 사본을 제출한다. 자료를 전자문서로 제출하는 경우 전자문서에 전자정부법(제2조 제9호)에 따른 행정전자서명이나 전자서명법(제2조 제2호)에 따른 전자서명을 하여야 한다(규칙 제22조).

3.1.3. 공개가 제한되는 자료에 대한 제출요구(자료제출요구권의 법적 성격)

행정기관이 보유하고 있는 자료 가운데는 관련법령에서 자료의 공개를 금지하거나 제한하는 경우가 있다. 군사기밀보호법에 규정된 군사기밀사항, 개인정보보호법에 규정된 개인정보 등이 대표적이고, 그 외에도 개별법령에서 특정 자료의 공개 또는 공개방법을 제한하는 경우가 있다. 이와 같이 법률에서 공개를 제한하는 자료에 대하여 감사원이 자료제출요구를 할 수 있는지에 관하여 살펴본다.

감사원의 자료제출요구권은 헌법이 부여한 감사권한에서 유래하는 권한으로 일반적으로 자료의 공개를 제한하는 법령에 대하여 특별법적 지위를 가진다.

따라서 개별 법률에 감사원의 자료제출요구에 대한 예외가 특별히 규정(이 경우 해당 법률이 감사원법에 대해 특별법이 된다. 예컨대 국가정보원법 제17조는 "국가안보에 중대한 영향을 미치는 사항으로 국가정보원장이 소명한 사항"은 감사원의 자료제출요구에 대하여 거부할 수 있는 예외를 규정하고 있다) 되어 있지 않는 한 감사원의 자료제출요구에 대해 거부할 수 없다.[5]

---

4) 감사에 착수한 이후 감사대상 기관에 출장하여 감사업무를 수행하거나, 서면요구서 발부에 소요되는 시간으로 인해 협조 요구 등의 목적달성에 지장을 초래할 것으로 예상되는 경우에는 구두로 요구할 수 있다(「감사사무 처리 등에 관한 규정」 제36조)

그리고, 개별법률에서 자료의 일반적인 공개를 금지, 제한하면서도 감사원의 감사에 필요한 경우 명문으로 예외를 규정(예, 개인정보보호법)하기도 한다.

감사원의 자료제출요구와 관련되는 쟁점과 법령해석 사례들을 살펴본다.

3.1.3.1. 국가기밀사항에 대한 자료제출요구

국가기밀로 지정된 자료라 하더라도 감사원의 자료제출 요구를 거부할 수 없다. 다만 감사원법(제24조 제4항)에 규정된 '국무총리 또는 국방부장관이 소명한 국가기밀 또는 군기밀사항 등'과 국가정보원법(제17조)에 규정된 '국가정보원장이 소명한 국가안보에 중대한 영향을 미치는 국가기밀사항'은 예외이다.

3.1.3.2. 개인정보에 대한 자료제출요구

개인정보는 살아있는 개인에 관한 정보로서 성명, 주민등록번호, 영상 등을 통하여 개인을 알아볼 수 있는 정보(개인식별정보), 해당 정보만으로는 특정 개인을 알아볼 수 없더라도 다른 정보와 쉽게 결합하여 알아볼 수 있는 정보(결합정보) 등을 말한다(개인정보보호법 제2조).

개인정보보호법은 개인정보를 처리하는 공공기관 등은 개인정보의 처리 목적을 명확하게 하고 그 목적에 필요한 범위에서 최소한의 개인정보만을 수집하고, 그 목적 외의 용도로 활용할 수 없도록 규정하는 한편, (법 제3조) "다른 법률에 특별한 규정이 있는 경우" 등은 예외적으로 개인정보를 목적 외의 용도로 이용하거나 제3자에게 제공할 수 있도록 규정하고 있다(법 제18조 제2항 제2호).

개인정보보호법 제18조(개인정보의 목적 외 이용·제공 제한)
② 제1항에도 불구하고 개인정보처리자는 다음 각 호의 어느 하나에 해당하는 경우에는 정보주체 또는 제3자의 이익을 부당하게 침해할 우려가 있을 때를 제외하고는 개인정보를 목적 외의 용도로 이용하거나 이를 제3자에게 제공할 수 있다.
1. 정보주체로부터 별도의 동의를 받은 경우
2. 다른 법률에 특별한 규정이 있는 경우

---

5) 법제처 법령해석(11-0403, 2011. 10. 7) 참조

한편, 감사원법(제27조 제1항)은 감사원에 대해 감사에 필요하면 자료제출 등을 요구할 수 있도록 규정하고 있으며, 자료제출요구는 "개인의 신상이나 사생활에 관한 정보 또는 자료" 등 개인정보에 대하여도 할 수 있음을 전제하고 있다(법 제27조 제5항).

위와 같은 감사원법에 따라 감사원이 개인정보에 대한 자료제출요구를 하는 경우 개인정보보호법 제18조 제2항의 "다른 법률에 특별한 규정이 있는 경우"에 해당[6]되어 개인정보를 보유하고 있는 기관은 감사원의 자료제출요구에 대하여 거부할 수 없다.

다만, 개인정보는 기본적으로 '개인정보보호법'에 따라 보호되고, 환자기록의 경우 '의료법', 과세자료의 경우 '국세기본법' 등 개별법에 의해서도 보호되고 있다. 따라서 감사원은 감사대상기관 등에 개인정보에 관한 자료를 요구할 때는 감사목적을 달성할 수 있는 범위 내에서 최소한의 자료를 요구하는 것이 바람직하다. 그리고 제출받은 개인의 신상이나 사생활에 관한 정보 또는 자료는 본인 또는 자료를 제출한 기관의 장의 동의가 있는 경우를 제외하고는 해당 감사 목적 외의 용도로 이용하지 못한다(감사원법 제27조 5항).[7]

3.1.3.3. 공개방법 등이 제한되는 자료의 제출요구

국토계획법은 도시계획위원회의 회의록에 대한 공개의 시기와 방법(열람의 방법으로 공개) 등을 제한하고 있는데 이와 같이 개별 법률에서 특정한 자료의 공개에 대하여 그 방법 등을 제한하는 경우가 있다. 이러한 경우에도, 해당 법률에서 특별히 감사원의 자료제출 대상에서 제외되는 예외를 규정하고 있지 않는 한 감사원의 자료제출요구에 대하여 거부할 수 없다.

---

6) 법제처 법령해석(09-0031) 참조. 개인정보보호위원회(2020)의 '개인정보보호 법령 및 지침·고시 해설'에도 감사원법 제27조에 따른 자료요구를 "다른 법률에 특별한 규정이 있는 경우"의 예시로 들고 있다

7) 감사원은 개인정보 보호 등을 위해 전자정보처리조직으로부터 개인정보를 제출받아 수집하였을 경우에는 개인정보파일로 등록하여 관리하고, 일시적으로 개인정보를 수집하였을 경우에는 '개인정보 수집 및 파기 대장'에 기록하고 정한 파기 이전까지 '감사부속서류 정리보고서'에 편철하고, 개인정보가 불필요하게 되었을 때에는 5일 이내에 파기하고 '개인정보 수집 및 파기 대장'에 기록하도록 하고 있다(「감사원 개인정보 보호 지침」 제6조, 제11조).

1. 감사원 요구 시 도시계획위원회 회의록을 서면이나 파일로 제출하여야 하는지 여부 (법제처 법령해석 11-0403, 2011. 10. 7)

[질의요지] 감사원법 제27조 및 제30조에 따라 감사원이 도시계획위원회의 회의록을 서면이나 파일로 제출하도록 요구하는 경우 서면이나 파일로 제출하여야 하는지, 아니면 '국토의 계획 및 이용에 관한 법률(국토계획법)' 제113조의2 및 같은 법 시행령 제113조의3에 따라 열람의 방법으로 공개하여야 하는가?

[회답] 감사원법 제27조 및 제30조에 따라 감사원이 도시계획위원회의 회의록을 서면이나 파일로 제출하도록 요구하는 경우에는 서면이나 파일로 제출하여야 할 것입니다.

[이유] (전략) … 국토계획법에서 도시계획위원회의 회의록 공개시기와 방법에 제한을 두고 있다 하더라도, 국토계획법에서 도시계획위원회 회의록은 감사원 자료제출 대상에서 제외된다는 특례규정을 두고 있거나, 감사원법 제24조 제4항에 따른 국무총리로부터 국가기밀에 속한다는 소명이 있는 사항 또는 국방부 장관으로부터 군기밀이거나 작전상 지장이 있다는 소명이 있는 사항이 아닌 한, 헌법과 법률이 감사원에 부여한 감사기능에 비추어 볼 때, 국토계획법 제113조의2 및 같은 법 시행령 제113조의3에서 회의록은 열람의 방법으로 공개하여야 한다고 규정하였다는 이유만으로 감사원의 서면이나 파일 제출요구를 거부할 수는 없습니다.

아울러 도시계획위원회의 회의록을 열람의 방법이 아닌 서면이나 파일로 제출하는 경우 위원의 소신 있는 의견제시가 불가능하여 심도 있는 회의 진행이 어렵게 된다는 주장도 있을 수 있으나, 감사원법 제27조 제5항에서 감사원은 감사를 위하여 제출받은 개인의 신상이나 사생활에 관한 정보 또는 자료를 해당 감사 목적 외의 용도로 이용하여서는 아니 된다고 명시적으로 규정하고 있고, '감사원 사무처리규칙' 제18조 제1항은 감사원이 「감사원법」 제30조에 따라 협조를 요구할 때에서는 협조의 내용과 이유를 명백히 한 협조요구서로 하도록 규정하고 있는 점에 비추어 볼 때, 감사원에 도시계획위원회의 회의록을 서면이나 파일로 제출한다고 하더라도 위원회의 심의에 영향을 미친다고는 볼 수는 없습니다.

따라서, 감사원법 제27조 및 제30조에 따라 감사원이 도시계획위원회의 회의록을 서면이나 파일로 제출하도록 요구하는 경우에는 서면이나 파일로 제출하여야 할 것입니다.

2. 다른 기관을 감사하는 과정에서 국민건강보험공단에 개인정보 자료제출 요구를 할 수 있는지 여부 (법제처 법령해석 09-0031)

[질의 요지] 감사원이 국민건강보험공단에 대한 감사가 아닌 다른 감사의 목적으로 「감사원법」 제27조 또는 제30조를 근거로 하여 국민건강보험공단이 보유하고 있는 개인진료 내역자료를 요청하여 제공받는 것이 구(舊) 「공공기관의 개인정보보호에 관한 법률」 제10조 제1항[8])에 따라 "다른 법률에 따라 보유기관 외의 자에 대하여 이용하게 하거나 제공하는 경우"에 해당하는지?

[법령 해석] "감사원법 제27조 제1항에서는 "감사상 필요한 때"에 자료제출 등을 요구할 수 있도록 하고 있는데, 이는 반드시 해당 감사를 받는 직접적 감사대상 기관에 대하여만 할 수 있는 것으로 한정할 수는 없으며, 따라서 특정한 감사와 직접 관련이 있는 기관이 아닌 국민건강보험공단에 대하여도 "감사상 필요한 때"에는 자료제출을 요구할 수 있는 근거 규정으로 볼 수 있고, 같은 법 제27조 제5항의 경우 감사를 위하여 제출받은 "개인의 신상이나 사생활에 관한 정보 또는 자료"라고 규정하여 개인정보에 대하여도 자료제출을 요구할 수 있음을 전제로 하고 있으므로, 감사원이 같은 법 제27조를 근거로 하여 다른 감사업무를 수행하기 위하여 국민건강보험공단에 개인정보 자료를 요청하여 제공받는 것은 '공공기관의 개인정보보호에 관한 법률' 제10조 제1항에 따라 "다른 법률에 따라 보유기관 외의 자에 대하여 이용하게 하거나 제공하는 경우"에 해당하는 것으로 보아야 할 것입니다.

또한 같은 법 제50조에서는 "이 법에 의한 감사대상 기관 외의 자", 즉 사인이나 사기업과 같은 공공기관 외의 자에 대하여도 자료제출을 요구할 수 있으며, 해당 요구를 받은 자는 정당한 사유가 없는 한 그 요구에 응하도록 하고 있는 점에 비추어 볼 때, 이 사안의 경우 국민건강보험공단에 대한 직접적인 감사의 목적이 아니더라도 감사원은 국민건강보험공단이 보유하고 있는 자료를 요구할 수 있는 것으로 보아야 할 것입니다."

---

8) 「공공기관의 개인정보보호에 관한 법률」 제10조(처리정보의 이용 및 제공의 제한) ① 보유기관의 장은 다른 법률에 따라 보유기관 내부 또는 보유기관 외의 자에 대하여 이용하게 하거나 제공하는 경우를 제외하고는 당해 개인정보파일의 보유목적 외의 목적으로 처리정보를 이용하게 하거나 제공하여서는 아니 된다.

3.1.3.4. 금융거래정보 제출요구

감사원은 회계검사와 감사대상기관인 금융기관에 대한 감사를 위하여 필요한 경우, 「금융실명거래 및 비밀보장에 관한 법률」에도 불구하고 인적사항을 적은 문서에 의하여 금융기관의 특정 점포에 금융거래의 내용에 관한 정보 또는 자료 제출을 요구할 수 있다(감사원법 제27조 제2항).

이 경우 해당 금융기관 종사자는 금융거래정보 제출요구를 거부하지 못하며(법 제27조 제2항), 정당한 사유없이 이에 따르지 아니한 경우 벌칙규정(1년 이하의 징역이나 1천만 원 이하의 벌금)이 적용된다(법 제51조 제1항).

다만, 금융거래정보의 제출요구는 감사에 필요한 최소한도에 그쳐야 하며(법 제27조 제3항), 자료제출을 요구할 때는 거래자의 인적사항, 사용목적, 요구 정보 등의 내용을 기재한 요구서를 발부하여야 한다(「감사원 감사사무 처리규칙」 제25조).

금융거래정보에는 개인정보가 포함되어 있으므로 개인정보가 포함된 감사자료 관리 방식을 준수하여야 한다.

3.2. 출석·답변 요구

3.2.1. 의의

감사원은 감사원법(제27조 제1항 제1호)에 따라 감사대상이 되는 업무의 관계자 또는 감사와 관련이 있다고 인정되는 사람에 대하여 출석·답변을 요구할 수 있다.

출석·답변요구는 서류에 의한 자료의 가치판단이 모호하거나 책임한계 또는 사실 인정 등의 성립요건 인정에 불명확한 점을 보강하기 위해 실제 체험한 자의 행위과정과 기타 외부적인 참고상황을 확실히 파악하고, 책임유무 및 책임범위 등을 명확히 할 필요가 있을 때 행사하는 것이다(감사원, 2015).

출석·답변요구는 자료제출요구와 함께 감사를 실시하는 데 있어 필수적인 권한이다. 다만, 자료제출요구는 감사대상업무의 위법·부당 여부를 확인하고 객관적인 감사증거를 수집하기 위해 필요한 권한이라면, 출석·답변요구는 자료에 의해 확인하기 어려운 업무처리 경위나 상황 등을 관계자 등의 진술을 통해 파악하여 책임의 소재와 한계 등을 규명하는데 필요한 권한이다.

3.2.2. 대상

감사원의 출석·답변요구는 감사대상기관의 관계자를 포함하여 감사와 관련이 있다고 인정되는 사람에게 할 수 있다 다만, 감사대상기관 외의 자에 대한 출석·답변요구는 필요한 최소한도에 그쳐야 한다(감사원법 제50조).

3.2.3. 방법

감사원은 관계자 등에 대한 출석·답변을 요구할 때는 출석·답변할 사람의 성명, 출석할 일시, 장소 및 답변할 사항을 적은 '출석답변요구서'를 발부하여야 한다. 다만 긴급하거나 감사착수 이후 감사대상 기관에서 감사를 수행하는 경우에는 구두로 출석·답변을 요구할 수 있다.

구두로 출석·답변을 요구하는 경우에도 그 요구를 받은 관계자 등이 요청하는 경우에는 출석답변요구서를 발부하여야 한다.

출석답변요구서는 관계자의 소속기관장을 거쳐 본인에게 보낸다. 소속기관장은 출석답변요구서를 전달한 일시를 감사원에 통지하고 정해진 일시에 관계자가 출석하게 하여야 한다. 관계자가 정해진 일시에 출석하기 어려운 경우에는 소속기관장은 지체없이 그 사유와 가능한 출석일자를 감사원에 통지하여야 한다(「감사원 감사사무 처리규칙」 제16조).

감사대상기관 외의 자에 대한 출석·답변 요구의 경우 자료제출 요구와 마찬가지로 협조요구서를 발부하여야 하며, 긴급한 경우에는 구두로 요구할 수 있다. 요구절차와 과정은 감사대상 기관 외의 자에 대한 자료제출요구와 동일하다.

3.2.4. 벌칙

감사원의 출석·답변요구에 대하여 정당한 사유없이 따르지 아니할 경우 벌칙규정(1년 이하의 징역이나 1천만 원 이하의 벌금)이 적용된다(감사원법 제51조).

3.2.5. 변호인 참여 등

감사원은 출석·답변하는 관계자 등을 대상으로 문답서를 작성할 때에는 관계자 등이 신청하는 경우 변호사를 변호인으로 참여하게 할 수 있다.

또한 출석·답변하는 사람에게 영상녹화 실시 여부를 미리 알리고, 출석·답변하는 사람이 영상녹화를 요청하는 경우 영상녹화를 할 수 있다(「감사원 감사사무 처리규칙」 제18조, 제19조).

3.3. 봉인

3.3.1. 의의

"봉인(封印)"은 창고나 물품, 서류 등의 형상이 변경되지 않도록 조치하는 것을 말한다. 감사원은 감사원법(제27조 제1항 제3호)에 따라 감사에 필요한 경우 창고, 금고, 문서 및 장부, 물품 등의 봉인을 할 수 있다.

봉인은 창고, 금고, 문서 및 장부, 물품 등의 인멸, 은닉, 위조·변조 등 목적물의 형상을 변경하지 못하도록 하거나 시재금을 확인하는 등 감사에 필요한 경우에 행사하며, 감사에 필요한 최소한도에 그쳐야 한다(감사원법 제27조 제3항).

봉인은 금품의 시재 파악이나 관련 문서 등의 훼손·인멸·위변조 방지 등 물적 증거 확보를 위해 하는 것이 일반적이지만, 자료제출 거부에 대한 대처 수단으로 활용되기도 한다. 감사대상기관에서 서버, 컴퓨터, 저장매체에 저장된 자료의 제출을 거부하거나 자료의 삭제 또는 위·변조 제출 등으로 감사자료 수집이 곤란한 경우 해당 업무 담당자의 컴퓨터 등을 봉인한 후 디지털 포렌식 등을 활용하여 직접 자료를 검색하거나 의도적으로 삭제한 자료를 복구하는 등의 방식으로 감사자료를 확보할 수 있다.

3.3.2. 절차 및 형식

감사원은 봉인을 할 때는 봉인하려는 목적물의 관리자 또는 그의 상급자 등에게 봉인이 필요한 이유를 설명한 후 관리자 등의 참관하에 봉인표시를 하여야 한다. 봉인표시를 할 때에는 봉인일시와 그 봉인표시를 손상 또는 은닉하거나 그 밖의 방법으로 그 효용을 해친 자는 「형법」(제140조)에 따른 형사상의 책임을 진다는 뜻의 경고문을 기재한 용지를 봉인할 목적물에 첨부하고 봉인 실시자가 기명 날인한다(「감사원 감사사무 처리규칙」 제24조).

3.3.3. 봉인 목적물 확인 등

봉인한 목적물은 목적물의 관리자 등의 동의를 받아 그 내용을 확인하거나 검토하고, 필요한 경우 자료제출 요구절차에 따라 목적물을 제출받을 수 있다. 이 경우 봉인한 목적물이 컴퓨터용 하드디스크, 그 밖에 이와 비슷한 디지털 저장매체인 경우에는 감사와 관련된 디지털 자료를 선별하여 출력하거나 복사하는 방법으로 제출받고, 그러한 방법이 현실적으로 불가능하거나 감사목적을 달성하기 현저히 곤란하다고 인정될 때에는 해당 디지털 저장매체의 원본 또는 복제본을 제출받을 수 있다.

봉인한 목적물을 제출받을 때에는 목적물의 관리자 등이 봉인한 목적물을 제출한 후에도 자신의 직무를 계속 수행할 수 있도록 적절한 조치를 하여야 한다.[9] 봉인한 목적물을 제출받는 경우 관리자 등의 직무수행이 사실상 불가능해질 우려가 있는 때에는 목적물의 사진, 영상 등을 촬영하거나 그 사본을 작성하는 등의 방법으로 제출을 갈음할 수 있다.

3.3.4. 봉인 해제 등

봉인한 목적물을 확인하거나 검토한 결과 감사목적과 관련이 없거나, 감사목적 등을 달성하여 봉인을 계속할 필요가 없어졌거나, 감사대상 기관이 봉인의 해제나 목적물 반환을 요청하고 그 사유가 정당하다고 인정되는 경우 지체없이 봉인을 해제하거나 목적물을 관리자 등에게 반환하여야 한다.

3.3.5. 벌칙

감사원이 실시한 봉인을 손상, 은닉하거나 기타 방법으로 그 효용을 해한 경우 형법 제140조[10]에 따른 벌칙규정(5년 이하의 징역 또는 700만원 이하의 벌금)이 적용된다.

---

9) 예를 들어, 컴퓨터 하드디스크를 제출받은 경우, 해당 기관의 업무 수행에 지장이 없도록 업무에 필요한 파일은 이동식 저장장치 등에 다운로드 받게 하는 등의 조치가 필요하다.

10) 형법 제140조(공무상비밀표시무효) ① 공무원이 그 직무에 관하여 실시한 봉인 또는 압류 기타 강제처분의 표시를 손상 또는 은닉하거나 기타 방법으로 그 효용을 해한 자는 5년 이하의 징역 또는 700만원 이하의 벌금에 처한다. ("이하 생략")

3.4. 디지털 포렌식(digital forensic)

3.4.1. 의의

디지털 포렌식은 디지털 자료를 감사의 증거로 활용하기 위하여 PC 등 원본 저장소로부터 수집·운반·분석·관리하는 기술과 절차를 말한다.

최근 들어 행정기관은 대부분의 업무를 행정업무전산망을 통해 처리하고 있으며, 업무자료를 컴퓨터 파일 형태로 생성하여 서버, PC, 저장매체 등에 저장·관리하고 있다. 이에 따라 감사를 실시하기 위하여는 감사대상기관의 행정전산망에 저장되어 있는 디지털 업무자료에 대한 제출요구와 검토가 필수적인 상황이 되었다.

그리고 디지털 자료의 특성상 원본자료의 수정, 편집 등이 용이하여 제출된 감사자료의 진실성을 확인할 필요성이 있는 한편, 감사대상기관이 자료제출을 거부하거나 관련 전산자료를 삭제 또는 위·변조하여 제출하는 등 일반적인 자료제출요구에 의해 감사자료를 수집하기가 어려운 상황이 종종 발생하고 있다.

이로 인해 감사를 실시하는 과정에서 행정전산망이나 업무 담당자의 PC에 저장되어 있는 자료를 직접 검색하거나 의도적으로 삭제한 자료를 복구하는 등 감사자료 수집에 있어서 디지털 포렌식의 필요성이 확대되고 있다.

3.4.2. 실시 원칙

감사자료 수집 또는 제출된 자료의 원본성 확인 등을 위해 개인의 업무용 PC 등을 디지털 포렌식하는 경우 감사목적과 관련이 없는 자료나 사적인 자료에 접근하게 되는 등 부작용이 있을 수 있다.

이에 따라 감사원은 디지털 포렌식을 실시하는 과정에서 준수하여야 하는 원칙 등을 제정하여 규정(「디지털 자료수집 및 관리 규정」, 감사원훈령)하고 있다.

규정에 따르면 디지털 포렌식을 실시할 때는 감사원법 등에서 규정하고 있는 감사에 관한 절차와 기준을 준수하여 감사에 필요한 범위 내(필요성·보충성·관련성 검토)[11])에서 디지털 자료를 수집하여야 한다.

---

11) '필요성'은 디지털 포렌식을 통해 확보하려는 디지털 자료의 내용이 감사목적 달성에 필요한 경우로서 사실관계의 입증 및 관계자의 책임 소재와 한계를 규명하는 데 필요하여야 한다는 것이다. '보충성'은 감사자료에 대한 인멸, 은닉, 위·변조의 우려나 정당한 사유 없이 자료제출을 거부하는 등으로 디

그리고, 디지털 증거와 디지털 증거물에 대하여 원본과의 동일성, 무결성을 유지하여야 하며, 디지털 포렌식에 활용되는 장비 및 도구와 기술적 방법 등은 신뢰성이 인정된 것이어야 한다(규정 제3조).

3.4.3. 방법

디지털 자료는 현장에서 디지털 저장매체 등으로부터 추출하는 방법으로 제출받는 것을 원칙으로 한다. 현장에서 선별 수집이 현실적으로 불가능하거나 감사 목적을 달성하기가 현저히 곤란한 경우에는 해당 디지털저장매체의 원본을 제출받거나 원본으로부터 복제본을 생성하여 제출받을 수 있다(규정 제5조 제1항 및 제2항).

디지털 자료를 수집할 때에는 해시값[12] 생성 및 확인과 디지털 포렌식 대상이 되는 디지털 저장매체 등의 관리자 또는 소유자의 참여권을 보장하는 등 수집한 디지털 자료의 원본과의 동일성 및 무결성을 담보할 수 있는 적절한 방법과 조치를 하여야 한다(규정 제5조 제3항).

그리고 디지털 자료를 수집할 때에는 사전에 디지털 저장매체 등의 관리자 등에게 디지털 자료의 탐색·추출, 복제본 생성·획득 등 디지털 포렌식 과정에 대한 동의를 얻고 그 과정에 참여할 수 있다는 사실을 고지하여야 한다(규정 제6조).

3.5. 기타 감사실시 권한

3.5.1. 관계기관에 대한 협조·지원 요구

감사원은 국가 또는 지방자치단체의 기관, 그 밖의 감사대상 기관의 장에게 감사에 필요한 협조와 지원 및 그 소속 공무원 또는 임직원의 파견을 요구할 수 있다(감사원법 제30조).

지털 포렌식에 의하지 않으면 필요한 감사자료를 확보하기 어려운 사정이 있어야 한다는 것이다. '관련성 검토'는 디지털 포렌식의 대상이 되는 디지털 저장매체 등은 구체적으로 특정되어야 하며, 수집하고자 하는 자료가 존재하는 것으로 볼 수 있는 등 당해 감사의 목적과 관련성이 있어야 한다는 의미이다(「디지털 자료 및 관리 세부지침」, 감사원 세부지침).

12) 해시(Hash) 값이란 디지털 파일의 특성을 축약하여 변환한 암호 같은 값으로, 디지털 정보에 변경이 발생하면 그 값도 변하여 디지털 증거의 동일성과 무결성을 입증하는 전자지문 용도로 사용된다.

감사원이 직원을 감사대상기관에 파견하여 실지감사를 하는 경우 감사를 실시할 수 있는 장소와 기본적인 사무기기 등이 필요하며, 그 밖에 감사사항에 따라 특정한 분야의 전문인력이나 감사지원 인력이 필요할 수 있다. 이 외에도 감사자료 제출의 지연이나 비협조 등으로 감사를 정상적으로 진행하기 어려운 경우에는 감사대상기관에 지원이나 협조를 구할 필요가 있다. 위 규정은 이러한 때에 감사대상기관의 장 등에게 인력의 지원이나 그 밖의 협조를 요구할 수 있도록 하여 감사를 원활하게 수행할 수 있도록 한 것이다.

다만, 감사원은 협조 요구 등을 할 때는 감사에 필요한 최소한도에 그쳐야 하고, 업무 등에 지장이 없도록 하여야 한다(「감사원 감사사무 처리규칙」 제32조).

협조를 요구할 때는 그 내용과 이유를 기재한 협조요구서를 관계기관의 장에게 발부하여야 한다. 다만 긴급한 경우에는 구두로 요구할 수 있으며, 다만 이 경우에도 관계기관의 장이 요청하는 경우 협조요구서를 발부하여야 한다(규칙 제31조).

3.5.2. 등록재산 조회

감사원은 감사를 받는 자에 대하여 감사원법과 공직자윤리법[13])에 따라 그 등록재산을 조회할 수 있으며, 이와 관련하여 필요한 경우 감사대상 기관에서 관리하고 있는 부동산 등 재산 관련자료의 제출을 요구할 수 있다. 또한 감사를 받는 자가 부정한 방법으로 재산을 조성하였거나 등록하여야 할 재산을 고의로 누락 또는 타인 명의로 은닉한 혐의가 있는 경우에는 그 경위를 소명하도록 요구할 수 있다(규칙 제23조).

3.5.3. 직무정지 요구 및 출국금지 요청 등

감사원은 감사를 진행하는 과정에서 감사대상기관이나 관계기관에 위법·부당행위와 관련이 있는 비위 혐의자에 대한 직무정지 요구, 출국금지 요청 등의 조치를 할 수 있으며, 비위혐의와 관련된 증거의 보존 등 조치를 요구할 수 있다.

---

13) 공직자윤리법 제10조(등록재산의 공개) ④ 공직자윤리위원회 또는 등록기관의 장은 다음 각 호의 어느 하나에 해당하는 경우가 아니면 제3항에 따른 허가를 할 수 없다.
   1. 등록의무자 또는 등록의무자였던 사람에 대한 범죄수사 또는 비위(非違) 조사나 이에 관련된 재판상 필요가 있는 경우

3.5.3.1. 직무정지 요구

감사원은 비위혐의자의 직무관련 행위로 인하여 소속기관과 국민의 권익이 현저하게 침해되거나 침해될 우려가 있을 때에는 그 행위의 중지 또는 담당직무의 정지 등 적절한 조치를 하도록 그 소속기관의 장에게 요구할 수 있다(규칙 제29조).

3.5.3.2. 출국금지 요청

감사원은 감사를 받고 있는 사람이 국외로 도주할 우려가 있는 때에는 출입국관리법 제4조 제3항[14] 등에 따라 관계기관에 출국금지를 요청할 수 있다(규칙 제30조).

3.5.3.3. 증거보존 등 조치

감사원은 감사 수행 중에 관련자료가 인멸, 훼손되거나 위조·변조될 우려가 있는 때에는 관계기관의 협조를 받아 증거보존 등의 조치를 할 수 있다(규칙 제26조).

---

14) 출입국관리법 제4조(출국의 금지) ① 법무부 장관은 다음 각 호의 어느 하나에 해당하는 국민에 대하여는 6개월 이내의 기간을 정하여 출국을 금지할 수 있다.
　③ 중앙행정기관의 장 및 법무부 장관이 정하는 관계 기관의 장은 소관 업무와 관련하여 제1항 또는 제2항 각 호의 어느 하나에 해당하는 사람이 있다고 인정할 때에는 법무부 장관에게 출국금지를 요청할 수 있다.
　6. 그 밖에 제1호부터 제5호까지의 규정에 준하는 사람으로서 대한민국의 이익이나 공공의 안전 또는 경제질서를 해칠 우려가 있어 그 출국이 적당하지 아니하다고 법무부령으로 정하는 사람
　출입국관리법 시행규칙 제6조의2(출국금지 대상자) ① 법 제4조 제1항 제6호에서 "법무부령으로 정하는 사람"이란 다음 각 호의 어느 하나에 해당하는 사람을 말한다
　10. 3천만원 이상의 공금횡령 또는 금품수수 등의 혐의로 감사원의 감사를 받고 있는 사람

4. 감사결과 처리에 관한 권한

4.1. 의의

공공감사의 목적은 감사를 통해 확인한 공공행정의 위법·부당한 문제점을 바로잡음으로써 달성할 수 있다. 이러한 점에서 감사결과 처리에 관한 권한의 중요성을 이해할 수 있다.

감사원은 감사결과로 확인된 위법·부당사항에 대하여 변상판정, 징계·시정·주의·개선 등의 처분요구, 권고·통보 및 고발 등의 조치를 할 수 있다.

감사원의 감사결과 조치권한 중에서 변상판정은 행정처분의 일종으로서 감사원의 판정만으로 집행이 가능하지만, 처분요구 등은 감사대상 기관의 장에게 그 조치를 요구하는 데 그친다는 점에서 차이가 있다. 따라서 감사원의 처분요구는 그 자체만으로는 이해관계인의 권리관계에 영향을 주지 않고, 그 요구에 의하여 행정청이 일정한 행정처분을 하였을 때 비로소 권리관계에 영향을 미친다.

4.2. 변상판정

4.2.1. 의의

감사원은 「회계관계직원 등의 책임에 관한 법률」(약칭: 회계직원책임법)이 정하는 바에 따라 회계관계직원의 변상책임의 유무를 심리하고 판정할 수 있다(감사원법 제31조). 이는 회계관계직원의 의무위반행위로 인해 국가나 지방자치단체 등의 재산에 손해를 끼친 경우 그 손해를 보전할 책임을 지우는 제도이다.

변상판정은 회계관계직원 등의 책임을 명확히 하고 법령 등을 위반하는 회계관계행위를 방지함으로써 국가 등 공공부문의 재산을 보호하고 회계사무를 적정하게 집행하도록 하는 것을 목적으로 한다(회계직원책임법 제1조).

한편으로 변상판정은 회계직 공무원의 책임범위를 명확하게 하여 과도한 책임으로부터 그들을 보호하기 위한 목적도 있다(성용락, 2013a; 93).

4.2.2. 절차

감사원은 변상책임을 판정하면, 변상책임자, 변상액, 변상이유를 밝힌 변상판정서를 소속 장관 등에게 송부하여야 한다. 소속 장관 등은 변상판정서를 받은 날로부터 20일 이내에 변상판정서를 변상책임자에게 교부하여 기한내에 변상하게 하여야 한다. 이를 변상명령이라고 한다.

변상책임자가 감사원이 정한 날까지 변상책임을 이행하지 아니하였을 때에는 소속 장관 등은 관계 세무서장에게 위탁하여 국세징수법 중 체납처분의 규정을 준용하여 이를 집행한다.

변상책임자가 감사원의 변상판정에 불복할 때에는 감사원에 대한 재심의 청구(법 제36조 제1항)와 행정소송을 제기할 수 있다. 다만, 감사원의 변상판정 그 자체에 대해서는 행정소송을 제기할 수 없고, 재결에 해당하는 재심의 판정에 대해서만 감사원을 당사자로 하여 행정소송을 제기할 수 있다(감사원법 제40조 제2항).

그림 4-1_ 변상판정 및 집행 등 절차

변상책임 판정 (감사원)	판정서 송부 (감사원 → 소속 장관 등)	변상명령 (소속 장관 등 → 변상책임자)	위탁집행 (소속 장관 등 → 세무서장)	구제제도 (재심의 청구, 행정소송)

4.2.3. 변상책임 구성요건(일반 회계관계직원의 경우)

회계관계직원은 고의 또는 중대한 과실로 법령이나 그 밖의 관계 규정 및 예산에 정하여진 바를 위반하여 국가, 지방자치단체, 그 밖에 감사원의 감사를 받는 단체 등의 재산에 손해를 끼친 경우에는 변상할 책임이 있다(회계직원책임법 제4조 제1항).

변상책임의 요건은 회계관계법 등에 명백히 규정되어 있으므로 행정청의 재량을 허용하지 않는 기속행위이다(대법원 1994. 12. 13. 선고 93누98 판결).

감사원은 회계관계직원의 변상책임 여부를 심리하여 변상책임이 인정되는 경우에는 '유책(有責) 판정'을 하고, 변상책임이 인정되지 않는 경우에는 '무책(無責) 판정'을 한다.

회계관계직원의 변상책임이 인정되기 위하여는 ① 회계관계 직원, ② 고의 또는 중대한 과실, ③ 법령 등의 위반, ④ 재산상 손해의 발생, ⑤ 의무 위반행위와 손해발생 사이의 인과관계 등 다섯 가지 요건이 충족되어야 한다(감사원 2020b; 58).

4.2.3.1. 회계관계직원

변상책임자는 회계관계직원이어야 한다. 회계관계직원은 국가재정법 및 국가회계법, 지방재정법, 지방회계법 등 국가나 지방자치단체의 예산 및 회계관련 법령에 따라 국가 및 지방의 회계사무를 집행하는 사람[15]과 이들의 보조자로서 회계사무의 일부를 처리하는 사람을 말한다(회계직원책임법 제2조 제1항).

관계규정에 의하여 회계관계직원 또는 보조자로 임명 또는 지정되지 않았더라도 사실상 회계사무 처리에 관련되는 사람은 회계관계직원에 해당된다.

회계관계직원의 보조자에 관한 판례(대법원 1994. 12. 13. 선고 93누98 판결)

회계직원책임법에 따른 '보조자로서 회계사무의 일부를 처리하는 자'에 해당되는지의 여부는 직제상 동일 부서에 근무하는지의 여부에 따라 결정할 것이 아니라 그 업무의 실질에 의하여 결정되어야 할 것으로서, 회계업무를 직접 담당하는 자가 그 회계업무를 처리함에 있어서 필수적으로 거쳐야 할 기초행위의 일부를 법령 또는 직제의 규정에 의하여 자기의 책임과 판단아래 처리하는 자는 이에 해당된다고 보아야 할 것이다.

○○○○시 건설국에서 소관건설사업에 따른 토지 및 지상물 수용보상업무를 담당하는 실무자로서 직제상 회계업무를 직접 담당하는 자는 아니지만 스스로의 책임과 판단아래 보상금지출 대상여부와 보상가액을 결정함으로써 경리관인 재무국장의 보상금지출결의 업무를 보조하는 지위에 있어 회계직원책임법에 따른 '보조자'에 해당한다.

---

15) 감사원 감사대상 중 공적단체(법 제23조 제7호)의 경우 국가나 지방자치단체의 보조, 출자, 보증 등이 없이 단순히 대표자나 임원을 국가 등이 임명(승인)하는 단체의 직원은 변상판정 대상이 되지 않는다(감사원법 제31조 제1항). 이는 공적단체 중 정부 자금이 투입되지 않은 기관의 경우 변상판정에 의하여 손실보전까지 해야 할 필요성이 적기 때문이다.

4.2.3.2. 고의 또는 중대한 과실

회계관계직원의 고의 또는 중대한 과실이 있어야 한다. '고의'란 일반적으로 '자기의 행위가 위법한 결과를 발생시킬 것을 의욕하거나 이를 알면서도 하는 심리상태'를 말하며, '중대한 과실'은 회계관계직원이 법령 등에 정해진 바에 따르지 않음으로써 성실의무에 위배한 정도가 그 업무의 내용에 비추어 중대한 것으로 평가될 수 있는 경우(대법원 2001두9660 판결 등)를 말한다.

고의 또는 중대한 과실은 회계관계 직원이 자신이 처리하고 있는 회계사무의 내용이 법령 등을 위반하는 것, 즉 위법성에 대한 인식이 있거나 주의의무를 현저히 결여하고 있는 것이지 '손해의 발생'을 인식할 것까지 요구하는 것은 아니다.

회계관계직원의 '중대한 과실' 판단기준 (대법원 2001. 2. 23. 선고 99두5498 판결)

회계관계직원 등의 책임을 물음에 있어서 그 전제되는 요건의 하나로 회계관계직원등의 책임에관한법률 제4조 제1항에서 규정하고 있는 중대한 과실을 범한 경우에 해당되는지 여부는 같은 법 제1조에 규정된 법의 목적 및 같은 법 제3조에서 회계관계직원의 성실의무를 규정하고 있는 점 등에 비추어 보면, 회계관계직원이 그 업무를 수행함에 있어 따라야 할 법령 기타 관계 규정 및 예산에 정하여진 바에 따르지 않음으로써 성실의무에 위배한 정도가 그 업무내용에 비추어 중대한 것으로 평가될 수 있는지에 따라 결정되어야 한다.

회계관계직원 등의 (중략) 중대한 과실을 범한 경우에 해당되는지의 여부는 (중략) 성실의무에 위배한 정도가 그 업무내용에 비추어 중대한 것으로 평가될 수 있는지에 따라 결정되어야 하고, 단순히 그 업무내용이 고도의 기능적, 관리적 성격을 가지느냐 아니면 기계적, 사실적 성격을 가지느냐에 의해 결정될 것은 아니다.

4.2.3.3. 법령 등의 위반

회계사무 처리가 법령이나 규정, 예산 등을 위반하였어야 한다. 회계사무가 부당하게 처리되었다 하더라도 관계 법령 등에 위반된 바가 없으면 변상책임 요건이 충족되지 않는다. 변상책임이 회계관계직원에 대한 무거운 재정적 제재라는 점을 고려하여 그 요건을 엄격하게 규정한 것이다.

4.2.3.4. 재산상 손해의 발생

국가 등의 재산에 손해가 발생하였어야 한다. 변상판정을 하는 재산상 손해에는 적극적 손해만 포함되며, 소극적 손해, 즉 장래에 얻을 수 있었던 이익을 얻지 못한 손해는 포함되지 않는다. 또한 재산상 손해이기 때문에 정신적 손해에 대해서는 변상판정을 할 수 없다.

4.2.3.5. 의무위반행위와 손해발생 사이의 인과관계

회계관계 직원의 주의의무 위반과 국가 등의 손해 발생 사이에 상당한 인과관계가 있어야 한다. 따라서 회계관계직원이 주의의무를 위반하지 않았어도 손해발생을 피할 수 없었거나, 주의의무 위반이 아닌 다른 원인에 의해 손해가 발생했다면 인과관계는 성립되지 않는다.

4.2.4. 변상책임 구성요건(현금 · 물품 보관 회계관계직원의 경우)

현금이나 물품을 출납 · 보관하는 회계관계직원이 선량한 관리자로서의 주의를 게을리하여 현금이나 물품이 망실되거나 훼손된 경우 변상할 책임이 있다(법 제2조 제2항).

선량한 관리자의 주의란 보통의 주의력을 가진 행위자가 통상 가져야 할 주의의 정도를 말하고 이를 위반한 경우를 경과실이라 한다. 이는 고의 또는 중대한 과실과 구별된다. 일반 회계관계직원에 비하여 현금이나 물품을 출납 · 보관하는 직원의 경우 국고금 손실의 위험이 더 크므로 손해 발생에 대한 책임 유무를 판단함에 있어서 과실을 보다 엄격하게 평가하고 있는 것이다.

4.2.5. 변상책임의 배분

손해가 2명 이상의 회계관계직원의 행위로 인하여 발생한 경우에는 각자의 행위가 손해발생에 미친 정도에 따라 각각 변상책임을 진다. 이 경우 손해발생에 미친 정도가 분명하지 아니하면 그 정도가 같은 것으로 본다(회계직원책임법 제4조 제4항).

4.2.6. 변상금액 감면

회계관계직원의 과실로 인하여 손해가 발생한 경우 손해의 발생 및 확대를 방지하지 못한 데 국가 등의 책임 정도, 당해 과실이 손해발생에 미친 정도, 회계관계직원이 평소 회계질서 확립에 기여한 정도 등을 감안하여 변상금액을 감면할 수 있다. 다만, 손해가 고의로 발생한 경우에는 감면하지 않는다(법 제5조).

변상판정 손해에 대한 입증 책임(대법원 2013. 9. 13. 선고 2011두16995 판결)

구 「회계관계직원 등의 책임에 관한 법률」(2009. 3. 25. 법률 제9515호로 개정되기 전의 것) 제4조 제1항은 "회계관계직원은 고의 또는 중대한 과실로 법령 그 밖의 관계 규정과 예산에 정하여진 바에 위반하여 국가·지방자치단체 그 밖에 감사원의 감사를 받는 단체 등의 재산에 대하여 손해를 끼친 때에는 변상의 책임이 있다."고 규정하고, (중략) 위 각 규정에 의하면, 회계관계직원에 대하여 변상책임을 부과하기 위해서는 회계관계직원이 국가 등의 재산에 대하여 손해를 끼친 사실이 인정되어야 하는데, 여기서 '손해'라 함은 현실적으로 발생한 손해를 의미하고, 그에 관한 증명책임은 회계관계직원에 대하여 변상책임을 부과하려는 행정청이 부담한다.

4.3. 징계·문책 요구

4.3.1. 의의

감사원은 감사 결과 ① 국가공무원법 등 법령이나 소속 단체에서 정한 징계 또는 문책사유에 해당하거나 ② 정당한 사유없이 감사원법에 따른 감사를 거부하거나 ③ 자료 제출을 게을리한 공무원 등에 대해 소속 기관의 장 또는 임용권자 등에게 징계[16] 또는 문책을 요구할 수 있다(감사원법 제32조 제1항, 제8항).

---

16) 징계(懲戒)는 일반적으로 특수권력관계 또는 공법상의 특별한 감독관계의 규율·질서를 유지하기 위하여 징계사유에 해당하는 경우 그 관계에 속하는 자에게 제재를 가하는 것이다. (법률용어사전, 2016. 1. 20., 이병태)

국가공무원법 등 법령에 의한 징계규정을 적용받는 국가 및 지방 공무원은 "징계요구" 대상이 되고(법 제32조 제12항), 소속 단체에서 정한 징계규정의 적용을 받는 공공기관 등의 직원은 "문책요구" 대상이 된다(법 제32조 제8항).[17)]

감사원의 징계·문책요구를 받은 기관의 장은 감사원이 정한 날까지 해당 절차에 따라 처분을 하여야 한다. 특히 징계요구 중 파면요구를 받은 소속 장관 또는 임용권자는 그 요구를 받은 날부터 10일 이내에 해당 징계위원회 또는 인사위원회 등에 그 의결을 요구하여야 한다(법 32조 제2항 및 제11항).

4.3.2. 구성요건

징계·문책요구는 ① 징계·문책 사유의 존재, ② 징계시효의 존속, ③ 현직자(특별감독관계의 유지), ④ 면책 사유의 부존재 등의 요건이 충족되어야 한다.

4.2.2.1. 징계·문책 사유의 존재

법령 등이 정한 징계 사유에 해당되어야 한다. 국가 및 지방공무원법의 징계 사유는 세 가지로서 ① 국가공무원법 등의 의무를 위반한 경우, ② 직무상의 의무를 위반하거나 직무를 태만히 한 때, ③ 직무의 내외를 불문하고 그 체면 또는 위신을 손상하는 행위를 한 때이다(국가공무원법 제78조 제1항).

표 4-4_ 국가공무원법의 징계사유

국가공무원법 등의 의무위반	• 의무: 선서, 법령준수 및 성실, 복종, 친절·공정, 종교 중립, 비밀엄수, 청렴, 영예 등의 제한, 품위유지 • 금지: 직장이탈, 영리업무 및 겸직, 정치운동, 집단행위
직무상 의무위반 및 직무태만	• 업무와 관련하여 법령 상의 의무를 타당하게 수행하지 않은 경우 • 당연히 해야 할 직무를 성실하게 수행하지 않은 경우
체면, 위신 손상	• 공직의 체면, 위신을 손상하는 데 직접적인 영향이 있는 행위

---

17) 감사원법은 공무원에 대하여는 "징계요구", 공공기관 직원에 대하여는 "문책요구"라고 하고 있으나 그 성격에 있어 본질적인 차이가 있는 것은 아니다.

공공기관 직원에 대한 문책사유는 공공기관의 사규(社規)나 복무규정 등에 규정되며, 일반적으로 성실의무 위반 등이 문책사유가 된다.

감사원법은 법령 등에 규정된 징계사유 외에 감사거부와 감사자료 제출을 게을리한 경우를 감사원의 징계·문책 요구의 사유로 규정하고 있다. 이는 공무원 등이 감사원의 감사를 거부하거나 자료제출을 게을리하는 등을 방지하여 감사실시의 실효성을 확보하기 위한 것이다.

4.3.2.2. 징계시효의 존속

징계시효가 존속되고 있어야 한다. 징계시효는 징계사유가 인정되는 징계대상자에 대하여 징계처분을 할 수 있는 기간의 범위를 말한다. 징계사유에 해당하더라도 법령 등에 정해진 징계시효가 경과하면 징계처분을 할 수 없다.

징계시효 제도는 징계대상자에 대한 징계사유가 발생하여 징계대상자를 징계할 수 있었음에도 징계처분을 하지 아니함으로써 징계대상자로 하여금 상당 기간 불안정한 지위에 있게 하는 것을 방지하고 일정한 기간의 경과를 이유로 징계권 행사에 제한을 가하려는 것이다.

공무원에 대한 징계의결 요구는 징계 등의 사유가 발생한 날부터 3년이 지나면 하지 못한다. 다만 성매매, 성폭력범죄, 아동·청소년 대상 성범죄, 성희롱의 경우는 시효가 10년이며, 금품 및 향응 수수, 공금횡령 및 유용의 경우에는 시효가 5년이다(국가공무원법 제83조의2 제1항).

징계시효는 징계사유에 해당하는 행위를 한 날부터 진행(시효의 起算日)된다. 다만, 징계사유에 해당하는 행위가 "직무상 의무의 불이행(부작위)"인 경우 그 의무가 유효하게 존재하는 동안에는 시효가 진행되지 않고, 그 의무가 소멸되는 때로부터 시효가 시작된다.

감사원이 특정 사건에 대하여 소속 기관의 장에게 하는 조사개시통보는 징계시효 정지의 효력이 있다. 감사원의 조사기간 중에 징계시효가 지나거나 1개월 미만이 남은 경우 감사원의 조사종료통보를 받은 날로부터 1개월이 끝나는 날에 시효가 완료되는 것으로 본다(감사원법 제32조의2, 국가공무원법 제83조의2).

징계시효의 취지 관련 판례(대법원 2008. 7. 10. 선고 2008두2484 판결)

징계시효제도의 취지는, 징계대상자에 대한 징계사유가 발생하여 징계권자가 일방적으로 징계대상자를 징계할 수 있었음에도 그 행사 여부를 확정하지 아니함으로써 징계대상자로 하여금 상당 기간 불안정한 지위에 있게 하는 것을 방지하고, 아울러 징계권자가 비교적 장기간에 걸쳐 징계권 행사를 게을리하여 징계대상자로서도 이제는 징계권자가 징계권을 행사하지 않으리라는 기대를 갖게 된 상태에서 새삼스럽게 징계권을 행사하는 것은 신의칙에도 반하는 것이 되므로, 위 기간의 경과를 이유로 징계권 행사에 제한을 가하려는 것이다.

이 사건에서 피고는 2019년경 감사원의 통보를 받고서야 비로소 원고가 형사처분을 받은 사실을 알게 되어 그때부터 원고를 징계할 수 있었고, 이전까지의 상황은 원고가 이 사건 형사처분에 관하여 신분을 숨기고 수사를 받을 당시부터 의도한 것이라고 볼 수 있다. 따라서 피고가 일방적으로 징계할 수 있었음에도 원고로 하여금 상당 기간 불안정한 지위에 있게 하였다거나, 피고가 장기간에 걸쳐 징계권 행사를 게을리하다가 새삼스럽게 징계권을 행사하여 신의칙에도 반하게 되었다고 할 수 없으므로, 이 사건 처분이 위와 같은 징계시효 제도의 취지에 반한다고 볼 수도 없다.

부작위에 대한 징계시효 관련 판례(대법원 2021. 2. 25. 선고 2020두53330 판결)

비록 원고의 주장과 같이, 원고가 즉시 보고의무를 이행하지 않아 최초 징계사유가 발생하였다고 하더라도, 이 사건 규정에 따른 보고의무는 즉시 보고하지 아니하면 소멸하는 것이 아니라 이 사건 규정이 유효하게 존속하는 한 계속 보고의무가 발생 내지 유지되고 있고, 이에 따라 원고의 '보고의무 불이행'에 대한 징계사유가 계속되고 있는 동안에는 그 징계시효가 완성된다고 볼 수 없다.

4.3.2.3. 현직자 신분(특별감독관계의 유지)

징계대상자는 해당 기관과 특별한 감독관계를 유지하는 현직자 신분이어야 한다. 징계는 공법상의 특별한 감독관계의 규율·질서를 유지하기 위하여 징계사유에 해당하는 경우 그 관계에 속하는 자에게 제재를 가하는 것이므로 공무원이 퇴직하는 등으로 특별한 감독관계가 종료된 자에 대하여는 징계요구를 할 수 없다.

다만, 징계대상자가 소속 기관을 옮기더라도 법령 등에 정해진 징계권이 미치는 경우에는 징계요구를 할 수 있다.

4.3.2.4. 면책사유 미해당

면책사유에 해당되지 않아야 한다. 감사원법은 감사원감사를 받는 사람이 불합리한 규제의 개선 등 공공의 이익을 위하여 업무를 적극적으로 처리한 결과에 대하여 그의 행위에 고의나 중대한 과실이 없는 경우에는 이 법에 따른 징계 요구 또는 문책 요구 등 책임을 묻지 아니한다고 규정하고 있다(감사원법 제43조의3).

따라서 징계대상 행위가 감사원법에 따른 적극행정면책사유에 해당하는 경우 징계책임이 면제된다.[18]

4.3.3. 징계요구 종류와 양정

4.3.3.1. 징계 종류

국가 및 지방공무원의 징계의 종류는 파면, 해임, 강등, 정직, 감봉, 견책 등 6가지이며(공공기관의 경우 일반적으로 파면은 해당되지 않는다), 감사원은 필요시 징계의 종류를 지정하여 징계요구할 수 있다(감사원법 제32조 제10항).

감사원으로부터 징계, 문책, 해임 요구를 받은 기관의 장은 감사원이 정한 날까지 해당 절차[19]에 따라 처분을 하여야 한다.[20]

4.3.3.2. 징계양정

징계·문책 요구 등의 양정은 법령 또는 공공기관 등의 규정에 정해진 징계의 종류와 양정기준 등을 참고하여 구체적인 사례에 따라 직무의 특성, 징계의 원인이 된 비위사실의 내용과 성질, 징계에 의하여 달성하려고 하는 행정목적, 비위행위로 발생된 결과 등을 종합적으로 고려하여 징계요구의 종류 등을 결정한다.

---

18) 적극행정면책제도에 관하여는 "제5장 제1절 4.2.3. 적극행정면책 제도"를 참조하기 바란다.

19) 공무원에 대한 징계처분은 소속 기관장의 징계의결 요구에 따라 관할 징계위원회 징계의결에 따라 하고, 징계처분을 받은 공무원은 소청심사위원회에 소청을 제기할 수 있고, 그 결정에 불복하는 경우 행정소송을 제기할 수 있다.

20) 감사원의 징계요구를 받는 기관의 장은 1개월 이내에 관할 징계위원회에 징계의결요구를 하여야 하고, 특히 파면 요구를 받은 소속 기관장은 10일 이내에 징계의결 요구를 하여야 한다. 파면의결이 되지 아니한 경우 감사원은 직접 상급기관의 징계위원회에 심의나 재심의를 요구할 수 있다(감사원법 제32조).

국가공무원의 경우 「공무원 징계령 시행규칙」(제2조 징계 또는 징계부가금의 기준, 제3조 비위행위자와 감독자의 문책기준)에 징계양정의 일반적인 기준이 규정되어 있다.

양정의 기준은 <표 4−5>와 같이 비위나 과실의 유형과 정도 등을 주요 기준으로 삼고 있다. 지방공무원 징계규칙, 한국전력㈜ 등 주요 공공기관의 징계·문책관련 내규 등도 국가공무원 징계기준과 대부분 유사하다.

표 4-5_ 공무원 징계령 시행규칙 [별표 1] 징계기준(발췌)

비위의 정도 및 과실 여부 비위의 유형	비위의 정도가 심하고 고의가 있는 경우	비위의 정도가 심하고 중과실이거나, 비위의 정도가 약하고 고의가 있는 경우	비위의 정도가 심하고 경과실이거나, 비위의 정도가 약하고 중과실인 경우	비위의 정도가 약하고 경과실인 경우
1. 성실 의무 위반 가.「국가공무원법」 제78조의2 제1항 제2호에 해당하는 비위(자목에 따른 비위는 제외한다)	파면	파면−해임	해임−강등	정직−감봉
다. 부작위·직무태만 (라목에 따른 소극행정은 제외한다) 또는 회계질서 문란	파면	해임	강등−정직	감봉−견책
2. 복종의 의무 위반 가. 지시사항 불이행으로 업무추진에 중대한 차질을 준 경우	파면	해임	강등−정직	감봉−견책
나. 기타	파면−해임	강등−정직	감봉	견책
4. 친절·공정의 의무 위반	파면−해임	강등−정직	감봉	견책

4.4. 공공기관 임원 등에 대한 해임요구

감사원은 법령 또는 소속 단체 등이 정한 문책규정을 적용받지 않는 임원이나 직원의 비위(非違)가 뚜렷하다고 인정하면 그 임용권자 또는 임용제청권자에게 해임을 요구할 수 있다(법 제32조 제9항).

공공기관의 기관장을 포함한 임원 등은 해당 기관에서 정한 징계규정이 적용되지 않아 징계사유에 해당하는 비위가 있더라도 문책요구를 할 수 없다. 하지만 공공기관의 기관장 등에게 중대한 비위가 있는데도 문책 등을 하지 못하고 그대로 근무하게 하는 것은 심히 불합리하다. 이에 따라 감사원법은 감사원에 대해 공공기관의 기관장 등의 비위가 뚜렷한 경우 임용권자 등에게 해임을 요구할 수 있도록 규정한 것이다. 감사원의 해임요구를 받은 기관의 장은 감사원이 정한 날까지 해당 절차에 따라 처분을 하여야 한다(법 제32조 제10항).

---

issue note 13: 공공기관장 등 해임요구권(감사원법 제32조 제9항)의 법적 성격

감사원법 제32조 제9항은 징계규정이 적용되지 않는 공공기관의 기관장 등 임원의 비위가 뚜렷한 경우 감사원이 임용권자 등에게 해임을 요구할 수 있도록 한 것으로 최고 감사기구인 감사원에 부여된 특례규정이라 할 수 있다.

위 규정은 ① "징계규정이 적용되지 않는" 공공기관의 기관장 등에 대한 조치라는 점, ② 징계규정이 적용되지 않으므로 징계위원회 심의·의결 절차 등이 진행되지 않는 점, ③ 감독기관 등 징계권자가 아닌 "임용권자 등"에게 요구하는 점, ④ 다른 제재에 대한 선택여지가 없이 공직자의 신분을 박탈하는 "해임"을 요구하는 점 등으로 인해 일반적인 징계요구와는 성격을 달리한다.

위 규정은 위와 같은 특례규정으로서의 성격으로 인해 다른 법령과의 관계에 있어 특별법적 성격을 가진다. 이에 따라 개별 공공기관의 설립에 관한 법령이나 정관 등에서 공공기관장 등에 대한 신분보장을 규정하고 있는 경우에도 감사원의 해임요구는 신분보장의 예외가 된다. 따라서 감사원법 제32조 제9항에 따라 해임 요구를 받은 기관의 장은 감사원이 정한 날까지 해당 절차에 따라 처분을 하여야 한다.

---

issue note 14: 선출직, 정무직 공무원과 공공기관 임원 등의 비위에 대한 조치

감사원은 감사원법 제32조 제1항 및 제8항에 따라 감사대상 공무원 등이 국가공무원 법 등 법령이나 소속 단체 등이 정한 징계 또는 문책 사유에 해당하는 경우 소속 기관장 등에게 징계 또는 문책 요구를 할 수 있다.

그런데 정부나 공공기관에 근무하는 공직자 중에는 법령이나 소속기관에서 정한 징계 규정의 적용을 받지 않는 사람들이 있다. 정부 부처의 경우 정무직인 장·차관, 지방자치 단체의 경우 선출직인 단체장과 지방의회 의원, 공공기관의 경우 기관장을 포함한 임원이 이에 해당된다.[21]

위와 같은 직위에 있는 공직자의 비위가 확인되는 경우 어떻게 처리되고 있는지 살펴 본다. (※ 범죄혐의로 인정되는 경우 고발 조치를 하는데 여기서는 논외로 한다)

(공공기관의 장 또는 임원 관련) 감사원법 제32조 제8항 및 제9항에 따르면 감사원은 법 령 또는 소속 단체 등이 정한 문책에 관한 규정의 적용을 받지 아니하는 단체 등의 임원 이나 직원의 "비위(非違)가 뚜렷"하다고 인정하면 그 임용권자 또는 임용제청권자에게 해 임을 요구할 수 있도록 되어 있다. 따라서 감사원은 공공기관의 장 또는 임원 등에 대하 여는 "비위가 뚜렷한 경우" 임용권자 등에게 해임요구를 할 수 있다.

한편, 해임요구를 할 정도로 비위가 뚜렷하지 않은 경우에는 징계규정이 적용되지 않 으므로 징계요구를 할 수는 없다. 다만, 이 경우 감사원은 사안의 경중에 따라 임용권자 등에게 비위내용을 통보(인시자료)히여 인시자료로 활용하도록 하거나 감사원이 직접 또 는 감독기관을 통해 당사자에게 주의요구를 할 수 있다.

공공기관장 통보(인사자료) 사례

2015년 감사원은 ○○○○공사 사장의 비위가 뚜렷하여 감사위원회의에서 해임요 구 여부를 심의하였고, 감사결과를 감사위원회의에서 의결하기 전에 위 사람이 스 스로 사퇴하여 감사원은 위 사람의 비위를 향후 인사자료로 활용하도록 임용제청권 자인 기획재정부장관에게 통보(인사자료)한 사례가 있다.[22]

(장·차관 등 정무직공무원 관련) 정무직공무원의 경우 국가공무원법 등 법령에서 정한 징계 규정이 적용되지 않고, 감사원법에도 이들에 대한 징계나 해임요구 등을 규정한 특례 규정이 없다.

따라서 감사원은 감사 결과 정무직공무원의 비위가 확인되는 경우 징계요구나 해임요구 조치를 할 수는 없다. 다만 이 경우 감사원은 인사권자에게 해당 비위내용을 통보(인사자료)하여 적정한 조치를 하도록 하거나 당사자 개인에게 주의요구를 할 수 있다.

(지방자치단체장 등 선출직 공무원23) 관련) 선출직 공무원의 경우에도 정무직공무원의 경우와 마찬가지로 법령에서 정한 징계규정이 적용되지 아니하고 해임요구 등에 관한 특례 규정이 없다.

그리고 선출직 공무원은 임용권자나 인사권자가 없어 비위 내용을 인사권자에 통보하기도 어렵다. 이에 따라 감사원은 선출직 공무원의 비위가 확인되는 경우 고발 등 형사조치는 별론으로 하고, 징계요구나 해임요구를 할 수는 없다.

다만, 감사원은 자치단체장의 비위에 대하여는 직접 또는 감독기관을 통해 주의요구 조치를 하고, 지방의회 의원의 비위에 대하여는 해당 지방의회에 비위 내용을 통보하고 있다.

지방자치단체장에 대한 주의요구 사례

감사원은 2020년 6월 ○○○○시가 민간투자사업의 사업자를 선정하면서 공모를 하지 않고 수의(遂意)의 방식으로 선정하는 등 위법·부당하게 추진하여 예산을 절감할 수 있는 기회를 일실하고, 사업이 부실하게 추진되는 결과를 초래한 데 대하여 행정안전부장관으로 하여금 ○○○○시장에 대하여 엄중하게 주의를 촉구하도록 요구하였다.24)

지방의회 의원의 비위내용을 지방의회에 통보한 사례

감사원은 2022년 3월 ○○○○시 지방의회의원이 시 공무원에게 보조사업자 선정에 관한 부정한 청탁을 한 사실을 적발하여 ○○○○시의회 의장에게 그 비위내용을 통보하고, 적정한 조치를 하도록 하였다.25)

---

21) 국가 및 지방공무원법령은 중앙행정기관의 장·차관 등 정무직 공무원, 지방자치단체의 장 및 지방의회 의원 등의 신분을 특수경력직 공무원(정무직공무원)으로 규정하고, 이에 대하여는 징계규정의 적용을 배제하고 있다.

22) 감사원 감사보고서 공개문 [2015. 11. 11. 한국투자공사 운영 실태_한국투자공사 업무질서 문란 및 부당 행위, 내부통제 태만(통보: 인사자료)] 참조

4.5. 시정요구

4.5.1. 의의

감사원은 감사결과 위법·부당하다고 인정되는 사실이 있을 때에는 소속 장관, 감독기관의 장 또는 해당 기관의 장에게 이를 바로잡을 수 있는 시정조치를 하도록 요구할 수 있다(감사원법 제33조). 시정요구가 있으면 소속 장관 등은 2개월 이내에 이를 이행하고 감사원에 그 결과를 통보하여야 한다(「감사원 사무처리규칙」 제68조).

시정요구는 위법·부당하게 처리된 특정한 사안을 추징, 회수, 보전, 취소 등의 방법으로 교정하거나 원상태로 환원시키기 위한 조치이다. 예를 들면, 잘못 지급된 보조금의 환수, 과소 징수된 세금의 추징, 잘못된 허가의 취소 등 위법·부당한 행위로 인해 국가 등에 발생한 손해를 회복시키거나 위법·부당한 결과를 제거하는 것이다.

공공감사의 최종 목적은 감사대상업무를 검증하고 위법·부당사항을 확인하는 것을 넘어 위법·부당한 결과를 정당한 상태로 바로잡는 것이 중요하다는 점에서 시정요구의 중요한 의미가 있다.

4.5.2. 구성요건

시정요구는 감사대상기관 등 관계기관에 대하여 감사원의 요구에 따라 이행하도록 하는 의무를 발생(감사원법 제33조 제2항) 시키므로 시정요구를 하기 위하여는 ① 위법·부당한 업무처리 결과가 있을 것, ② 시정요구가 법률상·사실상 가능할 것, ③ 시정요구를 받은 자가 요구 내용대로 조치할 권한이 있을 것, ④ 구체적이고 명확한 시정방안이 있을 것, ⑤ 시정목적이 공익에 부합할 것 등의 요건이 충족되어야 한다(감사원, 2018b; 90).

---

23) 선출직 공무원에는 국회의원이 포함되는데 국회의원은 국회 소속이어서 감사원의 직무감찰 대상에서 제외된다.

24) 감사원 감사보고서 공개문(2007. 7. 7.), 대구광역시 기관운영감사: 하수슬러지 처리시설 설치 운영자 지정업무 등 부당처리 참조

25) 감사원 감사보고서 공개문(2022. 3. 31.), 지방자치단체 계약 등 관련 비리 점검: 지방보조사업자 선정 관련 부정청탁 참조

4.5.2.1. 위법·부당한 결과

위법·부당한 결과가 있어야 한다. 위법·부당한 "결과"는 위법·부당한 업무처리로 인하여 현실적으로 발생한 결과를 말한다. 세금을 부족하게 징수한 사안의 경우는 부족징수한 금액만큼 국가 재산에 손실이 발생한 상태가 그 결과이고, 부정당사업자에 대해 대한 행정처분을 하지 않은 사안의 경우 부정당 행위를 한 사업자가 아무런 법적 제재조치를 받지 않은 상태가 결과가 된다. 이러한 경우 부족하게 징수된 세금을 추가로 징수하고, 누락된 행정처분을 하도록 시정요구를 하는 것이다.

4.5.2.2. 법률상, 사실상 가능

시정조치가 법률상, 사실상 가능하여야 한다. 시정요구가 법률상, 사실상 가능하여야 한다는 의미는 위법·부당한 결과가 발생하였지만 정당한 상태로 회복하는 조치가 법률적으로 가능하고, 현실적으로도 가능하여야 한다는 의미이다.

세금을 부족하게 징수한 경우는 세법에 근거가 있으므로 부족 징수한 세금을 추가징수할 수 있다. 다만, 추가 징수할 수 있는 법률상의 기한('부과 제척기간'이라한다)이 지난 경우는 법률상 시정요구가 불가능하고, 해당 납세자가 사망한 경우(피상속인이 없는 경우)는 사실상 불가능한 경우이다.

4.5.2.3. 조치 권한

시정요구는 정당한 조치 권한이 있는 기관에 요구하여야 한다. 예컨대, 연구기관이 위탁관리하는 국가의 R&D연구비(보조금)를 연구자가 개인적인 용도로 사용한 경우 그에 대한 환수조치 권한은 일반적으로 국가(정부기관)에 있으므로 위탁관리기관이 아닌 국가에 시정요구를 하여야 한다.

4.5.2.4. 구체적이고, 명확한 시정방안

구체적이고 명확한 시정조치 방법이 있어야 한다. 시정요구는 그 요구를 받은 기관에 시정요구의 내용대로 조치해야 하는 의무를 부과하기 때문에 구체적이고 명확한 조치방안이 있어야 한다.

세금을 부족하게 징수한 경우는 관련되는 납세자와 세목, 부족징수된 세액 등이 특정되어야 한다. 세금이 부족하게 징수되었으나 그 세액을 확정하기 어려운 경우는 시정요구보다는 해당기관에서 추가조사 후 부족징수된 세금을 징수하도록 '통보'하는 것이 바람직하다.

4.5.2.5. 공익에 부합[공익의 비교 · 형량(比較 · 衡量)]

시정조치가 공익에 부합하여야 한다. 시정요구는 위법 · 부당한 업무처리로 발생된 결과를 다시 정당한 상태로 "환원"하는 조치를 하도록 요구하는 것이므로 그러한 조치가 공익에 부합한 경우이어야 한다.

공익의 비교 · 형량(比較 · 衡量) 관련 법령 및 판례

행정기본법 제10조(비례의 원칙) 행정작용은 다음 각 호의 원칙에 따라야 한다.

1. 행정목적을 달성하는 데 유효하고 적절할 것
2. 행정목적을 달성하는 데 필요한 최소한도에 그칠 것
3. 행정작용으로 인한 국민의 이익 침해가 그 행정작용이 의도하는 공익보다 크지 아니할 것

(대법원 2020. 7. 23., 선고 2019두31839 판결) 처분청은 행정처분에 하자가 있는 경우에는 별도의 법적 근거가 없더라도 스스로 이를 취소할 수 있고, 다만 수익적 행정처분을 취소할 때에는 이를 취소하여야 할 중대한 공익상 필요와 취소로 인하여 처분상대방이 입게 될 기득권과 법적 안정성에 대한 침해 정도 등 불이익을 비교 · 교량한 후 공익상 필요가 처분상대방이 입을 불이익을 정당화할 만큼 강한 경우에 한하여 취소할 수 있다. 수익적 행정처분의 하자가 처분상대방의 사실은폐나 그 밖의 부정한 방법에 의한 신청행위에 기인한 것이라면 처분상대방은 행정처분에 의한 이익을 위법하게 취득하였음을 스스로 알아 취소가능성도 예상하고 있었다고 보아야 하므로, 그 자신이 행정처분에 관한 신뢰이익을 원용할 수 없음은 물론이고, 행정청이 이를 고려하지 아니하였다고 하여도 재량권 일탈 · 남용에는 해당하지 않는다.

일반적으로 위법 · 부당한 결과를 바로잡는 것이 공익에 부합하지만 반드시 그러하지는 않다. 예컨대 국가가 재난을 입은 피해자들에게 복구자금을 지급하면서 법령에 정해진 금액보다 많이 지원한 경우 이에 대한 환수가 법률적으로 가능하다고

하더라도 환수조치(법령에 따른 정당한 상태를 회복하는 공익)를 하게 되면 정부를 신뢰한 재난 피해자들은 선의의 피해(시정조치에 따른 침해되는 공익)를 보게 된다.

이러한 경우 시정요구를 함으로써 얻을 수 있는 공익의 정도와 침해되는 공익의 정도를 비교·형량(比較·衡量)하여 시정요구에 따른 공익이 더 크다고 인정되는 경우에만 시정요구하는 것이 바람직하다.

4.5.3. 시정조치의 근거

위에서 시정요구는 법률상 가능하여야 한다고 하였는데, 그러하기 위하여는 시정조치를 할 수 있는 법적인 근거가 있어야 한다. 예컨대, 민간사업자가 국가 보조금을 개인적인 용도로 사용한 경우 환수할 수 있는 근거는 「보조금 관리에 관한 법률」 제33조(보조금 환수)에 규정되어 있다. 그리고 범죄경력 등에 따른 국가유공자 등록이나 서훈 취소는 「국가유공자 등 예우 및 지원에 관한 법률」 제79조(국가유공자 등록 취소)와 상훈법 제8조(서훈 취소) 등이 근거가 된다.

시정요구 근거는 법령 외에도 계약서(계약조건 위반시 계약 취소, 규격미달 물품 납품시 계약 해지 등), 입찰이나 채용 공고문(입찰 또는 채용 관련서류를 허위 및 작성·제출한 경우 계약 또는 임용 취소 등) 등이 근거가 될 수 있다.

4.6. 주의요구

4.6.1. 의의

주의요구는 감사결과 위법·부당하다고 인정되는 사실이 있을 때 관련기관이나 관련자에게 주의를 요구하는 조치이다(감사원법 제33조).

주의요구는 잘못된 업무처리가 향후에 재발되지 않도록 관련기관이나 관계자에게 업무수행에 경각심을 갖도록 제재하는 조치로서 일반적으로 징계사유에 이르지 않는 정도의 경미한 비위행위에 대하여 하는 조치이다. 위법·부당사항에 대하여 시정요구 등을 통해 잘못된 결과를 바로잡는 한편, 주의요구 등을 통해 앞으로 업무를 철저히 하도록 경각심을 주는 것이다.

주의요구는 기관에 대한 주의요구와 개인에 대한 주의요구로 구분된다.

4.6.2. 기관 주의요구

기관 주의요구는 위법·부당사항에 대하여 특정인에게 주의 조치를 하기가 적절하지 않아 관계자를 특정하지 않고 기관에 대하여 주의요구를 하는 조치이다. 비위의 정도가 경미한 사안으로서 관련자가 다수이거나 기관의 관례적인 업무처리 등으로 인한 경우에 하는 조치이다.

4.6.3. 개인 주의요구

개인 주의요구는 위법·부당사항과 관련되는 관계자를 특정하여 주의를 요구하는 조치이다. 징계사유에 이르지는 않지만 관련자에 대하여 책임을 물을 필요가 있는 경우 또는 징계사유에 해당하지만 징계시효가 끝나 징계요구를 할 수 없는 경우에 하는 조치이다.

개인 주의요구의 일종으로서 "기관장 개인에 대한 주의요구"가 있다. 이는 위법·부당사항과 관련하여 기관장의 책임을 물을 필요가 있을 때 기관장 개인을 특정하여 주의를 요구하는 조치이다. 일반적으로 기관장의 경우 법령이나 사규에서 정한 징계규정이 적용되지 않아 징계사유에 해당하는 비위가 있더라도 징계요구를 할 수는 없다. 이러한 경우에 감사원은 기관장 개인을 특정하여 주의를 요구하고 있다.[26]

4.7. 개선요구

4.7.1. 의의

개선요구는 감사결과 법령상, 제도상, 행정상 모순이 있거나 개선할 사항이 있다고 인정할 때 법령 등의 제정, 개정, 폐지 조치나 제도상 또는 행정상의 개선을 요구하는 조치이다. 요구를 받은 기관의 장은 그 조치 또는 개선 결과를 감사원에 통지하여야 한다(감사원법 제34조).

---

[26] 기관장의 비위가 범죄혐의로 인정되는 경우 수사기관에 '고발' 조치를 하고, 공공기관의 경우 기관장 등 임원의 비위가 뚜렷한 경우에는 해임요구를 할 수 있다. '기관장에 대한 개인 주의요구'는 비위의 정도가 그 정도에 이르지 않는 경우에 하는 조치이다.

다른 처분요구(징계요구, 시정요구, 주의요구)는 위법·부당사항을 전제로 하는 조치이지만 개선요구는 반드시 위법·부당사항을 전제로 하는 것은 아니다. 행정업무 처리에 비효율이나 불합리한 현상이 있고, 그 원인이 법령, 제도, 행정운영의 모순점 등에 기인하는 경우에 그에 대해 개선을 요구하는 것이다.

개선요구는 그 요구를 받은 기관에 감사원이 요구한대로 개선을 해야 하는 의무를 지우는 조치이므로 개선할 사항과 방안이 구체적이고 명확한 경우에 한다. 확인된 문제에 대하여 감사대상기관 등이 자율적으로 개선방안을 마련할 필요가 있는 경우에는 일반적으로 권고 또는 통보를 한다.

4.7.2. 법령상 개선요구

법령상 개선요구는 법률과 명령(대통령령, 총리령, 부령, 조례, 규칙)에 결함이 있을 때, 예를 들면 법체계상 상위 법령에 위배되거나 타 법령과 모순되는 경우 또는 법령이 현실에 맞지 않거나 공익에 반하는 결과를 초래할 경우 이를 개선하도록 요구하는 조치이다.

4.7.3. 제도상, 행정상 개선요구

제도상, 행정상 개선요구는 국가와 자치단체의 훈령, 예규, 고시나 공공기관의 자체규정 또는 제도 등에 결함이 있을 때 이를 개선하도록 요구하는 것이다.

4.8. 권고·통보

4.8.1. 의의

감사원은 위법·부당사항 등에 대하여 처분요구(징계·시정·주의·개선)를 하는 것이 부적절하거나 관계기관이 자율적으로 처리할 필요가 있다고 인정되는 경우, 그리고 행정운영의 경제성, 효율성 및 공정성 등을 위하여 필요하다고 인정되는 경우 해당 기관의 장에게 그 개선 등에 관한 사항을 권고하거나 통보할 수 있다 (감사원법 제34조의2).

권고와 통보는 감사원이 정부사업을 심층적으로 분석하여 문제점과 개선개안을 제시하는 성과감사를 지향하면서 종래의 처분요구보다는 권고·통보 형식의 감사결과 처리가 바람직하다는 판단하에 감사원법 개정을 통해 도입한 것이다.[27]

권고와 통보는 감사원법 제34조의2에 함께 규정되어 있어 법적인 효력 등에 차이가 있는 것은 아니다. 다만, 권고는 사업·업무·시책에 대한 종합분석 및 평가결과 경제성, 효율성, 공정성 등을 제고하기 위한 성과감사의 결과로 개선대안을 제시할 때 주로 하고 있다.

감사원법 제32조의2에 따르면 "통보"는 위법·부당사항 등에 대하여 처분요구를 하는 것이 부적절하거나 관계기관의 장이 자율적으로 처리할 필요가 있다고 인정되는 경우에 처분요구를 대신하여 하는 조치이므로 통보는 다양한 성격의 조치에 탄력적으로 적용될 수 있다. 크게 보면 징계·문책 성격의 통보(문책성 통보)와 시정·개선 성격의 통보(시정성 통보)로 구분할 수 있다.

4.8.2. 문책성 통보

징계·문책사유에 해당하지만 징계시효가 지났거나 관련자가 퇴직한 경우에는 처분요구(징계·문책요구)를 할 수는 없다. 이러한 경우 감사원은 관련자의 비위사실을 관계기관에 "통보(인사자료)"하여 인사자료로 활용하거나 인사상 불이익 조치를 주도록 조치(퇴직자의 경우에는 고위공직자의 중징계사유에 해당하는 비위에 한하여 통보한다) 한다.

그 밖에도 징계규정이 적용되지 않는 공직자(정무직 공무원, 공공기관 임원 등)의 비위가 있는 경우, 비위행위자가 다수이거나 특수한 사정으로 해당 기관으로 하여금 징계 여부를 선별하여 결정하도록 하는 경우에도 통보(인사자료)를 할 수 있다.

4.8.3. 시정성 통보

위법·부당한 결과가 발생하였으나 시정할 수 있는 법적인 근거가 없는 경우 또는 행정운영의 모순점, 비효율 등이 있으나 그 개선방안을 관계기관이 자율적

---

27) 권고, 통보제도는 감사원이 종래의 합법성 위주 감사에서 나아가 정부 사업에서 낭비와 비효율 원인을 찾아내고 업무의 효율성과 성과를 높이기 위한 개선대안을 제시하는 성과감사를 지향하면서 그 근거로서 마련된 조항이다(성용락, 2013a; 98)

으로 마련할 필요가 있는 경우 시정요구나 개선요구를 하는 대신 그 내용을 관계기관에 통보하여 적절하게 개선방안을 마련하도록 조치한다.

한편, 감사원은 감사 과정에서 모범사례나 우수사례가 확인되는 경우 그 사실을 관계기관에 "통보(모범사례)"하여 포상 등을 할 수 있도록 조치한다.

4.9. 고발 등 형사조치

감사원은 감사결과 범죄 혐의가 있다고 인정할 때에는 이를 수사기관에 고발하여야 한다(감사원법 제35조). 고발은 감사위원회의의 의결을 거쳐야 한다. 다만 증거인멸이나 도주의 우려가 있다고 인정될 때에는 감사위원회의의 의결을 거치지 아니하고 수사기관에 수사를 요청할 수 있다.

그리고 감사결과 범죄혐의사실이 확실하다고 인정되지는 아니하나 수사에 참고하도록 할 필요성이 있는 사항은 수사기관에 수사참고자료로 활용하도록 송부할 수 있다(「감사원 감사사무 처리규칙」 제65조).

감사원의 고발대상이 되는 범죄는 공무원의 범죄뿐만 아니라 감사과정에서 적발, 인지한 관계자(민간인 포함)의 범죄행위도 포함된다. 주로 문제가 되는 범죄는 공무원의 직무에 관한 죄(직무유기, 직권남용, 뇌물), 공무방해에 관한 죄(업무방해죄 등), 문서에 관한 죄(공문서 위조 등), 재산에 대한 죄(횡령, 배임)를 범한 형사범과 벌칙이 적용되는 행정법상 의무위반 행위[28] 등이다.

---

28) 공무원의 행위에 대하여 벌칙이 적용되는 주요 법령은 국가공무원법(인사관련 부정행위, 정치운동, 집단행위), 공직자윤리법(재산등록거부, 주식백지신탁거부, 취업제한 위반 등), 부패방지권익위법(업무상 비밀이용 등) 등이다.

5. 감사결과 보고 및 이행관리 권한

5.1. 의의

공공감사의 목적은 최종적으로 감사대상기관 등이 감사결과에 따른 조치를 실제로 이행함으로써 달성된다. 하지만, 감사결과에 따른 조치는 일반적으로 감사대상자에 대해 불이익한 제재를 하거나 기존의 업무처리를 수정, 변경하도록 하는 것이므로 감사대상기관 등은 조치를 하는 데 있어 소극적인 경향을 보인다.

감사결과가 적정하게 조치되었다고 하더라도 감사대상기관이 이를 이행하지 않거나, 형식적이거나 편법적으로 이행한다면 감사의 목적은 달성되지 못하므로 감사결과에 따른 조치가 적정하게 이루어질 수 있도록 감사결과를 국회 등에 보고하거나 국민에게 공개하고, 감사결과 조치에 대한 이행관리가 필요하다.

이러한 점에서 감사결과의 보고와 공개, 이행관리의 중요성을 이해할 필요가 있다. 감사원법은 감사원의 감사결과에 대하여 국회나 대통령에 대한 보고를 규정하는 한편, 감사대상기관 등으로 하여금 일정한 기간 이내에 감사결과에 따른 조치를 이행하도록 규정하고 있다.

5.2. 감사결과 보고와 공개

5.2.1. 의의

감사결과 보고(報告)는 '감사의 이해당사자(stakeholders)'에게 감사결과를 알리는 것이다. 공공감사의 이해당사자는 공공감사의 주인(principal)인 국민과 국민의 대표기관인 국회, 그리고 감사결과를 집행할 책임이 있는 감사대상기관 등과 국정운영을 총괄하는 대통령 등이라 할 수 있다.

공공감사는 "국민을 대신하여" 공공행정을 검증하는 것이므로 그 감사활동의 결과를 국민 등에게 알리는 것은 공공감사기구의 본연의 책무라고 할 수 있다. 그리고 한편으로는 감사의 이해당사자에게 감사결과를 알려 공공행정의 문제점을 개선할 수 있도록 한다는 점에서 감사의 실효성을 확보하는 기능도 있다.

5.2.2. 감사보고서 공개

감사원의 "감사보고서"는 감사활동의 최종적인 산출물로서 감사의 목적과 감사실시 과정, 감사결과 등 감사실시에 관한 전반적인 내용을 수록한 보고서이다.

감사원은 감사결과가 감사위원회의에서 의결된 이후 곧바로 감사보고서를 감사대상 기관에 시행[29]하고(「감사사무 등 처리에 관한 규정」 제66조), 시행된 감사보고서 전문(全文)을 홈페이지 등에 공개한다(「감사원 감사사무 처리규칙」 제67조).

감사원은 이와 같이 감사보고서 시행을 통해 감사대상 기관에 감사결과와 조치할 사항을 알리고, 감사보고서의 전문 공개를 통해 국민에게 감사활동의 결과를 보고하는 것이다.

— Ref.2 '감사결과 처분요구서'에서 '감사보고서'로 (감사보고서 명칭·내용의 변화)

감사원의 감사보고서는 과거에 "감사결과 처분요구서"라는 명칭으로 사용되다가 2015년에 '감사보고서'라는 명칭으로 변경되었다.

과거에는 감사결과를 일반에게 공개하지 않고, 원칙적으로 감사대상기관에만 송부하였다. 이는 감사대상기관에 감사결과를 알려주어 감사결과에 따른 조치 등을 요구하는 것으로 감사보고서를 이해하였고 이에 따라 '처분요구서'라는 명칭이 사용된 것으로 보인다.

하지만 2005년부터 감사보고서는 감사대상기관에 송부될 뿐 아니라 일반 국민에게 전문(全文)이 공개되고 있다. 이러한 과정에서 자연스럽게 일반 국민과 국회, 언론 등도 감사보고서의 독자가 되었고, 감사보고서는 "국민에 대한 공공감사기구의 감사활동에 관한 보고"라는 인식이 형성되어 그 명칭이 지금과 같은 "감사보고서"로 변경되었다.[30]

감사보고서에 대한 인식의 변화에 따라 그 구성내용에도 상당한 변화가 있다. 일반 국민들이 감사활동에 관한 전반적인 내용을 알 수 있도록 감사를 실시한 목적과 범위, 감사 준비부터 감사보고서 확정(감사위원회의 의결)까지의 과정, 감사방법 등을 추가로 기술하고, 감사결과에 대한 감사대상기관의 의견도 함께 수록하고 있다.

---

29) 감사결과는 시행을 통해 공식적인 효력을 발휘하며, 이를 기준으로 감사결과의 처리기한 등이 산정된다.

5.2.3. 결산검사결과 보고 및 중요감사결과 등 보고

감사원은 국가세입·세출 등에 대한 결산검사 결과를 국회와 대통령에게 보고하고, 중요 감사결과 등을 대통령에게 보고할 수 있다. 정부를 감독하고 입법, 예·결산을 심사하는 국회에 대해 감사결과를 보고하고, 행정의 최고책임자인 대통령에게 중요한 감사결과를 보고하여 국회나 대통령의 국정 감독과 운영을 지원하는 한편, 감사결과에 대한 대책 마련을 유도함으로써 감사의 실효성을 높일 수 있다.

5.2.3.1. 결산검사결과 보고

감사원은 헌법 제99조와 감사원법 제41조에 따라 국가의 세입·세출을 매년 검사하여 대통령과 차년도 국회에 그 결과를 보고하여야 한다.

결산검사 보고에는 국가 세입·세출 결산의 확인, 회계검사 결과 법령이나 예산에 위배된 사항이나 부당사항, 예비비의 지출로서 국회의 승인을 받지 아니한 것의 유무, 징계·문책 요구사항 및 그 결과, 시정요구사항 및 그 결과, 개선요구사항 및 그 결과, 권고 또는 통보 사항 및 그 결과, 그 밖에 감사원이 필요하다고 인정한 사항 등 10가지 사항이 포함된다(감사원법 제41조).

5.2.3.2. 대통령에 대한 중요감사결과 등의 보고

'중요감사결과 등 보고'는 감사결과 중요하다고 인정되는 사항이나 감사원의 중요한 처분요구에 대해 두 번 이상 독촉을 받고도 집행하지 아니한 사항에 대해 대통령에게 보고하는 제도이다(감사원법 제42조).

이 제도는 감사결과의 대통령 보고를 통해 감사결과의 실효성을 높이는 데 기여를 하지만, 동시에 감사결과가 감사위원회의에서 최종적으로 심의·의결되기 전에 대통령에게 보고함으로서 감사의 독립성이 훼손될 수 있다는 비판적 평가도 상존했다(최승필·임현·서승환, 2017).

---

30) 감사원법에 따르면 감사원이 감사를 통해 드러난 문제점에 대하여 조치하는 사항은 '처분요구'(징계요구, 시정요구, 주의요구, 개선요구 등을 통칭)뿐 아니라 '변상판정', '권고 또는 통보' 등이 있고, 일반적으로 감사를 실시하고 조치하는 사항에는 처분요구 외에 권고·통보 등의 조치가 포함되는데, 감사보고서 명칭을 '처분요구서'라고 하는 것은 적절하지 못한 점이 있었다.

이에 감사원은 중요감사결과 보고의 순기능을 유지하면서 감사원의 직무상 독립성을 확보하고 제도운영의 투명성을 높이기 위해 2020년 10월 감사원법 개정을 추진하여 제도의 개선을 기하였다. 보고의 명칭을 과거 '수시보고'에서 '중요감사결과 등 보고'로 변경하고, 보고의 대상, 절차, 방법과 공개 등에 필요한 사항을 감사원규칙으로 정하도록 하였다.

이에 따라 감사원은 「중요감사결과 등 보고의 운영에 관한 규칙」을 제정하여 보고대상을 국가안보, 국민안전, 대규모 예산낭비 우려, 중대한 비위 등 4가지 유형으로 규정하고(「중요 감사결과 등 보고의 운영에 관한 규칙」 제2조)[31], 감사위원회의의 심의·의결을 거쳐 보고서를 확정하도록 하였다(규칙 제4조).

그리고 중요감사결과 등 보고 후 1개월 이내에 국회(법제사법위원회)에 보고 여부와 보고를 한 감사사항 목록 등을 제공하도록 하고, 국회(법제사법위원회)의 열람 요청이 있는 경우 비공개를 전제로 보고 내용을 열람할 수 있도록 하였다(규칙 제6조).

5.3. 감사결과 이행관리

5.3.1. 의의

감사결과에 따른 조치사항에 대한 이행관리(follow-up)는 감사의 실효성을 확보하는 중요한 수단이다. 감사결과에 따른 조치를 하더라도 감사대상기관이 이를 실행에 옮기지 않는다면 감사의 목적은 달성되지 못하고 감사의 실효성은 없게 된다. 따라서 감사결과가 제대로 이행되도록 관리할 필요가 있다.

---

31) 「중요감사결과 등 보고의 운영에 관한 규칙」 제2조(대상) ① 중요 감사 결과 보고의 대상이 되는 사항은 다음 각 호와 같다.
1. 국가 안보와 관련된 중요 감사 결과
2. 국민 안전과 관련되거나 국민 생활에 미치는 파급효과가 커 개선의 필요성이 큰 중요 감사 결과
3. 공공재정 운용 또는 주요 국책사업 추진과 관련하여 대규모 예산 낭비나 비효율이 우려되는 중요 감사 결과
4. 소극행정, 공직기강 저해 등 중대한 비위가 확인되어 적기 조치가 필요한 중요 감사 결과
② 감사원의 중요한 처분 요구에 대하여 두 번 이상 독촉을 받고도 이를 집행하지 아니한 사항도 제1항과 같이 보고의 대상이 된다. 이 경우 중요한 처분 요구에 관하여는 제1항 각 호의 규정을 준용한다.

5.3.2. 이행기간

감사원의 감사결과 조치사항에 대하여 감사대상기관 등 조치기관은 특별한 사유가 없는 한 변상판정 사항은 3개월 이내, 징계·문책요구 사항은 1개월 이내 (파면요구는 10일 이내), 시정요구 사항은 2개월 이내에 처리하고 그 결과를 감사원에 회보하여야 한다(「감사원 감사사무 처리규칙」 제68조).

그리고 개선요구 및 권고·통보 사항에 대하여는 2개월 안에 집행이 가능한 사항은 그 기간 내에 적정한 조치를 하고 그 결과를 감사원에 바로 회보하고, 집행에 2개월 이상이 소요되는 사항은 2개월 안에 추진 일정 및 계획 등이 포함된 집행계획을 감사원에 회보한 후 집행계획에 따라 조치한 결과를 회보하도록 한다 (「감사사무 처리 등에 관한 규정」 제70조). 감사원은 조치사항별로 규정된 기한 내에 조치내용대로 이행되었을 경우 처분요구 등이 완결된 것으로 본다.

표 4-6_ 감사결과 조치의 이행기간

변상판정	징계·문책요구	시정요구	개선요구, 권고·통보	주의요구 등
3개월	1개월(파면: 10일) 이내 징계의결 요구	2개월	2개월	즉시

5.3.3. 미이행사항 관리

감사원은 감사결과 조치사항이 이행기간까지 완결되지 아니한 경우에는 이행을 독촉하거나 미집행 사유 등을 파악하여 정당한 사유 없이 이행을 하지 않는 경우에는 그에 대한 감사를 실시하여 책임을 규명하는 등의 방법으로 감사결과 조치가 적정하게 이행되도록 관리한다.

제 3 절

자체감사기구의 감사 권한

1. 개관

공공감사법은 자체감사기구가 감사를 실시하는 데 필요한 권한과 감사결과를 처리하는 데 필요한 권한을 규정하고 있다.

자체감사기구는 감사실시에 관한 권한으로 일상감사와 실지감사를 할 수 있고, 감사에 필요하면 관계자에 대한 출석·답변요구나 자료제출요구, 중앙행정기관에 대한 자료제출 요청 등을 할 수 있다.

이와 같이 자체감사기구의 감사실시에 관한 권한은 대체로 감사원의 감사권한 과 유사하지만 일상감사를 하는 점과 관계기관에 대한 자료제출요구가 아닌 "자료제출요청"인 점 등에서 차이가 있다.

그리고 자체감사기구는 감사결과 확인된 문제점에 대해 변상명령, 징계·문책, 시정, 주의, 개선, 권고, 고발 등의 조치를 할 수 있다.

공공감사법은 자체감사기구의 감사결과 처리에 관한 권한에 대하여 특별한 개념정의 없이 항목만을 명시하고 있는데, 「중앙행정기관 및 지방자치단체 자체감사기준(감사원 규칙)」(제25조)에 규정된 감사결과의 처리기준에 따르면, 감사원의 '변상판정'과 달리 '변상명령'으로 규정하고 있는 외에 다른 조치사항은 감사원의 권한과 유사하다.[1]

따라서 자체감사기구의 감사권한에 관한 일반적인 사항은 "제2절 감사원의 감사 권한"을 참조하기 바라며, 다음에서는 자체감사기구의 권한 가운데 특징적인 부분을 위주로 살펴본다.

---

1) 다만, 자체감사기구는 공공감사법에는 없지만 제재조치의 일종으로 조례나 내부규정으로 훈계나 경고 조치를 운영하고 있다.

2. 감사실시 권한

2.1. 일상감사 및 실지감사

자체감사기구의 장은 일상감사를 하여야 하며(공공감사법 제22조), 대상기관에 감사담당자를 보내 실지감사를 할 수 있다(법 제21조). 일상감사에 관한 내용은 "제3장 제3절 4. 자체감사기구의 일상감사 대상과 범위"에서 살펴보았다.

2.2. 자료제출요구 등

자체감사기구의 장은 자체감사를 위하여 필요한 때에는 자체감사 대상기관 또는 그 소속 공무원이나 직원에 대하여 출석·답변의 요구, 관계 서류·장부 및 물품 등의 제출 요구, 전산정보시스템에 입력된 자료의 조사, 금고·창고·장부 및 물품의 봉인 요구 등의 조치를 할 수 있다(공공감사법 제20조 1항).

이러한 자료제출요구 등은 감사에 필요한 최소한도에 그쳐야 하며, (법 제20조 제2항) 요구를 받은 자는 정당한 사유가 없으면 그 요구에 따라야 한다.

2.2.1. 개인정보 등 제출요구

2011년 공공감사법시행령에 자체감사기구가 고유식별정보를 처리할 수 있는 근거가 마련되었다. 이에 따라 자체감사기구의 장은 자체감사를 수행하기 위하여 불가피한 경우 「개인정보보호법 시행령」 제19조에 따른 고유식별정보(주민등록번호, 여권번호, 면허번호, 외국인등록번호)가 포함된 자료를 제출받아 처리할 수 있다 (「공공감사법 시행령」 제12조의2).

2.2.2. 자료제출요구 방법

자료제출요구를 할 때는 일시, 장소, 대상 등을 기재한 요구서를 발부하여야 한다. 다만, 실지감사 중이거나 긴급한 필요가 있는 경우에는 구두로 할 수 있다(「중앙행정기관 및 지방자치단체 자체감사기준」 제15조).

2.2.3. 벌칙

자료제출 요구를 받은 대상기관 및 소속 공무원이나 직원은 정당한 사유가 없으면 그 요구에 따라야 하며(법 제20조 제3항), 감사를 받는 사람으로서 정당한 사유없이 감사를 거부하거나 자료제출 요구에 따르지 아니할 경우 과태료 부과(500만 원 이하)의 대상이 된다(법 제41조 제1항).

2.3. 감사대상이 아닌 중앙행정기관 등에 대한 자료제출 요청

자체감사기구는 감사대상기관 이외의 자에 대해서도 자료제출을 요청할 수 있다.

공공감사법(제20조 제4항)은 "중앙행정기관 등의 장은 자체감사 대상기관이 아닌 중앙행정기관 등이 보유한 자료 또는 정보를 이용하지 아니하면 감사를 할 수 없는 경우 해당 중앙행정기관 등의 장에게 필요한 자료나 정보의 제출을 요청할 수 있다"고 규정하고 있다.

감사대상기관에 대한 자료제출요구와 비교하면, 주체가 감사기구의 장이 아닌 중앙행정기관 등의 장이며, 자료제출요청의 조건이 엄격하고, 자료제출요구가 아닌 요청으로 규정되어 요청에 응해야 할 의무나 벌칙이 적용되지 않는다. 이로 인해 자료제출요청의 실효성이 떨어질 수 있지만 중요한 자체감사사항의 경우 해당 기관에 자료제출에 대한 협조를 구하는 등으로 감사목적을 달성할 수 있는 수단으로 활용할 수 있다.

감사기구 장은 소속기관 장에게 보고한 이후 자료 또는 정보 제출 요청을 한다. 긴급한 필요가 있는 경우에는 사후에 보고할 수 있다. 요청서에는 자체감사의 명칭, 필요한 자료 또는 정보의 구체적인 범위 및 이용 용도, 자료 또는 정보를 이용하지 아니하면 자체감사가 불가능한 이유가 포함되어야 한다. 자료 또는 정보를 제출받은 감사담당자 등은 이를 다른 사람에게 제공 또는 누설하거나 구체적 이용 용도 외로 이용하여서는 아니된다(「중앙행정기관 및 지방자치단체 자체감사기준」 제15조).

2.4. 다른 자체감사기구에 대한 협조 요청 등

자체감사기구의 장은 감사활동에 필요한 경우 다른 중앙행정기관 등의 감사기구의 장에게 협조를 요청할 수 있다. 요청을 받은 감사기구의 장은 이에 협조하도록 노력하여야 한다(공공감사법 제30조).

중앙행정기관등의 장은 필요한 경우 감사원에 감사인력 지원을 요청할 수 있고, 감사원은 감사원의 감사활동에 지장이 없는 범위에서 지원한다(공공감사법 제38조).

위와 같은 협조 및 감사인력 지원 요청 등에 대하여 상대방의 이행의무가 없어 실효성이 제한되지만 중요한 자체감사사항을 수행하는 경우에 감사 수단으로 활용할 수 있다.

3. 감사결과 처리에 관한 권한

3.1. 개요

공공감사법은 감사결과 조치의 종류로 변상명령, 징계·문책, 시정, 주의, 개선, 권고, 고발 등을 규정하고 있다(법 제23조 제2항). 자체감사기구가 감사결과를 통보할 때에는 처분요구 또는 조치사항, 처리기한 및 결과 회보 의무 등을 기재한 시행문을 작성하여야 한다(「중앙행정기관 및 지방자치단체 자체감사기준」 제28조).

감사결과 중 변상명령을 제외한 나머지 조치는 감사원의 감사결과 조치 종류와 동일하기 때문에 생략하고 여기서는 변상명령만 살펴본다.

3.2. 변상명령

회계관계직원의 변상책임에 대해서는 원칙적으로 감사원이 변상책임 유무를 심리·판정하지만, 중앙관서의 장, 지방자치단체의 장, 감독기관의 장은 감사원이 판정하기 전이라도 변상을 명령할 수 있으며(회계직원책임법 제6조 제1항), 기관별·직위별 위임 한도액 범위에서[2] 변상명령 조치를 할 수 있다(법 제6조 제2항).

---

2) 회계직원책임법 시행령 제1조 참조

변상명령을 받은 회계관계직원은 이의가 있으면 감사원에 판정을 청구할 수 있다. 감사원에서 해당 회계관계직원에 대해 변상책임이 없다고 판정하거나(무책판정) 변상금액을 감면한 경우 변상명령을 한 기관은 이미 낸 변상금의 전부 또는 그 차액을 지체없이 반환하여야 한다.

Ref.3 변상명령에 대해 감사원에 판정을 청구한 사례

• 제목: 변상판정(무책)[3]

　과학기술정보통신부로부터 변상명령을 받은 우체국 내 국유재산 사용허가 업무담당자들이 감사원에 판정을 청구함에 따라 감사를 실시하였다.

　감사결과, 위 업무담당자들이 국유재산 사용허가와 관련된 이행보증 조치를 하지는 않았으나, 국유재산 사용료에 대한 변상판정 소멸시효의 기산점은 '사용료 지급기일이 도래한 다음 날'이고, 이로부터 5년이 경과하였을 때에는 변상판정 대상이 되지 않으므로 무책 판정을 하였다.

3.3. 변상판정과 변상명령의 차이

　감사원의 변상판정은 변상책임자가 감사원이 정한 날까지 변상책임을 이행하지 않을 경우 소속 기관의 장 등은 관계 세무서장에게 위탁하여 국세징수법 중 체납처분 규정을 준수하여 집행한다. 하지만, 중앙행정기관 등의 장이 실시한 변상명령에 대해서는 이를 이행하지 않더라도 국세체납절차와 같이 이를 강제하는 효력은 없다. 중앙행정기관 등의 장이 변상조치가 필요한 사실을 감사원에 통보하면 감사원이 변상책임 유무를 판정하게 된다.

---

3) 감사원 감사보고서 공개문(2020. 8. 13. "변상판정 청구사항 조사 및 처리") 참조

4. 감사결과 통보 및 이행관리 권한

4.1. 감사결과 통보

　중앙행정기관 등의 장은 자체감사 결과를 감사대상 기관의 장 및 감사원에 통보하여야 한다. 중앙행정기관과 지방자치단체는 기관장 또는 단체장이 통보의 주체이며, 독립적인 감사기구가 설치되어 있는 공공기관은 감사기구의 장이 통보의 주체이다. 감사원에 감사결과를 통보할 때에는 행정안전부장관, 광역자치단체, 교육부장관, 주무기관 등을 경유하여야 한다(공공감사법 제23조).

그림 4-2_ 자체감사의 감사결과 감사원 통보

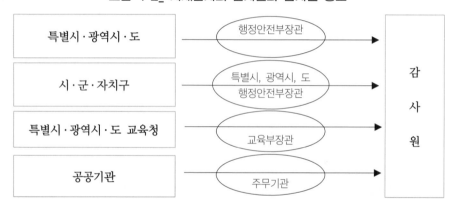

주: 감사원이 통보 대상이며, 타원에 있는 기관은 경유기관이다.

4.2. 감사결과 이행

　감사결과를 통보받은 자체감사 대상기관의 장은 정당한 사유가 없으면 감사결과의 조치사항을 이행하여야 한다.[4]

---

[4] 변상명령은 변상책임자가 변상명령서를 받은 날로부터 3개월 안에 변상하도록 조치하고, 징계·문책요구는 1개월 안에 징계의결을 요구하고, 시정요구는 2개월 안에 처리하고 각각 그 결과를 지체없이 회보한다. 개선요구·권고·통보는 2개월 안에 집행가능한 사항은 그 기간 내에 적정한 조치를 하고, 집행에 2개월 이상이 소요되는 사항은 2개월 안에 추진 일정 및 계획 등이 포함된 집행계획을 우선 회보한다(「중앙행정기관 및 지방자치단체 자체감사 기준」 제28조). 이는 감사원의 감사결과 처리기한과 유사하다.

그리고 이행결과를 자체감사를 한 중앙행정기관 등의 장에게 통보하여야 하며, 그 이행결과를 통보받은 중앙행정기관 등의 장은 그 내용을 검토한 후 검토내용과 함께 이행결과를 감사원에 지체없이 통보하여야 한다(공공감사법 제23조 제3항).

　이처럼 공공감사법은 자체감사의 감사결과와 이행결과를 감사원에 통보하는 규정을 두고 있는데, 이는 최고감사기구로서 공공감사 전반을 아우르는 감사원의 역할에서 비롯된 것으로 자체감사의 실효성 제고에도 기여하고 있다.

감사대상자 권익보호

제5장에서는

공공감사를 받는 기관이나 사람의 권익보호에 관하여 살펴본다.

공공감사는 감사대상자가 수행한 업무를 비판적으로 검증하고,

감사결과에 따라 불이익한 제재조치를 할 수 있다.

이러한 공공감사의 특성으로 인해 감사과정에서 감사주체와 객체

사이에 긴장·갈등 관계가 형성될 수 있다.

공공감사 기능이 건전하게 작동하기 위하여는 감사 과정에서 발생

할 수 있는 인권침해 요인을 방지하고, 감사결과에 대한 불복, 구제

절차 등 감사대상자의 권익을 보호하는 장치가 필요하다.

제 1 절

감사원의 감사대상자 권익보호

1. 의의

공공감사는 감사대상자의 위법·부당행위를 조사, 확인하고 그 책임소재를 가리는 기능상의 특성으로 말미암아 감사과정에서 감사기구와 감사대상기관, 감사인과 감사대상자 간에 갈등상황이나 긴장관계가 발생하기도 한다.

공공감사는 감사목적 달성을 위해 원칙에 따라 엄정하게 감사업무를 수행해야 하지만, 동시에 감사대상자의 인권을 보호하고 적법 절차를 준수해야 하며, 감사내용에 있어서도 객관적이고 합리적이어야 한다.

이에 따라 공공감사기구는 감사의 적정하고 건전한 운영을 위해 감사과정에서 감사대상자의 권익을 보호하고, 감사내용에 대한 이의제기 및 반론권을 보장할 필요가 있다.

감사 과정이나 결과에 흠결이 있는 경우 감사의 신뢰도를 훼손할 뿐 아니라 궁극적으로 감사목적 달성을 저해할 수 있다는 점에서 감사대상자 권익보호 제도는 감사대상자를 위한 제도이면서 동시에 공공감사의 신뢰를 확보하기 위한 제도이기도 하다.

사회전반의 민주화가 진행됨에 따라 감사운영에 있어서도 적법 절차와 인권보호가 중요시되고 있다. 이러한 사회환경의 변화에 따라 감사원을 비롯한 공공감사에 있어서도 감사의 민주성을 확보하고 감사대상자의 권익을 보호하기 위한 다양한 제도들을 도입하고 있다.

2. 개관

감사원에서 시행하고 있는 감사대상자에 대한 권익보호제도는 두 측면에서 볼 수 있다. 하나는 감사과정에서 발생할 수 있는 인권침해적 요소를 방지하는 것이고, 다른 하나는 감사대상자가 감사 내용에 대해 반론을 제시하거나 감사결과에 대하여 이의를 제기할 수 있는 기회를 제공하는 것이다.

감사 과정에서의 인권침해 방지를 위한 제도로는 '출석·답변요구 대상자의 변호사 등 대리인 선임제도', '문답서 작성시 준수사항', '감사원(감찰관실)에 대한 진정 또는 민원 제기' 등이 있다.

감사의 내용과 결과에 대한 감사대상자의 반론이나 이의제기는 감사의 각 단계별로 관련 제도가 시행되고 있다. 이러한 제도로는 감사원법에 의한 '재심의 청구제도' 외에 감사원규칙에 의해 운영되는 '감사결과에 대한 질문·답변제도', '감사소명 신청 및 감사권익보호관 제도', '감사위원회의 의견진술 제도' 및 '감사위원면담 신청' 등이 있다. 그리고 감사원법에 규정된 '적극행정면책제도'도 넓게 보면 감사대상자의 권익을 보호하기 위한 제도로 볼 수 있다.

위와 같은 감사원의 감사대상자 권익보호를 위한 제도를 정리하면 <그림 5-1>과 같다.

그림 5-1_ 감사원의 감사대상자 권익보호제도

감사과정의 인권침해 등 방지	감사내용·결과에 대한 반론·이의제기
• 변호사 등 대리인 선임 • 문답서 작성시 준수사항 • 영상녹화 등 신청 • 감사원 진정 및 민원 제기 • 기타(감사활동 모니터링 등)	(감사결과 확정 전) • 감사마감회의 및 답변서 제출 • 감사소명 신청 및 감사권익보호관 제도 • 적극행정면책 신청 • 감사위원 면담 신청 • 감사위원회의 및 소위원회 진술
	(감사결과 확정 후) • 재심의 청구 • 행정소송 제기

3. 감사과정에서의 권익보호

3.1. 출석·답변요구 관계자의 권익보호

3.1.1. 변호인 참여 안내 및 신청

감사원은 문답서 작성을 위하여 출석·답변을 요구하는 경우 그 관계자에게 변호인이 참여할 수 있다는 사실을 출석·답변요구서 또는 구두로 알려야 한다(「감사사무 등 처리에 관한 규정(감사원훈령)」 제21조).

출석·답변요구를 받은 관계자는 변호인(변호사)을 선임하여 문답서 작성에 참여를 신청할 수 있다. 관계자 등은 변호인의 참여를 원하는 경우 문답 시작 전까지 변호인 참여 신청서와 「변호사법」 제29조에 따른 변호인선임서 등을 제출하여야 한다(「감사원 감사사무 처리규칙」 제18조 제1항 및 제2항).

문답서 작성에 변호인의 참여는 감사 과정에서의 인권침해 등을 예방하는 기능을 하는 한편, 감사 관계인에 대하여 변호인의 조력을 받을 권리를 보장하는 기능을 한다.

3.1.2. 변호인 참여 예외사항

감사원은 문답서 작성 내용에 국가안전보장이나 사생활의 비밀 등에 관한 내용 등이 포함되어 있거나 변호인의 참여 신청이 감사방해 목적으로 판단되는 등의 경우에는 변호인의 참여 없이 문답서를 작성할 수 있다.

문답서 작성시 변호인 참여 예외 사유(「감사원 감사사무 처리규칙」 제18조 제3항)

1. 문답서를 작성할 내용에 「공공기관의 정보공개에 관한 법률」 제9조제1항에서 정한 국가안전보장·국방·통일·외교관계 등에 관한 사항 등 비공개대상 정보가 포함되어 있어 외부에 알려질 경우 국가의 중대한 이익, 사생활의 비밀 또는 자유를 침해하거나 특정한 사람, 단체 등에 이익 또는 불이익을 줄 우려 등이 있는 경우
2. 변호인의 참여 신청이 문답의 개시 및 진행을 지연하거나 방해하기 위한 것으로 판단되는 경우
3. 관계자 등의 증거인멸이나 도주 우려 등으로 문답서 작성에 시급을 요하거나 감사내용 공개 등으로 감사목적 달성에 현저한 지장을 초래할 것으로 예상되는 경우

그리고 변호인의 참여를 허용하였더라도 변호인이 문답 과정에 개입하거나 부당하게 진술 번복을 유도하는 등의 사유가 있으면 문답서 작성 중이라도 변호인의 참여를 중단하게 하고 변호인 없이 문답서를 작성할 수 있다.

문답서 작성시 변호인 참여 중단 사유(「감사원 감사사무 처리규칙」 제18조 제4항)

다음 각 호의 어느 하나에 해당하는 경우에는 문답서 작성 중이라도 변호인의 참여를 중단하게 하고 변호인 없이 문답서를 작성할 수 있다.
1. 변호인이 감사자의 승인 없이 관계자 등을 대신하여 진술하는 등 문답 과정에 개입하거나 답변에 영향을 줄 수 있는 말이나 행동 등을 하는 경우
2. 변호인이 부당하게 특정 답변이나 진술 번복을 유도하는 경우
3. 변호인이 문답 과정을 촬영, 녹음, 기록하는 경우(다만, 기록의 경우 법적 조언을 위해 기억 환기용으로 간단한 메모를 하는 것은 제외한다)
4. 그 밖에 문답서 작성의 정당한 진행을 어렵게 하는 경우

── Ref.1 감사원감사 과정의 대리인 선임

　　출석·답변하는 관계자가 문답서를 작성할 때 변호인 참여를 신청하는 외에 감사원 감사의 관계자는 아래와 같이 감사소명자료를 제출하거나 감사위원회의 및 소위원회에서 진술하거나 재심의를 청구하는 등의 경우에 변호사 등 대리인을 선임하여 조력을 받을 수 있다.

조력받을 수 있는 유형	조력 방식	근거
출석·답변 및 문답서 작성	변호인 참여	「감사원 감사사무 처리규칙」 제18조
감사소명자료 제출	대리인 선임	「감사원 감사사무 처리규칙」 제41조
감사위원회의 등 의견진술	대리인 선임	「감사원 감사사무 처리규칙」 제50조
재심의 청구	대리인 선임	「감사원 감사사무 처리규칙」 제54조

3.1.3. 문답서 작성시 준수사항

감사원의 문답서 작성을 위한 출석·답변의 요구는 감사목적 달성을 위하여 필요한 최소한도에 그쳐야 하고(「감사원 감사사무 처리규칙」제17조 2항), 출석·답변을 요구할 때는 그 관계자에게(예외 사유에 해당하지 않는 한) 변호인의 참여가 가능함을 안내하여야 하며(「감사사무 등 처리에 관한 규정」), 문답서 작성을 시작하기 전에 관계자에게 불리한 진술의 거부 등 관계자의 권리와 책임 등을 고지하여야 한다(「감사사무 등 처리에 관한 규정」제20조).

그리고 문답서 작성 중에는 관계자에게 식사시간과 휴식시간 등을 보장하여야 하며(「감사원 감사사무 처리규칙」제20조 제4항), 문답서 작성을 위한 조사는 근무시간 중에 하는 것을 원칙으로 한다(규칙 제20조 제1항).

다만, 관계자가 요청하거나 부득이한 경우 관계자의 동의를 받아 근무시간 외의 시간에 조사를 할 수 있다(규칙 제20조 제1항). 그리고, 관계자가 자정 이후에도 조사를 받겠다는 의사를 명백히 표시하고, 이에 합리적인 이유가 있다고 인정될 때에는 자정 이후에도 계속 조사할 수 있으나 조사를 중지할 것을 요청한 때에는 즉시 조사를 중지하고 조사일시 등을 다시 정하여야 한다(규칙 제20조 제2항).

또한, 감사원은 조사과정을 영상녹화 또는 녹음하는 경우 관계자의 동의를 받아야 하고, 관계자는 조사과정에 대한 영상녹화나 녹음을 요청할 수 있다(규칙 제19조).

3.1.4. 관계자의 권리 종합

위와 같은 내용을 토대로 감사원의 출석·답변요구에 따라 문답서를 작성하는 관계자의 권리를 종합하면 아래와 같다.

---

1. 문답서 작성에 변호인 참여 신청
2. 문답서 작성 과정에 대한 영상녹화 또는 녹음 요청
3. 문답서 작성 중 불리한 진술에 대한 거부
4. 문답서 작성 중 식사시간, 휴식시간 등 보장
5. 근무시간 외의 시간 또는 심야시간 조사에 대한 거부(부동의) 또는 중지 요청

3.1.5. 기타 감사관련 인권침해 방지 등

그밖에 일반적으로 인정되는 수단으로서 감사원의 감사를 받는 관계자는 인권
침해나 부당한 요구 등을 받은 경우 감사단(단장 또는 감사관) 또는 감사원(감찰관
실)에 부당한 행위의 시정이나 이의를 제기할 수 있고, 진정 또는 민원을 제기하
는 방법으로 권익을 보호받을 수 있다.

그리고 감사원은 감사과정에서의 부당한 행위나 인권침해 등 예방을 위해 실지
감사 활동에 대해 상시적으로 모니터링을 실시하고 있다.

3.2. 감사대상기관의 감사관련 고충 해소

감사원의 감사를 받는 관계자 외에 감사대상기관의 경우에도 국가 또는 정부
차원의 긴급한 현안이 발생하는 등으로 감사를 정상적으로 받기가 곤란한 경우가
있을 수 있다. 이러한 경우 감사와 관련된 고충을 감사원과 상담하여 감사시기나
범위의 조정 등을 협의할 수 있다. 다만, 이러한 예외는 불가피하고 정당한 사유
가 있는 경우에만 한정되고, 단순히 감사를 회피할 목적으로 감사시기 조정 등을
요청하는 것은 허용되지 않는다.

4. 감사내용·결과에 대한 반론 및 이의제기

공공감사기구는 감사의 내용에 대해 감사대상자의 입장을 존중하고 충분한 의
견진술 기회를 주어야 한다.[1] 여기서 감사내용은 법령 등에 대한 해석, 증거 및
사실에 대한 판단, 감사결론 등을 의미한다.

그리고 감사대상자 등은 감사내용에 대해 감사실시 과정, 감사결과 처리과정,
감사결과 확정 후 등 감사의 각 단계별로 의견이나 반론을 제기할 수 있다.

---

1) 공공감사기준 제10조 ② 감사인은 수감기관 등의 입장과 의견을 존중하고 충분한 의견진술 기회를
   주어야 하며 편견이나 자의적 판단에 의하지 아니하고 동료 감사인, 관계기관 및 전문가의 의견을 광
   범위하게 수렴하여야 한다.

4.1. 감사실시 과정에서의 이의제기

감사대상자 등은 감사가 진행되는 과정에서 담당 감사인이나 감사단에 의견이나 반대증거를 제시할 수 있으며, 답변서 제출, 감사마감회의, 문답서 작성 과정 등을 통해 의견을 제시할 수 있다.

4.1.1. 답변서 제출

답변서는 감사원이 감사결과 위법·부당하다고 인정되는 사항 등에 대하여 감사대상기관에 질문서를 발부하여 설명 또는 소명을 요구한 사항에 대하여 감사대상기관이 답변을 제출하는 것이다(「감사원 감사사무 처리규칙」 제27조).

답변서는 감사원이 감사결과로 검토 중인 사항에 대하여 감사대상기관의 공식적인 의견을 제출하는 것이므로 감사내용에 대해 의견이나 반론이 있는 경우 답변서를 통해 그 증거와 함께 제출할 수 있다.

4.1.2. 감사마감회의

감사마감회의는 실지감사 기간이 종료되는 시기에 감사단과 감사대상기관의 관계자 등이 감사와 관련되는 회의를 하는 것이다. 감사단장은 특별한 사정이 없는 경우 감사종료일 3일 전까지 감사마감회의를 개최하여 감사대상 기관의 장 등이 알고 있을 필요가 있는 주요 감사결과를 설명하고 그에 대한 감사대상기관의 의견이나 건의사항 등을 청취한다(「감사사무 등 처리에 관한 규정」 제40조).

이와 같이 감사마감회의는 감사단이 감사결과로 검토 중인 주요 사항을 설명하고 그에 대해 감사대상기관의 의견을 듣는 것이 주된 목적이므로 감사대상기관은 감사마감회의를 통해 감사결과에 대한 의견을 제시할 수 있다.

4.1.3. 문답서 작성

문답서는 "변상책임의 판정이나 징계·문책 사유에 해당하거나 그 밖의 중요한 사안에 관련된 사람들의 책임소재와 한계 등을 규명하기 위하여 관계자 등을 대상으로 문답을 실시하고 작성하는 것"이다(규칙 제17조).

관계자는 문답서 작성 과정에서 감사대상 업무와 관련되는 본인의 의견이나 반론, 업무처리와 관련된 불가피한 사정이나 고충 등을 진술할 수 있다.

4.2. 감사결과 처리 과정에서의 이의제기

4.2.1. 감사소명(監査疏明) 제도

4.2.1.1. 의의

감사소명제도는 감사원에서 처리 중인 감사결과에 대하여 감사대상기관 및 감사대상자나 이해관계자가 의견 또는 소명자료를 제출하고, 감사원은 이를 검토하여 이유가 있다고 인정되는 경우 감사결과 처리에 반영하는 제도이다.

감사소명제도는 감사원이 2015. 2. 3. 「적극행정 면책 등 감사소명제도의 운영에 관한 규칙」(감사원규칙)을 제정하여 도입하였고, 현재는 그 내용이 「감사원 감사사무 처리규칙」(감사원규칙, 2022. 4. 4. 제정)에 포함되어 시행되고 있다.

감사결과에 대하여 감사대상기관이나 관계자가 의견을 충분하게 제시할 수 있도록 기회를 제공하기 위하여 시행하는 제도로, 감사대상자의 권익을 보호하는 것이 일차적인 목적이라 할 수 있다.

한편으로, 감사소명제도는 감사원의 감사자(감사단 구성원)와 검토자(감사결과를 검토하는 상급자 및 감사위원회의 등) 간의 감사와 관련되는 정보의 비대칭(情報의 非對稱)을 해소하는 기능도 있다.

감사결과와 관련되는 제반 사정, 반론 및 반증 등을 감사대상기관이 감사원에 직접 제출[2]하도록 함으로써 감사원은 소명서와 자료를 통해 감사결과에 나타나지 않는 내용까지 종합적으로 파악할 수 있어 감사결과 검토 및 심의에 보다 충실을 기할 수 있는 것이다.

---

2) 감사소명서 및 자료는 감사단이 아니라 감사원(심의실)이 접수·관리한다.

issue note 15: 감사관련 정보의 비대칭(情報의 非對稱)과 감사소명제도

　감사원은 사무처의 감사단이 감사(실지감사)를 수행하고 감사보고서(처리안)를 작성하여 상신하면 사무처의 결재단계별로 검토한 후 최종적으로 감사위원회의의 심의·의결을 거쳐 감사결과를 확정한다.

　그런데, 감사보고서는 감사결과 위법·부당사항을 뒷받침하는 근거와 사실관계 위주로 작성되므로 감사단 외의 결재단계에 있는 검토자[3]의 경우 감사와 관련된 제반 상황을 종합적으로 파악하기가 어려울 수 있다.

　이로 인해 불가피하게 감사자와 검토자 사이에 감사결과에 대한 정보의 비대칭이 발생한다. 그리고 이러한 정보의 비대칭은 감사결과 검토·심의·의결에 흠결이 발생하는 원인이 될 수 있다.

　감사소명제도는 감사대상기관 등이 소명서를 제출하는 경우 사무처의 검토자와 감사위원회의가 소명내용과 그에 대한 검토의견(감사단과 감사권익보호관이 각각 작성)을 종합적으로 검토할 수 있게 하여 감사원 내부의 정보의 비대칭을 해소하고 감사결과 검토·심의에 보다 충실을 기할 수 있게 하는 기능을 한다.

4.2.1.2. 운영 절차

　감사소명제도는 「감사원 감사사무 처리규칙」(감사원규칙) 제4장 '감사관련 소명'에 따라 운영되는데 소명서 제출 및 처리 절차는 다음과 같다.

　감사원은 실지감사 통지서나 질문서를 통해 감사소명제도를 안내(감사대상 기관에 질문서를 보낼 때, 감사소명제도에 대한 안내문을 첨부) 하고, 감사대상기관은 감사원이 처리 중인 감사결과에 대하여 이견이 있는 경우 관련 내용을 답변서에 명기하여 소명자료와 함께 감사원에 제출할 수 있다.

　그리고 감사대상기관의 장 또는 감사를 받는 자, 그리고 이해관계자는 감사원 감사단의 실지감사가 종료된 후 감사원이 처리 중인 감사결과에 대하여 소명서를 작성하여 소명자료와 함께 감사원에 제출할 수 있다(규칙 제39조). 소명서는 소명자료 제출 취지(사실관계 상이, 새로운 증거, 법령해석 차이, 정상참작 등), 적극행정면책 신청 여부, 소명 요지 등을 기술하여 작성한다(규칙 별지 제2호 서식).

---

3) 사무처의 상급자 및 감사품질담당관, 감사위원회의 등을 말한다

감사대상기관 등은 소명자료 제출시 법률에 따라 대리인의 자격을 가진 자를 대리인으로 선임할 수 있다.

한편, 감사원은 소명서가 접수된 경우 감사단과 감사권익보호관에게 각각 검토하도록 하고 그 검토의견을 감사위원회의 심의 등에 제공한다.[4] 감사위원회의는 소명자료 등을 종합하여 감사사항을 심의·의결하고, 감사권익보호관을 참석시켜 진술하게 할 수 있다.

감사원은 소명사유가 이유가 있다고 인정되는 경우 적극행정면책을 하는 등 감사결과 처리에 반영하여야 한다(규칙 제40조 제2항). 소명사유가 이유가 있다고 인정되어 감사결과를 불문처리한 경우 그 결과를 소명자료를 제출한 자에게 통지하고, 소명사유가 이유 없다고 인정하여 처분요구 등을 한 경우에는 처분요구 등의 시행으로 통지를 갈음한다(규칙 제46조).

4.2.2. 감사권익보호관 제도

4.2.2.1. 개념 및 의의

감사권익보호관제도는 감사원감사를 받는 관계자 등이 감사소명자료를 제출하는 경우 감사권익보호관이 관계자 등의 입장에서 검토하고 감사위원회의에서 의견을 진술하는 등으로 감사관계자의 권익을 보호하기 위한 제도이다. 감사권익보호관은 공공감사분야에 있어서 "국선변호인"과 같은 역할을 한다.

감사원이 2015년 감사관계자의 권익을 실질적으로 지원·보호하기 위해 도입한 제도이며, 「감사원 감사사무 처리규칙」 제42조에 따라 운영되고 있다.

4.2.2.2. 도입 목적

감사원이 감사소명서 제출 등 감사대상 기관 등의 의견을 제출할 수 있는 기회를 부여하고 있음에도 이와 별도로 감사권익보호관제도를 도입하여 시행하는 이유는 두 가지로 볼 수 있다.

---

4) 감사원은 소명자료를 접수한 이후 이를 감사부서와 감사권익보호관에게 이송한다. 감사부서는 소명자료 검토 이후 소명자료 검토보고서를 작성하여 주심 감사위원에게 보고하고, 감사권익보호관은 소명인의 입장에서 소명자료를 검토하고 소명자료 검토의견서를 작성하여 주심 감사위원에게 보고한다.

첫째로는, 감사대상기관이나 관계자 등의 입장을 보다 전문적으로 변호할 수 있는 기회를 제공하기 위함이고, 둘째로는 감사원이 보다 객관적이고 중립적인 입장에서 감사결과를 검토하기 위한 목적이다.

감사대상기관이나 공무원, 이해관계인 등 관계자는 감사결과와 관련된 의견이나 반론 등이 있더라도 내용이 복잡하고 전문적인 경우 이를 설득력 있게 제출하기가 쉽지 않고, 공무원 등이 개인적으로 변호사 등 대리인의 조력을 받기도 여의치 않은 경우가 많이 있다.

감사권익보호관은 '감사분야의 국선변호인' 역할을 하는 사람으로서 경제적인 사정 등으로 변호사 등 전문가의 조력을 받지 못하는 관계자 등을 전문적으로 지원하는 한편, 이를 통해 공무원 등이 입을 수 있는 심리적 박탈감을 해소하는 기능을 한다.

감사원 내부적으로는 감사권익보호관에 대하여 소명인의 입장에서 검토의견을 제출하도록 함으로써 감사결과를 보다 객관적이고 종합적인 시각에서 검토하기 위한 목적도 있다.

4.2.2.3. 위촉

감사원장은 감사대상 기관 등의 업무에 대한 이해도가 높고 전문적 식견을 가진 외부 인사 중에서 감사권익보호관을 위촉한다(규칙 제42조).

감사권익보호관은 감사원이 정부법무공단 소속의 변호사를 위촉하여 운영하고 있고, 2023년 현재까지 매 1년 주기로 감사권익보호관을 교체하여 위촉하고 있다.

감사권익보호관을 민간의 변호사로 위촉하는 대신 정부법무공단 소속의 변호사를 위촉하는 이유는 민간 변호사에게 발생할 수 있는 이해 상충의 문제를 방지하고, 감사원의 감사결과와 관련된 업무상 비밀의 보호 등을 위한 목적이다.

4.2.2.4. 운영 절차

감사원은 감사대상자 등으로부터 감사소명서가 접수되면 이를 감사원 사무처 감사단에 전달하는 한편, 감사권익보호관에게도 전달하여 검토하도록 한다. 감사단과 감사권익보호관이 각각 그 검토의견을 제출하면, 사무처의 감사보고서(처리안) 결재단계별로 검토하는 한편, 최종적으로 감사위원회의에서 검토한다.

감사권익보호관은 감사소명자료를 제출한 자의 입장에서 감사소명자료를 검토하고, 감사위원회의 등에 배석하여 의견을 진술할 수 있다(규칙 제42조 제3항).

감사원장은 감사권익보호관이 법과 양심에 따라 독립하여 업무를 수행할 수 있도록 하여야 하며, 감사주관 부서의 장은 감사권익보호관의 감사소명자료 검토 등의 업무수행에 부당한 영향을 주는 일체의 행위를 하여서는 아니된다(「감사권익보호관 제도 운영지침」).

4.2.3. 적극행정면책 제도

4.2.3.1. 개념

적극행정면책제도는 감사원법(제35조의3)에 근거를 두고 시행되고 있는 제도로, 감사원감사를 받는 자가 불합리한 규제의 개선 등 공공의 이익을 위하여 업무를 적극적으로 처리한 결과에 대하여는 법에 따른 불이익한 처분요구 등을 하지 않는 등 그 책임을 면제하는 제도이다.[5]

4.2.3.2. 도입의 의의

적극행정면책제도는 감사원이 감사운영 방향으로 설정하였던 "공무원이 열심히 일하다가 발생한 경미한 과실은 책임을 묻지 않는다"는 원칙을 제도화한 것이다. 그동안 감사운영 방향을 선언적으로 표방하다가 공공행정의 적극행정을 보다 체계적으로 지원하고 보호하기 위해 2009년에 공식적인 제도로 시행하였다.

감사원은 공무원 등의 위법·부당한 업무수행에 대하여 징계요구 여부 등을 심의하는 경우 업무수행 경위, 비위의 정도 등을 종합적으로 고려하여 징계요구 여부를 결정하므로 해당 공무원 등이 적극적으로 업무를 수행하다가 경미한 과실 등으로 문제를 초래한 경우 감사원의 판단과 결정으로 징계요구 등 책임을 묻지 않을 수 있어 특별히 법률의 근거가 없더라도 적극행정면책제도의 취지와 같이 감사 운영을 할 수 있다.

---

5) 감사원법 제34조의3(적극행정에 대한 면책) ① 감사원 감사를 받는 사람이 불합리한 규제의 개선 등 공공의 이익을 위하여 업무를 적극적으로 처리한 결과에 대하여 그의 행위에 고의나 중대한 과실이 없는 경우에는 이 법에 따른 징계 요구 또는 문책 요구 등 책임을 묻지 아니한다.

그런데 감사원이 적극행정면책제도를 법률상의 제도로 시행하는 이유는 적극행정을 한 공무원 등에 대한 보호 원칙을 분명히 하고, 제도를 적극적으로 시행하고자 하는 의지를 표명한 것으로 이해할 수 있다.

한편 공무원 등이 징계사유에 해당하면 원칙에 따라 엄격하게 징계요구를 하여야 하고 이를 면책하는 등 예외적인 조치는 신중해야 한다는 의견이 있을 수 있다. 이러한 의견도 일면 타당하지만 적극행정면책제도가 도입되기 이전에도 「공무원 징계령」(제17조)[6]의 규정과 같이 징계 등의 정도를 결정할 때는 징계요구의 내용과 그밖의 정상 등을 참작하도록 되어 있는 점을 감안할 때 적극행정면책제도는 일반적인 징계기준과 원칙의 연장선에서 적극행정에 대한 보호를 보다 강조하는 제도라고 할 수 있다.

다만, 적극행정면책제도는 감사과정에서 성실하고 적극적으로 일하는 공무원 등에 대해 불이익한 조치를 신중하게 하려는 취지의 제도이며, 감사를 느슨하게 하거나 감사실시를 면제하는 제도로 오해하여서는 아니 된다(규칙 제38조).

▬ Ref.2 적극행정면책제도 도입 취지(감사원, 「2009년도 감사연보」 중에서 발췌)

그동안 '한 일에 대한 점검' 위주의 감사로 열심히 일한 사람만 감사받는다는 공직사회 일부의 불만을 해소하고 적극행정 분위기를 조성하기 위해 '할 일을 하지 않거나 무사안일하게 처리한 사항에 대한 점검' 위주로 감사방향을 일대전환하는 한편, 모범사례 등도 적극 발굴하여 '잘한 업무'에 대한 보상도 강화하였다. 특히, 처벌위주로 운영되는 감사가 공직사회의 무사안일과 사기저하를 초래하고 있다는 지적에 대한 개선책으로 적극행정 면책제도를 도입·시행하는 한편, 대상기관의 수감부담을 완화하기 위해 '감사중복 완화', '감사예고제', '감사기간 단축' 등의 방안도 마련·시행하였다.

---

6) 「공무원 징계령」 제17조(징계등의 정도 결정) 징계위원회가 징계등 사건을 의결할 때에는 징계등 혐의자의 혐의 당시 직급, 징계등 요구의 내용, 비위행위가 공직 내외에 미치는 영향, 평소 행실, 공적(功績), 뉘우치는 정도 또는 그 밖의 정상을 참작해야 한다.

4.2.3.3. 제도 시행

적극행정면책제도는 2009. 1. 6. 감사원이 「적극행정 면책제도 운영규정」(감사원훈령)을 제정·시행[7])하여 제도를 처음 시행하였고, 각 정부기관과 지방자치단체, 공공기관이 같은 규정을 도입하여 공공부문 전체로 제도가 확산되었다.

이후 2015. 2. 3. 감사원법(제34조의3)[8])과 「공공감사에 관한 법률」(제23조의2)[9]) 등에 각각 규정되어 법률상의 제도로 발전하였다.

이에 따라 적극행정면책제도는 감사원법과 감사원규칙(「감사원 감사사무 처리규칙」에 따라 감사원감사에 적용되는 한편, 「공공감사에 관한 법률」과 같은 법 시행령에 따라 자체감사에 적용되고 있다.

표 5-1_ 적극행정면책 제도 관련 법령체계

	감사원감사	자체감사
법률	감사원법 제34조의3	「공공감사에 관한 법률」 제23조의2
감사원규칙 및 시행령	「감사원 감사사무 처리규칙」	공공감사법 시행령

4.2.3.4. 면책 대상 및 범위

감사원의 적극행정면책제도는 감사원감사를 받는 자가 공공의 이익을 위하여 업무를 적극적으로 처리한 결과에 대하여 감사원법에 따른 불이익한 처분요구 등을 하지 않는 등 그 책임을 면제하는 제도이다.

---

7) 2009년도 감사원 감사연보(감사원 연혁) 참조. 저자는 당시 감사원 기획담당관으로서 「적극행정면책제도」를 입안하고 설계하였다.

8) 감사원법 제34조의3(적극행정에 대한 면책) ① 감사원 감사를 받는 사람이 불합리한 규제의 개선 등 공공의 이익을 위하여 업무를 적극적으로 처리한 결과에 대하여 그의 행위에 고의나 중대한 과실이 없는 경우에는 이 법에 따른 징계 요구 또는 문책 요구 등 책임을 묻지 아니한다.

9) 「공공감사에 관한 법률」 제23조의2(적극행정에 대한 면책) ① 자체감사를 받는 사람이 불합리한 규제의 개선 등 공공의 이익을 위하여 업무를 적극적으로 처리한 결과에 대하여 그의 행위에 고의나 중대한 과실이 없는 경우에는 이 법에 따른 징계 요구 또는 문책 요구 등 책임을 묻지 아니한다.

「감사원 감사사무 처리규칙」에 따르면 "감사원법에 따른 불이익한 처분요구 등"이란 감사원법에 규정된 징계요구(법 제32조 제1항), 문책요구(법 제32조 제8항), 해임요구(법 제32조 제9항), 주의요구(법 제33조 제1항), 통보(인사자료 통보, 법 제34조의2 제1항) 등을 말한다(규칙 제33조 제2항).

적극행정면책은 감사원의 감사대상 업무 전반에 적용되며, 중앙행정기관, 지방자치단체, 공공기관 등 모든 감사대상 기관과 그에 소속된 공무원 또는 임직원에 적용한다. 감사원은 국가적인 경제난 및 감염병 확산 등에 따른 국가 재난 상황 극복을 위한 정책의 수립 또는 집행과 직접적으로 관련된 업무처리 및 불합리한 규제개선과 관련한 업무처리에 대해서는 관련된 모든 정상(情狀)을 더욱 심도 있게 검토하여 면책 여부를 결정한다(규칙 제34조 및 제35조).

■ Ref.3 변상판정 및 고발과 적극행정면책제도

감사원법 및 「감사원 감사사무 처리규칙」은 적극행정면책제도에 의한 면책 대상에 변상판정과 고발은 포함하지 않고 있어 그 이유를 살펴본다.

변상판정은 「회계직원의 책임에 관한 법률」에 따라 고의 또는 중대한 과실을 요건(법 제4조)으로 하는데, 적극행정면책은 고의 또는 중대한 과실이 있는 경우에는 적용이 배제되기 때문에 원칙적으로 변상판정은 적극행정면책제도에 의한 책임면제 대상에 해당되지 않는다.

그리고 고발의 경우 감사원법(제35조)에 따르면 "감사원은 감사 결과 범죄 혐의가 있다고 인정할 때에는 이를 수사기관에 고발하여야 한다."라고 되어 있고, 적극행정면책제도의 목적이 공익을 위하여 적극적이고 성실하게 일 한 공무원 등을 보호하기 위한 것이라는 점 등을 고려할 때 범죄혐의가 인정되는 경우의 형사적 책임까지 면제하는 것은 타당하지 않기 때문이다.

4.2.3.5. 면책 요건

공공감사를 받는 자가 적극행정면책의 대상이 되기 위하여는 1. 업무처리가 공공의 이익을 위한 것일 것, 2. 업무를 적극적으로 처리한 결과일 것, 3. 고의 또는 중대한 과실이 없을 것을 요한다(규칙 제36조 제1항).

한편, 공무원 등이 감사대상 업무를 처리하면서 감사원이나 자체감사기구에 사전컨설팅[10]을 신청하여 사전컨설팅 의견대로 업무를 처리한 경우에는 면책요건을 충족한 것으로 추정한다. 다만, 감사원감사를 받는 자와 대상 업무 사이에 사적인 이해관계가 있는 등 특별한 사유가 있어 적극행정면책을 하는 것이 부적절한 경우에는 그러하지 아니하다(규칙 제36조 제2항).

그리고 공무원 등이 감사대상 업무와 사이에 사적인 이해관계가 없고, 대상 업무를 처리하면서 중대한 절차상의 하자가 없는 경우 고의 또는 중대한 과실이 없는 것으로 추정한다(규칙 제36조 제3항).

Ref.4 적극행정면책 요건 (요약)

1. 업무처리가 불합리한 규제 개선, 공익사업 추진 등 공공의 이익을 위한 것일 것
2. 업무를 적극적으로 처리한 결과일 것
3. 고의 또는 중대한 과실이 없을 것

※ 사전컨설팅을 신청하고 그에 따라 업무를 처리한 경우 요건 충족으로 추정
※ 사적인 이해관계가 없고, 중대한 절차상의 하자가 없으면 고의, 중대한 과실이 없는 것으로 추정

4.2.3.6. 제도 안내 및 운영 절차 등

감사원은 감사에 착수할 때 감사실시통지서에 적극행정면책제도에 대한 안내문을 첨부하여 감사대상 기관의 장에게 보내야 한다(규칙 제37조).

(신청에 의한 면책) 감사대상 기관의 장 또는 관계자 등은 감사결과 위법·부당사항 등에 대하여 적극행정에 따른 결과라고 판단되는 경우 감사가 종료된 후 감사원에 적극행정면책을 신청할 수 있다(규칙 제39조). 면책을 신청하는 경우 '감사관련 소명서'에 '적극행정면책 사유서'를 첨부하여 감사원에 제출하고, 법률에 따라 대리인의 자격을 가진 자를 대리인으로 선임할 수 있다(규칙 제39조 및 제41조).

---

10) 적극행정을 추진하는 과정에서 의사결정에 어려움을 야기하는 요인이 있어 해당 기관이 사전에 관련 규정의 해석 등에 대한 의견을 구하고 감사원이나 자체감사기구가 그에 대한 의견을 제시하는 제도를 말한다.

감사원은 적극행정면책 신청이 이유가 있다고 인정될 때에는 면책결정을 하고 감사결과 처리에 반영하여야 한다(규칙 제40조).

표 5-2_ 적극행정면책 사유서

적극행정면책 요지			
구체적 판단기준		해당여부	소명내용 (관련 증빙자료 첨부)
○ 업무처리의 공공의 이익 여부			
○ 업무를 적극적으로 처리한 결과인지 여부			
○ 고의·중과실 존재 여부	사적인 이해관계 유무		
	중대한 절차상 하자 존재 여부		
○ 기타			

자료: 「감사원 감사사무처리규칙」 별지 제3호 서식

그림 5-2_ 신청에 의한 면책 처리 절차

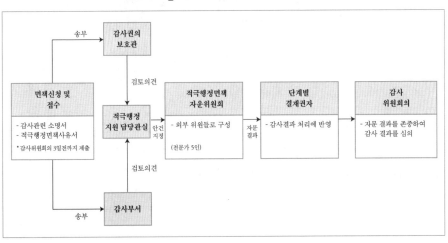

자료: 감사원(2021b; 137)

(직권 면책) 감사원은 감사결과 위법·부당사항 등에 대하여 직권으로 검토한 결과 적극행정면책이 필요하다고 인정할 때에는 감사대상기관 등의 면책 신청이 없는 경우에도 면책처리를 할 수 있다(규칙 제43조). 직권면책은 감사현장에서 이루어지는 '현장면책'과 실지감사 종료 후 감사결과보고서 작성·결재 과정에서 이루어지는 '처리단계 직권면책'으로 구분된다.

(면책결과 통보) 감사원은 면책 신청에 대하여 면책 처리하기로 결정한 사항 또는 직권으로 검토하여 책임을 묻지 않기로 결정한 사항에 대해서는 이 사실을 감사대상기관의 장에게 통보하여야 한다. 다만 소명사유가 이유 없다고 인정하여 처분요구 등을 한 경우에는 처분요구 등의 시행으로 통지를 갈음한다(규칙 제45조).

4.2.3.7. 「적극행정면책 자문위원회」 운영

감사원은 감사대상기관 등이 적극행정면책을 신청한 사항에 대하여 보다 중립적이고 객관적인 입장에서 면책여부를 결정하기 위하여 2018. 3. 20. 외부 인사로 구성된 「적극행정면책자문위원회」를 설치하여 면책 여부를 판단하는 과정에서 위원회의 자문 의견을 참고하고 있다.

위원은 감사원에 소속되지 아니하고 법률·행정·기타 사회 각 분야의 풍부한 경험과 전문적 식견을 갖춘 사람 중에서 감사원장이 위촉 한다.[11]

위원회는 적극행정면책을 신청한 사항이 「감사원 감사사무 처리규칙」 제36조에 따른 면책기준에 부합하는지를 검토하여 그 결과를 감사원에 자문하고, 감사원은 위원회의 자문 결과를 최대한 존중하도록 되어 있다.

4.2.3.8. 제도운영 현황 및 사례

2018년부터 2021년 사이에 감사원은 적극행정면책 신청을 받아 처리한 사건 중 계 20건을 인용하였고, 이와는 별도로 직권으로 적극행정면책 여부를 검토하여 계 67건을 면책하는 등 총 87건을 면책하였다.[12]

---

11) 「적극행정면책자문위원회 운영에 관한 규정」 제2조 제2항
12) 감사원(2022a), 「2021년도 감사연보」(제4장 감사관련 업무, 제1절 적극행정면책) 참조

─ Ref.5 적극행정면책 사례

1. 민간위탁 공유재산의 사용료 산정 부적정[13]

○○군은 「공유재산 및 물품관리법」 등에 따라 민간위탁을 하려는 공유재산(어촌종합센터)의 사용료를 재산가격의 최소 5% 이상으로 산정하여야 하는데도 사용료율을 1%로 적용하여 □□어촌계와 위탁계약을 체결하였다.

이에 대하여 적극행정면책 여부를 검토한 결과, 10회 이상 유찰되어 운영자 모집에 어려움을 겪고 있던 상황에서 공유재산의 적극적인 활용으로 낙후된 어촌지역의 경제를 활성화하고 지역 주민의 소득 증대를 위해 노력한 점 등이 인정되어 면책하였다.

2. 음식물류 폐기물처리 대행용역계약 업무 부적정[14]

○○시는 음식물류 폐기물처리 대행용역 계약을 체결하면서 「지방자치단체를 당사자로 하는 계약에 관한 법률 시행령」 등에 따라 무응찰 사유로 수의계약을 체결하더라도 당초 입찰 공고에서 정한 참가자격인 폐기물 처리업 허가를 받은 업체를 대상으로 계약을 체결하여야 하는데도 폐기물 처리업 허가를 받지 않은 □□ 업체와 계약을 체결하였다.

이에 대하여 적극행정면책 여부를 검토한 결과, 음식물류 폐기물 처리공백 발생 시 우려되는 폐기물 대란 및 민원문제를 예방할 수 있었고, 조속한 시일 내에 다른 업체를 섭외할 수 없는 상황에서 적극적으로 계약업무를 추진한 점이 인정되어 면책(당초 징계 요구에서 기관주의 요구하는 것으로 변경)하였다

3. 중부내륙선 고속화용역 발주 및 계약에 관한 사항[15]

○○공단은 중부내륙선 A~B 구간 '준고속차량 도입을 위한 고속화연구 보완용역'(이하 "고속화 연구용역")을 시행하면서 국가계약법에 따라 입찰 발주하지 않고 기존에 발주한 'A~B 구간 건설공사계약'의 설계변경을 통하여 용역을 시행하였다.

이에 대하여 검토한 결과, 공단은 2014년 12월 A~B 구간 건설공사를 착공한 후 공사를 진행하던 중 2019년 10월 □□부로부터 고속화 검토 지시를 받게 되어 위 연구용역을 시행하게 되었는데, 이를 입찰 발주할 경우 총사업비 협의, 발주계획 수립 등에 10개월여의 기간이 소요되어 개통시기가 지연될 것이 우려되고 용역 완료 후에는 이미 시공된 부분을 보완시공해야 하는데 용역 완료 시기를 앞당길수록 보완시공을 위한 공사비를 절감할 수 있어서 개통시기 준수 및 사업비 중복투자를 방지하고자 설계변경으로 추진하게 되었고, 사전에 □□부와 협의를 거쳤으며, 용역비도 '설계용역 대가 조정률 결정 평가위원회'를 거친 것으로 공익적 목적이 있다고 판단되어 면책하였다.

4.2.4. 감사위원회의 진술

4.2.4.1. 의의

감사위원회의의 소위원회[16]는 변상판정, 재심의 청구사항, 파면·해임·강등·정직 등 중징계 요구사항의 경우 관계자 등에게 의견진술 기회를 주어야 하며, 그 외 감사결과의 심의에 필요한 경우 관계자 등에게 의견진술 기회를 줄 수 있다(감사원법 제13조의2, 「감사원 감사사무 처리규칙」 제48조).

또한 감사위원회의 의장이나 주심위원은 감사결과 심의를 위하여 필요하다고 인정되는 경우에는 감사위원회의 의결 전까지 관계자 등에게 의견진술 기회를 줄 수 있다(규칙 제48조). 이때 관계자는 변상판정이나 재심의결정, 징계요구 등으로 인하여 신분상, 재산상 불이익을 받게 되는 본인, 대리인, 이해관계자를 말한다(규칙 제49조).

관계자 등에 대한 의견진술권 보장은 변상판정, 재심의 결정 등 대상자의 신분과 재산에 큰 영향을 미칠 수 있는 감사결과에 대하여 당사자나 관계인의 의견진술 기회를 보장함으로서 이들의 권익을 보호하는 데 그 의의가 있다.

4.2.4.2. 대리인 선임

감사위원회의나 소위원회에서 의견을 진술하려는 관계자 등은 법률에 따라 대리인의 자격을 가진 자를 대리인으로 선임할 수 있다(규칙 제50조).

---

13) 감사원(2021), 「2020년도 감사연보」(제4장 감사관련업무, 제1절 적극행정면책) 참조
14) 감사원(2020a), 「2019년도 감사연보」(제4장 감사관련업무, 제1절 적극행정면책) 참조
15) 감사원(2022a), 「2021년도 감사연보」(제4장 감사관련업무, 제1절 적극행정면책) 참조
16) 감사위원회의 소위원회는 변상책임의 판정, 재심의, 징계 및 문책 요구 등에 대한 사전심의를 담당하는 위원회를 말한다. 감사위원회의에 2개의 소위원회를 두며, 원장이 지정하는 감사위원 3인으로 구성한다(「감사위원회의 운영 등에 관한 규칙」).

4.3. 감사결과 확정 이후 이의제기

4.3.1. 재심의 청구

4.3.1.1. 개념 및 의의

재심의 청구는 감사대상기관 등이 감사원의 변상판정이나 처분 요구, 권고·통보가 위법 또는 부당하다고 인정할 때 그에 대하여 감사원에 다시 심의할 것을 청구하는 제도이다.

변상판정에 대한 재심의 청구는 관계기관의 장이나 변상판정을 받은 본인이 청구할 수 있고, 처분요구나 권고·통보에 대하여는 관계기관의 장이 청구할 수 있다(감사원법 제36조).

감사결과는 감사대상기관의 행정운영에 영향을 미치는 한편, 감사결과와 관련되는 공무원 등 개인의 재산 또는 신분에도 영향을 미칠 수 있다.

감사원은 판단기준과 증거에 기반하여 감사위원회의의 의결로 감사결과를 처리하지만 판단기준의 해석이나 적용, 또는 사실의 판단 등에서 오류를 범할 수 있다. 이러한 경우에 감사대상자의 권익 보호를 위해 감사원법은 감사결과를 다시한번 심의하도록 하는 재심의 제도를 운영하고 있다.

재심의에는 관계기관 또는 관계인의 청구에 의한 재심의와 감사원에 의한 직권 재심의가 있다.

4.3.1.2. 청구에 의한 재심의

(청구대상) 감사원에 대한 재심의 청구대상은 변상판정, 처분요구(징계·문책, 시정·주의, 개선 등 요구), 권고·통보 등 모든 감사결과를 포함한다(법 제36조). 감사대상기관과 이해관계인들의 권익을 두텁게 보호하기 위하여 2020년 10월 감사원법 개정을 통해 변상판정과 처분요구뿐만 아니라 권고·통보 사항도 재심의 청구대상에 포함되었다.

Ref.6 재심의 청구대상 확대 의의

감사원의 감사결과 조치사항 가운데 감사대상기관 등이 재심의 청구를 할 수 있는 대상은 과거에는 변상판정과 처분요구(징계, 시정, 주의, 개선 요구)에 대하여만 인정되었다.

그 이유는 감사원의 조치 중 변상판정이나 처분요구의 경우 감사대상기관 등에 일정한 처분을 하도록 의무를 부여하고 있으나, 권고·통보의 경우에는 관계기관의 자율적인 처리를 어느 정도 허용 하고 있기 때문에 재심의 청구대상으로 규정하지 않은 것으로 보인다.

그런데 감사원의 감사결과는 대부분 감사대상기관 등 관계기관의 업무상의 잘못을 지적하는 내용이고 대외적으로 공개되기 때문에 감사대상기관 등이 감사결과 자체에 대해 불복하는 경우 그에 대해 재심의를 청구할 현실적인 필요성이 있다.

감사원은 이러한 점을 고려하여 감사대상기관 등의 권익을 두텁게 보호하고 감사결과에 대한 불복 또는 이견을 제도적으로 흡수하여 해결할 수 있도록 하기 위해 감사원법 개정을 추진하여 권고·통보사항도 재심의를 청구할 수 있도록 하였다.

(청구주체) 변상판정은 변상판정을 받은 본인, 소속 장관, 감독기관의 장 또는 당해 기관의 장이 청구 주체가 된다. 징계 등의 처분요구와 권고·통보는 감사원의 조치를 받은 소속 장관, 임용권자나 임용제청권자, 감독기관의 장 또는 해당 기관의 장이 청구주체가 되고, 관련되는 개인은 청구할 수 없다.

여기서 "소속 장관"은 국가기관에 한하고, "감독기관의 장"은 국가기관 외의 경우에 한하며, "당해 기관의 장"은 소속 장관이나 감독기관의 장이 없거나 분명하지 않은 경우에 한한다. 지방자치단체의 경우 행정안전부 장관, 공공기관의 경우 주무부처 장관이 재심의 청구권자가 된다. "임용권자"나 "임용제청권자"는 법률이나 단체의 문책에 관한 규정을 적용받지 않는 단체 등의 임원이나 직원의 해임을 요구한데 대한 재심의 청구시 청구권자가 된다.

(재심의 청구의 효과) 징계 등 처분요구나 권고·통보의 경우 재심의 청구는 그 집행을 정지시키는 효력이 있다.[17]

---

17) 모든 행정처분은 이의신청이나 소원의 제기를 이유로 집행이 정지되지 아니한다는 이유를 들어, 재심의 청구가 감사원의 당초 처분요구에 대하여 집행정지의 효력이 없다는 견해도 있지만, 감사원의 처분요구는 행정처분으로 보기 어렵기 때문에 이 논리는 적용되지 않는다.

반면 변상판정에 대한 재심의 청구는 집행정지효력이 없다. 따라서 감사원의 변상판정이 있으면 그것에 흠이 있어 재심의 청구를 하였더라도 권한 있는 기관에 의해 취소가 있기까지 변상판정을 받은 자는 지정된 기간내에 변상 책임을 이행할 의무가 있으며, 이행하지 않을 경우 체납처분의 대상이 된다.

(불이익변경 금지 원칙) 재심의 제도는 이의신청 기능을 담당하고 있으므로 재심의 청구 사건에 대하여 청구인에게 원 판정 또는 처분요구나 권고·통보보다 불이익한 판정 또는 결정을 하지 못하는 "불이익변경 금지 원칙"이 적용된다(「감사원 감사사무 처리규칙」 제59조).

그림 5-3_ 청구에 의한 재심의 절차

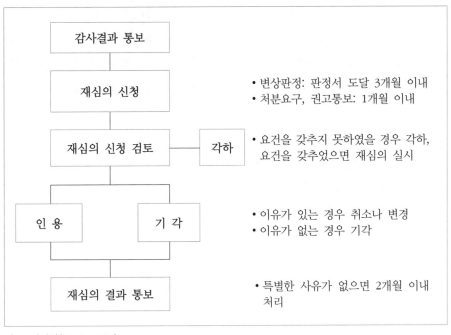

자료: 감사원(2018b; 282)

(청구기한 등) 변상판정은 변상판정서가 도달한 날부터 3개월 이내에 재심의를 청구할 수 있고, 처분요구나 권고·통보는 그 조치를 받은 날부터 1개월 이내에 재심의를 청구할 수 있다(법 제36조).

재심의를 청구할 때에는 재심의청구서에 의하여 한다. 청구서에는 청구의 내용과 그 이유를 명백히 하고 계산서 및 증거서류 등을 첨부하여 감사원에 제출하여야 한다(법 제37조). 재심의 청구인은 법률에 따라 대리인의 자격을 가진 자를 대리인으로 선임할 수 있다(규칙 제54조).

(청구의 처리) 감사원은 재심의 청구가 필요한 요건을 갖추지 못했을 때에는 이를 각하한다(법 제38조). 각하 사유는, 재심의 청구대상이 아닌 경우, 적절한 청구주체가 아닌 경우, 청구기간이 경과한 경우, 청구대상이 재판 등에 의하여 확정된 사안인 경우, 기타 법이나 규칙이 정한 요건이나 절차를 갖추지 못한 경우이다(규칙 제56조).

감사원은 재심의 청구가 이유 없다고 인정하면 이를 기각하고, 재심의 청구가 이유 있다고 인정하면 그 처분 요구나 권고·통보를 취소하거나 그 내용을 변경한다(법 제38조). 당초 처분요구를 취소하는 재결은 전부 취소하는 경우와 일부 취소하는 것이 있다. 예를 들면, 시정요구 금액이 적정하지 못하다고 인정하는 경우 감액하여 시정요구하는 것이 일부 취소의 예이다. 변경은 원 처분요구의 내용을 적극적으로 변경하여 새로운 처분요구를 하는 재결이다. 예를 들면 징계요구가 과중하다고 인정하여 주의 요구로 변경하는 경우 등이다.

감사원은 특별한 사유가 없으면 재심의 청구를 수리한 날부터 2개월 이내에 처리하여야 한다(법 제38조 제3항). 다만, 감사원법은 재심의 처리기간을 지난 경우에 그 효력이나 제재조치 등을 규정하지 않아 위 처리기간은 훈시(訓示) 규정으로 해석된다. 따라서 감사원은 재심의 청구사항을 가급적 2개월 이내에 처리하여야 하지만 사건이 복잡하거나 전문적인 내용으로 그 심리에 장기간이 소요되는 등 특별한 사유가 있으면 그 기간을 넘겨 처리할 수 있다.

4.3.1.3. 직권 재심의

감사원은 변상판정을 한 날부터 2년 이내에 계산서 및 증거서류 등의 오류, 누락으로 그 판정이 위법 또는 부당함을 발견하였을 때, 또는 처분요구나 권고·통보가 위법 또는 부당함을 발견하였을 때에는 직권으로 재심의할 수 있다(법 제39조).

직권 재심의는 청구에 의한 재심의와 달리 불이익변경금지의 원칙이 적용되지 않는다(「감사원 감사사무 처리규칙」 제58조).

issue note 16: 직권 재심의에 의해 당초보다 불이익한 조치를 할 수 있는지?

「감사원 감사사무 처리규칙」(제58조 및 제59조)은 청구에 의한 재심의에 대해 불이익변경 금지원칙을 규정한 반면, 직권 재심의의 경우에는 그 원칙이 적용되지 않는다고 규정하고 있다.

따라서 규칙에 따르면 감사원은 감사결과를 확정, 시행한 이후에 다시 감사결과를 심의·의결하여 원 판정이나 처분요구 등 보다 불이익한 조치[18]를 할 수 있다고 해석된다.

하지만 직권 재심의에 의해 당초 조치보다 더 불이익한 조치를 하는 것은 법리적으로나 현실적으로 극히 제한적으로 인정될 수 있을 것이다.

왜냐하면 직권 재심의를 할 수 있는 기간 제한이 없거나 장기간(2년, 변상판정의 경우)으로 규정된 상황에서 감사원이 감사결과를 시행한 이후 상당기간(이미 관계기관이 감사결과에 따라 행정처분을 하였을 수 있음)이 지나 직권 재심의에 의해 원래의 조치보다 불이익한 조치를 할 수 있다고 한다면 감사결과의 불확정성 및 가변성으로 인해 감사의 신뢰성을 떨어뜨릴 뿐 아니라 감사대상자 등의 법적안정성을 심히 해칠 수 있다. 따라서 불이익 변경은 그로 인한 공익이 훨씬 큰 경우에 한해 극히 제한적으로만 허용될 수 있을 것이다.

현실적으로 보면 직권 재심의에 의한 불이익 변경은 감사원이 감사결과를 시행한 직후(감사결과에 따른 관계기관의 행정처분이 있기 전)에 가능할 수 있는데, 직권 재심의 과정(재심의를 할 때는 감사위원회의의 심의·의결 전에 소위원회에서 관계자의 진술을 듣도록 되어 있음)에서 관계자가 재심의를 청구하면 불이익 변경이 금지되는 모순적인 상황이 발생할 수 있다.

4.3.1.4. 재심의 결정의 효력

청구에 따라 재심의한 사건에 대해서는 또다시 재심의를 청구할 수 없다. 이는 재심의 절차가 무한 반복되는 것을 막기 위한 것이다. 다만, 감사원이 직권으로 재심의한 사건에 대해서는 재심의를 청구할 수 있다(법 제40조).

---

18) 예컨대, 경징계요구를 중징계요구로 변경하거나, 변상판정 금액을 증액하거나 감면액을 축소하는 등을 말한다.

4.3.2. 행정소송

감사원의 감사결과에 따라 관계기관의 행정처분이 있는 경우 그 처분에 대해 이해관계가 있는 자는 행정소송을 제기할 수 있다. 이 경우 소송의 대상은 감사원이 행한 시정요구나 징계요구 등이 아니라 관계기관의 '행정처분'이 된다(대법원 2016. 12. 27. 선고 2014두5637 판결). 예를 들면, 감사원의 시정요구에 따라 국세청이 세금을 부과·징수한 경우 소송 대상은 국세청의 국세부과처분이 되며, 감사원의 징계요구에 따라 지방자치단체가 공무원을 징계처분한 경우 소송 대상은 지방자치단체의 징계처분이 되는 것이다.

행정처분의 효력을 갖는 변상판정의 경우, 변상판정 자체가 아니라 변상판정에 대해 재심의를 청구한 이후 나온 재심의 판정에 대하여 행정소송을 제기할 수 있다.[19] 다만, 행정처분에 해당하지 아니하는 징계요구 등과 관련된 재심의 결정은 행정소송의 대상이 되지 않는다.

감사원 재심의 결정 관련 판례(대법원 2016. 12. 27. 선고 2014두5637 판결)

【사건내용】 甲 시장이 감사원으로부터 감사원법 제32조에 따라 乙에 대하여 징계의 종류를 정직으로 정한 징계 요구를 받게 되자 감사원에 징계 요구에 대한 재심의를 청구하였고, 감사원이 재심의청구를 기각하자 乙이 감사원의 징계 요구와 그에 대한 재심의결정의 취소를 구하고 甲 시장이 감사원의 재심의 결정 취소를 구하는 소를 제기한 사안

【판결요지】 징계 요구는 징계 요구를 받은 기관의 장이 요구받은 내용대로 처분하지 않더라도 불이익을 받는 규정도 없고, 징계 요구 내용대로 효과가 발생하는 것도 아니며, 징계 요구에 의하여 행정청이 일정한 행정처분을 하였을 때 비로소 이해관계인의 권리 관계에 영향을 미칠 뿐, 징계 요구 자체만으로는 징계 요구 대상 공무원의 권리·의무에 직접적인 변동을 초래하지도 아니하므로, 행정청 사이의 내부적인 의사결정의 경로로서 '징계 요구, 징계 절차 회부, 징계'로 이어지는 과정에서의 중간처분에 불과하여, 감사원의 징계 요구와 재심의결정이 항고소송의 대상이 되는 행정처분이라고 할 수 없다.

---

19) 변상판정처분 취소 [대법원 1984. 4. 10. 선고 84누91 판결] 【판결요지】 감사원의 변상판정처분에 대하여서는 행정소송을 제기할 수 없고, 재결에 해당하는 재심의 판정에 대하여서만 감사원을 피고로 하여 행정소송을 제기할 수 있다.

자체감사의 감사대상자 권익보호

1. 개요

자체감사에 있어서도 감사대상자 등은 감사가 진행되는 과정에서 담당 감사인이나 자체감사기구에 의견이나 반대증거를 제시할 수 있으며, 문답서, 답변서 등을 통해 의견이나 이견을 제시할 수 있다. 이러한 사항들은 감사원의 감사대상자 권익보호 제도와 유사하다고 할 수 있다.

여기서는 적극행정면책과 재심의 제도 등 감사원 제도와의 차이점이나 특징적인 부분을 위주로 자체감사에 있어서의 감사대상자 권익보호 제도를 살펴본다.

2. 적극행정면책

2.1. 의의

자체감사의 적극행정면책제도는 자체감사를 받는 사람이 불합리한 규제의 개선 등 공공의 이익을 위하여 업무를 적극적으로 처리한 결과에 대하여 그의 행위에 고의나 중대한 과실이 없는 경우에는 징계 요구 또는 문책 요구 등 책임을 묻지 않는 제도이다. 2015년 2월 공공감사법 개정을 통해 법률상의 제도로 자리 잡았고, 공공감사법(제23조의2)과 공공감사법 시행령(제13조의3 등)에 따라 시행되고 있다.

2.2. 면책 대상

자체감사의 적극행정면책제도는 중앙행정기관, 지방자치단체, 공공기관 등 공공감사법 적용기관으로부터 자체감사를 받은 공무원 또는 공공기관 임직원이다.

2.3. 면책 요건

면책 요건은 ① 업무처리가 불합리한 규제개선, 공익사업 추진 등 공공 이익을 위한 것이어야 하고, ② 자체감사를 받는 사람이 대상 업무를 적극적으로 처리한 결과이어야 하며, ③ 자체감사를 받는 사람의 행위에 고의나 중대한 과실이 없을 것 등 세 가지 요건이 충족되어야 한다.

한편, 세 번째 요건과 관련하여 자체감사를 받는 사람과 대상 업무 사이에 사적인 이해관계가 없고, 대상 업무를 처리하면서 중대한 절차상 하자가 없는 경우 자체감사를 받는 사람의 행위에 고의나 중대한 과실이 없는 경우로 추정된다(시행령 제13조의3).

면책기준과 관련하여 특이한 점은 「감사원 감사사무 처리규칙」(제36조 제2항)에 규정된 적극행정면책 기준에 따르면 "감사원 감사를 받는 자가 감사원이나 자체감사기구에 사전컨설팅을 신청하여 사전컨설팅 의견대로 업무를 처리한 경우에는 면책기준을 충족한 것으로 추정한다."라고 규정하고 있는 반면, 공공감사법 시행령은 이러한 규정을 두지 않고 있다.

다만, 위와 같은 면책기준의 차이는 입법 정책적으로 감사원과 자체감사기구의 적극행정면책제도 운영에 차이를 둔 것이라기보다는 단순한 규정의 불비로 판단된다.

왜냐하면 공무원 등이 적극행정을 추진하는 과정에서 의사결정에 어려움을 야기하는 요인이 있어 사전에 감사원이나 자체감사기구에 관련 규정의 해석 등에 대한 의견을 구하고 그에 따라 업무를 처리하였다면 그 결과로 문제가 발생하더라도 그에 대해 책임을 묻기가 어려운 점을 감안하면 규정의 유무와 관계없이 면책요건이 충족되는 것으로 해석될 수 있기 때문이다.

2.4. 면책제도 운영절차

자체감사의 적극행정면책제도 운영절차는 <그림 5-4>와 같다.

그림 5-4_ 자체감사기구의 적극행정 면책 절차

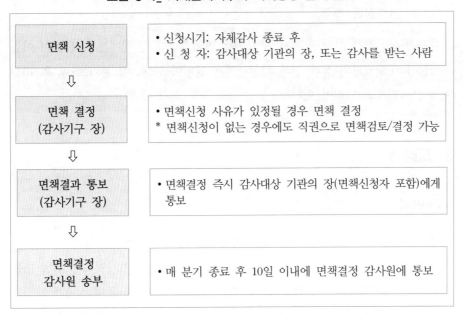

면책 신청	• 신청시기: 자체감사 종료 후 • 신 청 자: 감사대상 기관의 장, 또는 감사를 받는 사람
면책 결정 (감사기구 장)	• 면책신청 사유가 있정될 경우 면책 결정 * 면책신청이 없는 경우에도 직권으로 면책검토/결정 가능
면책결과 통보 (감사기구 장)	• 면책결정 즉시 감사대상 기관의 장(면책신청자 포함)에게 통보
면책결정 감사원 송부	• 매 분기 종료 후 10일 이내에 면책결정 감사원에 통보

자료: 공공감사법 시행령 제13조의4 재정리

2.4.1. 면책 신청

자체감사 대상기관의 장 또는 자체감사를 받는 사람이 적극행정면책을 받기 위해서는 자체감사가 종료된 후 감사기구의 장에게 적극행정면책 신청서에 소명을 위한 증거자료 등을 첨부하여 제출하여야 한다.

2.4.2. 면책 결정

면책신청을 받은 감사기구의 장은 면책신청이 이유가 있다고 인정될 때에는 면책결정을 하고 이를 자체감사결과의 처리에 반영하여야 한다.

2.4.3. 직권 면책

감사기구의 장은 감사결과에 대하여 검토한 결과 적극행정면책의 요건을 갖추었다고 인정될 때에는 면책신청이 없는 경우에도 직권으로 면책결정을 할 수 있다.

2.4.4. 면책결과 통보

감사기구의 장은 신청 또는 직권에 의해 면책결정을 한 때에는 지체 없이 이를 자체감사 대상기관의 장과 면책 신청자에게 알려야 하며, 매 분기 종료 후 10일 내에 감사원에도 알려야 한다.

3. 재심의

3.1. 의의

자체감사에서도 감사대상자에 대한 권리구제 차원에서 재심의 신청 제도를 운영하고 있다. 자체감사 결과를 통보받은 대상기관의 장은 감사결과가 위법 또는 부당하다고 인정할 때에는 감사결과를 통보한 중앙행정기관 등의 장에게 재심의를 신청할 수 있다(공공감사법 제25조). 또한 중앙행정기관 등의 장은 신청이 없더라도 직권으로 재심의를 할 수 있다(법 시행령 제15조 제6항).

3.2. 신청에 의한 재심의

3.2.1. 신청 대상

재심의 신청대상은 '감사결과'로서, 징계·문책, 시정·주의, 개선, 통보 등 감사결과 종류에 관계없이 재심의 신청이 가능하다. 다만 변상명령의 경우 회계직원 책임법에 따라 변상명령을 받은 회계관계직원은 이의가 있으면 감사원에 판정을 청구할 수 있어 다른 감사결과에 대한 조치와 구분된다.

3.2.2. 신청 주체 및 절차

재심의 신청은 자체감사를 받은 대상기관의 장이 신청 주체가 된다. 감사결과를 통보받은 대상기관의 장은 감사결과를 통보받은 날부터 1개월 이내에 재심의를 신청할 수 있다(법 제25조 제1항).

재심의를 신청하는 경우 신청이유와 내용을 분명히 밝히고 필요한 증거서류를 첨부하여 재심의 신청서를 자체감사를 실시한 중앙행정기관 등의 장에게 제출하여야 한다(법 제25조 제2항).

3.2.3. 재심의 신청 처리

재심의 신청을 받은 중앙행정기관 등의 장은 지체없이 자체감사기구의 장에게 검토하도록 하고, 재심의 신청이 요건을 갖추지 못했을 경우에는 각하한다(법 제25조 제3항).

각하 사유는 ① 재심의 신청대상이 아니거나 재심의를 신청할 수 있는 자가 아닌 경우, ② 재심의 신청기간이 도과한 경우, ③ 재심의 신청에 따라 재심의한 사안인 경우[1], ④ 행정심판, 심사청구, 소송 등을 통하여 확정된 사안인 경우, ⑤ 그 밖에 재심의 법령에서 정한 재심의 관련 요건이나 절차를 갖추지 못한 경우이다(법 시행령 제15조 제2항).

3.2.4. 기각 및 인용

재심의를 통해 이유가 없다고 인정될 때에는 기각하고, 이유가 있다고 인정될 때에는 원 감사결과를 취소하거나 변경하여야 한다(법 제25조 제4항).

감사기구의 장은 재심의신청을 받은 경우 공정한 처리를 위하여 해당 감사결과에 관여하지 않은 감사담당자가 처리하도록 하여야 한다(「중앙행정기관 및 지방자치단체 자체감사기준」 제30조).

재심의를 신청한 자체감사 대상기관의 장은 중앙행정기관등의 장이 재심의 사건을 처리하기 전에 서면으로 재심의신청을 취하할 수 있다(법 시행령 제15조 제5항).

---

1) 재심의 신청결과에 대해서는 다시 재심의를 신청할 수 없지만, 재심의를 신청하였다가 각하된 사항에 대해서는 다시 재심의를 신청할 수 있다.

재심의는 특별한 사정이 없으면 신청을 접수한 날부터 2개월 이내에 처리하여야 하고(법 제25조 제5항), 그 결과를 재심의를 신청한 기관의 장에게 통보하여야 한다(시행령 제15조 제4항).

3.3. 직권 재심의

중앙행정기관등의 장은 감사결과를 통보한 사항으로서 그 내용을 변경하거나 취소할 필요가 있다고 인정할 때에는 직권으로 재심의하여 감사결과를 변경하거나 취소할 수 있다(시행령 제15조 제6항).

공공감사 규범과 기준

제6장에서는

공공감사가 적정하게 작동하기 위해 갖추고 준수해야 하는 규범과
기준에 대하여 살펴본다.

공공감사는 국민을 대신하여 공공행정의 책임성을 확보하기 위한
본질적인 조건으로 "독립성"과 "책임성", "전문성"을 갖추어야 한다.
그리고 감사를 객관적이고 공정하게 실시하고, 높은 수준의
품질을 확보하기 위해서는 합리적인 감사수행 기준이 필요하다.

제 1 절

개 관

1. 의의

공공감사는 국민을 대신하여 공공행정의 책임성을 확보하는 기능을 한다.

공공감사가 그 본연의 기능을 제대로 수행하기 위하여는 거시적으로는 공공감사의 작동이 바람직하게 운영될 수 있는 조건을 갖추어야 하고, 미시적으로는 감사수행이 객관적이고 공정하게 이루어질 수 있는 기준과 절차가 필요하다.

공공감사가 갖추어야 하는 조건과 기준은 공공감사 운영에 있어서의 거시적인 작동원리로서의 기준, 감사를 수행하는 절차와 기준, 공공행정의 적정 여부를 판단하는 기준을 포괄하는 개념이다. 이러한 기준은 각각 '공공감사 규범', '감사 수행 기준', '감사 판단기준'이라고 할 수 있다.

공공감사의 규범과 기준은 공공감사가 바람직하게 운영될 수 있는 조건으로서 공공감사제도를 설계하고 그 운영을 평가하는 지침이 되며, 제도와 운영의 발전 방향에 관한 지향점을 제시한다.

2. 공공감사에 관한 국내외 기준

공공감사는 민간부문 감사와 목적과 대상·범위, 이해관계자(stakeholders) 등의 측면에서 많은 차이가 있으며, 이로 인해 공공감사에 고유한 규범과 기준이 필요하다.

공공감사 운영에 있어서의 규범이나 일반원칙, 감사를 수행하는 기준 등에 대하여 종합적으로 제시하고 있는 기준은 INTOSAI 국제기준과 우리나라의 「공공감사기준」(감사원규칙)을 들 수 있다.

2.1. INTOSAI 감사기준

INTOSAI는 공공감사와 최고감사기구가 적정하게 운영되기 위해서 필요한 근본원리, 핵심원리, 감사 수행기준 등을 제시하고 있는데, 대표적인 것이 최고감사기구의 독립성(INTOSAI-P 10), 책임성과 투명성(INTOSAI-P 20), 윤리강령(ISSAI 130), 품질관리(ISSAI 140) 등이다.

INTOSAI 감사기준은 'INTOSAI 전문적 감사기준 프레임워크'(IFPP, The INTOSAI Framework for Professional Pronouncement)에서 종합적으로 규정하고 있는데, 이 프레임워크는 INTOSAI 원칙(INTOSAI-P), 국제감사기준(ISSAI), 감사지침(GUID) 등 3가지로 구성된다.

2.1.1. INTOSAI 원칙(INTOSAI-P)

INTOSAI 원칙(INTOSAI-P)은 최고감사기구의 역할과 작동원리를 제시하고 있는데, 기조 원칙(founding principle)과 이를 지원하는 핵심원칙(core principle)으로 구성되어 있다. 기조 원칙은 공공감사의 대헌장이라 불리는 '리마선언'이며, 핵심원칙으로는 독립성(멕시코 선언), 공공감사의 사회적 기여, 감사기구의 책임성 및 투명성 등을 제시하고 있다.

표 6-1_ INTOSAI 원칙의 구성

구성	세부 구성		
INTOSAI 원칙 (INOTSAI-P)	기조 원칙 (founding principle)	INTOSAI P-1	리마선언
	핵심원칙 (core principle)	INTOSAI P-10	최고감사기구의 독립성에 대한 멕시코 선언
		INTOSAI P-12	최고감사기구의 가치와 이익, 시민의 삶에 대한 변화
		INTOSAI P-20	책임성과 투명성의 원칙
		INTOSAI P-50	최고감사기구의 사법 활동 원칙

2.1.2. 국제감사기준(ISSAIs)

국제감사기준(ISSAIs)은 공공감사의 기본원칙(fundamental principle), 최고감사기구가 갖추어야 할 요건, 감사유형별 원칙과 기준으로 구성되어 있다.

공공감사의 기본원칙(ISSAI 100)은 공공감사의 틀, 구성, 원칙으로 구성되는데, 원칙은 모든 공공감사기구와 감사인이 공통적으로 준수하여야 하는 일반원칙과 감사 수행과정에서 준수해야 하는 '감사수행 원칙'으로 이루어져 있다.

표 6-2_ 공공감사의 기본원칙(ISSAI 100)의 구성

구성	세부 구성		주요 내용
공공감사 기본원칙 (ISSAI 100)	공공감사의 틀		• 임무, 개념 및 목적, 유형
	공공감사의 구성		• 감사의 당사자, 감사대상 업무 및 판단기준 • 감사활동, 감사결과
	공공감사 원칙	조직요건	• 윤리강령, 품질관리
		일반원칙	• 감사인이 일반적으로 준수해야 하는 원칙 (윤리·독립성, 감사위험 등 8가지)
		감사수행 원칙	• 감사 수행과정에서 준수해야 하는 원칙 (감사계획수립, 감사실시, 보고 및 사후관리)

최고감사기구가 갖추어야 할 요건으로는 윤리강령(ISSAI 130), 품질관리(ISSAI 140), 감사역량(ISSAI 150)을 제시하고 있다.

감사유형별 원칙과 기준은 감사의 기본원칙을 감사유형별로 구체화한 것으로 예컨대, 재무감사 원칙은 공공감사의 구성과 원칙을 재무감사에 구체화한 것이다.

표 6-3_ 재무감사 원칙·기준의 구성

재무감사 원칙 (ISSAI 200)	
재무감사기준의 적용(ISSAI 2000)	• 재무감사의 조직요건(윤리강령, 품질관리)
재무감사 기준 (ISSAI 2200~)	• 재무감사의 일반원칙과 감사수행원칙 (중대성 평가, 감사표본추출 등 36개 사항)

2.1.3. 감사지침(AUDIT GUID)

감사지침(audit guideline)은 감사인이 실제 감사업무를 수행하는 과정에서 지켜야하는 준칙이다. 재무감사 수행지침 등 감사유형별 수행지침과 환경감사 등 감사분야별 수행지침이 있다.[1]

2.2. 「공공감사기준」(감사원규칙)

우리나라는 INTOSAI 공공감사기준을 모델로 하여 1999년 「공공감사기준」(감사원규칙)을 제정하였다. 공공감사기준은 INTOSAI의 권고와 감사원법에 따라 공공부문에 대한 감사의 수행에 필요한 기본적인 사항을 정하기 위한 목적으로 제정되었고, 감사원감사와 자체감사, 감사원감사를 대행 또는 위탁받아 수행하는 감사 등에 적용된다.

공공감사기준은 5개 장, 32개 조항으로 구성되어 있으며, 공공감사를 수행할 때 지켜야 하는 일반원칙과 감사 실시기준 및 절차, 보고기준, 그리고 감사인의 자세와 주의의무 등에 관하여 규정하고 있다.

3. 공공감사 규범 및 기준의 체계

위와 같은 국제·국내의 감사 원칙과 기준, 감사원법과 공공감사법 등 공공감사법령에 규정된 제반 감사기준을 종합하면, 공공감사기구의 운영과 감사수행에 필요한 규범과 기준을 <표 6-4>와 같이 정리할 수 있다.

'공공감사 규범'은 공공감사의 거시적인 작동 원리로서 공공감사의 조직과 운영, 감사 수행에 걸쳐 일관되게 지켜야 하는 원리·원칙이며, 감사 수행기준의 토대가 된다.

'공공감사 수행기준'은 감사를 실시하는 과정에서 지켜야 하는 준칙으로서 감사 실시의 일반원칙과 감사실시 기준, 감사인의 자세 등으로 구성된다.

---

1) 위와 같은 감사기준 및 지침 등에 관한 자세한 내용은 INTOSAI 홈페이지(www.intosai.org)를 참고하기 바란다.

'감사의 판단기준'은 공공행정의 적정 여부 또는 위법·부당 여부를 판단하는 기준으로서 감사의 목적과 유형에 따라 합법성, 경제성, 효율성, 효과성 등 공공행정이 준수하고 지향하는 준거와 바람직한 가치이다.

표 6-4_ 공공감사 규범·기준 체계[2]

	개념	구성요소
공공감사 규범	공공감사의 거시적인 작동 원리 공공감사 기능이 정상적으로 수행되기 위한 전제 조건 (핵심 가치)	독립성, 책임성, 전문성
감사 수행기준	일반원칙	인권 존중 및 적법절차, 증거주의, 감사비례의 원칙 등
	감사실시 기준	감사 준비 및 실시, 결과처리, 사후관리 등의 기준
	감사인의 자세	감사인의 자격과 자세, 윤리, 주의의무 등
감사 판단기준	공공행정의 위법·부당 여부를 판단하는 기준	합법성, 경제성, 효율성, 효과성 등 공공행정의 준거 및 바람직한 가치

제2절과 제3절에서 각각 "공공감사 규범"과 "감사 수행기준"에 관하여 차례대로 살펴본다. 감사의 판단기준은 감사유형별로 달라지는 등 감사실무와 밀접한 관련이 있기 때문에 "제2편 제3장 감사접근방법"에서 자세하게 살펴본다.

---

2) 공공감사에 관한 규범과 기준을 어떠한 체계와 개념에 따라 분류할지에 관하여는 논자에 따라 의견을 달리할 수 있다. 다만 공공감사가 정상적으로 작동하기 위해 필요한 거시적인 작동원리로서의 규범(또는 일반 원칙, 핵심가치)과 감사수행의 기준, 그리고 감사를 수행하는 과정에서 감사대상인 공공행정의 적정 여부를 판단하는 기준 등은 필수적으로 요구되는 기준이다.

공공감사 규범

1. 의의

공공감사 규범은 공공감사가 제대로 작동하기 위한 근본 원칙(principle)이면서 (ISSAI 100), 동시에 공공감사기구나 구성원이 갖추어야 하는 본질적인 가치이자 조건이다.

공공감사는 국가의 주인(principal)인 국민과 공공기관이라는 대리인(agent) 사이에 존재하는 정보의 비대칭성 문제를 효율적으로 해결하기 위해 출현하였고, 국민을 대신하여 공공부문의 책임성을 확보하는 기능을 한다. 공공감사가 이러한 기능을 적정하게 수행하기 위하여는 필수적으로 요구되는 일정한 조건이 있다.

첫째, 공공감사는 독립성(independence)을 갖추어야 한다. 공공감사는 대리인으로부터 독립적이어야 할 뿐만 아니라 주인으로부터도 일정한 거리를 두어야 한다. 이러한 조건이 충족되어야만 감사의 객관성과 공정성이 확보될 수 있다.

둘째, 공공감사는 민주적 책임성(accountability)을 가져야 한다. 공공감사기구는 견제와 균형의 원리에 근거한 국가 책임성 시스템의 일부로 작동하는데, 감사기구의 독립성이 중요한 만큼 이를 적절히 견제할 수 있는 민주적 책임성 원리도 중요하다.[1]

여기서 한발 더 나아가 공공감사기구는 스스로 모범적인 기관(model organization)이 되어야 한다(INTOSAI-P 12). 독립적으로 다른 기관을 감사하는 기구나 감사인이 스스로 법을 지키지 않거나 비효율적으로 운영될 경우 감사의 신뢰성이 훼손될 수 있다.

---

1) 독립성은 견제와 균형이 약화되는 부분이다. 그럼에도 불구하고 독립성을 보장하는 이유는 견제와 균형을 후퇴시키더라도 독립성을 통해서 달성할 수 있는 공공의 이익이 강하기 때문이다. 그러나 독립성은 고립과 방종과는 구별되는 개념이다. 따라서 '민주적 제도하에서 독립성이 정당화될 수 있는 기제'가 갖추어져야 한다(최승필 외, 2017).

셋째, 공공감사는 전문성(professionalism)을 갖추어야 한다. 공공감사의 존립 근거는 주인－대리인간 정보의 비대칭성에 따라 본인에 의한 직접 통제가 갖는 한계를 극복하기 위한 것이다. 감사의 전문성이 취약하여 주인에게 충분히 정보를 제공하지 못하거나, 감사결과가 대리인에게 수용되지 못한다면 그 역할을 다하지 못하는 것이다.

위와 같이 "독립성(independence)", "책임성(accountability)", "전문성(professionalism)"은 공공감사가 적정하게 작동하기 위한 전제조건이며, 공공감사의 운영에서부터 감사 활동에 이르기까지 일관되게 적용되는 원칙이다. 이러한 점에서 공공감사의 "일반원칙(general principle)" 또는 "핵심가치(core value)"[2]라고도 할 수 있다.

공공감사가 이러한 본질적인 조건과 가치를 갖춤으로써 비로소 그 본연의 기능을 수행할 수 있고, 나아가 국민에 대한 책임을 다할 수 있다.

제1장에서 기술한 바와 같이 이 책에서는 위와 같은 가치들이 공공감사가 정상적으로 작동하기 위해 반드시 갖추고 준수하여야 한다는 점에서 "공공감사 규범(規範, norm)"이라고 하기로 한다.

그림 6-1_ 공공감사의 규범

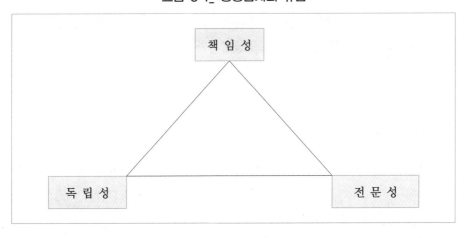

---

2) 성용락(2013a)은 공공감사가 지향해야 할 다양한 가치규범 중 공공감사기구가 제 기능을 수행하고 감사고객의 신뢰를 유지하기 위해서 필수적으로 요구되는 가치를 핵심가치라고 부르고 있다.

2. 독립성

2.1. 개념

독립성은 일반적으로 '남에게 의지하거나 속박되지 아니하고 홀로 서려는 성질이나 성향(표준국어대사전)', 또는 '다른 사람, 조직, 국가 등의 지배, 통제, 영향 없이 스스로 의사결정할 수 있는 자유나 능력'(Cambridge dictionary)을 말한다.

Pierre and Licht는 감사기구의 독립성에 대하여 "감사기구가 외부의 제약없이 자신의 선호를 권위있는 행동으로 옮길 수 있는 능력(Pierre and Licht, 2017)"이라고 정의 하였다.

공공감사기구의 독립성은 "공공감사기구가 감사운영에 관한 의사결정을 함에 있어 외부의 부당한 영향을 받지 않고 자율적으로 하는 것과 이러한 의사결정을 할 수 있는 조건을 갖추는 것"을 말한다. 즉, 독립성은 실질적 의미에서 "감사에 관한 의사결정의 자율성"과 그 전제조건으로서 "조직, 인사, 예산 등 공공감사기구 운영의 자율성"을 포함한다.

따라서 공공감사의 독립성은 감사계획 수립과 감사의 개시 및 실시, 감사결과 처리 등 감사운영에 관한 사항을 공공감사기구가 자율적으로 판단·결정하고, 감사를 자율적으로 수행할 수 있도록 공공감사기구의 인사, 조직, 재정, 권한 등을 자율적으로 운영하는 것이라고 할 수 있다.

2.2. 독립성의 필요성

공공감사의 독립성은 왜 필요한가? 그것은 공공감사의 독립성을 침해하는 요인(threat)이 존재하며, 이것을 적절히 통제하지 못할 경우 공공감사의 객관성과 공정성을 확보할 수 없기 때문이다.

공공감사의 대헌장이라 불리는 INTOSAI 리마선언(Lima Declaration)[3]은 "최고 감사기구는 감사대상으로부터 독립적이고 외부의 영향력으로부터 보호될 때에만

---

3) "The chief aim of the Lima Declaration is to call for independent government auditing".

객관적이고 효과적으로 자신의 임무를 수행할 수 있다"고 선언하고 있다. 독립성은 그 자체가 목적이 아니라, 임무를 달성하기 위한 수단이지만, 필수적인 수단인 셈이다.

> **최고감사기구의 독립성 원칙** (INTOSAI P-1. The Lima Declaration)
>
> "Supreme Audit Institutions can accomplish their tasks objectively and effectively only if they are independent of the audited entity and are protected against outside influence."

2.3. 독립성의 침해요인

그렇다면 공공감사의 독립성은 왜 침해될 가능성이 있는가? 그것은 감사가 그 속성상 견제를 목적으로 하면서 동시에 이해관계자들과 빈번히 접촉하기 때문에 이들로부터의 끊임없는 '포획시도'가 발생할 수 있으며, 특히 공공감사는 그 본질적 속성이 권력적이고 침익적이라는 점에서 감사대상자에게는 이를 회피하려는 '반작용'이 강하게 작동하기 때문이다(최승필 외, 2017).

반작용은 감사활동에 대한 소극적인 거부뿐만 아니라 적극적인 간섭, 개입, 영향 등의 형태를 띨 수 있으며, 때로는 예산이나 인력 등 감사기구 자체의 감사역량을 제약하려는 형태로 나아갈 수도 있다.

독립성 침해는 감사대상뿐만 아니라 감사의 이해관계자(stakeholders)로부터도 발생할 수 있는데, 특히 정치적 이해관계자의 영향력 행사가 침해의 주된 요인이 된다.

이러한 측면에서 INTOSAI는 "최고감사기구가 의회에 소속되어 있고 의회의 지시에 의해 감사를 실시할 때조차, 아주 높은 수준의 우선권과 자율성을 헌법이나 법률로 보장해야 한다"는 점을 강조하고 있다.

─ Ref.1 공공감사기구의 독립성 침해요인

INTOSAI IDI는 최고감사기구의 독립성에 대한 문헌연구를 통해 최고감사기구가 직면한 독립성에서의 도전과제를 다음과 같이 제시하고 있다(Pierre and Licht, 2017).

<외부적 도전과제>
- 최고감사기구 독립성에 대한 법적 보장의 모호성
- 감사기구 운영이나 개별감사과정에 대한 정부의 간섭
- 감사기구가 의회소속일 경우 의회에 의한 간섭
- 감사대상 기관의 감사 비협조, 감사결과 미이행
- 감사원장 및 직원의 임명 및 해임절차 불합리

<내부적 도전과제>
- 정치적 편향성을 가진 인사의 임용
- 성과감사 방법론이나 기술변화에 뒤떨어진 감사인
- 감사대상 기관과의 과도한 밀착
- 감사수행에 필요한 자료 등에 대한 접근 제한
- 인력이나 예산 부족

2.4. 독립성의 종류

2.4.1. 제도적 독립성과 현실적 독립성

제도적(de jure) 독립성은 헌법이나 법률에 규정된 독립성을 보장하는 제도나 장치를 말하는데, 이는 독립성의 제도적 측면으로 볼 수 있다. 현실적(de facto) 독립성은 실제 운영에 있어서의 독립성을 말한다(INTOSAI IDI, www.idi.no).

우리나라 감사원의 경우 제도적 측면의 독립성은 최초 감사원법 제정 당시부터 현재에 이르기까지 큰 변화가 없지만, 감사운영의 현실에 있어서 독립성은 적지 않은 변화가 있다. 현실적 독립성은 공공감사기구에 대한 국민의 신뢰와 지지[4], 정치적 환경 등에 영향을 받는다.

---

4) 감사원의 활동에 대한 국민적 신뢰와 존중의 확보는 아무리 강조해도 지나치지 않다. 초기의 헌법재판소가 열악한 환경 속에서 국민의 신뢰와 존중을 통해 오늘날의 권위를 쌓아왔듯이 감사원도 대통령이나 국회와 같은 다른 기관의 권위에 의존할 것이 아니라, 국민의 신뢰와 존중 속에서 스스로 권위를 쌓아가야 할 것이다(장영수, 2022).

2.4.2. 실질적 독립성과 외관상 독립성

INTOSAI는 독립성을 실질적 독립성(independence in fact)과 외관상(independence in appearance) 독립성으로 구분한다.

'실질적 독립성'은 감사기구나 감사인이 외부의 영향을 받지 않고 자율적으로 감사를 수행하는 것을 의미한다.

'외관상 독립성'은 합리적이고 유능한 제3자가 보았을 때 감사의 공정성이나 객관성을 의심하게 만드는 환경이 없는 상태를 말한다.

공공감사의 독립성은 실질적인 독립성 못지않게 외관의 독립성도 중요하다(ISSAI 130). 예컨대. 감사인은 감사활동을 독립적으로 수행했다고 하더라도 만약 감사인과 감사대상 사이에 이해상충의 가능성이 있다고 의심되는 경우에는 외관상 독립성이 의심받게 되고, 결국 감사의 신뢰성이 훼손될 수 있다.

2.4.3. 감사기구의 독립성과 감사인의 독립성

공공감사의 독립성은 감사기구의 독립성 못지않게 감사인의 독립성도 중요하다. 감사인의 독립성은 감사인이 준수해야 할 윤리강령(code of ethics)에 기반한다.

INTOSAI는 감사인의 독립성 조건으로 정치적 영향·편견의 배제, 경제적·사적이해관계 또는 자기와 관련된 업무·기관 등에 대한 감사 회피, 감사대상자로부터 선물, 특혜성 대우 수수 금지 등을 제시하고 있다(ISSAI 130).

우리나라의 공공감사기준(제8조)은 감사인이 수감기관 또는 감사대상업무 관련자와 혈연 등 개인적인 연고나 경제적 이해관계로 인해 감사에 영향을 미칠 우려가 있는 경우나 감사인이 감사대상업무나 수감기관 등의 의사결정과정에 직·간접적으로 관여한 경우 감사에 관여할 수 없도록 하고 있다.

2.5. 독립성 원칙과 기준

2.5.1. INTOSAI 감사기준

2.5.1.1. 최고감사기구의 독립성

INTOSAI는 1977년 리마선언(Lima Declaration)에서 최고감사기구의 독립성과 관련된 중요한 원칙을 천명하였다.

최고감사기구가 본연의 임무를 수행하기 위해서는 기능적이고(functional) 조직 적인(organisational) 독립성이 필요하다는 점을 강조하면서 독립성을 갖추기 위한 세 가지 조건을 다음과 같이 제시하였다.

첫째, 최고감사기구의 설치와 독립성이 일반적 수준에서라도 헌법에 명시 되어야 한다.

둘째, 최고감사기구 장의 독립성이 헌법에 보장되어야 한다. 특히 이들의 해임 절차가 헌법에 있어야 하며, 감사기구 직원의 인사가 감사대상 기관에 의해 영향 을 받아서는 안 된다.

셋째, 최고감사기구는 자신의 임무수행에 필요한 재정적 수단을 제공받아야 한 다. 이를 재정적 독립성이라 부를 수 있다.

이후 INTOSAI는 리마선언을 발전시켜 2007년 멕시코 선언(Mexico Declaration) 에서 최고감사기구의 독립성에 대한 8가지 핵심원칙(core principle)을 제시하였다.

이를 보면, 독립성을 보장할 수 있는 적절하고 효과적인 법령 마련 및 실질적 적용, 감사원장의 독립성, 충분한 감사권한과 재량, 제한없는 자료접근, 감사결과 보고 및 공개, 이행관리, 감사기구 운영의 자율성 및 독립성이다.

리마선언의 원칙이 일반적이고 다소 추상적인 데 비해 멕시코 선언의 핵심원칙 은 보다 구체적이고 종합적으로 규정되어 있다.

─ Ref.2 INTOSAI 멕시코 선언의 독립성 핵심원칙(core principle)

원칙 1: 독립성을 보장할 수 있는 적절하고 효과적인 법령과 실질적 적용. 독립성의 범위를 구체화한 법이 필요하다.

원칙 2: 감사원장(감사위원)의 독립성. 법률에서 이들의 임명, 재임명, 임용, 면직, 정년에 대한 조건을 구체화해야 한다. 정부로부터 독립성이 보장되는 절차에 따라 임명, 재임명, 면직되어야 한다. 임기는 충분하면서도 고정되어야 하며, 임무 수행과 관련된 행위에 대해 면책권이 주어져야 한다.

원칙 3: 임무 수행에 필요한 광범위한 권한과 충분한 재량. 최고감사기구는 공적자금 이용, 정부 운영의 합법성, 경제성, 효율성, 효과성 등에 대해 감사할 수 있어야 한다. 또한 감사사항 선정, 감사기획 및 실시, 감사조직 및 운영 등에서 정부와 의회의 간섭과 지시를 받지 않아야 한다.

원칙 4: 정보에 대한 제한없는 접근. 감사원은 임무 수행에 필요한 정보와 모든 문서를 적기에, 방해 없이, 직접, 자유롭게 접근할 수 있는 권한을 가져야 한다.

원칙 5: 감사결과 보고 의무와 권리. 감사결과 보고에 제한을 받아서는 안 되며, 법률에 따라 최소한 연 1회 감사결과를 보고해야 한다.

원칙 6: 감사보고서 내용과 시기를 결정하고 출판·배포할 자유. 최고감사기구는 감사보고서의 내용을 자유롭게 결정하며, 대상기관 의견을 적절히 고려한다. 법률에 특별히 규정되지 않는 한 보고 시기를 스스로 결정한다.

원칙 7: 감사결과에 대한 효과적인 이행관리(follow-up) 제도의 존재. 대상기관이 감사결과를 적절히 이행할 수 있도록 자체적으로 감사결과 이행관리 시스템을 구축한다.

원칙 8: 재정·경영·행정의 자율성과 적절한 인적·물적·재정 자원의 확보. 최고감사기구는 인적, 물적, 재정 자원 등 필요한 자원을 합리적으로 이용할 수 있어야 하며, 정부는 이를 통제하거나 지시해서는 안 된다. 의회는 최고감사기구가 적절한 자원을 확보할 수 있도록 할 책임이 있다.

2.5.1.2. 감사인의 독립성

감사인의 독립성은 INTOSAI '윤리강령(ISSAI 130)'에 제시되어 있는데, 감사인의 행동강령, 독립성 위협요인 식별과 보고 등을 담고 있다.

Ref.3 감사인의 독립성(ISSAI 130)

첫째, 감사인은 다음과 같이 행동해야 한다.

- 정치적 영향으로부터 독립적이어야 하며 정치적 편견으로부터 자유로워야 한다.
- 감사대상 기관의 정책판단에 개입하지 말아야 한다.
- 자신과 관련된 업무나 기관에 대해서는 감사를 회피해야 한다.
- 적절한 안전장치가 없다면 최근 근무했던 기관은 감사를 회피해야 한다.
- 개인적 이해관계나 대상기관의 경영진 등과의 관계가 감사에 영향을 미칠 수 있는 상황을 피해야 한다.
- 독립성과 객관성을 훼손할 수 있는 선물이나 특혜성 대우 등을 수수하지 말아야 한다.

둘째, 감사인은 자신의 독립성과 객관성이 훼손될 수 있는 가능한 위협요인과 상황을 식별할 수 있어야 한다.

셋째, 감사인은 독립성과 객관성을 훼손할 수 있는 기존의 관계나 상황에 대해 경영진에게 보고하여야 한다.

2.5.1.3. 내부감사의 독립성

내부감사는 조직내에서 독특한(unique) 위치를 차지하고 있다. 내부 감사인은 조직내에서 일하면서 동시에 그 조직 운영의 적정 여부를 감사한다. 내부감사가 경영진의 활동을 객관적으로 검증하기 위해서는 경영진으로부터 독립되어야 하는데, 이는 경영진과의 긴장을 야기할 수 있다(INTOSAI GOV 9140).

내부감사는 감사대상 업무와 활동을 깊이 이해하고 있기 때문에 잘 운영될 경우 조직의 가치 제고에 상당한 기여를 할 수 있다. 그러나 내부감사의 독립성을 보장할 수 있는 제도가 충분히 잘 설계되고 운영되지 않는다면 이러한 역할은 제한될 것이다.

이러한 맥락에서 INTOSAI는 리마선언 3절에서 "내부감사는 그것이 설치된 조직의 장을 위해 일하게 된다. 그럼에도 불구하고 각각의 헌법제도가 보장하는 범위내에서 최대한 기능적으로·조직적으로 독립적이어야 한다"고 명시하여 내부감사의 독립성 원칙을 천명하고 있다.

INTOSAI는 '공공감사 내부감사인의 독립성에 관한 기준'에서 내부감사의 독립성과 객관성에 대한 판단기준과 필요사항을 제시하고 있다(INTOSAI GOV 9140).

그 주요 내용을 보면, 먼저 자체감사기구의 조직 및 운영과 관련하여 법령에 의해 내부감사를 설립하고, 내부감사의 책임과 권한을 분명하게 규정하며, 내부감사의 조직·기능·인력을 감사대상과 분리해야 한다고 규정하고 있다.

특히 내부감사의 독립성을 위해서는 최고경영진(기관장이나 부기관장)뿐만 아니라 감사위원회와 같은 거버넌스 책임자[5]에게도 책임을 지는 구조를 갖추어야 한다는 강조하고 있는데, 이는 내부감사의 특수성이 반영된 것이다.

다음으로, 감사기구 장(CAE, Chief Audit Executive)의 독립성에 관하여는 거버넌스 책임자가 감사기구 장의 임용이나 보상에서 재량권을 행사하거나, 최소한 자문은 할 수 있어야 한다는 점, 그리고 적절하게 조직된 독립기관이 감사기구 장의 임명을 위해 설립될 필요가 있다는 점을 강조하고 있다.

또한, 감사기능 수행의 독립성 측면에서는 임무수행에 필요한 감사대상 및 범위의 설정, 충분한 자료접근, 감사계획수립에서 감사기구 장의 자율성, 최고경영진뿐만 아니라 거버넌스 책임자에게도 보고해야 한다는 점 등을 제시하고 있다. 특히 감사수행에 필요한 권한과 협조를 얻기 위해 거버넌스 책임자에게 직접 접근할 수 있어야 한다는 점을 강조하고 있다.

그리고, 감사기구 운영의 독립성 측면에서는 감사기구 장이 감사인력 채용에 참여해야 한다는 점과 내부감사인에 대한 충분한 보상과 승진 등을 제시하고 있다.

---

5) 거버넌스 책임자(Those charged with governance)는 이사회, 감사위원회, 최고경영진, 필요시에는 외부감독기관 등을 말한다.

2.5.2. 공공감사기구의 독립성의 판단기준

공공감사기구의 독립성에 관한 리마선언의 세 가지 원칙, 멕시코 선언의 8가지 원칙, 국제기구나 학자들의 견해 등을 참고하여,[6] 공공감사가 독립성을 갖추기 위해 필요한 조건 또는 핵심요소를 법적 독립성, 인적 독립성, 기능적 독립성, 운영의 독립성 등 네 가지로 구분하여 감사원과 자체감사기구의 독립성에 관하여 진단해본다.[7]

2.6. 감사원의 독립성

2.6.1. 법적 독립성

법적 독립성은, 감사원의 존립, 기능, 독립성이 쉽게 바뀌지 않고 안정적일 수 있도록 하는 법적 체계가 갖추어져 있는지에 관한 것이다. 헌법적 기반이 있는지, 기능이 법률 등에 구체적으로 명시되어 있는지, 독립성 보장이 어느 정도 수준으로 명시되어 있는지가 중요하다.

감사원은 헌법기관으로서 그 임무와 기능, 조직 등이 헌법(제97조)에 규정되어 있다. 따라서 헌법 개정 없이는 감사원의 존폐와 기능의 변경을 임의로 할 수 없다. 그리고, 감사원은 원장을 포함한 7인의 감사위원으로 구성된 합의제 기구이다. 합의제 기구는 신중한 의사결정을 하기 위한 장치이지만 동시에 독립성을 강화하는 효과도 있다.

한편, 감사원은 대통령 소속기관이다. 이는 OECD 국가의 최고감사기구가 대부분 독립기관형이거나 의회소속형이라는 점에 비추어 볼 때 다소 이례적이며, 감사원의 외관상 독립성에 부정적인 요인이 될 수 있다.

---

6) 공공감사기구의 독립성 조건으로 OECD.SIGMA(2019)는 독립성의 법적 보장, 조직적 독립(인적 독립, 운영적 독립), 감사 임무, 자료 접근 등을, Carlos Santiso(2007)는 기관의 독립, 인적 독립, 재정적 독립을, 그리고 성용락(2013a)은 조직상 독립성, 기능상 독립성, 운영상 독립성을 각각 제시하고 있다.

7) 통상 사법의 독립은 사법부의 독립, 법관의 인적 독립, 재판의 독립(기능의 독립)으로 설명된다. 사법부는 헌법상 독립기관으로서 법적 독립성과 운영의 독립성을 보장받고 있기 때문에, 이를 법적 독립과 운영의 독립으로 구분할 필요가 없다.

이러한 우려를 반영하여 감사원법(제2조)은 "감사원은 대통령에 소속하되, 직무상 독립의 지위를 가진다"는 점과 "소속 공무원의 임용, 조직 및 예산의 편성에 있어서는 감사원의 독립성이 최대한 존중되어야 한다"는 점을 명시하여 감사원의 직무상 독립적인 지위를 법적으로 명확하게 하고 있다.

2.6.2. 인적 독립성

인적 독립성은 감사원장 등의 임면절차에 대한 민주적 통제, 임기, 신분보장 등이 중요한 요소이다.

감사원장은 국회의 동의를 받아 대통령이 임명하고, 임기는 4년으로 하며 1차에 한하여 중임할 수 있다. 감사위원은 감사원장 제청으로 대통령이 임명하고, 임기는 4년으로 하며 1차에 한하여 중임할 수 있다(헌법 제98조). 그리고 감사원장을 포함한 감사위원은 임기 중 탄핵결정이나 금고 이상의 형을 선고받은 경우가 아니면 본인의 의사에 반하여 면직되지 않는다(감사원법 제8조).

감사원장과 감사위원의 임명절차와 임기가 헌법에 규정되어 있고, 감사원장 임명에서 국회 동의, 감사원장 및 감사위원의 신분보장은 감사원의 인적 독립성을 강화하는 효과를 갖는다.

다만, 감사위원은 원장의 제청으로 대통령이 임명하도록 하고 있는데, 제청 절차가 명시적으로 규정되어 있지 않아 임명제청권이 실효를 가지기 어려울 수 있다.

그리고 외국의 최고감사기구 원장 임기가 대부분 6년 이상이라는 점에 비추어 보면8), 우리나라 감사원장(감사위원)의 임기 4년은 상대적으로 짧은 편이다. 짧은 임기는 신분의 안정성과 독립성을 저해하는 요인이 될 수 있다.

2.6.3. 기능적 독립성

기능적 독립성은 감사원이 감사계획 수립, 감사실시, 감사결과 처리 등 감사활동 전반을 외부로부터의 부당한 영향을 받지 않고 자율적으로 수행할 수 있고, 이를 보장할 수 있는 제도적 기반이 구축되어 있는지에 관한 것이다.

---

8) OECD 34개 국가 최고감사기구 원장 임기를 보면 한국, 그리스, 노르웨이, 포르투갈이 4년, 터키 5년이고 나머지 모든 국가는 6년 이상이거나 임기제한이 없다. 예를 들면 미국 15년, 영국 10년, 일본 7년, 독일 12년, 프랑스는 제한이 없다(감사연구원, 2017).

INTOSAI 멕시코 선언은 임무수행에 필요한 충분한 감사권한과 재량권, 제한없는 자료접근, 감사결과 보고 및 이행관리 측면에서의 자율성 등을 제시하고 있다.

2.6.3.1. 감사 범위

감사원은 국가의 세입·세출에 대한 결산의 확인, 국가·지방자치단체·공공기관 등의 회계에 대한 검사, 행정기관·지방자치단체 등의 사무와 공무원 등의 직무에 대한 감찰 권한을 가지고 있다(헌법 제97조).

감사원의 감사대상은 국가와 지방자치단체, 그리고 이들로부터 직·간접적 영향을 받는 공적단체들, 공공부문의 계약 상대방을 포괄하고 있으며, 감사 범위 또한 회계와 사무뿐만 아니라 직무를 포함하고 있다. 이는 외국에 비해 폭넓은 활동범위이다(성용락, 2013a).

2.6.3.2. 감사사무 처리의 자율성

감사원은 감사사항 선정, 감사실시, 감사결과 처리 등을 외부의 지시나 간섭없이 감사원이 자율적으로 결정하고 있다. 다만, 국회의 감사요구는 감사원이 거부할 수 없어 감사의 독립성을 훼손시킬 수 있다는 의견도 있다(조소영 외, 2018; 62).

2.6.3.3. 자료접근 권한의 충분성

감사원은 계산서 등 상시 자료제출 이외에도 감사에 필요할 때에 감사대상 기관에 자료제출 요구, 출석·답변 요구, 창고·문서 등의 봉인 등을 할 수 있다. 감사대상 기관 외의 자에 대해서도 자료제출이나 출석·답변을 요구할 수 있다. 그리고 자료제출 요구 등에 따르지 않았을 경우 징역이나 벌금 등의 벌칙조항을 두고 있어 자료접근권의 실효성이 높다고 할 수 있다.

2.6.4. 운영의 독립성

운영의 독립성은 감사기구의 인사, 조직, 재정 등의 운영을 자율적으로 할 수 있는지에 관한 것이다.

2.6.4.1. 인사의 자율성

감사원의 4급 이상 공무원은 감사위원회의의 의결을 거쳐 감사원장의 제청으로 대통령이 임용한다. 감사원의 고위감사공무원에 대한 임용 권한을 대통령이 가지면서 원장의 임기를 대통령보다 짧게 4년으로 규정하고 있다는 점에서 대통령이 인사권을 통해 감사원에 영향을 미칠 수 있다. 감사원이 독립된 지위에서 직무를 객관적으로 수행하기 위해서는 미국, 프랑스, 독일, 일본 등 외국의 최고감사기구처럼 감사원 고위 간부에 대한 인사의 자율성을 적정하게 보장하거나, 공정한 인사를 위한 제도적 장치를 마련할 필요가 있다(성용락, 2013a).

한편, 감사원은 자체적으로 징계위원회를 설치하고 있으며, 인사사무에 대한 감사는 국가공무원법 제17조의1[9]에도 불구하고 원장의 명을 받아 사무총장이 실시한다. 이는 감사원 내부의 인사 운영에 있어 정부기관의 간섭을 방지하고 자율성을 보장하기 위한 것이다.

2.6.4.2. 재정의 자율성

감사원은 일반 정부부처와 마찬가지로 국가재정법의 예산 절차를 적용받는다. 다만, 정부는 감사원의 세출예산 요구액을 감액하고자 할 때는 국무회의에서 감사원장의 의견을 들어야 하며(국가재정법 제41조), 세출예산요구액을 감액한 때에는 그 규모 및 이유와 감액에 대한 감사원장의 의견을 국회에 제출하는 예산안에 첨부하여야 한다(국가재정법 제34조).

한편, 국회, 법원, 헌법재판소, 중앙선거관리위원회 등 헌법기관은 세출예산의 감액시뿐만 아니라 예산을 편성할 때부터 해당 독립기관의 장의 의견을 최대한 존중하여야 하고, 국가재정 상황 등에 따라 조정이 필요한 때에는 해당 독립기관의 장과 미리 협의하도록 되어 있다(국가재정법 제40조).

---

9) 국가공무원법 제17조의(인사에 관한 감사) ① 인사혁신처장은 대통령령으로 정하는 바에 따라 행정기관의 인사행정 운영의 적정 여부를 정기 또는 수시로 감사할 수 있으며, 필요하면 관계 서류를 제출하도록 요구할 수 있다.
② 국회·법원·헌법재판소 및 선거관리위원회 소속 공무원의 인사 사무에 대한 감사는 국회의장, 대법원장, 헌법재판소장 또는 중앙선거관리위원회위원장의 명을 받아 국회사무총장, 법원행정처장, 헌법재판소사무처장 및 중앙선거관리위원회사무총장이 각각 실시한다.

그리고 협의에도 불구하고 세출예산요구액을 감액하고자 할 때에는 국무회의에서 해당 독립기관의 장의 의견을 들어야 하며, 세출예산요구액을 감액한 때에는 그 규모 및 이유, 감액에 대한 독립기관의 장의 의견을 국회에 제출하여야 한다(국가재정법 제40조).

감사원의 직무상 독립성에 있어 재정적인 조건이 중요한 점을 감안할 때, 다른 헌법기관과 같은 정도의 특례를 적용할 필요가 있다.

2.7. 자체감사의 독립성10)

2010년 공공감사법 제정 이후 제도적으로 보면, 자체감사의 독립성이 상당히 높아졌다고 볼 수 있다. 감사활동의 독립성이 최대한 보장되어야 한다고 법률에 명시되었고, 감사전담기구 장의 임용 및 임기, 감사기구 장의 신분보장, 자격, 직급 등도 법률에 규정되었다. 그리고 운영의 독립성 측면에서도 감사활동 예산편성의 독립성, 감사담당자 임용에서 감사기구 장의 의견 청취 조항이 도입되었다.

이러한 개선에도 불구하고 여전히 자체감사기구의 독립성 제고에는 과제가 남아 있다. 먼저, 감사기구 장이 개방형으로 임명되지만 내부인 비율이 높다는 점, 중앙행정기관의 경우 감사기구 장의 직급이 집행부에 비해 높지 않다는 점은 자체감사의 한계로 작용할 수 있다.

특히, 감사인력의 순환보직은 감사인의 독립성을 저해하는 주요 요인으로 작용하고 있다. 우리나라 공공부문 자체감사 담당자는 대부분 순환보직 원칙에 따라 2~3년 정도 감사실에 근무한 후 감사대상 부서로 이동하고, 반대로 감사를 받던 부서에서 근무하던 사람이 감사업무를 담당하게 된다. 이러한 인력운영 방식으로는 자체감사의 독립성을 확보하는 데 있어 근본적인 한계가 있으므로 이에 대한 대책이 필요하다.

감사원과 일부 지방자치단체(서울특별시)가 시행하고 있는 '감사직렬제'를 정부기관 등으로 확대하거나, 다음 <Issue note 17>과 같이 자체감사기구 운영에 있어 '이중보고 제도'의 원리를 도입하는 방안을 모색할 필요가 있다.

---

10) 여기서는 중앙행정기관과 지방자치단체 자체감사의 독립성을 분석한다.

issue note 17: '이중보고 관계'를 통한 내부감사의 독립성 확보

내부감사의 독립성 확보를 위한 방안의 하나로 내부감사의 이중보고 관계(dual reporting relationship)에 대하여 살펴본다(김찬수, 2022; 31－33).

국제내부감사인협회(IIA)는 내부감사가 최고경영진과 이사회에 이중보고 관계를 유지하는 것은 독립성에 도움이 될 수 있다고 한다. 즉 감사 기능과 관련해서는 이사회(또는 이사회 내부의 감사위원회)에 보고하고, 행정적인 측면에서는 최고경영진에 보고해야한다는 것이다. 소유와 경영이 분리된 민간과 달리 대부분의 공공부분은 그렇지 않기 때문에 이중보고 관계를 그대로 적용하는 데에는 한계가 있지만 영국과 미국 정부에서 이중보고 원리를 응용하여 내부감사 제도를 운영하는 사례를 참고할 필요가 있다.

(영국의 사례) 영국은 정부도 민간처럼 운영될 필요가 있다는 취지에서 중앙정부 각 부처마다 부처별 이사회(departmental board)를 설치하고 있다. 이는 장관에 대한 자문기구로서, 장관, 부장관, 사무차관 등 관료와 민간 위원이 각각 절반 정도씩으로 구성된다.

이사회는 정부기관의 위험관리 등과 관련하여 '감사 및 위험보증 위원회'(ARAC)의 지원을 받는데, ARAC는 부처 내부감사(internal audit)의 지원을 받아 정부기관의 재무정보 등의 신뢰성을 점검한다. 내부감사 책임자는 조직의 거버넌스, 위험관리 등에 대한 의견을 위원회에 제공하고, 위원회는 감사보고서 등에 대해 이사회에 보고한다. 이와 같이 영국 중앙정부의 내부감사는 회계책임관(accounting officer)과 이사회라는 이중 보고 체계로 운영되고 있다고 할 수 있다.

(미국의 사례) 미국은 1978년 감찰관법 제정을 통해 정치적 중립성과 독립성을 갖춘 감찰관을 설치하였다(홍종현, 2016). 감찰관은 직무수행에 있어 독립성을 보장받고 있고, 신분이 보장되며, 소속 직원에 대한 인사권을 보유하고 있다.

감찰관은 연 2회 감사활동과 그로부터 발견한 사실, 개선사항 등을 담은 보고서를 소속 기관장에게 제출하면, 기관장은 30일 이내 반드시 그 보고서를 의회에 제출해야 한다. 그리고 의회에 제출된 때부터 60일 이내에 일반 국민에게 공개된다.

또한 감찰관은 특별히 중대하거나 심각한 문제가 발생한 경우에는 해당 기관장에게 즉시 보고하며, 해당 기관장은 7일 이내에 그 보고서를 의회에 보고하여야 한다. 그런데 소속 기관의 장은 감찰관으로부터 제출받은 보고서를 의회에 제출할 때 보고서를 수정 또는 변경할 수 없고, 원본을 제출하여야 한다. 이처럼 미국 연방정부의 감찰관은 소속 기관장과 의회라는 이중보고 체계에 따라 운영되고 있다.

3. 책임성

3.1. 의의

공공감사는 공적권한을 행사하는 활동으로 감사를 수행할 때에는 법을 준수하여야 하고, 국민과 국회에 책임을 지는 법치(rule of law)와 민주주의(democracy) 원리에 따라야 한다.

공공감사의 책임성은 독립성과의 관계에서 중요한 의미를 갖는다. 공공감사는 조사와 판단이라는 업무의 본질상 독립성을 강하게 요구하며, 이는 임무수행에 필요한 권한과 자율의 보장을 핵심으로 한다.

한편, 견제와 균형의 원리에 따라 독립성에는 책임성이 뒤따르며(최승필 외, 2017), 독립성이나 자율성은 정당하게 행사(just use of authority; Moore, 2013)되어야 한다. 공공감사의 자율성이 책임있게 행사되지 않을 경우 감사의 정당성, 공정성, 객관성이 의심받을 수 있다.

이처럼 공공감사의 책임성은 독립성과 불가분의 관계에 있다. INTOSAI는 최고감사기구의 독립성과 책임성이 감사기구의 신뢰성을 높일 수 있으며, 법치에 기반한 민주주의 사회의 필수 전제조건(essential prerequisite)이라고 명시하고 있다.

> **최고감사기구의 투명성, 책임성 원칙 (INTOSAI-P 20)**
>
> The rule of law and democracy are essential foundations for independent and accountable government auditing and serve as the pillars on which the Lima Declaration is founded. Independence, accountability and transparency of SAIs are essential prerequisite in a democracy based on the rule of law and enable SAIs to lead by example and enhance credibility.

공공감사의 책임성을 누구에게(to whom), 무엇을(what), 어떻게(how) 책임질 것인가(Bovens et al, 2014)라는 일반적인 관점에서 바라보면, 먼저 공공감사는 해당 공공감사의 책임성 체계(line of accountability)에 따라 기관장, 상급기관, 대통령, 국회 등 다양한 주인에게 책임을 지되, 궁극적으로는 국민에게 책임을 진다.

무엇을 책임질 것인가는 책임성의 대상이나 기준을 의미하는데, 감사활동이나 조직운영의 투입, 과정, 산출, 결과 등에서의 합법성이나 합목적성을 말한다.

어떻게 책임성을 확보할 것인가는 책임성을 확보하기 위한 계획, 관리, 보고, 통제 등과 관련된 법적 또는 제도적 틀을 구축하고 이를 운영하는 것이다.

결국 공공감사의 책임성이란 "감사기구가 임무와 관련된 법적 의무를 다하고, 기관운영의 합법성과 효율성을 확보하며, 구성원이 자신의 행동에 책임을 질 수 있도록 해주는 법률이나 보고기준, 조직구조, 전략, 절차, 행동"을 말한다(INTOSAI-P 20).

3.2. 책임성 원칙과 기준

각국의 감사기구는 본질적으로 유사한 역할을 수행함에도 불구하고, 정치, 사회, 역사적 맥락의 차이로 인해 그 소속과 기능이 상이하며, 따라서 책임성 확보를 위한 거버넌스나 통제장치도 다양하다.

이러한 점을 고려하여, INTOSAI는 모든 나라의 최고감사기구가 지향해야 하는 책임성의 원칙과 기준을 아홉 가지를 제시하고 있다(INTOSAI-P 20).

INTOSAI의 책임성 원리를 정리하면, 최고감사기구는 스스로의 책임성 확보를 위해 법적 권한과 감사기준 준수, 감사활동 및 조직운영 공개, 다양한 이해관계자와 소통, 적절한 내·외부 통제장치 구축 등이 필요하다.

── **Ref.4** 최고감사기구의 책임성 원칙 (INTOSAI-P 20)

1. 책임성이 규정된 법령을 마련하고, 이에 근거하여 임무를 수행한다. 여기에는 일반적으로 감사권한·대상·책임, 감사원장의 임명·해임, 감사원의 운영 및 재무관리, 감사보고서 적시 배포, 감사원에 대한 감독, 감사증거 등에 대한 비밀유지 및 공개정책 등이 포함된다.

2. 자신의 임무, 책임 등을 의회 등 다양한 이해관계자에게 공개한다.

3. 객관적이고 투명한 감사기준, 감사절차, 감사방법을 채택한다. 이 원칙에는 적절한 감사기준의 마련, 감사기준 내용과 준수에 대한 공개, 감사의 목적·방법·판단기준·결과에 대한 감사대상 기관과의 소통, 감사활동 및 보고에 대한 적절한 품질관리 시스템의 구축이 포함된다.

4. 모든 직원에 대해 높은 수준의 청렴 및 윤리기준을 적용한다.

5. 책임성 및 투명성 원리는 업무위탁시에도 준수되도록 한다.

6. 조직을 합법적, 경제적, 효율적, 효과적, 공개적으로 운영한다. 이 원칙에는 감사원 운영에 대한 내부통제나 내부감사 등 건전한 기관운영, 재무제표 공개·외부감사나 의회점검, 감사원의 운영 및 성과에 대한 평가와 보고, 직원의 역량 개발, 예산 및 결산에 대한 공개, 재원 이용의 효율성과 효과성에 대한 측정과 보고 등이 포함된다.

7. 법령 등으로 따로 규정되어 있지 않는 한 감사결과는 공개한다.

8. 언론 등을 통해 활동과 감사결과를 적시에 널리 의사소통한다.

9. 업무품질과 신뢰성을 높이기 위해 외부나 독립적인 자문을 이용한다.

3.3. 감사원의 책임성

INTOSAI의 책임성 원리를 참고하여 감사원의 책임성 구조에 관하여 ① 감사 활동 및 조직 운영의 투명성(대국민 소통 및 보고), ② 대응성(국민의 요구를 감사운영에 반영), ③ 대내외 통제장치라는 세 가지 측면에서 살펴본다.

3.3.1. 감사원의 투명성

INTOSAI에 따르면, 최고감사기구가 직면한 과제 중 하나는 국민과 이해관계자에게 자신의 임무와 역할을 잘 이해시키는 것이며, 감사기구의 투명성은 국민의 신뢰를 높임으로서 이 과제해결에 기여할 수 있다(INTOSAI−P 20). 감사기구의 투명성은 감사의 계획, 실시, 결과 등 감사활동을 공개하고 조직의 위상, 권한, 전략, 활동, 재무관리, 운영성과 등 조직운영을 공개함으로서 확보될 수 있다.

감사원은 2003년부터 감사결과를 일반 국민에게 공개하였으며, 2015년에는 감사계획과 진행상황, 2019년부터는 감사위원회의 의결사항까지 공개하고 있다. 이와 같이 감사운영에 대한 공개를 확대하여 일반 국민이 감사원감사의 계획과 과정, 결과에 이르기까지 전반적인 내용을 파악할 수 있게 되어 감사운영에 대한 투명성이 향상되었다.

3.3.1.1. 감사결과 공개

감사원은 2003. 7. 3. 「감사원 감사결과 공개지침」(감사원 훈령)을 제정하여 처음으로 감사 결과 전문(全文)을 외부에 공개하기 시작하였다(감사원, 2016).

감사원은 감사결과가 감사위원회의의 의결을 거쳐 확정되면 감사보고서를 감사대상기관과 관계기관에 시행하고, 감사보고서를 감사원 홈페이지(www.bai.go.kr)를 통해 공개한다.[11]

---

11) 감사원감사사무처리규칙 제67조(감사결과의 공개) ① 감사원은 감사대상 기관에 시행한 감사보고서 전문을 홈페이지 등을 통해 공개한다. 다만, 「공공기관의 정보공개에 관한 법률」 제9조제1항 각 호에서 정하고 있는 사항과 이에 준하는 사항으로서 감사위원회의에서 비공개하기로 의결한 사항은 공개하지 아니할 수 있다. ("이하 생략")

감사보고서 공개시 그 전문을 공개하되, 감사결과 중 국가안전보장이나 개인의 사생활 관련 사항 등 「공공기관의 정보공개에 관한 법률」에 규정(동법 제9조 제1항)된 비공개 정보 등은 공개대상에서 제외할 수 있다.

감사원 감사결과 중 비공개 사항 (「감사계획 및 감사결과 등의 공개에 관한 규정」 제9조)

1. 다른 법률 또는 법률에 의한 명령에 의하여 비밀로 유지되거나 비공개할 것으로 규정된 사항

2. 공개될 경우 국가 안전보장·국방·통일·외교관계 등 국가의 중대한 이익을 해할 우려가 있다고 인정되는 사항

3. 공개될 경우 국민의 생명·신체 및 재산의 보호 기타 공공의 안전과 이익을 현저히 해할 우려가 있다고 인정되는 사항

4. 진행 중인 재판에 관련된 정보와 범죄의 예방, 수사, 공소의 제기 및 유지, 형의 집행, 교정, 보안처분에 관한 사항으로서 공개될 경우 그 직무수행을 현저히 곤란하게 하거나 형사피고인의 공정한 재판을 받을 권리를 침해한다고 인정할만한 상당한 이유가 있는 사항

5. 감사·감독·검사·시험·규제·입찰계약·기술개발·인사관리·의사결정과정 또는 내부검토과정에 있는 사항 등으로서 공개될 경우 업무의 공정한 수행이나 연구·개발에 현저한 지장을 초래한다고 인정할 만한 상당한 이유가 있는 사항

6. 감사결과에 포함되어 있는 이름·주민등록번호 등에 의하여 특정인을 식별할 수 있는 개인에 관한 정보사항

7. 법인·단체 또는 개인의 영업상 비밀에 관한 사항으로서 공개될 경우 법인 등의 정당한 이익을 현저히 해할 우려가 있다고 인정되는 사항

8. 공개될 경우 부동산투기·매점매석 등으로 특정인에게 이익 또는 불이익을 줄 우려가 있다고 인정되는 사항가안전보장·국방·통일·외교관계 등 국가의 중대한 이익을 해할 우려가 있다고 인정되는 사항

3.3.1.2. 감사결과 및 처리단계 공개

감사원은 2015. 4. 29. 「감사계획 및 감사결과 등의 공개에 관한 규정」을 개정하여 기존의 감사결과 공개에 더하여 감사계획과 감사 처리단계까지 공개를 확대하였다.

감사원은 연간감사계획이 감사위원회의의 의결을 거쳐 확정되면 연간감사계획에 포함된 감사사항을 감사원 홈페이지 등을 통해 공개한다.

감사계획은 상반기와 하반기 연 2회 공개하되, 감사계획이 공개될 경우 감사에 현저한 지장이 우려되는 감사사항 등은 공개하지 아니할 수 있다.

감사원 연간감사계획 중 비공개 감사사항 (「감사원 감사사무 처리규칙」 제11조 제3항 단서)

1. 국가안전보장·국방·통일·외교관계 등 국가의 중대한 이익을 해할 우려가 있다고 인정되는 사항
2. 특정 개인·법인·단체 등에 부당한 이익 또는 불이익을 야기할 것으로 예상되는 사항
3. 감사대상 기관의 정당한 업무수행에 현저한 지장을 초래할 것으로 예상되는 사항
4. 감사목적 달성에 현저한 지장을 초래할 것으로 예상되는 사항
5. 그 밖에 국민의 생명·신체 및 재산의 보호 등 공공의 안전과 이익을 현저히 해할 우려가 있다고 인정되는 사항

한편, 감사원은 개별 감사사항에 대한 실지감사에 착수하면 감사사항명과 실지감사 기간 등을 포함하여 감사착수 사실을 감사원 홈페이지 등를 통해 공개한다.

그리고 감사가 진행되는 데 맞추어 감사의 처리단계를 6단계로 구분(실지감사, 의견수렴, 감사보고서 작성, 감사보고서 검토 및 심의, 감사보고서 시행 및 공개 준비, 감사보고서 공개 등)하여 공개하고 있다.[12]

다만, 연간감사계획 중 공개대상에서 제외되는 감사사항은 그 처리단계도 공개대상에서 제외된다. 감사원이 감사의 진행단계에서 공개하는 것은 그 처리단계 또는 과정에 국한되며, 감사가 진행 중인 사항은 특별한 사유가 있는 경우 외에는 원칙적으로 그 내용을 공개할 수 없도록 하고 있다.[13]

---

12) https://www.bai.go.kr/bai/notice/auditInfo/process/list
13) 「감사계획 및 감사결과 등의 공개에 관한 규정」 제8조(진행 중인 감사 내용의 비공개) 제7조에 따라 감사 착수사실 등을 공개하는 경우를 제외하고는 감사 진행 중인 사항에 관하여 그 내용을 공표·누설하

3.3.1.3. 감사위원회의 의결사항 공개

감사원은 2019. 1. 2.부터 감사위원회의의 의결사항인 심사청구사항, 재심의 청구사항, 감사원규칙 제·개정 사항 등에 대하여도 감사위원회의의 의결결과를 감사원 홈페이지 등을 통해 일반에 공개하고 있다. 감사위원회의는 공개시 독립성과 공정성을 침해할 우려가 있는 감사위원간 합의 등 회의는 공개하지 않지만 의결결과는 공개한다. 다만, 국가안전보장 사항, 사생활 비밀 침해 우려 사항 등의 경우 공개하지 아니할 수 있다(「감사위원회의 운영규칙」 제16조).

3.3.1.4. 정보공개법에 따른 공개

「공공기관 정보공개에 관한 법률」 및 「감사원 정보공개 운영규정(감사원 규칙)」에 따라 정보공개를 하고 있다. 정보공개는 자발적 공표와 정보공개청구에 의한 공개로 나눌 수 있다.

감사원은 주요 공표목록을 정해 주기적으로 이를 감사원 홈페이지에 공개하고 있다. 여기에는 주요 감사결과, 국회 업무보고 자료, 연간 감사운영방향, 결산검사 보고, 계약정보, 기관장 업무추진비, 예산집행현황 등이 포함되어 있다.

3.3.2. 감사원의 대응성(responsiveness)

대응성(responsiveness)은 정치·행정 체계가 환경의 요구에 대해 얼마나 민감하게 반응하는지를 가리키는 개념으로, 행정의 대응성은 국민의 의사와 요구를 수렴하여 행정에 반영시키는 것이다.[14]

거나 그 밖의 방법으로 공개할 수 없다. 다만, 다음 각 호의 어느 하나에 해당하는 경우에는 감사가 진행 중인 경우에도 그 내용을 공개할 수 있다.
1. 국민적 관심이 크거나 감사 진행상황을 공개하지 않을 경우 불필요한 의혹 제기 등이 우려되는 감사사항
2. 그 밖에 공익을 위하여 필요하다고 인정되는 감사사항

14) 행정의 대응성은 민주성이라는 행정이념을 구성하는 요소이다. 민주적 행정은 전체 국민의 복리를 위해 국민의 의사를 행정에 충실히 반영하는 한편 국민을 위해 봉사하고 국민에 대해 책임을 지는 행정을 말한다. 민주성에는 행정과정이나 행정기구의 설치는 물론 행정통제의 강화, 행정구제나 행정윤리의 확립 등이 모두 포함된다. (행정학사전, 2009. 1. 15., 이종수)

감사운영 과정에서 감사기구와 국민의 관계는 "소통"(communicating with the public)과 감사과정에 "참여"(citizen participation in the audit process)의 방식으로 이루어진다.[15] 소통은 국민에게 적합한 정보를 제공하고, 감사결과를 전파하고, 홍보하는 것을 말하며, 참여는 감사계획, 실행, 보고 등 감사단계에 국민이 참여하는 것이다.

감사원이 감사운영에 국민의 의사와 요구를 반영하는 대표적이고 가장 적극적인 방법은 '국민참여감사'(citizen participatory audit)이다. 국민참여감사는 국민이 감사운영 과정에 참여하는 제도로서 공사협력(public-private partnership)이나 공동생산(co-production) 개념을 정부에 대한 감사로까지 확장한 것이다.

감사원은 국민감사청구제도와 공익감사청구제도, 감사제보제도 등을 도입·시행하여 국민이 청구하는 감사사항이나 국민이 제보하는 공공행정의 위법·부당사항을 감사계획에 반영하고 감사를 실시하고 있다. 이러한 국민참여감사제도는 국제적으로도 유사한 사례가 드문 제도로서 우리나라에서 특히 발전된 제도이다.

국민참여감사에 대한 자세한 내용은 "제7장 제3절 1. 국민참여 감사제도의 발전"에서 살펴본다.

3.3.3. 감사원의 내·외부 통제장치

최고감사기구는 누가 감사하는가?(Who audits the SAI?), 최고감사기구는 누가 통제하는가?(Who controls the SAI?)는 모든 나라의 최고감사기구가 공통적으로 받는 질문 중 하나이며, 이에 대해 각국은 최고감사기구에 대한 다양한 책임성 확보 제도를 운영하고 있다.

대부분의 최고감사기구는 안으로는 윤리강령과 감사수행기준을 제정·운영하는 한편 내부감사제도 등 내부통제시스템을 구축하여 책임성을 확보하고, 밖으로는 이해관계자, 특히 의회 보고와 감독을 통해 책임성을 확보하고 있다.

---

15) 국제연합(UN)은 시민참여를 3가지로 범주화하고 있다. 먼저 정부가 시민에게 정보를 제공하거나 정보 접근권을 부여하는 것, 둘째, 정부가 정책에 대해 피드백을 받기 위해 시민의 의견을 수렴하는 것, 세 번째는 정부의 의사결정에 시민이 보다 통합적이고 능동적이고 협력적으로 참여하는 것이다. 처음 두 가지는 시민참여의 디딤돌이며 세 번째가 진정한 시민참여이다(UN, 2013)

3.3.3.1. 내부통제

감사원은 감사수행시 준수해야 할 각종 규칙, 기준, 절차 등을 마련하여 감사활동을 자율적으로 통제하고 있으며, 특히 「감사원 공무원 행동강령」(감사원 훈령)과 같은 윤리강령을 통한 행위규범을 제시하고 있다.

감사원의 내부감찰관은 내부통제의 중요한 수단이다. 감찰관은 감사원에 대한 자체감사와 특명 사항에 대한 감찰에 관하여 사무총장을 보좌한다(감사원 사무처 직제). 감사원은 2010년 공공감사법 시행부터 현재까지 감찰관을 개방형 직위로 운영하면서 외부인사를 감찰관에 임용하고 있다.

감찰관의 임무는 감사원 직원의 업무와 활동에 대한 자체감사와 일상감사, 감사 및 근무기강 확립을 위한 근무실태 점검[16], 특정 사건에 대한 조사·처리, 재산등록·주식거래내역 신고 등에 대한 업무, '부정청탁금지법' 관련 신고사항 처리 등이다(「감찰관실 운영규정」).

한편, 감사원의 감사위원회의는 감사정책 및 주요 감사계획, 예산 및 결산 등에 대한 심의·의결을 통해 감사원 사무처의 감사활동을 통제하며, 감사결과에 대한 심의·의결을 통해 감사내용 및 방법을 통제한다.

3.3.3.2. 국회의 통제

국회는 감사원 운영 전반을 감독한다. 먼저 예산안 및 결산에 대한 심의·의결권, 입법권, 국정감사 및 조사권 등을 통해 다른 국가기관과 마찬가지로 감사원을 감독한다.

또한 국회는 감사원장 임명 동의권과 감사원장·감사위원의 탄핵소추 및 의결권 등을 통해 감사원에 대한 강화된 감독을 할 수 있고, 국회법에 따라 감사원에 감사를 요구할 수 있으며, 감사원은 요구를 받은 날부터 3개월 이내에 감사결과를 국회에 보고하여야 한다.

---

16) 감사원은 훈령으로 「감사원 공무원 행동강령」을 운영하고 있다. 그 주요 내용을 보면 공정한 직무수행, 부당이득의 수수 금지 등, 건전한 공직풍토의 조성, 감사기강 확립, 위반 시의 조치 등이다. 이중 감사기강은 감사자세, 감사실시, 감사책임, 감사단장 등의 감사활동 지휘, 수감비용의 부담 등, 외부인 등의 접촉, 감사전념, 감사자료 보안 유지 등을 담고 있으며, 이는 기존의 '감사활동 수칙'의 내용이 반영된 것이다.

한편, 국회는 감사원의 주요 업무에 대하여 상임위원회(법제사업위원회)에서 정기적으로 보고받는 한편, 결산검사결과 보고, 중요감사결과 등 대통령에 보고사항에 대한 보고, 자체감사심사결과 등을 보고받는 과정을 통해 감사원을 감독한다.[17]

3.4. 자체감사기구의 책임성

3.4.1. 자체감사의 투명성

자체감사기구의 감사결과는 원칙적으로 공개한다. 다만, 「공공기관의 정보공개에 관한 법률」 제9조 제1항 각 호의 어느 하나에 해당하는 정보는 공개하지 아니할 수 있다(공공감사법 제26조). 감사결과 이외 사항에 대한 공개는 자체감사기구마다 상이하다. 예를 들면, 서울특별시 감사위원회는 업무계획, 예산편성, 감사결과, 진행상황, 감사요청 등을 홈페이지에 공개하고 있다.

3.4.2. 자체감사의 대응성

자체감사기구의 장은 회계·보건·환경·건설 등 전문지식이나 실무경험 등이 요구되는 분야를 감사하는 경우 외부 전문기관 또는 외부전문가를 감사에 참여시킬 수 있으며(공공감사법 제27조), 일부 중앙행정기관이나 지방자치단체의 경우 감사참여나 자문 등을 위해 시민감사관 제도를 운영하기도 한다.

그리고 지방자치단체의 자체감사기구는 지방자치법에 따라 「주민참여 감사제도」를 운영하고 있다.

3.4.3. 자체감사의 내·외부 통제장치

자체감사기구에 대한 기관의 내부통제는 기관장의 지휘·감독권의 일환으로 내부적으로 실시되고, 외부통제는 의회, 감사원, 기획재정부 등에 의해 이루어진다.

---

17) 국회는 2021년에 총 9회의 임시회와 정기회를 개최하여 국정을 심의하였다. 2021년 2월 제384회 임시회에서 감사원장은 2020년 주요업무 추진실적, 주요 감사결과 및 진행 상황, 2021년도 감사운영방향, 국회 관련 사항 등을 보고하였다. 6월과 7월 제388회와 제389회 임시회에서 감사원법과 공공감사법 법안 상정 심사를 받았다. 10월 감사원 국정감사에서는 주요 업무 추진실적, 감사운영기조, 성과 및 진행상황, 감사원 운영개선 및 성과, 국회 관련 사항을 보고하였다(감사원, 2021a; 717-719).

국회와 지방의회는 각각 중앙부처와 지방자치단체에 대해 예·결산 심의 및 의결, 국정감사나 행정사무감사 등을 통해 감독과 견제 기능을 수행하는데, 자체감사기구의 활동도 대상이 된다.

감사원은 자체감사활동에 대한 심사 또는 감사를 통해 외부 통제기능을 수행할 수 있다. 심사 또는 감사의 결과 운영개선이 필요하다고 인정되는 기관에 대하여는 관련 규정의 제정·개정 및 제도 개선 등의 조치를 하도록 요구할 수 있으며, 감사기구의 장이 감사업무를 현저하게 게을리하고 있다고 인정할 때에는 감사기구 장의 임용권자 또는 임용 제청권자에게 감사기구의 장의 교체를 권고할 수 있다(공공감사법 제39조).

공공기관의 경우, 기획재정부장관이 수행하는 직무수행실적평가나 경영실적평가도 자체감사에 대한 외부통제 역할을 한다. 기획재정부 장관은 필요하다고 인정하는 경우에는 공기업·준정부기관의 감사(監事) 또는 감사위원의 직무수행실적을 평가할 수 있으며, 평가결과 그 실적이 저조한 감사 또는 감사위원에 대하여 공공기관운영위원회의 심의·의결을 거쳐 해임하거나 임명권자에게 해임을 건의할 수 있다(공공기관운영법 제36조).

4. 전문성

4.1. 의의

공공감사기구는 감사활동을 통해 주인인 국민과 대리인인 정부기관 사이에 정보의 비대칭성을 해소하고, 공공행정의 위법·부당사항을 바로잡아 책임성을 확보할 수 있도록 그 기능 수행에 관한 전문성을 갖추어야 한다.

특히 현대의 거대하고 복잡·전문화된 공공행정을 대상으로 행정이 법령을 준수하며 효율적으로 수행되고 있는지 검증하고, 위법하거나 부당한 부분을 시정·개선하기 위해서는 높은 수준의 전문성이 필요하다. 공공감사의 전문성은 그 본연의 기능을 수행할 수 있는 기본적인 조건이며, 감사기구의 신뢰와 평판에 영향을 미치고, 궁극적으로 공공감사의 목적 달성에까지 영향을 미친다.

공공감사의 전문성은 공공감사기구와 감사인의 관점에서 바라볼 수 있다.

그림 6-2_ 공공감사의 전문성

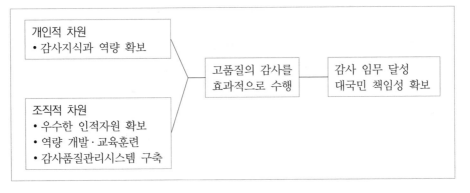

공공감사의 전문성은 감사를 수행하는 감사인이(individual level) 우수한 감사역량(audit capacity)을 갖추는 데에서 출발한다. 감사기구가 고품질의 감사를 효과적으로 수행하기(high-quality, effective audit) 위해서는 유능한 감사인이 필수적이다(ISSAI 150).

한편, 공공감사의 전문성은 개인의 역량으로만 접근할 수 있는 것은 아니다. 각 국의 감사기구가 직면한 공통의 과제 중 하나는 고품질의 감사를 지속적으로 실시 하는 것이다(ISSAI 150). 이를 위해서는 감사기구가 조직적 차원에서(organisational level) 우수한 인적자원을 확보하고, 감사인의 감사역량 개발을 뒷받침해야 하며, 또한 효율적이고 효과적인 감사품질관리시스템(audit quality management system) 을 구축하고 운영해야 한다(ISSAI 140).

4.2. 공공감사 역량

역량(competency)은 직무를 성공적으로 수행하기 위해 필수적으로 요구되는 지식, 기술, 개인적 속성을 말한다. 여기서 지식(knowledge)은 주제에 대한 이론적·실무적 이해도를 의미하며, 기술(skills)은 훈련이나 경험을 통해 개발되는 것으로 특정 업무를 수행할 수 있는 능력이며, 개인적 속성(attributes)은 개인의 자질, 특성 또는 특질이다(ISSAI 150).

이를 공공감사에 적용하면, '지식'은 공공감사를 수행하는 데 필요한 감사대상 및 공공감사에 대한 지식, '기술'은 지식을 기반으로 실제 감사를 수행하는 전문적인 감사수행 능력, '개인적 속성'은 책임감, 윤리의식, 의사소통 등 감사인이 갖추어야 할 자세를 의미한다.

공공감사는 국민을 대신하여 공공행정의 적정 여부를 검증하고 이를 바로잡음으로서 공공 책임성을 확보하는 것이므로, 공공감사가 소기의 목적을 달성하기 위해서 감사인은 충분한 감사지식, 전문적 감사 수행능력이 필요하다.

4.2.1. 감사지식

감사지식은 감사대상에 대한 지식과 공공감사에 대한 지식으로 구분된다.

"감사대상에 대한 지식"은 공공행정에 대한 지식으로서, 분야별 지식과 기능별 지식으로 다시 나눌 수 있다. 분야별 지식은 경제, 산업, 금융, SOC, 복지, 노동, 교육, 행정, 국방 등 분야별 법률, 사업, 운영 등에 관한 지식이다. 분야별 지식은 필요시 외부 전문가의 도움을 받을 필요가 있다.

기능별 지식은 공공행정에서 공통적으로 작동하는 재정·예산·회계, 정책이나 사업의 결정·집행·평가, 규제나 감독행정의 작동 메커니즘, 인사·조직 등에 대한 지식이다. 기능별 지식은 분야별 지식에 비해 상대적으로 더 널리 적용되며, 안정적이기 때문에 이를 깊이 이해할 필요가 있다.

"공공감사에 관한 지식"에는 감사와 관련되는 법령과 제도, 권한과 기준, 절차 등에 대한 지식, 합법성 감사나 성과감사 등 감사유형별 접근방법에 대한 지식 등이 포함된다.

4.2.2. 전문적 감사수행 능력

전문적인 감사수행 능력은 감사사항 선정, 감사계획 수립, 감사실시, 감사결과 처리 등 감사수행 단계별로 요구되는 감사실무에 관한 역량이다.

감사사항 선정 단계에서는 감사대상이 되는 조직, 업무, 사업을 체계적으로 검토하여, 중요성과 문제의 발생 가능성이 높은(high risk) 사항을 선정하는 능력이 필요하다. 감사대상의 경제적·사회적·정책적 중요성[18]을 추출·검토할 수 있어야 하며, 감사대상의 목표달성에 부정적 영향을 미칠 수 있는 위험요인을 식별하고 위험의 정도와 발생 가능성을 평가할 수 있어야 한다.

감사계획 수립 단계에서는 선정된 감사사항에 대해 감사목표를 수립하고, 이를 달성할 수 있는 접근방법을 설계(design)할 수 있는 능력이 필요하다. 감사계획에는 감사의 목적과 우선순위, 감사의 범위, 감사기간과 인원, 임무분장, 감사의 중점, 감사 등이 포함된다. 정부자료, 국회 논의사항, 언론 자료 등 다양한 자료를 수집하여 감사로 확인해야 할 문제를 추출하고, 이를 입증할 자료의 수집과 분석 방법을 설계할 수 있는 역량을 갖추어야 한다.

감사실시 단계에서는 판단기준에 따라 감사대상업무를 적절한 방법으로 검증하고, 분석(analysis)하여 위법·부당여부를 판단하고 증명할 수 있는 역량이 요구된다. 디지털 포렌식, 심층문답 등 다양한 조사기법과 분석기법을 이해하고 활용할 수 있어야 한다.

---

18) 예를 들면, 경제적 중요성은 예산규모가 크거나 경제성장에 미치는 영향이 큰 사항, 사회적 중요성은 국민의 생명, 안전, 재산, 기본권 등과 밀접한 관련이 있는 사항, 정책적 중요성은 정부가 중점적으로 추진하는 정책이나 정부신뢰에 큰 영향을 미치는 사항들이다.

감사결과 처리단계에서는 감사결과를 논리적으로 기술하고, 합리적인 감사결론과 조치 방향을 도출할 수 있는 능력이 필요하다.

4.3. 감사품질관리시스템

4.3.1. 의의

공공감사는 최종적으로 감사보고서의 품질에 의해 평가받는다. 따라서 모든 감사기구는 고품질의 감사보고서를 생산하고, 이를 지속할 수 있도록 해주는 품질관리시스템을 갖추는 것에 큰 의미를 두고 있으며, 이런 의미에서 INTOSAI는 품질관리를 국제감사기준의 하나로 제시하고 있다(ISSAI 140).

감사품질은 '감사과정과 감사보고서가 감사기준(standard)이나 여타의 법적·제도적 요건(requirement)에 부합하는 정도, 감사기구의 임무와 기능수행에 기여하는 정도'를 의미한다(INTOSAI IDI).[19]

이처럼 감사품질은 감사활동의 산출물로서 감사보고서뿐만 아니라 이를 산출하기 위한 감사활동도 대상으로 하고 있다. 왜냐하면, 감사보고서의 품질은 결국 감사활동의 품질에 의해 영향을 받기 때문이다.

감사품질 관리를 좁게 보면, 감사내용이나 결론의 오류나 부정확성 등을 방지하기 위한 제도와 운영을 의미하지만, 넓게 보면, 감사목적 달성에 실패하거나 감사의 부작용을 초래하는 제반 위험을 방지하고 우수한 수준의 감사결과를 확보하는 제도와 운영이라고 할 수 있다.

즉 넓은 의미의 감사품질 관리는 감사보고서의 구성이나 내용의 품질관리뿐만 아니라 감사활동의 전체 과정의 관리를 의미하게 된다.

이에 따라 감사품질관리 방법에 있어서도 좁게 보면, 감사결과 또는 감사보고서에 대한 검토, 평가(review), 교정을 의미하지만 넓게 보면, 감사기준이나 가이드라인의 제정 및 보급, 감사 수행과정에 대한 지휘·감독, 외부의 자문이나 과정 평가, 감사 활동과 결과에 대한 감사대상기관, 국회, 국민 등 외부와의 소통 및 만족도 조사 등을 포괄한다.

---

19) https://www.idi.no/work-streams/professional-sais/eaq.

INTOSAI는 감사품질관리를 위한 조건으로 품질에 대한 경영진의 책임감, 적절한 윤리강령, 권한 및 역량에 기반한 감사수행, 인적자원, 감사수행의 성과, 모니터링, 품질관리 정책 및 절차의 마련과 보급 등을 제시하고 있다(ISSAI 140).

4.3.2. 위험기반 감사품질 관리

4.3.2.1. 의의

감사품질은 감사의 전체 과정에서 많은 요인들에 의해 결정되기 때문에 체계적으로 접근해야 하며, 영향력이 큰 요인 중심으로 관리를 집중할 필요가 있다. INTOSAI를 비롯한 국제감사기구에서 감사품질관리에 위험기반 접근법(risk based approach)을 적용하고 있는 것은 이러한 이유 때문이다.[20]

4.3.2.2. 감사위험 발생원인과 관리

(감사위험) 공공감사기구는 전문 감사기구로서 감사규범을 준수하면서 감사목적을 효율적이고 효과적으로 달성해야 한다. 그러나 감사활동에는 감사실패나 감사 부작용을 초래할 수 있는 다양한 위험요인이 존재하며, 이는 감사품질의 위험요인으로 작용한다.

언론, 정치권, 시민사회, 감사대상 기관 등의 문제제기를 통해 드러난 감사원감사의 위험요인은 감사과정 전반에 걸쳐 발생할 수 있으며, 독립성, 책임성, 전문성 등 공공감사의 규범과 밀접한 관련이 있다(감사연구원 2013).

감사위험을 감사운영, 감사과정, 감사내용 측면에서 구분하고 각각의 감사위험과 그 발생원인, 관리방안을 살펴본다.

(감사운영 측면) 감사운영 측면에서의 주요 위험으로는 감사기구의 전반적인 성과(performance) 부진, 개별 감사의 목적(objective) 달성 실패 또는 주요 문제점 누락 등이 있다. 이는 주로 잘못된 감사사항 선정, 감사접근방법 설계 부실, 감사인의 역량 부족, 감사거부나 방해 등에 기인하며, 이를 해결하기 위해서는 감사기획, 감사인력 확보, 감사인역량 등의 측면에서 개선과 관리가 필요하다.

---

20) INTOSAI는 품질관리의 목적으로 '감사업무 품질에 대한 위험을 고려하고, 이에 대응한 품질관리 시스템 구축'을 제시하고 있다(ISSAI 140).

(감사과정 측면) 감사과정 측면은 감사인과 감사대상 기관 사이에서 발생하는 것으로 감사절차 위반, 인권침해, 감사윤리 위반, 과도한 수감 부담 등의 위험이 있다. 원인으로는 감사규범의 미준수, 부적절한 지휘·감독, 내부통제시스템 부실 등이 있다. 이에 대해서는 내실있는 감사 지휘·감독, 내부통제시스템 구축 및 준수, 윤리강령 준수 등의 관리가 필요하다.

(감사내용 측면) 감사내용 측면에서 보면, 감사보고서의 내용이나 결론에 오류가 있거나 부정확하거나 논리적 비약이 있을 수 있으며, 감사결과를 외부에 불명확하게 전달하는 위험도 있다.

이는 주로 사실이나 증거의 오류, 법리 등에 대한 해석 오류, 감사방법의 부실, 부정확하거나 불명확한 감사결과 발표 등에서 기인한다. 이에 대해서는 감사내용에 대한 객관적이고 체계적인 검토시스템을 마련할 필요가 있으며, 감사결과 공표시 감사 범위와 결론에 대한 명확한 의사소통 등이 필요하다.

표 6-5_ 감사위험의 주요 유형, 원인 및 관리

	주요 위험	원인	감사품질관리
감사운영 측면	• 감사기구의 성과 부진 • 감사목적 달성 실패 • 주요 문제점 누락	• 잘못된 감사사항 성정 • 잘못된 접근방법 설계 • 감사인의 무능·불성실 • 감사거부나 방해	• 합리적 감사기획 • 유능한 인력 확보 • 적절한 감사반 편성 • 감사기준 및 매뉴얼 • 교육·훈련
감사과정 측면	• 절차 위반 • 인권 침해 • 비위나 감사윤리 위반 • 과잉감사 등 수감부담	• 감사규범 미준수 • 지휘·감독 부적절 • 내부통제시스템 부실	• 감사 지휘·감독 • 내부통제시스템 • 감사활동 점검 평가 • 윤리강령 준수
감사내용 측면	• 내용 및 결론의 오류, 부정확하거나 논리비약 • 부적절한 의사소통	• 사실·증거 오류 • 법리 해석 오류 • 부적절한 감사방법 • 부정확, 불명확한 소통	• 감사내용 검토시스템 • 감사기준 준수 • 감사범위 및 결론 등 명확한 소통

4.3.3. 감사원의 감사품질관리

감사원의 감사품질관리는 감사제도 및 조직관리, 감사 지휘 및 감독, 감사내용의 검토 및 보완을 통해 이루어지고 있다.

감사제도 및 조직관리 측면에서는 우수한 인적자원 확보 및 감사전문인력제도,[21] 감사관 자격제도, 감사품질관리담당관[22], 감사절차 및 방법에 관한 규정이나 매뉴얼 제정, 교육훈련 체계화를 위한 감사교육원 설립(1995년), 감사방법 전문성을 제고를 위한 감사연구원 설립(2005) 등을 들 수 있다.

감사활동 지휘·감독 측면에서는 감사 진행상황 보고 및 점검, 감사절차 및 감사윤리에 대한 교육과 모니터링, 감사방법 및 요령에 대한 지휘, 감사방해 및 거부에 대한 대응방안 지휘, 감찰관에 의한 감사활동 점검·평가 등이 이루어지고 있다.

감사내용의 검토 및 보완 측면에서는 감사결과 검증 체크리스트, 감사보고서 작성 가이드, 표준감사문장, 감사품질관리담당관이나 감사위원회의 등 감사팀 이외의 제3자에 의한 검토 등이 시행되고 있다.

── Ref.5 감사보고서 검토 과정

감사원의 감사보고서 검토 과정은 감사보고서 내용의 단순한 오류나 부정확한 부분을 수정, 보완하는 것을 넘어 감사에 참여하지 않은 제3자의 관점에서 감사결과를 전반적으로 재검토하여 감사보고서의 품질과 객관성을 확보하는 과정이다.

감사단의 감사보고서에 대하여 상급자와 제3자(감사품질담당부서 등)의 검토를 거쳐 최종적으로 감사위원회의에서 심의·의결하여 확정한다. 검토과정에서 감사보고서의 기본적인 형식, 품질을 갖추도록 보완하는 것은 물론 사건의 성립 여부, 감사결과 처리 방향과 조치의 적정성 여부 등 감사보고서의 내용 전반에 대한 검토가 이루어진다.

---

21) 감사원은 2012년 「감사원 전문인력 운영규정(감사원 훈령)」을 제정하였다. 전문인력은 정보통신 분야 등 전문분야에서 전문지식과 감사기법을 보유한 사람으로서 전문인력으로 선발된 인력을 말한다. 현재 감사원은 정보통신 에너지·자원, 환경, 연구개발(R&D), 국방·방위산업, 국제감사 관련 분야 등 9개의 전문분야가 있다(「감사원 전문인력 운영규정」).
22) 감사품질관리담당관은 감사결과 처리안을 검토하고, 그에 대한 조정의견을 제시한다(「감사원 사무처 사무분장 규정」).

4.4. 자체감사의 전문성

공공감사법은 중앙행정기관과 지방자치단체 자체감사의 전문성 확보를 위한 기본적인 사항을 규정하고 있다. 감사기구의 장으로 임용되기 위해서는 일정한 자격이 필요하며(법 제11조), 특정한 결격사유가 있을 경우 감사기구의 장이 될 수 없다(법 제15조). 감사기구의 장이 결격사유에 해당하거나 임명 당시 그에 해당하였던 것으로 밝혀지면 그 직에서 교체된다(법 제15조).

감사기구의 장뿐만 아니라 감사담당자에 대한 자격요건(전문성과 청렴성 요건)과 결격사유도 규정하고 있는데[23](법 제16조, 제17조), 이는 감사업무에 대한 전문성과 그 직무수행에 필요한 자질과 적성을 갖춘 사람을 감사담당자로 임용하기 위한 것이다. 공공감사법은 감사담당자에 대하여 엄격한 자격요건을 요구하고 있을 뿐만 아니라 그에 상당하는 수준의 근무성적평정 부여 등 인사에서 우대할 수 있도록 규정하고 있다(법 제18조).

공공기관운영법은 공기업과 준정부기관 감사(상임감사위원 포함)의 자격요건과 결격사유를 규정하고 있다(법 제30조, 제34조). 공기업·준정부기관의 감사부서 직원은 「공기업·준정부기관 감사운영 규정」(기획재정부 규정) 제15조에 따라 전문성과 도덕성 갖춘 직원 중에서 임명되며, 징계처분을 받은 날로부터 3년이 경과되지 아니한 자 등은 직원으로 임명하지 못하도록 하고 있다.

감사원은 자체감사담당자 등에 대한 감사 전문교육을 실시하는 한편, '자체감사활동 심사'를 통해 자체감사기구의 교육훈련 실적과 감사인의 전문성 확보를 위한 지원노력 등을 평가하여 자체감사의 전문성 제고를 지원하고 있다.

---

23) 감사담당자가 결격사유가 있는 경우에 대하여는 공공감사법에 별도의 규정이 없다. 하지만 감사담당자의 경우에도 감사기구의 장과 마찬가지로 자체감사기구 근무 중 결격사유에 해당하거나 임용 당시 결격 사유가 있는 경우에 다른 부서로 전보조치를 하는 것이 필요하다. 「공무원 임용규칙(인사혁신처 예규)」과 「지방공무원 인사제도운영지침(행정안전부 예규)」에도 자체감사담당자 중 부적격자로 인정되는 경우 다른 부서로 전보할 수 있도록 하고 있다.

감사 수행기준

1. 의의

1.1. 개념 및 필요성

감사 수행기준 및 절차는 감사기구가 감사계획 수립, 감사실시, 감사결과 처리 등 일련의 감사업무를 수행함에 있어 따라야 할 기준과 절차를 의미한다(감사원, 2017).

공공감사는 감사대상 기관의 사무와 직원의 직무를 대상으로 이루어지며, 감사 결과는 기관운영이나 직원의 신분에 변화를 가져오거나 불이익한 조치로 이어질 수 있다. 따라서 감사기준과 절차는 감사과정에서 감사대상기관이나 직원의 권익 이 부당하게 침해받는 일이 없도록 헌법과 행정법의 기본원칙인 적법절차 원칙, 비례의 원칙, 성실의무 및 권한남용 금지의 원칙[1] 등을 고려하여 설계되어야 한다(감사원, 2017; 4).

감사기준과 절차는 감사결과의 신뢰성과 정당성에 영향을 미칠 수 있다. 감사 기준이 비합리적이거나 감사활동이 법령에 규정된 절차를 제대로 준수하지 못하 였다면 감사결과의 신뢰성이 훼손되고, 감사대상 기관의 수용성이 떨어질 수 있다.

---

1) 행정기본법 제8조(법치행정의 원칙) 행정작용은 법률에 위반되어서는 아니되며 (후략).
   제10조(비례의 원칙) 행정작용은 다음 각 호의 원칙에 따라야 한다.
   1. 행정목적을 달성하는 데 유효하고 적절할 것
   2. 행정목적을 달성하는 데 필요한 최소한도에 그칠 것
   3. 행정작용으로 인한 국민의 이익 침해가 그 행정작용이 의도하는 공익보다 크지 아니할 것
   제11조(성실의무 및 권한남용금지의 원칙) ① 행정청은 법령등에 따른 의무를 성실히 수행하여야 한다.
   ② 행정청은 행정권한을 남용하거나 그 권한의 범위를 넘어서는 아니 된다.

감사과정의 절차적 정당성은 감사결과의 내용적 충실성 못지않게 중요하고, 동시에 감사절차는 감사를 수행하는 감사인을 보호하는 안전판 역할을 한다.

1.2. 감사 수행기준의 구성

감사 수행기준은 감사원법과 감사원규칙(「감사원 감사사무 처리규칙」, 「공공감사기준」 등) 등에 규정되어 있는데, 이러한 법령에 규정된 감사 수행기준을 감사실시의 기본원칙, 감사실시 기준, 감사인의 자세로 구분하여 살펴본다.

2. 감사실시 기본원칙

「감사원 감사사무 처리규칙」은 감사원이 감사를 실시할 때 준수하여야 하는 다섯 가지 일반 원칙을 규정하고 있다.

감사의 기본원칙(「감사원 감사사무 처리규칙」 제6조)

감사원은 감사를 수행할 때에는 다음 각 호의 기본원칙을 준수하여야 한다.
1. 관계자 등의 인권을 존중하고 적법절차를 준수한다.
2. 감사의 목적을 달성하는 데 필요한 범위 안에서 감사를 실시한다.
3. 법령과 조리에 따라 성실하게 감사를 수행하고, 그 권한을 남용하여서는 아니 된다.
4. 증거를 통한 사실에 근거하고, 감사절차와 기준 등을 모든 감사대상 기관과 관계자 등에게 공정하게 적용한다.
5. 감사실시 및 자료제출 요구 등으로 인한 감사대상 기관과 관계자 등의 부담이 최소화되도록 한다.

2.1. 인권존중과 적법절차

첫 번째 원칙은 적법절차(due process of law) 원칙을 감사과정에 적용한 것이다. 적법절차 원칙은 입법, 사법, 행정 등 모든 국가작용이 정당한 법률에 근거해야 하며 정당한 절차에 따라 발동되어야 한다는 헌법원칙이다.

헌법 제12조 제1항은 법률과 적법한 절차에 의하지 아니하고는 처벌, 보안처분 또는 강제노역을 받지 아니한다고 하여 적법절차원칙을 규정하고 있는 바, 적법 절차 원칙은 형사소송절차에 국한되지 아니하고 모든 국가작용 전반에 대하여 적용된다.[2] 또한 적법절차 원칙은 형식적인 절차뿐만 아니라 실체적 법률 내용이 합리성과 정당성을 갖추어야 한다는 실질적 의미도 내포하고 있다. 즉 적법절차 원칙은 절차적 측면에서 단순히 그 형식을 지켰는지 뿐만 아니라 그 과정이 적정 한지까지 심사하는 기준으로 확립된 것이다(정문식, 2020).

다만, 감사절차에서 적법절차 원칙을 어떠한 내용과 형식으로 구체화할 것인 가는 형사절차와 다른 감사절차의 성질[3], 감사원의 독립성과 재량권 보장[4] 등을 종합적으로 고려해야 할 필요가 있다.

헌법재판소도 "적법절차 원칙이 구체적으로 어떠한 절차를 어느 정도로 요구하 는지는 일률적으로 말하기 어렵고 규율되는 사항의 성질, 관련 당사자의 사익, 절차 이행으로 제고될 가치, 국가작용의 효율성, 절차에 소요되는 비용, 불복 기회 등 다양한 요소들을 형량하여 개별적으로 판단할 수밖에 없다"고 하고 있다.[5]

헌법재판소는 적법절차 원칙에서 도출할 수 있는 중요한 절차적 요청 중의 하나로 당사자에게 적절한 고지(notice)를 행할 것과 의견 및 자료 제출의 기회를 부여할 것을 제시하고 있다.[6]

---

2) 헌법재판소 1992. 12. 24. 선고 92헌가8 결정
3) 감사원의 감사가 사실상 수사기관의 조사와 다를 바 없다는 주장이 있지만(대한변호사협회 성명서 제50-3호, 2021. 1. 22.), 감사원 감사는 행정의 적정성을 확인하고 그 운영상의 개선 및 향상을 기하 기 위한 것으로 성실의무, 설명책임 등이 있는 공무원을 대상으로 하므로 형사절차와 그 성질이 다르 다(법제사법위원회(2021), 감사원법 일부개정법률안 검토보고; 의안번호 제855호)
4) 감사기구의 감사절차에 대한 해외 입법례를 보면, 미국은 감사방법과 절차, 직무·권한 수행을 위한 규칙제정권을 인정하고 독일도 감사기관과 방법, 우선순위 결정 등에 감사원의 재량권을 부여하는 한편 직무규칙, 감사규칙 등으로 감사절차를 규정하고 있는 등 감사기구의 감사절차 등을 스스로 결 정하고 있다(법제사법위원회, 2023, 감사원법 일부개정법률안 검토보고; 의안번호 제2116947호).
5) 헌법재판소 2020. 2. 27 선고 2015헌가4 결정
6) 헌법재판소 2020. 2. 27 선고 2015헌가4 결정

2.1.1. 고지

감사원은 연간 및 반기 감사계획을 공개하며, 감사를 실시하기 전에 실시예고 통지와 실시통지를 하고 있다. 자료제출이나 출석답변을 요구할 때는 원칙적으로 서면으로 하도록 되어 있다. 그리고 문답서를 작성하기 전에 관계자에게 불리한 진술을 거부할 수 있음을 고지하도록 되어 있다.

2.1.2. 의견과 자료제출 기회 부여

감사원은 감사를 진행하는 단계별로 감사대상기관 등에 대하여 의견과 자료제출 기회를 부여하고 있다. 감사대상기관 등은 감사과정에서는 확인서 및 의견서, 문답서, 답변서 등을 통해 의견이나 자료를 제출할 수 있고, 실지감사가 종료된 이후에는 감사소명자료를 제출할 수 있다. 그리고, 중요 사건에 있어서는 감사위원회의에서 의견을 진술할 기회가 제공되며, 감사권익보호관제도를 통해 의견 진술 기회를 실질적으로 지원하고 있다. 그리고 감사대상기관 등은 감사결과가 위법·부당하다고 인정할 때에는 감사원에 재심의를 청구할 수 있다.

2.2. 비례의 원칙

두 번째 원칙과 다섯 번째 원칙은 행정작용은 행정목적을 달성하는 데 유효하고 적절해야 하며, 행정목적을 달성하는 데 필요한 최소한도에 그쳐야 한다는 비례의 원칙을 반영한 것이다. 감사원은 자료제출이나 출석·답변을 요구하거나, 봉인 등을 할 때는 감사에 필요한 최소한도로 실시하도록 규정하고 있다.

2.3. 성실 및 권한남용 금지

세 번째 원칙은 성실의무와 권한남용 금지의 원칙을 반영한 것이다. 감사인은 감사기간 중에는 감사에 전념하여야 하며,[7] 수감기관 등에 과중한 부담을 끼치지

---

7) 「감사원 공무원 행령강령」 제29조(감사전념 등) ① 감사관은 출장기간중 개인적인 일을 과도하게 도모하는 등으로 감사업무를 해태해서는 안 된다. ("이하 생략")

않도록 하는 등 감사로 인한 부작용을 최소화하기 위하여 노력하도록 규정하고 있다(「공공감사기준」 제10조 제4항).

그리고 감사원법은 감사원이 감사를 위하여 제출받은 개인의 신상이나 사생활에 관한 자료를 해당 감사목적 외의 용도로 이용할 수 없도록 규정하고 있다.

2.4. 공정 · 차별금지

네 번째 원칙은 합리적 이유없이 국민을 차별해서는 안 된다는 평등의 원칙과 증거주의를 규정한 것이다. 「감사원 공무원 행동강령」에서도 감사인은 편견이나 선입견을 갖거나 자의적 판단을 하여서는 아니 된다고 규정하고 있다(제24조).

3. 감사실시 기준

공공감사기준은 감사를 실시할 때 감사인이 지켜야하는 일반 기준과 감사 준비부터 감사 실시 및 증거 수집, 감사결과 처리 및 보고, 사후관리 등 감사실시의 각 과정별로 감사업무처리기준과 절차를 규정하고 있다. 이러한 감사실시 기준은 감사를 객관적이고 공정하게, 효율적으로 실시하기 위하여 지켜야 하는 준칙으로서 감사품질의 안정성을 확보하는 역할을 한다.

3.1. 일반 기준

감사 실시 과정에서 준수하여야 하는 일반기준으로 감사인이 독립성과 전문성을 갖출 것을 규정하고 있다.

독립성과 관련하여, 감사인이 수감기관 또는 감사대상업무 관련자와 혈연 등 개인적인 연고나 경제적 이해관계로 인해 감사계획 수립이나 감사실시, 감사결과의 처리의 과정에 영향을 미칠 우려가 있는 경우 또는 감사대상업무나 수감기관 등의 의사결정과정에 직 · 간접적으로 관여한 경우 등은 감사에 참여할 수 없도록 규정하고 있다.

그리고 감사인이 개인적 독립성 저해요인이나 외부로부터의 독립성 저해요인이 있는 경우 감사기구에 보고하도록 되어 있다.

한편, 공공감사기준은 전문성과 관련하여 감사인으로 하여금 감사업무의 수행에 필요한 전문지식과 실무경험을 구비하도록 하고, 감사기관은 우수한 전문감사인을 확보하기 위하여 적극적으로 노력하고 합리적이고 객관적인 기준에 의하여 감사인을 선발하도록 하고 있다.

감사인은 지속적인 교육훈련을 통하여 전문적인 감사능력을 연마하여야 하며, 감사기관은 체계적인 교육훈련 프로그램을 시행하여 이를 지원하도록 규정하고 있다.

3.2. 감사 준비

공공감사기준은 감사준비 사항과 감사계획 수립에 관한 기준과 방법에 관하여 규정하고 있다. 감사인은 감사업무를 계획하고 실시하는 과정에서 수감기관 등의 직무상 불법행위·오류 또는 낭비 등을 발견하지 못할 위험을 평가하고, 이를 일정 수준 이하로 감소시키기 위하여 노력하도록 규정하고 있다.

3.3. 감사 실시 및 증거 수집

감사실시의 일반적인 절차와 감사실시 과정에서의 감사인 감독, 감사증거 수집의 원칙과 방법 등에 관하여 규정하고 있다.

3.4. 감사결과 보고 및 처리

감사결과 보고의 원칙과 방법, 감사보고서 작성기준과 방법, 감사결과 처리의 종류와 기준 등에 관하여 규정하고 있다.

> 감사 준비와 감사 실시, 감사증거 수집, 감사결과 보고 및 처리 등에 관하여는 "제2편 제2장 감사 수행과정과 감사사무"에서 자세하게 살펴본다.

4. 감사인의 자세

공공감사기준과 「감사원 직원행동강령」 등은 감사를 적정하게 실시하기 위해 공공감사인에게 요구되는 자세와 윤리, 주의의무 등에 관하여 규정하고 있다.

4.1. 자세와 윤리

공공감사기준은 감사인에 대하여 공인으로서의 책무성을 인식하고 공정성·성실성 및 건전한 윤리의식에 기초한 감사자세를 견지하도록 하는 한편, 수감기관 등의 입장과 의견을 존중하고 충분한 의견진술의 기회를 주며, 편견이나 자의적 판단에 의하지 아니하고 관계기관 및 전문가의 의견을 광범위하게 수렴하도록 규정하고 있다.

그리고, 수감기관 등에 위압감이나 불쾌감을 주지 않도록 친절하고 겸손한 자세를 유지하고, 과중한 부담을 끼치는 일이 없도록 하는 등 감사로 인한 부작용을 최소화하기 위하여 노력하도록 규정하고 있다.

4.2. 주의 의무

감사인은 감사업무를 수행함에 있어 감사인으로서 하여야 할 정당한 주의의무를 다하여야 하고, 고의 또는 중대한 과실로 정당한 주의의무를 다하지 못하여 물의가 야기되는 등의 경우에는 책임을 지도록 규정하고 있다.

다만, 정당한 주의의무가 감사인의 무한책임을 뜻하는 것은 아니며 수감기관 등의 불법행위, 오류 또는 낭비 등의 사실이 감사종료 후에 발견되더라도 감사인이 관계법령과 감사기준을 준수한 경우에는 정당한 주의의무를 이행한 것으로 본다.

공공감사의 혁신과 발전

제7장에서는

최근 20~30년간의 시기를 중심으로 우리나라의 공공감사 제도가 변화하고 발전해 온 과정과 앞으로의 과제를 살펴본다.

공공감사가 그 본연의 기능을 적정하게 수행하기 위해서는 국민의 요구와 행정환경의 변화에 대응하여 지속적인 혁신이 필요하다.

공공감사의 혁신은 독립성과 책임성, 전문성 등 공공감사의 규범적 가치를 높이는 방향으로 제도와 운영을 개선해 나가는 과정이다.

제1절

혁신의 필요성과 방향

1. 의의

혁신(革新)의 사전적 의미는 "묵은 풍속, 관습, 조직, 방법 따위를 완전히 바꾸어서 새롭게 하는 것"이다. 이러한 의미를 참고한다면, 공공감사 혁신은 "공공감사에 관한 제도와 운영을 바꾸어서 새롭게 하는 것"이라고 단순하게 말할 수 있다.

최근 들어 경제·산업 분야를 비롯하여 일상생활에 이르기까지 우리가 살아가는 사회의 많은 분야에서 변화와 혁신이 일어나고 있다. 공공감사 분야도 예외는 아니어서 사회의 변화에 대응하여 그 제도와 운영에 적지 않은 변화와 발전의 과정을 겪고 있다

이 책의 앞부분에서는 공공감사에 관한 각종 제도를 현재의 제도를 중심으로 살펴보았다면, 여기서는 공공감사 제도의 발전과정을 이해할 수 있도록 그 제도와 운영이 변화해 온 과정과 최근의 제도개선 내용을 살펴본다.

공공감사에 있어 혁신이 필요한 이유와 혁신의 방향, 그리고 현재의 제도에 이르기까지의 변화와 발전의 과정을 살펴봄으로써 공공감사제도에 대한 이해의 폭을 넓히고, 앞으로의 발전방향에 대한 시사점을 얻을 수 있다.

2. 공공감사 혁신의 필요성

현대의 행정은 외부 환경인 국민, 사회 등과 영향을 주고받는 개방체제(open system)로 운영된다. 개방체제란 조직이 외부환경과 단절되어 독자적으로 운영되는 것이 아니라 환경과 상호작용하면서 운영되는 것을 말한다.

공공감사는 국민과 국회, 공공행정 등 외부환경과 상호작용하는 개방체제로 운영된다. 개방체제로서의 공공감사는 국민과 국회 등으로부터 다양한 요구(demands)와 조직 운영에 필요한 자원(resources)을 받는 한편, 감사결과를 산출물(output)로 제공한다.

공공감사는 국민을 대신하여 공공행정의 책임성을 확보하는 활동으로서 그 기능을 정상적으로 수행하기 위하여는 국민의 요구와 변화하는 환경에 적정하게 대응(response)해 나가야 한다. 이러한 과정에서 공공감사 제도와 운영의 혁신이 일어난다.

현대 행정에서 정부가 시행하는 사업의 성과관리가 중요하게 되었고 이러한 행정환경의 변화에 대응하여 미국과 유럽 국가의 최고감사기구(SAI)가 기존에 회계 집행의 정확성, 합법성 위주로 점검하던 미시적인 회계검사에서 정부사업의 성과를 높이는 데 중점을 두는 "성과감사(Performance Audit)"로 감사 운영의 중점을 전환한 것은 행정환경 변화에 대응하는 공공감사 혁신의 사례라고 할 수 있다.

한편, 공공감사가 사회의 변화와 발전에 대응하여 그 제도와 운영을 변화, 발전해 나가지 못하면 어떻게 될까? 예컨대, 공공감사의 외부환경인 사회와 행정은 고도의 정보시스템을 이용하여 업무를 처리하는 것이 일반화 되어 있는데, 공공감사는 과거의 수기(手記) 장부를 이용하여 감사를 하거나 감사자료를 종이 문서로 제출하도록 요구한다면 감사가 정상적으로, 효율적으로 수행될 수 없을 것이다.

가상의 예를 들어 보았지만 정도의 차이가 있을 뿐 공공감사가 국민의 요구와 환경의 변화에 대응하여 감사제도와 운영, 방법 등을 발전시켜 나가지 못하면 그 기능과 역할을 정상적으로 수행하기 어려울 것이라는 점을 쉽게 알 수 있다.

따라서 공공감사의 혁신은 공공감사가 변화하는 환경 속에서 그 기능과 역할을 정상적으로 수행하기 위해 불가피한 것이다. 그리고 우리 사회가 계속 변화하고 발전하고 있는 현실을 감안하면 공공감사도 그에 대응하여 제도와 운영의 지속적인 혁신이 필요하다.

> **Ref.1** 행정환경의 변화에 대응한 공공감사 혁신 사례(정부 사업의 성과관리의 중요
> 성과 "성과감사" 도입)
>
> 공공감사 분야에 있어 국제적으로 중요한 혁신의 사례로 1990년대를 전후로 하여
> 미국의 연방감사원(GAO)이 도입한 "성과감사"(Performance Audit)[1]를 들 수 있다.
>
> 과거 미국, 유럽 국가의 최고감사기구(SAI)는 경비 지출의 정확성과 적법성을 점검하는
> 데 중점을 두는 미시적인 회계검사 위주로 감사를 운영하였다.
>
> 그런데 20세기 중반 이후부터 행정국가화 현상으로 정부가 대규모 재정을 투입하여 사
> 업(Program)을 실시하고, 그 과정에서 재정의 낭비, 사업의 비효율이 국가적인 문제로 대
> 두되었다. 이에 미국 정부는 성과주의 예산제도(Performance Budgeting System)[2]를 도
> 입하는 등 정부 사업의 성과관리를 강화하는 방향으로 예산제도를 개혁하였다.
>
> 이러한 상황에서 GAO는 기존의 감사방식으로는 정부 사업의 재정낭비와 비효율을
> 방지하는 데 한계가 있다는 인식하에, 정부 사업의 경제성, 효율성, 효과성을 분석하여
> 사업의 성과를 높이는 방향으로 감사운영을 바꾸면서 성과감사를 도입한 것이다.

3. 환경의 변화와 공공감사 혁신의 방향

공공감사의 혁신은 공공감사가 "외부 환경의 변화와 요구에 대응하는 과정"으로,
그 기능과 역할을 정상적으로 수행하기 위해 환경의 변화와 요구에 맞추어 제도와
운영을 개선해 나가는 활동이라고 할 수 있다.

그렇다면 공공감사의 혁신은 어떤 방향으로 나아가고 있을까? 혁신의 방향을 이
해하기 위하여는 공공감사를 둘러싼 외부 환경은 어떻게 변화하고 있고, 공공감사에
대해 어떤 요구를 하고 있는지를 먼저 살펴볼 필요가 있다.

---

1) Performance audit refers to an independent examination of a program, function, operation
   or the management systems and procedures of a governmental or non-profit entity to
   assess whether the entity is achieving economy, efficiency and effectiveness in the
   employment of available resources. The examination is objective and systematic, generally
   using structured and professionally adopted methodologies(WIKIPEDIA).
2) 성과주의 예산제도는 1993년 제정된 정부성과관리법(GPRA, Government Performance and Results
   Act)에 근거하여 운영되고 있다.

3.1. 환경의 요구

우리나라에 현대적인 공공감사 기구가 설치된 것은 1948년 심계원과 감찰위원회를 설립하면서이다. 그리고 두 기관이 통합되어 1963년 감사원이 설립되었다. 공공감사는 주된 업무가 공공부문의 회계와 사무를 감사하는 것이고, 과거에는 감사결과가 일반에 공개되지 않는 등으로 감사활동이 일반 국민에게 널리 알려지지 않았다.

우리나라에서 공공감사가 일반 국민에게 널리 알려지게 된 시기는 1990년대부터 2000년대 초반이라고 할 수 있다. 그 시기를 전후로 하여 일반 국민의 관심이 큰 감사활동[3]이 많이 있었고, 그 이전까지 외부에 공개하지 않던 감사결과보고서를 2003년부터 공개하기 시작하였기 때문이다.

공공감사가 국민과 본격적으로 상호작용하게 된 것도 위 시기부터라고 볼 수 있다. 감사원의 감사활동을 통해 공공감사에 대한 일반 국민의 이해와 관심이 높아지게 되었고, 이러한 흐름에서 공공감사에 대한 국민과 행정의 요구도 다양하게 제기되었다.

따라서 여기서는 1990년대 이후부터 현재까지를 중심으로 공공감사에 대한 요구, 그에 대응하는 공공감사의 변화와 발전 과정을 살펴본다.

지난 30여 년 동안 우리 사회와 행정의 민주화, 전문화가 진전됨에 따라 감사대상자의 인권 존중, 충분한 의견진술 기회 부여 등과 같은 보다 민주화된 감사절차와 감사의 전문성 강화에 관한 요구가 제기되었다. 그리고 감사의 대상인 공공행정으로부터는 비리적발과 규제 위주의 감사로 인해 적극적으로 행정을 수행하기 어렵다는 비판이 제기되기도 하였다.

이와 함께, 국민들의 법 인식 수준이 높아지고 공공행정에 대한 감독 기능이 중요시됨에 따라 최고감사기관인 감사원의 독립성과 투명한 감사 운영에 대한 요구가 지속적으로 제기되고 있다.

---

3) 1990년대 초 '율곡사업', '수서택지 개발 관련 비리' 등에 대한 감사를 실시하는 과정에서 감사원과 공공감사제도에 대한 일반 국민의 인지도가 크게 높아졌다.

3.2. 혁신방향과 주요내용

위와 같은 국민과 공공행정으로부터 제기된 요구에 대응하여 공공감사 혁신은 감사운영의 독립성과 책임성, 전문성 등 공공감사의 규범적 가치를 향상시키는 방향으로 진행되고 있다(감사원, 2016; 감사원, 2019).

최고감사기구인 감사원의 제도와 운영을 위주로 하여 1990년대 이후 시기별로 공공감사가 그 제도와 운영을 혁신한 주요 방향과 내용을 정리해보면 <표 7-1>과 같다.

이를 통해 시기별로 공공감사 혁신의 중점과 방향을 읽을 수 있다.

Ref.2 감사원 운영의 혁신 추진

감사원은 2000년대 초부터 혁신담당관실을 설치하여 운영하고 있고, 특히 2014년에는 외부 인사가 주도하는 「감사혁신위원회」와 위원회를 실무적으로 뒷받침하는 「감사혁신추진단」을 각각 설치하여 감사의 민주성과 투명성, 전문성 등을 강화하는 방향으로 감사혁신을 추진한 바 있다(감사원, 2016). 그리고 2017년에는 「감사혁신·발전위원회」를 설치하여 제2차 감사혁신을 추진한 바 있다.

이하에서 분야별로 나누어 공공감사 제도와 운영이 혁신, 발전되어 온 과정과 이러한 과정에서 새로 도입된 제도 등에 대하여 살펴본다. 다만 앞에서 이미 다룬 제도에 관하여는 상세한 설명은 생략한다.

표 7-1_ 시기별 공공감사 제도·운영 개선 내용

		'91~'00	'01~'10	'11~'15	'16~현재
독립성		감사원법 개정 독립성 강화	공공감사법 제정 (자체감사)		대통령보고제도 개선 감사운영 개선
책임성·민주성	국민참여	188신고센터	국민·기업불편 신고센터		기업불편·부담 신고센터
		공익감사청구제도	국민감사청구제도 국회감사요구제도		감사제보제도
	투명성		감사결과 공개	감사계획· 진행과정 공개	감사위원회의 의결 공개
	권익보호			감사소명제도 감사권익보호관제도	재심의 대상 확대 대리인 참여제도 감사실시기본원칙
전문성		공공감사기준 제정 감사교육원 설립	시스템감사 e감사시스템 감사연구원 설립 외부전문가 충원 공공감사법 제정 (자체감사)	감사관자격제도 전자감사시스템	감사자료 분석시스템
적극행정 지원			적극행정면책제도 (감사원훈령)	감사방향 전환 (적극행정 지원)	적극행정면책제도 (감사원법) 사전컨설팅제도

제 2 절

독립성 확보를 위한 제도·운영 개선

1. 개관

"제6장 공공감사 규범과 기준"에서 살펴본 바와 같이 공공감사의 독립성과 정치적 중립성은 공공감사가 공정하고 객관적으로 이루어질 수 있도록 하는 전제이다. 공공감사의 독립성을 강화하는 방향으로 제도와 운영의 발전이 이루어지고 있는 주요 내용을 개관해 보면 아래 표와 같다.

표 7-2_ 감사원 및 자체감사의 독립성 강화를 위한 제도·운영 개선

연도	제도 및 운영 개선
1995년	감사원법 개정, 감사원 운영의 실질적인 독립성 강화 • 감사원의 조직, 인사, 예산의 자율성 존중 명시 • 감사원 내부 감사, 직원 징계 등을 자체적으로 실시 등
2009년	공공감사법 제정, 자체감사기구의 독립성 보장 • 자체감사를 독립적으로 수행하도록 명시 • 자체감사기구의 장의 임기 및 신분보장, 개방형 임용 및 자격요건 등 규정
2000년대 이후	감사운영 개선 • 정부와의 관계에서 독립성 논란 소지가 있는 활동(대통령 연두 업무보고, 정부 주관 사정활동 참여 등) 개선, 중단
2018년, 2020년	「수시보고 운영에 관한 규칙」 제정(2018년), 대통령보고제도 개선 • 대통령 수시보고의 보고대상 및 절차 등 규정 감사원법 개정 및 「중요감사결과 등의 보고에 관한 규칙」 제정(2020년) • 대통령 수시보고를 '중요감사결과 등 보고'로 변경 • 보고 대상 및 절차와 보고내용의 국회 열람 등을 규정하여 투명성 제고

2. 감사원법 개정

감사원의 직무상 독립성에 관한 감사원법(제2조)의 규정은 법 제정 당시부터 있었고 특별한 변화없이 유지되어 오다가 1995. 1. 5. 감사원법이 개정되어 감사원의 직무상 독립성을 보다 강화하는 방향으로 개선되었다.

당시 법 개정으로 "감사원 소속 공무원의 임용, 조직 및 예산의 편성에 있어서는 감사원의 독립성이 최대한 존중되어야 한다"는 조문이 추가되었다(법 제2조 제2항). 그리고 감사원의 인사사무에 대한 감사를 자체적으로 실시(법 제18조 제4항)하도록 하고, 감사원 직원에 대한 징계를 관장하는 징계위원회를 감사원에 설치(법 제18조의2)하도록 하였다.

공무원의 임용, 조직, 예산은 감사원 운영에 있어 중요한 분야로서 감사원이 감사대상인 정부의 영향을 받지 않고 직무를 독립적으로 수행하기 위해서는 최대한 자율성을 확보하는 것이 필요하다. 신설된 감사원법 제2조 제2항은 선언적인 내용의 규정이지만 감사원의 직무상 독립성을 뒷받침하는 내용으로 과거보다 진일보한 규정이라 할 수 있다.

그리고, 감사원법 개정을 통해 그 이전에 정부에서 수행하던 감사원의 인사사무에 대한 감사와 직원 징계에 관한 사무를 감사원이 자체적으로 실시할 수 있게 되는 등 감사원 운영의 자율성이 확대되어 감사원의 직무상 독립성이 강화되는 방향으로 제도가 개선되었다고 할 수 있다.[1]

3. 대통령에 대한 중요감사결과 보고(구 '대통령 수시보고') 개선

감사원의 대통령에 대한 중요감사결과 보고(구 대통령 수시보고)는 감사원법 제정 당시부터 규정되어 있던 제도이다.

중요감사결과 보고는 감사원이 감사를 통해 확인한 국가적으로 중요한 문제에 대하여 대통령에게 직접 보고하여 정부가 신속하게 대책을 마련할 수 있도록 한다는 점에서 제도운영의 긍정적인 측면이 있다.

---

1) 법 개정 이전에는 정부의 인사와 징계 사무를 관장하는 중앙행정기관(구 총무처 등)이 수행하였다.

하지만 그동안 중요감사결과 보고와 관련하여 국회, 언론 등으로부터 감사원의 독립성 훼손 우려가 있다는 문제 제기가 종종 있었다. 국회 등이 주로 문제를 제기한 내용은 제도운영이 투명하지 않다는 점, 감사위원회의에서 의결되지 않는 감사결과를 대통령에게 보고한다는 점 등이다.

이러한 문제 제기에 따라 감사원은 「수시보고 운영에 관한 규칙」(2018. 4. 12.)을 제정하고, 이후 「감사원법」 개정(제42조, 2020. 10. 20.)과 「중요 감사 결과 등 보고의 운영에 관한 규칙」(2020. 11. 2.) 제정을 통해 중요감사결과 보고의 투명성을 높이는 등 제도를 개선해 나가고 있다.

과거 '수시보고'를 '중요감사결과 보고'로 명칭을 변경하는 한편, 보고 대상을 구체적으로 명시하고 보고안을 감사위원회의의 의결을 거쳐 확정하도록 하였으며, 보고 후에는 보고 사실과 보고 목록을 국회(법제사법위원회)에 제공하고 보고 내용은 사후에 국회에 공개하도록 하였다. 자세한 내용은 "제4장 공공감사 권한"을 참조하기 바란다.

대통령 보고제도의 개선 내용을 정리하면 아래 표와 같다.

표 7-3_ 대통령 중요감사결과 보고 개선 내용

	2018년 이전	2018년	2020년 이후
근거	감사원법	감사원법, 「수시보고 운영에 관한 규칙」	감사원법, 「중요감사결과 등 보고의 운영에 관한 규칙」
명칭	수시보고	수시보고	중요감사결과 보고
보고 대상	구체적인 대상을 명시하지 않고 중요사항 위주로 선정	국방·외교·안보, 재정집행 및 예산낭비, 국민의 생활 및 안전, 주요 비위 등 관련 주요 감사결과	국가안보, 국민안전, 대규모 예산낭비, 중대한 비위 관련 감사결과 등
보고서 작성	감사위원 열람 또는 간담회	감사위원회의 심의·의결 거쳐 확정	감사위원회의 심의·의결 거쳐 확정
공개	비공개 또는 제한적 공개2)	수시보고 여부, 보고한 감사사항 목록 등을 국회에 제공할 수 있다.	보고 후 1개월 이내에 국회에 보고 여부, 보고한 감사사항 목록 등을 제공한다.

---

2) 원칙적으로 비공개, 단 국회(법제사법위원회)가 국정감사에서 열람하는 사례가 있었다.

4. 감사원 운영의 개선

감사원의 직무상 독립성 확보의 진전은 제도의 개선 외에 감사원 운영의 개선을 통해서도 이루어지고 있다. 감사원이 정부와의 관계에서 과거에 운영해오던 일 중에 현재의 기준으로 볼 때 직무상 독립성과 관련된 오해 또는 논란이 발생할 소지가 있는 관행들이 점진적으로 개선되고 있다.

1990년대와 2000년대 초까지의 언론보도 내용를 통해 확인되는 바로는 매년 연초에 각 정부 부처와 같이 감사원도 대통령에게 '연두 업무계획 보고'[3]를 하고, 감사원이 정부가 주관하는 사정활동이나 대통령지시 및 대선공약 이행실태 점검에 참여[4]하는 등의 내용이 나타나고 있다.[5]

위와 같은 일들은 당시에는 사회적으로 특별히 논란이 되지 않은 채 이루어져온 것으로 보인다.[6] 하지만 지금은 정부와 감사원의 관계에 대하여 일반 국민과 국회, 언론 등이 과거보다 엄격한 기준으로 접근하고 있다. 이에 따라 감사원의 대통령에 대한 업무계획 보고, 대통령 지시사항 이행실태 점검 등은 중단되는 등 감사 운영에 있어서도 개선이 되고 있다.

5. 「공공감사에 관한 법률」 제정

자체감사의 독립성을 높이는 제도의 개선으로 대표적인 것은 2010. 3. 22. 공공감사법 제정을 들 수 있다. 공공감사법은 자체감사의 독립성 확보를 위해 각 중앙행정기관 및 지방자치단체, 공공기관 등에 대하여 자체감사기구의 장의 감사활동 있어 독립성을 보장(법 제7조 및 제12조)[7]하도록 하였다.

---

3) 연합뉴스, '각 부처 노대통령에 연두 서면보고', 1993. 1. 19.

4) 연합뉴스, '청와대 대선공약, 대통령지시 점검', 1994. 6. 10.

5) 감사원 및 감사교육원 기록관에 게시된 사진 자료에는 과거 1960, 70년대에 감사원이 대통령에게 업무보고를 하는 사진, 해외 공관에 대한 감사출장 신고를 하는 사진 등이 있다.

6) 당시 언론보도나 국회 심의자료 등을 보면 감사원의 대통령에 대한 업무계획 보고나 대통령 지시 등 이행점검 활동에 대해 문제를 제기하는 내용은 확인되지 않는다.

7) 공공감사에관한법률 제7조(감사기구의 장의 독립성 보장) ① 중앙행정기관등의 감사기구의 장은 자체감사활동에서 독립성이 최대한 보장되어야 한다.

그리고 자체감사기구의 장이 독립적으로 업무를 수행할 수 있도록 그 소속을 적정하게 정하도록 하는 한편(법 제7조 제2항), 자체감사기구의 장을 개방형 직위로 임용하고, 법률에 정한 사유 외에는 임기 중에 신분을 보장하도록 하였다.

이와 같은 공공감사법 규정으로 공공부문 자체감사의 독립성에 대한 인식이 높아지고, 자체감사 활동의 독립성을 제도적으로 뒷받침되는 전기가 마련되었다.

6. 앞으로의 과제

공공행정이 계속 확대되고 복잡·전문화되어 가는 데 따라 독립적인 지위에서 행정을 감시·감독하는 공공감사 기능의 중요성이 커지고 그에 따라 공공감사기구의 독립성에 대한 국민의 요구도 계속 높아질 것으로 보인다.

감사원의 직무상 독립성을 확고하게 하기 위해서는 앞으로 헌법이 개정되는 경우 감사원의 독립적인 지위가 헌법적으로 보장될 수 있도록 하는 것이 이상적이다.[8]

그리고, 현행 헌법하에서는 감사원 인사의 자율성, 중립성을 강화하는 방향으로 제도개선을 모색할 필요가 있으며, 감사위원의 정치적 중립성을 확보할 수 있도록 그 자격요건을 보다 엄격하게 규정하거나 독립적인 인사 추천위원회를 설치하는 등의 방안을 검토할 필요가 있다.

한편, 감사원의 독립성을 확보하는 전제하에서 정부와의 건전하고 생산적인 협력관계를 어떻게 가져갈 것인지에 대하여도 고려할 필요가 있다. 감사원감사의 궁극적인 목적은 공공행정의 문제를 시정, 개선함으로써 국가의 발전과 국민의 삶의 질 향상에 기여하는 데 있으므로 그 본연의 목적을 할 수 있기 위해서는 시정, 개선이 필요한 문제를 행정에 적시에 반영하여 개선되도록 할 필요가 있다.[9]

---

8) 2018년에 대통령이 제안한 개헌안에 따르면 현행 헌법에 대통령 소속으로 규정되어 있는 감사원을 "제7장 감사원"으로 분리하여 "헌법상 독립기관"으로 두는 것으로 규정하였다(2017년에 국회 개헌 자문위원회의 개헌안도 감사원을 헌법상 독립기관으로 규정하였다).
대통령 개헌안 (2018. 3. 26.) 제7장 감사원
제114조 ① 국가의 세입·세출의 결산, 국가·지방정부 및 법률로 정하는 단체의 회계검사, 법률로 정하는 국가·지방정부의 기관 및 공무원의 직무에 관한 감찰을 하기 위하여 감사원을 둔다.
② 감사원은 독립하여 직무를 수행한다
9) 정부 예산의 편성 및 집행 등에 관한 문제를 「감사결과 예산반영 협의회」를 통해 정부에 알려 다음 연도의 예산에 반영하게 하는 사례가 좋은 예라 할 수 있다.

이러한 점에서 독립성을 확고히 하면서도 정부와의 건전한 협조관계를 유지할 필요성 또한 존재한다.

이를 위해서는 정부와 감사원의 관계를 보다 명확하고, 투명하게 정립해나갈 필요가 있다. 법률이나 감사원규칙에 정부와 감사원의 협력관계와 그에 관한 기본적인 절차와 방법 등을 규정하고, 그 운영을 투명하게 공개하는 방안을 모색해 볼 필요가 있다.

그리고 자체감사기구의 독립성을 실질적으로 확보하기 위한 방안으로는 "제6장 제2절 2.7. 자체감사의 독립성 Issue note 17"에서 살펴본 바와 같이 미국, 영국의 내부감사제도 사례를 참고하여 '내부감사의 이중보고 관계'의 원리를 현실에 적용할 수 있는 방향으로 자체감사제도를 개선해 나갈 필요가 있다.

제 3 절

책임성·민주성 확립을 위한 제도·운영 개선

사회 전반의 민주화가 진전되는 과정에서 공공감사의 책임성과 민주적인 감사 운영이 강조됨에 따라 그러한 방향으로 제도 개선 등이 이루어지고 있다.

공공감사 운영에 대한 일반 국민의 알 권리와 참여 요구가 커지고 있고, 공공 감사의 대상자인 공공부문 종사자의 권리의식도 계속 높아지고 있는데 따라 국민 의 의견을 감사과정에 반영할 수 있는 제도와 감사운영의 공개가 계속 확대되고 있고, 감사대상자의 권익보호를 위한 감사 절차도 보완되고 있다.

1990년대 이후 공공감사의 책임성, 민주성을 확립하기 위한 주요 제도·운영의 개선 과정을 '국민참여 감사제도의 발전', '감사운영의 투명성 강화', '감사대상자 권익보호' 세 주제로 나누어 그 발전과정을 살펴본다.

1. 국민참여 감사제도의 발전

1.1. 개관

국민참여감사(citizen participation audit) 제도는 1990년대 이후부터 본격적으로 도입되기 시작하였고, 국민이나 국회가 감사원에 감사실시를 청구하거나 요구하는 제도와 국민이 감사원에 공공행정의 위법·부당사항을 제보하는 두 갈래로 발전 되고 있다.

표 7-4_ 국민참여감사제도 발전

연도	제도
1994년	188신고센터 설치
1996년	감사청구제(「감사청구제 시행방안」, 감사원 내부 방침)
2002년	국민감사청구제도 시행(부패방지권익위법 제정) • 300인 이상의 국민이 감사원에 감사를 청구
2003년	국회감사청구제도 시행(국회법 개정)
2006년	공익감사청구제도(공익감사처리규정, 감사원훈령) • 구 「공익사항에 관한 감사원 감사청구처리에 관한 규정」(감사원 훈령, 현 「공익감사청구 처리규정」) • 300인 이상 국민, 시민단체, 감사대상기관의 장 등이 감사원에 감사를 청구
2010년	국회감사요구제도 시행(국회법 개정)
2018년	기업·불편부담신고센터 설치
2019년	감사제보제도 시행

국민이나 기업 등이 일상생활 또는 경영활동을 하는 과정에서 정부기관이나 지방자치단체, 공공기관 등의 위법·부당한 업무처리로 인하여 권리침해나 경제적 손실, 생활의 불편 등 다양한 피해를 겪거나 그러한 일을 인지하게 될 수 있다.

이러한 경우 국민이 직접 감사원 등 공공감사기구에 공공부문의 문제점에 대하여 감사를 청구하거나 감사제보를 할 수 있다. 이러한 감사청구제도 또는 감사제보제도는 국민이 공공감사의 개시에 영향을 줌으로써 위법·부당한 행정을 시정·개선할 수 있는 제도로서 "국민참여감사제도"라고 할 수 있다.

일반 국민이 공공감사기구에 감사를 청구하는 제도는 국제적으로 사례가 드문 우리나라에서 특히 발전되고 있는 제도로서 「국민감사청구제도」와 「공익감사청구제도」, 「감사제보제도」 등이 있다.[1]

또한, 국민의 대표기관인 국회가 국회법에 따라 특정한 사안에 대하여 감사원에 감사를 요구하는 「국회감사요구제도」와 지방자치법에 따라 주민이 지방자치단체

---

1) 감사제보제도는 국민·공익감사청구제도와는 성격이 다르지만 일반 국민이 위법·부당한 행정에 대하여 일정한 요건을 갖추어 감사원에 제보하면 감사원은 감사를 실시하여 문제를 개선·시정하는 점에서 감사청구제도와 유사하다.

등에 감사를 청구하는 「주민감사청구제도」2)도 넓은 의미에서 국민참여 감사제도라고 할 수 있다.

이러한 제도들은 국민이나 국회가 공공감사 운영에 의견을 반영하고 참여할 수 있는 제도로서 공공감사의 민주적 책임성을 높이는 기능을 한다.3)

1.2. 국민·시민단체, 정부기관 등의 감사청구 제도

일반 국민이나 시민단체 등은 공공부문의 위법·부당한 사항이나 공익과 관련된 사안에 대하여 감사원에 감사를 청구할 수 있는데 이에 관한 제도가 감사원이 운영하는 「국민감사청구제도」와 「공익감사청구제도」이다.

위와 같은 감사청구제도는 감사원이 1996. 7. 1. 감사원에 대한 국민의 신뢰를 높이고 감사의 민주적 운영과 적시성 확보를 위해 처음 도입하였다(감사원, 2000).

당시 시민단체, 지방의회 등 일정 자격을 갖춘 자가 공익을 목적으로 특정사항에 대하여 감사를 청구하는 경우 이를 심사하여 감사계획에 반영하고, 감사결과를 청구인에게 통보하는 제도로 운영되었다.

감사원의 「감사청구제 시행방안」으로 운영되던 감사청구제는 2001. 7. 24. 제정된 구 부패방지권익위법(2002. 1. 25. 시행)에 국민의 감사청구권이 규정4)되고, 이에 따라 감사원이 2002. 1. 25. 「국민감사청구·부패행위신고 등 처리에 관한 규칙」을 제정·시행하여 법률에 근거를 둔 「국민감사청구제도」로 발전하게 되었다.

---

2) 주민감사청구제도는 지방자치법 제21조에 따라 1999. 8. 31.부터 운영되고 있다.
   지방자치법 제21조(주민의 감사 청구) ① 지방자치단체의 18세 이상의 주민으로서 다음 각 호의 어느 하나에 해당하는 사람(「공직선거법」 제18조에 따른 선거권이 없는 사람은 제외한다. 이하 이 조에서 "18세 이상의 주민"이라 한다)은 시·도는 300명, 제198조에 따른 인구 50만 이상 대도시는 200명, 그 밖의 시·군 및 자치구는 150명 이내에서 그 지방자치단체의 조례로 정하는 수 이상의 18세 이상의 주민이 연대 서명하여 그 지방자치단체와 그 장의 권한에 속하는 사무의 처리가 법령에 위반되거나 공익을 현저히 해친다고 인정되면 시·도의 경우에는 주무부장관에게, 시·군 및 자치구의 경우에는 시·도지사에게 감사를 청구할 수 있다. ("이하 생략")

3) 한편, 국민감사청구제도와 감사제보제도 등은 국민이 공공행정의 위법·부당사항에 관한 정보를 공공감사기구에 제출하여 감사 실시를 청구하는 것이므로 공공감사기구의 감사정보 수집 기능을 보완해 주는 기능도 있다.

4) 구 부패방지권익위법 제40조 (감사청구권) ① 20세 이상의 국민은 공공기관의 사무처리가 법령위반 또는 부패행위로 인하여 공익을 현저히 해하는 경우 대통령령이 정하는 일정한 수 이상의 국민의 연서로 감사원에 감사를 청구할 수 있다. ("이하 생략")

한편, 국민감사청구제도와 별도로 감사원은 2006. 3. 14. 구「공익사항에 관한 감사원 감사청구처리에 관한 규정」(감사원 훈령, 현「공익감사청구 처리규정」)을 제정5)하여「공익감사청구제도」를 운영하고 있다.

국민감사청구제도와 공익감사청구제도는 일정한 요건을 갖춘 일반 국민이나 시민단체 등이 감사원에 감사를 청구하는 제도로서 그 취지는 유사하지만 제도운영의 근거가 되는 법령, 감사청구의 대상, 청구인 자격요건 등에 차이가 있다.

1.3. 「국민감사청구제도」

1.3.1. 감사청구 대상 및 청구인

국민감사청구제도는 공공기관의 사무처리가 법령위반 또는 부패행위로 인하여 공익을 현저히 해하는 경우를 청구대상으로 한다(부패방지권익위법 제40조).

「국민감사청구·부패행위 신고 등 처리에 관한 규칙」에 따르면 일반 국민이 감사원에 감사를 청구하기 위하여는 300인 이상이 연서로 청구인의 인적사항과 감사청구의 취지와 이유를 기재한 기명의 문서로 하도록 하고 있다(규칙 제10조).

1.3.2. 감사실시 여부 결정

국민감사청구사항에 대한 감사실시 여부는 감사원이 설치·운영하는 「국민감사청구심사위원회」(감사원 직원 3인, 외부 위원 4인 등 총7인의 위원으로 구성)가 결정한다(부패방지권익위법 제74조 및 규칙 제3조).6)

감사청구 요건을 갖추지 않았거나 감사청구 제외 대상, 감사원의 직무범위가 아닌 사항 등은 각하하고, 감사청구내용이 구체적인 사실이 없거나 감사의 필요성이 인정되지 않는 경우 감사청구를 기각한다.

---

5) 「감사청구제 시행방안」은 위 규정 제정으로 폐지되었다.
6) 부패방지권익위법 제74조(감사실시의 결정) ① 제72조제1항 본문에 따라 감사청구된 사항에 대하여는 감사원규칙으로 정하는 국민감사청구심사위원회에서 감사실시 여부를 결정하여야 한다. ("제2항 생략")
③ 감사원 또는 당해 기관의 장은 감사청구가 이유 없다고 인정하는 때에는 이를 기각하고, 기각을 결정한 날부터 10일 이내에 그 사실을 감사청구인에게 통보하여야 한다.

> **국민감사청구 대상 및 청구방법 등 (부패방지권익위법 제71조 및 제72조)**
>
> 청구대상: 공공기관의 사무처리가 법령위반·부패행위로 인하여 공익을 현저히 해하는 경우
> 청구방법: 300인 이상의 국민의 연서로 감사원에 감사 청구
> 청구제외 사항(부패방지권익위법 제71조 제2항)[7]
> 1. 국가의 기밀 및 안전보장에 관한 사항
> 2. 수사·재판 및 형집행(보안처분·보안관찰처분·보호처분·보호관찰처분·보호감호처분·치료감호처분·사회봉사명령을 포함한다)에 관한 사항
> 3. 사적인 권리관계 또는 개인의 사생활에 관한 사항
> 4. 다른 기관에서 감사하였거나 감사중인 사항. 다만, 다른 기관에서 감사한 사항이라도 새로운 사항이 발견되거나 중요사항이 감사에서 누락된 경우에는 그러하지 아니하다.
> 5. 그 밖에 감사를 실시하는 것이 적절하지 아니한 정당한 사유가 있는 경우로서 대통령령이 정하는 사항
> 청구제외 사항(부패방지권익위법 시행령 제85조)
> 1. 행정심판·소송, 헌법재판소의 심판, 헌법소원이나 감사원의 심사청구, 그 밖의 다른 법률에 따른 불복구제절차가 진행 중인 사항
> 2. 법령에 따라 화해·알선·조정 또는 중재 등 당사자간의 이해조정을 목적으로 행하는 절차가 진행중인 사항
> 3. 판결·결정·재결·화해·조정 또는 중재 등에 따라 확정된 사항

1.3.3. 감사실시 및 처리

감사원은 감사를 실시하기로 결정한 날부터 원칙적으로 60일 이내에 감사를 종결하여야 하고, 감사가 종결된 날부터 10일 이내에 그 결과를 감사청구인에게 통보하여야 한다.

다만, 「국민감사청구·부패행위 신고 등 처리에 관한 규칙」에 따르면 감사원이 감사청구사항에 대한 감사 종결기한을 넘겼을 때 그 효력이나 제재조치에 관하여 규정하고 있지 않다. 이를 보면 위 감사종결 기한 등은 감사원이 반드시 지켜야 하는 강행규정이라기 보다는 감사원으로 하여금 가능한 한 조속하게 감사청구사항을 처리하도록 한 훈시적 규정이라 할 수 있다.[8]

---

7) 지방자치단체와 그 장의 권한에 속하는 사무의 처리에 대한 감사청구는 「지방자치법」 제21조에 따라 주무부장관이나 시·도지사에게 주민감사청구를 하도록 되어 있다.

따라서, 감사원은 감사청구사항의 내용이 복잡한 등으로 불가피하게 감사실시에 장기간이 소요되는 경우 위 기한을 넘겨 처리할 수 있다.

1.3.4. 제도운영 현황

감사원은 2019년부터 2021년 사이에 계 7건의 국민감사청구사항을 인용하여 감사를 수행하였다.

1.4. 「공익감사청구제도」

1.4.1. 감사청구 대상과 청구인

공익감사청구제도는 300인 이상의 국민, 감사대상기관의 장 또는 공익을 목적으로 하는 시민단체 등이 주요 사업, 예산, 안전, 환경, 복지 등의 분야에서 불특정 다수인 또는 사회공공의 이익에 관한 사항에 대하여 감사원에 감사를 청구하는 제도이다. 감사대상기관의 장이나 시민단체 등이 감사를 청구할 수 있다는 점에서 국민감사청구제도와 청구인 자격요건에 차이가 있다.

공익감사청구는 공공기관의 사무처리(그에 소속한 공무원 등의 직무 포함)가 위법 또는 부당하여 공익을 해친다고 판단되는 경우를 청구대상[9]으로 한다.

다만 수사·재판 등에 의해 확정된 사항, 국가안전보장과 관련된 사항, 사적인 권리관계 등은 원칙적으로 청구대상에서 제외된다.

---

8) 법제처 법령해석사례(안건번호17-0318 회신일자, 2017-09-13) 참조 ["통상적인 입법기술상 어떠한 규정을 반드시 준수해야 할 효력규정으로 정하는 경우에는 그 규정의 위반에 대한 효과 및 제재조치를 함께 규정하는 것이 일반적이라고 할 것인데(법제처 2011. 12. 22. 회신 11-0619 해석례 참조), 「행정심판법」 제24조제1항 본문에서는 피청구인이 같은 법 제23조제1항·제2항 또는 제26조제1항에 따라 심판청구서를 접수하거나 송부받으면 10일 이내에 심판청구서와 답변서를 위원회에 보내야 한다고 규정하고 있을 뿐, 심판청구서 및 답변서 제출기간을 위반한 경우에 대한 효력이나 제재조치에 관하여 규정하고 있지 않으므로, 「행정심판법」 제24조제1항 본문은 피청구인으로 하여금 가능한 한 조속하게 심판청구서와 답변서를 제출하도록 한 훈시규정에 불과하다고 할 것입니다."]
9) "공공기관"이란 중앙행정기관, 지방자치단체, 「공공기관의 운영에 관한 법률」에 따른 공공기관 등 「감사원법」 제22조와 제23조에 규정된 기관을 말한다. [공익감사청구처리규정 제2조(정의)]

공익감사청구 대상 및 제외사항 (「공익감사청구 처리규정」 제3조 및 제4조)

청구대상: 공공기관의 사무처리(소속 공무원 등의 직무 포함)가 위법 또는 부당하여 공익을 해친다고 판단되는 경우

청구인: 300인 이상의 국민 또는 공익을 목적으로 하는 시민단체(등록회원 300인 이상), 감사대상기관의 장 및 자체감사기구의 장, 지방의회

청구제외 대상:

1. 수사 중이거나 재판(헌법재판소 심판을 포함한다. 이하 같다), 행정심판, 감사원 심사청구 또는 화해·조정·중재 등 법령에 따른 불복절차가 진행 중인 사항. 다만, 제13조의 공익감사청구 자문위원회 자문 결과, 수사 또는 재판, 행정심판 등에 직접적인 영향을 주지 않고 감사실시의 필요성이 인정되는 경우에는 제외하지 아니한다.

2. 수사, 판결, 재결, 결정 또는 화해·조정·중재 등에 의하여 확정된 사항이나 형 집행에 관한 사항

3. 국가의 기밀 및 안전보장에 관한 사항

4. 국가 또는 지방자치단체에서 합리적 의사결정과정을 거쳐 결정한 중요정책결정사항이거나 주민투표 및 지방의회의 의결 등 정치적인 행위에 의하여 결정된 사항. 다만, 뇌물수수, 문서위조 등의 위법한 사실이 있거나 결정에 있어 중요한 판단기준이 되는 사실이나 자료, 정보 등에 오류가 있는 경우에는 제외하지 아니한다.

5. 감사청구의 주된 내용이 공익 사항이 아닌 사적인 권리관계 또는 개인의 사생활, 특정인 또는 특정 집단 사이의 이해와 관련된 사항

6. 감사원 또는 다른 기관에서 감사하였거나 감사 중인 사항. 다만, 감사한 사항이라도 중요한 사항이 새롭게 발견된 경우에는 제외하지 아니한다.

7. 「감사원법」 제22조부터 제24조까지에서 규정한 감사의 범위에 속하지 않는 사항

한편, 「공익감사청구 처리규정」(제3조의2)에 따르면 국무총리는 중앙행정기관이나 공공기관의 사무처리가 위법 또는 부당하여 공익을 해친다고 판단되는 경우 감사원에 감사를 청구할 수 있도록 되어 있다(규정 제3조).

감사청구는 해당 사무처리가 있었던 날로부터 5년이 경과하면 제기할 수 없다. 다만, 사무처리가 연속적으로 이루어진 경우에는 해당 사무처리와 연관된 후속 사무처리가 종료된 날로부터 5년 이내에 감사청구를 할 수 있다(규정 제6조).

1.4.2. 감사실시 여부 결정

감사원은 감사청구사항이 규정된 요건을 갖추지 못한 경우 또는 공공기관의 사무처리에 해당하지 않거나 구체적인 사무처리가 없는 경우, 동일한 사항에 대하여 이미 국민감사청구 또는 공익감사청구가 되어 있는 경우, 사무처리가 있은 지 5년이 지난 경우 등은 감사청구를 각하 한다(규정 제19조).

그리고 공공기관의 위법 또는 부당한 사무처리에 관한 내용이 구체적으로 기재하지 않은 경우이거나 그 밖에 감사의 필요성이 인정되지 않거나 감사대상으로 하기에 부적절하다고 인정되는 경우 등은 감사청구를 기각 한다(규정 제20조).

감사원은 공익감사청구사항에 대한 감사실시 여부를 결정하기 위하여 필요한 경우 공익감사청구심사위원회의 자문을 받을 수 있다(규정 제13조).

감사청구에 대한 감사실시 여부는 감사청구서 접수일부터 1개월 이내에 결정하는 것을 원칙으로 하되, 감사청구의 내용이 복잡하거나 그 처리에 고도의 전문성이 요구되는 경우 또는 감사대상기관이 다수인 경우 등은 1개월을 경과하여 감사실시 여부를 결정할 수 있도록 되어 있다(규정 제16조).

1.4.3. 감사실시 및 처리

감사원은 특별한 사유가 없는 한 감사청구에 대하여 감사를 실시하기로 결정된 날부터 6개월[10] 이내에 감사를 종료하도록 되어 있다. 다만, 감사청구내용이 복잡하거나 전문적인 내용인 경우 등은 필요한 경우 감사 기간을 연장할 수 있도록 되어 있다(규정 제24조).

1.4.4. 제도운영 현황

감사원이 2021년에 처리한 공익감사청구는 총 262건(전년도 이월 74건 포함)으로 그중 29건을 인용하여 감사를 실시하였다. 공익감사청구 262건을 청구주체별로 보면 19세 이상 국민이 207건, 시민단체가 38건, 감사대상기관의 장이 13건, 지방의회가 4건을 청구하였다(감사원, 2022a; 27).

---

10) 공익감사청구사항에 대한 감사실시 기간도 이를 위반한 경우 그 효력이나 제재에 관한 규정이 없어 강행규정이라기보다는 훈시적 규정이라 할 수 있다.

1.4.5. 국민감사청구제도와 공익감사청구제도 비교

국민감사청구제도와 공익감사청구제도의 근거와 청구인, 청구대상과 제외사항 등을 비교하면 <표 7-5>와 같다.

표 7-5_ 국민·공익감사청구제도 비교

구분	국민감사청구(2002년 도입)	공익감사청구(1996년 도입)
근거	• 부패방지권익위법 제72조 및 시행령 • 「국민감사청구·부패행위신고 등 처리에 관한 규칙」(감사원규칙) • 「국민감사청구 처리규정」(감사원훈령)	• 「공익감사청구 처리규정」(감사원훈령)
청구인	• 18세 이상의 국민 300인 이상	• 18세 이상 국민 300인 이상, 시민단체, 감사대상기관의 장, 자체감사기구의 장, 지방의회, 국무총리
청구대상	• 공공기관의 사무처리가 법령위반, 부패행위로 공익을 현저히 해하는 경우	• 공공기관의 사무, 공무원의 직무가 위법, 부당하여 공익을 해치는 경우
제외사항	• 국가기밀, 안전보장 관련, 수사·재판, 형집행 관련, 사적인 권리관계, 감사종료 또는 감사중인 사항 (자치단체의 사무는 주민감사청구 대상)	• 수사·소송·행정심판과 형 집행 관련 사항, 국가기밀, 안전보장, 중요 정책 결정사항 및 정치적 결정사항, 개인이나 특정집단의 이익 추구사항, 감사중인 사항이나 감사대상이 아닌 사항
청구기관	• 감사원 (국회·법원·헌법재판소·선관위 소관 사무는 해당 기관)	• 감사원
처리절차	• 국민감사청구심사위원회가 감사실시 여부 결정(접수일로부터 30일 이내) • 결정일로부터 60일 이내에 감사종결	• 사무총장이 감사실시 여부 결정(경미한 사항은 공직감찰본부장, 접수일로부터 1개월 이내) * 중요사항은 감사청구자문위원회 논의 • 결정일로부터 6개월 이내에 감사종결

1.5. 「국회감사요구제도」

1.5.1. 의의

국회감사요구제도는 국회가 국회법 제127조의2에 근거하여 국회의 의결로 특정한 사안에 대하여 감사원에 감사를 요구하는 제도이다. 국회가 감사원에 대해 감사를 요구하는 제도는 2003. 2. 4. 국회법 개정(제127조의2 신설)에 따라 국회가 감사원에 감사를 청구하는 제도(「국회감사청구제도」)로 시작되었다가 2010. 3. 12. 국회법 개정으로 감사를 요구하는 제도(「국회감사요구제도」)로 변경되었다.

국회법에 따르면 국회의 감사요구가 있는 경우 감사원은 감사를 실시하고 3개월 이내(2개월 연장 가능)에 감사결과를 국회에 보고하도록 되어 있다(법 제127조의2).

국회법은 국회감사요구사항의 감사실시 기간을 넘긴 경우에 대하여 그 효력이나 제재조치에 관한 규정을 두지 않고 있다. 따라서 국회감사요구사항의 감사실시 기간은 국민감사청구제도 및 공익감사청구제도와 마찬가지로 감사원으로 하여금 가능한 한 신속하게 감사를 실시하도록 한 훈시적 규정이라고 할 수 있다.[11]

1.5.2. 제도운영 현황

국회감사요구는 정례적으로 국회 예산결산위원회의 결산심사 과정에서 감사가 필요한 사안을 심의하여 국회 본회의에 회부하거나 국회 각 상임위원회에서 수시로 감사요구사항을 본회의에 회부하여 최종적으로 국회 본회의의 의결로 감사요구사항을 확정한다. 국회는 2018년부터 2021년까지 4년간 계 36개 사항에 대하여 감사원에 감사를 요구하였다.

---

11) 다만, 감사원은 국민의 대표기관인 국회의 국정 감독을 적극적으로 지원하기 위하여 국회감사요구사항을 가능한 한 법정 기간 내에 처리하기 위하여 노력하고 있다.

Ref.3 OECD 국가 의회의 감사요청 제도 현황[12]

OECD 34개국 가운데 24개 국가에서 의회가 최고감사기구(SAI)에 감사를 요청하는 제도를 운영하고 있다. 의회감사요청제도를 운영하는 국가들 간에 구체적인 제도 운영방식은 차이가 있다.

일본, 이탈리아, 캐나다 등 15개 국가는 의회감사요청제도를 운영하지만 의회의 감사요청에 대해 최고감사기구가 감사실시 여부를 결정하고 있다. 우리나라를 포함한 미국, 프랑스 등 7개 국가는 의회의 감사요청에 대해 최고감사기구가 의무적으로 감사를 실시하고 있다. 오스트리아와 슬로베니아 등 2개 국가는 의회의 감사요청사항의 수를 제한하여 운영하고 있다.

영국, 독일, 스위스 등 10개 국가는 의회감사요청제도를 운영하지 않고 있다.

SAI 소속 유형	의회감사요구제도 운영 국가(24개)			미운영 국가 (10개)
	SAI가 감사실시 여부 결정(15개)	SAI가 감사를 의무 실시(7개)	감사요구사항 수를 제한(2개)	
독립기관형	네덜란드, 룩셈부르크, 벨기에, 이탈리아, 일본, 체코, 터키	덴마크, 칠레. 포르투갈, 프랑스	슬로베니아	그리그. 독일, 스페인, 슬로바키아, 아일랜드, 에스토니아
의회 소속형	노르웨이, 멕시코, 아이슬란드, 이스라엘, 캐나다, 헝가리, 호주	미국, 폴란드	오스트리아	뉴질랜드, 스웨덴, 핀란드, 영국
행정부 소속형	스위스	대한민국		

* 미국은 의회가 감사요청 권한이 있지만 GAO는 「GAO 의회 프로토콜」을 제정하여 의회의 감사요청에 대해 수용 여부를 결정하도록 규정하여 재량 강화
* 독일은 의회가 감사를 제안하는 법적 근거는 없지만 관행적으로 의회 예산위원회 등의 전원 합의로 감사요청

---

12) 감사연구원(2020), 「OECD 국가 감사원의 국회감사요구제도 현황」

1.6. 감사제보 접수·처리 제도

1.6.1. 의의

일반 국민이 공직 부패 또는 공익과 관련된 사안에 대하여 감사원에 감사를 청구하는 제도는 위에 기술된 국민감사청구제도나 공익감사청구제도가 있다. 하지만 위 제도에 의한 감사청구는 300인 이상의 국민이 연서로 청구하도록 되어 있어 일반 국민 개개인이나 기업이 감사를 청구할 수는 없다.

국민 개개인이나 기업이 감사원에 특정한 사안에 대하여 감사를 하도록 할 수 있는 방법으로 감사원에 감사제보를 하는 방법이 있다.

"감사제보"는 감사원 감사를 받는 기관, 단체, 공무원 등의 위법·부당행위 등에 대한 내용과 이를 뒷받침할 수 있는 근거자료 등 감사원의 감사 업무에 필요한 정보를 감사원에 제보하는 것을 말한다(「감사제보의 처리에 관한 규정」 제2조).

1.6.2. 제보 대상과 처리

감사제보 대상은 감사원의 감사대상기관이나 공무원의 위법·부당 행위나 기업활동에 불편·부담을 주는 사항 등이다.

감사제보 대상(「감사제보의 처리에 관한 규정」 제3조)

1. 감사원의 감사를 받는 기관, 단체, 공무원 등의 위법행위 또는 그로 인하여 공익을 해하는 사항
2. 공직자 등의 비위행위 및 공익침해행위로 인하여 국민의 권리가 침해되는 사항
3. 기업활동과 관련된 감사제보는 감사원의 감사를 받는 기관, 단체, 공무원 등의 위법·부당행위, 소극적인 업무처리 또는 불합리한 제도 운영으로 인하여 기업활동에 불편 또는 는 부담을 주는 사항

감사원은 제보에 대하여 위법·부당한 내용이 확인되는 경우 감사를 실시하고, 위법·부당한 내용이 확인되지 않거나 제보내용이 사실과 다른 경우 종결처리하고 처리결과를 제보자에게 통지한다.

1.6.3. 제도운영 경과

감사원은 1971년 2월 9일 민원상담실을 처음 설치한 이래 시기별로 188신고센터와 국민·기업불편신고센터 또는 기업불편·부담신고센터를 운영하고 있다.

이러한 기구는 일반 국민이나 기업이 공공행정과 관련하여 위법·부당하다고 인정하는 사항 등을 감사원에 신고할 수 있도록 설치한 기구이다.

「188신고센터」는 1993. 12. 1. 일반 국민이 직접 전화나 팩스 등으로 공직자의 비리나 부실공사 내용 등을 감사원에 제보할 수 있도록 설치한 기구이다.

「기업불편신고센터」는 2004. 2. 20. 창업, 공장 신·증설, 사업 인허가 신청 등에 대한 부당한 거부나 지연처리 등 공공기관의 소극적 업무처리로 인한 기업애로 사항을 접수, 처리하여 기업불편을 최소화하고 행정의 신뢰를 제고하기 위해 설치한 기구이다(감사원, 2022a).

이후 감사원은 국민과 기업의 민원을 현장에서 신속하게 해결하기 위해 감사원의 각 지역사무소에 「국민·기업불편신고센터」(2009. 2. 11.부터) 또는 「기업 불편·부담 신고센터」(2019. 2. 18.부터)를 설치하여 현재까지 운영하고 있다.

감사원은 현재 위와 같은 「기업 불편·부담 신고센터」를 운영하는 한편, 2018. 7. 13 「감사제보의 처리에 관한 규정」을 제정하여 국민들로부터 감사제보를 접수하여 감사에 활용하고 있다.

1.6.4. 제도운영 현황[13]

감사원이 2021년도에 접수·처리한 감사제보 현황은 총 1만 8,659건으로 그중 1만 7,367건(93.1%)을 감사원에서 직접 처리하였고 1,292건(6.9%)은 관련 기관의 감독기관 등에 조사·이첩하여 처리하였다.

한편 감사원이 2021년도에 접수·처리한 기업 불편·부담 신고는 총 751건으로 그중 678건(90.3%)을 감사원에서 직접 처리하였고, 73건(9.7%)은 관련 기관의 감독기관 등에 조사·이첩하여 처리하였다.

---

13) 감사원(2022a), 「2021년도 감사연보」(제4장 감사관련 업무, 제5절 감사제보) 참조

2. 감사운영의 투명성 강화

감사원은 2000년대 이전에는 감사결과를 감사대상기관에만 송부하고 일반에는 공개하지 않았을 뿐 아니라 감사계획이나 진행상황 등은 외부에 일체 공개하지 않았다.

하지만 감사원은 2003년부터 '감사결과'를 일반에 공개하기 시작하였고, 2015년에는 '감사계획 및 진행상황'까지 공개를 확대하고, 2019년부터는 '감사위원회의 의결사항'도 공개하여 감사 및 감사원 운영에 대한 공개를 확대하고 있다.

한편, 2009년에 제정된 공공감사법은 자체감사 결과를 공개하도록 규정하여 자체감사 활동의 투명성을 높이는 계기가 되었다.

표 7-6_ 감사운영 공개의 확대

연도	공개 제도
2003년	감사결과 전문 공개 • 2003. 7. 3. 「감사원 감사결과 공개지침」(감사원 훈령)을 제정하여 처음으로 감사 결과 전문(全文)을 외부에 공개
2009년	지체감사 결과 공개(공공감사법 제정)
2015년	감사계획 및 감사착수, 감사진행상황 공개 • 2015. 4. 29. 「감사계획 및 감사 결과 등의 공개에 관한 규정」을 개정하여 기존의 감사결과 공개에 더하여 감사계획과 감사실시단계까지 공개를 확대
2019년	감사위원회의 의결사항 공개 • 2019. 1. 2.부터 감사위원회의의 의결사항인 심사청구사항, 재심의 청구사항, 감사원규칙 제·개정 사항 등에 대하여도 감사위원회의의 의결결과를 공개

감사계획과 감사 진행과정, 감사결과의 공개는 감사원의 감사운영에 대한 국민의 알 권리를 충족하는 한편, 감사실시에 관한 외부의 불필요한 오해를 방지하고, 감사대상기관과 관계자들이 감사진행상황을 파악하는 데 드는 불필요한 노력을 방지하는 효과가 있다.

감사원의 감사계획, 감사진행 과정, 감사결과 등 공개에 관한 자세한 내용은 "제6장 제2절 3.3.1 감사원의 투명성"을 참조하기 바란다.

3. 감사대상자 권익보호를 위한 제도의 확충

2000년대 이후 공공감사 과정의 인권보호, 적법절차 등이 강조됨에 따라 감사대상자의 권익보호를 위한 제도의 개선이 지속적으로 이루어지고 있다.

2010년대 이전에는 주로 감사활동수칙과 감사예절 제정, 감사관 소양교육 등 감사원 내부 운영개선의 일환으로 감사대상자의 권익보호를 도모하였다면, 2010년 이후에는 감사원법과 감사원규칙 제·재정 등을 통해 감사대상자 권익보호에 관한 제도들이 법령에 근거한 공식적인 제도로 도입·시행되고 있다.

감사대상자의 권익보호를 위한 주요 제도인 감사권익보호관제도와 감사소명제도, 감사위원회의(소위원회의)의 관계자 진술기회 부여 의무화, 감사보고서 체제 개선(감사대상기관 의견 수록) 등이 대부분 2010년대 중반에 도입·시행되었다.

그리고, 2020년 이후에도 감사대상자의 대리인(변호사, 회계사 등) 선임 및 참여, 재심의 청구대상 확대 등 제도개선과 함께 감사대상자의 인권 존중, 적법절차 준수 등이 감사의 기본원칙으로 감사원규칙(「감사원 감사사무 처리규칙」)에 명시되었다.

표 7-7_ 감사대상자 권익보호제도의 발전

연도	제도 시행
2010년 이전	공공감사기준 제정(감사대상자의 의견 존중, 충분한 진술기회 부여 등 규정 감사원 내부적으로 감사예절, 감사활동수칙 등을 제정하여 시행
2011년 이후	감사위원회의(소위원회)의 주요 사건 관계자 의견진술 기회 부여 의무화 • 변상판정에서 파면·해임요구, 중징계요구 사항까지 순차적으로 범위 확대
2015년	감사소명제도 및 감사권익보호관제도 시행 • 감사원규칙이나 훈령을 제·개정하여 시행
2020년	재심의 청구 대상 확대 • 감사원법을 개정(2020. 10. 20.), 재심의청구 대상을 권고·통보사항까지 확대
2021년	감사과정(문답서 작성 등)에 대리인 참여 허용, 제도화
2022년	인권 존중 및 적법절차 원칙을 명시 • 「감사원 감사사무 처리규칙」을 제정(2022. 4. 4.)하여 기본원칙으로 명시

4. 앞으로의 과제

공공감사의 책임성과 민주성, 투명성은 그간의 제도 및 운영 개선을 통해 상당한 개선이 이루어졌다고 할 수 있다. 하지만 우리 사회가 계속 발전하고 있고, 국민과 공무원의 인권 의식이 높아지고 있는데 따라 그에 대응하여 앞으로도 제도와 운영의 지속적인 개선과 보완이 필요할 것이다.

4.1. 감사운영의 민주성 관련

감사현장에서 감사관계자에 대한 예기치 않은 인권 침해 등이 일어나지 않도록 교육과 내부통제의 확립이 필요함은 물론이며, 감사과정에서 감사관계자가 희망하는 경우 변호인 등 대리인의 지원을 받을 수 있는 제도를 정착, 확대해 나갈 필요가 있다. 이와 함께 일반적으로 공무원 등은 개인적으로 변호인 등의 조력을 받기가 쉽지 않은 것이 현실이므로 이러한 공직자 등을 위해 감사권익보호관제도를 확대, 운영하여 감사과정에서도 실질적인 지원을 받을 수 있도록 할 필요가 있다.

다만, 감사대상자의 권익보호와 감사과정의 인권 존중, 적법절차 준수 등이 강조되는 데 따라 관련 제도와 절차를 개선, 보완하는 것은 바람직하지만 이로 인해 자칫 감사활동이 위축되거나 과도하게 지연되는 등으로 공공감사 본연의 기능 수행에 장애가 발생되지 않도록 감사의 실효성을 확보할 수 있는 제도·운영의 보완도 함께 이루어져야 할 것이다.

4.2. 감사운영의 책임성과 투명성 관련

한편, 감사원 운영의 책임성 및 투명성과 관련하여 검토해 볼 필요가 있는 부분은 감사위원회의의 의결에 참여한 감사위원의 의견에 대한 공개 여부이다. 현재는 감사위원회의의 의결에 관여한 각 감사위원의 의견은 감사위원회의의 회의록에 기록되고 있지만 외부에 공개되지는 않고 있다.

다른 헌법기관의 예를 보면, 대법원의 경우 법원조직법(제15조)에 따라 대법원 재판서(裁判書)에는 합의에 관여한 모든 대법관의 의견을 표시[14]하고 있고, 헌법재판소[15)]의 경우에도 헌법재판소법(제36조)에 따라 심판에 관여한 재판관의 의견을 결정서(決定書)에 표시하고 있으며, 판결서와 결정서는 공개 또는 공시되고 있다.

감사위원회의에서 주로 다루는 사안이 행정기관이나 공무원 등에 대한 징계 요구 등 불이익한 내용이 많아 감사결과의 의결에 관여한 감사위원의 의견이 외부에 공개될 경우 감사위원회의의 자유로운 토론이 위축될 수 있다는 우려가 있을 수 있다.

하지만, 대법원과 헌법재판소 등 다른 헌법기관도 그러한 사정은 유사하므로 다른 헌법기관의 예를 토대로 감사위원회의의 의결에 관여한 감사위원의 의견에 대한 공개 여부를 검토할 필요가 있다.

---

14) 법원조직법 제15조(대법관의 의사표시) 대법원 재판서(裁判書)에는 합의에 관여한 모든 대법관의 의견을 표시하여야 한다.
제57조(재판의 공개) ① 재판의 심리와 판결은 공개한다. 다만, 심리는 국가의 안전보장, 안녕질서 또는 선량한 풍속을 해칠 우려가 있는 경우에는 결정으로 공개하지 아니할 수 있다. ("이하 생략")
15) 헌법재판소법 제34조(심판의 공개) ① 심판의 변론과 결정의 선고는 공개한다. 다만, 서면심리와 평의(評議)는 공개하지 아니한다. ("이하 생략")
제36조(종국결정) ① 재판부가 심리를 마쳤을 때에는 종국결정을 한다.
③ 심판에 관여한 재판관은 결정서에 의견을 표시하여야 한다.
⑤ 종국결정은 헌법재판소규칙으로 정하는 바에 따라 관보에 게재하거나 그 밖의 방법으로 공시한다. ("제2항 및 제4항 생략")

제 4 절

적극행정 지원을 위한 제도 · 운영 개선

1. 개관

공공감사는 공공행정의 일부로서 공공행정의 적정성 여부를 검증하고 위법·부당한 행정을 시정·개선함으로써 공공행정의 책임성과 효율성을 확보할 수 있도록 지원한다. 이와 같이 공공감사는 본연의 감사기능을 통해 공공행정이 적정하게 수행될 수 있도록 지원하는 점에서 공공행정을 간접적으로 지원하는 기능을 한다고 할 수 있다.

그런데 최근 들어 공공감사가 보다 직접적으로 공공행정을 지원하는 제도가 신설되고 있다. 감사원이 2010년과 2018년에 각각 도입한 「적극행정면책제도」와 「사전컨설팅제도」 등이 그것이다.

과거 공공감사는 공공부문의 법치행정 질서를 확립하기 위한 목적으로 법령위빈이나 비리의 적발·처벌 위주로 감사를 운영하여 공직사회의 '무사안일(無事安逸)'과 규제를 유발한다는 문제가 제기된 바 있다. 적극행정면책제도와 사전컨설팅제도 등의 도입은 이와 같은 감사의 부작용을 해소하는 한편, "공직사회에 일하는 분위기를 조성"하기 위한 공공감사의 적극적 역할로 해석된다.[1]

적극행정면책제도는 감사원이 2009. 1. 2. 「적극행정 면책제도 운영규정」을 제정하여 제도를 처음 시행하였고, 이후 각 정부기관과 지방자치단체, 공공기관 등으로

---

1) 구 「적극행정면책 등 감사소명제도의 운영에 관한 규칙」 (감사원규칙, 2015. 2. 3., 제정 및 시행) 제 1조(목적) 이 규칙은 「감사원법」 제34조의3에서 규정하는 적극행정면책을 위한 구체적인 적용기준과 운영에 필요한 절차를 정하고, 감사원의 감사결과 처리에 대한 수감기관, 관련자 및 이해관계자의 의견 또는 지적내용에 대한 소명자료 제출 및 처리 절차 등을 정함으로써 일하는 공직분위기를 조성하고 감사결과 처리의 투명성과 절차적 정당성을 제고함을 목적으로 한다.

시행이 확대되었다. 그리고 2015년에는 감사원법과 공공감사법에 규정되어 법률상의 제도로 발전하게 되었다.

감사사전컨설팅 제도는 2010년대 이후 일부 지방자치단체에서 시행하던 제도를 감사원이 2018년에 도입하여 시행하고 있다.

이와 같은 공공감사의 적극행정 지원을 위한 제도·운영의 개선은 주로 2010년경 이후부터 활발하게 이루어지고 있다. 그 주요 경과를 보면 아래와 같다.

표 7-8_ 적극행정 지원을 위한 감사제도 발전

연도	제도·운영 개선
2009년~	적극행정면책제도 시행 • 2009. 1. 2. 적극행정면책제도 운영규정(감사원훈령) 제정 및 시행 • 2015. 2. 3. 감사원법 개정 및 감사원규칙(구 「적극행정면책 등 감사소명제도의 운영에 관한 규칙」, 현 「감사원 감사사무 처리규칙」) 제정 • 2015. 2. 3. 공공감사법 개정(자체감사에 적용) 적극행정을 지원하는 방향으로 감사운영 전환[2] • 감사운영을 적극행정 지원, 소극행정을 중점 점검하는 방향으로 전환
2014년~	사전컨설팅제도 시행 • 2014. 7. 14. 경기도, 규칙 제정 및 시행 • 2016. 6. 26. 정부, 국무총리 훈령 제정 및 시행 • 2018. 12. 13. 감사원, 훈령 제정 및 시행

적극행정 지원을 위한 제도 가운데 「적극행정면책제도」에 관하여는 "제5장 제1절 4.2.3. 적극행정면책 제도"를 참조하기 바라며, 여기서는 사전컨설팅제도와 감사운영 개선을 위주로 살펴본다.

---

2) 감사원(2010), 「2009년도 감사연보」, 감사운영방향 참조(다섯째, 공공부문의 활력과 효율성 제고) "그 동안 '한 일에 대한 점검' 위주의 감사로 열심히 일한 사람만 감사받는다는 공직사회 일부의 불만을 해소하고 적극행정 분위기를 조성하기 위해 '할 일을 하지 않거나 무사안일하게 처리한 사항에 대한 점검' 위주로 감사방향을 일대전환하는 한편, (중략) 특히, 처벌위주로 운영되는 감사가 공직사회의 무사안일과 사기저하를 초래하고 있다는 지적에 대한 개선책으로 적극행정 면책제도를 도입·시행 (중략) 하였다."

2. 사전컨설팅 제도

2.1. 개념 및 의의

'사전컨설팅'이란 적극행정을 추진하는 과정에서 의사결정에 어려움을 야기하는 요인이 있어 해당기관이 공공감사기구에 사전에 관련 규정의 해석 등에 대한 의견을 구하는 경우 그에 대하여 의견을 제시하는 행위를 말한다.

회계, 계약, 예산 등을 담당하는 공무원 등은 업무를 수행하면서 다수의 기관이 관련되거나 과거에 없던 새로운 상황이 발생한 경우 어떻게 처리하는 것이 적정한 것인지 판단하기 어려울 수 있다. 이러한 경우 자체 판단에 따라 업무를 처리하였다가 사후에 감사에서 법령 위반 등 잘못이 지적되고 징계요구 등 책임을 지게되면 해당 업무를 적극적으로 처리하기가 어려워진다. 회계 등 관련 법령이나 제도가 복잡하고, 일선에서 행정업무를 수행하는 상황은 단순하지 않아 위와 같은 사례가 종종 발생할 수 있다. 이로 인해 행정이 지연되거나 소극적으로 이루어지면 그 피해는 행정수요자인 국민이나 기업이 보게 된다.

따라서 위와 같은 상황에서 회계사무 담당자 등이 공공감사기구 등에 사전에 업무의 적정성 등을 문의하고 법령위반 여부 등을 확인할 수 있다면 행정이 보다 적극적이고 효율적으로 수행될 수 있다.

사전컨설팅제도는 공무원 등이 이러한 상황에서 업무를 적극적이고 신속하게 처리할 수 있도록 지원하는 제도라는 점에서 의의가 있다.

2.2. 제도 도입

감사원의 「사전컨설팅제도」는 정부와 지방자치단체가 시행하고 있는 「사전컨설팅감사제도」와 유사한 제도로서 감사원이 사후 적발·문책위주의 감사운영을 개선하여 사전 예방감사를 지향하고, 공공부문의 적극행정을 지원하기 위해 도입한 제도이다.

경기도는 2014. 7. 14. 「경기도 적극행정 지원을 위한 사전 컨설팅감사 규칙」을 제정하고, 정부는 2016. 4. 29. 「지방자치단체에 대한 사전 컨설팅감사 운영에 관한 규정」(국무총리 훈령)을 제정하여 각각 「사전컨설팅감사제도」를 시행하고 있다.

감사원은 2018. 12. 13. 「감사원 사전컨설팅 제도 운영규정」(감사원훈령)을 제정하여 사전컨설팅 제도를 도입하였다.

감사원의 사전컨설팅은 중앙행정기관의 장, 시도지사 및 시도교육감이 적극행정을 추진하는 과정에서 자체감사기구에 사전컨설팅을 신청한 감사원 감사대상 업무 중 사안이 중대하거나 다수의 기관이 관련되어 있는 등으로 자체적인 판단이 어려운 경우 사전에 관련 규정의 해석 등에 대한 감사원의 의견을 구하는 경우 그에 대하여 의견을 제시하는 제도로 운영되고 있다(감사원, 2020a).

2.3. 사전컨설팅 대상

'행정의 책임성 원칙', '감사기구의 독립성과 행정 개입 금지 원칙' 등에 따라 공공감사기구의 사전컨설팅은 적정한 범위 내에서 운영될 필요가 있다.

이에 따라 사전컨설팅의 대상은 행정업무 가운데 사안이 중대하거나 다수의 기관이 관련되어 있는 등으로 자체적인 판단이 어려운 경우로 제한하고 있다. 그리고, 단순히 민원 해소나 책임회피의 수단으로 사전컨설팅을 이용하는 등의 경우는 사전컨설팅 신청 대상에서 제외하고 있다.

사전컨설팅 신청 제외 대상(「감사원 사전컨설팅 제도 운영규정」 제4조 제2항)

1. 관계 법령 등에 명확하게 규정되어 있어 자체적으로 판단하여 처리할 수 있는 경우
2. 신청기관이 자체적으로 충분한 검토를 거치지 않은 경우
3. 이미 행해진 처분의 위법·부당여부 확인을 위한 경우
4. 신청사항과 관련된 수사, 소송, 행정심판 및 감사원의 감사가 진행 중이거나 확정된 경우
5. 단순 민원해소 또는 소극행정·책임회피의 수단으로 사전컨설팅을 이용하고자 하는 등 사전컨설팅으로 처리하기 부적합한 경우

2.4. 효력

감사원과 자체감사기구의 사전컨설팅 의견은 정부기관 등을 기속하는 것은 아니다. 다만, 정부기관 등이 감사원이나 자체감사기구에 사전컨설팅을 신청하고 그 컨설팅 의견에 따라 업무를 처리한 경우 특별한 사유가 없는 한 적극행정면책 요건을 충족하는 것으로 추정된다(「감사원감사사무 처리규칙」 제36조, 「지방자치단체에 대한 사전 컨설팅감사 운영규정」 제9조). 그리고, 정부는 지방자치단체가 사전컨설팅 의견에 따라 업무를 처리한 경우 감사를 면제할 수 있도록 되어 있다.

한편, 사전컨설팅 신청 내용이 사실과 다르거나 그 내용을 판단하는 데 기초가 되는 중요한 사실관계 등이 누락된 경우 신청기관이 컨설팅 의견에 따라 업무를 처리하였더라도 그에 대한 책임의 면제 등이 될 수 없다.

Ref.4 사전컨설팅 사례

(코로나19 관련 분야) ○○부는 코로나19 상황으로 노인일자리사업(공익활동) 중단이 장기화됨에 따라 참여할 수 없게 된 노인의 생계난 완화를 위해 3월분 활동비 1,467억 원(27만 원×54만 3,000명)을 선지급하는 것으로 지침을 변경하여 집행할 수 있는지에 대해 사전컨설팅을 신청하였다.

이에 대하여 선지급분에 대한 활동시간 보충 및 사후정산 등 부정수급 방지책이 마련되어 있고, 노인생계 보호가 시급한 상황임을 고려하여 선지급이 가능하다고 회신하여 기초연금 수급자인 노인들의 안정적인 생계유지에 기여하였다(감사원, 2021a; 676).

─ **Ref.5** 감사원의 직무상 독립성과 사전컨설팅제도

공공감사의 독립성 원칙은 감사기구가 외부의 영향으로부터 독립하여 자율적으로 의사를 결정하는 것 뿐 아니라 행정에 개입하지 않는 것도 포함하는 개념이다. 이에 따라 감사원은 그동안 정부기관 등의 행정운영 과정에 관여하는 것을 지양하여 왔다.[3]

한편 사전컨설팅은 정부기관이나 지방자치단체 등이 업무를 추진하는 과정에서 사전에 관련 규정의 해석 등에 대해 감사원의 의견을 구하는 경우 감사원이 그에 대하여 의견을 제시하는 과정에서 행정과정에 관여하게 된다. 이러한 점에서 사전컨설팅제도는 공공감사의 독립성, 행정의 책임성 원칙 측면에서 문제될 수 있다.

하지만, 사전컨설팅은 행정기관에 대한 자문의 성격을 가진다는 점, 행정이 집행되고 문제가 발생된 뒤에 감사를 실시하여 관계자에 대해 책임을 묻기보다는 가능한 한 사전에 문제를 예방하는 것이 국가적으로 보다 바람직하다는 점 등에서 제도의 현실적인 필요성이 인정된다. 결국 사전컨설팅제도는 복잡한 현대행정 기능의 변화에 대응하여 행정의 적정성을 확보하는 공공감사기구의 적극적인 기능으로 이해될 수 있다.

법리적으로 보더라도 감사원법에 따르면 "감사원은 자체감사업무의 발전과 효율적인 감사업무의 수행을 위하여 필요한 지원을 할 수 있다."라고 규정(법 제30조의2)되어 있고, "감사원의 감사를 받는 회계사무 담당자가 그 직무를 집행하면서 회계 관계 법령의 해석상 의문점에 관하여 감사원에 의견을 구할 경우 감사원은 이에 대하여 해석·답변하여야 한다."라고 규정(법 제49조 제2항)되어 있어 자체감사의 지원 또는 회계법령 해석·답변의 일환으로 이해될 수 있다.

---

3) 감사기구가 행정 과정에 관여하게 되면 "행정의 책임성 원칙", "자기 업무에 대한 감사 금지 원칙"과 배치될 수 있고, 업무의 책임소재가 불명확하게 되는 문제가 있을 수 있다.

3. 감사운영 개선: 적극행정 지원 및 소극행정 중점 점검 등

3.1. 의의

종래에 공공감사는 행정기관이나 공무원 등이 '한 일에 대한 점검' 위주의 감사를 실시하여 "열심히 일한 사람만 감사받는다"는 공직사회 불만이 있었고, 이러한 감사운영으로 인해 행정이 위축되고 공직사회에 무사안일 분위기가 확산된다는 문제가 제기되었다.

정책이나 사업, 행정이 집행된 후에 감사를 실시하여 문제점을 지적하고 처벌하는 데 중점을 두고 감사를 하는 경우 업무를 담당하는 공무원 등은 적극적으로 행정을 하기 어려울 수 있다.

따라서 공공감사기구가 '사후 책임을 묻는 감사'에서 '사전 예방에 중점을 둔 감사', '한 일에 대한 감사보다 하지 않은 일에 대한 감사', '적극행정을 장려하는 감사' 등에 중점을 두고 감사를 운영하면 공공부문의 적극행정을 유도할 수 있다.

감사원은 2000년대 이후 적극행정을 지원하는 방향으로 감사운영 전환을 지속적으로 추진하고 있는데, 특히 2009년도 감사운영방향을 보면 "그 동안 '한 일에 대한 점검' 위주의 감사로 열심히 일한 사람만 감사받는다는 공직사회의 불만을 해소하고 적극행정 분위기를 조성하기 위해 '할 일을 하지 않거나 무사안일하게 처리한 사항에 대한 점검' 위주로 감사방향을 일대전환"하였다고 되어 있다.

3.2. 소극행정·무사안일 중점 점검

공공감사가 공무원 등이 한 일을 사후에 점검하는 데 중점을 두기보다 공무원 등이 해야 할 일을 하지 않아 국민에게 피해나 불편을 준 사례를 중점적으로 감사하면 공무원 등이 업무를 보다 적극적으로 수행하도록 유도할 수 있다.

이에 따라 감사원은 정해진 기간 내에 민원을 처리하지 않거나 대규모 사업을 추진하면서 특별한 사유 없이 사업을 지연하는 등으로 국민이나 기업에 피해를 주는 문제 등을 중점 점검하는 방향으로 감사운영을 전환하고 있다.

3.3. 모범사례 발굴·전파

공공감사기구가 문제를 적발·처벌하는 감사활동을 하는 외에 공무원 등이 업무를 적극적으로 수행하여 공익을 증진하거나 국민의 편익을 증진한 모범사례를 적극적으로 발굴하여 포상하도록 할 경우 공무원 등이 보다 적극적으로 행정을 수행하도록 유도할 수 있다.

감사원은 공공부문의 적극행정을 장려하기 위하여 감사과정에서 모범사례 발굴을 확대하는 방향으로 감사운영을 하고 있다.

전문성 강화를 위한 제도·운영 개선

1. 의의

현대 행정기능이 복잡화, 전문화, 대규모화되는 데 따라 공공행정의 적정 여부를 검증하고 책임성을 확보하는 공공감사도 그 시대가 요구하는 역할을 하기 위해서는 공공행정의 변화에 대응하여 보다 높은 수준의 전문적인 감사역량을 갖추어 나가야 한다.

과거 행정기능이 단순하던 시대에는 공공감사가 개별 회계나 행정사무 집행의 위법성 여부를 점검하는 것으로 충분하였을 수 있지만 정부가 대규모 재정을 투입하여 각종 재정사업과 복지사업 등을 수행하는 현대의 행정에 있어서는 재정집행에 대한 미시적인 접근만으로는 감사의 효과를 거두기 어렵다.

현대의 공공감사는 대규모 재정사업의 비효율이나 예산 낭비를 방지하고, 정부의 재정건전성을 확보하며, 미래의 사회·경제적 위험에 대비하는 등의 기능과 역할이 보다 요구된다. 공공감사가 이러한 기능과 역할을 제대로 수행하기 위하여는 높은 수준의 감사역량이 요구된다.

이에 따라 감사원은 그동안 <표 7-9>와 같이 감사교육원과 감사연구원 설립, 감사인 교육·훈련과 감사매뉴얼 편찬, 외부 전문인력(변호사 및 회계사, 박사 등) 채용 확대, 감사관 자격제도 시행 등 다양한 방면으로의 전문성 강화를 위한 노력을 기울이고 있다.

여기서는 감사의 전문성과 관련한 주요 개선사항 중 2000년 초의 시스템감사 도입, 2000년 이후 현재까지 진행되는 전자(디지털)감사시스템 구축, 2015년에 시행한 감사관자격제도 등에 대하여 살펴본다.

표 7-9_ 감사의 전문성 강화를 위한 제도·운영 개선

연도	제도·운영 개선
1990년~2000년	감사교육원 설립(감사원직원 및 자체감사, 회계관계직원 등 교육)
2001년~2005년	• 시스템감사 도입·운영 • 외부전문인력(변호사, 회계사, 박사 등) 채용 확대 • 성과감사, 재무감사 등 매뉴얼 편찬
2006년~2010년	• e감사시스템(감사관련 사무의 전자적인 처리) • 감사연구원 설립(공공감사제도 및 방법 등 연구) • 「감사 전문인력 관리제도」 시행
2011년~2015년	• 공공감사법 제정(자체감사 책임자 및 담당자 등 자격요건 규정)
2016년 ~	• 감사관 자격제 시행 및 교육훈련 강화 • 디지털 감사자료분석시스템 등

2. 「시스템 감사」 시행

2.1. 의의

우리나라의 공공감사는 과거에 개별 회계 및 행정사무 집행의 위법·부당여부를 점검하는 합법성 감사에 많은 비중을 두고 운영되어 왔다. 이로 인해 미시적·단편적 감사, 비리적발 위주의 감사라는 지적이 종종 제기되어 왔다.

감사원감사가 개별 문제점 지적 위주의 감사에서 주요 정책이나 사업의 경제성. 효율성, 효과성 등을 심층적으로 분석하는 「종합 분석형 감사」로 전환하는 과정에서 중요한 계기가 되었던 것은 2004년 이른바 "시스템 감사"의 시행이다.[1]

---

1) 감사원(2006), 「2005년도 감사연보」 참조. "무엇보다도 미시적이고 단편적인 감사로는 우리 사회가 안고 있는 구조적인 문제를 치유할 수 없음을 깊이 인식하고, 정책과 사업이 안고 있는 구조적인 문제점을 종합적이고 체계적으로 진단하여 근본적인 개선대안을 제시하는 시스템 감사로 감사의 틀(paradigm)을 전환하고, 이를 실질적으로 뒷받침하기 위한 토대를 마련하고자 감사제도, 조직 및 인사 등 감사원 운영의 핵심적 사항에 대하여 계속적인 혁신을 추진한 한 해였다."

감사원이 시행한 시스템 감사는 감사의 최종 목표가 정부 등 공공부문의 시스템 개선이라는 취지에서 명명된 것이지만 1990년대에 미국과 유럽의 최고감사기구가 도입한 성과감사(Performance Audit)와 궤를 같이한다.

미국 감사원(GAO)이 성과감사를 도입한 것은 정부가 대규모 재정을 투입하여 사업을 추진하고 그로 인해 정부사업의 성과관리가 무엇보다 중요한 상황에서 정부회계의 부정과 오류를 방지하는 데 중점을 두는 기존의 회계검사로는 감사기능의 한계에 직면하였고, 이에 따라 정부 사업의 경제성, 효율성, 효과성을 분석하여 사업의 성과를 제고하는 방향으로 감사를 전환하면서 성과감사(Performance Audit)를 도입한 것이다.

2.2. 감사전략 및 중점

시스템 감사의 감사전략은 개별 문제점 적발 위주의 미시적·단편적인 감사에서 탈피하여 선택과 집중의 원리에 따라 "파급효과가 큰 핵심사항에 감사역량을 집중"하는 것이다. 국가·사회적으로 중요하고 파급효과가 큰 정책 및 주요사업의 문제점을 면밀하게 분석하고 효과적인 개선대안을 제시하는 감사운영 전략이라 할 수 있다.

이에 따라 감사의 주된 대상이 개별 회계·행정 사무에서 정부의 주요 정책과 사업, 제도 등으로 전환되었다.

그리고, 시스템 감사의 접근방법은 법령과 회계기준의 준수 여부를 검증하는 합법성 감사에서 감사대상 사업이나 업무를 종합적, 체계적, 입체적으로 분석·평가하고 근원적 개선대안을 제시하는 '종합 분석형 감사' 또는 '성과감사' 방법으로 전환되었다(박광국 외, 2006).

표 7-10_ 시스템 감사 의의

감사전략	선택과 집중의 원리에 따라 파급효과가 큰 핵심사항에 감사역량 집중
감사접근방법	감사대상 업무를 종합적, 체계적, 입체적으로 분석·평가하고 근원적인 개선대안 제시
감사마인드	개방적이고 열린 자세로 감사대상기관과 문제해결을 위해 같이 고민하고 지원·협력

자료: 감사원(2005), 「2004년도 감사연보」

2.3. 감사운영의 변화

이와 같은 감사전략 및 접근방법의 전환으로 감사원의 감사운영에 큰 변화가 일어났다. 개별 문제점 발굴 위주의 감사에서 핵심사항에 집중하는 감사방향의 전환의 결과로 과거 매년 6천~8천 건에 달하던 감사원의 감사결과 총 건수가 시스템 감사 도입이후인 2004, 2005년에는 1,500건 정도로 크게 줄어들었다. 특히 비교적 경미한 지적사항이 많은 주의요구 건수는 매년 1,500건~3,000건 정도에서 300건 남짓으로 1/5 이하로 대폭 감소하였다.[2]

위와 같은 통계만으로 감사원의 감사운영 중점의 변화를 모두 설명할 수는 없지만 위 시기를 지나면서 감사원의 감사운영의 중점이 중요사안에 대한 감사 위주로, '종합분석형' 감사 또는 '성과감사'로 전환된 것을 상징적으로 보여준다.

3. 「감사관 자격제도」 시행 및 교육·훈련 강화

공공감사인의 전문성을 확보하기 위하여는 우수한 인적자원을 확보하는 것과 함께 수준높은 교육훈련과 체계적인 인적자원(human resources) 관리가 필요하다.

---

2) 감사원, 연도별 감사연보 참조

감사원은 감사업무를 수행하는 감사관의 전문능력을 함양하고 감사관으로서의 행동규범을 갖추도록 하기 위해 2015. 3. 25. 「감사업무 수행 직원의 임명 및 자격에 관한 규정」(감사원훈령)을 제정하여 감사관 자격제도를 운영하고 있다.

이에 따라 유능하고 품격 있는 감사관을 육성하기 위해 감사관에게 요구되는 엄격한 자격기준을 설정하고 이를 뒷받침하는 교육과정을 마련하였다. 감사관 자격을 취득하기 위하여는 기존 2개월에서 6개월로 대폭 강화된 교육훈련 과정과 역량평가를 통과하여야 하고, 자격을 취득한 후에도 감사과정에서 물의를 일으키는 등의 경우 자격심사를 거쳐 자격이 취소, 정지되고, 감사업무에서 배제된다.

— Ref.6 감사원의 「감사관 자격제」 운영

최고감사기구인 감사원의 감사관으로서 감사업무를 수행하기 위하여는 전문적인 감사역량과 함께 높은 수준의 품격과 청렴성이 요구된다.

감사원의 신규 직원은 공무원 공개채용 시험[5급(구 행정고등고시) 또는 7급 감사직 시험)]에 합격한 사람이거나 전문 자격 소지자[공인회계사(CPA) 및 변호사, 박사, 의사, 기술사 등]로서 특별채용된 사람들이다. 위와 같은 사람들은 각자의 분야에서 상당한 수준의 지식과 소양을 가지고 있지만 감사관으로서 요구되는 전문적인 감사역량을 갖추거나 행동규범을 숙지하고 있지는 못하다.

감사원은 최고감사기구에 걸맞게 감사관들이 전문성을 갖추고, 민주적이고 품격있게 감사업무를 수행할 수 있도록 하기 위해 2015년에 「감사관 자격제도」를 시행하여 감사원에 입사한 직원이 감사업무를 수행하기 위해서는 출신과 관계없이 누구라도 「신임감사관 교육과정」을 이수하고 역량평가를 통과하여 감사관 자격을 취득하도록 하고 있다.

신임감사관 교육과정은 6개월 동안 진행되며, 감사실무 교육과 소양·청렴 교육, 실무수습 등으로 구성되어 있다. 감사관 자격을 취득한 이후에도 부적절한 행위를 한 경우에는 감사관 자격이 정지되거나 취소될 수 있다.

감사관 자격제는 현재는 감사원 훈령을 근거로 감사원 내부적으로 시행되고 있지만 국가적으로 공공감사 기능의 중요성이 증대되고 있는 현실을 감안 할 때 앞으로 공공 감사가 보다 전문적이고 민주적으로 수행될 수 있도록 법률에 근거를 두고 정부부처나 공공기관 등의 자체감사기구까지 확대·시행해 나가는 것이 바람직하다.

---

4. 디지털·전자감사시스템 구축

4.1. 의의

감사의 전문성 강화와 관련하여 감사업무를 효율적으로 수행하기 위한 정보시스템구축도 중요한 분야이다.

정보시스템의 기능은 ① 공공감사 관련 업무를 전자적으로 처리하는 기능, ② 행정전산망과 연계하여 행정전산 자료에 접근하는 기능, ③ 행정전산 자료를 분석하는 기능, ④ 정보시스템을 활용하여 감사를 실시하는 기능 등으로 감사의 효율적인 수행을 지원하고, 감사대상자의 부담 경감에 기여한다.

감사원이 구축한 정보시스템은 「e−감사시스템」 및 「전자감사시스템」, 「감사자료분석시스템」, 「공공감사정보시스템」 등이 있는데 각각의 기능을 개략적으로 살펴본다.

4.2. 「e-감사시스템」과 「전자감사시스템」

「e−감사시스템」은 2003년부터 2005년 사이에 감사업무의 전 과정을 전자적으로 처리함으로써 국가 감사활동의 종합·조정으로 감사중복 및 감사사각을 방지하고, 행정정보시스템과의 연계를 통한 IT자료의 상시수집·분석 평가체제 구축하는 것을 주요한 목표로 구축되었다.

그러나 목표한 기능이 구현되지 못하거나 감사자료 연계·분석기능 구현은 취소되어 감사업무 활용은 제한적으로 이루어졌다.

감사원은 「e−감사시스템」의 기능을 고도화하기 위해 2015년부터 2016년 사이에 「전자감사시스템」 구축을 추진하여 감사계획 수립부터 감사보고서 작성 및 검토·결재, 감사결과 관리 등 감사업무의 전 과정을 전자적으로 처리할 수 있게 되었다.

4.3. 「공공감사정보시스템」

감사원은 「공공감사법」 제36조에 따라 감사 관련 지식과 경험을 공유하고 중앙행정기관등의 자체감사활동 정보 등을 체계적으로 관리하기 위해 2012년부터 「공공감사정보시스템」을 구축하여 운영하고 있다.[3]

공공감사정보시스템은 자체감사기구의 현황과 활동에 관한 정보를 관리하고 자체감사심사자료 등을 전자적으로 처리하는 목적으로 주로 활용된다.

공공감사정보시스템에는 자체감사기구의 설치 및 운영 현황, 감사계획 및 감사실시 현황, 감사결과 및 감사결과 이행 여부 등 감사활동 정보가 입력·관리되고 있다. 또한 연간 감사계획 확정시 중복감사사항을 확인하고 협의·조정 내역을 입력하도록 하는 기능, 자체감사활동을 서면·실지심사하는 기능 등이 구축되어 운영되고 있다(감사원, 2022a; 711).

4.4. 「감사자료분석시스템」

「감사자료분석시스템」은 상시적인 전산자료 분석 등 과학적인 IT 감사기반을 구축하고 감사대상기관에서 유사 또는 동일한 자료를 반복해서 제출하는 등의 수감부담을 최소화하기 위해 감사원이 2015년부터 2020년 사이에 구축하였다.

2021년 말 현재 국가·지방재정정보시스템과 교육재정정보시스템을 비롯하여 지방자치단체 등의 인허가자료 및 공간정보, 공공기관재정·R&D사업관리자료 등 28개 기관, 17개 분야, 48개 시스템의 자료가 위 시스템과 연계되어 있고, 국가·지방재정 관련 감사시나리오 등 분석기능이 구현되어 있다.

---

3) 공공감사정보시스템 은 2012년부터 2013년 사이에 처음 구축되었고, 이후 8년여가 지남에 따라 시스템 노후, 자체감사기구 확대 및 대내외 환경 변화 등 정보시스템 재개발 필요성에 따라 2020년 7월부터 기능개선 작업이 진행되고 있다.

5. 앞으로의 과제

공공감사는 변화하는 행정환경에 대응하여 미래위험요인에 대비하는 등 행정의 가이드 역할을 할 수 있도록 지속적인 전문성 향상을 위한 노력이 필요하다. 우수한 인적자원의 확보와 함께, IT(정보통신) 기술이 급속하게 발전하는 상황에서「Digital감사 시스템」의 고도화를 통해 감사를 보다 효율적으로 수행하면서도 감사로 인한 비용은 줄이는 방안을 마련해 나갈 필요가 있다.

자체감사의 전문성 강화를 위해서는 무엇보다 자체감사인력의 전문화가 필요하다. 지금은 서울특별시 등에서만 시행하고 있는 감사직렬제를 확대하여 중앙행정기관의 감사인력을 통합관리하거나, 광역자치단체 단위로 감사인력을 통합운영하는 방안, 혁신도시별로 공공기관 감사인력을 통합운영하거나 교차감사하는 등의 방안을 모색할 필요가 있다.

제 6 절

감사원 개편논의와 고려사항[1)]

1. 의의

2000년대 들어 국회, 정부 등에서 개헌논의가 진행되는 경우 감사원의 개편 방향이 그 쟁점의 하나로 거론되고 있다. 감사원에 관한 개편논의는 주로 감사원의 독립성을 공고하게 하는 방향으로 이루어지고 있으며, 그 방안의 일환으로 감사원의 소속과 기능을 개편하는 의견들이 제시되고 있다.

현행 헌법은 감사원을 대통령 소속으로 규정하고 있어 감사원의 외관상 독립성에 부정적인 영향을 미치고 있고, 그로 인해 직무상의 독립성에 관한 논란이 발생하는 원인이 되고 있다.

이러한 문제를 근본적으로 해소하고 감사원의 독립성을 확고하게 하기 위해서는 앞으로 헌법이 개정되는 경우 헌법 차원에서 감사원의 독립적인 지위를 보장하는 방안을 모색할 필요가 있다.

다만, 국가의 최고감사기구인 감사원의 소속과 기능을 변경하는 경우 국가와 정부 등을 포괄하는 공공 책임성 확보 체계에 큰 변화를 가져옴은 물론 일반 국민들의 생활에도 적지 않은 영향을 미칠 수 있으므로 이에 관한 논의를 할 때는 우리의 정치·행정 현실과 역사적인 경험, 외국의 사례 등을 종합적으로 고려하여 감사원의 독립성 확보와 함께 감사기능이 공정하고 실효성 있게 작동될 수 있도록 국가적으로 가장 바람직한 방향을 모색할 필요가 있다.

---

1) "제6절"은 감사원에서 2017년 3월에 발간한 「국가감사제도에 대한 이해」를 기초로 작성한 것이다. 참고로 저자는 위 저술에 「국가감사제도 연구 TF」의 단장으로 참여하였다.

2. 감사원 개편의 전제조건

국민을 대신하여 공공행정을 전문적으로 검증하고 책임성을 확보하는 기관인 감사원의 소속과 기능 등을 개편함에 있어서는 국가감사기구가 그 본연의 기능과 역할을 하기 위해 갖추어야 할 핵심요소에 대한 고려가 필요하다.

국가감사기구의 핵심 요소는 감사기능을 공정하고 실효성 있게 수행할 수 있는 전제로서 '독립성과 정치적 중립성을 확보할 수 있는 지위'를 갖추고, '행정감시 역할을 충실하게 수행할 수 있는 기능'을 갖추는 것이다.

2.1. 독립성과 정치적 중립성 확보

최고감사기구가 감사를 공정하게 수행하기 위하여는 대통령을 포함한 정부와 국회로부터 독립성과 정치적 중립성을 확보할 필요가 있다. 국제적으로 최고감사기구의 독립성은 민주주의 정부에 있어 필수적인 조건으로 인식되고 있다.

특히, 우리나라의 정치 현실을 감안하면 감사원의 독립성과 정치적 중립성 확보는 가장 우선적으로 고려해야할 요건이라 할 수 있다.

2.2. 행정감시를 충실하게 수행할 수 있는 기능

감사원의 독립성 못지않게 중요한 요소는 국가감사기구로서 정부 등 공공부문의 책임성을 확보하는 역할을 충실하게 수행할 수 있는 기능을 갖추는 것이다.

현대의 행정은 갈수록 거대해지고, 복잡, 전문화되고 있다. 그리고, 정부는 대규모 재정을 투입하여 각종 사업을 수행하고 있으며, 이러한 정부의 재정사업은 예산을 매개로 회계와 직무가 결합되는 형태로 이루어지는 특징을 보인다.

이러한 현대의 공공행정을 적정하게 감독하고, 책임성을 확보하기 위하여는 현대행정의 특성에 대응하는 효과적인 감사기능이 필요하다. 회계와 직무에 대한 종합적인 감사를 통해 정부와 공공부문의 성과를 높이고, 책임성을 확보할 수 있다.

3. 감사원 개편방안에 대한 검토

지금까지의 감사원 개편논의를 정리해보면 그 목적은 대체로 "감사원의 직무상 독립성을 확보하여 행정감시 기능을 강화"하거나, "감사기능 이관을 통해 국회의 국정감시 기능을 내실화"하는 취지로 제기되고 있다. 그리고 개편방안은 주로 "헌법상 독립기관으로 설치"하거나, "감사원 또는 감사원의 회계검사 기능을 국회로 이관"하는 방안이 제기되고 있다.

표 7-11_ 감사원 개편논의 현황

개편방안		논의 주체	논거 및 개편방향
헌법상 독립 기관	감사기능 통합	• 정부발의 개헌안(2018) • 국회자문위 개헌안(2017) • 국민주권회의 • 대화문화아카데미(2016)	• 감사원의 독립성, 정치적 중립성 보장 • 감사원을 헌법상 독립기관으로 설치 • 회계검사 및 직무감찰 통합 수행

	감사기능 분리	• 국회자문위(2014)	• 감사기구의 독립성, 정치적 중립성 보장
			• 회계검사원과 감찰원 각각 독립된 헌법기관으로 설치
			  * 회계검사(회계검사·성과감사)
			  * 감찰원(국가기관, 공무원 직무감찰)

국회 소속	감사원 이관	• 일부 언론·학자	• 대통령의 권한 축소
	회계검사 이관	• 국회자문위(2009)	• 국회의 국가재정 통제권 강화 • 회계검사기구의 직무상 독립성을 헌법에 명시
행정부 소속		• 대화문화아카데미(2011)	• 현재의 감사원 소속과 기능 유지 (의원내각제에서 대통령 소속)

위와 같은 감사원 개편방안들에 대하여 국가감사기구의 전제조건 또는 핵심 요소라는 관점에서 각 방안들의 긍정적, 부정적인 측면을 살펴본다.

3.1. 감사원의 소속·설치형태에 대한 검토

최고감사기구의 소속과 설치형태는 그 자체로서 감사기구의 독립성과 기능 수행에 큰 영향을 미치므로 면밀한 검토가 필요하다. 국제적으로 최고감사기구의 설치형태는 독립기관형과 입법부 소속형, 행정부 소속형으로 구분된다.

우리나라의 감사원 개편논의도 이러한 범주 내에서 이루어지고 있다.

3.1.1. 행정부 소속

최고감사기구가 행정부에 소속되는 경우 정부와의 협조관계와 감사의 수용성 측면에서 장점이 있다. 특히 우리나라의 경우 행정부 소속으로 감사원을 운영 해온 경험이 축적되어 있다.

하지만, 최고감사기구가 감사대상인 정부에 소속됨으로써 직무상의 독립성 문제는 해결하기 어려운 과제로 남는다. 국제적으로도 최고감사기구가 행정부에 소속된 국가는 드물다(OECD 국가 중 한국, 스위스 2개국).

현재의 감사원은 「감사원법」의 직무상 독립성 규정에도 불구하고, 대통령 소속으로 인해 외관상의 독립성을 저해하는 요인이 되고 있고, 이는 궁극적으로 감사의 신뢰성에도 영향을 미치고 있다.

3.1.2. 독립기관

최고감사기구를 헌법상 독립기관으로 설치하는 방안으로 OECD 국가 중 가장 많은 나라에서 채택하고 있는 형태이다(독일, 프랑스, 일본 등 19개 국가).

감사원을 헌법상 독립기관으로 설치하는 경우 독립성과 정치적 중립성 확보 측면에서 가장 이상적인 방안이 될 수 있다. 그리고 회계검사와 직무감찰 기능을 통합적으로 수행할 수 있어 충실한 행정감시 역할을 할 수 있다.

다만, 감사원이 헌법상 독립기관이 되는 경우 고립되거나 독주하지 않도록 국회 및 정부와의 협조·지원 관계와 견제 장치를 세밀하게 설계할 필요가 있고, 행정부에 대한 감사의 실효성을 확보하는 과제가 있다.

3.1.3. 국회 소속

최고감사기구를 의회 소속으로 설치하는 방안으로 OECD 국가 중 미국, 영국 등 17개 국가에서 채택하고 있는 형태이다.

감사원을 국회 소속으로 설치할 경우 대통령 소속으로 인한 독립성 저해요인을 해소하고 행정부로부터 독립성을 확보할 수 있다. 그리고 국회의 재정심의와 행정부 감독을 적극적으로 지원할 수 있다.

그러나 감사원이 국회에 소속되는 경우 구조적으로 국회와 정당의 정치적 영향에서 벗어나기 어렵고, 이러한 점은 독립성과 정치적 중립성 확보에 중대한 장애로 작용할 수 있다. 그리고 국회의 감사요구와 개입이 과도할 경우 감사의 공정성은 물론 효율성도 저하될 우려가 있다.[2]

한편으로, 감사원이 국회에 소속될 경우 지방자치단체에 대한 감사와 현재의 공공감사 운영체계를 전반적으로 다시 설계해야 하는 과제도 있다.

3.2. 감사원의 기능에 대한 검토

우리나라는 과거 회계검사기관과 직무감찰기관을 분리하여 운영하였던 역사적인 연원으로 회계검사와 직무감찰의 개념을 구분하고 있지만 공공부문의 회계와 직무는 모두 국민에 대한 책임성 확보의 대상이고, 독립된 감사기구에 의해 검증이 필요한 영역이다.

현행 헌법은 감사원이 회계검사와 직무감찰을 통합하여 수행하도록 하고 있고, 이러한 통합된 감사기능은 현대 행정의 특성에 대응하여 행정감시를 충실하게 수행하는 바탕이 되고 있다.

한편, 감사기능이 분리되고 감사기구가 이원화되면 각 감사기구는 감사를 종합적으로 수행하기가 어려워 행정감시 기능에 사각(死角)이 발생할 수 있다.

---

2) 與大野小의 경우 행정부에 대한 독립성이 불안정해지고, 與小野大의 경우에는 행정부에 대한 과잉감사 등 소지가 있다. 일본(중의원 헌법조사위원회)은 2005년 4월 미국 GAO를 참고하여 회계검사원을 국회 소속으로 변경하는 방안을 검토하였으나, 정치적 중립성 훼손을 우려하여 독립기관 유지하기로 결정하였다.

그리고, 감사를 받는 행정기관은 비슷한 감사를 이중으로 받게 되어 부담이 가중될 것이다. 이처럼 감사기능의 통합과 감사기구의 일원화는 감사기능과 행정기능 모두에 긍정적인 측면이 있다.3) 우리 역사에서도 회계검사와 직무감찰 기능이 분리 운영된 기간이 짧고, 당시 심계원과 감찰위원회의 감사중복과 갈등이 국가적으로 문제가 된 바 있다.

국제적으로도 최고감사기구는 정부의 활동 전반에 대해 감사를 실시할 것을 권장하고 있고, 미국의 연방감사원(GAO)이 과거에 미시적인 재정통제 위주의 감사기능을 수행(General Accounting Office)하다가 현대행정의 변화에 대응하여 "정부책임성 확보 기관"(Government Accountability Office)으로 그 기능과 역할을 재정립한 것은 우리에게 많은 시사점을 준다.

위와 같은 현대행정의 특성과 우리나라의 역사적인 교훈, 국제적인 사례 등을 종합해보면 감사원의 설치형태와는 별개로 감사기능은 현재의 통합된 기능을 유지하는 것이 바람직해 보인다.

4. 바람직한 개편논의 방향

국가감사기구인 감사원의 소속과 기능을 개편하는 경우 공공행정과 국가운영에 큰 영향을 끼칠 수 있으며, 자칫 제도를 잘못 설계할 경우 행정감독에 사각이 발생하거나 공공행정에 비효율을 초래하는 등 국가적인 위험(risk)이 초래될 수 있다. 따라서 감사원의 개편방향을 논의할 때는 국가감사기구의 핵심요소인 독립성과 정치적 중립성, 행정감시를 충실하게 할 수 있는 감사기능 등이 확보될 수 있도록 하는 전제하에 국가적으로 위험을 최소화할 수 있는 방향을 모색하는 것이 바람직하다.

---

3) 감사원의 감사결과 중 회계·사무가 결합된 사안이 62.9%에 이르는 것으로 나타나 감사기능이 분리되고 감사기구가 이원화될 경우 감사기구 간 감사의 중복은 필연적이다.

제 2 편

공공감사 실무와 사례연구

공공감사
실무 개관

제1장에서는
공공감사 실무는 무엇을 의미하고,
어떤 일을 하며, 어떤 능력이 필요한지를
개괄적으로 살펴본다.
공공감사 실무를 구체적으로 살펴보기 전에
전체를 이해하는 데 필요한 내용이다.

제 1 절

감사실무의 개념 및 의의

1. 개념

'공공감사 실무(實務)[1]'는 "공공감사를 수행하는 데 필요한 실제적이고 구체적인 업무"를 말한다.

공공감사 실무와 비슷한 의미를 지니는 법령상의 용어로는 '감사사무' 또는 '감사업무'가 있다.[2] 감사사무란 「감사원 감사사무처리에 관한 규칙」(감사원규칙)[3]에 따르면 "일련의 감사과정에서 감사와 관련하여 수행되는 모든 사무"라고 정의되어 있다.

위와 같이 '감사사무'는 "일련의 감사과정에서 감사와 관련하여 수행되는 사무"를 말하고, 이는 곧 공공감사를 수행하는 데 필요한 구체적인 업무이므로 '공공감사 실무'는 곧 법령에 규정된 '감사사무' 또는 '감사업무'와 같은 의미라고 할 수 있다.

따라서 이 책에서 '공공감사 실무'는 "일련의 감사과정에서 감사와 관련하여 수행하는 업무"를 말하고, "감사사무에 관한 구체적인 내용"을 다룬다.

---

1) '실무(實務)'의 사전적 의미는 "실제의 업무" 또는 "실제적이고 구체적인 업무"를 말한다.
2) 감사원법은 '감사사무' 또는 '감사업무'라는 용어를 사용하고 있다. 감사원의 감사에 관하여는 '감사사무'(법 제50조의2, 제52조)로, 자체감사에 관하여는 '감사업무'(법 제30조의2, 제49조)로 사용하고 있다. 양자의 의미에 본질적인 차이나 구분이 있는 것은 아니나 일반적으로 '기관이 관장하는 업무'를 말할 때는 "사무", '구체적인 업무수행'을 말할 때는 "업무" 또는 "직무"라고 한다.
3) **감사원법 제2조(정의)** 이 규칙에서 사용하는 용어의 정의는 다음과 같다. ("제2호 외 생략")
    2. "감사사무"란 감사대상에 대한 모니터링, 감사계획의 수립 등 감사의 준비부터 감사 실시, 감사결과의 처리 및 시행, 이행관리까지 일련의 감사과정에서 감사와 관련하여 수행되는 모든 사무를 말한다.

2. 의의

'제1편 공공감사 제도'에서 공공감사의 기능과 역할, 감사의 대상과 권한 등을 살펴보았다. 공공감사 제도와 이론은 공공감사의 실무를 수행하는 기초가 되고 국가 안에서 공공감사의 기능과 역할을 거시적으로 이해하는 데 도움이 된다.

하지만 공공감사를 실제로 수행하기 위해서는 감사 실무에 대한 이해와 실무를 수행할 수 있는 능력이 필요하다.

공공감사는 공공행정의 적정성 여부를 검증하고 위법·부당한 행정을 바로잡는 기능을 수행하는데 감사를 수행하는 과정에서 하는 일과 방법, 즉 공공감사 실무는 일반행정 업무와는 다른 특성이 있다.

행정기관이나 공무원 등이 수행한 업무가 적정한지 여부를 검증하여 위법·부당하게 수행된 업무를 시정·개선하고, 정부가 수행하는 사업의 부정과 비효율 요인을 분석하여 개선대안을 제시하기 위하여는 높은 수준의 전문적인 감사실무 역량이 필요하다.

따라서 공공감사를 수행하기 위하여는 공공감사 실무를 이해하고 그 실무를 직접 수행할 수 있는 전문적인 지식과 능력을 갖추어야 한다. 이러한 지식과 능력을 갖추기 위한 것이 공공감사 실무를 학습하는 목적이다.

3. 공공감사 실무 구성

앞에서 공공감사 실무는 "일련의 감사과정에서 감사와 관련하여 수행하는 구체적인 업무"라고 하였다.

따라서 공공감사 실무를 이해하고 수행하기 위하여는

① 공공감사는 어떤 과정으로 수행하는지(감사 수행과정),

② 감사 과정에서 어떤 일을 하는지(수행업무＝감사사무),

③ 감사사무는 어떻게 수행하는지(수행 방법)를 알아야 한다.

이와 같이 공공감사 실무에 대한 학습 내용은 '공공감사 수행과정'과 '수행업무(감사사무)', '수행방법'으로 구성된다.

'제2장 감사 수행과정과 감사사무'와 '제3장 감사접근방법'에서 구체적인 내용을 살펴보기에 앞서 공공감사 실무를 종합적으로 이해할 수 있도록 감사 수행과정과 감사사무를 개괄적으로 살펴본다.

3.1. 감사 수행과정

공공감사를 수행하는 과정은 일반적으로 다음과 같은 다섯 단계로 진행된다.

그림 1-1_ 감사 수행과정

① 감사사항 선정과정에서는, 감사를 실시할 기관이나 사업, 업무를 정한다. 일반적으로 연간감사계획을 수립하면서 감사환경을 분석하여 그 해의 감사운영 방향을 설정하고, 그에 따라 감사를 실시할 구체적인 감사사항을 선정한다.

② 감사 준비과정에서는, 선정된 감사사항에 대하여 감사를 실시하기 위한 준비를 한다. 감사에 필요한 자료와 정보를 수집하고, 감사접근방법을 설계하며, 감사실시계획을 수립한다.

③ 감사 실시과정에서는, 감사대상 기관이나 사업에 대하여 감사를 실시한다. 감사권한과 수단을 사용하여 감사대상업무의 적정성 여부를 검증하고, 위법·부당사항의 발생원인과 책임소재를 규명하며, 감사증거를 수집한다.

④ 감사결과 처리과정에서는, 감사결과로 확인된 위법·부당사항을 시정·개선하기 위한 조치를 한다. 이를 위해 내부적으로 감사결과를 정리하여 보고하고, 감사보고서를 작성·검토·확정한 후 감사대상기관에 시행한다.

⑤ 감사결과 사후관리에서는, 감사결과로 시행한 조치사항이 이행될 수 있도록 점검하고 관리한다.

── Ref.1 공공감사 수행과정(auditing process)

INTOSAI는 공공감사 수행과정을 일반적인 과정과 감사유형별 과정으로 나누어 제시하고 있다. 일반적인 감사과정은 개별감사계획 수립(planning an audit), 감사실시(conducting an audit), 보고 및 사후관리(reporting and follow-up) 등 3단계로 제시하고 있다(INTOSAI 100).

성과감사 수행과정은 계획수립(planning), 실시(conducting), 보고(reporting), 사후관리(follow-up) 등 4단계로 제시하고 있다(INTOSAI 300). 성과감사의 경우 감사의 특성상 사후관리가 중요함을 반영한 것이다. 또한 계획수립 단계에서 개별감사 설계와 별도로 감사사항 선정(selection of topics)을 포함하고 있는데 이는 성과감사에서 감사사항 선정이 중요한 의미를 가지고 있기 때문이다.

합법성감사 수행과정은 개별감사 계획수립 및 설계, 감사증거(audit evidence), 감사증거 평가와 결론 도출, 보고, 사후관리 등 5단계로 구분하고 있다(INTOSAI 400). 감사실시 단계를 세분화하고 있는데, 이는 합법성 감사에서 감사증거가 갖는 중요성을 반영한 것으로 보인다.

위와 같이 INTOSAI는 감사유형에 따라 감사과정을 3~5단계로 구분하고 있다. 하지만 감사 유형별 특성에 따라 과정에 대한 구분을 달리하고 있을 뿐 각 감사과정에 본질적인 차이가 있는 것은 아니다.

특히, 우리나라의 경우 서구 국가의 감사활동과 비교할 때 감사사항 선정이나 감사결과 처리가 차지하는 중요성이 큰 특성이 있고, 감사유형별로 각 과정이 차지하는 중요도에 차이가 있을 수 있지만 단계 구분을 달리해야 할 정도로 차이가 있는 것으로 보이지는 않는다. 따라서 이 책에서는 위와 같이 감사과정을 다섯 단계로 구분하였다.

3.2. 감사사무

위와 같은 일련의 감사수행과정에서 합법성 감사, 성과감사 등 "감사를 실시하는 업무"를 수행하는 한편, 감사를 준비하고 감사결과를 처리하는 등 "감사에 수반되는 행정사무"를 수행한다.

감사과정에서 수행하는 업무들은 위와 같이 그 성격에 따라 두 유형으로 구분할 수 있는데 전자는 '감사실시 업무', 후자는 '감사관리 업무'라고 할 수 있다.[4]

3.2.1. 감사실시 업무

감사실시 업무는 실제로 감사를 수행하는 업무로서 "좁은 의미의 감사업무"라고 할 수 있다.

법령에 규정된 권한(자료제출요구, 출석답변요구 등 감사실시 권한과 처분요구 등 감사결과 조치 권한)을 사용하여 감사대상업무의 적정 여부를 검증하고, 위법·부당사항의 발생원인과 책임의 소재를 규명하며, 위법·부당사항을 바로잡는 조치를 하는 것을 말한다.

감사실시 업무는 주로 '감사실시 과정'에서 수행하고, 개별적인 단위의 업무라기보다는 감사대상업무 파악부터, 위법·부당 여부 검증, 감사결론 도출에 이르기까지 "일련의 연속적인 과정"으로 진행된다.

그리고, 법령에 규정된 감사권한을 행사하고, 대외적으로 감사대상기관 등과의 관계하에 수행되는 업무이므로 법령에 따른 절차와 요건, 규율이 적용된다.

3.2.2. 감사관리 업무

감사관리 업무는 감사를 직접 실시하는 업무는 아니지만 감사실시에 필요하거나 수반되는 업무를 말한다.

---

4) '감사실시 업무'와 '감사관리 업무'는 감사를 실시하기 위하여 감사를 준비하고, 감사결과를 처리하는 등 서로 불가분의 관계에 있고 업무에 따라 그 성격을 명확하게 구분하기 어려운 경우도 있다. 하지만 감사사무에는 성격이 다른 업무 유형이 있으므로 그 개념을 구분하여 이해하는 것이 공공감사 실무를 체계적으로 이해하는 데 도움이 된다.

감사관리업무는 주로 감사사항 선정과 감사준비, 감사결과 처리 및 사후관리 과정에서 수행하는 업무들이 해당되고, 감사실시계획 수립, 감사결과 보고 등과 같이 개별적인 단위 사무로 수행된다.

감사관리 업무는, 감사권한의 행사에 관한 업무라기보다는 감사를 체계적이고 효율적으로 실시할 수 있도록 관리하는 업무로서 일반적으로 공공감사기구 내부 훈령이나 지침, 업무 매뉴얼 등이 적용된다.

표 1-1_ 감사사무와 감사실시 업무·감사관리 업무

구분		개념 및 특성	실무
감사사무		일련의 감사과정에서 감사와 관련하여 수행되는 모든 사무	
	감사 실시 업무	• 감사를 직접 실시하는 업무 • 감사실시 및 감사결과 조치 • 대외적으로 감사권한의 행사 • 법령에 의한 규율 및 민주적 절차 요구	• 자료제출·출석답변 요구 등, 감사 대상업무의 적정성 검증, 문제발생 원인 및 책임소재 규명, 감사증거 확보, 감사결과에 따른 조치 등
	감사 관리 업무	• 감사를 관리하는 업무 • 감사기획, 감사결과 정리·보고, 사후관리 • 공공감사기구 내부 업무처리 • 훈령·지침, 매뉴얼 등에 의한 규율, 효율적이고 체계적인 프로세스 요구	• 연감감사계획 수립 • 감사 준비 및 감사실시계획 수립 • 감사결과 정리·보고 • 감사보고서 작성·심의·의결 • 감사보고서 시행 및 공개 • 감사결과 사후관리 등

3.3. 수행방법

감사사무를 수행하는 방법은 "제2장 감사 수행과정 및 감사사무"에서 각 감사 과정에서 수행하는 개별 업무별로 수행하는 방법을 구체적으로 살펴본다.

감사사무를 수행하는 방법에 있어 가장 중요한 것은 당연히 감사를 실시하는 방법이다. 공공감사 권한과 수단을 사용하여 실제로 감사를 실시하는 방법에 대하여는 "제3장 감사접근방법"에서 종합적으로 살펴본다.

3.4. 감사문서

각 감사사무를 처리하는 과정에서 공공감사기구가 작성하거나 감사대상자가
제출하는 등으로 각종 보고서와 감사증거서류 등 감사문서가 생산된다.

주요 감사관련 문서로는 감사사항 선정 및 감사준비 과정에서 생산되는 연간
감사계획서와 감사실시계획서, 감사실시 과정에서 생산되는 확인서·문답서 및
질문·답변서 등 감사증거서류와 감사결과 처리과정에서 생산되는 실지감사종료
보고서와 감사보고서(처리안, 시행문, 공개문 등)[5] 등이 있다.

4. 감사 수행과정 및 감사사무 종합

감사를 수행하는 과정과 각 과정에서 수행하는 감사사무, 감사사무를 통해
생산되는 주요 감사문서를 종합적으로 정리해보면 <표 1-2>와 같다.

표를 보면 공공감사 수행과정은 어떻게 진행되는지, 그 과정에서 어떤 일을
하며, 각 업무의 결과물인 보고서나 문서 등은 무엇인지를 전반적으로 개관할 수
있다. 감사 실무에서 다루는 내용을 집약한 것이라 할 수 있다.

---

5) 감사보고서는 감사목적과 수행과정, 감사결과 등 감사의 전반적인 내용을 수록한 최종, 공식 결과물
이다. 감사원 내부적으로 검토·심의하기 위해 작성한 것을 감사보고서(처리안)이라고 하고, 감사결
과가 확정된 후 감사대상기관 등에 시행하는 것을 감사보고서(시행문)이라 하며, 대외적으로 공개하
는 것을 감사보고서(공개문)이라 한다.

표 1-2_ 감사 수행과정 및 감사사무, 감사문서(종합)

(감사 수행과정)	(감사사무)	(감사문서)
감사사항 선정 및 연간감사계획 수립	• 감사환경분석 • 감사운영 방향·중점 수립 • 개별 감사사항 선정 • 감사자원(인력, 기간 등) 배분 • 연간감사계획 수립	• 연간감사계획서
⇩		
감사 준비 및 감사실시계획 수립	• 감사 준비(업무현황 파악, 감사중점 선정, 감사접근방법 설계, 예비조사 등) • 감사실시계획 수립(감사목적, 범위, 기간, 감사인력 편성 등) • 감사예고 통지 • 감사실시 통지	• 감사기본계획서 • 감사실시계획서 • 감사예고 통지서 • 감사실시 통지서
⇩		
감사 실시	• 감사대상 업무의 적정성 검증 • 위법·부당사항 확인 • 문제 발생원인 및 책임소재 규명 • 감사결과 처리방향 결정 • 감사증거 수집 • 감사 마감회의	• 자료제출요구서 • 확인서, 의견서 • 출석답변요구서 • 조사개시·종료 통보 • 문답서 • 질문서 및 답변서 • 각종 증거서류 • 마감회의 보고서
⇩		
감사결과 처리	• 감사결과 정리·보고 • 감사보고서(안) 작성·심의·의결 • 감사보고서 시행 • 감사보고서 공개	• 실지감사 종료보고서 • 감사보고서(처리안) • 감사보고서 시행문 • 감사보고서 공개문
⇩		
감사결과 사후관리	• 감사결과 이행 관리	• 이행결과 보고서

제 2 절

공공감사 수행능력

공공감사 실무를 학습하는 목적은 감사를 실제로 수행할 수 있는 지식과 능력을 갖추기 위한 것이다.

공공감사에 관한 실무능력은 "공공감사를 수행하는 데 필요한 실제적이고 구체적인 업무를 수행할 수 있는 능력", 즉 "일련의 감사과정에서 감사와 관련하여 수행되는 사무를 할 수 있는 능력"을 말한다.

이러한 실무능력이 의미하는 바를 구체적으로 이해하기 위하여는 공공감사를 수행하는데 필요한 능력을 종합적으로 살펴보고 그중에서 실무능력에 관한 부분을 살펴보는 것이 실무능력에 관한 개념을 제대로 이해하는 데 도움이 될 것이다.

1. 공공감사 수행에 필요한 능력

공공감사는 공공행정의 적정성 여부를 검증하고 위법·부당한 행정을 바로잡는 기능을 수행하는데 이러한 기능을 제대로 수행하기 위하여는 공공감사기구 및 공공감사인에게 다양한 지식과 능력이 요구된다.

감사수행에 필요한 지식과 능력을 나누어 보면 ① 공공감사 제도와 기능에 관한 지식과 이해, ② 감사대상 업무에 대한 지식과 이해, 그리고 ③ 감사를 수행할 수 있는 실무능력 등으로 구분할 수 있다.

공공감사는 방대한 대상기관과 업무에 대하여, 합법성 감사와 성과감사 등 다양한 유형의 감사를 수행한다. 감사수행 능력을 구체적으로 이해하기 위해서는 공공감사가 수행하는 감사의 유형과 감사대상 및 범위에 이해가 필요하다.

1.1. 공공감사의 대상

먼저, 감사대상 기관을 보면 국가 및 정부 기관과 지방자치단체, 공공기관을 포함한 공적단체 등이 포함된다.[1)

그리고 감사대상 업무는 원칙적으로 공공부문의 모든 업무가 대상이 되는데 감사대상 업무를 성질별로 보면 정부가 수행하는 공공정책·사업의 결정과 집행업무, 재정·예산·회계에 관한 업무, 행정계획과 규제·감독에 관한 업무 등으로 나뉘고, 업무의 분야별로 보면 경제·산업, 교육·복지·문화, 국방·외교 부문 등으로 나뉜다.

따라서 다양한 성질과 분야의 감사대상업무에 대하여 감사를 수행하기 위하여는 각 분야에 대한 기본적인 지식과 이해가 필요하다.

1.2. 감사실시 유형

한편, 공공감사는 위와 같은 감사대상 업무에 대하여 합법성 감사 외에 행정개선감사, 성과감사 등 다양한 유형의 감사를 실시한다. 감사의 유형에 따라 법령 준수 여부 또는 경제성·효율성·효과성 등 다양한 기준을 적용하여 감사대상업무의 적정성 여부를 판단하므로 이러한 판단을 적정하게 할 수 있는 행정, 법률·회계, 사업분석 등에 관한 기본지식이 필요하다.

그리고 감사를 수행하기 위하여는 공공감사의 기능과 역할에 대한 이해와 함께 구체적인 감사권한과 수단 등 감사제도에 대한 이해와 감사 실무능력이 필요하다.

따라서 이와 같은 방대한 범위와 영역을 다루는 공공감사기구의 운영은 물론 각각의 감사사항에 대한 감사를 적정하게 수행하기 위하여는 공공감사기구와 공공감사인은 감사에 필요한 기초 지식, 감사대상 업무에 대한 이해, 실제 감사를 수행할 수 있는 실무능력을 두루 갖추어야 한다.

이와 같은 공공감사를 수행하는 데 필요한 제반 능력은 감사의 유형이나 감사대상 업무의 특성에 따라 구체적인 내용은 차이가 있지만 하나의 감사사항을

---

1) 감사대상 및 범위에 관한 자세한 내용은 "제1편 제3장 감사 대상·범위와 한계"를 참조하기 바란다.

수행하기 위해 공통적으로 필요한 능력이라 할 수 있다. 이러한 공공감사기구 및 공공감사인의 역량은 곧 공공감사의 전문성과 연결되고 감사의 품질로 귀결된다.[2]

2. 공공감사 실무 능력

공공감사에 필요한 능력 가운데 제2편에서는 공공감사 실무능력을 습득하는 데 목적을 둔다. 실무능력은 "일련의 감사과정에서 감사와 관련하여 수행되는 사무를 할 수 있는 능력"을 말한다고 하였다. 이러한 실무능력은 구체적으로 무엇을 의미 하는지, 감사를 수행하는 과정에서 어떠한 실무역량이 요구되는지를 살펴본다.

공공감사의 수행과정은 감사사항(감사주제)을 선정하고, 감사를 준비·기획한 후, 감사를 실시하고, 감사결과를 처리하는 과정으로 진행되는데 이러한 과정에 서 요구되는 각각의 실무능력이 있다.

'감사대상 선정과정'에서는 방대한 감사대상 기관과 업무 중에 위법·부당사항 의 발생 위험이 큰 업무를 추출하여 감사대상으로 선정할 수 있는 역량이 필요하 다. 이를 통해 한정된 감사자원을 효율적으로 운영할 수 있다.

다음으로, '감사준비·기획 과정'에서는 감사목적을 달성하기 위한 감사접근방 법을 설계하고, 감사자원을 적절하게 배분하는 능력이 필요하다. 이러한 역량을 통해 감사를 효과적이고 효율적으로 실시할 수 있다.

다음으로 '감사실시 과정'에서는 감사대상업무를 검증하여 위법·부당사항을 추 출하고 증명할 수 있는 조사·분석 능력과 문제를 해결하고 바로잡을 수 있는 조 치방향을 도출하는 능력이 필요하다. 이러한 역량을 통해 공공행정을 검증하고 문제를 바로잡는 공공감사 본연의 기능을 충실하게 수행할 수 있다.

그리고, '감사결과 처리 과정'에서는 감사결과를 논리적으로 정리하고, 문제점 과 조치방향에 대해 객관적이고 균형있게 판단할 수 있는 능력이 필요하다. 이러 한 능력을 통해 감사결과의 객관성을 확보할 수 있다.

---

2) 공공감사인 개개인이 위와 같은 능력을 모두 갖추는 것은 어려우므로 공공감사기구는 집합적으로 이 러한 종합적인 능력을 갖추어야 한다. 나아가 위와 같은 능력은 공공감사기구를 운영하는 것은 물론 개별 감사사항을 수행하는 데도 필요하므로 감사부서나 감사팀별로 종합적인 감사능력을 갖출 수 있 도록 감사인력을 적정하게 구성하고 운영하는 시스템을 갖추어야 한다.

3. 공공감사 수행능력과 실무능력 종합

공공감사를 적정하게 수행하기 위해 필요한 능력과 감사실무 능력을 종합적으로 정리하면 <표 1-3>과 같다.

다만 이러한 능력을 개개인의 감사인이 모두 갖추어야 한다는 의미는 아니다. 공공감사기구 또는 감사단이 집합적으로 이러한 능력을 갖추고, 개별 감사사항의 특성에 맞게 감사인력을 운용함으로써 감사를 적정하게 수행할 수 있다.

그리고 광범위한 분야에 이르는 감사대상업무에 대한 전문적인 지식을 공공감사기구나 감사인이 모두 갖추기는 어렵다. 필요한 경우 해당분야의 전문가로부터 자문이나 지원을 받아 감사를 수행할 수 있다.

표 1-3_ 공공감사 수행에 필요한 능력 및 실무능력

역량 구분	분야	필요한 지식 및 역량
감사에 필요한 일반적 지식	공공감사 일반	감사법령, 제도, 권한, 수단, 규범 등
	합법성 감사	행정학, 법학, 회계학 등
	행정개선, 성과감사	조사방법론, 정책·사업분석, 통계분석 등
감사대상 업무에 대한 지식과 이해	감사대상업무 유형	공공정책·사업의 결정·집행 재정·예산·회계 제도 및 운영 행정계획 수립 및 규제·감독 집행 등
	감시대싱입무 분야	경제, 산업, 교육, 복지, 문화, 국방 등
감사실무 능력	감사대상 선정 능력	위법·부당사항 발생 위험(risk)이 큰 감사대상(기관·사업·업무) 발굴
	감사기획 능력	감사대상 업무의 적정성 여부를 검증할 수 있는 효율적, 효과적인 감사접근방법 도출
	감사실시 능력	위법·부당사항을 확인·증명할 수 있는 조사·분석, 문제를 바로잡는 조치방향 탐색
	감사결과 처리 능력	감사결과를 논리적으로 기술하고, 객관적이고 균형된 관점에서 판단

4. 실무 학습의 내용과 목표

4.1. 학습 내용

공공감사 실무를 학습하는 목적은 공공감사를 실제로 수행할 수 있는 지식과 능력을 갖추기 위한 것이다. 공공감사 실무능력을 갖추기 위하여는 '감사 수행과정'과 '수행업무', '수행방법'을 알아야 하고, 그러한 실무능력은 곧 감사대상 선정, 감사기획, 감사실시 및 감사결과 처리에 관한 능력으로 귀결된다.

따라서 공공감사 실무로 학습하는 내용은 '감사 수행과정'과 '수행하는 업무', '수행하는 방법'이고, 이를 통해 갖추는 능력은 감사대상 선정, 감사기획, 감사실시 및 감사결과 처리에 관한 능력이라고 정리할 수 있다.

4.2. 학습 목표

'제1편 공공감사 제도'의 목적은 공공감사에 관한 법령과 기구, 감사대상과 범위, 권한과 한계 등 제도를 전반적으로 이해할 수 있도록 하는 것이다.

'제2편 공공감사 실무 및 사례연구'의 저술 목표는 감사실무에 대한 지식을 습득하고 이를 현실에 적용하여 실제로 감사를 수행할 수 있는 능력을 갖추도록 하는 것이다.

따라서 제1편과 제2편의 내용을 전반적으로 이해하고 습득한다면 공공감사에 관한 제도와 이론, 실무를 겸비한 정예 공공감사인으로의 능력을 갖출 수 있다.

4.3. 제2편 구성

'제2장 감사 수행과정과 감사사무'에서는 공공감사를 수행하는 과정과 각 과정에서 수행하는 업무, 각 감사사무를 수행하는 방법을 살펴본다.

'제3장 감사접근방법'에서는 감사를 실시하는 접근방법에 초점을 맞추어 감사의 유형별로 감사를 실시하는 방법을 살펴본다.

'제4장 감사사례 연구'에서는 다양한 분야의 실제 감사사례를 사용하여 감사를 실시하고 감사결론을 도출하는 방법 등을 구체적으로 살펴본다.

　한편, 제1편에서 살펴본 감사권한 등 '공공감사 제도'는 '감사 실무'를 수행하는 데 기초가 되는 것이므로 감사 실무를 설명하는 과정에서 불가피하게 제도에 대한 설명이 반복될 수 있다. 그리고 분야별로 설명이 완결되도록 하기 위해 감사접근방법 등에 관한 일부 설명이 되풀이될 수 있음을 미리 밝혀 둔다.

감사 수행과정과 감사사무

제2장에서는

감사사항 선정에서부터 감사결과 처리와 사후관리에 이르기까지 감사를 수행하는 일련의 과정과 각 과정에서 수행하는 감사사무에 대하여 살펴본다.

각각의 감사과정에서 어떤 일을 하고, 어떻게 하는지, 공공감사의 실무를 수행하는 데 필요한 구체적인 내용과 방법을 다룬다.

제 1 절

개 관

1. 의의: 공공감사 수행과정[1])에 대한 이해의 필요성

공공감사를 잘 수행하기 위해서는 어떻게 해야 하는가?

공공감사를 처음 수행하는 감사인은 물론 적지 않은 감사 경험이 있는 감사인들도 새로운 감사를 시작할 때면 위와 같은 고민을 한다.

공공감사는 한정된 기간동안 감사를 수행하여 감사의 목적을 달성할 수 있어야한다. 그리고 감사과정에는 직접, 간접적인 비용[2])이 소요된다. 하나의 감사사항을 수행하면 그 과정에 공공감사기구와 감사관, 감사를 받는 대상기관과 공무원, 이해관계인 등은 각각 감사를 실시하고, 감사를 받는 일에 적지 않은 시간과 노력을 들이게 된다.

따라서 공공감사를 효율적으로 실시하는 것은 공공감사기구뿐만 아니라 감사대상자를 위해서도 필요하다.

공공감사를 잘 수행하기 위해서는 일차적으로 그 수행과정에 대한 이해가 필요하다. 감사를 시작할 때부터 마무리할 때까지의 과정을 전체적으로 알고 있어야감사를 효율적이고, 체계적으로 할 수 있기 때문이다.

---

1) '감사과정(監査過程)'과 '감사절차(監査節次)'는 모두 감사를 수행하는 차례와 관련되는 의미라는 점에서 유사한 면이 있어 혼용하여 사용하기도 한다. 하지만 전자는 '감사 방법론'의 관점에서, 후자는 '감사 규율'의 관점에서 주로 사용되고 있다. 즉, 공공감사 수행과정('감사과정')은 공공감사기구 및 감사인이 감사를 효율적이고 체계적으로 실시하기 위해 필요한 업무수행 방법 관점에서 주로 사용하는 반면, '감사절차'는 공공감사기구가 대외적인 관계에서 감사대상자 권익보호나 국민의 알권리 충족 등을 위해 감사과정에서 지켜야 하는 규범적인 관점에서 주로 사용된다는 점에서 양자의 의미는 차이가 있다. 이 책에서는 '감사과정' 또는 '감사 수행과정'이라는 용어를 사용한다.
2) 감사를 수행하는 데 투입되는 감사인력 인건비, 여비 등은 직접경비이고, 감사를 받는 대상기관과 공무원, 이해관계 등의 감사협조에 소요되는 시간, 노력, 물품 등은 간접 비용이다.

특히 공공감사는 그 수행과정과 수행하는 업무가 일반적인 행정업무의 수행과정과는 많은 차이가 있다. 감사에 착수하기 전에 감사대상기관에 감사실시를 통지하고 감사결과에 대하여 감사대상기관 등의 의견을 수렴(질문서 발부 및 답변서 징구 등)해야 하는 등 따라야 할 절차가 있다.

그리고 감사 수행과정에서 감사자료 제출을 요구하여, 감사대상 업무가 적정하게 처리되었는지를 검증하고, 위법·부당사항에 대하여는 그 발생 원인과 책임소재를 조사하여 그에 따른 조치를 하는 등 복잡한 과정을 거쳐 진행된다.

따라서 감사를 수행하는 전체 과정과 그 과정에서 하는 일을 하는지를 제대로 알지 못하면 감사 수행이 비효율적으로 진행되거나 감사목적을 달성하지 못할 수 있다. 그리고 감사결과를 처리하는데 필요한 감사증거의 확보나 질문서 발부 등 필요한 절차를 누락하면 감사절차에 흠결이 될 수 있다.

하나의 감사사항이 정해지면 감사를 준비하는 일부터 최종적으로 감사보고서를 완성하고 감사대상기관에 시행할 때까지 각 과정별로 어떤 일을 하여야 하는지 숙지하고 있어야 감사 운영을 체계적이고 효율적으로 할 수 있는 것이다.

구체적인 감사사무와 그 수행 방법을 살펴보기 전에 감사를 수행하는 과정에 대한 이해가 필요한 이유이다.

2. 공공감사 수행과정

공공감사를 수행하는 과정은 다섯 단계로 구분할 수 있다고 하였다.[3]

첫 번째는 "감사사항 선정 과정"이다.

감사사항 선정 과정은 감사를 실시할 기관(기관정기감사)이나 사업 또는 업무(특정사안감사) 등 감사의 대상 또는 주제를 정하는 과정이다.

---

3) 공공감사의 과정을 구분하는 것은 각자의 판단에 따라 달리할 수 있을 것이다. 그리고 논자에 따라 감사 수행과정을 네 단계(감사 준비 → 감사 실시 → 감사결과 처리 → 사후관리)로 구분하여, 감사사항 선정을 감사준비 과정에 포함하기도 한다. 하지만 감사사항 선정 과정은 논리적으로 감사준비 과정보다 먼저 진행되는 일이며, 감사준비 과정과 구분되는 업무상의 특성이 있다. 그리고 감사사항 선정은 연간감사계획 수립과 함께 진행되는데 공공감사기구가 한 해 동안 감사를 실시할 방향과 내용을 정하는 과정으로 감사사무에 있어 중요한 의미를 지닌다. 따라서 이 책에서는 공공감사 수행과정을 위와 같이 다섯 단계의 과정으로 구분한다.

일반적으로 감사사항 선정은 공공감사기구가 「연간감사계획」을 수립⁴⁾하면서 감사환경을 분석하고, 감사운영 방향을 정하여 그해에 감사를 실시할 구체적인 감사사항들을 정한다. 감사실무에 있어 공공감사기구는 매년 연초에 연간감사계획을 수립하고 감사를 실시할 감사사항을 정하면서 그해의 업무를 시작하므로 논리적으로나 현실적으로 "연간감사계획 수립 및 감사사항 선정"이 감사수행의 첫 번째 과정이라 할 수 있다.

두 번째는 "감사준비 과정"이다.

감사준비 과정은 선정된 감사사항에 대하여 감사를 실시하기 전에 감사대상 기관이나 업무의 현황을 파악하고, 감사접근방법을 설계하며, 감사실시 기간과 투입인력을 정하는 등 감사실시에 필요한 준비를 하는 과정이다. 감사준비 과정은 「감사실시계획」 수립과 같이 진행되고, 감사준비를 통해 파악된 내용들이 감사실시계획에 반영된다.

세 번째는 "감사실시 과정"이다.

감사실시 과정은 감사에 착수하여 감사대상 업무의 적정성 여부를 검증하고, 위법·부당사항에 대한 발생원인과 책임소재를 규명하며, 감사증거를 확보하는 과정이다. 공공감사 본연의 기능을 수행하는 과정으로서 가장 핵심이 되는 과정이라 할 수 있다.

네 번째는 "감사결과 처리 과정"이다.

감사결과 처리 과정은 감사를 통해 확인된 위법·부당사항 등 감사결과에 대하여 필요한 조치를 하는 과정이다. 감사를 실시한 결과를 공공감사기구 내부적으로 보고하고, 감사결과에 대한 처리방향을 정하며, 감사보고서를 작성·심의·의결하여 감사대상기관 등에 시행하고 공개하는 등의 일을 한다.

마지막으로 다섯 번째는 "감사결과 사후관리 과정"이다.

감사결과 사후관리 과정은 감사결과 조치사항이 적정하게 이행되도록 관리하는 과정이다. 조치사항이 적정하게 이행되었는지 여부를 점검하고 미이행 사항에 대하여 이행을 독려하는 등의 일을 한다.

---

4) 연간감사계획 외에 반기 또는 분기 감사계획 등을 수립하면서 감사사항을 선정하거나 변경하기도 한다. 한편으로 시급한 감사수요가 발생하거나 계획된 감사사항의 취소로 인한 신규 감사사항 발굴, 감사청구사항에 대한 감사실시 등의 경우 수시로 감사사항을 선정하기도 한다.

감사를 수행하는 과정과 각 과정에서 수행하는 주요 업무를 정리하면 다음 <표 2-1>과 같다.

표 2-1_ 감사 수행과정과 주요 업무

(감사 수행과정)	(주요 업무)
감사사항 선정	• 감사환경 분석 및 감사운영방향 설정 • 감사사항 선정 및 감사자원 배분 • 연간감사계획 수립
⇩	
감사 준비	• 감사자료·정보 수집, 감사접근방법 설계 • 감사단 편성 • 감사실시계획 수립
⇩	
감사 실시	• 감사대상업무 검증 및 위법·부당사항 확인 • 위법·부당사항의 발생원인·결과 및 책임소재 규명 • 감사결과 조치방향 결정 • 감사증거 수집
⇩	
감사결과 처리	• 감사결과 보고 • 감사보고서 작성·심의·의결 • 감사보고서 시행 및 공개
⇩	
감사결과 사후관리	• 감사결과 조치사항 이행 관리 등

이하에서 감사 수행과정별로 나누어 각각의 과정에서 수행하는 업무와 수행하는 방법에 대하여 살펴본다.

감사사항 선정과 「연간감사계획」 수립

1. 의의

감사를 수행하는 과정에서 첫 번째 하는 일은 "감사를 실시할 감사사항을 선정"하는 것이다. 감사사항 선정은 감사를 실시하는 주제 또는 과제를 정하는 것으로 학위논문에 비유하면 논문의 주제를 정하는 것과 같다.

감사사항을 잘못 선정할 경우 감사를 실패하거나 감사자원을 낭비하게 될 수 있으므로 감사 수행과정에 있어 감사사항 선정의 중요성을 이해할 수 있다.

감사사항은 감사의 종류에 따라 특정한 기관(기관종합감사 또는 기관운영감사)이나 사업, 업무(특정사안감사)가 된다.

한편, 감사사항 선정은 일반적으로 공공감사기구가 연간감사계획이나 반기·분기 감사계획 등을 수립하면서 해당기간 동안 감사를 수행할 감사사항을 선정한다. 다만, 시급한 감사수요가 발생하거나 계획된 감사사항의 취소로 인한 신규 감사사항 발굴, 감사청구사항에 대한 감사실시 등의 사유가 있는 경우 수시로 감사사항을 선정하기도 한다.

연간감사계획을 수립하면서 감사사항을 선정하는 것이 가장 일반적이고, 연간감사계획 수립의 가장 중요한 과업이 그해에 감사를 실시할 감사사항을 선정하는 일이므로 연간감사계획 수립과정과 함께 감사사항 선정에 대해 살펴본다.

2. 「연간감사계획」 수립

2.1. 개념 및 의의

연간감사계획(年間監査計劃)은 공공감사기구가 한 해 동안의 감사를 체계적으로 운영하기 위해 수립하는 종합적인 감사계획이다.

연간감사계획 수립은 한 해 동안의 감사환경을 분석하여 감사운영 방향과 중점을 정하고, 이를 실현하기 위한 개별 감사사항을 선정하며, 감사자원(감사인원, 기간, 예산 등) 배분을 설계하는 활동이다.

공공감사기구가 한 해 동안의 감사운영을 효율적이고 체계적으로 수행하기 위해서는 연간감사계획 수립과 감사사항 선정이 중요하다.

일반 행정기관이 연간 업무계획을 수립할 때 가장 중요한 과업은 한 해 동안 "무슨 일을 할 것인가"를 정하는 것일 것이다. 이를 공공감사기구에 대입하면 공공감사기구가 연간감사계획을 수립할 때 가장 중요한 일은 한 해 동안 "어떤 감사를 할 것인가" 즉, "어떤 기관, 사업, 업무에 대하여 감사를 할 것인지"를 정하는 것이다.

연간 감사계획은 공공감사기구가 한 해 동안 한정된 감사자원을 활용하여 감사성과를 최대화할 수 있도록 수립하여야 한다. 감사성과는 국가적으로 중요하고 위험한 분야를 감사사항으로 발굴하여 문제를 해결하거나 위험을 방지함으로써 거둘 수 있다.

연간감사계획을 수립한 이후에도 감사여건이나 환경의 변화에 따라 수립된 감사계획을 변경(감사사항의 취소·변경 또는 감사실시 시기나 규모의 조정 등)할 수 있지만 감사계획을 변경할 경우 이미 투입된 감사준비 비용이 낭비될 수 있으며, 당초 계획에 없던 새로운 감사사항을 발굴하고 준비하는 데 가외(加外)의 노력을 들여야 한다.

따라서 감사 운영을 효율적이고 체계적으로 하기 위해서는 연간감사계획을 내실 있게 수립하는 것이 중요하다.

─ Ref.1 종합감사계획과 개별감사계획(감사실시계획)

감사계획은 종합감사계획(연간 또는 반기·분기 감사계획 등)과 개별감사계획(감사실시계획)으로 구분할 수 있다.

'종합감사계획'은 공공감사기구(또는 조직·부서 단위) 차원에서 감사운영 방향을 설정하고 개별 감사사항을 선정하며, 감사자원을 배분하는 등 종합적인 감사운영 계획을 설계한 것이다.

'개별감사계획'은 종합감사계획에 따라 선정된 개별 감사사항에 대하여 감사접근방법과 감사기간, 투입인력 등 감사실시에 필요한 구체적인 계획을 설계한 것이다. '감사실시계획'이라고도 한다.

종합감사계획은 계획을 수립하는 주기나 기간에 따라 3~5년 또는 1년, 6개월을 각각 대상으로 하는 '중기감사계획', '연간감사계획', '반기감사계획' 등이 있다.[1] 종합감사계획 중에는 공공감사기구가 매년 초에 한 해 동안의 감사운영 계획을 수립하는 연간감사계획이 대표적이다.

종합감사계획은 일정 기간 동안에 감사를 실시할 감사사항을 선정하는 것이 중요한 과업이고, 개별감사계획은 개별 감사사항의 감사목적을 효율적이고 효과적으로 달성할 수 있는 감사접근방법을 설계하는 일이 중요하다.

표 2-2_ 연간감사계획과 개별감사계획

구분	연간감사계획	개별감사계획(감사실시계획)
개념	• 공공감사기구 전체 단위로 수립하는 1년 동안의 종합적인 감사운영계획	• 개별 감사사항 단위로 수립하는 감사실시계획
과업	• 감사환경 분석 • 감사운영 방향·중점 설정 • 개별 감사사항 선정 • 감사자원(인력·기간·예산) 배분	• 감사대상 및 현황 파악 • 감사목적, 초점 설정 • 감사 접근방법 설계 • 감사인원(감사반 편성), 기간 편성 • 감사정보 및 자료 수집
핵심 업무	• 감사를 실시할 감사사항 선정이 중요	• 감사목적 달성을 위한 효율적인 감사접근방법 설계가 중요

---

1) 기간별 종합감사계획은 그 대상기간을 달리할 뿐 감사를 실시할 감사사항을 선정하는 것이 중요한 과업으로서 그 성격에 있어 본질적인 차이가 있는 것은 아니다.

2.2. 주요 업무

연간감사계획을 수립할 때는 그해의 감사환경을 분석하여, 감사운영 방향과 중점을 정하고, 그에 따라 감사를 실시할 감사사항을 선정하며, 각 감사사항별로 감사시기와 기간, 인원 등 감사자원을 배분한다.

따라서 ① 감사환경 분석, ② 감사운영 방향 및 중점 설정, ③ 개별 감사사항 선정, ④ 감사자원 배분 등이 연간감사계획 수립의 주요 업무라고 할 수 있다.[2]

연간감사계획을 수립하면서 수행하는 주요 업무의 흐름과 내용을 개괄적으로 정리하면 <표 2-3>과 같다.

표 2-3_ 연간감사계획 수립의 주요 업무

(주요 과업)	(업무 내용)
감사환경 분석	감사를 운영하면서 고려해야 할 정부의 주요 사업 추진상황, 국정운영 위험요인 등 대내외의 감사여건과 환경을 분석한다.
⇩	
감사운영방향 및 중점 설정	감사환경 분석결과를 토대로 감사를 운영하는 방향과 감사를 중점적으로 실시할 분야를 정한다.
⇩	
감사사항 선정	감사운영 방향과 중점에 따라 구체적으로 감사를 실시할 개별 감사사항을 발굴하고 선정한다.
⇩	
감사자원 배분	감사를 효율적으로 운영할 수 있도록 감사 시기와 기간, 인력, 예산 등 감사자원을 배분한다.

이하에서 각 업무별로 수행하는 방법을 살펴본다.

---

2) 이러한 주요 업무를 수행한 내용은 「연간감사계획서」를 구성하는 주요 내용이 된다.

3. 감사환경 분석

3.1. 의의

연간감사계획을 수립할 때는 먼저 공공감사기구가 한 해 동안 감사운영과 관련하여 고려해야 할 대내·외의 감사환경을 분석한다.

공공감사가 적정하게 운영되기 위하여는 "감사대상 영역의 위험요인"과 "외부환경이 제기하는 감사수요" 등을 파악하여 감사운영에 반영할 필요가 있다. 감사환경 분석은 대·내외의 감사와 관련되는 제반 상황과 감사수요 파악을 통해 공공감사기구의 거시적인 감사운영방향 설정과 감사자원 배분이 적정하게 될 수 있도록 하는 기초가 된다는 점에서 그 의의가 있다.

3.2. 분석 대상

대외적으로는 공공감사의 주요 감사대상이 되는 정부 등 공공부문의 주요 정책·사업추진 상황과 정부 운영의 특이사항(정부 교체기, 전국 단위 선거, 전염병 등), 신규 또는 변경 시행되는 제도나 정책의 내용, 재정·경제·사회적 위험요인(risk factor)을 파악하는 한편, 일반 국민이나 국회, 언론, 전문가 그룹 등이 제기하는 공공부문의 문제점이나 감사운영과 관련된 의견, 감사수요 등을 분석한다.

대내적으로는 감사를 운영하는 데 고려할 필요가 있는 주요 업무처리 상황, 감사인력 운영 상황 등을 분석한다.

표 2-4_ 감사환경 분석 주요 대상

(대외 환경)	(대내 환경)
• 주요 정책 추진상황, 새로운 정책 및 제도 시행 • 정부 등 공공부문의 특이사항 • 재정, 경제, 사회 분야의 위험요인 • 국민, 국회, 언론, 전문가 등이 제기하는 공공부문의 문제점, 감사운영관련 의견, 감사 수요	• 주요 업무 추진상황 • 거버넌스 교체 등 • 감사자원(인력, 예산 등) • 감사운영 방침과 기조

4. 감사운영 방향 및 중점 설정

4.1. 의의

이와 같은 감사환경 분석 결과를 기초로 하여 공공감사기구는 한 해 동안의 감사운영 방향 및 중점을 설정하고 개별 감사사항을 발굴·선정하게 된다. 감사환경 분석 결과를 종합하여 한 해 동안 감사를 운영하는 방향을 설정하고 중점적으로 감사를 실시할 분야를 정한다.

공공감사 기능 수행을 위해 특정 연도의 감사환경과 관계없이 일정하게 수행해야 하는 감사(연례적으로 실시하는 결산 검사 또는 주요 정부기관, 지방자치단체, 공공기관의 업무를 주기적으로 점검하는 기관정기감사 등)가 있지만 공공감사 운영에 있어서도 한정된 감사자원을 투입하여 보다 큰 성과를 거둘 필요가 있다.

따라서 감사 운영에 있어서도 특정 시기의 감사환경에 따라 감사운영 방향과 중점 분야를 정하고 중요한 분야에 보다 더 많은 감사자원을 투입하는 '선택과 집중'의 원리를 적용할 수 있다.

공공감사기구의 감사운영 방향과 중점 설정은 대내적으로는 개별 감사사항을 발굴하는 지침으로서 기능을 하고, 대외적으로는 공공부문에 대해 감사방향에 대한 메시지 역할을 한다. 이러한 메시지는 공공부문 종사자가 감사 중점분야의 업무를 보다 유의하여 수행하게 하는 기능을 한다.

4.2. 설정 방법

감사운영 방향과 중점은 국가적인 중요도와 감사 수요, 감사자원을 집중적으로 투입할 필요성 등을 고려하여 우선순위가 높은 분야를 정한다.

예컨대 사회적으로 공공시설물의 안전사고가 빈번하게 발생하는 경우 "공공시설물 안전관리"를, 공공부문의 회계부정이 심각한 경우 "회계질서 확립"을 감사 중점으로 정해 이에 대한 감사를 보다 확대·강화하는 것이다.

5. 감사사항 발굴 및 선정3)

5.1. 의의

감사운영 방향과 중점이 설정되면 다음으로는 감사방향과 중점에 따라 감사를 실시할 구체적인 감사사항을 발굴하고 선정한다. '감사사항'은 감사를 실시하는 대상이 되는 기관이나 사업, 업무를 말하며, '감사 과제', '감사 주제'라고도 할 수 있다.

감사사항 발굴과 선정은 한해 동안 감사를 실시할 개별 감사사항을 정하는 것으로 연간 감사계획 수립에 있어 핵심적인 과업이다.

공공감사기구의 감사활동은 일반 행정기관에 있어 "목적사업을 수행하는 활동"이라 할 수 있다. 감사사항 선정은 한 해 동안 할 일을 정하는 것이고, 사업의 첫 단추를 꿰는 것과 같다. 감사사항을 잘못 선정하게 되면 감사를 실패하는 원인이 되고, 한정된 감사자원을 효율적으로 활용하지 못하고 낭비할 수 있다.

---

3) 특정사업, 과제를 대상으로 하는 감사와 유사한 감사사항으로 국민감사청구, 공익감사청구, 국회감사 요구 등에 따라 특정한 사업이나, 사안에 대하여 감사를 실시하는 감사사항이 있다. 이와 같은 감사 청구사항 등은 연간감사계획 수립과는 별도로 각 제도별로 정해진 절차에 따라 감사실시 여부가 정해진다. 따라서 감사청구사항 등은 공공감사기구가 기획하여 감사사항을 선정하는 것과는 다르므로 연간 감사계획 수립 과정에서는 다루지 않는다(국회감사요구, 국민감사청구사항 등에 대한 결정 과정은 "제1편 제7장 공공감사 혁신과 발전"을 참조하기 바란다).

공공감사기구의 방대한 감사대상 영역 중에서 한정된 감사사항을 선정하는 것은 매우 중요하고도 어려운 일이며, 정해진 감사사항에 대해 감사를 효율적으로 실시하는 것도 중요하지만 그 이전에 좋은 감사사항을 발굴하는 것이 우선이다.

5.2. 감사사항 선정 기준 및 고려사항

5.2.1. 의의

공공감사기구가 한정된 감사자원을 효율적으로 활용하여 공공감사 기능과 역할을 적정하게 수행하기 위하여는 어떠한 감사사항을 선정해야 할까?

공공감사기구가 감사사항을 발굴하고 선정하는 데 있어 반드시 따라야 할 법령규정이나 확립된 원칙이 있는 것은 아니다. 감사사항 선정은 공공감사기구가 가진 감사에 관한 전문적·기술적 판단을 기초로 하여 광범위한 재량4)에 따라 정한다.5)

감사사항 발굴 및 선정이 공공감사기구의 전문성에 기초한 재량에 따라 이루어진다 하더라도 방대한 감사대상과 범위 중에서 한 해 동안 감사를 실시할 한정된 감사사항을 정하는 것이므로 감사성과6)를 극대화할 수 있고, 공공감사기구가 반드시 해야 할 과제들을 감사사항으로 선정하여야 한다.

이를 위하여는 국가적으로 중요하고, 위험하며, 시급한 감사사항을 선정하여야 한다. 그리고 공공감사 권한으로 감사를 할 수 있고, 공공감사 기능에 적합한 사항을 선정하여야 하며, 특정한 분야에 과도하게 감사자원을 투입하여 다른 분야에 감사사각(監査死角)이 발생하지 않도록 감사사항 선정에 균형을 기할 필요가 있다.

---

4) 대법원 판례(대법원 2011. 2. 24. 선고 2010두21464) "행정계획이라 함은 행정에 관한 전문적·기술적 판단을 기초로 하여 특정한 행정목표를 달성하기 위하여 서로 관련되는 행정수단을 종합·조정함으로써 장래의 일정한 시점에 있어서 일정한 질서를 실현하기 위한 활동기준으로 설정된 것이다. 그런데 관계 법령에는 추상적인 행정목표와 절차만이 규정되어 있을 뿐 행정계획의 내용에 관하여는 별다른 규정을 두고 있지 아니하므로 행정주체는 구체적인 행정계획을 입안·결정함에 있어서 비교적 광범위한 형성의 자유를 가진다."

5) 예외적으로 '국회감사요구사항'은 국회법에 따라 국회에서 의결된 감사요구 사항에 대해 감사원은 반드시 감사를 실시하도록 되어 있다. 그 외에 '국민감사청구사항', '공익감사청구사항' 등은 감사청구가 일정한 요건을 갖춘 경우 감사원은 감사를 실시하여야 하므로 감사대상 선정시 그 재량의 범위가 제한된다.

6) 감사 성과는 궁극적으로 국가 발전과 국민의 삶의 질 향상에 기여하는 정도로 평가된다.

표 2-5_ 감사사항 선정기준 및 고려사항

선정기준 (감사사항의 특성)

중요성	문제 발생시 부정적인 파급효과가 큰 사항
위험성	이해관계나 문제발생 가능성이 크고, 내부통제가 취약한 분야 등
적시성	문제가 발생하였거나 예견되어 신속한 문제 해결·예방이 필요한 사항 문제 발생시 원상회복이 어려운 사항 등

고려사항 (감사 기능·권한, 감사운영에 대한 고려)

실행 가능성	감사 권한·수단에 의해 문제 확인 및 해결방안 마련 등이 가능한 사항
필요성	공공감사 기능·역할에 적합, 공공감사를 통해 문제해결이 필요한 사항
감사운영의 균형 및 감사사각 방지	공공감사의 기능·역할을 균형있게 수행할 수 있도록 감사종류· 유형별로 합리적인 감사비중을 유지하고, 감사사각의 방지

5.2.2. 감사사항 선정기준: 중요성·위험성·적시성

감사사항 선정은 감사를 실시하고자 하는 대상 기관이나 사업, 업무가 국가적으로 "중요하고", "위험(high risk)하며", "적시에 문제해결이 요구되는" 사항을 위주로 선정하는 것이 바람직하다.

5.2.2.1. 중요한 사항

"중요한 사항"이란 문제(위법·부당 또는 부정·오류)가 발생할 경우 국가적으로 부정적인 파급효과가 큰 기관이나 사업, 업무를 말한다. 국가운영이나 국민생활에 미치는 영향이 큰 기관이나 제도, 업무 그리고 대규모 예산이 투입되는 국책사업 등이 중요한 사항이라 할 수 있다.

중요한 사항은 반드시 국가적인 현안으로 대두된 사항을 말하는 것은 아니다. 국가적으로 중요한 기관이나 사업, 업무에 대하여는 주기적으로 점검이 필요하다.

문제가 외부로 드러나지 않은 기관이나 사업의 경우에도 막상 감사를 하면 중요한 문제가 잠복되어 있거나 내부적으로 만연해 있는 경우가 종종 있고, 문제가 외부로 가시화되는 경우 국가에 큰 부담을 주는 경우가 있으므로 국가적으로 중요한 기능을 수행하는 기관이나 사업에 대하여는 일정한 주기별로 점검할 필요가 있다.

Ref.3 중요한 감사사항

- 국가운영이나 국민생활에 미치는 영향이 큰 기관이나 제도, 사업, 업무
- 대규모 예산이 투입되는 국책사업
- 국가의 안보, 국민 생활의 안전과 관련된 사항
- 다수의 기관과 관련된 사업, 업무 등

5.2.2.2. 위험한 사항

"위험한 사항"이란 문제 발생의 가능성이 큰 사항을 의미한다. 이해관계가 복잡하고 이권(利權)이 걸린 업무, 업무수행 방법 및 절차 등이 복잡하고 어려워 오류나 부정이 일어나기 쉬운 업무 등이 해당된다.

Ref.4 위험성이 큰 사항

- 이해관계가 복잡하고 이권(利權)이 걸린 업무
- 업무수행 방법 및 절차 등이 복잡하고 어려워 오류나 부정이 일어나기 쉬운 업무
- 이해관계가 큰 업무로서 내부통제가 확립되어 있지 않은 분야
- 여러 기관에서 공통적으로 부정과 비리, 오류 등이 발생하는 분야나 업무
- 대규모 재정이 투입되는 사업에 예산집행 기준, 절차 등이 정비되어 있지 않은 경우 등

5.2.2.3. 적시에 문제해결이 필요한 사항

"적시에 문제해결이 필요한 사항" 또는 "시급한 사항"은 문제가 발생되었거나 문제발생이 예견되어 신속한 대응이 필요한 사항이나 문제 발생 후에는 원상회복이 어려운 사항 등으로 적기에 감사를 실시할 필요가 있는 사항을 의미한다.

5.2.3. 감사사항 선정시 고려사항: 실행가능성·필요성·감사사각 방지

감사사항은 위와 같이 중요하고, 위험하며, 시급한 사항을 위주로 선정하되 기본적인 전제조건으로 공공감사기구가 그 권한과 수단으로 감사를 실시할 수 있고, 공공감사의 기능과 역할에 적합한 사항이어야 한다. 그리고 특정한 기관이나 분야에 감사가 과도하게 편중되거나 감사사각이 발생되지 않도록 하여야 한다.

5.2.3.1. 실행가능성과 필요성

감사사항을 선정하기에 앞서 "공공감사 권한과 수단으로 문제해결이 가능한지", "공공감사를 통해 해결하는 것이 적합한 사항인지"에 대한 검토가 필요하다.

이는 감사의 실행가능성과 필요성에 대한 것으로 공공감사의 기능과 역할, 권한에 비추어 감사를 하는 것이 적절한지를 검토하는 것이다.

감사 권한 외의 사항, 감사방법으로 접근이 어려운 사항은 감사에 착수하더라도 감사목적을 달성할 수 없으므로 감사사항 선정 과정에서 감사권한 및 대상에 해당하고 감사방법상 접근가능한지 여부를 검토하여, 감사 권한과 수단을 통해 문제를 확인하고 해결할 수 있는 사항을 선정하여야 한다.

그리고, 공공부문에서 다양한 성격의 문제가 발생하지만 이러한 문제를 공공감사 기능으로 모두 해결할 수 있는 것은 아니며 감사를 통해 문제를 해결하는 것이 항상 적합한 것도 아니다.

다른 정부기관이나 민간에서 해결하는 것이 더 적합한 사항도 있으므로 우선적으로 공공감사를 통해 문제를 해결하고 예방하는 것이 필요한 사항을 선정하는 것이 바람직하다.

감사 권한 외의 대상이나 감사 수단의 미비로 감사의 실행이 어려운 사항[7], 감사대상에 해당하지만 공공감사를 통해 문제를 해결하는 것이 적절하지 않은 사항 등은 감사사항 선정시 지양하거나 신중하게 판단하여야 한다.

— Ref.6 감사의 실행가능성·필요성에 대한 검토가 필요한 사항

감사의 실행가능성 측면에서 검토가 필요한 사항
- 법령상 감사대상에 해당되는지가 불분명한 사항
- 감사권한 및 수단으로 문제에 접근하거나 해결이 어려운 사항 등

감사의 필요성 측면에서 검토가 필요한 사항
- 다른 정부기관이 해결하는 것이 적합한 사항
- 정부 기관 등이 문제해결을 위한 대책이나 조치를 마련하고 있는 사항
- 수사기관에서 수사 중인 사항, 법원의 소송에 계류 중인 사항
- 공공감사 본연의 기능에 적합하지 않은 사항 등

5.2.3.2. 감사사항 선정의 균형 및 감사사각의 방지

한편으로, 감사사항을 선정할 때 개별 감사사항의 적합성을 검토하는 외에 공공감사기구의 전체적인 감사운영 관점에서 균형을 유지하고 감사사각(監査死角)이 발생하지 않도록 고려할 필요가 있다.

감사환경과 감사수요에 따라 특정한 분야를 감사 중점으로 정하고 감사자원을 집중적으로 투입하는 것은 필요하지만 한정된 감사자원을 특정 분야에 과도하게 투입하면 그 외의 분야에서는 감사사각[8]이 발생할 수 있으므로 공공감사 본연의 기능에 사각이 발생하지 않도록 감사사항 선정의 "거시적인 균형"이 필요하다.

---

7) 감사의 실행 가능성이 없는 경우는 감사 권한 외의 분야이거나 감사 방법상의 기술적인 문제 등으로 감사를 실행할 수 없거나 감사를 하더라도 문제 확인 등을 할 수 없어 감사 결과를 도출할 수 없는 경우를 의미한다. 다만 감사의 실행가능성 여부는 감사인의 태도나 의지, 역량에 따라 차이가 있을 수 있으므로 중요 사항에 대한 감사의 실행가능성을 판단할 때는 감사 방법상 어려움이 예상되더라도 최선을 다해 감사 접근방법을 고민하는 것이 공공감사인의 바람직한 자세이며, 소극적인 태도로 가벼이 감사접근을 포기하여서는 아니 된다.

8) 감사가 필요한 분야인데도 감사가 장기간 실시되지 않는 분야를 말한다.

이러한 이유로 공공감사기준(제18조)은 감사사항 선정시 장기적인 관점에서 감사자원을 효율적으로 배분하고, 특정한 기관이나 분야에 감사가 편중되거나 감사사각(監査死角)이 발생되지 않도록 규정하고 있다.

공공감사의 기본적인 기능은 회계질서·복무기강 등 공공행정의 질서확립과 행정의 개선·향상이라고 할 수 있으므로, 이를 위한 회계검사·직무감찰, 합법성감사와 행정개선 감사, 성과감사 등 각 유형의 감사 비중에 있어 적절한 균형을 유지하는 것이 바람직하다.[9]

그리고 특정 기관이나 분야에 감사가 과도하게 실시되거나 편중되지 않도록 감사의 주기나 빈도를 고려하여 감사사항을 선정하고, 장기간 감사를 실시하지 않는 기관이나 분야 등이 감사사각으로 방치되지 않도록 할 필요가 있다.

5.3. 감사사항 발굴·선정 방법

감사사항 선정 과정에서는 방대한 감사대상 기관과 업무 중에 중요하면서도 문제(위법·부당, 부정·오류 등) 발생 위험(risk)이 큰 업무를 추출하여 감사대상으로 선정할 수 있는 역량(위법·부당의 발생 위험이 큰 기관이나 사업, 업무를 선별하는 능력)이 필요하다. 감사사항 선정에 관한 능력은 공공감사기구와 감사인에게 요구되는 중요한 실무능력 중 하나이다. 이를 통해 한정된 감사자원의 효율적인 운영을 기하고 감사성과를 높일 수 있다.

따라서 체계적이고 전문적·과학적인 방법에 따라 좋은 감사사항을 발굴하는 것이 바람직하지만 아직까지 과학적인 분석에 의한 접근은 미흡한 실정이며, 현실에 있어서는 감사관의 경험과 전문성에 기초하여 문제가 자주 발생하거나 예견되는 분야 등을 정성적으로 판단하여 감사사항을 선정하는 사례가 많다.

공공감사 실무에서 감사사항 선정에 유용하게 사용할 수 있는 방법으로 공공감사기구 내부의 브레인스토밍(brainstorming)과 외부 전문가 의견 수렴, 감사정보·자료 분석 등을 살펴본다.

---

9) 공공감사기준 제18조(감사계획수립) ③감사인은 중기적 관점에서 수립한 전략적 감사계획과 감사의 빈도 및 주기를 감안하여 감사자원을 효율적으로 배분하고 특정 감사대상에 대한 감사의 편중 또는 사각이 최소화될 수 있도록 감사대상을 선정하여야 한다.

5.3.1. 브레인스토밍을 통한 감사사항 발굴

"브레인스토밍(brainstorming)"은 다수의 사람이 모여 자유롭게 아이디어를 내놓는 방식으로 대안을 만들어 가는 회의 방식으로 민간 기업 등에서도 널리 활용되고 있는 창조적 집단 사고법이다.[10]

공공감사기구 내부에서 감사사항을 발굴할 때 브레인스토밍(brainstorming) 기법이 많이 활용되고 있다. 감사실무자 회의나 간부 회의, 고위 관계자가 참여하는 감사전략회의 등을 통해 참여자 간에 자유로운 의견 제시와 토론을 통해 감사사항을 발굴하는 것이다.

방대한 감사대상 분야에서 감사사항을 발굴하고 선정하는 데 브레인스토밍 방법이 유용하다. 다만, 민간기업보다는 경직된 조직문화를 가진 공공감사기구 내부에서 브레인스토밍에 의한 감사사항 선정이 효과적으로 이루어지기 위해서는 회의운영 과정에서 유의할 점들이 있다.

참여자의 직위와 관계없이 누구나 자유롭게 어떠한 의견이라도 제시할 수 있는 분위기를 만들고, 제시되는 의견에 대해 문제점을 지적하고 비평하기보다는, 보완하고 더 좋은 아이디어로 만들어 가는 방식의 회의 운영(아이디어를 소멸시키는 "negative 방식"이 아니라 살려 나가는 "positive 방식")이 되어야 좋은 결과를 얻을 수 있다.

즉, "자유로운 의견 개진 분위기"+"positive한 회의 운영"+"생산적인 결론 도출" 능 삼박자가 갖춰져야 한다.

회의를 하는 과정에서 현실성이 없거나 엉뚱한 의견(wild ideas)도 많이 제시되겠지만 그러한 의견 중에도 잘 보완하면 좋은 감사사항으로 발전될 수 있다. 회의의 책임자는 참여자가 자유롭게 의견을 낼 수 있는 분위기를 만들고, 제시되는 아이디어를 보완하고 집약하여 좋은 감사사항으로 만들어 갈 수 있어야 한다.

---

10) 일정한 주제에 대해 구성원들의 창의적이고 자유분방한 발상을 통해 아이디어를 도출하고 문제를 해결하기 위한 기법 '두뇌(Brain)'와 '폭풍(Storm)'의 합성어로 머리에서 폭풍이 몰아치듯이 거침없는 발상과 자유로운 관점에서의 아이디어 도출 기법을 의미한다. 미국의 유명 광고 회사 출신인 알렉스 오스본(Alex F. Osborn, 1888~1966)의 저서 《Applied Imagination(독창력을 신장하라)》를 통해 널리 알려진 기법이다.

- 첫째는 '질보다 양(Go for quantity)'이라는 원칙이다. 아이디어의 수가 많다 보면 그중에 기발한 생각이 나올 확률도 높기 때문에 우선적으로는 다양하고 많은 아이디어를 모으는 데 집중한다.

- 둘째는 '비판 보류(Withhold criticism)'의 원칙이다. 타인에 대한 의견에 비판하기보다는 다양한 아이디어를 추가하는 데 집중한다. 비판이나 판단을 유예함으로써 브레인 스토밍에 참가한 사람은 비교적 자유로운 아이디어를 도출할 수 있고, 이를 바탕으로 다양한 아이디어를 모으는 것이 가능해진다.

- 셋째는 '어떠한 아이디어도 환영(Welcome wild ideas)' 한다는 원칙이다. 고정된 사고를 타파하고 자유로운 의사 표출을 통해 아이디어를 모으는 데 집중한다.

- 넷째는 '아이디어 결합 및 개선(Combine and improve ideas)'의 원칙이다. 도출된 아이디어를 조합하고 이를 통해 더 나은 아이디어로 발전시키는 데 집중한다. 타인의 아이디어를 모방하고 결합하면, 아이디어 간에도 연쇄반응을 일으키게 되고 이러한 과정을 통해 아이디어는 점점 강화되고 개선될 수 있기 때문이다.

5.3.2. 외부전문가 등 의견수렴을 통한 감사사항 발굴

외부 전문가는 관련 분야에 대해 전문적인 지식과 식견을 가진 사람으로서 일반적으로 해당 분야에 대해 해박한 지식과 다양한 문제의식을 가지고 있다. 이러한 전문가 집단에 대해 감사사항에 관한 의견을 수렴하면 공공감사기구 내부에서 생각하기 어려운 다양한 의견을 얻을 수 있고, 좋은 감사사항이 발굴될 수 있다.

외부 전문가 의견수렴은 설문조사나 면담, 회의에 의한 방식 등을 활용할 수 있다. 설문조사로 다양한 의견을 수렴한 후 그중 유의미한 의견을 선별하여 해당 전문가에 대한 면담을 통해 심층적으로 내용을 파악하는 방법이 효과적이다.

외부 전문가 의견 수렴이 실효를 거두기 위해서는 의견에 대한 적극적인 검토와 활용 의지가 있어야 한다. 외부 전문가의 의견 중에는 좋은 감사사항으로 발전될 수 있는 아이디어가 많이 있는데도 구체성이 떨어진다는 이유 등으로 감사사항으로 발전되지 못하는 경우가 있기 때문이다.

5.3.3. 전문적인 분석기법에 의한 감사사항 발굴

전문적인 감사정보·자료 분석에 의한 감사사항 발굴은 감사대상 분야의 위험 수준(risk level)을 분석하여 그에 따라 위험도가 높은 분야(high risk area)를 감사사항으로 선정하는 방법이다.

분석적인 방법에 의한 감사사항 선정은 아직까지는 실무에서 많이 활용되지 못하고 있지만 앞으로 많은 발전이 필요한 분야이다.

분석적인 방법을 통해 공공부문 업무의 위험(risk)을 평가하고 이에 기초하여 감사사항을 선정하기 위해서는 기본적으로 각 분야나 업무의 위험 수준을 평가할 수 있는 기초 통계가 구비되어야 하나 이러한 자료가 미비하여 분석적인 접근이 쉽지 않다. 이러한 사정으로 인해 현재까지는 분석적으로 접근하는 경우에도 완전하고 충분한 risk 평가가 나오기 어려워 분석에 들이는 노력(cost)에 비해 그 효과(benefit)가 크지 않은 실정이며, 이로 인해 현실에서 적용은 제한적이다.

하지만 최근 들어 행정 전산화 및 정보화가 급속도로 진전되고 있고, 디지털 기술이 고도로 발전[인공지능(AI artificial_intelligence), 기계학습(machine_learning) 등]되고 있어 제한적이나마 과학적인 방법으로 감사사항을 선정할 수 있는 여건이 조성되고 있고, 실제로 디지털 기술을 이용한 데이터 분석기법(machine_learning 기술을 활용한 data_mining[11] 등)을 감사사항 선정에 활용하는 사례가 나타나고 있다.[12]

특히, 금융·조세·회계 분야 등과 같이 계량적인 자료나 지표를 사용하여 업무를 수행하는 분야의 경우 관련 자료를 분석하여 위법·부당 소지가 큰 분야를 감사사항으로 선정하는 사례가 증가하고 있다.[13] 그리고 일정한 감사대상을 정한 후에는 분석적인 방법(data_mining, data_matching 등)으로 고위험군(high risk group)을 선별하여 감사를 실시하는 방법은 실무적으로 점차 일반화되고 있다.

---

11) 대규모로 저장된 데이터 안에서 체계적이고 자동적으로 통계적 규칙이나 패턴을 찾아내고 분석해서 다양한 자료로 활용하는 기술을 말한다.

12) 디지털 기술을 이용하여 감사대상 업무 중에서 고위험군 및 감사대상을 선별하는 사례에 대하여는 "제2편 제3장 제7절 디지털 감사"를 참조하기 바란다.

13) 신용보증기금 감사실은 '감사대상 선별 시스템'을 구축하여 업무와 관련되는 지표들의 대사를 통해 업무의 적정성 여부를 시스템이 판단하고 이상거래를 추출하여 감사대상 선정에 활용하고 있다. 자세한 내용은 "제2편 제3장 제7절 디지털 감사"를 참조하기 바란다.

─ **Ref.8** 감사사항 선정 방법과 고려사항

1. 위험기반 감사계획 수립(risk-based audit planning)

감사사항 선정 방법론과 관련해서는 위험기반 감사계획수립(risk-based audit planning)이 활용되고 있다. 이는 위험의 크기와 발생 가능성이 큰 사항에 높은 감사 우선순위를 두는 것이다(오윤섭·김찬수, 2013). 공공감사 기준도 "감사인은 감사위험이 감사결과에 미칠 영향력의 크기와 민감도를 사전에 합리적으로 설정하고 이를 감안하여 감사계획을 수립하여야 한다"고 규정하고 있다(공공감사기준 제16조 제2항).

2. INTOSAI 감사사항 선정시 고려사항

INTOSAI는 중요성, 실행가능성, 파급효과 등의 기준에 따라 최고감사기구 및 소속 감사관의 전문가적 판단을 적용하여 감사사항을 선정할 것을 권고하고 있다.

구분	주요 내용
중요성	• 사안의 상대적 중요성. 중요성에는 금전적 가치 외에도 사회적·정치적 유의성, 거버넌스, 책임성이 포함
감사 가능성	• 해당 감사사항이 감사될 수 있는가? 감사를 수행하는 것이 현실적인가? 최고감사기구의 법적 권한에 해당되는가? 감사할 수 있는 능력이 있는가?
파급효과	• 해당 감사사항이 정부 정책·사업의 경제성, 능률성, 효과성을 향상시키는 데 강력한 영향을 미칠 수 있는가?
국가최고감사기구에 주는 위험	• 해당 감사사항을 점검하지 않은 경우 전략 또는 평판 상의 위험이 있는가?
의회 또는 일반국민의 관심	• 감사가 법적 관심사를 다루거나 공동체에 이익이 되는가? 예를 들어, 감사가 포용성을 증진하는 데 도움이 되는가?
적시성	• 해당 감사사항을 감사하기에 적절한 시기인가? 예를 들어, 새로운 활동의 진척상황을 점검하기에 너무 이른 시기는 아닌가?
기존 감사결과	• 해당 감사사항이 과거에 감사된 적이 있는가? 다시 감사할 가치가 있는가? 감사를 수행하는 데 활용될 새로운 감사접근방법이 있는가?
관련되는 업무	• 해당 감사사항에 대해 다른 업무가 계획되어 있거나 수행 중인가?
감사 요청	• 요청사항의 중요성을 결정하기 위해서는 요청의 주체(예: 의회, 수혜자집단 또는 외부 이해관계자 등)를 고려해야 함

자료: INTOSAI IDI(2021). Performance Audit: ISSAI Implementation Handbook(Version 1).

6. 감사자원(감사 인력 및 기간 등) 배분

감사운영 방향과 중점을 설정하고, 감사를 실시할 감사사항을 선정하면 다음으로 각 감사사항별로 감사실시 시기와 기간, 감사 인력 규모 등을 잠정적으로 정한다. 감사사항별로 감사대상 업무의 범위와 중요도 등을 고려하여 투입할 감사인력 규모, 감사기간 등을 정한다.

그리고 감사사항이 정해지면 각 감사사항 별로 감사실무를 주관하는 전담자를 지정하고, 참여하는 주요 감사인력을 잠정적으로 배분한다. 감사 전담자 지정과 감사인력 배분은 적재적소의 원리에 따라 감사사항의 특성에 맞게 해당 감사에 전문성이 있는 감사인을 위주로 지정·배분한다.

연간 감사계획을 수립하면서 각 감사사항별로 감사 전담자와 감사인력 등을 정해 두면 각 감사인력은 연초부터 해당 감사를 준비하여 계획된 시기에 감사를 수행할 수 있어 감사를 보다 효율적으로 수행할 수 있다.

7. 연간감사계획 공개

감사원은 연간감사계획이 확정되면 수립된 감사계획을 일반에 공개한다. 연간 감사계획의 공개는 감사원이 2016년부터 감사운영의 투명성을 높이기 위해 감사혁신 과제로 시행한 제도이다. 연간감사계획의 공개는 공공감사기구의 감사활동 계획을 국민에게 알려 국민의 알권리를 충족시킨다. 그리고 감사대상기관에 대하여는 감사 실시를 예고하여 관련 업무 수행에 참고할 수 있게 한다.

한편, 공공감사기구의 입장에서는 감사를 실시할 기관이나 대상을 미리 공개함으로써 감사에 착수하는 과정에서 있을 수 있는 불필요한 오해를 방지할 수 있다.[14]

이와 같이 연간감사계획의 공개는 다양한 긍정적인 기능이 있지만 이로 인해 감사목적 달성에 차질이 빚어지는 것은 바람직하지 않다. 이에 따라 연간 감사계획의 공개로 인해 감사목적 달성이 어려운 경우나 공익을 저해하는 등의 경우 예외적으로 공개 대상에서 제외할 수 있도록 되어 있다.

---

14) 감사계획이 일반에 공개되기 전에는 미리 계획된 감사사항에 착수하는 경우에도 감사대상기관이나 일반 국민 등은 감사배경과 의도를 오해하는 사례가 종종 발생하였다.

8. 연간감사계획의 변경

연간감사계획이 수립되면 가능한 한 계획에 따라 감사를 수행하는 것이 감사운영의 효율성을 높일 수 있고, 일반 국민과 감사대상기관 등에 공개된 감사계획을 가급적 준수하는 것이 바람직하다.

하지만 연간감사계획 수립 이후에 대내외적으로 중요한 감사 여건의 변화가 있거나 보다 중요한 감사수요가 발생한 경우 공공감사기구가 이에 적정하게 대응하는 것 또한 필요하다. 계획된 감사사항을 그대로 수행하는 것보다 새로운 감사수요에 대응하는 것이 보다 공익에 부합하는 경우 연간감사계획을 변경하여 시급하고 중요한 감사수요에 적기에 대응하는 것이 바람직 할 수 있다.[15]

---

15) 감사원의 감사부서 편제는 감사대상 기관을 기준으로 편성된 부서(재정·경제감사국, 산업·금융감사국, 지방행정감사국 등)와 감사 기능을 기준으로 편성된 부서(특별조사국, 감사청구조사국 등)로 이원적으로 편성되어 있다. 기관별 편제에 따른 감사부서는 정해진 감사계획에 따라 감사를 실시하는 반면, 기능별 편제에 따른 감사부서는 수시로 발생하는 감사수요에 대응하는 체제로 운영된다.

외부적인 감사여건의 변화 외에 공공감사 실무상의 이유로도 감사계획 변경이 필요한 경우가 있다. 계획된 감사를 준비하는 과정에서 그대로 감사실시 하는 것이 어려운 경우나 당초 예상되었던 문제가 치유되거나 중요한 사실관계가 예상과 다른 것으로 확인되는 등의 경우 연간감사계획을 변경하거나 조정할 필요가 있다.[16)]

그 동안 감사준비에 투입된 매몰비용(sunk cost)으로 인한 부담으로 그대로 감사를 실시하기 보다는 당초에 기대했던 감사목적 달성이 어려운 것이 명확한 경우에는 해당 감사사항을 취소하거나 변경하고 보다 중요한 감사과제를 발굴하여 감사를 실시하는 것이 바람직하다.

---

16) 감사원은 매년 연초에 연간감사계획을 수립하고 하반기에는 '하반기 감사계획'을 수립하고 있다. 하반기 감사계획을 수립할 때는 연간감사계획 수립 이후 변화된 감사환경이나 새로운 감사수요 등을 반영하여 연간감사계획을 변경하거나 조정하고 있다.

감사 준비와 「감사실시계획」 수립

1. 의의

연간감사계획을 수립하여 감사를 실시할 감사사항을 선정하고 나면 다음은 각
감사사항별로 감사를 실시하기 위한 준비를 하고 감사실시계획을 수립한다.

감사 준비는 감사사항을 정하고 감사에 착수하기까지 감사를 효율적이고 체계
적으로 실시하기 위해 준비하는 활동이다.

감사준비 과정에서는 감사대상 기관과 업무에 대하여 파악하고 필요한 감사자료와
정보를 수집한다. 그리고 수집된 자료와 내용을 토대로 감사를 중점적으로 실시할 분
야를 정하고, 그에 대한 감사접근방법을 설계하는 등 제반 준비를 한다.

감사 준비와 감사실시계획 수립은 병렬적으로 진행되며, 감사실시계획 수립도
감사준비 활동의 하나라고 할 수 있다. 감사 준비를 통해 파악된 내용이나 수행한
업무가 감사실시계획에 반영되므로 감사 준비사항은 곧 감사실시계획의 구성내
용이 된다.

표 2-6_ 감사준비 사항과 감사실시계획

감사준비 과정에서 수행하는 업무	감사실시계획서 구성[1]
1. 감사대상 기관 및 업무 현황 파악	1. 감사계획 개요
2. 감사자료 및 정보 수집	2. 감사목적, 범위, 감사기간, 인원(업무분장)
3. 감사실시 분야 및 중점 설정	3. 감사대상 기관 및 업무 현황
4. 감사접근방법 설계	4. 감사 중점 실시 분야
5. 전문가 자문, 설문조사, 예비조사 등	5. 예상 문제점, 감사접근방법
6. 감사 기간, 감사팀 편성	6. 감사자료 및 정보
7. 감사실시계획 수립	7. 기타(처리일정, 행정사항 등)

감사 준비가 충실하게 이루어져야 감사에 착수한 후 감사를 체계적이고 효율적으로 수행할 수 있다. 감사준비 과정에서 감사대상 업무 파악과 감사자료 수집, 감사접근방법 설계 등이 제대로 되지 않은 경우에는 감사에 착수한 이후 상당한 기간동안 감사를 제대로 수행하기 어려워 감사목적 달성에 실패하거나 감사자원을 낭비하게 된다. 이러한 점에서 감사 준비를 충실하게 하는 것이 감사목적을 달성하기 위해 중요하다.

아래에서 감사 준비 과정에서 수행하는 주요 업무와 감사실시계획 수립에 대하여 그 내용과 방법을 살펴본다.

2. 감사대상 기관 및 업무 현황 파악

2.1. 의의

감사 준비를 위해 가장 먼저 필요한 일은 감사를 실시하는 기관과 업무에 대하여 그 현황을 파악하는 것이다.

기관정기감사(또는 기관종합감사, 기관운영감사)의 경우 감사대상기관이 수행하는 기능과 주요 업무에 대하여 파악하고, 특정사안감사나 성과감사의 경우 감사대상이 되는 사업 또는 업무에 대하여 파악한다.

감사를 실시할 기관의 기능과 조직, 주요 업무 등을 알아야 감사를 실시할 대상과 범위, 중점을 정하고 감사를 실시할 수 있으므로 감사사항이 정해지면 우선적으로 감사의 대상이 되는 기관과 업무의 현황을 파악하는 것이다.

「공공감사기준」(제17조)에 규정된 감사준비에 관한 내용을 보면 감사대상기관의 기능, 조직, 예산 등 일반현황과 주요 업무계획, 국회논의사항 등에 관한 자료를 수집·분석하여 감사대상기관 등에서 발생가능한 위법·부당행위나 예산낭비 등의 유형과 그 결과를 파악하고 대안을 탐색하는 등 감사준비를 충실히 하도록 되어 있다.

---

1) 감사실시계획서의 형식과 구성은 감사의 유형과 감사대상업무의 특성 등에 따라 차이가 있을 수 있다. 일반적으로 위와 같은 사항들을 포함하여 작성한다.

2.2. 감사의 유형과 감사대상 파악

위와 같은 업무현황 파악은 기관에 대한 종합감사(또는 일반감사)를 하는 경우에 일반적으로 하는 내용이다. 주요 정책이나 사업에 대하여 성과감사를 하는 경우는 해당 사업의 목적과 추진체계(사업 주체, 법령, 조직, 권한, 예산 등), 주요 사업 내용, 집행과정과 성과 등을 거시적인 관점에서 파악한다.

감사의 유형별로 감사대상업무 파악 등 감사를 실시하는 구체적인 방법은 "제3장 감사접근방법"에서 다룬다.

감사 준비 (공공감사기준 제17조 제1항)

감사인은 감사실시에 앞서 다음 각 호의 자료를 수집·분석하여 수감기관등에서 발생 가능한 불법행위, 오류 또는 낭비등의 성격·유형과 그것이 초래할 결과를 파악하고 대안을 탐색하는 등 사전준비를 충실히 하여야 한다.

1. 관련 법령	2. 기능·조직·인력·예산등 일반 현황
3. 주요업무계획과 심사분석결과	4. 성과계획과 성과보고서
5. 언론보도사항등 여론	6. 국회 및 지방의회 논의사항
7. 서면감사자료, 민원 및 정보사항등 감사자료의 분석결과	8. 선행감사결과 처분(요구)의 집행상황
9. 기타 감사와 관련하여 필요한 자료	

감사대상 기관 및 업무에 대한 파악은 감사자료 수집·분석 활동과 병행하여 이루어지므로 아래 "3. 감사자료 및 정보 수집"과 함께 살펴본다.

3. 감사자료 및 정보 수집

감사를 준비하는 과정에서 수행하는 중요한 과업의 하나는 감사를 실시하는 데 필요한 자료와 정보를 수집하는 것이다.

감사자료와 정보의 수집에 대하여 "수집하는 자료의 유형"과 "수집하는 대상"(출처, source)과 "수집하는 방법"으로 나누어 살펴본다.

3.1. 수집하는 자료의 유형

감사준비 과정에서 수집하는 감사자료 및 정보는 감사대상업무를 파악하고 감사방향 수립에 참고하는 등 감사를 실시하는 데 필요한 제반 자료를 말한다.

구체적으로 말하면 ① '감사대상 기관 및 업무의 현황'을 파악하는 데 필요한 자료, ② '감사대상 업무의 처리'에 관한 자료, ③ 감사대상 업무의 적정성 여부를 검증하고 위법·부당 여부를 판단하는 데 필요한 '대사(對査)자료', ④ 감사대상업무가 위법·부당하게 수행된 것으로 의심되는 '감사정보' 등이다.

3.1.1. 기관·업무 현황 자료

감사대상 기관 및 업무의 현황을 파악하는 데 필요한 자료는 감사대상기관의 기능, 인력, 조직 등 일반현황과 예산 및 결산, 주요 업무계획, 심사분석 결과, 성과계획서와 성과보고서 등이다.

3.1.2. 업무처리 관련 자료

감사대상 기관과 업무에 대한 기본적인 파악이 되면 인사업무, 계약업무, 인허가업무 등 개별 감사대상 업무의 처리와 관련된 자료를 수집한다.

감사대상 업무의 처리와 관련된 자료는 감사대상 업무를 처리한 "현황"과 구체적인 "명세"(예컨대 '특별채용 현황', '계약체결현황 및 명세', '건축허가현황 및 명세' 등을 말한다) 자료, 해당 업무와 관련된 법령과 지침, 매뉴얼 등이다.

위와 같은 자료는 감사를 실시하는 데 반드시 필요한 자료이므로 감사 착수 이전에 자료를 제출받아 검토한다. 다만, 실제 업무를 처리한 개별 업무처리문서 등의 자료는 가급적 감사실시 과정에서 제출받아 검토하되 감사준비를 위해 필요한 경우 표본으로 일부 자료를 제출받아 검토한다.

3.2.3. 대사자료

다음으로 감사대상 업무의 적정성 여부를 검증하고 위법·부당 여부를 판단하는데 필요한 대사(對査)자료를 수집한다.

대사자료는 감사대상 업무의 처리와 직접 관련된 자료는 아니지만 업무의 적정성 여부를 검증하고 위법·부당 여부를 확인하는 데 필요한 자료를 말한다.

예컨대 경력직원 채용업무를 감사하는 경우 채용대상자의 경력의 진위여부를 확인할 수 있는 '건강보험공단의 건강보험자격득실확인자료', 공무원의 영리행위 종사 여부를 감사하는 경우 '국세청의 기타소득자료' 등이 각각 대사자료가 될 수 있다.

대사자료는 감사대상기관이 보유하고 있는 자료가 될 수도 있으나 대부분의 경우 감사대상기관 외의 다른 기관이 보유하고 있는 자료인 경우가 많다. 이러한 경우 감사를 준비하는 기간 중에 관련기관에 필요한 자료의 제출을 요구하고 감사 착수 전에 자료를 확보하여 분석하는 것이 바람직하다.

감사를 실시하는 주된 목적의 하나는 감사대상 업무가 적정하게 수행되었는지를 검증하는 것이고, 이러한 검증은 일차적으로 업무를 처리한 문서 등을 검토하는 방법으로 하지만 업무처리문서 등을 검토하는 방법만으로는 위법·부당 여부를 제대로 검증하기 어려운 경우가 많이 있다(예컨대, 경력자 채용업무에 있어 응시자가 경력증명서를 사실과 다르게 제출한 경우 업무관련 문서에 대한 검토만으로는 그 진위를 확인하기 어렵다).

따라서 감사대상 업무의 적정성 여부를 제대로 검증하기 위하여는 업무처리 관련 서류의 검토 외에 다양한 방법으로 그 적정성 여부를 검토할 필요가 있다. 이러한 점에서 감사대상업무의 위법·부당 여부를 확인할 수 있는 각종 대사자료를 감사준비 기간에 수집하는 것이 중요하다.

'대사자료' 수집에 관한 구체적인 방법은 "제2편 제3장 제3절 4.4. 자료 대사" 에서 살펴본다.

3.1.4. 감사 정보

다음으로 감사대상업무가 위법·부당하게 수행된 것으로 의심되는 각종 감사정보를 수집한다.

공공감사기구에 접수된 감사제보나 감사대상 기관과 관련되는 국회 및 지방의회 논의사항과 언론보도사항, 그리고 감사대상기관에 대한 민원사항, 감사대상기관과 유사한 기관에 대한 감사결과, 이해 관계자의 진술 등이 해당된다.

감사정보는 반드시 부정·비리와 관련된 사항만을 의미하는 것은 아니다. 행정 개선감사나 성과감사 등에 있어서는 사업 수행의 비효율이나 개선에 필요한 내용도 유용한 감사정보가 될 수 있으므로 필요한 경우 전문연구기관 또는 전문가의 연구자료나 논문, 의견 등을 수집한다.

— Ref.9 감사자료·정보 수집 유형 (종합)

1. 감사대상 기관 및 업무 파악에 필요한 자료: 조직·인력·기능 현황, 주요 업무계획, 예산서·결산서, 성과계획서 및 보고서 등

2. 개별 감사대상업무 관련 자료: 개별 업무의 처리현황 및 명세(예: 계약체결현황 및 명세, 건축허가현황 및 명세 등), 관련법령, 매뉴얼 등

3. 감사대상업무의 위법·부당 여부를 확인하는 데 필요한 대사자료(예: 경력직원채용 업무가 감사대상인 경우 경력의 진위여부를 확인할 수 있는 '건강보험자격득실확인 자료', 공무원의 영리행위 종사 여부를 감사하는 경우 '국세청의 기타소득자료' 등)

4. 감사 정보: 감사제보, 과거 및 유사 기관에 대한 감사결과, 관련 문헌 및 연구결과, 국회·지방의회 논의사항, 언론보도사항, 이해 관계자의 진술 등

3.2. 자료를 수집하는 대상(출처, source)

감사자료 또는 정보를 수집하는 대상기관이나 원천(source)은 ① 감사대상기관과 ② 감사대상기관 외의 관련기관이나 관계자로 구분할 수 있다. 그리고 최근에는 ③ 공공부문이나 민간이 보유하고 있는 이른바 "빅데이터(big data)"를 수집·분석하는 일이 중요해지고 있다.

3.2.1. 감사대상기관의 자료

감사대상기관에 대하여는 주로 업무파악에 필요한 자료 또는 업무처리와 관련된 자료를 수집한다. 경우에 따라서는 감사대상 기관(감사대상 업무 수행 부서 또는 다른 부서)이 보유하고 있는 자료를 대사자료로 수집·활용하거나 감사대상기관의 관계자 등을 통해 감사정보를 수집하기도 한다.

3.2.2. 감사대상 외의 관련기관의 자료

감사대상기관 외의 관련기관이나 관계자에 대하여는 주로 감사에 필요한 대사자료나 감사정보를 수집하고, 감사 수행에 참고가 되는 자료를 수집한다.

감사대상기관 외에 다른 정부기관이나 공공기관, 전문연구기관 등이 보유하고 있는 자료나 전문가 및 이해관계인 등의 의견이나 진술이 유용한 감사자료나 정보가 될 수 있다.

3.2.3. 빅데이터

최근들어 디지털 기술(digital technology)이 고도화되고 행정정보화가 진전됨에 따라 다양한 소스(source)를 통해 정부기관이나 민간이 보유하고 있는 "빅데이터(big data)[2]"에 접근할 수 있다.

감사원은 감사에 필요한 경우 감사자료분석시스템을 통해 국가 및 지방자치단체, 공공기관의 재정·회계 정보(예산 집행, 계약체결, 경비 지출, 세입 징수, 연구비 관리, 국공유재산 관리 등에 관한 정보)나 지방행정 정보(인허가, 보건, 환경 등에 관한 정보) 등에 접근할 수 있으며, 2022년 12월 기준 「공공데이터의 제공 및 이용 활성화에 관한 법률」에 따라 등록된 공공데이터 목록 건수만 하더라도 16개 카테고리, 74,532건에 이르고 있다.[3]

이에 따라 감사에 활용가능한 자료나 정보의 원천이 대폭 확대되고 있고, 빅데이터나 디지털 기술을 활용하여 감사에 필요한 자료를 수집하고 분석(digital data_matching, digital data_mining 등)하는 일이 보다 중요해지고 있다.[4]

---

2) 빅데이터(Big Data)의 특징으로는 크기(Volume), 속도(Velocity), 다양성(Variety)을 들 수 있다. 크기는 일반적으로 수십 테라 바이트 혹은 수십 페타바이트 이상 규모의 데이터 속성을 의미한다. 속도는 대용량의 데이터를 빠르게 처리하고 분석할 수 있는 속성이다. 융복합 환경에서 디지털 데이터는 매우 빠른 속도로 생산되므로 이를 실시간으로 저장, 유통, 수집, 분석처리가 가능한 성능을 의미한다. (국립중앙과학관-빅데이터)

3) 공공데이터포털, https://www.data.go.kr/tcs/dss/selectDataSetList.do

4) 디지털 기술과 자료를 활용하여 감사자료를 수집·분석하는 등 디지털 감사(digital audit)에 관한 자세한 내용은 "제2편 제3장 제7절 디지털 감사"를 참조하기 바란다.

3.3. 수집 방법

3.3.1. 개별 감사사항에 대한 자료 수집

「감사원 감사사무 처리규칙」(제12조)에 따르면 감사원은 감사의 실시에 앞서 감사대상의 선정, 감사대상과 관련된 자료와 정보의 수집, 수집된 자료와 정보의 확인 등을 위하여 현지에 출장하여 감사자료수집 또는 예비조사를 실시할 수 있도록 되어 있고, 그 과정에서 관계자 등에 대해 출석·답변의 요구나 증명서 등의 제출 요구, 관계기관 등의 협조 요구 등을 할 수 있도록 되어 있다.

그리고 「공공감사기준」(제17조 제3항)에 따르면 감사계획의 수립 또는 감사의 실시에 앞서 감사대상 선정의 적정성, 문제점의 도출 및 취약분야의 확인 등을 위하여 감사대상과 관련된 자료 및 정보의 수집과 확인, 감사대상의 일부에 대한 표본조사 등을 위해 예비조사를 실시할 수 있도록 되어 있다.

따라서 감사원 등 공공감사기구는 위와 같이 감사대상기관 또는 감사대상기관 외의 자에 대하여 자료제출 요구나 출석·답변 요구 등 감사권한과 예비조사 등 감사방법을 적절하게 활용하여 감사에 필요한 자료와 정보를 수집할 수 있다.

감사자료 수집 및 예비조사 (「감사원 감사사무 처리규칙」 제12조)

① 감사원은 감사의 실시에 앞서 감사대상의 선정, 감사대상과 관련된 자료와 정보의 수집, 수집된 자료와 정보의 확인 등을 위하여 현지에 출장하여 감사자료수집 또는 예비조사를 실시할 수 있다.

② 제1항에 따른 감사자료수집 또는 예비조사를 실시하면서 필요한 경우에는 제16조에 따른 출석답변의 요구, 제21조에 따른 증명서 등의 제출 요구 및 제31조에 따른 관계기관 등의 협조 요구 등을 할 수 있다.

3.3.2. 일상적인 자료 수집 및 감사대상 모니터링

위와 같이 감사원은 개별 감사사항과 관련하여 감사자료를 수집하는 외에 평상시에 감사대상기관으로부터 감사원법 등에 규정된 서류를 제출받거나 모니터링 등을 실시하여 감사자료를 수집하고 필요한 경우 감사에 활용할 수 있다.

감사원이 일상적으로 또는 모니터링 과정에서 제출받는 자료는 회계집행과 관련된 계산서, 증거서류, 조서 등과 주요 정책 및 사업의 추진상황에 관한 자료 등이며, 그 외에 감사제보나 민원사항 등을 수집하여 감사자료로 활용할 수 있다.

감사자료 수집·활용 관련 법령

감사원법 제25조(계산서 등의 제출) ① 감사원의 회계검사 및 직무감찰(이하 "감사"라 한다)을 받는 자는 감사원규칙으로 정하는 바에 따라 계산서·증거서류·조서 및 그 밖의 자료를 감사원에 제출(「정보통신망 이용촉진 및 정보보호 등에 관한 법률」에 따른 정보통신망을 이용한 제출을 포함한다. 이하 같다)하여야 한다. ("이하 생략")

「감사원 감사사무 처리규칙」 제7조(자료의 제출) ① 감사대상 기관은 법 제25조에 따라 계산서, 증거서류, 조서 및 그 밖의 자료를 이 규칙 제22조에서 정한 방법으로 감사원에 제출(「정보통신망 이용촉진 및 정보보호 등에 관한 법률」에 따른 정보통신망을 이용한 제출을 포함한다. 이하 같다)하여야 한다.
② 감사원은 제1항에 따라 감사에 필요한 경우 다음 각 호의 자료를 감사대상 기관으로부터 제출받을 수 있다. 이 경우 제출자료의 종류, 제출시기 등에 관한 세부 사항은 감사원이 필요하다고 인정하는 때에 감사대상 기관에 통보(「정보통신망 이용촉진 및 정보보호 등에 관한 법률」에 따른 정보통신망을 이용한 통보를 포함한다. 이하 같다)한다.
1. 조직·인사·예산·결산 등에 관한 주요 현황자료
2. 업무계획 및 추진현황, 주요 업무 관련 규정 및 처리기준
3. 주요 정책 및 사업의 추진상황에 관한 자료
4. 감사대상 기관이 운용 중인 정보시스템(정보의 수집·가공·저장·검색·송신·수신 및 그 활용과 관련되는 기기와 소프트웨어의 조직화된 체계를 말한다)에 디지털 형태로 저장되어 있는 디지털 자료
5. 그 밖에 감사에 필요하다고 인정되는 자료 ("이하 생략")

제9조(자료의 활용) 감사원은 제7조 및 제8조제2항에 따라 감사대상 기관 등으로부터 제출받은 자료를 감사자료로 활용할 수 있다.

제10조(감사정보의 수집) ① 감사원은 감사대상에 대하여 감사에 필요한 정보(이하 "감사정보"라 한다)를 수집할 수 있다.
② 감사원은 「전자정부법」 제9조에 따른 전자민원창구, 명예상담관 및 지역사무소 민원팀 운영 등을 통해 수집된 감사제보 등을 감사정보나 감사자료로 활용할 수 있다.

감사원은 위와 같이 제출받은 자료에 의하여 감사대상 기관의 조직·인사·예결산 등의 주요 현황을 수시로 파악하고, 주요 정책 및 사업의 추진 상황 등을 상시 점검·분석하는 등 감사대상기관 및 업무를 모니터링하여 문제발생의 소지가 있는 기관, 사업 또는 취약분야 등을 발굴하고 있다.

그리고 모니터링으로 파악된 내용은 감사자료로 활용하거나 필요한 경우 연간 감사계획 수립에 반영하여 감사를 실시한다.

감사대상 모니터링 (「감사원 감사사무 처리규칙」 제8조)

① 감사원은 제7조에 따라 제출받은 자료에 의하여 감사대상 기관의 조직·인사·예결산 등의 주요 현황을 수시로 파악하고 주요 정책 및 사업의 추진 상황 등을 상시 점검·분석 (이하 "모니터링"이라 한다)하여 문제발생의 소지가 있는 기관, 사업 또는 취약분야 등을 조기에 발견할 수 있도록 노력한다.

② 감사원은 제1항에 따른 모니터링을 위하여 필요한 경우에는 감사대상 기관 등에 출장하여 관계자 등을 면담하거나 필요한 자료를 요구할 수 있다. 자료는 서면으로 요구하는 것을 원칙으로 하되, 관계자 등과 협의하여 임의로 제출받을 수 있다.

③ 제1항에 따른 모니터링 결과 감사를 실시할 필요가 있을 때에는 제11조에 따른 연간감사계획에 반영하거나 제14조에 따른 감사실시계획을 수립하여 감사를 실시한다. ("이하 생략")

3.4. 자료수집시 유의사항

감사자료 수집을 위해 자료제출을 요구할 때는 제출할 자료와 제출기한, 제출할 사람을 적시하여 요구하고, 감사대상기관이 작성하여 제출하는 자료는 자료작성 기준과 방법 등을 구체적으로 기술하여 서면으로 요구하는 것이 바람직하다.

감사자료가 의도와 다르게 작성된 경우 자료를 보완하고 다시 제출받게 되면 감사대상기관에 불필요한 부담을 주고, 감사기간이 낭비되기 때문이다.

감사자료의 양이 많거나 작성에 장시간이 소요되는 경우 자료작성 기간을 감안하여 반드시 감사준비 단계에서 자료제출 요구를 하고 적정한 기간 내에 자료를 제출받을 수 있도록 제출기관에 협조를 구한다.

그리고, 업무 처리현황과 명세자료를 요구할 때는 감사범위에 해당하는 모든 업무처리 목록이 수록되도록 하고 누락되지 않도록 하여야 한다.

한편, 감사준비 기간에는 개별 업무처리에 관한 자료(예컨대, 특정한 계약체결과 관련되는 문서, 예산집행 증빙서류 등)의 요구는 자제하는 것이 바람직하다.

개별 업무처리에 관한 서류 등은 감사실시 과정에서 제출받아 검토하는 것이 원칙이고, 감사준비 기간부터 개별업무처리 자료를 제출받아 검토하면 감사대상 기관에 과도한 부담을 줄 수 있다. 다만, 예비조사를 하면서 취약 분야와 예상 문제점 등을 발굴하기 위해 감사대상 업무의 일부에 대하여 표본조사 등을 하는 것은 가능하다.

증명서 등 자료제출요구 (「감사원 감사사무 처리규칙」 제21조)

① 법 제27조제1항제2호에 따라 증명서, 변명서, 그 밖의 관계 문서 및 장부, 물품 등의 제출을 요구하는 경우에는 제출할 사람의 성명, 제출할 자료, 제출기한 등을 적은 자료 제출요구서를 발부하여야 한다. 다만, 긴급하거나 감사 착수 이후 감사대상 기관에서 감사업무를 수행하는 경우 등에는 구두로 자료제출을 요구할 수 있다.

② 제1항 단서에 따라 구두로 자료제출을 요구하는 경우에도 그 요구를 받은 관계자 등이 요청하는 경우에는 자료제출요구서를 발부하여야 한다. ("이하 생략")

• 참고: 「자료제출요구서」 기재 사항 (예시)

1. 제출할 자료 (자료명 또는 자료내용)   2. 제출기한
3. 제출자   4. 자료 제출처 및 방법
5. 자료작성 기준, 방법   6. 자료제출요구자 직·성명 (서명)

---

4. 전문가 자문 및 예비조사 등

감사를 준비하는 과정에서 감사방향을 수립하는 데 참고하거나 감사자료를 수집하기 위한 목적으로 또는 감사대상업무 중 취약분야나 예상문제점을 발굴하기 위한 목적으로 필요한 경우 전문가 자문이나 설문조사, 예비조사 등을 할 수 있다.

4.1. 전문가 자문

감사사항 또는 감사의 대상이 되는 업무가 전문적이거나 복잡한 경우 감사준비 과정에서 해당 분야 전문가의 자문을 받아 감사방향에 반영하거나 감사실시에 참고한다.

감사실시 및 감사결과 처리 과정에서도 전문가의 자문을 받을 필요가 있는 경우가 있지만 감사사항의 성격상 전문가 자문이 필요한 경우 미리 감사준비 과정에서 받는 것이 효율적이다.

전문가의 자문을 받을 때는 감사의 대상이 되는 사업이나 업무, 감사의 목적 등을 설명하고 감사를 실시할 때 참고할 필요가 있는 내용에 관하여 자문을 구한다.

성과감사 등을 준비하는 경우 전문가의 자문을 미리 받아 감사방향 수립 등에 반영하는 것이 바람직하다. 그리고 자문 수준을 넘어 고도의 전문적인 분석(경제성 분석, 환경영향 분석, 통계분석 등)이 필요한 경우에는 감사준비 기간에 전문연구기관 등에 용역을 의뢰하여 그 결과를 감사에 활용할 수 있도록 한다.

4.2. 설문조사(survey)

감사의 내용과 관련하여 다수의 사람을 대상으로 설문조사를 할 필요가 있는 경우가 있다. 감사대상 사업에 대해 여러 기관에 근무하는 업무 관계자나 사업의 수혜자 등을 대상으로 사업에 대한 인지도나 만족도, 문제점과 개선 대안에 대한 의견 등을 조사할 필요가 있는 경우 설문조사가 효과적이다.

설문조사는 설문지 작성과 설문 실시, 설문결과 분석·정리 등에 상당한 기간이 소요되므로 감사준비 기간에 실시하는 것이 효율적이다.

설문조사는 내용이 단순하고 소수의 사람을 대상으로 하는 경우 감사팀이 직접 할 수도 있으나 내용이 복잡하고 대상자가 많은 경우 그리고 조사의 객관성이 요구되는 경우 전문기관에 용역을 맡기는 것이 효과적이다.

4.3. 예비조사 등

감사를 실시하기에 앞서 감사대상 선정이 적정한지를 검토하고, 감사대상 업무의 문제점을 도출하거나 취약분야를 확인하기 위해 필요한 경우 예비조사를 할 수 있다(「감사원 감사사무 처리규칙」 제12조).

예비조사에서는 감사대상과 관련된 자료 및 정보를 수집·확인하고 감사대상의 일부에 대한 표본조사를 하거나 현장 확인, 관련자 면담 등을 실시한다.

예비조사를 통해 감사대상 업무의 취약 분야, 예상 문제점 등을 파악하고 감사 방향과 중점을 구체화한다.

5. 감사 중점분야 설정 및 감사접근방법 설계

감사대상 업무에 대한 파악, 감사자료 및 감사정보 수집이 어느 정도 진행되면 감사자료 등을 분석하여 위법·부당사항이 발생할 위험이 높은 취약 분야(high_risk area)를 위주로 감사를 중점적으로 실시할 분야를 구체화한다.

그리고 감사중점 분야별로 예상되는 문제점을 정리하고, 문제점을 확인하기 위한 감사접근방법을 설계한다. 감사 준비과정에서 감사접근방법을 체계적으로 설계하여야 감사실시 과정에서 감사를 차질 없이 진행할 수 있다.

감사접근방법은 감사 수행과정에서 감사대상 업무의 위법·부당 여부를 검증하고 문제발생 원인과 책임소재를 규명하며, 조치방향을 정하는 등 일련의 방법을 말한다. 감사접근방법 설계는 감사 준비과정의 핵심적인 과업으로 감사 준비기간에 하는 감사접근방법 설계는 감사대상 업무 중에서 위법·부당사항을 추출하고 확인할 수 있는 방법을 마련하는 데 초점을 둔다.

합법성감사의 경우 위법·부당 여부를 확인하는 데 필요한 자료, 증명 등의 소재와 확보 방법 등을 파악하는 것이 중요하다. 위법·부당 여부를 확인하는 방법은 업무처리 문서를 검토하는 것이 가장 일반적이고, 그밖에 대사자료나 증명서, 관계인의 진술, 현장 검증과 시험 등 다양한 방법을 사용할 수 있다. 따라서 감사대상업무의 특성에 맞게 효과적인 감사접근방법을 설계한다.

행정개선감사나 성과감사의 경우 제도나 정책, 사업 등의 모순점이나 비효율, 예산낭비 요인 등을 분석하거나 개선방안을 도출할 수 있는 방법을 설계한다.

감사접근방법은 감사실무 능력에 있어 중요한 부분으로 "제2편 제3장 감사접근방법"에서 감사의 유형별로 나누어 종합적으로 살펴본다

─ Ref.10 감사접근방법 설계 (합법성감사, 예시)

1. 감사대상: 경력직원 신규채용 업무

2. 점검사항: ① 응시자 경력점수 산정의 적정성 점검, ② 응시자 경력의 진위 확인

3. 감사접근방법

① 응시자 경력점수 산정의 적정성 점검

• 감사자료: 응시자 제출서류(응시원서, 경력증명서 등), 채용기관의 관련 서류(채용계획, 공고, 경력점수 산정기준, 업무처리 문서 등)

• 점검방법: 경력점수 산정기준에 따라 응시자별로 점수를 재산정하여 적정 여부 확인

② 응시자 경력의 진위 확인

• 감사자료: 응시자 제출서류(경력사항 및 증명서 등), 대사자료(건강보험공단 건강보험가입이력 자료 등)

• 확인방법: 응시자 경력사항과 건강보험가입이력 자료를 대사하여 일치 여부 확인

---

6. 「감사실시계획」 수립[5]

6.1. 의의

「감사실시계획」 수립은 연간감사계획에 따라 정해진 각 감사사항에 대하여 무엇을, 누가, 어떻게 감사할 것인지 감사실시에 필요한 구체적인 실행계획(action plan)을 수립하는 것이다.

감사실시계획 수립은 감사를 준비하는 활동의 일환으로 감사 준비를 통해 파악된 내용을 반영하여 감사 목적과 대상, 범위 등을 구체적으로 정하고, 감사기간과 인력(인원 및 감사업무 분장)을 편성한다.

감사계획 수립 관련 법령

「감사원 감사사무 처리규칙」 제14조(감사실시계획의 수립) ① 감사원은 감사를 실시하기 위하여 감사의 목적·종류·대상·인원 및 기간 등이 포함된 감사실시계획을 수립한다. ("이하 생략")

「공공감사기준」 제18조 (감사계획의 수립) ① 감사인은 감사를 체계적이고 효과적으로 수행하기 위하여 감사를 실시하기 전에 제17조의 규정에 의하여 준비된 자료를 토대로 다음 각 호의 사항을 포함한 감사계획을 수립하여야 한다. ("이하 생략")[6]

1. 감사의 목적과 그 우선순위
2. 감사의 범위
3. 감사기간과 인원
4. 감사임무의 분장
5. 감사에 소요될 예산
6. 감사의 준거
7. 감사위험과 중요성
8. 감사의 중점, 예상 문제점 및 착안사항
9. 관리통제제도의 평가방법
10. 감사절차와 감사기법
11. 감사보고서 수록사항 ("이하 생략")

---

5) '감사실시계획'은 개별 감사사항에 대한 감사계획이라는 점에서 '개별감사계획'이라고도 한다. 이 책에서는 「감사원 감사사무 처리규칙」에 따라 '감사실시계획'이라고 한다.

6) 공공감사기준의 감사계획 수립 항목을 참고하되, 감사의 유형과 감사대상 업무의 특성 등을 고려하여 적절하게 감사실시계획을 수립한다.

감사를 준비하는 과정에서 감사실시계획을 수립하는 외에 중요한 감사사항인 경우 감사를 준비하는 초기에 '감사기본계획'을 수립하기도 한다. 감사기본계획은 감사 준비와 실시에 관한 기본적인 계획을 수립하는 것으로 감사의 방향과 투입 인력 규모, 감사운영 일정, 감사자료 수집 방법, 감사 준비에 관한 업무 분장 등을 수립하는 것이다. 중요한 감사, 대규모 감사, 난이도가 높은 감사 등의 경우 감사를 준비하는 초기에 감사기본계획을 수립하여 감사를 체계적으로 준비하는 것이 바람직하다.

6.2. 감사실시계획서 작성

감사실시계획서는 감사준비를 통해 파악된 제반 내용을 반영하여 작성하며, 감사를 수행하는 데 필요한 사항과 감사운영에 필요한 행정사항으로 구성된다.

감사실시에 필요한 사항으로는 감사목적, 감사대상 업무·범위, 감사중점, 감사 접근방법 등과 그밖에 감사대상업무 현황, 감사자료와 감사정보 등을 수록한다. 그리고 행정사항은 감사기간, 인원 및 감사업무분장, 처리일정 등을 수록한다.

감사실시계획서의 일반적인 구성은 아래와 같다.

표 2-7_ 감사실시계획서 구성

목차	주요 내용
1. 감사계획 개요	• 감사목적, 감사대상 및 범위 • 감사인원(감사업무 분장), 감사기간 등
2. 감사대상 기관 및 업무 현황	• 조직·인원·예산 등 현황 • 주요 사업 수행 체계, 관련법령 등
3. 감사중점 실시 분야	• 감사중점 분야 • 감사 접근방법 및 예상 문제점
4. 감사자료 및 정보	• 감사제보, 과거 및 유사기관 감사결과 • 국회논의사항, 언론보도사항 등
5. 기타	• 전문가 자문, 예비조사 결과 • 처리 일정, 행정사항 등

> **── Ref.11** 「감사실시계획서」의 기능: 감사준비·실시 플랜, 소통의 도구, 교육자료
>
> 공공부문에서 작성하는 각종 업무계획서는 추진하고자 하는 업무내용과 추진 방향, 일정 등을 담는다. 업무추진 계획과 방법에 관한 서류이면서 한편으로 그 보고서를 통해 업무추진 관련자 간에 업무에 관한 소통과 정보를 공유하는 수단이 된다.
>
> 간단하고 단순한 업무는 그 추진방법 등에 관하여 구두로 소통할 수도 있지만 중요하고 복잡한 업무는 구두로 하는 소통으로는 한계가 있다. 따라서 업무추진에 관한 제반 사항을 정리한 업무계획서의 내용을 공유하면서 업무관련자 상호 간의 소통을 통해 명확하게 업무계획을 수립할 수 있다.
>
> 감사실시계획서는 감사준비 과정에서 파악된 제반 내용을 수록하고 있으므로 감사 관련자 상호 간에 감사실시에 관한 계획을 소통하고 정보를 공유할 수 있는 수단이 되며, 감사착수 전에 감사팀 구성원을 대상으로 실시하는 감사교육의 주된 교육자료가 된다.

6.3. 감사단 편성 및 사무분장

감사 인력은 감사대상 업무와 분야의 특성과 감사관의 전문성 등을 고려하여 편성하고 개인별로 적합한 감사업무를 분장한다. 감사업무 분장을 Team이나 조(組)단위로 편성할 때에는 각 감사팀 구성원의 감사역량이 상호보완되어 시너지(synergy)를 낼 수 있도록 편성하는 것이 바람직하다.

6.4. 감사 기간 및 처리 일정

감사기간은 감사사항의 특성(업무 난이도, 범위 및 업무량 등), 감사인력 규모 등을 고려하여 적정하게 감사기간을 정한다.

감사일정을 효율적으로 관리할 수 있도록 감사실시계획을 수립할 때 감사 실시 및 감사결과 처리에 관한 추진일정을 수립하고, 감사단 구성원과 공유하는 것이 바람직하다.

─ Ref.12   미국 연방감사원(GAO)의 감사실시계획 설계(design matrix)

미국 연방감사원(GAO)은 개별 감사사항에 대한 감사실시계획의 충실도를 높이기 위해 '디자인 매트릭스'(design matrix)라는 방법론을 사용하고 있다. 디자인 매트릭스는 감사목적, 감사질문, 접근방법, 감사증거 등 7개 항목으로 구성되어 있으며, 감사에서 고려해야 할 구성 항목에 대한 논리적인 사고의 틀을 제공하므로 감사를 준비하고, 감사 실시계획을 수립하는 데 참고가 될 수 있다.

'감사 질문'(audit question)은 감사의 중점이나 가설을 의미하며, 감사를 통해 해답을 찾고자 하는 것을 질문 형식으로 전환한 것이다. '접근방법'은 감사목적을 달성하기 위한 기본적인 실행 틀로서 판단기준, 현황, 원인, 결론 도출에 이르는 논리적인 방법이다.

구성항목	검토사항
감사목적 (Audit objective)	• 감사방향　　　• 감사분야　　　• 조사대상
감사 질문 (Researchable Questions)	• 명확하고 구체적인 질문. 측정가능한 질문 • 공정하고 객관적인 질문. 정책·정치적 중립적 질문 • 주어진 시간, 자원 제약하에서 실행 가능한 질문 • 필요한 데이터 확보 여부를 파악한 실천력 있는 질문
접근방법 (Approach Method)	• 판단기준, 현황, 원인, 영향 • 결론, 권고 또는 처리 방향
감사증거 (Audit evidence)	• 감사 질문에 대답하기 위해 필요한 정보 • 감사 질문이 구체적일수록 필요정보를 규명하기 쉬움
감사 방법론 (Audit Methodology)	• 필요한 정보를 어떻게 수집할 것인가? • 제약된 정보를 어떻게 극복해야 하는가? • 실무적으로 적용 가능한 방법론인가? • 입증가능한 방법론인가?
예측 결과 (Anticipated Findings)	• 예상되는 문제점은 무엇인가? • 예상되는 감사결론은 무엇인가? • 감사를 통해 예상되는 처분결과는 무엇인가?
감사수행시 위험요인 (Risks to the Execution)	• 감사처분요구 결과를 시행할 경우 위험요소는 무엇인가? • 감사결과에 따른 사회·경제적 파급효과는 무엇인가? • 정치적인 위험요인은 무엇인가?

자료: 이용택·오창석(2016), "선진적인 감사계획 설계기법의 이해와 활용", 일부 수정

감사 실시

1. 의의

감사실시계획을 수립하고 감사 준비가 완료되면 감사 실시과정에 들어간다.

공공감사는 공공행정의 적정성 여부를 검증하고 문제를 바로잡는 활동이라고 할 수 있다. 이와 같이 공공감사 본연의 기능인 공공행정의 적정성 여부를 검증하는 활동을 하는 것이 감사실시 과정이므로 감사 수행과정에 있어 가장 핵심적인 일을 하는 과정이라 할 수 있다.

감사 실시과정에서는 감사원법 등 공공감사 법령에 규정된 감사권한과 수단을 사용하여 감사대상 업무가 적정하게 수행되었는지를 검증한다. 그리고 위법·부당 사항에 대하여 그 원인과 책임소재를 규명하고, 문제를 해결하거나 바로 잡을 수 있는 조치방향을 결정하며, 위 제반 사실을 증명할 수 있는 감사증거를 확보하는 업무를 수행한다.

── Ref.13 감사실시 과정의 주요 과업

- 감사대상 업무의 적정성 여부(위법·부당 여부) 검증 및 위법·부당사항 확인
- 위법·부당사항의 발생 원인과 결과, 책임소재 규명, 개선 대안 모색
- 위법·부당사항에 대한 조치방향 결정
- 감사증거 수집

한편, 감사실시 과정은 감사대상자에 대하여 법령에 규정된 감사권한을 행사하여 감사업무를 수행하는 과정이므로 법령에 정해진 감사의 절차를 준수하여야 한다.

따라서 감사원법 등에 규정된 감사절차와 감사권한 및 수단 등을 먼저 살펴보고, 감사실시 과정에서 수행하는 각각의 과업에 대하여 차례로 살펴본다.

다만, 감사대상업무를 검증하고 위법·부당사항의 발생원인과 책임소재를 규명하여 조치방향을 결정하는 일련의 과정과 방법은 감사접근방법의 핵심적인 내용으로서 이에 관하여는 종합적이고 자세한 설명이 필요하므로 "제2편 제3장 감사접근방법"에서 구체적으로 살펴보기로 하고 여기서는 개괄적인 내용만 살펴본다.

2. 감사실시 관련 절차

감사실시 과정에서는 감사원법 등 법령에 규정된 감사권한을 사용하여 감사를 실시하므로 법령에 규정된 제반 절차를 준수하여야 한다.

감사실시 과정의 절차에 대하여 감사원법은 실지감사를 실시하는 근거와 특정사건에 대한 조사개시통보 등에 대하여만 규정하고 있고, 구체적인 절차에 대하여는 대부분 감사원규칙(「감사원 감사사무 처리규칙」등)에서 규정하고 있다.

「감사원 감사사무 처리규칙」에 따르면 실지감사를 하면서 지켜야 하는 절차에는 감사대상기관에 대한 '감사실시 예고'와 '감사실시 통지'가 있고, 감사실시 과정에서 특정사건에 대하여 조사를 개시하거나 종료하는 경우 감사대상기관 등에 대하여 조사대상자를 통보하는 '조사개시통보' 및 '조사종료통보' 등이 있다.

Ref.14 공공감사 절차의 특성

공공감사는 공공부문에 대한 감독기능으로서 정부나 공공기관 등 공공부문을 감사의 대상으로 하고, 감사권한과 수단에 있어서도 체포·구금 등과 같은 수사권한은 인정되지 않으므로 감사절차는 형사사법 절차와는 그 성격에 차이가 있다. 이에 따라 법령에 규정된 감사절차는 형사사법 절차와 같이 엄격하게 규정되어 있지는 않으며, 인권보호 관련 절차보다는 행정상의 필요에 따른 절차 위주로 규정되어 있다.

하지만 최근 들어 공공감사 과정의 인권보호에 관한 절차에 대한 관심이 커지고 있으며, 이에 따라 감사원은 감사과정의 인권침해 소지 방지 등을 위해 「감사권익보호관제도」 등을 시행하는 한편, 문답서 작성시 변호인 참여를 허용하고 근무시간 외 조사를 원칙적으로 금지하는 등 관련 절차를 강화하고 있다.

감사원법과 감사원규칙에 규정된 감사실시와 관련된 절차는 <표 2-8>과 같다.

표 2-8_ 감사실시 관련 절차(법: 감사원법, 규칙: 「감사원 감사사무 처리규칙」)

	절차 (근거)	내용
감사 실시 전	감사실시 예고 (규칙 제13조)	감사 착수 15일 전까지 감사대상 기관의 장에게 감사 실시 예정일자 등을 감사실시 예고통지서로 통지
	실지감사 통지 (규칙 제15조)	감사를 실시하려는 경우 감사대상 기관의 장에게 감사실시통지서로 통지
	적극행정면책제도 안내 (규칙 제37조)	감사실시통지서에 적극행정면책제도에 대한 안내문을 첨부
감사 실시 중	조사개시통보 (법 32조의2, 규칙 제28조 제1항)	특정 사건에 대하여 조사를 개시한 경우 감사대상 기관의 장 등에게 10일 이내 통보
	조사종료통보 (법 32조의2, 규칙 제28조 제2항)	조사개시통보한 사건의 조사를 종료한 경우 감사 대상기관의 장 등에게 10일 이내 통보
	문답서 작성 (규칙 제17조~제20조)	문답서 작성시 출석·답변요구 및 변호인 참여, 근무시간 중 조사 원칙 등
감사 종료 전·후	질문서 발부 (규칙 제27조 제1항)	감사결과 위법·부당하다고 인정되는 사항에 대하여 답변을 요구하는 질문서를 감사대상기관에 발부
	답변서 제출 (규칙 제27조 제2항)	질문서를 받은 기관이 답변서를 제출
	감사소명제도 안내 (규칙 제47조)	질문서를 보낼 때 감사소명제도에 대한 안내문을 질문서에 첨부
	감사마감회의 (감사원 훈령)	감사실시가 종료되는 시점에 감사대상기관 관계자 와 감사결과 검토사항 설명 및 의견수렴
	소위원회 진술기회 부여 (규칙 제48조)	변상판정, 재심의, 징계(파면, 해임, 강등, 정직에 한정)요구사항 관계자 등에게 의견진술기회 부여

위 절차 중 적극행정 면책제도, 감사소명제도 안내, 문답서 작성, 소위원회 관계인 진술기회 부여 등에 대하여는 제1편 제5장 "감사대상자 권익보호" 등에서 자세히 살펴보았으므로 해당부분을 참조하기 바란다. 여기서는 감사실시 예고와 감사실시 통지, 조사개시·종료 통보, 감사마감회의 등 앞에서 설명되지 않는 절차를 위주로 살펴본다.

2.1. 감사실시 예고

「감사원 감사사무 처리규칙」에 따르면 감사원은 연간감사계획에 포함된 감사사항에 대한 감사에 착수하기 15일 전까지 감사대상 기관의 장에게 감사실시에 대한 예고통지를 하도록 되어 있다(제13조).

감사에 착수하기 전에 감사실시 예고 통지를 하도록 한 이유는 감사대상기관에 대하여 감사자료 제출 등에 관한 협조를 구하는 한편, 기관의 업무수행에 참고하도록 하기 위함이다.

예고 없이 감사를 시작하면 기관에서 수행하고 있던 업무의 정상적인 추진에 차질이 발생할 수 있으므로 감사에 대비하여 기관의 업무추진 일정 등을 사전에 조정하는 등 감사로 인한 부담을 줄이고 업무의 차질을 방지하기 위한 취지라고 할 수 있다.

감사실시 예고는 감사실시 예고통지서로 감사실시 예정일자, 감사단장 등을 통지하도록 되어 있다. 다만, 감사예고 통지를 하는 경우 감사목적 달성에 지장을 초래하거나 긴급한 경우 등은 감사예고 통지를 하지 않을 수 있다.

감사실시의 예고 (「감사원 감사사무 처리규칙」 제13조)

감사원은 연간감사계획에 포함된 감사사항에 대한 감사에 착수하기 15일 전까지 감사대상 기관의 장에게 감사실시 예정일자, 감사단장 등을 감사실시 예고통지서로 통지(「정보통신망 이용촉진 및 정보보호 등에 관한 법률」에 따른 정보통신망을 이용한 통지를 포함한다. 이하 같다)한다. 다만, 다음 각 호의 어느 하나에 해당하는 경우에는 예고 통지를 하지 아니할 수 있다.

1. 대인감찰, 국방·안보 등 기밀성이 요구되는 사항 등 감사실시의 예고로 감사목적 달성에 지장을 초래할 것으로 판단되는 경우
2. 감사청구사항에 대하여 감사를 실시하는 경우
3. 그 밖에 긴급한 사유 등으로 예고 통지 없이 바로 감사를 실시하여야 할 필요성이 인정되는 경우

2.2. 감사실시 통지

「감사원 감사사무 처리규칙」에 따르면 감사원은 감사를 실시하려는 경우에는 감사대상 기관의 장에게 감사실시통지서로 통지하도록 되어 있다(규칙 제15조).

다만, 대인감찰, 국방·안보 등 기밀성이 요구되는 사항 등 감사실시의 통지로 감사목적 달성에 지장을 초래할 것으로 판단되는 사항은 통지를 하지 않을 수 있다.

한편, 감사실시 통지를 할 때는 적극행정 면책제도 안내문을 통지서에 첨부하여 제도를 감사대상기관에 안내한다(규칙 제37조).

감사실시의 통지 (「감사원 감사사무 처리규칙」 제15조, 제37조)

제15조(감사실시의 통지) 감사원은 감사를 실시하려는 경우에는 감사대상 기관의 장에게 감사실시통지서로 통지한다. 다만, 대인감찰, 국방·안보 등 기밀성이 요구되는 사항 등 감사실시의 통지로 감사목적 달성에 지장을 초래할 것으로 판단되는 사항은 통지를 하지 아니할 수 있다.

━ Ref.14 감사실시예고통지서 (예시)

감 사 원

수신:

제목: 감사실시 예고

「감사원법」 제26조에 따라 다음과 같이 「○○○○ 추진실태」 관련 감사를 실시할 예정에 있어 미리 알려드리오니 감사자료 제출 등 감사준비에 협조해 주시기 바랍니다.

－ 다 음 －

1. 감사실시 예정일자: 20 . 월경
2. 감사단장(연락처): ○○국·단 제○과장 홍길동

   (02－2011－××××)

※ 감사실시 예정일자 및 감사단장은 변경될 수 있습니다.
※ 자료제출이 지연될 경우 감사기간이 연장될 수 있으니 양지하여 주시기 바랍니다.

감 사 원 장

━ Ref.15 감사실시통지서 (예시)

감 사 원

수신:

제목: 감사실시 통지

「감사원법」 제26조에 따라 다음과 같이 「감사사항명」 관련 실지감사를 실시할 예정임을 통지합니다.

－ 다 음 －

1. 감사일정
   ○ 감사실시기간: 20 . . .부터 20 . . .까지
   (※ 감사자료 제출 지연 등의 경우 기간이 연장될 수 있음)
   ○ 감사마감회의: 20 . . . 예정
2. 감사담당자: 외   인
3. 감사대상 업무: 「감사사항명」
4. 감사중점,
   (※ 감사일정, 감사담당자 등은 변경될 수 있습니다.)
붙임 1. 감사실시 및 결과처리 절차 안내 1부.
     2. 적극행정면책제도 안내문 1부. 끝.

감 사 원 장

2.3. 조사개시 및 종료 통보

2.3.1. 조사개시통보

감사원법에 따르면 감사원은 특정 사건의 조사를 시작한 때와 마친 때에는 10일 이내에 소속 기관의 장에게 해당 사실을 통보하도록 되어 있다(법 제32조의2).

이에 따라「감사원 감사사무 처리규칙」은 조사개시·종료 통보의 대상자를 구체적으로 명시하고, 이들의 위법·부당행위에 대하여 조사를 시작한 때에는 10일 이내에 소속기관의 장[1] 등에게 조사개시통보를 하도록 규정하고 있다(규칙 제28조).

조사개시통보 대상자는 공무원이나 교원, 공공기관 임직원 등으로서 "징계 사유"에 해당하는 위법·부당행위와 관련되는 사람을 대상으로 한다.

감사원의 조사개시통보는 감사원이 조사 중인 사안에 대하여 징계·문책 절차의 진행을 금지하고, 조사대상자에 대한 징계·문책시효의 진행을 중단하는 효력이 있다.

감사원의 조사개시통보에 따라 징계 또는 문책 절차를 진행하지 못하여 법령 또는 소속 단체 등이 정한 징계 또는 문책 사유의 시효기간이 끝나거나 그 남은 기간이 1개월 미만인 경우에는 그 시효기간은 조사 종료의 통보를 받은 날 또는 징계 또는 문책 요구를 받은 날[2]부터 1개월이 지난 날에 끝나는 것으로 본다(법 제32조의2 제3항).

한편 국가공무원법(제78조의4)에 따르면 임용권자 등은 공무원이 퇴직을 희망하는 경우 감사원 또는 각급 행정기관의 감사부서가 해당 공무원에 대해 조사 중인 경우 퇴직을 허용할 수 없도록 되어 있다. 그리고 조사 중인 사안이 금품비위나 성비위 등으로 비위의 정도가 중대하고 이로 인하여 정상적인 업무수행을 기대하기가 현저히 어려운 사람에 대하여는 직위해제를 할 수 있도록 되어 있다.

---

1) 이 경우 감사원은 고용권자나 임용제청권자, 감독기관의 장 등에게도 해당 사실을 통보할 수 있다. 위법·부당행위가 발생한 기관과 소속기관이 다른 경우에는 위법·부당행위가 발생한 기관의 장도 포함한다.

2) 감사원의 징계·문책요구에 대하여 재심의를 청구하는 경우에는 재심의 결정을 통보받은 날을 말한다.

조사개시통보의 효력 (국가공무원법)

제83조(감사원의 조사와의 관계 등) ① 감사원에서 조사 중인 사건에 대하여는 제3항에 따른 조사개시 통보를 받은 날부터 징계 의결의 요구나 그 밖의 징계 절차를 진행하지 못한다. ("제2항 생략")

③ 감사원과 검찰·경찰, 그 밖의 수사기관은 조사나 수사를 시작한 때와 이를 마친 때에는 10일 내에 소속 기관의 장에게 그 사실을 통보하여야 한다.

제78조의4(퇴직을 희망하는 공무원의 징계사유 확인 및 퇴직 제한 등) ① 임용권자 또는 임용제청권자는 공무원이 퇴직을 희망하는 경우에는 제78조제1항에 따른 징계사유가 있는지 및 제2항 각 호의 어느 하나에 해당하는지 여부를 감사원과 검찰·경찰 등 조사 및 수사기관(이하 이 조에서 "조사 및 수사기관"이라 한다)의 장에게 확인하여야 한다.

② 제1항에 따른 확인 결과 퇴직을 희망하는 공무원이 파면, 해임, 강등 또는 정직에 해당하는 징계사유가 있거나 다음 각 호의 어느 하나에 해당하는 경우(제1호·제3호 및 제4호의 경우에는 해당 공무원이 파면·해임·강등 또는 정직의 징계에 해당한다고 판단되는 경우에 한정한다) 제78조제4항에 따른 소속 장관 등은 지체 없이 징계의결등을 요구하여야 하고, 퇴직을 허용하여서는 아니 된다.

1. 비위(非違)와 관련하여 형사사건으로 기소된 때
2. 징계위원회에 파면·해임·강등 또는 정직에 해당하는 징계 의결이 요구 중인 때
3. 조사 및 수사기관에서 비위와 관련하여 조사 또는 수사 중인 때
4. 각급 행정기관의 감사부서 등에서 비위와 관련하여 내부 감사 또는 조사 중인 때 ("이하 생략")

제73조의3(직위해제) ① 임용권자는 다음 각 호의 어느 하나에 해당하는 자에게는 직위를 부여하지 아니할 수 있다. ("제1항 제6호 외 생략")

6. 금품비위, 성범죄 등 대통령령으로 정하는 비위행위로 인하여 감사원 및 검찰·경찰 등 수사기관에서 조사 수사 중인 자로서 비위의 정도가 중대하고 이로 인하여 정상적인 업무수행을 기대하기 현저히 어려운 자

그리고 「정부포상 업무지침」(행정안전부 지침)에 따르면 감사원의 조사개시통보가 있는 경우 정부포상 추천이 제한되며, 추천 후 감사원의 조사개시통보가 있는 경우 포상추천을 철회하도록 되어 있다.[3]

---

3) 「정부포상 업무지침」(행정안전부 지침)의 추천 제한, 포상후보자 추천 등 참조

2.3.2. 조사종료통보

감사원은 조사개시를 통보한 사건에 대하여는 감사대상 기관에 감사보고서를 시행할 때 조사종료를 통보하도록 되어 있다.

이 경우 관계자에 대한 징계요구, 주의요구, 통보(인사자료) 등을 하는 때에는 징계요구 등4)으로 조사종료 통보를 갈음할 수 있다(규칙 제28조 제2항).

다만, 관계자가 위법·부당행위를 하지 않은 것이 밝혀진 경우 또는 관계자가 아닌 사람에 대해 조사개시를 통보한 경우는 감사보고서를 시행하기 전이라도 조사종료를 통보할 수 있도록 되어 있다(규칙 제28조 제3항).

2.3.3. 유의 사항

감사원법 등의 규정에 따르면 "특정 사건의 조사를 시작한 때와 마친 때"에 각각 조사개시 및 종료 통보를 하도록 되어 있으나 "특정 사건의 조사"에 관하여 구체적인 의미를 규정하고 있지 않다. 이로 인해 어떤 사건에 대하여 조사개시통보를 하여야 하는지가 문제된다.

조사개시통보 대상자는 국가공무원법 등에 규정된 징계사유에 해당하는 공무원 등(감사원법 제32조 제1항 및 제8항)이고, 조사개시통보를 하게 되면 징계시효가 정지되는 효력이 있는 점을 감안하면 조사개시통보의 대상이 되는 사건은 원칙적으로 "위법·부당 행위가 징계·문책사유 또는 그에 준하는 조치의 사유에 해당되는 사건"이라고 할 수 있다. 구체적으로는 징계·문책요구(감사원법 제32조 제1항 및 제8항), 해임요구(법 제32조 제9항), 인사자료 통보(감사원법 제34조의2)의 대상이 될 것으로 예상되는 사건이 해당된다.

한편, 징계시효의 완성이 임박한 사건에 대해 조사개시통보를 하지 않으면 징계시효가 지나 징계처분을 하지 못하는 문제가 발생할 수 있고, 경미한 사건에 대하여 조사개시통보를 하면 그 대상자의 포상추천이나 퇴직이 제한되는 등 인사상의 피해를 줄 수 있다.

---

4) 감사원의 징계·문책요구에 대하여 재심의를 청구한 경우에는 재심의 결정을 말한다.

감사실시과정에서 위법·부당사항을 조사하게 되면 이러한 점을 유의하여 조사 중인 사건의 비위의 정도를 고려하여 조사개시통보 여부를 판단하여야 한다. 비위의 정도가 "징계사유에 해당하는 사건"으로 판단되는 경우에는 조사개시통보를 하고, 비위의 정도가 경미하여 징계사유에 이르지 않는다고 판단되는 경우5) 조사개시통보를 하지 않는 것이 타당하다.

다만, 유의할 점은 감사실시과정에서는 조사 중인 사건이 징계사유에 해당하는지가 명확하지 않은 경우가 있다.6) 따라서 조사 중인 사건이 징계사유에 해당될 여지가 있고, 징계시효가 임박한 상황이면 조사개시통보를 하되, 징계사유에 해당되지 않는다고 결정되면 신속하게 조사종료통보를 하는 것이 바람직하다.

2.4. 감사 마감회의

감사원은 실지감사 기간이 종료되는 시점에 감사대상기관을 대상으로 '감사 마감회의'를 개최한다.

감사마감회의는 감사단과 감사대상기관의 주요 관계자가 실지감사에서 검토한 감사결과를 공유하고 그에 대한 의견을 나누는 회의이다. 법령에 규정된 필수적인 감사 절차7)는 아니며, 공공감사기구와 감사대상기관의 상호 필요에 따라 관례적으로 실시하고 있는 제도이다.

회의의 목적은 감사결과로 검토 중인 주요 사안을 감사대상기관에 알려주고, 그에 대한 의견을 수렴하는 것이 주된 목적이다.

회의 참석자는 일반적으로 공공감사기구 측에서는 감사단장과 주요 감사결과와 관련되는 감사관이 참석하고 감사대상기관 측에서는 감사결과와 관련된 업무의 책임자급 간부 또는 임직원이 참석한다.

---

5) 징계처분 외에 주의, 훈계, 경고 등 조치는 징계시효가 적용되지 않으므로 시기와 관계없이 조치가 가능하다.

6) 실제로 감사원의 감사결과 처리 과정에서 징계요구사항(또는 주의요구사항)으로 처리되던 사건이 내부 검토 과정 또는 감사위원회의의 심의·의결 과정에서 주의요구사항(또는 징계요구사항) 등으로 변경되는 사례가 종종 있다.

7) 감사원은 「감사사무 등 처리에 관한 규정」(감사원훈령)에 규정하여 운영하고 있고, 감사결과가 경미한 경우 등은 생략할 수 있도록 되어 있다.

회의 참석자는 감사대상 업무와 감사결과로 검토 중인 사안의 특성에 따라 감사결과가 기관 전체 차원에서 중요한 사안인 경우 감사대상기관의 장 또는 부기관장이 참석하고, 특정 부서의 업무를 다루는 경우 해당 부서장이 주로 참석한다.

다수의 감사대상기관이 관련된 사안 또는 감사대상기관 간에 이견이 있는 사안에 대해서는 필요한 경우 관계기관을 참석하도록 하여 그 의견을 청취할 수 있다.

감사마감회의는 법령에 규정된 필수적인 감사절차는 아니므로 감사결과로 검토 중인 사안이 단순·경미하거나 감사대상기관의 의견을 사전에 충분히 수렴한 경우 생략하거나 화상회의 등으로 할 수 있다.[8]

실지감사 마감회의를 할 때 유의할 점은 감사결과를 설명하는 경우 확정된 감사결과가 아니고 감사결과 처리과정에서 변경될 수 있다는 점을 고지하고, 조치방향을 구체적이거나 단정적으로 언급하는 것은 지양하여야 한다.

── Ref.17 감사마감회의 주요 논의사항

1. 감사대상기관의 기관장 등이 알고 있을 필요가 있는 주요 감사결과에 대한 설명 (다만, "감사결과 확정 전"이라는 단서를 붙여 사실관계 위주로 설명)

2. 주요 감사결과의 문제 발생원인 및 대책 등에 대한 감사대상기관의 의견 청취

3. 향후 처리 일정 및 소명절차 등(감사결과로 인하여 신분상, 재산상 또는 행정상 불이익을 받는 이해관계자에 대한 소명절차 통지와 그 통지내용의 회신을 포함한다)에 대한 안내

4. 감사대상기관의 건의사항, 적극행정면책 관련 의견 등 청취

---

3. 감사실시를 위한 권한 및 수단

감사실시 과정에서는 감사권한과 수단을 활용하여 감사대상업무의 적정성 여부를 검증하고, 위법·부당사항을 확인한다.

---

8) 감사원은 2020년 전국적인 감염병(COVID-19) 사태 발생기간에 내부 방침으로 감사마감회의를 비대면으로 실시하도록 하였다.

감사원법과 공공감사법 등 공공감사 관련 법령은 감사원과 자체감사기구 등 공공감사기구가 감사를 실시하고 감사대상업무를 적정한 수준으로 검증할 수 있도록 그에 필요한 감사권한과 수단을 부여하고 있다(감사실시 권한에 관하여는 "제1편 제4장 감사권한"에서 살펴보았다. 자세한 내용은 해당 부분을 참조하기 바란다).

감사원법과 공공감사법, 감사원규칙 등 공공감사 법령에 규정된 감사권한과 수단을 개관해 보면 <표 2-9>와 같다.

표 2-9_ 감사실시를 위한 권한

감사 권한	법적 근거 (감사원감사)	(자체감사)
(감사 실시 및 증거 확보)		
감사대상 기관, 공무원 등에 대한 권한 • 출석·답변요구 • 자료제출요구 • 봉인 • 디지털 포렌식 • 금고검사	감사원법 제25조, 제27조 제1항 감사원감사사무처리규칙 제7조, 제8조, 제16조, 제21조, 제24조, 제25조	공공감사법 제20조 제1항
관계기관에 대한 권한 • 협조 및 지원, 인력 파견 등 요구 • (중앙행정기관 등에 대한 자료제출 요청, 다른 자체감사기구에 대한 협조 요청, 감사원에 대한 감사인력지원 요청)	감사원법 제30조	(공공감사법 제20조 제4항, 제30조, 제38조 제2항)
감사대상기관 외의 자에 대한 권한 • 자료제출요구 • 출석·답변요구 • 금융거래자료 제출 요구 • 공직자 재산등록자료 열람·조회	감사원법 제50조, 제27조 제2항, 감사원감사사무처리규칙 제23조, 제31조	
(비위 혐의자에 대한 조치)		
• 조사개시·종료통보 • 직무 정지 등 요구 • 출국 금지 요청	감사원법 제32조의2, 감사원감사사무처리규칙 제29조, 제30조	공공감사법 제24조

4. 감사의 방법

감사실시 과정에서는 위와 같은 감사권한과 수단을 사용하여 감사를 실시한다. 감사 실시는 감사자료 등을 요구하여 감사대상업무가 적정하게 수행되었는지를 검증하고, 위법·부당하게 수행된 업무에 대하여는 그 경위와 원인, 책임의 소재를 규명하며, 위법·부당하게 업무를 처리한 관련자에 대한 제재와 그로 인한 결과를 바로잡는 조치방향을 검토하는 일련의 과정으로 이루어진다.

감사실시의 구체적인 방법에 대하여는 "제3장 감사접근방법"에서 살펴볼 것이므로 여기서는 감사 수행과정을 전반적으로 이해하는 차원에서 개괄적인 내용만 살펴본다.

4.1. 감사대상업무의 적정성 검증

감사실시 과정에서 위와 같은 감사권한과 수단을 활용하여 감사대상 업무의 적정성 여부를 검증하고 위법·부당사항을 확인한다.

감사대상기관과 감사대상기관 외의 자에 대해 자료제출요구나 출석·답변요구 등을 하거나 관련기관에 대한 협조 요구를 하는 등 감사권한과 수단을 활용하여 감사대상 업무의 적정성 여부를 검증하고 위법·부당하게 수행된 업무를 추출·확인하는 것이다.

감사대상업무의 적정성 여부를 검증하는 것은 "사업이나 업무가 법령 등에 정해진 절차와 방법, 기준에 따라 정당하게 수행되었는지", 또는 "법령이나 제도가 바람직하게 운영되고 있는지" 여부 등을 확인하는 것이다.

이와 같은 감사대상업무의 적정성 여부를 검증하는 방법은 감사대상의 특성에 따라 다양한 방법들이 사용될 수 있다. 가장 기본적인 방법은 감사대상 업무를 처리한 관련 문서를 검토(문서 검증)하여 법령위반 여부 등을 확인하는 것이다.

그 밖에 자료대사(對査, data_matching), 데이터 마이닝(data_mining), 업무관련자 조사(investigation), 현장 및 실물 확인, 공인기관 조회(유권해석, 사실관계 조회 등) 등의 방법으로 위법·부당사항을 확인하고 책임소재를 규명한다.

이러한 방법은 주로 합법성감사에 적용되지만 행정개선감사 등에 있어서도 활용될 수 있다. 특히 문서검증은 모든 감사유형에 있어 기본적으로 활용되는 방법이다.

성과감사를 포함한 행정개선감사에 있어서는 주로 분석(정책·사업분석, 통계분석, 경제성 분석 등), 모범사례(best practices) 활용, 설문조사(survey) 등의 방법으로 제도나 사업의 문제점을 확인하고 개선 방안을 도출한다.

4.2. 문제발생 원인·결과 및 책임소재 규명

감사대상업무의 적정성 여부를 검증하여 위법·부당사항을 확인하면 다음은 위법·부당사항이 발생된 원인과 결과를 파악한다. 그리고 위법·부당사항의 발생이 관련 공무원 등의 잘못된 업무처리로 인한 경우 그에 대한 책임소재를 조사한다.

확인된 위법·부당사항에 대하여 적정하게 감사결과를 처리하기 위하여는 위법·부당사항이 발생된 원인을 파악하고, 그 책임의 소재를 규명하여야 한다.

문제발생 원인이 업무담당자 등의 위법·부당한 업무처리로 인한 것인지, 불합리한 제도나 관행으로 인한 것인지 등을 명확하게 규명하여야 문제를 해결하고 바로잡을 수 있는 적정한 조치방향을 결정할 수 있다.

4.3. 감사결과 처리방향 결정

위법·부당사항을 확인하고 그 발생원인과 책임소재를 파악하면 다음 단계로 감사결과 처리방향을 결정한다. 감사결과 처리방향 결정은 위법·부당사항으로 인해 발생된 문제를 해결하거나 바로 잡을 수 있도록 '감사결과 처리의 종류'와 '조치의 내용'을 정하는 것이다.

감사원법과 공공감사법에서는 감사원과 자체감사기구 등 공공감사기구에 대하여 감사결과 위법·부당사항 등에 대하여 변상 판정과 처분요구(징계·시정·주의·개선), 권고, 통보 등 감사결과 처리를 할 수 있도록 권한을 부여하고 있다.

따라서 위와 같은 감사결과 처리 권한을 사용하여 감사결과로 확인된 위법·부당 사항과 발생된 문제를 해결하고, 바로잡을 수 있도록 감사결과 처리방향을 결정한다.

5. 감사 증거 수집

5.1. 개념9) 및 의의

감사증거란 감사를 실시하여 확인한 제반 사실을 증명하는 근거를 말한다. 감사를 실시하는 과정에서 위법·부당사항을 확인하면, 그에 관한 내용과 문제발생 원인·결과 및 책임소재 등 감사결과를 증명할 수 있는 감사증거를 수집한다.

감사를 실시하여 감사대상이 되는 업무의 위법·부당 여부를 판단하고, 감사결과로 확인되는 위법·부당사항에 대하여 감사대상기관에 조치를 하기 위하여는 감사결과를 객관적으로 증명하는 근거가 있어야 한다.

이와같이 감사결과를 객관적으로 증명하는 근거를 감사증거라고 한다. 「형사소송법」은 증거재판주의를 채택하여 사실의 인정은 증거에 의하여야 한다고 규정하고 있다(법 제307조 제1항).10)11) 감사원법과 공공감사법에는 증거주의가 명시적으로 규정되어 있지 않지만 공공행정의 위법·부당 여부를 판단하고, 위법·부당행위에 대하여 재제조치 등을 하는 공공감사에 있어서도 당연히 증거주의가 적용된다.

5.2. 공공감사의 증거주의

이러한 이치에 따라 「감사원 감사사무 처리규칙」(제6조)은 감사를 수행할 때 준수하여야 하는 기본원칙의 하나로 "증거를 통한 사실에 근거"하도록 규정하고 있다.

---

9) 감사증거는 형상소송법의 증거와 기본적인 개념은 동일하다고 할 수 있지만 공공감사 절차와 형사소송 절차는 전혀 다른 절차에 따라 진행되고 증거의 수집방법, 인정절차 및 요건 등이 달라 형사소송법의 증거에 관한 개념, 요건 등을 그대로 공공감사에 적용하기는 어렵다. 이 책에서는 형사소송법의 증거 개념을 참고하되, 공공감사 실무에서 사용하는 감사증거 개념을 토대로 살펴본다.

10) 형사소송법 제307조(증거재판주의) ① 사실의 인정은 증거에 의하여야 한다. ("이하 생략")

11) 형사소송법은 「사실의 인정은 증거에 의하여야 한다」(형사소송법 제307조)고 규정하고 있는데 이것을 「증거재판주의(證據裁判主義)」라 한다. 증거에 의하지 않은 임의의 사실인정은 인정되지 않는다. 이 경우 사실관계를 명백하게 하기 위하여 사용하는 자료를 「증거」라 한다. (법률용어사전, 2016. 01. 20., 이병태)

그리고 「공공감사기준」은 감사대상이 되는 사항의 진위와 적법·타당성 여부에 관한 감사인의 판단을 객관적으로 뒷받침할 수 있는 감사증거를 수집하도록 되어 있다(규칙 제6조 제4호[12], 기준 제24조[13]).

따라서 감사를 실시할 때는 증거에 의하여 객관적으로 판단하여야 하고, 감사결과를 구성하는 모든 내용(감사대상업무에 관한 내용, 감사의 판단기준에 관한 내용, 위법·부당한 사실에 관한 내용과 그 원인 및 결과에 관한 내용, 감사대상기관 등의 의견과 그에 대한 검토의견에 관한 내용 등)을 객관적으로 뒷받침하는 감사증거를 수집하여야 한다.

감사증거는 대외적으로 감사결과를 뒷받침하는 근거가 되는 한편, 공공감사기구 내부적으로 감사결과의 적정성 여부를 검토하고 판단하는 자료가 된다.

위법·부당사항에 대한 의심은 되지만 그에 대한 객관적인 증거가 확보되지 않는 경우 감사결과로 처리될 수 없으므로 감사를 실시하는 과정에서 감사결과를 입증하는 증거를 확보하는 일이 중요하다.

감사활동과 감사결과의 적정성은 이를 입증할 수 있는 감사증거에 의해 판단한다. 이러한 의미에서 현장감사는 감사증거의 수집 및 검증과정이라고 할 수 있다. 감사증거는 처분(요구)의 대상이 되는 위법·부당사항의 입증뿐만 아니라 감사대상업무가 적법·타당하게 수행되었음을 입증하기 위하여도 필요하다(성용락 2013b; 57).

5.3. 감사증거의 종류

감사증거는 증명하고자 하는 사실과의 관련성, 증거의 형태와 목적 등에 따라 다양한 유형으로 분류할 수 있다.

---

12) 「감사원 감사사무처리규칙」 제6조(감사의 기본원칙) 감사원은 감사를 수행할 때에는 다음 각 호의 기본원칙을 준수하여야 한다. ("제4호 외 생략")
    4. 증거를 통한 사실에 근거하고, 감사절차와 기준 등을 모든 감사대상 기관과 관계자 등에게 공정하게 적용한다.

13) 공공감사기준 제24조(감사증거) ① 감사인은 감사대상이 되는 사항의 진위와 적법·타당성 여부에 관한 감사인의 판단을 객관적으로 뒷받침할 수 있는 감사증거를 다음 각 호의 원칙에 따라 수집하여 추가적인 감사나 법적 다툼이 발생하지 않도록 노력하여야 한다.

표 2-10_ 감사증거의 유형[14]

분류기준	유형	내용
관련성	직접 증거	사실을 직접적으로 증명하는 증거
	간접 증거	사실을 간접적으로 증명하는 증거(정황증거)
형태	서류 증거	서면에 나타난 내용의 의미가 증거가 되는 것(사본 등)
	물적 증거	물건의 존재나 상태가 증거가 되는 것(실물 표본 등)
	진술 증거	사람이 행한 진술이 증거가 되는 것(문답서, 확인서 등)
	분석 증거	계산, 비교, 분류 등으로부터 획득한 정보가 증거가 되는 것
목적	본증	위법·부당한 사실을 증명하는 증거
	반증	본증에 의하여 입증되는 사실을 부정하기 위하여 제출하는 증거

5.3.1. 직접증거 및 간접증거[15]

감사증거는 증명하고자 하는 대상 또는 사실과의 관련성 정도에 따라 직접 증거와 간접 증거(정황 증거)로 분류할 수 있다.

5.3.1.1. 직접증거

직접증거란 증명하고자 하는 사실을 직접적으로 증명하는 증거이다. 공공행정은 문서에 의한 업무처리를 원칙으로 하므로 감사대상업무를 처리한 공문서(기안 및 결재 문서 등)와 민원인이 제출한 서류 등은 대체로 직접증거가 될 수 있다. 그 밖에 공인된 기관이 발급한 증명서나 시험기관의 시험 결과 등과 위법·부당한 사실과 관련된 물건 등이 직접증거가 될 수 있다.

---

14) 한편 행정의 디지털화에 따라 '디지털 자료'가 새로운 증거자료로서 중요한 의미를 가지게 되었다. 디지털 자료는 텍스트, 이미지, 오디오, 비디오를 포함한 다양한 유형이 있으며, 메모리, 저장장치, 네트워크 통신 등 모든 디지털 기기에서 이진수를 사용해서 데이터를 저장하는 자료를 의미한다. 디지털 자료는 종이 자료와 달리 비가시성 및 비가독성, 취약성, 복제 가능성, 대량성, 전문성, 휘발성, 초국경성의 특성을 갖는다(차경엽, 2022; 271).

15) 증명의 대상이 되는 사실(주요사실)의 증명에 직접 사용되는 증거를 직접증거, 간접사실(주요사실을 간접적으로 추인(推認)시킨 사실, 예컨대 알리바이)을 증명하는 사실을 증명하기 위한 증거를 간접증거라고 한다. (법률용어사전, 2016. 01. 20., 이병태)

예컨대, 공직자가 직무관련자로부터 본인 명의의 금융계좌로 금품을 수수한 경우 공직자의 해당 금융계좌와 직무관련자가 송금한 계좌는 직접증거가 된다.

이러한 직접증거를 수집할 때는 해당자료가 공적인 증명력을 가질 수 있도록 공문서의 경우 문서생산기관의 담당자로부터 원본과 다름 없음을 증명하는 서명, 날인(원본 확인)을 받아야 한다.

5.3.1.2. 간접증거

간접증거란 증명하고자 하는 사실을 간접적으로 증명하는 증거 또는 증명하고자 하는 사실을 추단케 하는 사실(간접사실[16]을 말함)을 증명하는 증거를 말한다. "정황증거"라고도 한다.

감사대상업무를 처리한 담당자나 관련자의 진술 등은 간접증거가 될 수 있다. 간접증거의 경우 그 자체로는 감사결과 관련 사실에 대한 완전한 증명력을 가지지 못하더라도 전체 증거를 상호 관련하에 경험칙이나 논리법칙에 따라 종합적으로 고찰할 경우 그 단독으로는 가지지 못하는 종합적 증명력이 있는 것으로 판단되면 그에 의하여도 감사결과 관련 사실을 인정할 수 있다.

간접증거의 증명력 (대법원판례 2008. 3. 27. 선고 2008도507)

형사재판에 있어 유죄의 인정은 법관으로 하여금 합리적인 의심을 할 여지가 없을 정도로 공소사실이 진실한 것이라는 확신을 가지게 할 수 있는 증명력을 가진 증거에 의하여야 하고, 이러한 정도의 심증을 형성하는 증거가 없다면 피고인이 유죄라는 의심이 간다 하더라도 피고인의 이익으로 판단할 수밖에 없으나, 그와 같은 심증이 반드시 직접증거에 의하여 형성되어야만 하는 것은 아니고 경험칙과 논리법칙에 위반되지 아니하는 한 간접증거에 의하여 형성되어도 되는 것이며, 간접증거가 개별적으로는 범죄사실에 대한 완전한 증명력을 가지지 못하더라도 전체 증거를 상호관련하에 종합적으로 고찰할 경우 그 단독으로는 가지지 못하는 종합적 증명력이 있는 것으로 판단되면 그에 의하여도 범죄사실을 인정할 수 있다.

---

16) 간접사실(間接事實)이란 주요사실의 존부를 간접적으로 추인하는 사실을 말한다. 예컨대 알리바이의 증명은 주요사실에 대한 간접적인 반대증거가 될 수 있는 간접사실이다. 요증사실이 주요사실인 때에는 간접사실도 엄격한 증명의 대상이 된다. (법률용어사전, 2016. 01. 20., 이병태)

한편, 업무담당자가 개인적으로 작성하여 본인의 업무용 컴퓨터에 저장하고 있는 자료는 공문서 요건을 갖추지 못한 것이므로[17] 그 자체로는 직접증거가 되기는 어렵다. 다만, 그 내용의 신빙성에 따라 직접증거를 뒷받침하는 간접증거가 될 수는 있다.

5.3.1.3. 간접증거의 유용성과 한계

이와 같이 간접증거도 감사결과 관련 사실을 입증하는 증거가 될 수 있으므로 직접증거를 확보하기 어려운 경우 최대한 위법·부당사항과 관련된 사실을 추단(推斷)할 수 있는 간접증거를 수집하도록 노력하여야 한다.

한편, 감사 실무에서는 위법·부당사항을 입증하기 위한 증거서류로 일반적으로 사용되는 일정한 형식과 용도의 문서들이 있다. 감사대상자나 관계인 등이 작성하는 확인서와 문답서, 질문서와 답변서와 그 밖에 진술서, 의견서 등이 그것이다.

이러한 증거서류들은 감사결과를 직접 확인해 주는 직접 증거는 아니고 직접증거를 뒷받침하는 간접증거로 분류된다. 이러한 간접 증거들은 문서로 입증하기 어려운 업무처리 당시의 상황, 업무처리 경위 등을 입증할 수 있고, 증거가 되는 업무처리 문서가 방대한 경우 감사결과 전반에 대한 내용을 간단히 확인할 수 있는 등 장점이 있어 감사실무에서 증거서류로 유용하게 활용되고 있다.

하지만 간접증거들을 감사증거로 활용하고 이를 검토하는 데는 주의할 점이 있다. 직접증거를 통해 감사결과가 충분하고 완전하게 입증되는 경우 간접증거의 확보가 필수적인 것은 아니므로 비위 혐의자 등이 확인서나 문답서 작성을 거부하는 경우 직접증거를 통해 비위 사실이 입증되면 간접증거가 없더라도 감사결과 처리가 가능하다.[18] 따라서 감사대상자가 확인서나 문답서 작성을 거부하는 경우 이를 강제하기 보다는 다른 직접증거 수집을 위해 노력하는 것이 바람직하다.

---

17) 「행정 효율과 협업 촉진에 관한 규정」(대통령령) 제6조(문서의 성립 및 효력 발생) ① 문서는 결재권자가 해당 문서에 서명(전자이미지서명, 전자문자서명 및 행정전자서명을 포함한다. 이하 같다)의 방식으로 결재함으로써 성립한다.
② 문서는 수신자에게 도달(전자문서의 경우는 수신자가 관리하거나 지정한 전자적 시스템 등에 입력되는 것을 말한다)됨으로써 효력을 발생한다. ("제3항 생략")

18) 감사원규칙에서는 변상판정, 징계·문책요구사항 등에 대하여 관계자에 대해 문답서를 작성하도록 되어 있지만 관계자가 문답을 거부하는 경우 그 사실을 기록하고 문답서 작성 없이 감사결과를 처리할 수 있다.

그리고 위와 같은 간접증거들은 대부분 감사대상자나 관계인 등이 작성하는 문서로서 그들이 진술하는 사실확인 내용, 판단, 의견 등이 반드시 사실에 부합하거나 옳지 않을 수 있다는 것을 유념하여야 한다.

　감사대상자 등이 무지, 착각, 고의 등으로 사실과 다른 내용을 진술하거나 잘못된 법령 해석이나 판단에 기초하여 의견을 제출하는 경우 등이 있으므로 위와 같은 증거들을 절대적으로 신뢰하는 경우 감사결과 도출에 오류가 발생할 수 있다.

　따라서 간접증거의 유용성에도 불구하고 간접증거를 과도하게 신뢰하거나 그에 의존하여 감사결과를 입증하려고 하기보다는 직접증거를 충분하게 확보하기 위해 노력하고, 간접증거로 진술된 내용 등에 대하여는 그 진위를 확인하고 내용을 뒷받침하는 보강 증거를 확보하는 것이 바람직하다.

— Ref.18 직접 증거 및 간접증거 예시

물품구매 계약업무:
(직접증거) 계약서와 첨부서류, 납품된 물품, 대금지급 관련서류 등
(간접증거) 계약관련 관계자의 진술(확인서, 문답서 등)

직무관련 금품수수:
(직접증거) 공직자가 직무관련자로부터 본인 명의의 금융계좌로 금품을 수수한 사안의 경우 공직자의 해당 금융계좌와 직무관련자의 송금 계좌
(간접증거) 공직자기 직무관련자로부터 현금으로 금품을 수수한 사안의 경우 직무관련자의 금품제공에 관한 진술, 해당 공직자가 비슷한 시기에 출처불명의 금품을 본인명의 계좌에 입금한 사실 등

5.3.2. 서류증거, 진술증거, 물적증거, 분석증거

　감사증거는 증거의 성질에 따라 서류증거(書類證據), 진술증거(陳述證據), 물적증거(物的證據), 분석증거(分析證據)로 구분할 수 있다.

　감사증거의 분류는 관점에 따라 다양하게 할 수 있을 것이나 여기서는 공공감사 실무에서 일반적으로 수집하는 감사증거를 포괄할 수 있도록 감사증거의 성질에 따라 위와 같은 네 가지 유형으로 구분하였다.[19]

5.3.2.1. 서류증거(documentary evidence)

서류증거20)란, 서류에 기재된 내용이 감사증거가 되는 것을 말한다. 감사증거로 가장 일반적으로 수집되는 증거이다.

공공행정은 문서에 의한 업무처리를 원칙으로 하므로 감사대상기관이 업무를 처리하면서 작성·검토·결재한 문서, 관계기관과 업무협조 등으로 보내거나 받은 문서, 업무 상대방인 민원인이나 계약업체 등에 보내거나 받은 문서 등 각종 업무관련 문서에 기재된 내용이 서류증거가 될 수 있다.

이와 같은 업무관련 문서의 내용은 감사를 실시하는 과정에서 일차적인 검토의 대상이 되고, 위법·부당한 업무처리가 확인되면 감사증거가 되는 것이다.

5.3.2.2. 진술증거(testimonial evidence)

진술증거21)란 사람이 진술한 내용이 감사증거가 되는 것이다. 감사대상 업무의 담당자나 이해관계인 등이 업무처리와 관련된 의견이나 사실관계를 확인한 내용 등이 진술증거가 될 수 있다.

공공감사 실무에서 감사증거로 일반적으로 수집하는 확인서, 의견서, 문답서, 답변서 등에 기술된 내용이 진술증거에 해당된다. 이외에 감사대상업무와 관련이 있는 전문가의 의견, 증인의 증언, 감정인의 감정의견 등이 진술증거가 될 수 있다.

---

19) 성용락(2013b; 58-60)은 감사증거를 증거의 성질에 따른 분류로 인증(人證)과 물증(物證), 서증(書證)으로 구분하고, 증거의 취득방식에 따라 물리적 증거, 서면 증거, 증언적 증거, 분석 증거로 분류하고 있다.

20) 이 책에서 사용하는 '서류증거'는 문서에 기재된 내용이 증거가 되는 것을 말한다. 형사소송법상으로 사용되는 '증거서류'[형사소송법상 용어로 사용되는 증거서류(證據書類)는 서증(書證)의 일종으로서 서면(書面)에 기재된 내용이 증거가 되는 것을 말함]와 유사한 개념이다.
이 책에서 증거서류라고 하지 않는 이유는 공공감사 실무에서 일반적으로 사용하는 '증거서류'의 의미는 감사의 증거가 되는 모든 서류를 의미하여, 이 책에서 말하는 서류증거(형사소송법의 증거서류)뿐만 아니라 문서로 작성된 진술증거, 분석증거 등도 포함하는 의미로 사용되기 때문에 개념상의 혼돈을 피하기 위한 것이다.

21) 진술증거는 '증언적 증거'라고 할 수 있으며, '인적증거(人的證據, personal evidence)' 또는 '인증(人證)'이라고도 한다. 이 책에서는 개념을 쉽게 이해할 수 있도록 진술증거라고 한다.

5.3.2.3. 물적증거(real evidence)

물적증거[22]란 물건의 존재 또는 상태 자체가 증거가 되는 것을 말한다. 예컨대, 물품구매계약업무를 부당하게 처리한 사안에서 부실한 성능으로 납품된 집기나 기자재 등과 같이 감사대상 업무와 관련되는 제반 물건으로서 감사결과를 증명하는 물건이 물적증거이다.

공공감사는 증거물에 대한 압수 권한이 없기 때문에 원칙적으로 위법·부당사항과 관련된 물건에 대하여 그 자체를 증거로 수집할 수는 없다. 이러한 물적 증거를 증거로 수집할 때는 일반적으로 사진을 찍거나 물건의 존재나 상태를 기술한 진술증거의 형식으로 감사증거를 수집한다. 서류증거를 수집할 때는 서류 관리 책임자로부터 원본과 동일하다는 서명·날인을 받고 감사증거로 수집한다.

5.3.2.4. 분석증거(analytical evidence)

분석증거란, 감사대상업무와 관련된 자료를 기초로 계산, 비교, 분류 또는 합리적인 논증 등의 방법으로 도출한 내용이 감사증거가 되는 것을 말한다(성용락, 2013b; 60).

분석증거는 업무처리에 관한 개별적인 자료 그 자체로서는 의미 있는 감사증거가 될 수 없지만 해당 자료를 장기간에 걸쳐서 변동 추세를 계산하거나, 다수의 다른 기관과 비교하는 방법 등을 통해 정책이나 사업의 문제점을 도출할 수 있는데 이러한 분석결과 도출된 내용이 분석증거가 되는 것이다.

최근 들어 그 중요성이 강조되고 있는 성과감사를 수행할 때 중요한 증거확보의 수단이 된다. 정부가 수행하는 주요 사업을 심층적으로 분석하여 개선대안을 제시하는 성과감사의 경우 사업분석, 경제성분석, 통계분석 등의 방법으로 도출한 결과가 중요한 감사증거가 될 수 있다.

---

22) 물적 증거(物的 證據, real evidence)란 물증이라고도 하며, 범행에 사용된 흉기 또는 절도의 장물이 여기에 해당한다. (중략) 서면의 물리적 존재가 증거로 되면 그것은 물적증거이나 서면의 의미내용이 증거로 되는 것을 증거서류라고 한다. 증거서류와 물적증거인 서면을 합하여 서증이라고 한다. (법률용어사전, 2016. 01. 20., 이병태)

5.3.3. 본증(本證)과 반증(反證)[23]

감사증거는 감사결과를 구성하는 내용에 대한 입증책임의 소재에 따라 본증과 반증으로 구분할 수 있다.

본증이란 입증책임을 지는 당사자가 당해 사실을 증명하기 위하여 제출하는 증거를 말한다. 감사를 통해 위법·부당한 업무처리를 확인하게 되면 그 위법·부당한 사실을 입증하는 책임은 공공감사기구에 있다.[24]

따라서 공공감사기구가 위법·부당한 사실을 증명하기 위해 제출하는 증거가 일반적으로 본증이 된다.

반증이란 상대방의 입증사실을 부정할 목적으로 그 반대당사자(反對當事者)가 제출하는 증거를 말한다. 공공감사기구가 제출한 위법·부당한 업무처리에 대한 증거를 부정하고 적법·타당한 업무처리임을 입증하기 위하여 감사대상자가 제출하는 증거가 반증이 된다.

감사결과는 일반적으로 감사대상자의 위법·부당한 업무처리를 지적하는 내용으로 구성되므로 공공감사기구가 제출하는 증거가 본증이 되고, 감사대상자가 제출하는 증거가 반증이 된다.

그러나 예외적으로 감사결과 위법·부당사항에 대하여 감사대상자가 적극행정 면책신청을 하는 경우 그 적극행정에 대한 입증은 원칙적으로 감사대상자가 하여야 하는 것이므로 이 경우 감사대상자가 제출하는 증거가 본증, 이를 부정하기 위하여 공공감사기구가 제출하는 증거가 반증이 된다.

이외에도 변상판정사항에 있어 변상금액 감면을 위해 감사대상자가 평소에 회계질서 확립에 기여한 사실이나 손해의 방지를 위해 노력한 사실 등을 증거로 제출할 수 있는데 이러한 증거는 본증에 해당된다.

---

23) 본증이란 입증책임(立證責任)이 있는 당사자가 당해사실(當該事實)을 증명하기 위해 제출하는 증거방법(證據方法)을 뜻한다. 반증(反證)이란 상대방의 입증사실을 부정할 목적으로 그 반대당사자(反對當事者)가 제출하는 증거를 의미한다. (법률용어사전, 2016. 01. 20., 이병태)

24) 판례; 대법원 2013. 9. 13. 선고 2011두16995 판결, 회계관계직원에 대하여 변상책임을 부과하기 위해서는 회계관계직원이 국가 등의 재산에 대하여 손해를 끼친 사실이 인정되어야 하는데, 여기서 '손해'라 함은 현실적으로 발생한 손해를 의미하고, 그에 관한 증명책임은 회계관계직원에 대하여 변상책임을 부과하려는 행정청이 부담한다.

5.4. 감사증거 수집의 원칙

감사를 실시하고 감사증거를 수집할 때는 감사결과에 관한 제반 내용을 객관적으로 증명할 수 있도록 충분한 감사증거를 수집하여야 한다. 이에 따라 공공감사기준은 감사증거 수집의 원칙으로 관련성, 신뢰성, 충분성을 규정하고 있다.

5.4.1. 관련성(relevance)

감사증거는 감사목적에 기여하여야 한다. 다시 말해 감사증거는 감사결과를 구성하는 내용을 판단하는 데 기여할 수 있도록 관련성을 지녀야 한다.

관련성은 그 정보를 이용하지 않는 의사결정에 비하여, 정보를 이용한 의사결정의 내용에 차이가 발생하는 정도를 말한다. 따라서 정보가 정보이용자의 기대를 확인 또는 변화시킬 때 그러한 정보는 관련성을 지닌다고 할 수 있다(성용락, 2013b; 61).

감사증거가 감사결과를 판단하는 데 기여하지 못하거나 도움이 되지 않는다면 그 감사증거는 관련성이 없는 증거라고 할 것이다.

따라서 관련성이 없거나 불필요한 감사증거를 수집하는 데 감사자원이 낭비되지 않도록 감사증거를 수집할 때는 감사결과를 증명하는 데 기여할 수 있는지 여부를 검토하여 감사증거 수집 방향과 종류, 방법 등을 미리 설계하여 감사증거를 수집하는 것이 바람직하다.

5.4.2. 신뢰성(reliability)

감사증거는 신뢰성을 지녀야 한다. 신뢰성은 감사증거를 믿을 수 있는 정도를 말한다. 감사증거의 신뢰성은 그 출처의 신뢰성에 따라 많은 영향을 받는다. 정부나 공공기관 등이 작성한 공문서는 그 신뢰성이 높은 반면, 이해관계인 등의 개인적인 진술은 신뢰성이 상대적으로 낮다고 할 수 있다. 그리고 대체로 직접증거는 신뢰성이 높고 간접증거는 상대적으로 신뢰성이 낮다고 할 수 있다.

이와 관련하여 공공감사기준은 "감사증거는 믿을 수 있는 출처로부터 획득되어야 한다"고 규정하고 있다.

따라서 신뢰성이 낮은 출처로부터 획득된 감사증거는 신뢰성 있는 다른 증거를 보강하는 것이 바람직하다. 예컨대, 법령해석이 감사의 쟁점이 되는 사안인 경우 업무관련자의 법령해석에 대한 의견보다는 해당 법령에 대한 주무관청이나 법제처의 유권해석을 감사증거로 수집하는 것이 감사결과의 신뢰성을 높일 수 있다.

한편, 다양한 출처 또는 원천으로부터 획득한 감사증거의 내용들이 서로 일치할 때 감사증거의 신뢰성은 높아질 수 있으므로 중요한 감사사안인 경우 최대한 다양한 출처와 원천으로부터 감사증거를 수집할 필요가 있다.

이에 반해, 다양한 감사증거들 사이에 내용이 일치하지 않거나 모순되는 경우 감사증거의 신뢰성이나 증명력이 떨어지게 된다. 이러한 경우 일부 감사증거만을 근거로 감사결과를 도출할 경우 감사결과의 오류 등 감사위험(audit risk)을 초래할 수 있다. 따라서 다양한 감사증거의 내용이 일치하지 않는 경우 모든 감사증거를 종합적으로 검토하여 보다 객관적이라고 인정되는 감사증거를 채택하여야 한다.

특히, 감사결과에 대해 합리적인 의심이나 반론이 제기될 수 있는 증거를 정당한 이유 없이 배척하여서는 아니 되며, 임의로 일부 증거를 채택하고 그 반대증거를 배척하여서는 아니 된다.

5.4.3. 충분성(sufficiency)

감사증거는 감사결과를 증명하는 데 충분하게 수집하여야 한다.

감사결과를 구성하는 모든 내용(감사대상업무에 관한 내용, 감사의 판단기준에 관한 내용, 위법·부당한 사실에 관한 내용과 그 원인 및 결과에 관한 내용, 감사대상기관 등의 의견과 그에 대한 검토의견에 관한 내용 등)에 대하여 빠짐없이 증거를 수집하고, 각각의 내용에 대하여 합리적인 의심이나 반론이 제기되지 않을 정도로 충분하게 증거를 수집하여야 한다.[25] 감사증거의 충분성은 감사대상이 되는 사안의 중요성과도 관련이 있다. 중요한 사안일수록 감사증거를 보다 면밀하고 충분하게 수집하여 감사결과가 빈틈없이 증명될 수 있도록 하여야 한다.

---

25) 형사소송법 제307조(증거재판주의) ① 사실의 인정은 증거에 의하여야 한다.
　② 범죄사실의 인정은 합리적인 의심이 없는 정도의 증명에 이르러야 한다.

이에 따라 공공감사기준은 "감사의 중요성에 대응하는 필요하고 충분한 양의 감사증거를 수집하여야 한다."라고 규정하고 있다.

이와 관련하여 유의할 점은 충분한 증거수집은 감사결과를 입증하는 데 빈틈이 없어야 하는 것을 의미하며, 단순히 많은 양의 증거를 수집하는 것을 의미하는 것은 아니다. 감사증거를 수집하는 과정에서 감사대상자에게 불필요하거나 과도한 부담을 주지 않도록 하여야 한다.

합법성감사 또는 비리적발형 감사의 경우 법령위반 또는 비리 사실에 대해 합리적인 의심이나 반론이 제기되지 않도록 객관적으로 증명하는 감사증거를 갖추어야 한다.

성과감사를 포함한 행정개선감사의 경우 정부의 중요 사업에 대해 개선대안을 제시하기 위해서는 현재의 사업방식의 문제점을 입증하는 것에서 나아가 개선대안이 현재 방식보다 전반적으로 우월하다는 증명에 이르러야 충분하다고 할 것이다.

─ Ref.19 디지털 증거의 특징 및 증거능력 요건

현재의 행정업무 처리는 대부분 디지털 정보시스템에 의해 하고 있다. 이에 따라 정보시스템에서 생산, 유통되는 디지털 문서는 그 문서의 내용이 감사증거가 될 수 있어 "디지털 서류증거"라 할 수 있다.

행정의 디지털화에 따라 '디지털 자료'가 새로운 증거자료로서 중요한 의미를 가지게 되었다. 디지털 자료는 텍스트, 이미지, 오디오, 비디오를 포함한 다양한 유형이 있다. 디지털 자료는 종이 자료와 달리 비가시성, 취약성, 복제 가능성, 대량성, 휘발성, 초국경성 등의 특성을 갖는다(차경엽, 2022; 271).

대법원은 형사 절차에서의 디지털 자료의 증거능력의 요건으로 동일성(originality), 무결성(integrity), 신뢰성(reliability)을 제시하였다. 동일성은 저장매체 원본의 내용과 출력물, 원본과 하드카피 또는 이미징한 매체사이에서의 동일함이며, 무결성은 수집 및 분석과정을 거쳐 보고되기까지 변경이나 훼손 없이 안전하게 보호되어야 하며, 신뢰성은 수집, 분석, 처리 과정에서 조작자의 전문적인 기술능력과 전문성, 이용한 컴퓨터의 기계적 정확성, 프로그램의 신뢰성이 보장되어야 한다는 것이다.[26] 감사업무에서도, 디지털 자료의 휘발성이나 오류에 의한 손상이나 의도적 변조 가능성이 있다는 점에서 감사과정에서도 이러한 점을 고려하여 디지털 증거를 수집할 필요가 있다(차경엽, 2013; 272).

5.5. 감사증거 수집 기준

감사증거를 수집하는 기준은 감사결과 처리의 종류[변상판정, 처분(징계·시정·주의·개선)요구 및 권고·통보를 말함]에 따라 차이가 있다.

예컨대, 변상판정이나 징계·문책요구, 통보(인사자료) 등 감사대상자에 대해 불이익한 조치를 하는 사항은 당사자에게 변명의 기회를 부여하고 책임 소재를 명확하게 하기 위하여 문답서를 작성하도록 되어 있다. 그 외에 시정·개선요구나 권고·통보사항 등은 문답서를 원칙적으로 작성하지 않는다.

감사증거 수집 기준은 공공감사기구의 내부 지침으로 운영하는 기준으로 업무처리 관련 문서 등 직접 증거를 최대한 확보하는 것이 기본 전제이며, 직접증거를 통해 감사결과가 충분하게 입증되면 확인서 등 간접증거가 없더라도 감사결과 처리가 가능하다.

다만, 징계 등 신분상 조치나 변상판정 등 불이익한 조치가 예상되는 관계자를 대상으로 받는 문답서는 관계자에게 소명이나 변명의 기회를 부여하는 기능이 있으므로 관계자가 거부[27]하지 않는 한 작성하여야 한다.[28]

감사결과 처리 종류에 따라 감사증거서류를 수집하는 기준[29]과 감사결과의 처리 종류별로 증명하여야 하는 사항은 각각 <표 2-11>, <표 2-12>와 같다.

---

26) 디지털 저장매체로부터 출력한 문건의 증거능력(대법원 2007. 12. 13. 선고 2007도7257 판결), 동일성·무결성 입증방법(대법원 2013. 7. 26. 선고 2013도2511 판결)

27) 관계자가 문답서 작성을 거부하는 경우 그 사실을 입증(출석답변요구 공문 발송, 감사대상기관의 입회자 등에 대해 확인서를 징구하는 방법 등) 하는 증거를 확보하고 문답서 없이 감사결과를 처리한다.

28) **감사원감사사무처리규칙 제17조(문답서의 작성)** ① 감사원은 변상책임의 판정 또는 징계(문책을 포함한다. 이하 같다) 사유에 해당하거나 그 밖에 중요한 사안에 관련된 관계자 등의 책임 소재와 한계를 규명하고 행위의 동기, 배경 또는 변명을 듣기 위하여 필요한 때에는 관계자 등을 대상으로 문답(問答)을 실시하고 문답서를 작성한다.

29) 감사원의 감사증거 수집 기준을 참고하였다.

표 2-11_ 감사증거서류 수집 기준

처분요구 종류	구 분	문답서	질문서	감사 결과 처리 의견서	확인서 또는 증거서류 사본 등
변 상 판 정	1. 사안의 내용이 명백하고 다툼의 여지가 없는 사항	○	○		○
	2. 책임소재 및 변상판정요건 등의 규명을 필요로 하는 사항	○	○		○
징 계 · 문 책	1. 사안의 내용이 명백하고 다툼의 여지가 없는 사항	○	○		○
	2. 책임소재 및 행위동기 등의 규명을 필요로 하는 사항	○	○		○
통 보 (인사 자료)	1. 사안의 내용이 명백하고 다툼의 여지가 없는 사항	○	○		○
	2. 책임소재 및 행위동기 등의 규명을 필요로 하는 사항	○	○		○
	3. 비위사실조사 미진 등으로 대상 기관으로 하여금 조사처리하도록 하는 사항		○		○
시 정	1. 국민의 재산권 및 대상기관 업무에 중대한 영향을 미치는 중요한 사항으로서 대상 기관의 의견을 들어 처리할 사항과 다툼의 여지가 있는 사항	○			○
	2. 사안의 내용이 명백하고 다툼의 여지가 없는 사항			○	○
	3. 추징, 회수, 보전을 요하지 아니하는 경미한 사항			○	○
주 의	1. 행정선례의 변경 등을 요구하는 중요한 사항		○		○
	2. 기타 사항			○	○
개 선				○	○
권 고	1. 정책개선을 요하는 중요한 사항(개선대안을 제시하는 사항)		○		○
통 보	1. 문제점을 알려 자율적으로 개선대안을 마련하게 할 필요가 있는 사항		○		○
	2. 기타 사항		○		○

자료: 감사원 감사증거서류 작성요령(일부 수정)

표 2-12_ 감사결과처리 종류별 입증사항

감사결과 처리의 종류	주요 입증사항
변상판정	1. 변상대상자가 회계관계직원에 해당되는지 여부 2. 고의 또는 중대한 과실의 유무(출납직의 경우 선량한 관리자의 주의의무 위반 여부) 3. 법령 기타 관계규정 및 예산에 정하여진 바를 위배하였는지 여부 4. 국가 또는 단체에 손해가 발생하였는지 여부 5. 변상금액 산출 근거 6. 변상책임 감면시 그 사유
징계·문책요구	1. 관련 업무처리에 관한 근거 법령 및 규정 2. 관련 업무가 위법·부당하게 처리된 사실 3. 징계사유(법령, 직무상 의무 위반 등)에 해당하는 사실 4. 책임소재에 관한 사실(업무 처리사실 및 일자, 업무분장 규정, 관리기간별 업무분장 내용 등)
시정 및 주의 요구	1. 관련 업무처리에 관한 근거법령 및 규정 2. 관련 업무가 위법·부당하게 처리된 사실 3. 위법·부당사항으로 발생된 결과(금액, 물건 등) 4. 시정요구를 하는 경우 그 근거 5. 관련자에 관한 사항(관리기간별 업무분장 내용)
개선요구 및 권고·통보	1. 관련 업무처리에 관한 법령 및 규정, 제도 2. 현재의 업무처리 실태(방법, 기준, 절차 등) 3. 법령, 제도, 행정상의 모순이나 불합리에 관한 사실 4. 개선의 방향 및 그 정당성에 관한 근거

자료: 감사원의 '감사증거 작성요령'을 기초로 재작성

5.6. 감사증거 수집 방법

공공감사 실무(감사원에서 감사증거를 수집하는 방법 및 요령)에서 일반적으로 수집하는 감사증거의 유형별, 종류별로 수집 방법과 용도 등을 살펴본다.[30]

5.6.1. 일반적인 감사증거 수집요령

감사결과 처리를 요하는 사항에 대하여는 그 입증을 위하여 필요한 관계서류의 사본을 증거서류로 확보한다. 증거의 대상이 물건이거나 상태인 경우에는 현물채집(표본) 또는 사진촬영 등의 방법에 의하여 증거로 확보한다. 위법부당한 현장 등 시간의 경과에 따른 증거인멸이 우려되는 사실에 대해서는 사진징구 등의 방법으로 증거를 확보하되 촬영자·확인자를 명시하고, 간단한 상황설명 등을 첨기한다.

5.6.2. 확인서

5.6.2.1. 개념

확인서는 감사결과와 관련되는 사실관계에 대하여 업무담당자 등이 그 내용을 확인하여 제출하는 증거서류이다.

확인서는 업무담당자가 등이 위법·부당한 업무처리와 관련된 사실관계를 확인하여 작성·제출하므로 감사결과를 일목요연하게 판단하는 데 도움이 된다. 특히, 업무처리 문서 등을 통해 나타나지 않는 사실관계(업무처리 배경이나 상황 등)나 방대한 분량의 서류를 통해 확인할 수 있는 복잡한 사실관계 등을 입증하는 데 유용하다.

확인서는 감사의 증거서류로 활용되지만 감사대상기관에 대하여 감사를 통해 확인된 위법·부당사항을 알려주는 기능도 있다. 감사대상기관은 확인서 작성을 통해 위법·부당사항을 인식하고 감사결과 처리를 예측할 수 있으며, 그 내용에 동의하지 않는 경우 이견이나 감사소명 자료를 제출하는 등 대응할 수 있다.

---

30) 감사원의 감사증거 수집요령을 참조하여 작성하였다.

5.6.2.2. 작성 주체

확인서의 작성자는 감사대상기관의 업무담당자 등 해당 사실관계를 확인해 줄 수 있는 책임과 권한이 있는 관계자로 하여금 작성, 제출하도록 한다. 반드시 업무를 직접 처리한 당사자로 하여금 작성하게 할 필요는 없으며, 현재의 업무담당자가 작성해도 무방하다.

5.6.2.3. 작성 방법

확인서는 다음의 확인서 징구방법과 작성례와 같이 업무처리에 관한 내용을 사실관계 위주로 육하원칙에 따라 자세하게 기술하도록 한다.

다만, 작성자의 판단이나 의견, 잘못을 시인하는 내용 등을 확인서 형식으로 작성하거나 작성하게 하는 것은 적절하지 않다. 업무의 적정성 여부에 대한 판단은 관련법령 해석 등을 통해 공공감사기구가 판단할 사항이며 확인서에 업무담당자가 법령위반을 인정하고 잘못을 시인하는 내용을 기술한다 할지라도 이는 단순한 참고사항에 불과한 것이다.

특히, 업무담당자 등 확인서 작성자가 법령위반 여부 등에 대해 의견을 달리하거나 잘못을 시인하지 않는 경우 또는 확인서 작성을 거부하는 경우 잘못을 시인하는 취지의 내용을 확인서에 기술하도록 하거나 작성을 강요하여서는 아니된다.

이러한 경우 다른 증거에 의해 위법·부당한 사실을 충분하게 증명할 수 있는 경우 확인서 없이도 감사결과를 처리할 수 있으므로 담당자가 잘못을 인정하지 않는 경우 다른 증거를 수집하여 문제를 입증하는 것이 바람직하다.

확인서 징구 방법 (「감사원 감사사무 처리요령」)

1. "제목", "확인의 내용", "사실의 확인임을 표시하는 내용", "확인일자", "확인자 및 입
   회자의 서명날인" 등이 포함되도록 한다.
2. "특정사실"만을 확인케 하면 족하고 정당론이나 원인, 동기 등을 기재하도록 강요하
   는 일이 없도록 한다.
3. 관계서류의 사본만 있으면 충분한 사실 또는 설명하지 아니하여도 당연히 인정되는
   사실에 대하여는 확인서를 받을 필요가 없다.
4. 현장상황 등이 감사현장을 떠나거나 시간이 경과하면 다시 확인할 수 없거나 변경될
   가능성이 있는 사항은 현장에서 즉시 확인서를 받는다.
5. 서면만으로 현장 등 상태를 표현하기 곤란한 경우에는 표본품을 징구하거나 도표, 사
   진, 녹음 등을 함께 징구한다.
6. 확인서를 징구하는 때에는 가능한 해당사실을 객관적으로 입증할 수 있는 증거를 따
   로 보강한다.

─ Ref.20 확인서 작성 (예시)

- 확인서 -

제목: 수의계약 체결 과정에서 부정당사업자 여부를 확인하지 않는 사실 등

확인 내용:

1. 본인은 계약업무 담당자로서 2000. 00. 00. ○○회사와 △△물품구매를 위한 계약
   (금액 1,200만 원)을 체결하면서 위 회사가 부정당사업자로 등록되어 있는 사실을
   확인하지 않고 수의계약을 체결한 사실이 있습니다.

2. 위 수의계약 체결 한 달여 전인 2000. 0. 00. ○○물품구매를 위한 수의계약 건에
   대한 우리 부 감사실의 일상감사에서 위 회사가 부정당사업자로 등록된 사실과 수
   의계약 체결이 금지된다는 내용을 지적받고 계약체결을 중단한 사실이 있습니다.

이상의 내용은 사실임을 확인합니다.

작성일자: 2000. 0. 0.

작성자: 소속   직   성명   (서명)

5.6.3. 문답서

5.6.3.1. 개념

문답서는 감사를 통해 확인된 문제가 변상판정 또는 징계·문책 사유에 해당하거나 그 밖에 중요한 사안에 관련된 관계자 등의 책임 소재와 한계를 규명하고 행위의 동기, 배경 또는 변명을 듣기 위하여 작성하는 감사 증거서류이다.

5.6.3.2. 작성 대상자

문답서의 작성 대상자는 변상판정 또는 징계·문책 사유에 해당하거나 그 밖에 중요한 사안에 관련된 관계자이다. 원칙적으로 변상판정 또는 징계·문책 요구 등 조치의 대상자를 상대로 문답서를 작성하지만 책임의 소재와 정도가 불분명한 경우 위법·부당한 업무처리의 담당자와 상급자, 하급자, 그 밖에 관계자 등을 상대로 문답서를 작성하여 책임소재를 명확히 규명하고 조치의 대상자를 판단한다.

「감사원 감사사무 처리규칙」 제17조(문답서의 작성) ① 감사원은 변상책임의 판정 또는 징계(문책을 포함한다. 이하 같다) 사유에 해당하거나 그 밖에 중요한 사안에 관련된 관계자 등의 책임 소재와 한계를 규명하고 행위의 동기, 배경 또는 변명을 듣기 위하여 필요한 때에는 관계자 등을 대상으로 문답(問答)을 실시하고 문답서를 작성한다.
② 문답서 작성을 위하여 제16조 및 제31조에 따라 관계자 등의 출석답변을 요구하는 경우에는 감사목적을 위하여 필요한 최소한도에 그쳐야 한다.

5.6.3.3. 작성 방법

감사실시 과정에서 비위행위가 확인되는 경우 그 경위와 책임소재 등을 명확하게 규명하여 관련자를 가려내고, 비위에 상응한 책임을 지우는 것이 공공감사의 책임과 역할이다. 위법·부당한 업무처리의 경위로 관계자의 고의나 중대한 과실, 상급자의 지시, 이해관계인과의 유착관계 등 중대한 비위 혐의가 의심되는 경우 그 사실을 규명할 수 있도록 문답서 작성 준비를 철저히 하고, 문답서를 작성할 때는 대상자로부터 정확한 사실을 진술받을 수 있도록 만전을 기하여야 한다.

다만, 문답서 작성은 사무처리의 위법·부당에 대한 입증을 전제로 그 업무처리 경위와 배경, 책임소재 등을 가리기 위한 것이므로 "관련자가 위법·부당하게 업무를 처리하게 된 구체적인 경위나 직무수행 행위를 규명하는 것"을 위주로 작성하고, 행정사무의 위법·부당 여부에 대한 증명을 문답서 작성으로 하고자 하는 것은 바람직하지 않다. 사무처리가 위법·부당한지 여부는 관련 문서 등 다른 증거로 입증하고, 문답서 작성은 문서에 나타나지 않는 사실관계(상급자의 지시나 외부 인사의 개입 등)나 행위의 배경 등을 규명하는 데 초점을 둔다.

━ Ref.21 문답서 작성 요령

(사전 준비)

1. 규명하고자 하는 쟁점을 명확히 한다.

2. 업무처리 관련 법령, 사실관계를 구체적으로 파악하고, 증거서류를 준비해 둔다.

3. 질문사항 및 순서를 미리 정리해 둔다.

4. 대상자의 예상되는 답변, 변명에 대한 대응 방향을 준비한다.

(문답 실시)

5. 위법·부당사항과 관련된 주요 사실관계를 확인하고, 그 사유와 경위를 작성한다.

6. 관계자가 사실관계 등을 부인하거나 사실과 다른 답변을 하는 것으로 의심되는 경우 관계자의 답변이 다른 증거의 내용 또는 다른 관계인의 진술과 배치되는 점, 답변 간의 모순점, 일반적인 상식에 맞지 않는 점 등을 제시하여 정확한 사실을 진술하게 한다.

5.6.3.4. 문답서 작성시 준수사항

문답서 작성은 대상자에게 큰 심리적 부담감을 주는 감사업무이다. 감사목적 달성 못지않게 대상자의 인권 보호도 중요하므로 문답서 작성 과정에서 대상자의 인권 보호를 위해 규정된 제반 절차(불리한 진술의 거부, 변호인 참여, 근무시간 중 조사 원칙, 휴식시간 보장 등)를 준수하여야 한다. 문답서 작성시 준수사항에 대한 자세한 내용은 "제1편 제5장 감사대상자 권익보호"를 참조하기 바란다.

5.6.4. 질문서와 답변서

질문서는 감사결과 위법·부당하다고 인정되는 사항 등에 대하여 감사대상기관 등에 그에 대한 의견과 처리대책 등을 묻는 감사문서이다.[31] 공공감사기구의 질문서에 대응하여 감사대상기관 등은 그에 대한 의견, 대책 등을 작성하여 답변서를 제출한다.

질문서 발부와 답변서 제출은 공공감사기구가 감사를 통해 확인된 위법·부당사항 등에 대하여 감사대상기관 등에 알려주고 감사대상기관 등은 그에 대하여 공식적인 의견을 제출하는 과정으로서 공공감사 과정에 있어 중요한 절차이다.

감사대상기관 등은 답변서를 통해 감사결과에 대한 이견(異見)이나 의견을 제출할 수 있으며, 업무처리와 당시의 애로사항 등 감사결과 처리시 고려할 사항 또는 건의사항 등을 제출할 수 있다.

공공감사기구는 감사대상기관의 답변서를 통해 감사결과에 대한 의견을 종합적으로 파악할 수 있어 감사결과를 처리하는 과정에서 사건성립 여부와 조치 방향 등을 판단하는 중요한 검토자료로 활용한다.

질문서 작성방법 및 유의사항 (「감사원 감사사무 처리요령」)

작성방법

1. 질문서는 감사결과로 확인된 내용(사건 내용)과 질문 사항으로 구성된다.
2. 사건내용은 답변자가 질문사항과 관련된 사무처리, 사업집행 실태 및 위법·부당사실 등을 파악할 수 있도록 감사결과를 육하원칙에 따라 설시한다.
3. 질문은 감사결과에 대한 의견을 종합적으로 묻고 그 외에 사안에 따라 "처리경위" "책임소재" "처리의견" 및 "관련자" 등 질문사항을 설시한다.

---

31) 「감사원 감사사무 처리규칙」 제27조(질문서의 발부) ① 감사원은 감사결과 위법·부당하다고 인정되는 사항 및 사무처리의 내용이 분명하지 않은 사항과 공무원 등의 직무상 부당한 일이 있다고 인정되는 사항 등(이하 "감사결과 위법·부당사항 등"이라 한다)에 대하여 설명 또는 소명을 요구할 때에는 감사결과 위법·부당사항 등의 내용, 질문사항, 답변자, 답변기한 등을 적은 질문서를 발부한다.

1. 주관적 판단이나 결과를 예견하는 질문을 피한다.
2. 답변내용이 사실과 다른 경우에는 이를 반박하는 재질문서를 발부하거나 확인서 징구, 문답서 작성 등 입증할 수 있는 증거서류를 보강한다.
3. 감사대상기관이 이견을 제시한 경우 그 내용을 검토하여 타당하다고 인정될 경우에는 수용하고 그렇지 않을 경우에는 이를 반박할 수 있는 추가 증거자료를 보강한다.

─ Ref.22 질문서 작성 (예시)

─ 질 문 서 ─

제목: 수의계약 체결 부적정에 관한 사항

질문자: 감사단장 소속   직   성명   (서명)

수신자(답변자): 감사대상기관   직   성명

발부일자: 2000. 0. 0.

　아래 사항에 관하여 2000. 0. 0.까지 답변하여 주시기 바랍니다.

사건 내용:

　귀 기관(ㅁㅁ과)이 2000. 00. 00. △△회사와 ○○물품구매를 위한 수의계약(금액 1,200만 원)을 체결한 사항과 관련된 사항입니다.

　국가계약법령에 따르면 계약을 체결할 때는 부정당사업자인지 여부를 확인하도록 되어 있고, 부정당사업자에 대하여는 수의계약을 체결할 수 없도록 규정되어 있습니다.

　그런데도 위 부서는 위 회사가 부정당사업자인지 여부를 확인하지 않고 부정당사업자로 등록되어 수의계약이 금지되는 위 회사와 수의계약을 체결한 사실이 있습니다.

질문 사항:

　1. 위 감사결과와 관련하여 다른 의견이 있으면 말씀하여 주시기 바랍니다.

　2. 이 건에 대한 조치의견이 있으면 말씀하여 주시기 바랍니다.

　3. 이 건 관련자의 직, 성명, 관리기간 등을 말씀하여 주시기 바랍니다.

　4. 앞으로 유사사례를 방지하기 위한 대책을 말씀하여 주시기 바랍니다.

제 5 절

감사결과 처리

1. 개념 및 의의

1.1. 개념

감사실시 과정이 마무리되면 다음으로는 감사결과를 처리하는 과정이 진행된다.

감사를 실시하여 위법·부당사항 등이 확인되면 그에 대하여 조치를 하여야 하는데 감사실시 과정이 종료된 후 감사결과에 대하여 감사대상기관 등에 조치를 하기까지 이루어지는 일련의 과정이 '감사결과 처리과정'이다.

감사실시 과정이 마무리(또는 실지감사가 종료)되었다고 하여 곧바로 감사결과에 대해 조치를 할 수 있는 것은 아니다. 현장에서 검토한 감사결과를 감사보고서 (안)[1]로 정리하는 과정이 필요할 뿐 아니라 감사단이 작성한 감사보고서(안)의 내용과 조치방향, 감사증거 등에 대해 공공감사기구 차원에서 검토하고 보완, 확정하는 과정이 필요하기 때문이다.

감사결과 처리과정은 이와 같이 감사단이 수행한 감사결과를 검증, 보완하고 감사결과를 확정하여 그에 따른 조치를 하는 과정으로 공공감사기구 내부적으로 감사결과를 보고(「실지감사 종료보고」)하고, 감사보고서를 작성·검토·심의·의결하며, 확정된 감사보고서를 감사대상기관 등에 시행하는 과정으로 이루어진다.

---

1) 감사결과 내용과 그에 대한 조치는 감사보고서로 작성되고 감사대상기관 등에 시행된다. 감사보고서는 최종적으로 감사위원회의 의결로 확정되는데 그 이전까지의 감사보고서는 감사원의 내부 검토를 위한 문서이므로 '감사보고서(안)'으로 표기한다. 감사원에서는 이를 '처리안'이라고 하고, 감사위원회의 심의·의결을 받기 위해 부의하는 감사보고서(안)을 '부의안'이라고 한다.

1.2. 의의

공공감사는 공공행정이 적정하게 수행되고 있는지를 검증하고 잘못된 부분을 바로잡는 기능을 한다. 그리고 공공감사는 위법·부당사항을 바로잡는 시정적 기능 외에 다시 문제가 발생하지 않도록 하는 예방적, 교육적 기능도 중요하다.

따라서 공공감사 수행과정에 있어 감사를 실시하여 위법·부당사항을 밝혀내는 활동이 일차적으로 중요하지만 확인된 문제점에 대하여 논리정연하게 정리하고 그에 합당한 조치방향을 정하여 감사대상기관에 시행하는 것도 그 못지않게 중요하다. 따라서 감사결과의 오류 등 감사위험(audit risk)을 방지하기 위해서는 감사결과를 확정하고 조치를 하기에 앞서 감사결과의 내용과 조치 방향, 감사증거 등이 적정한지 검증하는 과정이 필요한 것이다.

한편 감사를 준비하고 실시하는 과정에서는 "무엇을 감사하고, 어떻게 위법·부당사항을 찾아낼지"에 초점을 두고 감사업무를 수행한다. 반면에, 감사결과를 처리하는 과정에서는 잘못되거나 불완전한 감사결과가 시행되는 일이 없도록 "감사결과가 타당한지"를 검토하고, 그 논리와 증거 등을 보완하는 데 중점을 두고 업무가 이루어진다.

이와 같이 감사실시 단계에서는 감사접근방법에 관한 실무역량이 보다 중요하고, 감사결과 처리단계에서는 감사보고서의 논리적인 작성, 균형있는 검토·판단 능력이 필요하다.

1.3. 주요 업무

감사결과 처리과정에서 수행하는 주요 업무는 다음과 같이 진행된다.
① 감사결과 주요 내용 및 조치방향 등을 감사기구의 장에게 보고
② 감사보고서(안)의 작성, 검토, 보완
③ 감사보고서 확정(감사위원회의 심의, 의결)
④ 감사보고서 시행 및 공개
이하에서 위와 같은 주요 업무별로 각각의 업무를 수행하는 방법을 살펴본다.

2. 감사결과 보고(실지감사 종료보고)[2]

2.1. 의의

감사결과 보고는 실지감사가 종료된 후 감사단이 감사실시 과정에서 확인한 위법·부당사항 등에 대하여 그 주요 내용과 조치방향(안) 등을 정리하여 감사기구의 장에게 보고하는 것이다.

감사결과보고서는 공공감사기구의 내부 문서이며 대외적으로 효력이 있는 문서는 아니다. 하지만 감사결과 보고 과정을 통해 공공감사기구 내부적으로 실지감사에서 확인된 주요 감사결과의 내용을 공유하고, 감사결과에 대한 일차적인 검토와 감사보고서(안) 작성방향을 논의할 수 있다는 점에서 의의가 있다.

2.2. 주요 보고내용

감사결과보고서는 공공감사기구의 내부 문서이므로 그 작성 내용과 방법에 관한 구체적인 규정이 있는 것은 아니다. 따라서 감사사항의 특성과 감사결과의 내용 등을 고려하여 적절한 구성과 방법으로 감사결과 보고서를 작성할 수 있다.

공공감사 실무에서 일반적인 보고 내용은 감사활동 개요, 감사결과 문제점과 조치방향(안), 감사대상기관의 의견, 감사결과 처리일정 등이다.

위와 같은 기본적인 보고사항 외에 공공감사기구 내부적으로 공유할 필요가 있는 특이사항을 적절하게 보고하는 것이 바람직하다.

그러한 특이사항으로는 감사가 미진하여 추가·보완 감사가 필요한 사항, 적극행정면책 관련사항, 긴급한 사유로 사전 조치가 필요한 사항 등을 들 수 있다.

---

2) 감사원은 감사단이 수행한 감사결과를 내부적으로 보고하는 것을 '실지감사 종료보고'라고 한다 (2015년). 과거에는 '감사결과 보고'라는 명칭을 사용하였는데 이로 인해 감사단이 실무적으로 판단한 감사결과 보고 내용을 최종적인 감사결과로 오해하는 사례가 종종 발생하여 그러한 오해를 방지하고 보다 사실에 부합하는 명칭으로 변경한 것이다.

┌───┐

— Ref.23 감사결과 보고의 주요 내용 (예시)

1. 실지감사 활동 개요(감사목적, 중점, 기간, 인원 등)
2. 감사대상업무 현황 및 실태
3. 주요 감사결과(감사결과 문제점 및 조치방향, 감사대상기관 의견 등)
4. 감사결과 처리 일정
5. 특이사항
   - 추가·보완감사가 필요한 사항
   - 적극행정면책 신청 및 직권면책사항
   - 전문가 자문 결과 또는 자문이 필요한 사항
   - 감사대상업무 관련 감사대상기관 특이 동향
   - 긴급한 사유로 사전 조치가 필요한 사항
   - 기타 감사기구의 장이 참고할 필요가 있는 사항

└───┘

2.3. 감사결과 보고 관련 유의사항

감사결과 보고는 공공감사기구 내부적으로 주요 감사결과를 공유하는 것이 주된 목적이고, 대외적으로는 공식 감사결과 문서인 감사보고서를 작성, 시행하는 것이므로 감사결과 보고의 완성도 못지않게 적시성 있는 보고가 중요하다.

그리고 국가 등의 예산 낭비나 손해의 발생 등을 방지하고 국민생활의 위해요인 발생 등을 막기 위해 감사결과 확정 전에 긴급한 조치가 필요한 경우 그에 관한 내용을 보고하고 감사대상기관 등에 그에 필요한 조치를 하도록 한다.[3]

그리고, 감사결과 처리 중 채무자의 재산처분, 시효소멸 등으로 채권회수가 사실상 불가능해질 우려가 있을 경우 감사결과 확정 전이라도 감사대상기관과 협의하여 채권보전 등 사전조치를 하도록 하는 것이 바람직하다.

---

3) 이와 같은 긴급한 사항이 있는 경우 실지감사 종료 전이라도 감사진행상황보고 또는 중간보고 등을 통해 사전조치가 필요한 사항을 보고하고 감사대상기관 등 관계기관이 적절한 조치를 할 수 있도록 하는 것이 바람직하다. 감사원법 제30조에 규정된 관계기관에 대한 협조요구 등을 통해 할 수 있다.

다만, 위와 같은 사전 조치는 감사결과 확정 전에 하는 잠정적인 사전 조치이므로 사안이 명확하고 감사대상기관 등이 동의하는 경우에 하고, 감사결과가 검토 과정에서 불문4) 처리되는 경우 신속하게 불문 통보를 하는 것이 바람직하다.

3. 감사보고서 작성

3.1. 의의 및 개념

감사결과를 보고하면 다음 단계로는 감사보고서를 작성한다. 감사보고서는 감사결과로 확인된 위법·부당사항 등과 그에 대한 조치사항을 기술하여 감사대상기관에 시행하고 일반 국민에게 공개하는 공식 감사문서이다.

감사보고서는 감사준비부터 감사실시, 감사결과 처리에 이르는 과정과 감사결과 등 감사활동에 관한 모든 내용을 종합하여 작성한 "최종 결과물"이다. 감사원이 개별 감사사항에 대해 감사를 수행하는 과정에서 사실상 유일하게 대외적으로 시행하고 공개하는 공식적인 감사문서이다.

감사결과 및 그에 대한 조치는 감사보고서를 통해 대외적으로 효력을 발생하고, 일반 국민은 감사보고서를 통해 감사원의 감사활동을 알 수 있게 된다.

감사실시 과정이 잘 수행되었다 하더라도 감사결과 등에 대해 감사보고서 작성이 제대로 되지 않으면 위법·부당사항과 그에 대한 조치사항을 정확하게 전달할 수 없게 되거나 감사결과에 대해 오해나 비판을 초래할 수 할 수 있다.

이러한 점에서 감사보고서 작성이 갖는 의의를 이해할 수 있다.

---

4) '불문(不問)'은 감사원에서 내부적으로 사용하는 용어이다. 처리 중인 감사결과를 위법·부당하지 않다고 판단하고 감사결과로 처리하지 않기로 결정하는 것을 말한다.

3.2. 감사보고서의 기능

감사보고서는 공공감사기구의 활동에 대한 정보와 함께 공공부문의 기관이나 사업의 문제점, 개선방안에 관한 정보가 담겨 있어 감사대상기관뿐만 아니라 공공부문 종사자와 일반 국민 등 다양한 독자에게 유용한 정보를 제공한다.

감사보고서는 보고서를 읽는 독자에 따라 다양한 기능을 한다.

표 2-13_ 감사보고서의 독자 및 기능

독자	기능
• 공공감사기구 내부	감사결과 검토 및 심의의 수단
• 감사대상기관 및 관계자	감사대상업무에 대한 감사결과, 조치사항 시행
• 일반 공공부문 종사자	감사방향 및 업무수행 관련 지침 제공
• 일반 국민(국회, 언론 등 포함)	국민의 알권리 충족, 공공사업 및 공공감사기구의 활동에 관한 정보 제공

감사보고서의 독자는 일차적으로 공공감사기구 내부 관계자와 감사대상기관 및 관계자이며, 이차적으로 공공부문 종사자와 일반 국민이 된다.

먼저, 감사보고서는 '공공감사기구 내부의 관계자(담당 감사관부터, 감사단장, 결재권자, 감사품질담당관, 감사위원회의 등)'가 감사결과와 조치내용에 대한 구체적인 내용을 공유하고 그 적정성을 검토하고 논의하는 기초가 된다. 위에서 기술한 '감사결과 보고' 과정에서 감사결과에 관한 주요 내용의 공유와 검토가 이루어 지지만 이는 '개략적이고, 잠정적인 검토'이고 감사결과 문제점과 조치사항에 대한 구체적이고 확정적인 검토는 감사보고서(안)를 통해 이루어진다.

다음으로 감사대상기관 및 이해관계인은 감사보고서를 통해 구체적인 감사결과와 조치할 사항을 확인하고 감사결과에 따른 후속조치를 할 수 있다.

그리고, 공공부문에 종사하는 공무원 등은 감사원의 감사보고서를 통해 공공감사기구의 감사방향과 결정례 등을 파악하고, 유사한 업무를 처리할 때 참고할 수 있다.

한편, 일반 국민(국회, 언론, 사회단체 등 포함)은 공개되는 감사보고서(공개문)를 통해 공공감사기구의 감사활동과 공공부문의 문제점 등에 관한 공공정보를 확인할 수 있다.

공공감사는 "국민을 대신하여 공공행정의 적정성 여부를 검증"하는 활동이라고 할 수 있는데 주인인 국민은 감사활동의 최종 산출물인 감사보고서를 통해 공공행정의 수행 실태에 관한 정보와 공공감사기구의 활동에 관한 정보를 획득할 수 있다.

국회는 감사보고서의 공공행정에 관한 실태 정보를 국정 감독이나 법률 제·개정, 예산 심의 등에 활용하고, 국민은 감사기구의 감사활동에 대한 정보를 공공감사기구에 대한 지지나 비판의 근거로 삼는다. 이러한 지지나 비판은 공공감사기구의 건전한 운영을 위한 자양분[5]이 된다.

이와 같이 감사보고서는 다양한 독자에게 유용한 정보를 제공하고, 최종적으로 일반 국민의 지지를 획득하는 수단이 된다는 점에서 감사보고서의 기능과 중요성을 인식할 필요가 있다.

3.3. 감사보고서의 구성[6]

감사보고서는 위와 같은 감사보고서의 기능이 충족될 수 있도록 감사실시에 관한 전반적인 내용이 수록되도록 작성한다.

감사보고서의 내용을 크게 나누어보면 ① 감사활동에 관한 내용, ② 감사대상기관 및 업무에 대한 내용, ③ 감사결과에 관한 내용으로 구성된다.

'감사활동'에 관한 내용은 "감사실시 개요" 부분에서 감사의 목적과 배경, 감사 중점 및 범위, 감사과정 등을 기술한다.

---

5) 감사보고서의 일반 공개는 국민으로부터 지지 획득 수단이 되기도 하지만 동시에 비판과 검증의 도구가 된다. 이로 인해 공공감사기구는 감사활동에 대한 국민의 지지획득을 위해 성과와 품질이 높은 감사보고서를 생산하기 위해 노력하게 되고 이러한 노력이 공공감사 발전의 원천이 된다. 실제로 감사원이 과거 감사보고서를 비공개하다가 2003년부터 감사보고서를 일반에 공개한 이후 감사의 품질이 지속적으로 향상되고 있다고 할 수 있다.

6) 감사원의 감사보고서(공개문)는 감사원 홈페이지(https://www.bai.go.kr/bai/ 감사결과)에 공개되어 있다. 이를 통해 감사보고서의 체제 및 형식과 작성 방법을 참고할 수 있다.

'감사대상기관 및 업무'에 대한 내용은 감사대상기관의 조직 및 기능, 예산, 주요사업 및 업무 등을 기술하거나, 감사대상사업 또는 업무의 추진체계, 관련 법령, 주요 사업내용, 추진현황 등 독자들이 감사결과를 이해하는데 도움이 되는 내용을 기술한다.

'감사결과'에 관한 내용은 감사를 통해 확인된 위법·부당사항 등에 대하여 개별 처분요구 및 권고·통보사항별로 기술한다. 개별 처분요구사항 등은 감사대상 업무와 위법·부당한 사실, 조치할 사항 등을 구체적으로 기술한다.

감사유형별로 일반적인 감사보고서 구성 체제는 <표 2-14>와 같다.

표 2-14_ 감사사항별 감사보고서 구성

기관운영감사 등 (기관을 대상으로 하는 감사)	성과감사 등 (사업을 대상으로 하는 감사)
감사실시 개요 1. 감사실시 배경 및 목적 2. 감사 중점 3. 감사기간 및 인원 4. 감사실시 과정	감사실시 개요 1. 감사실시 배경 및 목적 2. 감사대상 사업 및 중점 3. 감사기간 및 인원 4. 감사 방법 및 판단기준 5. 감사실시 과정
감사대상 기관 현황 • 예산, 조직, 주요 사업 및 업무 등	감사대상 사업 현황 및 실태 • 사업추진체계, 절차 및 관련 법령 등 • 사업계획, 예산, 사업내용 등

감사 결과
1. 총괄
2. 개별 처분요구 및 권고·통보사항
  1) 감사대상 업무
  2) 관련법령 및 판단기준
  3) 감사결과 확인된 문제점
  4) 관련기관 등 의견
  5) 조치할 사항
	감사 결과
	1. 총괄
	2. 분야별 감사결과 or 개별 감사결과
	  1) 감사대상 분야
	  2) 판단기준
	  3) 감사결과 확인된 문제점
	    · 실태, 문제점, 문제발생 원인
	  4) 관련기관 등 의견
	  5) 권고사항

3.4. 감사실시 개요 등

감사실시 개요는 감사목적과 감사대상 업무 및 중점, 감사 실시 및 처리 과정 등 감사 실시에 관한 일반적인 내용을 기술한다.

3.4.1. 감사목적 및 배경

감사목적과 배경은 연간감사계획 수립시 감사사항을 선정한 사유와 배경, 감사를 실시하는 목적 등을 기술한다.

3.4.2. 감사범위 및 중점

감사범위 및 중점은 감사대상이 되는 기관, 분야, 업무 등의 범위와 그중에서 감사를 중점적으로 실시한 분야를 기술한다.

감사범위는 감사의 대상이 되는 '업무의 범위'와 '기간의 범위'를 말한다. 특정기관에 대해 정기적으로 감사(기관운영감사, 기관정기감사, 기관종합감사 등)를 실시하는 경우 감사대상이 되는 업무 범위는 해당 기관의 업무 전반이 되고, 기간 범위는 통상 직전감사의 감사범위 이후부터 실지감사 착수일까지로 한다. 장기간 감사를 실시하지 않은 기관인 경우 최근 3년[7] 동안 수행한 업무를 감사범위로 한다.[8]

특정한 사업이나 업무에 대하여 감사를 실시하는 경우(특정사안감사, 성과감사, 감사청구사할 등) 감사대상이 되는 사업이나 업무가 감사범위가 된다.

한편, '감사범위'가 중요한 의미를 지니는 경우가 있는데, 감사중복의 문제와 감사결론의 범위와 관련되는 경우이다.

감사보고서에 기술된 '감사범위'는 다른 기관이 감사를 실시하는 경우 그에 대한 중복을 피할 수 있도록 한다. 즉 다른 감사기구가 해당기관에 대하여 감사를 실시하는 경우 예외적인 경우를 제외하고는 원칙적으로 감사범위에 포함된 업무는 제외하고 감사를 실시하여야 한다.[9]

---

7) '3년'은 정부 등 공공기관에서 일반적으로 징계시효가 적용되는 기간이다.

8) 이와 같이 감사범위를 정하더라도 감사를 통해 확인되는 위법·부당사항이 감사범위 이전의 과거까지 연결되는 경우 그에 대하여도 감사를 실시한다.

9) 「공공감사에 관한 법률」 제33조(중복감사 금지) 감사기구의 장은 이미 감사원 감사등이 실시된 사안에 관하여는 새로운 사실이 발견되거나 중요한 사항이 누락된 경우 등 대통령령으로 정하는 경우를

감사범위가 감사결론에 영향을 미치는 경우가 있는데 특정한 사안에 대해 결론을 내리기 위해 검토해야 하는 요인 중 일부에 대하여만 감사를 실시한 경우 결론을 내리는 데 한계가 발생하는 것이다.[10)]

3.4.3. 감사실시 과정

감사를 실시한 기간과 투입 인력, 감사마감회의 실시 등 감사실시 과정과 감사결과 처리 과정을 기술한다.

전문가 자문 등을 실시한 경우 그 내용을 기술하고 그 밖에 적극행정 면책 등 감사과정의 특이사항을 기술한다.

3.4.4. 감사대상 기관 및 사업 등 현황

감사대상 기관이나 사업의 기본적인 현황을 기술한다. 감사 관계자나 일반 국민이 감사대상 기관과 업무, 감사결과를 이해하는 데 도움이 될 수 있는 내용을 기술한다.

기관에 대하여 종합감사를 실시하는 경우 그 기관의 조직, 예산, 주요 사업 등과 주요 감사결과와 관련되는 업무의 현황 등을 기술한다.

특정 사업이나 업무에 대하여 감사를 실시하는 경우 해당 사업과 업무 등의 추진체계, 관련 법령, 사업내용, 예산, 사업추진 경과 등을 기술한다.

제외하고는 자체감사기구의 자체감사 대상에서 제외하고 종전의 감사결과를 활용하여야 한다.
「공공감사에 관한 법률 시행령」 제17조(중복감사 금지의 예외) 법 제33조에서 "새로운 사실이 발견되거나 중요한 사항이 누락된 경우 등 대통령령으로 정하는 경우"란 다음 각 호의 어느 하나에 해당하는 경우를 말한다.
  1. 새로운 증거 또는 사실이 발견된 경우
  2. 감사 증거서류 등이 위조·변조된 것이 증명된 경우
  3. 감사결과에 영향을 미칠 만한 중요한 사항이 누락된 경우
10) 특정한 사안에 대한 감사결론을 도출하기 위해 검토해야 하는 여러 요인 중에 그중 일부만 검토하였다면 그 사안에 대한 감사결론은 감사를 실시한 범위에 한정되는 것이다. 이와 같이 사업의 일부에 대한 감사결과는 일부에 대하여만 유효한 것이므로 이를 전부에 대한 감사결과로 연결하거나, 전부에 대한 감사결과로 오해되지 않도록 유의하여야 한다.

3.5. 감사결과

3.5.1. 의의

감사결과는 감사보고서의 본론에 해당하는 것으로 '총괄' 부분과 '개별 처분요구 및 권고·통보사항'(이하 '개별 처분요구사항 등'이라 한다)'으로 구분된다.

총괄 부분은 학술논문에 비유하면 "요약문"에 해당하는 부분으로 독자들이 감사결과의 중요 내용을 쉽게 이해할 수 있도록 하기 위한 목적으로 작성하며, 감사결과의 전체 현황과 주요 내용을 요약하여 기술한다.

개별 처분요구사항 등 부분은 감사를 통해 확인한 각각의 위법·부당사항별로 감사결과 확인된 문제점과 조치할 사항 등을 구체적으로 기술한다.[11]

아래에서 개별처분요구사항 등의 작성 원칙과 방법에 대하여 살펴본다.

3.5.2. 감사결과(개별 처분요구사항 등) 작성 원칙

감사결과(개별 처분요구사항 등)는 감사대상기관이나 사업, 업무의 위법·부당사항을 지적하고 제도의 개선이나 관계자에 대해 제재조치를 요구하는 내용을 기술하는 부분으로 법원의 판결문과 유사한 기능을 한다. 따라서 개별 처분요구사항 등을 작성할 때는 좋은 글쓰기의 일반적인 원칙[가독성(간결, 명료)]에 따라야 함은 물론이고 감사결과에 관한 공문서로서 특성에 맞게 "정확하고, 완전하며, 객관적이고, 명확하게" 작성하여야 한다.[12]

3.5.2.1. 정확성

감사결과는 정확하게 작성하여야 한다.

증거에 기초하여 사실관계와 판단의 근거를 정확하게 기술하여야 한다. 사실과 다른 내용이나 증거가 뒷받침되지 않는 내용, 오류나 오타 등이 없도록 작성하여야 한다.

---

11) 감사보고서 중에는 문제점과 조치할 사항을 분야별로 종합적으로 기술하는 형식으로 작성하기도 한다('종합 처리안'이라고 하며, 성과감사의 결과는 대부분 종합처리안 형식으로 작성한다). 이러한 경우에도 각 분야의 개별 감사결과는 위와 같은 체제로 구성된다.

12) 공공감사기준(제27조)은 적시성, 완전성, 간결성, 정확성, 논리성, 공정성 등을 감사결과 보고의 원칙으로 규정하고 있다.

3.5.2.2. 완전성

감사결과는 완전하게 작성하여야 한다.

감사 결론을 도출하는 데 기초가 되는 사실관계, 판단의 근거를 빠짐없이 기술하고, 논리적으로 완결성을 가지도록 작성하여 위법·부당사항과 조치사항에 대하여 의문이나 반론의 여지가 없도록 하여야 한다. 감사결과를 판단하는 데 필요한 정보를 누락하는 등으로 논리의 흠결이나 비약이 발생하지 않도록 하여야 한다.

3.5.2.3. 객관성

감사결과는 객관적으로 작성하여야 한다.

객관적인 시각에서 증거 및 사실관계, 판단의 근거 등을 기술하고 주관적인 판단이나 표현은 지양한다. 감사대상기관의 의견이나 반론은 있는 그대로 수록하고, 감사보고서를 읽으면 누가 보아도 그러하다고 인정할 수 있도록 객관성 있게 작성하여야 한다.

3.5.2.4. 명확성

감사결과는 명확하게 작성하여야 한다.

감사보고서는 다른 기관이나 공무원 등이 수행한 업무의 잘못을 지적하고 일정한 조치를 하도록 요구하는 문서이므로 의미 전달에 있어 오해가 생기거나 의도와 다르게 해석되지 않도록 작성하여야 한다. 따라서 추상적이고 막연한 내용, 다의적(多義的)인 표현은 지양하고, 위법·부당사항과 조치사항을 구체적이고 명확하게 작성하여야 한다.

3.5.3. 체제 및 구성

개별 처분요구사항 등은 감사결과 처리의 종류와 위법·부당사항의 특성 등에 맞게 적절한 체제로 작성하되, 개별 처분요구사항 별로 어떤 업무에, 어떤 문제가 있어, 어떤 조치를 하였는지에 대해 알 수 있도록 일목요연하게 기술한다.

감사원의 개별 처분요구사항 등의 일반적인 구성 체제는 <표 2-15>와 같다.

표 2-15_ 개별 처분요구사항 등의 구성

개별 처분요구 및 권고·통보 (합법성 감사 등)	권고·통보 (성과감사 등)
1. 감사대상 업무 2. 관계법령 및 판단기준 3. 감사결과 확인된 문제점 　가. 업무처리의 부적정과 그 결과 　나. 관련자의 위법·부당한 행위 4. 관련기관 등 의견 5. 조치할 사항	1. 감사대상 사업 2. 판단기준 3. 감사결과 확인된 문제점 및 개선대안 　가. 사업수행 실태 　나. 문제점 　디. 문제발생 원인 및 개선대안 4. 관련기관 등 의견 5. 권고사항

3.5.4. 감사보고서(개별 처분요구사항 등) 항목별 작성방법

3.5.4.1. 감사대상 업무 또는 사건 개요

감사를 통해 위법·부당사항 등이 확인된 업무의 처리에 관한 내용을 육하원칙에 따라 기술한다.

── Ref.24 감사대상업무 개요 (작성 예시)

① 감사대상 업무가 계약업무인 경우[13]

□□□□소사무처는 2017. 8. 28.부터 2020. 9. 15.까지 6차례에 걸쳐 1천만 원 이상의 중소기업자 간 경쟁제품인 사무용 가구를, 2019. 7. 8. 속기기계를 각각 수의계약으로 구매하였다.

② 감사대상 업무가 허가업무인 경우[14]

○○시는 2015. 10. 19. 주식회사 ■·■(대표이사 A)로부터 개발제한구역인 관내에 있는 기존 공장(대지면적 13,344㎡, 건축면적 3,808㎡, 연면적 5,679㎡)을 "개축"하는 내용의 건축허가 신청서를 접수하여 2016. 1. 18. 이를 처리하였다.

---

13) 예시문은 계약업무를 대상으로 하는 일반적인 감사결과로서 감사원의 감사보고서 공개문(2022. 7. 13. 헌법재판소 외 2개 기관 정기감사_수의계약 관련 법령 미준수)의 일부를 발췌한 것이다.

14) 예시문은 허가업무를 대상으로 하는 일반적인 감사결과로서 감사원의 감사보고서 공개문(2017. 10. 25. 화성시 안성시 기관운영감사_개발제한구역 내 공장 개축허가 업무 부당 처리)의 일부를 발췌한 것이다.

3.5.4.2. 관련법령 및 판단기준[15]

'판단기준'은 감사대상인 업무처리나 사업수행의 위법·부당 여부를 판단하는 근거를 제시하는 부분이다. 감사대상인 업무처리 또는 사업수행의 정당한 방법이나 기준, 또는 바람직한 상태 등을 그 근거와 함께 구체적으로 기술한다.

▬ Ref.25 **관련법령 및 판단기준 (작성 예시)**

위 "① 계약업무" 관련

「국가를 당사자로 하는 계약에 관한 법률」 제27조 제1항 및 제3항에 따르면 계약담당공무원 등은 부정당업자에 해당하여 입찰참가자격을 제한받은 자와 수의계약을 체결하여서는 아니 되고, 같은 법 시행규칙 제77조 제3항, 제4항에 따르면 중앙관서의 장은 전자조달시스템[국가종합전자조달시스템(나라장터) 등의 전자조달시스템]을 이용하여 전자조달시스템에 게재되는 입찰참가자격의 제한 여부를 확인하도록 되어 있다.

따라서 □□□□소사무처는 수의계약 체결 시 전자조달시스템을 이용하여 계약상대방이 입찰참가자격을 제한받고 있는지 확인하여, 입찰참가자격을 제한받은 자와 수의계약을 체결하는 일이 없도록 하여야 한다.

위 "② 허가업무" 관련

「개발제한구역의 지정 및 관리에 관한 특별조치법」 제12조의 규정 등에 따르면 개발제한구역에서는 건축물의 건축 등이 제한되나, 같은 법 제13조 및 같은 법시행령 제23조 제2항의 규정에 따르면 위 법의 시행 및 개발제한구역 지정 전에 이미 존재하고 있던 건축물에 대하여는 법 또는 이 영의 규정에 부적합하더라도 건축물의 재축·개축 또는 대수선을 허용하도록 되어 있다.

그리고 「건축법 시행령」 제2조 제3호의 규정에 따르면 "개축"이란 기존 건축물을 철거하고 그 대지에 '종전과 같은 규모'의 범위에서 건축물을 다시 축조하는 것으로 되어 있으며, 국토교통부 질의회신(2013. 8. 14.)에 따르면 '종전과 같은 규모의 범위'라 함은 건축물의 건축면적, 연면적, 층수 또는 높이가 증가하지 않는 것으로 되어 있다.

따라서 개발제한구역 내 개축 허가 신청을 받은 때에는 기존 건축물의 높이 등을 확인하여 신규 건축물이 '종전과 같은 규모'를 초과할 경우 개축허가를 승인하여서는 아니 된다.

---

15) 감사원 내부적으로는 '정당론'이라고 한다. 즉 정당하게 업무를 수행하는 방법을 정리한 것이다.

감사결과는 일반적으로 공공기관이나 공무원 등이 수행한 일의 문제점을 지적하는 내용이므로 주관적인 판단이나 근거로 잘못되었다고 할 수는 없다. 상대방이 수긍할 수 있도록 위법·부당하다고 판단하는 객관적인 근거를 제시하여야 하는데 그것이 곧 판단기준을 기술하는 일이다.

합법성 감사의 경우 법령이나 규정, 지침, 업무처리 매뉴얼 등에 규정된 업무처리방법과 기준 등을 기술한다.

행정개선감사 또는 성과감사의 경우 경제성, 효율성, 효과성 등의 측면에서 보다 바람직한 상태, 방법 등을 기술한다.

3.5.4.3. 감사결과 확인된 문제점

'감사결과 확인된 문제점' 부분은 정당한 업무처리 방법이나 기준을 위반하여 업무를 처리한 내용(주로 합법성 감사)이나 바람직하지 못한 상태(주로 행정개선감사, 성과감사)를 구체적으로 기술하고, 그로 인해 발생된 결과를 기술한다.

합법성 감사의 경우 기관의 "사무처리 관점"에서 위법·부당한 내용과 담당자의 "직무수행 관점"에서 직무상의 의무를 위반한 내용을 기술한다. 전자는 '행정사무감찰'[16]의 결과이며, 후자는 '대인감찰'의 결과이다.

"업무처리의 부적정"(행정사무감찰 결과)[17]에 관한 내용은 판단기준으로 제시한 "정당한 업무처리방법이나 기준을 위반"하여 업무를 위법·부당하게 처리한 사실관계를 구체적으로 기술한다.

"담당자의 부당한 행위"(대인감찰 결과)에 관한 내용은 업무가 부적정하게 처리되는 과정에서 담당자가 "직무상의 의무를 위반"한 행위를 기술한다.

---

16) 「감사원 감사사무 처리규칙」 제5조(직무감찰) ① 감사원은 법 제24조에 따른 행정기관 등의 사무와 그 소속 공무원 등의 직무 및 이와 관련된 행위에 대하여 조사, 평가 등의 방법으로 법령상, 제도상 또는 행정상의 모순이나 문제점을 적출하여 이를 시정, 개선하기 위한 행정사무감찰과 공무원 등의 위법·부당행위를 적발하여 이를 바로잡기 위한 대인감찰을 한다.

17) '행정사무감찰' 또는 '대인감찰'이라 하여 회계검사와 직무감찰을 구분하거나 회계업무를 제외하여 말하는 것은 아니다. 일반 행정사무와 마찬가지로 회계업무의 부적정한 처리와 그에 대한 업무담당자의 부당한 행위는 각각 행정사무감찰 및 대인감찰의 대상이다. 따라서 당연히 회계업무의 부적정한 내용도 포함된다.

Ref.26 행정기관 사무처리의 부적정과 업무담당자의 부당한 행위의 차이

'사무의 부적정'은 업무처리가 위법·부당하다는 것이고, '업무담당자의 부당한 행위'는 담당자가 고의나 과실 등으로 직무상 의무를 다하지 않았다는 것이다.

(예, 사무처리 부적정: "○○기관은 법령에 규정된 수의계약 요건을 위반하여 수의 계약을 체결하였다.")

(예, 담당자의 직무상 의무 위반: "담당자는 법령 규정을 확인하지 않고 계약업무를 처리하였다.")

일반적으로 행정기관의 사무가 위법·부당하게 처리된 경우 업무담당자가 직무상 의무를 다하지 못한 경우가 대부분이지만 반드시 일치하는 것은 아니다. 업무는 잘못 처리되었지만 담당자가 직무상 의무를 위반했다고 볼 수 없는 경우나 담당자의 직무상 책임없는 사유로 발생한 경우가 그러하다(예, 전산시스템의 오류나 기능 불비로 업무처리에 필요한 정보를 전달받지 못해 업무를 위법·부당하게 수행한 경우).

그리고, 업무담당자의 직무상 의무 위반 행위가 있었지만 업무는 적정하게 처리된 경우도 있을 수 있다(예, 공무원 등이 입찰 과정에서 특정 업체에 불이익을 주겠다는 발언 등을 하였지만, 법령에 정해진 계약 절차에 위반되는 것은 없는 경우 담당자의 품위유지 의무 위반 등의 문제는 발생될 수 있지만, 계약업무의 부적정 문제는 발생되지 않음).

위와 같이 사무의 부적정한 처리와 업무담당자의 직무상 의무 위반은 논리적으로 구분되므로 원칙적으로 두 내용을 구분하여 작성하는 것이 바람직하다.[18]

한편, 행정개선감사와 성과감사는 감사결과의 주된 내용이 제도나 업무처리방법 등의 모순점이나 비효율 요인을 다루고 이를 개선하도록 하는 조치를 하는 감사이므로 업무처리 방법이나 기준 등이 불합리하거나 사업이나 제도의 운영이 비효율적인 문제점 등을 기술한다.

"결과"에 대한 내용은 위법·부당한 업무처리로 인해 발생된 결과를 기술한다. 결과는 예산 낭비 초래, 특정업체 특혜 부여, 국고 손실 발생, 업무상의 비효율로 인한 행정비용 발생, 국민 불편 야기 등이 될 수 있다.

---

18) 양자는 상호 밀접하게 연관되는 내용이어서 실무에서는 두 내용을 함께 작성하기도 한다.

━ Ref.27 감사결과 확인된 문제점 (작성 예시)

위 "① 계약업무" 관련

　□□□□소사무처는 2019. 7. 8. 주식회사 ◁◁와 4,730,000원의 속기 기계 구입을 위한 물품구매계약을 수의계약으로 체결하면서 전자조달시스템 등을 통하여 같은 해 10. 12.까지 입찰참가자격을 제한받고 있는 위 업체의 입찰참가자격 제한 여부를 확인하지 아니하였다.

　그 결과 담합행위를 사유로 입찰참가자격을 제한받아 입찰에 참가하거나 수의계약으로 조달계약을 체결할 수 없는 부정당업자와 수의계약을 체결하여 속기기계를 구매함으로써 부정당업자에게 부당한 특혜를 주는 등 조달계약에 관한 회계질서를 어지럽혔다.

위 "② 허가업무" 관련

　(업무처리 부적정)

　위 건축허가가 적정한지 여부를 검토하기 위해 건축물관리대장에 첨부된 사진 등을 확인한 결과 기존 건축물의 높이는 12m인 데 비해, 신규 건축물은 기존 건축물보다 최대 4m, 최소 1.15m를 초과한 각각 16m(연면적 2,519㎡), 13.15m(연면적 3,062㎡) 높이로 건축되어 개발제한구역 내에서 허용되지 않는 규모의 건축을 허가한 것으로 확인되었다. 그 결과 건축주에게 특혜를 부여하게 되었다.

　(담당자의 부당한 행위)

　○○시 ▽국 ○과 C는 개발제한구역 내 공장 개축 허가업무를 담당하면서 2015. 10. 19. 접수된 건축허가 신청서 및 설계도면 등의 부속서류에 기존 건축물의 연면적·층수 등은 명시되어 있으나 높이는 기재되지 않은 사실을 확인하였다.

　따라서 위 사람은 건축주 등에게 건축허가 신청서의 보완을 요청하거나 직접 건축물 관리대장 등을 검토하였더라면 기존 건축물의 높이를 쉽게 알 수 있었다.

　그런데도 위 사람은 허가신청서를 보완요청하거나 건축물 관리대장에 첨부된 기존 건축물의 사진 등을 통해 높이를 확인하는 등의 조치는 하지 않은 채 기존 건축물이 철거될 때까지 그대로 두었다.

　그 후 위 사람은 기존 건물의 철거가 종료된 뒤 2016. 1. 6. 개축허가를 위한 현장조사를 실시하면서 기존 건물의 높이는 확인하지 않고 건축물이 멸실된 토지 사진만을 첨부한 채 개축허가가 적법하다는 내용으로 "건축허가 검토 및 현지 조사서"를 작성하여 팀장의 결재를 받았다. 그리고 같은 해 1. 18. "개발제한구역 내 건축허가 통보" 문서를 기안하여 팀장·과장의 결재를 받아 허가 처리하였다.

issue note 18: 직무상 의무 위반(고의, 과실, 태만)과 법령의 무지

공무원의 위법·부당한 행위는 대부분 '업무 태만'이나 '고의', '과실'로 귀결된다. '업무 태만'은 업무를 처리할 때 반드시 숙지하거나 검토·확인해야 할 법령, 사실 등을 숙지하지 않거나 검토·확인하지 않고 처리하는 것을 말한다. '고의'는 자기의 행위에 의하여 일정한 결과가 생길 것을 인식하면서 그 행위를 하는 경우의 심리 상태를 말하며, '과실'은 업무처리에 필요한 주의를 충분하게 기울이지 않아 법령·사실 등을 혼동하거나 착오 등으로 업무를 잘못 처리하는 것을 말한다.

'고의'와 '과실' 여부는 법령 등 정당한 업무처리방법을 알고 있었다는 입증이 있는 경우 고의, 그렇지 않은 경우는 과실로 다루어지는데, 감사를 실시하는 과정에서 위법·부당행위를 한 업무담당자를 대상으로 그 업무처리 경위를 조사하면 "관련 법령을 몰랐다."라고 변명하는 사례가 종종 있다.

물론 업무담당자가 업무의 근거가 되는 법령을 몰랐다고 하여 그에 관한 정당한 이유가 있지 않은 한 책임이 면제되는 것은 아니지만[19], 고의가 아니라는 변명을 통해 책임을 경감하려는 의도로 변명하는 경우도 적지 않을 것이다.

이러한 경우 감사인으로서는 고의인지, 과실인지 여부를 입증하는 것이 관건이다. 업무담당자가 해당 법령을 알고 있었음을 입증하는 업무관련 문서 등을 확보하면 유력한 직접증거가 될 수 있다. 하지만 당사자가 고의임을 시인하지 않는 한 일반적으로 고의의 심리상태를 입증하기는 쉽지 않다.

여기서 유의할 점은 과실이라 하더라도 '중대한 과실'은 공무원 등의 책임 정도를 판단할 때 '고의'와 특별한 차이가 없다. 따라서 고의를 입증하기 어렵다는 사유로 쉽사리 단순 과실로 다루고 책임을 가볍게 다루는 것은 바람직하지 않다.

형사사법 법리에 있어 "법령의 무지"는 위법성의 조각 사유에 해당되지만 법령을 모르는데 있어 본인에게 중대한 과실이 있는 경우 조각 사유에서 배제된다. 이러한 원칙은 공공감사에도 적용될 수 있다. 따라서 담당자가 법령을 모르고 위법·부당하게 업무를 처리하였다 하더라도 그 법령을 모르는데 중대한 과실이 있다면 책임이 면제되지 않는 것이다.

반드시 숙지하여야 할 법령을 숙지하지 않거나, 쉽게 확인할 수 있는 내용을 확인하지 않고 업무를 잘못 처리한 경우 '고의' 또는 '중대한 과실'을 입증하여 그에 상응한 책임을 묻는 것이 타당하다.

---

19) 형법 제16조(법률의 착오) 자기의 행위가 법령에 의하여 죄가 되지 아니하는 것으로 오인한 행위는 그 오인에 정당한 이유가 있는 때에 한하여 벌하지 아니한다.

3.5.4.4. 관계기관 등 의견 및 검토의견

감사결과에 대해 감사대상기관이나 관계자 등이 제기하는 의견과 그에 대한 공공감사기구의 검토의견을 기술한다. 감사대상기관 및 관계자가 감사결과에 대하여 이견이 없는 경우 간략하게 그 의견을 기술하고, 이견이나 기타 특이한 의견이 있는 경우 그 내용과 그에 대한 공공감사기구의 검토의견을 기술한다.

감사대상기관 등이 부당한 의견이나 허위의 사실 등을 제시한 경우 그것이 정당하지 않다는 점을 객관적인 근거와 사실을 기초로 검토의견으로 기술한다.

'감사대상기관 의견'을 감사보고서에 기술하는 목적은 일차적으로 감사대상기관의 의견을 감사결과에 반영하기 위한 것이지만, 이를 통해 일반 국민들이 감사결과를 종합적으로 이해하는 데 도움을 주는 기능도 한다.[20]

감사보고서(개별 처분요구사항 등)의 문제점은 대부분 위법·부당한 업무처리 내용 위주로 기술되어 그 내용만으로는 업무가 잘못 처리된 경위 등을 알 수 없어 감사결과를 종합적으로 이해하기가 어려울 수 있다. 따라서 업무처리 과정에 불가피한 사정이나 정당한 변명, 그밖에 관계기관의 의견이 있는 경우 그 내용을 함께 기술함으로써 감사결과에 대한 종합적인 이해를 도울 수 있다.

3.5.4.5. 조치할 사항

"조치할 사항"은 감사결과로 확인된 위법·부당한 업무처리나 바람직하지 못한 상태 등을 정당한 상태로 바로잡거나 관련자에 대한 제재 조치에 관한 내용을 기술한다.

조치할 사항에 따라 감사대상기관 등[21]은 감사결과에 대한 이행을 하므로 감사결과 처리의 "종류"와 "조치 내용", 그리고 조치를 하는 데 있어 "법적인 근거"가 필요한 경우에는 그 근거를 구체적으로 기술한다.

---

20) 감사대상 기관의 변명, 반론 등에 대한 공공감사기구의 검토의견을 감사보고서에 기술함으로서 감사결과에 대한 불필요한 오해나 논쟁을 방지하는 효과도 있다.

21) 감사결과로 드러난 업무상의 문제점을 바로잡는 조치를 하는 기관은 주로 감사대상기관이 되지만 감독기관이나 유관기관이 조치기관이 되는 경우도 다수 있다.

── Ref.28   관계기관 및 관련자 의견 (작성 예시)

위 "① 계약업무" 관련

　□□□□소사무처는 감사결과를 수용하면서, 앞으로는 계약 업무 시 관련 규정을 면밀히 살피고 상시 교육(조달교육원 및 나라배움터 등)을 통해 재발 방지를 위해 노력하겠다는 의견을 제시하였다. 다만, 입찰참가자격을 제한받고 있던 주식회사 ◁◁와 수의계약을 체결한 사유에 대해서는 위 업체로부터 구입한 속기기계가 위 회사 외에는 적합한 제조자가 존재하지 아니하였기 때문에 국가계약법 제27조 제3항 단서의 규정을 적용하여 계약하였다고 변명하고 있으나, 위 회사 외에도 속기기계를 생산·판매하고 있는 업체가 다수 있고, □□□□소사무처는 위 회사로부터 기성품을 납품받은바 해당 계약을 두고 같은 법 제27조 제3항 단서가 적용되는 경우라고 보기는 어렵다.

위 "② 허가업무" 관련

　① 관계기관 의견

　○○시는 감사결과를 받아들이면서 향후 동일한 사례가 재발하지 않도록 현장조사 등을 철저히 실시하겠다는 의견을 제시하였다.

　② 관련자 의견

　C, D 및 E은 개발제한구역 내 공장 개축 허가 업무를 잘못 처리한 사실을 인정하며 별다른 이견을 제기하지 않았다.

── Ref.29   조치할 사항 (작성 예시)

위 "① 계약업무" 관련

　□□□□소사무처장은 ① 앞으로 입찰참가자격이 제한된 업체와 수의계약을 하는 일이 없도록 관련 업무를 철저히 하시기 바랍니다. (주의)

위 "② 허가업무" 관련

　○○시장은 「개발제한구역의 지정 및 관리에 관한 특별조치법」 제13조 및 같은 법 시행령 제23조의 규정에 위배되게 개발제한구역 내 공장의 개축허가 업무를 부당하게 처리한 C를 「지방공무원법」 제72조의 규정에 따라 징계처분(경징계 이상)하시기 바랍니다. (징계)

4. 감사보고서 검토 및 확정

4.1. 의의

감사결과 처리 과정에서 감사보고서(안)이 작성되면 다음은 감사보고서를 검토하는 과정이 진행된다.

감사보고서(안) 검토는 감사업무를 수행한 감사단의 상급자 또는 제3의 부서(감사품질담당부서 등)에서 그 내용의 적정 여부를 검토하는 과정이며 감사원의 경우 최종적으로 감사위원회의의 심의·의결을 거쳐 감사보고서를 확정한다.

감사보고서 검토 과정은 감사보고서 내용의 단순한 오류나 부정확한 부분을 수정, 보완하는 것을 넘어 감사에 참여하지 않은 제3자의 관점에서 감사결과를 전반적으로 재검토하여 감사보고서의 품질과 객관성을 확보하는 과정이다.

공공감사는 객관적이고 중립적으로 감사를 실시하지만 직접 감사를 수행하는 감사인의 입장에서는 감사대상업무에 대한 문제인식을 가지고 감사에 임하므로 업무처리의 위법·부당에 대해 적극적으로 판단하는 경향이 있다. 그리고 감사실시 과정에서 제한된 기간 동안 수많은 감사대상 업무를 검토하는 과정에서 법령해석이나 사실판단의 오류 등이 발생할 수 있다.

따라서 감사결과에 대한 판단이나 감사증거 수집, 감사보고서 작성 등이 정확하고 객관적으로 될 수 있도록 하기 위해 감사단과 독립된 지위에서 감사결과를 검증할 필요가 있는 것이다.

4.2. 방법

감사보고서 검토는 감사보고서가 갖추어야 할 기본적인 형식, 품질을 갖추도록 보완하고 수정하는 일을 포함하여 사건의 성립 여부, 감사결과 처리 방향 및 조치의 적정성 여부 등 감사보고서의 내용 전반에 대해 검토[22]한다.

---

22) 감사결과 검토는 사실관계 및 증거자료를 포함한 처리안 문맥, 표현, 체제, 통계 수치 등의 적정성과 처리방향, 처분요구 종류 및 양정의 적정성, 사건성립 여부 등을 포괄한다.

사실관계는 증거에 맞게 정확하게 기술되었는지, 증거는 신뢰할 수 있는지, 판단 기준은 객관적인 근거하에 합리적으로 기술되었는지, 문제점과 결과의 기술에 있어 논리가 충분하고 완전한지, 감사결과 처리의 종류와 양정은 적정한지 등 감사보고서에 기술된 내용 전반이 감사보고서 작성 원칙에 맞게 작성되었는지를 검토한다.

그리고 부정확한 내용, 불충분한 증거, 불합리한 판단 및 논거 등이 있는 경우 수정하거나 보완하고, 보완이 어려운 경우 해당 내용을 삭제 또는 불문처리한다.

Ref.30 INTOSAI 감사결과 매트릭스(audit findings matrix)

INTOSAI는 감사 증거를 평가하고 감사결과를 작성하는 데 활용할 수 있는 도구로 '감사결과 매트릭스'를 제시하고 있다(INTOSAI IDI, 2021).

<감사결과 매트릭스 양식>

• 감사목적: 무엇에 대하여 감사가 이루어졌는지를 명확하고 객관적으로 서술
• 감사질문: 각각의 감사질문(중점)에 대해 표에 기술된 각각의 항목을 모두 작성

감사 결과	확인된 실태	• 감사질문(중점)과 관련성이 높은 것으로 확인된 실태, 사건
	감사판단기준	• 감사대상의 예상 성과가 충족되었는지, 이를 초과하였는지 또는 미충족되었는지를 판단하는 데 필요한 정보
	증거와 분석	• 분석기법이 감사에서 수집한 정보를 처리하는 데 활용되고, 분석 결과를 통해 달성된 결과물을 보여줄 수 있음
	원인	• 실태가 발생한 이유를 탐색 • 감사대상의 운영 또는 설계와 관련성 • 관리자의 통제범위 이탈 여부 • 권고사항은 원인과 관련이 있어야 함
	결과	• 원인 및 해당 증거와 관련된 결과
증거가 충분하고 적절한지?		• 감사결과 각 구성요소에 대한 증거가 충분하고 적절한지를 검토 • 충분하고 적절하지 않다면, 문제를 해결하기 위해 필요한 조치는?
감사결과 처리		• 확인된 원인(또는 결함)을 해결하기 위한 권고, 제안

자료: INTOSAI IDI(2021). Performance Audit: ISSAI Implementation Handbook(Version 1). 일부 수정

5. 감사보고서 시행과 공개

5.1. 의의

감사원은 감사보고서가 확정되면 감사보고서를 감사대상기관 등에 시행하고 일반에 공개한다. 감사보고서의 시행과 공개는 감사 결과를 감사대상기관과 일반 국민에게 알리는 과정이라 할 수 있다.

감사대상기관 등은 감사보고서(시행문)를 통해 최종 확정된 감사결과와 조치사항을 확인할 수 있고, 일반 국민은 감사보고서(공개문)를 통해 공공행정의 문제점에 관한 정보나 감사원의 감사활동에 관한 정보를 획득할 수 있다.

5.2. 감사보고서 시행

감사보고서의 시행은 공공감사기구가 확정된 감사보고서를 감사대상기관 등에 송부하고 감사결과에 따른 조치를 하도록 하는 것이다.

감사의 목적은 감사대상기관이 문제를 바로잡는 조치를 이행함으로써 최종적으로 달성할 수 있는데 이를 위해 감사보고서를 감사대상기관 등에 송부하고 감사결과에 따른 조치를 하도록 하는 것이 감사보고서 시행이다.

감사보고서를 시행할 때는 개별 처분요구 및 권고·통보사항의 종류별로 감사대상기관이나 관계기관이 조치를 하는 방법과 기한을 기재하고, 그 조치 결과를 감사원에 회보하도록 한다.

5.3. 감사보고서 공개

감사보고서 공개는 감사보고서를 공공감사기구의 홈페이지 등에 게시하거나 언론 보도자료를 배포하는 등의 방법으로 일반 국민들이 감사결과를 열람할 수 있도록 하는 것이다.

감사보고서 공개는 감사보고서 전문을 공개하는 것을 원칙으로 한다. 다만 감사보고서 내용 중에 국가안전보장에 관한 사항, 개인의 사생활에 관한 정보나 기업의 영업비밀에 해당하는 정보 등 「공공기관의 정보공개에 관한 법률」(제9조 제1항 각 호)에서 정하고 있는 사항과 이에 준하는 사항으로서 감사위원회의에서 비공개하기로 의결한 사항은 공개하지 아니할 수 있다(「감사원감사사무처리규칙」 제67조 제1항).

감사결과 중 비공개하기로 한 사항인 경우에도 사후에 비공개 사유가 소멸되거나 공개로 인한 공공의 이익이 더 크다고 인정되는 경우 공개할 수 있다(「감사원감사사무처리규칙」 제67조 제2항).

감사보고서의 공개에 관한 자세한 내용은 "제1편 제4장"을 참조하기 바란다.

제 6 절

감사결과 사후관리

1. 의의

감사를 실시하고 감사보고서를 확정하여 시행하면 다음으로는 감사결과를 사후관리하는 과정이 진행된다.

감사보고서의 시행으로 공공감사기구로서는 감사의 과정이 일단락되지만 감사대상기관 등 조치기관에서 실제로 감사결과에 따른 조치가 이행되지 않으면 감사목적은 달성될 수 없다.

따라서 감사보고서의 확정·시행 후에 감사결과에 따른 조치가 이행되는지를 확인하고 이행되지 않는 사항에 대하여는 해당기관에 이행에 필요한 조치를 할 필요가 있는데 이러한 활동을 하는 과정이 감사결과 사후관리 과정이다.

감사결과와 그에 따른 조치는 감사대상기관 등 조치기관 입장에서 부담이 되는 사항이 적지 않다. 예컨대, 공공기관 등이 인건비를 과도하게 인상한 데 대해 감사결과 조치로 인건비 기준을 낮추도록 하거나 위법·부당하게 업무를 처리한 관계자에 대해 징계·문책을 요구한 경우 조치기관에서는 해당 조치를 이행하는 데 부담이 될 수 있다. 그 밖에 해당 기관의 이해관계가 걸린 제도의 변경이나 규제의 폐지 등에 관한 조치를 하는 데 있어서도 소극적인 경향을 보일 수 있다.

이러한 경우에 감사결과 이행 여부를 체계적으로 관리함으로써 조치기관이 감사결과를 미이행하거나 편법적으로 이행하는 문제를 방지하고 감사결과에 따른 조치가 제대로 이행되도록 한다는 점에서 감사결과를 사후관리하는 과정의 의의가 있다.

2. 일반적인 감사결과 이행관리

2.1. 감사결과 이행기간

「감사원 감사사무 처리규칙」에 따르면 감사결과 개별 처분요구사항 중 변상판정사항은 3개월 이내, 징계요구사항은 1개월 이내, 시정요구사항은 2개월 이내에 처리하고 그 결과를 감사원에 회보하도록 되어 있다. 이와 같은 감사결과 이행기간은 자체감사에 있어서도 대동소이하다.

그리고 징계요구사항 중 파면요구사항은 요구받은 날부터 10일 이내에 해당 징계위원회 등에 징계의결을 요구하고 그 의결이 있는 날부터 15일 이내에 감사원에 회보하도록 되어 있다(규칙 제68조).

감사결과 이행기간

「감사원 감사사무 처리규칙」제68조(처분요구사항 등의 이행) ① 감사대상 기관의 장은 감사결과 처분요구사항에 대하여 특별한 사유가 없는 한 변상판정사항은 3개월 이내, 징계요구사항은 1개월 이내, 시정요구사항은 2개월 이내에 처리하고 그 결과를 감사원에 회보한다. 다만, 징계요구사항 중 파면요구사항은 법 제32조제2항에 따라 요구받은 날부터 10일 이내에 해당 징계위원회 등에 징계의결을 요구하고 그 의결이 있는 날부터 15일 이내에 감사원에 회보하도록 한다.
② 개선요구 및 권고·통보사항 이행결과의 회보 등에 관하여는 원장이 따로 정한다.

「중앙행정기관 및 지방자치단체 자체감사 기준」제28조(감사결과의 통보 등) ② 제1항제2호에 따른 감사결과 종류별 처리기한 및 결과 회보 의무는 다음과 같다.
1. 변상명령: 변상책임자가 변상명령서를 받은 날로부터 3개월 안에 변상하도록 조치하고 그 결과를 지체없이 회보
2. 징계 또는 문책요구: 1개월 안에 징계의결을 요구하고, 그 의결 결과를 지체 없이 회보
3. 시정요구: 2개월 안에 처리하고 그 결과를 지체 없이 회보
4. 개선요구·권고·통보: 2개월 안에 집행 가능한 사항은 그 기간 내에 적정한 조치를 하고 그 결과를 지체 없이 회보, 집행에 2개월 이상이 소요되는 사항은 2개월 안에 추진일정 및 계획 등이 포함된 집행계획을 우선 회보한 후 집행계획에 따라 조치한 결과를 지체 없이 회보, 다만 징계조치 여부를 일임한 통보(인사자료) 사항은 1개월 안에 적정한 조치를 하고 그 결과를 지체 없이 회보

2.2. 이행관리 방법

감사결과 처분요구나 권고통보사항 별로 명시된 조치사항에 따라 감사대상기관이 적정하게 조치를 하였는지를 확인하고 제대로 이행되지 않은 경우 해당기관에 대하여 미이행 사유를 파악하고 이행을 독려한다.

감사대상기관 등 조치기관이 이행결과를 회보해 온 경우 그 조치내용을 검토하여 감사보고서의 취지에 맞게 조치된 경우 종결처리하고, 감사보고서의 조치사항과 다르게 조치하거나 미흡하게 조치한 경우 그 사유를 파악하여 합리적인 사유로 인정되지 않는 경우 다시 적정한 조치를 하도록 요구한다.

중요 감사결과에 대하여 장기간 이행이 되지 않는 경우 '감사결과 이행관리 실태'에 대한 감사('감사결과 이행관리 감사' 또는 'follow-up 감사'라고 한다)를 실시하는 등을 통해 감사결과가 이행되도록 하고, 합리적인 사유 없이 감사결과를 미이행 하는 경우 그 관련자에 대한 책임 여부를 검토한다.

한편, 감사원은 감사원법에 따라 중요한 처분요구에 대하여 감사대상기관 등이두 번 이상 독촉을 받고도 이행하지 않는 경우 그 사항을 대통령에게 보고할 수있다(법 제42조). 따라서 중요한 감사결과가 이행되지 않는 경우 위와 같은 대통령보고를 통해 그 이행을 실질적으로 확보할 수 있다.

중요 감사결과 미이행 사항에 대한 대통령 보고 (감사원법 제42조))

① 감사원은 제41조에 따른 결산검사보고를 하며, 그 외에 감사 결과 중요하다고 인정되는 사항에 관하여 대통령에게 보고한다. 감사원의 중요한 처분 요구에 대하여 두 번이상 독촉을 받고도 이를 집행하지 아니한 사항에 관하여도 또한 같다. ("이하 생략")

3. 징계·문책요구 및 변상판정 이행관리

3.1. 징계·문책요구사항에 대한 관리

감사원은 파면 요구를 한 사항이 파면 의결이 되지 아니한 경우에는 징계처분 결과를 통보받은 날로부터 1개월 이내에 해당 징계위원회 등이 설치된 기관의 바로 위 상급기관에 설치된 징계위원회 등(바로 위 상급기관에 설치된 징계위원회 등이 없는 경우에는 해당 징계위원회 등)에 직접 그 심의 또는 재심의를 요구할 수 있다 (감사원법 제32조 제3항).

징계·문책요구사항에 대한 이행관리를 위해 필요한 경우 해당 징계위원회에 출석하여 감사결과를 설명하는 등 징계요구사항이 감사결과 조치사항에 따라 이행될 수 있도록 한다.

3.2. 변상판정사항에 대한 이행관리

감사원으로부터 변상판정서를 받은 소속 장관, 감독기관의 장 등은 그 송부를 받은 날부터 20일 이내에 변상판정서를 해당 변상책임자에게 교부하여 감사원이 정한 날까지 변상하게 하도록 되어 있다(감사원법 제31조).

그리고 변상책임자가 감사원이 정한 날까지 변상의 책임을 이행하지 아니하였을 때에는 소속 장관 또는 감독기관의 장은 관계 세무서장 또는 지방자치단체의 장에게 위탁하여 「국세징수법」 또는 「지방세징수법」 중 체납처분의 규정을 준용하여 이를 집행하도록 되어 있다.

따라서 위와 같은 법령 규정에 따라 변상판정 사항이 적정하게 이행될 수 있도록 사후관리를 한다.

감사접근방법

제3장에서는

감사를 실시하는 접근방법에 관하여 살펴본다.

공공감사는 공공행정이 법령을 준수하면서 공정하고 효율적으로 수행되도록 유도하고, 잘못된 부분을 바로잡는 기능을 한다.

거대하고 복잡한 현대 행정에서 위법하거나 부당한 부분을 가려내고 바로잡기 위하여는 그에 관한 전문적인 능력이 필요하다.

감사접근방법은 공공감사의 문제해결 방법으로서 이러한 일을 하는 방법에 관한 것이다.

제 1 절

개 관

1. 의의

'제2장 감사 수행과정과 감사사무'에서 공공감사를 수행하는 과정과 그 과정에서 수행하는 감사사무는 어떠한 것이 있고, 어떻게 수행하는지에 대하여 살펴보았다. 이를 통해 감사 수행과정과 방법에 대하여 이해를 하고 감사를 수행할 수 있는 기본적인 능력을 습득할 수 있다.

하지만 공공감사 실무에 대한 기본적인 이해와 능력만으로는 공공감사 현실에서 부딪히는 다양한 상황과 감사대상 업무에 대하여 감사를 전문적으로 실시하기에는 충분하지 않다. 공공감사를 전문적으로 수행하기 위하여는 감사를 수행하는데 필요한 감사권한과 수단, 감사사무를 이해하는 외에 감사권한과 수단, 제도를 사용하여 어떻게 감사를 하는지 그 구체적인 방법을 이해할 필요가 있다.

이와 같이 감사권한과 수단, 제도를 현실에 적용하여 감사를 수행하는 방법, 또는 감사과제를 풀어가는 논리적인 틀을 "감사접근방법(監査接近方法, audit approach method)"이라고 할 수 있다. 자동차 운전를 예를 들어 보면, 감사 권한과 수단, 사무 등이 자동차의 기계장치, 하드웨어(hardware)에 해당한다면 감사접근방법은 하드웨어를 조작하여 실제 도로에서 운전하는 방법이라고 할 수 있다.

이제 '제3장 감사접근방법[1]'에서는 공공감사 실무에 있어 가장 핵심 과정인 "감사실시 과정"에 초점을 맞추어 감사현장에서 감사업무를 전문적으로 실시할 수 있도록 "감사를 실시하는 체계적이고 구체적인 방법"을 살펴본다.

---

1) 접근방법(接近方法, approach method)이란 어떤 사물에 내재해 있는 사실·진리·법칙 등을 알려고 하거나 어떤 현상에 대한 해결책을 찾아내려 할 때 그것에 보다 가까이 접근할 수 있는 연구 방법을 말한다. (이해하기 쉽게 쓴 행정학용어사전, 2010. 3. 25., 하동석·유종해)

감사과정에서 수행하는 각종 감사사무(감사실시계획 수립, 감사보고서 작성 등)를 수행하는 방법을 설명한 문헌은 적지 않지만 공공감사 실무에 있어 가장 중요한 "감사접근방법"에 대하여 체계적으로 다룬 저술은 눈에 띄지 않는다. 공공감사기구 내부 자료에 있어서도 특정한 감사사례와 관련되는 '감사기법', '감사노하우'를 담은 자료는 있지만 감사접근방법을 종합적이고 체계적으로 설명한 자료는 찾기 어렵다.

이 책은 처음으로 '감사접근방법 모형(model)'을 사용하여 감사의 유형별로 감사를 실시하는 방법에 대하여 체계적으로 정리하고자 하였다

2. 개념

"감사접근방법"이라는 말은 공공감사 실무에서 널리 사용되고 있지만 법률적으로나 이론적으로 명확한 개념 정의가 있는 것은 아니다. 감사접근방법의 의미를 "감사를 실시하는 방법", "위법·부당사항을 확인하는 방법" 등과 같이 간단하게 말할 수도 있겠지만 이러한 설명으로는 그 의미를 제대로 전달하지 못하거나 충분하지 않다.

실제로 감사현장에서 감사를 수행하는 과정과 방법을 들여다보면 감사접근방법은 단순히 "위법·부당사항을 적발, 확인하는 방법"만을 의미하는 것이 아니라 보다 넓은 의미를 지니고 있다.

하나의 감사를 실시하기 위하여는 "위법·부당사항을 확인하기 위하여 어떻게 감사자료와 증거를 확보할 것인지", "확인된 위법·부당사항에 대하여 문제발생 원인이나 책임소재를 어떻게 규명할 것인지", "문제를 해결하거나 바로잡기 위해 감사결과를 어떻게 처리할 것인지" 등 일련의 논리적인 접근 과정이 필요하다.

감사접근방법[2]은 이와 같이 감사 과정에서 부딪히는 문제들을 해결해나가는 과정과 방법들을 포괄하는 의미라고 하는 것이 보다 정확한 설명이 될 것이다.

---

2) '감사기법' 또는 '감사 노하우'라고도 한다. 다만, 감사기법 등은 주로 '위법·부당사항을 발굴하는 방법'을 뜻하는 좁은 개념으로 사용되는 반면, '감사접근방법'은 '감사실시 과정에서 감사를 수행하는 방법'을 의미하는 좀 더 넓은 의미라고 할 수 있다.

따라서 이 책에서 '감사접근방법'은 "공공감사의 문제해결 방법(problem solving method)"으로서 "감사실시 과정에서 감사대상업무를 검토하여 위법·부당사항을 확인하고, 그 발생 원인과 책임 소재를 규명하여 감사결과 처리방향을 결정하는 일련의 과정과 방법"이라고 정의한다.

3. 감사권한·수단과 감사접근방법의 관계

감사를 수행하는 과정에서 실제 감사를 실시하는 일은 전체 공공감사 수행과정에서 가장 핵심이 되는 업무이다.

감사실시 과정에서는 감사대상업무의 적정성 여부를 검증하여 위법·부당사항을 확인하고, 확인된 위법·부당사항에 대한 문제발생 원인을 규명하며, 그에 대한 감사결과 처리방향을 결정한다.

감사원법은 '감사방법' 등에 관한 규정을 두고 있으나 그 규정을 보면 서면감사·실지감사를 할 수 있는 근거, 감사를 실시하는 데 필요한 감사권한과 수단[법 제2장 권한 제4절 감사방법(제25조~제28조) 서면감사 및 실지감사, 자료제출요구, 출석·답변요구 등, 제5절 통보와 협력(제29조~제30조의2) 관련기관에 대한 협조·지원 요구 등], 감사결과 처리[제6절 감사 처리(제31조~제35조)(변상판정, 징계·시정·주의·개선 등 처분요구, 권고·통보 등)]에 관하여 규정하고 있을 뿐 감사업무를 수행하는 구체적인 방법에 관하여는 다루지 않고 있다.

자료제출요구와 출석답변·요구 등과 같은 법령에 규정된 감사권한과 수단을 사용하여 감사대상업무의 위법·부당 여부를 검증하고, 확인된 위법·부당사항에 대해 감사결과 조치방향을 적정하게 결정하기 위하여는 감사접근방법에 대한 이해가 필요하다.

감사권한과 수단, 감사결과 처리에 관한 분야가 법령에 규정된 제도(制度, institution)의 영역이라면 이러한 제도를 활용하여 감사를 수행하는 감사접근방법은 방법론(方法論, methodology)[3]의 영역이라 할 수 있다.

---

3) 방법론(方法論, methodology) 자료의 조작과 지식의 습득을 위한 특정한 분야에서 사용되는 기법. 주로 학문 분야에서의 논리적 기초에 대한 이론적인(추상적인) 연구를 나타내는 데 사용된다. (사회학사전, 2000. 10. 30., 고영복)

감사를 수행하는 데 필요한 감사 권한과 수단을 알고 있고, 감사결과 처리에 관한 법령 규정을 알고 있더라도 그것만으로는 감사현장에서 위법·부당사항을 밝혀내고, 감사결과를 처리할 수 있는 것은 아니다. 공공감사를 전문적으로 수행하기 위하여는 감사권한과 수단을 어떻게 사용하여 위법·부당 여부를 검증할 것인지, 확인된 위법·부당사항에 대하여 어떻게 감사결과를 처리할 것인지 등에 관한 접근방법을 알아야 한다.

그림 3-1_ 감사권한과 감사접근방법

4. 감사접근방법 학습의 중점

감사접근방법을 학습하는 이유는 감사실시 과정에서 감사권한과 수단을 적절하게 사용하여 위법·부당사항을 밝혀내고, 그에 대해 적정하게 감사결과 처리방향을 결정하는 등 실제로 감사를 실시할 수 있는 능력을 갖추기 위함이다.

공공감사의 기능과 역할은 국민을 대신하여 공공행정이 적정하게 수행되는지를 검증하고 잘못된 부분을 바로잡는 것이다. 거대하고 복잡하며 전문화된 현대 행정에서 잘못된 부분을 가려내고 바로잡는 일은 쉬운 일이 아니며, 이러한 일을 하기 위하여는 공공감사 분야에 요구되는 고유한 전문성이 필요하다.

이러한 전문성은 공공감사 실무에 요구되는 핵심적인 역량으로 "제3장 감사접근방법"에서는 이러한 역량을 갖출 수 있도록 ① 감사대상업무의 적정성 여부를 검증하고 위법·부당사항을 확인하는 방법, ② 확인된 위법·부당사항의 발생원인과 책임소재를 규명하는 방법, ③ 위법·부당사항과 그 원인 등을 토대로 감사결과 조치방향을 결정하는 방법 등에 중점을 두고 감사접근방법을 살펴본다.

감사접근방법 일반

1. 감사접근방법 이해

1.1. 감사를 실시하는 일반적인 방법

공공감사 실무에서는 다양한 종류의 감사대상업무에 대하여 합법성감사와 행정개선감사, 성과감사 등 다양한 유형의 감사를 실시한다. 이와 같은 감사대상업무의 특성과 감사의 유형에 따라 구체적으로 감사를 실시하는 과정과 방법에는 차이가 있다.

하지만 감사의 유형과 대상업무는 다르지만 감사를 실시하는 과정과 방법을 일반화(一般化, generalization)해 보면 일관되고 공통적인 루틴(routine)이 있다.[1]

공공행정이 적정하게 수행되는 지를 검증하고 잘못을 바로잡는 공공감사의 기능적인 특성상 감사 실시는 본질적으로 "무엇이 있어야 하는지(당위, what should be)"[2]와 "현재 무엇이 있는지(실태, what is)"[3]를 비교하여 그 "격차(gap)[4]"를 인식하는 과정과, 격차가 발생한 원인(cause)과 결과(effect)를 파악하여 그 격차를 제거하는 조치(action)를 하는 과정으로 이루어진다.

---

1) 합법성감사는 개별업무 단위로 위법·부당 여부를 판단하고, 성과감사는 사업이나 제도를 종합적으로 분석하는 방법으로 접근하여 접근방법에 큰 차이가 있는 것으로 생각할 수 있지만 성과감사의 경우도 각각의 개별 문제점에 들어가면 감사에 접근하는 논리 흐름은 유사하게 진행된다.

2) 정당하게 업무를 처리하는 방법 또는 바람직한 상태로서 "감사의 판단기준(audit criteria)"을 말한다.

3) 업무처리 또는 제도가 운영되는 "실태(condition)"를 말한다.

4) 정당한 방법, 바람직한 상태와 다르게 이루어진 것을 말하며, 이는 곧 "위법·부당사항"을 말한다.

따라서 모든 유형의 감사에 있어 일관되고 공통적인 감사실시의 논리적인 접근 과정이 있는 것은 당연하며, 이러한 이유로 감사의 결과물인 감사보고서(개별 처분요구사항 등)도 감사유형과 관계없이 유사한 논리구조로 작성되는 것이다.

이러한 맥락에서 감사를 실시하는 일관되고 공통적인 과정과 방법을 논리적으로 일반화해보면 <그림 3-2>와 같은 다섯 단계로 정리할 수 있다.

그림 3-2_ 감사를 실시하는 논리적인 흐름

① 감사대상 업무 또는 제도는 어떤 내용인가?
(감사대상 업무나 제도를 이해하는 과정)

⇩

② 업무를 정당하게 수행하는 방법은 무엇인가?, 제도의 바람직한 상태는 어떠한 것인가?
(업무를 정당하게 수행하는 방법이나 제도의 바람직한 상태를 이해하는 과정)

⇩

③ 업무가 정당하게 수행되고 있는가, 제도가 바람직하게 운영되고 있는가?
(정당한 방법, 바람직한 상태와 실제의 방법, 상태를 비교하고 확인하는 과정)

⇩

④ 업무가 정당하게 수행되지 않은, 제도가 바람직하지 않은 원인은 무엇인가?
(업무나 제도의 잘못된 부분에 대하여 문제가 발생된 원인을 파악하는 과정)

⇩

⑤ 문제를 해결하거나 바로잡기 위해서는 어떻게 해야 하는가?
(잘못된 문제를 바로잡을 수 있는 조치를 하는 과정)

1.2. 감사접근방법 논리 모형(logic model)

위와 같은 감사를 실시하는 논리적인 과정을 감사실무 용어로 정리하면 <그림 3-3>과 같다. 이를 "감사접근방법에 관한 논리 모형(감사접근방법 logic_model[5])"이라고 하고자 한다.

그림 3-3_ 감사접근방법 logic model[6]

감사대상 업무 파악

⇩

감사판단기준 설정

⇩

감사대상업무의 적정성 검증 및 위법·부당사항 확인

⇩

위법·부당사항의 발생 원인·결과 및 책임소재 규명

⇩

감사결과 처리방향 결정

위와 같은 감사접근방법 logic_model에 대하여 각자의 관점에 따라 다른 의견을 제기할 수 있을 것이다. 하지만 세부적인 부분에 다른 의견이 있을 수 있지만 감사에 접근하는 논리적인 과정이라는 관점에서 보면 위와 같은 다섯 단계의 과정은 모든 감사를 실시하는 데 있어 거쳐야 하는 필수적인 과정이다.

왜냐하면 감사를 수행하는 최종 결과인 '감사보고서(감사보고서의 '개별 처분요구 및 권고·통보' 부분을 말함)'가 갖추어야 하는 내용과 논리구조를 충족하기 위하여는 위와 같은 다섯 단계의 일이 필요하기 때문이다.

---

5) "형식체계에 대한 해석을 하거나 혹은 별개의 것으로 하나의 사물에 대해 규범적인 유추(때로는 은유에 의해서)로서 도시(圖示, 표상, representation)하는 것을 말한다. 모형은 기호적인 방법, 발견적 방법, 설명적인 방법 혹은 검증적인 방법을 목적으로 만들어진다." (과학사사전, 2011. 2. 1., 이호중)

6) 위와 같은 논리 모형은 실제 공공감사 현실에서는 각 업무의 앞 단계가 끝난 후 다음 단계가 시작되는 단절적인 흐름이 아니라 앞·뒤 단계가 동시에 병렬적으로 진행될 수 있으며, 순환적이며 반복적으로 진행된다. 예컨대, 감사대상업무 파악은 감사를 준비하는 단계부터 감사를 마무리하기까지 지속적으로 이루어지는 일이다.

1.3. 감사접근방법과 감사보고서 구성

감사를 실시한 최종 결과물인 감사보고서('개별 처분요구 및 권고·통보')는
① 감사대상업무에 관한 내용,
② 업무를 정당하게 처리하는 근거와 방법(감사 판단기준)에 관한 내용,
③ 업무가 위법·부당하게 처리된 내용,
④ 위법·부당하게 처리된 원인·결과, 책임소재에 관한 내용,
⑤ 조치할 사항에 관한 내용으로 구성된다.

즉, 감사보고서의 개별처분요구 사항 등의 내용은 <그림 3-4>와 같이 구성
되는데 그 각각의 내용은 감사접근방법을 통해 파악되는 내용들이다.

그림 3-4_ 감사접근방법과 감사보고서 구성

감사접근방법 logic model		감사보고서 구성7) (개별 처분요구사항 등)
1. 감사대상 업무 파악 2. 감사판단기준 설정 3. 업무 적정성 검증 및 위법·부당 사항 확인 4. 문제 발생원인·결과 및 책임소재 규명 5. 조치방향 결정	⇔	1. 감사대상 업무 개요 2. 관련법령 및 판단기준 3. 감사결과 확인된 문제점 　　가. 업무처리 부적정 　　나. 관련자의 위법·부당행위 4. 조치사항

이와 같이 감사접근방법을 통해 파악되고 확인된 내용들은 감사결과로서 감사
보고서(개별 처분요구사항 등)의 내용을 구성하게 되므로 감사접근방법은 곧 감사
보고서의 논리구조과 일맥상통한다.

---

7) 감사원 감사보고서의 "개별 처분요구사항 및 권고·통보사항"의 일반적인 목차이다. 개별 처분요구사항 등의 내용에는 위법·부당하게 업무를 처리한 '관계기관 및 관계자의 의견'에 관한 내용이 기술되는데 이는 '문제발생 원인, 책임소재 규명'과 관련된 내용이라 할 수 있다.

따라서 감사접근방법을 위와 같은 다섯 단계로 논리모형(logic_model)화 하여 각 단계별로 구체적인 방법을 살펴보는 것은 다양한 유형의 감사를 수행하는 방법과 과정을 체계적으로 이해하는 데 유용한 도구가 될 수 있다.

1.4. 감사접근방법과 감사방법

"감사접근방법"과 "감사방법"은 실무에 있어 서로 혼용되기도 하지만 이 책에서는 감사접근방법은 감사를 실시하는 전반적인 논리적인 과정과 방법을 의미하는 것으로, 감사방법은 감사를 실시하는 과정에서 사용하는 구체적인 조사, 분석방법을 말하는 것으로 각각 구분하여 사용하기로 한다.

미국의 연방감사원(GAO, design matrix)도 감사접근방법은 감사목적을 달성하기 위한 기본적인 실행 틀로서 판단기준, 실태, 원인, 결론 도출에 이르는 논리적인 방법이라는 의미로, 감사방법은 필요한 정보를 어떻게 수집할 것인지, 제약된 정보를 어떻게 극복할 수 있는지 등 구체적인 방법의 의미로 각각 사용하고 있다.[8]

2. 감사접근방법 개요

일반적인 감사실시는 다음 표와 같이 다섯 단계로 진행되며, 각 단계별로 수행하는 주요 업무를 개관해 보면 <표 3-1>과 같다.

이하에서 '감사접근방법 logic_model'에 따라 각 단계별로 감사를 실시하는 일반적인 방법을 살펴본다. 합법성감사와 성과감사 등 감사의 유형별로 감사를 실시하는 구체적인 방법은 제2절부터 제5절까지의 감사유형별 접근방법에서 살펴볼 것이다.

---

8) 제2편 제2장 제3절 Ref.12 '미국 연방감사원(GAO)의 감사실시계획 수립(design matrix)' 참조

표 3-1_ 감사접근 단계별 주요 업무

(감사접근 방법)	(주요 업무)
1. 감사대상 업무 파악	• 자료제출요구, 출석답변요구 등을 통해 감사대상업무의 현황과 구체적인 업무처리 내용을 파악한다.
⇩	
2. 정당한 업무처리 방법 파악 (감사판단기준 설정)	• 감사대상 업무와 관련된 법령 등을 통해 "정당한 업무처리 방법, 기준, 절차" 등을 파악한다. • 성과감사 등 행정개선감사의 경우 법령이나 제도, 사업 등의 "바람직한 상태, 방법" 등을 파악한다.
⇩	
3. 감사대상 업무 검증 및 위법·부당사항 확인	• 감사판단기준과 실제 업무처리 내용을 비교하여 업무가 정당하게 수행되었는지, 위법·부당 여부를 검토한다. • 판단기준에 위반되는 위법·부당사항을 확인한다.
⇩	
4. 위법부당·사항의 발생 원인 ·결과 및 책임소재 규명	• 위법·부당사항이 발생한 원인과 결과를 파악한다. • 위법·부당사항이 발생한 책임 소재를 규명한다.[9]
⇩	
5. 감사결과 처리방향 결정	• 위법·부당사항으로 발생된 문제를 바로잡을 수 있는 조치 방향을 결정한다. • 위법·부당 행위를 제재하는 조치 방향을 결정한다.

---

9) 책임소재의 규명은 위법·부당하게 업무를 처리한 관련자에 대해 제재조치를 하기 위해 관련자별로 책임의 정도와 한계를 가리는 것이므로 합법성감사 및 공직비리 조사의 경우에만 적용된다.

2.1. step 1: 감사대상 업무[10] 파악

2.1.1. 의의

감사실시 과정에 있어 첫 번째로 하는 일은 감사대상 업무를 파악하는 것이다.

감사대상 사업이나 업무가 적정하게 수행되고 있는지를 검증하고 잘못된 부분을 바로잡기 위해서는 먼저 감사대상 업무가 어떤 내용이고, 어떻게 수행되고 있는지를 파악하여야 한다. 따라서 감사대상업무를 파악하는 일은 모든 감사활동에 있어 기본적이고 필수적인 과정이다.

감사대상 업무 파악은 감사를 준비하는 단계부터 감사를 마무리하는 과정까지 계속해서 이루어지는 일이지만 감사를 착수하기 이전에 기본적인 내용을 파악하여 감사착수 이후 곧바로 본격적인 감사를 할 수 있도록 하는 것이 바람직하다.

2.1.2. 방법

감사준비 과정에서는 감사대상 업무와 관련되는 업무계획, 예산서, 업무매뉴얼 등을 통해 업무와 관련되는 기본적인 내용을 파악한다. 그리고 감사실시 과정에서는 실제 업무를 처리한 서류 등을 제출받아 업무를 처리한 현황과 내용 등을 자세하고 구체적으로 파악한다.

자료제출요구를 통해 필요한 자료를 확보하고, 업무담당자를 면담(interview)[11]하여 감사대상 업무의 분장, 업무처리 흐름, 개괄적인 업무수행 방법 등을 파악한다.

감사대상업무의 기본적인 내용을 파악하면, 다음으로 "업무를 처리한 현황과 세부 명세(明細)" 자료를 제출받아 파악한다. 업무처리 현황과 명세는 문서 대장이나 각 기관에서 운영하는 행정업무시스템에 입력되어 있는 업무처리대장(전산대장)을 제출하도록 요구하거나 '업무처리현황 및 명세표'를 작성·제출하도록 요구하여 파악한다.

---

10) 감사대상은 정책, 제도, 사업, 업무 등이 될 수 있으나 통칭하여 "감사대상업무"라고 하기로 한다.

11) 업무파악 단계에서는 공식적인 출석·답변요구보다는 면담 형식을 통해 업무에 관한 설명을 듣는 것이 일반적이다.

다음으로 감사대상 업무의 개별 건별로 "실제 업무를 처리한 서류" 등을 제출받아 업무를 처리한 내용을 검토한다. 업무처리와 관련된 문서를 그대로 제출받아 개별 사안별로 검토하거나 업무처리와 관련된 자료를 작성·제출하도록 하여 검토한다.

합법성감사(공직비리 조사 포함)는 개별 업무처리를 단위로 위법·부당 여부를 판단하므로 업무파악도 개별 업무처리 건별로 그 내용을 파악하여야 한다.

행정개선감사와 성과감사는 개별 업무처리가 아닌 제도나 사업, 행정운영의 방법이나, 절차, 기준 등의 모순점이나 비효율 요인 등을 개선하는 감사이므로 제도나 사업의 추진체계, 집행과정, 사업의 성과 등을 거시적인 관점에서 파악한다.

2.2. step 2: 정당한 업무처리 방법 파악 (감사 판단기준 설정)

2.2.1. 의의

감사대상업무를 파악하고 나면 해당 업무를 정당하게 수행하는 방법이나 기준, 절차 등을 파악한다. 업무를 정당하게 수행하는 방법, 기준, 절차 등을 '감사판단기준'이라고 한다.

감사를 실시하여 감사대상 업무의 위법·부당 여부를 판단하기 위하여는 업무의 잘잘못을 판단할 수 있는 객관적인 기준과 근거가 있어야 하는데 그러한 기준과 근거가 감사의 판단기준이 된다.

공공감사의 판단기준은 곧 공공행정이 준수하고 지향해야 하는 바람직한 가치, 즉 공공행정의 준거와 같은 개념이다. 공공행정은 법령을 준수하면서 경제적, 효율적, 효과적으로 수행되어야 하고 형평성과 투명성 등을 갖추어야 한다.

이러한 공공행정의 준거들이 바로 공공행정의 적정성 여부를 판단하는 기준이 되는 것이다.

2.2.2. 감사판단기준 유형

합법성감사는 법령이나 조례, 규칙 등과 업무관련 고시, 지침, 업무 매뉴얼, 예규 등 공적으로 정해진 기준이 감사의 판단기준이 된다. 법령 등에 규정된 업무처리에 관한 방법이나 절차, 기준 등은 업무규범(業務規範)으로서 업무의 위법·부당 여부를 판단하는 기준이 되고, 공무원의 행위에 관한 기준은 행위규범(行爲規範)으로서 공무원 등의 위법·부당행위 여부를 판단하는 기준이 된다.[12]

행정개선감사 및 성과감사에 있어서는 경제성, 효율성, 효과성 등과 형평성, 투명성 등과 같이 공공행정의 바람직한 가치가 판단기준이 된다.

합법성감사의 판단기준은 법령 규정 등으로 구체적으로 명시되어 있는 반면, 성과감사 등은 판단기준이 구체적으로 정해져 있지 않고 경제성, 효율성, 효과성 등의 관점에서 "보다 바람직한 방법이나 상태" 등으로 추상적이고 유동적이다. 예컨대, 현재의 업무처리방법이 과거에 비해서는 더 효율적이지만 현재의 방법보다 더 효율적인 방법이 있다면 감사의 판단기준이 될 수 있다. 사회의 제도나 기술이 발전함에 따라 성과감사 등의 판단기준도 계속 변화·발전하는 것이다.

2.3. step 3: 감사대상업무의 적정성 검증 및 위법·부당사항 확인

2.3.1. 의의

감사대상업무 파악(step 1)과 정당한 업무수행방법(감사 판단기준)을 파악(step 2)하면 다음 단계로는 감사판단기준에 비추어 감사대상업무가 적정하게 수행되었는지를 검증하고 위법·부당하게 수행된 업무를 확인한다. 공공감사는 공공행정을 검증하고 잘못된 부분을 바로잡는 역할을 하므로 감사대상업무가 적정(적법·타당하게)하게 수행되는지 검증하고 위법·부당사항을 확인하는 일은 감사 수행과정에 있어 "핵심 중의 핵심"이라 할 수 있다.

현대의 거대하고 복잡, 전문화된 공공행정을 대상으로 잘못된 부분을 가려내고 바로잡는 일은 쉬운 일이 아니며, 전문성을 갖춘 공공감사기구가 필요한 이유이다.

---

12) '업무규범' 및 '행위규범'에 관한 자세한 내용은 이 장 "제3절 합법성감사 접근방법 3.2.2. 법령의 내용에 의한 분류: 업무규범과 행위규범"을 참조하기 바란다.

2.3.2. 방법

감사대상업무의 적정성 검증과 위법·부당사항의 확인은 기본적으로 감사의 판단기준(what should be, 정당하고 바람직한 상태)과 실제 공공행정이 수행되고 있는 실태(what is, 실제 상태)를 비교(comparison)하는 방식으로 진행된다.

그림 3-5_ 감사대상업무 적정성 검증 및 위법부당사항 확인

감사대상업무 검증	당위(what should be)와 실제(what is)의 비교 (정당한 업무처리 방법·기준·절차와 실제 업무처리 내용 비교, 제도나 행정운영의 바람직한 상태와 실제 상태 비교)

⇩

위법·부당사항 확인	정당한 업무처리 방법과 다르게 처리된 업무를 추출, 제도나 행정운영의 바람직하지 않은 상태를 추출

하지만 이는 감사접근 논리를 단순화한 것이고, 감사 실무에 있어 감사대상 업무가 적정하게 수행되고 있는지를 검증하는 방법은 감사대상업무의 특성, 감사의 유형에 따라 다양한 조사, 분석 방법이 사용될 수 있다.

따라서 감사실시를 위한 권한(감사대상기관 및 감사대상기관 외의 자에 대한 자료제출요구, 출석·답변요구 등)을 활용하여 감사의 특성에 맞는 적합한 방법을 적용하여 위법·부당 여부를 검증하는 것이 중요하다.

감사대상업무의 적정 여부를 검증하는 가장 기본적인 방법은 ① 감사대상 업무를 처리한 관련 문서를 검토(문서 검증)하여 법령위반 여부 등을 확인하는 것이다.

그 밖에 ② 관련 자료와 대사(對査, data_matching, cross_checking), ③ 데이터 마이닝(data_mining), ④ 업무관련자 조사(investigation) 및 인터뷰(interview), ⑤ 현장 및 실물 확인, ⑥ 공인기관 조회(유권해석, 사실관계 조회 등), ⑦ 시험·실험 및 검사, 감정(鑑定) 등의 방법으로 위법·부당 여부를 확인하고, 문제발생 원인과 책임의 소재를 규명한다.

이러한 방법들은 주로 합법성감사에 적용되지만 행정개선감사 등에 있어서도 활용될 수 있다. 특히 문서검증은 모든 감사유형에 있어 기본적으로 사용하는 방법이다. 성과감사를 포함한 행정개선감사에 있어서는 ① 분석(정책·사업분석, 통계분석, 경제적 분석 등), ② 모범사례(best practices) 활용, ③ 설문조사(survey), ④ 문헌 탐색 및 전문가 의견 조회, 전문기관 용역 등의 방법으로 제도나 사업의 문제점을 확인하고 제도개선 방안을 도출한다.

앞에서 살펴본 감사 실시를 위한 권한과 이를 활용하여 감사를 실시하는 방법을 개괄적으로 정리하면 <표 3-2>와 같다. 각각의 방법에 대하여는 합법성감사와 성과감사 등 접근방법에서 구체적으로 살펴본다.

표 3-2_ 감사 권한 및 수단을 활용한 위법·부당사항 확인 방법

감사 실시 및 증거 확보를 위한 권한	감사권한을 활용한 위법·부당사항 확인 방법
(감사대상기관에 대한 권한) • 자료제출요구 • 출석·답변요구 • 봉인 • 디지털 포렌식 • 금고검사	• 업무처리 관련 문서·자료 등을 제출받아 검토 • 업무관련자에 대한 진술 요구 및 문답 조사 등을 실시하여 업무처리 경위 및 책임소재 등 규명 • 증거의 보존 • 업무처리 관련 원본 자료 등 확인 • 현금, 수표 등의 시재(時在) 확인
(감사대상기관 외의 자에 대한 권한) • 자료제출요구 • 출석·답변요구 • 금융거래자료 제출 요구 • 공직자 재산등록자료 열람·조회	• 감사대상 업무와 관련된 자료를 제출받아 검토 • 관련자에 대한 진술 요구 및 문답 조사 • 금융거래자료를 통해 금품수수·공금횡령 등 조사 • 재산등록자료를 통해 금품수수·영리행위 등 조사
(관련기관에 대한 권한) • 감사 협조 및 지원, 인력파견 등 요구 (중앙행정기관 등에 대한 자료제출 요청, 다른 자체감사기구에 대한 협조 요청, 감사원에 대한 감사인력 지원 요청)	• 감사대상업무의 위법·부당 여부를 확인하기 위한 대사자료를 제출받아 검토 • 전문기관 등에 시험을 의뢰하거나, 사실 조회 • 현장 및 실물 확인 (자체감사 실시에 필요한 경우 관련기관 등에 자료제출 등을 요청하여 검토)

2.4. step 4: 문제발생 원인·결과 및 책임소재 규명

2.4.1. 의의

감사대상업무의 적정성 여부를 검증하여 위법·부당사항을 확인하면 다음 단계로 위법·부당사항이 발생된 원인과 결과를 파악한다. 그리고 위법·부당사항의 발생이 관련 공무원 등의 잘못된 업무처리로 인한 경우 그에 대한 책임의 소재를 규명한다.

공공감사의 목적은 위법·부당사항을 적발하는 것에 그치는 것이 아니라 문제 발생 원인을 규명하여 문제가 재발하지 않도록 하고, 발생된 문제를 바로잡을 수 있도록 적정한 조치를 하는 것이라고 할 수 있다.

문제발생 원인이 업무담당자 등의 위법·부당한 업무처리로 인한 것인지, 불합리한 제도나 관행으로 인한 것인지 등을 명확하게 규명하여야 문제를 해결하고 바로잡을 수 있는 적정한 감사결과 처리방향을 결정할 수 있다.

2.4.2. 방법

2.4.2.1. 문제발생 원인 규명

문제발생의 원인을 규명하는 것은 문제가 발생하는데 인과관계(因果關係)가 있는 요인을 밝히는 것이다.

합법성감사에 있어 위법·부당사항은 일차적으로 업무관련자의 고의 또는 과실 등에 의한 위법·부당행위가 원인이 되고, 나아가 그러한 위법·부당행위를 유발하는 업무처리 방법의 모순점이나 감독장치의 결함 등이 원인이 될 수 있다.

행정개선감사 및 성과감사에 있어서는 주로 제도나 사업의 세부 구성요소(업무처리 방법과 절차,사업추진 체계 등)의 모순점이나 비효율 요인 등이 문제발생 원인이 된다. 다만, 문제와 결과 사이에 다양한 유형의 허위 인과관계[13]가 존재할 수 있는 점을 감안할 때, 외형적으로 보이는 문제 외에 보다 근본적인 원인을 규명하는 것이 중요하다.

---

13) 허위 인과관계로는 원인과 결과가 뒤바뀐 역(reverse)인과관계, 제3의 요인이나 우연한 요인에 의한 동시 발생(coincidence) 등이 있다.

사안이 단순한 경우에는 합리적인 추론 등을 통해 문제발생 원인을 쉽게 파악할 수 있지만 사안이 복잡하여 문제발생 원인을 파악하기가 어려운 경우, 근본원인분석(RCA, Root Cause Analysis) 방법을 응용하여 문제가 발생되기까지 사업이 진행되어 온 과정과 문제가 발생된 경로를 순차적으로 점검함으로써 문제의 근본 원인에 접근할 수 있다.[14)]

위법·부당사항에 대한 원인의 규명은 문제의 재발을 방지하기 위해 중요하다. 제1편 제1장에서 살펴본 바와 같이 비리 등의 유발 요인을 규명하는 데는 개인의 일탈 행위를 중시하는 미시적(micro) 접근, 조직관리의 구조적 결함을 중시하는 중범위적(meso) 접근, 불합리한 행정제도 및 시스템 등을 강조하는 거시적(macro) 접근으로 구분할 수 있다. 물론 실제 발생하는 비리의 원인은 세 가지 범주가 서로 얽혀 있을 수 있고, 따라서 한 가지 원인만으로 해결되기 어렵고 종합적 전략으로 접근하는 것이 바람직하다.

다만, 문제의 원인을 중범위적, 거시적으로 접근하기 위하여는 관련되는 제도나 행정시스템에 대한 심층적인 분석이 전제되어야 한다. 따라서 개별 업무처리의 적정성을 점검하는 합법성감사에서는 담당자의 위법·부당행위 또는 업무처리와 직접 관련되는 업무처리 방법과 절차 등 미시적 또는 중범위 접근(mocro & meso approach)으로 문제발생 원인을 규명하는 것이 현실적이다.

한편, 정책이나, 제도, 사업 등을 심층적으로 분석하는 성과감사 등에 있어서는 사업의 추진체계나 집행방법·기준, 행정제도나 시스템의 문제점을 중범위적 또는 거시적으로 접근(macro approach)하여 문제발생의 원인을 규명한다.

2.4.2.2. 책임소재 규명

위법·부당사항의 발생원인이 업무담당자 등 관련자의 잘못된 업무처리로 인한 경우, "누가, 어떻게 잘못하여" 문제가 발생되었는지 그 책임의 소재와 정도를 규명한다. 책임의 소재와 정도는 관련자에 대한 징계·문책요구 등 제재조치 여부를 판단·결정하는 근거가 되므로 대인감찰의 방법으로 관련자가 업무를 처리한 행위를 구체적으로 규명하여야 한다.

---

14) 제6절 성과감사 접근방법 5. 문제발생 원인 파악을 참조하기 바란다.

2.5. step 5: 감사결과 처리방향 결정

2.5.1. 의의

감사실시 과정에서 위법·부당사항을 확인하고 그 발생원인과 책임소재를 파악하면 다음 단계로 문제를 해결하거나 바로잡을 수 있는 감사결과 처리방향을 결정한다.

감사결과 처리방향 결정은 위법·부당사항으로 인해 발생된 문제를 해결하거나 바로 잡을 수 있는 '감사결과 처리의 종류'와 '조치내용'을 정하는 것이다.

감사결과 조치사항은 법원 판결문의 주문(主文)15)과 같은 것으로 감사의 결론이라 할 수 있다. 감사목적의 달성은 확인된 위법·부당사항을 해결하거나 바로잡을 수 있는 조치를 시행함으로써 이루어진다.

감사를 통해 위법·부당한 행정행위를 확인하더라도 문제를 바로 잡을 수 있는 조치가 제대로 이루어지지 않는다면 감사의 목적은 달성되지 못하므로 감사결과 처리방향을 적정하게 결정하는 것은 감사업무 중 중요한 과업의 하나이다.

2.5.2. 방법

감사원법과 공공감사법에서는 감사원과 자체감사기구에 대하여 <표 3-3>과 같이 감사결과 처리에 관한 권한을 부여하고 있다.

표 3-3_ 감사결과 처리에 관한 권한

감사원법	공공감사법
변상 판정(법 제31조) 징계·문책 요구(법 제32조) 시정 요구(법 제33조) 주의 요구(법 제33조) 개선 요구(법 제34조) 권고·통보(법 제34조의2) 고발(법 제35조)	변상명령, 징계·문책, 시정, 주의, 개선, 권고, 고발 등의 처분 요구 또는 조치사항(법 제23조)

---

15) 소송사건에서 법원의 판결과 처분을 나타내는 판결의 결론 부분을 말한다.

따라서 위법·부당사항으로 발생된 문제를 해결하고, 바로잡는 데 적합하도록 감사결과 처리의 종류와 조치내용을 결정한다. 감사결과로 확인되는 위법·부당사항의 내용, 문제발생 원인, 발생된 결과, 관련자의 책임의 정도 등을 종합적으로 고려하여 위법·부당행위를 한 관련자를 제재(문책성 조치)하고, 위법·부당행위로 발생된 결과를 바로잡을 수 있는(시정성 조치) 조치방향을 결정한다.

3. 감사유형별 접근방법의 특징

3.1. 감사유형 분류

감사유형은 감사접근방법을 설명하는 목적에 적합하게 합법성감사, 공직비리 조사, 행정개선감사, 성과감사로 구분하여 살펴본다. 이와 같이 감사유형을 분류한 이유는 모든 감사결과는 위 네 가지 유형 중 하나로 분류될 수 있으며, 위와 같은 각 감사유형별로 감사접근방법에 있어 차별화되는 특징이 있기 때문이다.

감사의 결과를 기준으로 보면 모든 감사결과는 크게 두 유형으로 구분된다. ① 하나는 법령이나 규정을 위반하여 업무를 처리한 데 대해 시정하거나 제재하는 것이다. ② 다른 하나는 불합리하거나 모순된 법령이나 제도, 관행, 업무 방법 등을 개선하도록 하는 것이다.

전자는 '합법성감사' 또는 '합규성감사'(compliance audit, 통칭하여 '합법성감사'라고 한다)라고 한다. 합법성감사는 일반적인 법령 위반사항을 점검·시정하는 감사와 공직비리를 조사하여 처벌하는 감사('공직비리 조사'라고 한다)로 구분할 수 있다.

후자는 '행정개선감사'라고 할 수 있는데 일반적인 행정사무를 개선하는 감사와 중요 정책이나 사업을 심층적으로 분석하여 개선대안을 제시하는 '성과감사(performance audit)'로 구분할 수 있다.

따라서 위 네 유형의 감사접근방법을 학습하면 공공감사 실무에서 다루는 모든 유형의 감사를 실시할 수 있는 방법을 이해할 수 있다.

3.2. 다양한 유형의 감사접근방법 이해의 필요성

일반적으로 하나의 감사사항(기관정기감사 또는 특정사안감사 등)에 대해 감사를 실시할 때는 법령 등 규범 준수 여부와 제도의 모순이나 불합리 여부를 동시에 점검한다.

감사대상기관의 업무에 대하여 종합적으로 감사(기관정기감사)를 하는 경우는 물론 특정한 사업이나 행정사무를 감사대상으로 하는 경우(특정사안감사)라도 해당 행정사무 처리에 있어 위법한 부분은 합법성 감사로, 개선이 필요한 부분은 행정개선감사로 각각 접근하는 것이다.

예컨대, '지방세 부과·징수업무를 대상으로 감사를 실시하는 경우 지방세를 법령에 위배되게 부과·징수한 사안은 합법성감사로, 부과기준이 불합리한 사안은 행정개선감사로 각각 접근한다.

감사인에게 요구되는 실무능력 중 가장 기본적이고 중요한 역량은 감사접근방법을 터득하는 것인데 종합적인 감사실무 역량을 갖추기 위해서는 위와 같은 네 가지 감사유형별로 차별화되는 감사접근방법을 이해할 필요가 있다.[16)]

3.3. 감사유형별 접근방법 특징

각 감사의 유형별로 감사접근방법의 특징을 요약하면 <표 3-4>와 같다.

다음 제3절부터 제7절에서 위 네 가지 감사유형별로 감사접근방법을 살펴본다. 그리고 최근 중요성이 커지고 있는 디지털 정보와 기술을 활용하여 감사를 실시하는 "디지털감사(digital audit) 접근방법"을 별도로 구분하여 살펴본다.

---

16) 위와 같은 네 가지 유형의 감사수행능력을 종합적으로 갖추기 위해서는 감사관으로서의 일반적인 능력(auditor, 행정, 법률, 회계 등 지식)에 비리적발·조사능력(조사관, investigator, inspector)과 연구·분석능력(분석가, analyst)을 모두 갖추어야 하는데 현실에 있어 한 명의 감사관이 이러한 역량을 모두 갖추기는 대단히 어려운 일이다.

이에 따라 공공감사기구는 다양한 분야의 우수한 인력을 확보하고, 감사전문인력관리제도 등을 운영하여 각 분야별로 전문적인 감사역량을 갖춘 감사인을 양성하여 기관 전체 그리고 감사팀 단위로 종합적인 감사능력을 확보할 수 있도록 하는 것이 바람직하다.

표 3-4_ 감사유형별 감사접근방법의 특징

구분	합법성감사	공직비리 조사	행정개선감사	성과감사
목적	법령 및 규범 준수	비리공직자 처벌	법령·제도·행정 개선	정책·사업의 성과 제고
판단기준	법령, 조례, 규칙, 사규 등 규정과 업무처리 기준·지침 등	공직윤리· 행동강령, 형법	1. 형평성, 투명성 등 행정 준거 2. 바람직한 방법· 상태	경제성, 효율성, 효과성 등
위법· 부당사항 확인	1. 법령 등에 정해진 기준, 방법과 실제 업무처리 내용을 비교 2. 법령 등을 위반하거나 규정과 다르게 처리된 업무 확인	공직윤리, 직무상 의무 위반행위 등 조사	1. 제도·행정 운영의 목적·취지 검토 2. 제도운영 실태 분석 3. 제도 등의 모순이나 불합리 등 확인 4. 개선방안 마련	심층적인 분석방법, 개선대안 마련
감사결과 처리	1. 위법 상태를 바로 잡는 시정요구 등 2. 위법행위를 제재 하는 징계요구 등	중징계 요구, 고발 등 형사조치	법령·제도·행정운영 등에 대한 개선요구나 권고·통보	정책개선 권고, 정책자료 통보
요구되는 능력	행정, 법률, 회계	비리정보 수집, 비리 적발·조사	업무분석·평가	정책·사업 분석, 조사방법론, 통계분석 등

제 3 절

합법성감사 접근방법

1. 의의

공공행정은 법치행정(法治行政) 원칙에 따라 법령 등을 준수하면서 업무를 수행하여야 한다. 이와 같이 공공행정이 법령을 준수하면서 수행되고 있는지를 점검하고, 법령위반 사항에 대하여 시정·제재하는 감사가 합법성감사이다.

최근 들어 "공공감사의 행정개선 기능"이 강조되고 있지만 공공행정의 법령 준수 여부를 점검하고 법령위반을 시정·제재하는 것은 공공감사의 가장 기본적인 역할이다. 이러한 이유에 따라 합법성 감사는 여전히 중요하고 감사의 비중에 있어서도 가장 높은 비중을 차지하고 있다.

합법성감사의 목적은 행정이 법령 등 규범을 준수하도록 함으로써 행정질서가 유지되도록 하는 것이다.[1]

합법성감사의 접근방법은 기본적으로 법령 등에 규정된 "정당한 업무처리 방법"과 "실제 행정사무의 처리 내용"을 비교하는 방식으로 접근한다.

감사결과 처리는 법령 위반사항에 대하여 법령 등을 준수하여 업무를 처리한 상태가 되도록 바로잡는 조치(시정요구 또는 통보 등)를 하고, 법령위반행위를 한 관련자에 대하여 제재(징계·주의요구, 고발 등)하는 조치를 한다.

합법성 감사의 접근방법에 있어 중요한 과제는 법령 등 위반 여부를 확인(이른바 위법·부당사항 적발)하는 일이다. 감사대상 업무의 처리가 법령에 위반되었는지를 어떻게 확인하는지 그 방법이 합법성감사 접근방법의 요체이다.

---

1) 합법성감사의 구체적인 형태는 행정업무 처리의 법령 등 위반 여부 점검, 공직 종사자의 근태 및 복무 점검, 직무관련 부패·비리 조사 등으로 나타난다.

2. 감사대상업무 파악

합법성감사는 개별 업무처리 건별로 법령이나 규정에 맞게 처리되었는지 검증하는 감사이므로 업무 파악도 "개별 업무처리 단위"로 그 업무처리 내용을 구체적으로 파악하여야 한다.

업무파악은 관련 서류를 제출받거나 업무담당자 면담(interview) 등의 방법으로 하고, 필요한 경우 업무관련 현장을 방문하거나 실물을 확인한다.

자료제출요구를 통해 일차적으로 감사대상업무 현황에 관한 자료와 명세자료를 제출받고, 개별 업무처리 건별로 자료를 제출받아 업무처리 내용을 파악한다.

— Ref.1 감사대상업무 파악 및 자료제출요구 (합법성감사)

• 수단: 자료제출요구, 업무 관계자 면담, 현장·실물 확인 등

• 업무파악 대상 및 자료

  1. 기본적인 사항: 업무수행 체계, 예산, 근거 법령 및 지침, 매뉴얼

  2. 업무처리 현황 및 명세: 감사대상기간 동안의 업무처리 현황 및 명세 자료

  3. 개별 업무처리 내용: 각 업무처리 건별 관련 서류

> ### 감사자료제출 요구서 (예시)
>
> 1. 자료명: 수의계약 체결 현황
> 2. 작성 기간: 2021. 1. 1. ~ 2022. 12. 31. (2년간)
> 3. 작성 형식[2]:
>
> | 일련번호 | 계약일자 | 계약명 | 계약업체 | 계약금액 | 수의계약 사유 | 근거법령 조항 | 기타 |
> |---|---|---|---|---|---|---|---|
> | 1 | | | | | | | |
> | 2 | | | | | | | |
> | 3 | | | | | | | |
>
> 4. 작성방법:
> 5. 제출기한:
>
> 작성일자:
>
> 작성자 직 성명:　　(서명)

3. 감사판단기준

3.1. 의의

합법성감사는 공공행정이 법령이나 규정 등 제반 규범을 준수하면서 수행되는지를 점검, 확인하는 감사이므로 감사의 판단기준은 감사대상 업무의 근거가 되는 법령[3])이나 행정규칙[4]), 지방자치단체의 조례와 규칙 등 자치법규, 공공기관의 사규(社規) 등에 규정된 업무처리방법, 기준, 절차 등이 감사의 판단기준이 된다.

국가공무원법 등에 따르면 공무원 등은 법령을 준수하여 성실하게 업무를 수행하도록 되어 있다. 그리고 법령과 자치법규, 공공기관의 사규 등은 정부나 지방자치단체, 공공기관 등이 수행하는 사업의 목적을 적정하고 효율적으로 달성할 수 있도록 정한 통제장치(행정 목표를 달성하기 위하여 설정된 절차와 정책들은 공공행정에 도입된 구체적이고 상세한 통제장치라고 할 수 있다.)[5])로서 관련 업무를 정당하게 처리하는 방법과 절차, 기준이 된다.

그러므로 공무원 등이 법령 등을 위반하여 업무를 처리한 것은 원칙적으로 직무를 적정하게 수행하였다고 할 수 없고 감사의 대상이 되는 것이다.

감사대상 업무가 위법하거나 부당하게 처리된 내용을 보더라도 그 업무를 처리하는 정당한 방법이나 기준 등을 모른다면 위법·부당한지를 알 수 없다. 예컨대, 국가 및 지방계약 법령에 따르면 일반적인 물품의 구매계약은 2,000만 원 이하인 경우에 수의계약이 가능한데, 이러한 규정을 모른다면 2,000만 원을 초과하는 물품을 수의계약으로 구매한 내용을 보더라도 문제를 인식할 수 없는 것이다.

---

2) 감사의 목적에 따라 "검사일자", 납품일자" 등 필요한 자료 항목을 추가하거나 조정할 수 있다.

3) '법령'은 좁은 의미로 법률·대통령령·총리령 및 부령을 의미(「법제업무 운영규정」제2조)하기도 하고, 넓은 의미로 각 헌법기관에서 제정한 규칙과 행정규칙(훈령, 예규, 고시 등)을 포함하는 의미(행정기본법 제2조)로 사용되기도 한다.

4) 행정규칙(行政規則)은 행정부가 정립하는 일반적 규정으로서 법규의 성질을 가지지 않은 것을 말하며, 좁은 의미의 행정명령과 동의어로 사용된다. (행정학사전, 2009. 1. 15., 이종수)

5) 내부통제(internal control)는 다수의 조직, 개별 조직 또는 개인 등 실체(entity)의 업무처리 과정에서 발생가능한 부정과 오류(fraud and error)를 예방, 적발, 수정하기 위한 모든 제도적, 절차적 장치로서, 정해진 규칙과 절차에 의하여 수행된 업무과정(process)에서 생산된 정보와 데이터를 바탕으로 지시, 보고, 정보공유 등이 신뢰성 있게 이루어지고 부정오류의 발생위험을 최소화하여 목표를 효율적, 효과적으로 달성하도록 기여하는 것이다(이병철 2015; 20).

따라서 합법성감사에 있어서 업무를 정당하게 수행하는 방법, 기준, 절차 등 감사판단기준을 파악하는 것은 중요한 일이다.

3.2. 판단기준이 되는 법령 등의 유형

3.2.1. 법령 등의 형식에 의한 분류

합법성감사의 판단기준이 되는 것은 법령을 포함하여 다양한 형식으로 존재한다. 공공부문에서 "업무를 처리할 때 준수하도록 공적으로 정한 방법이나 절차, 기준 등"이 있는 경우 그 명칭이나 형식과 관계없이 감사의 판단기준이 될 수 있다.

위로는 법률, 시행령, 시행규칙, 지방자치단체의 자치법규(조례 및 규칙), 공공기관의 사규 등이 있다. 이와 같은 법령이나 규정 외에도 구체적인 업무처리 방법을 정한 업무추진계획과 업무지침, 매뉴얼 등과 공고 및 고시, 계약 등으로 정한 내용도 감사의 판단기준이 될 수 있다. 이러한 예로는 정책이나 업무계획을 수립하면서 정한 추진방향과 로드맵, 공사계약을 체결하면서 정한 공사시방서 및 공사계약특수조건, 공무원채용 공고에 규정된 응시자격요건이나 경력평정기준, 군사무기 개발을 위해 설정한 작전운용성능(ROC)[6] 등을 들 수 있다.

한편, 직무와 관련된 명령이나 지시(개별 사안에 대한 명령·지시 또는 일반적인 형식의 훈령[7])도 감사의 판단기준이 될 수 있다.

표 3-5_ 합법성감사 판단기준의 근거

법령	법률, 시행령, 시행규칙, 지방자치단체의 조례, 규칙
업무지침, 내규 등	공고, 고시, 업무처리에 관한 지침 및 기준, 예규, 매뉴얼 등 공공기관 사규 및 제반 규정, 훈령, 상사의 업무관련 명령·지시
기타	업무계획, 계약서 및 부속서류 등

---

6) 군사전략 목표 달성을 위해 획득이 요구되는 무기체계의 운용 개념을 충족시킬 수 있는 성능 수준과 능력을 제시한 것이 작전운용성능(ROC, Required Operational Capability)이다.

7) 훈령(Anweisung, 訓令)은 상급관청이 하급관청의 권한행사를 지시하기 위해 하는 일반적 형식의 명령이다. 훈령은 행정기관의 내부관계에서 하급관청에 대하여 발하여지는 것이기 때문에, 대외적으로 법규(法規)로서의 성질을 가지지 않는 것으로 인정하는 것이 보통이다. (두산백과, doopedia)

issue note 19: 상사의 부당한 지시·명령이 판단기준이 될 수 있는지?

국가공무원법(제57조)에 따르면 공무원은 직무를 수행할 때 소속 상관의 직무상 명령에 복종하도록 규정되어 있으므로 상사의 지시나 명령도 원칙적으로 감사의 판단기준이 될 수 있다. 다만, 명령이나 지시는 상위 법령에 위반되지 않는 경우에만 정당성이 인정되고 위법하거나 명백히 부당한 내용의 명령이나 지시는 그 대상자가 준수할 의무가 없을 뿐만 아니라[8], 공공감사기구는 감사대상 기관이나 소속 공무원 등의 직무수행이 적정한지 검증하고 위법·부당한 행위를 바로잡는 역할을 하는데 위법·부당한 명령이나 지시를 감사의 판단기준으로 삼는 것은 심히 불합리하다.

따라서 명령이나 지시가 상위 법령에 위배되거나 그 내용이 부당하다고 인정되는 경우 감사의 판단기준이 될 수 없으며, 오히려 위법·부당한 명령이나 지시가 감사의 대상이 될 수 있다.

참고로, 대법원은 국가공무원법(제57조) 및 지방공무원법(제49조) 등에 규정된 공무원의 직무상 명령에 대한 복종의무와 관련하여 직무상 명령이나 지시가 정당하고 유효한지를 판단하고 그 전제하에서 복종의무를 인정하는 취지로 판시하고 있다.

직무상 명령 관련 판례 (대법원 2013. 9. 12. 선고 2011두20079 판결)

국가공무원법 제57조 및 지방공무원법 제49조에 의하면 공무원은 직무를 수행할 때 소속 상급공무원의 직무상 명령에 복종하여야 하고, (중략) 노동조합 전임자의 지위에 있다고 하여 위와 같은 복종의무가 전적으로 면제된다고 할 수는 없다. 그러나 공무원의 노동조합 설립 및 운영 등에 관한 법률에 의하여 공무원노동조합의 정당한 활동은 보장되므로, 노동조합 전임자에 대한 직무상 명령이 노동조합의 정당한 활동 범위 내에 속하는 사항을 대상으로 하는 경우에는, 그 소속 기관의 원활한 공무 수행이나 근무기강의 확립, 직무집행의 공정성 또는 정치적 중립성 확보 등을 위하여 그 직무상 명령을 발령할 필요가 있다는 등의 특별한 사정이 있을 때에 한하여 그 명령은 복종의무를 발생시키는 유효한 직무상 명령에 해당한다.

---

8) 공무원행동강령(대통령령) 제4조(공정한 직무수행을 해치는 지시에 대한 처리) ① 공무원은 상급자가 자기 또는 타인의 부당한 이익을 위하여 공정한 직무수행을 현저하게 해치는 지시를 하였을 때에는 그 사유를 그 상급자에게 소명하고 지시에 따르지 아니하거나 제23조에 따라 지정된 공무원 행동강령에 관한 업무를 담당하는 공무원(이하 "행동강령책임관"이라 한다)과 상담할 수 있다. ("이하 생략")

3.2.2. 법령 등의 규율대상에 의한 분류: 업무규범과 행위규범

합법성감사의 판단기준이 되는 법령 등은 그 규범이 규율하는 대상과 내용에 따라 "업무규범"(業務規範)과 "행위규범"(行爲規範)으로 구분할 수 있다.

3.2.2.1. 업무규범

"업무규범"은 "업무를 처리할 때 지켜야 하는 절차와 방법, 기준 등"을 정한 법령 등을 말한다. 각종 행정법령은 각각의 법령이 규율하는 행정사무에 대하여 업무에 관한 절차와 방법 등을 규정하고 있는데 이와 같이 법령에서 행정사무 처리에 대하여 규정한 방법이나 절차, 기준 등이 업무규범이다.

예컨대, 국가계약법령은 "계약을 체결하려면 일반경쟁에 부쳐야 한다. 다만, 계약의 목적, 성질, 규모 등을 고려하여 필요하다고 인정되면 대통령령으로 정하는 바에 따라 참가자의 자격을 제한하거나 참가자를 지명(指名)하여 경쟁에 부치거나 수의계약(隨意契約)을 할 수 있다." "경쟁입찰을 하는 경우에는 입찰에 관한 사항을 공고하거나 통지하여야 한다."고 규정(국가계약법 제7조 및 제8조)하고 있다.

이와 같은 규정은 계약담당공무원이 계약업무를 수행할 때 지켜야 하는 기준과 절차를 정한 것으로 업무규범이라 할 수 있다.

업무규범은 행정사무가 적정하게 수행되었는지를 판단하는 기준이므로 주로 행정사무감찰의 판단기준이 된다.

3.2.2.2. 행위규범

"행위규범"은 공직자의 신분에 대하여 특정한 행위를 하도록 의무를 부여하거나 금지하는 등 "행위에 관한 기준"을 정한 법령 등을 말한다. 공직자 등의 행위규범을 정한 법령은 국가 및 지방공무원법, 부정청탁금지법, 이해충돌방지법, 공무원행동강령(대통령령)과 공공기관 임직원 행동강령 등이 대표적이다.

국가 및 지방공무원법은 각각 국가 및 지방공무원에 대하여 법령준수 및 성실, 친절·공정·청렴, 품위유지 등 의무와 영리행위 및 직장이탈 등 금지사항을 규정하고 있다. 부정청탁금지법은 공직자 등에 대하여 직무와 관련하여 금품수수를 금지하는 한편, 직무관련 여부와 관계없이 일정 금액 이상의 금품수수 등을 원칙적으로 금지하고 있다. 이러한 법령은 개별적인 행정사무와 관계없이 공직자 등의 행위에 관한 기준을 정한 것으로서 행위규범이라 할 수 있다.

행위규범을 위반한 경우는 주로 업무 태만 또는 불성실, 고의나 과실, 불친절·불공정 등으로 나타나며 이러한 행위는 공직자의 직무상, 신분상 의무를 위반한 것으로 대인감찰의 대상이 되고, 징계·문책요구 등 제재 조치의 대상이 된다.

표 3-6_ 합법성감사 판단기준(업무규범 및 행위규범) 비교

	업무규범	행위규범
개념	행정사무 처리에 관한 방법과 기준	공직자의 행위에 관한 기준
판단기준	행정사무감찰의 판단기준	대인감찰의 판단기준
법령 등	국가계약법, 국가재정법, 국가보조금법, 국토계획법 등 각종 행정법령	국가·지방공무원법(의무 및 금지사항), 부정청탁금지법, 이해충돌방지법, 공무원행동강령 등
위반	업무의 부적정, 부당한 결과 발생	위법·부당행위(태만, 고의·과실, 무사안일, 불친절 등)
조치	시정요구, 주의(기관)요구, 통보 등	징계·문책요구, 주의요구, 고발 등

— Ref.2 합법성감사 판단기준인 업무규범 및 행위규범 (예시)

case: 계약담당공무원이 수의계약 사유에 해당하지 않는 계약사항을 법령을 위반하여 특정업체와 수의계약을 체결하고, 해당 업체로부터 금품을 수수한 사안

1. 업무처리의 부적정: 업무규범인 국가계약법령에 위반되어 부적정한 업무처리가 된다. 그리고, 국가계약법(제5조의2 및 제5조의3)에 규정된 청렴계약 위반이 되어 낙찰 취소 또는 계약 해지 사유가 되고 시정요구의 대상이 된다.

2. 담당자의 위법·부당한 행위: 행위규범인 국가공무원법의 법령준수 및 성실 의무와 부정청탁금지법 등의 직무관련 금품수수 금지를 위반한 행위가 되고, 국가공무원법에 규정된 징계사유에 해당되어 징계요구, 고발의 대상이 된다.

3.3. 유의사항

3.3.1. 관련 법령 체계를 종합적으로 검토

위와 같이 합법성감사의 판단기준은 법령과 지침, 계약 등 다양한 형식으로 존재하고, 일반적으로 행정법령은 <표 3−7>과 같이 상위의 법률에서는 업무처리 방법, 기준 등을 개괄적으로 정하고 구체적인 업무처리 방법, 기준 등은 하위의 규정 등으로 정하고 있다.

표 3-7_ 행정법령의 체계 (예시)

「국가를 당사자로 하는 계약에 관한 법률」(법률)	「국가를 당사자로 하는 계약에 관한 법률 시행령」(대통령령)	「국가를 당사자로 하는 계약에 관한 법률 시행규칙」(기획재정부령)
제7조(계약의 방법) ① 각 중앙관서의 장 또는 계약담당공무원은 계약을 체결하려면 일반경쟁에 부쳐야 한다. 다만, 계약의 목적, 성질, 규모 등을 고려하여 필요하다고 인정되면 대통령령으로 정하는 바에 따라 참가자의 자격을 제한하거나 참가자를 지명(指名)하여 경쟁에 부치거나 수의계약(隨意契約)을 할 수 있다. ("이하 생략")	제21조(제한경쟁입찰에 의할 계약과 제한사항등) ① 법 제7조제1항 단서에 따라 경쟁 참가자의 자격을 제한할 수 있는 경우와 그 제한사항은 다음 각 호와 같다. 이 경우 제1호부터 제6호까지 및 제9호의 제한사항에 대한 구체적인 제한기준은 기획재정부령으로 정한다. 1. 기획재정부령이 정하는 금액의 공사계약의 경우에는 시공능력 또는 당해 공사와 같은 종류의 공사실적으로서 공정거래위원회가 정하여 고시하는 바에 따라 산정한 금액을 말한다. ("이하 생략")	제25조(제한경쟁입찰의 제한 기준) ("제1항 생략") ② 각 중앙관서의 장 또는 계약담당공무원이 영 제21조제1항 제1호(중략)에 따라 (중략) 제한경쟁입찰에 참가할 자의 자격을 제한하는 경우 그 실적, 시공능력은 다음 각 호의 기준에 따라야 한다. 1. 공사·제조 또는 용역 등의 경우에는 다음 각 목의 실적. (중략) 가. 공사·제조 또는 용역 등의 실적의 규모 또는 양에 따르는 경우(제조 또는 용역의 경우에는 추정가격이 고시금액 이상인 계약에 한정한다)에는 해당 계약목적물의 규모 또는 양의 1배 이내 ("이하 생략")

따라서 판단기준을 정확하게 파악하기 위하여는 감사대상 업무의 근거가 되는 법령에서부터 하위의 규정이나 기준, 지침에 이르기까지 일련의 법령체계 전반을 종합적으로 검토하여야 한다.9)

3.3.2. 관련 법령이 복잡하고 전문적인 경우 유권해석 등 활용

합법성감사의 판단기준은 법령 등에 규정된 업무처리 방법 등이므로 법령 등을 파악하여 판단기준을 설정할 수 있다. 하지만, 법령 등의 내용이 복잡하고 전문적이거나, 법령체계가 다수의 다른 법령과 연결(예, 국토계획 및 도시계획 법령 등) 되어 있는 경우 판단기준을 설정하기가 어렵고, 업무처리가 법령에 위반되는지를 판단하기가 쉽지 않을 수 있다.

이러한 경우 소관 중앙행정기관의 유권해석이나 법률전문가의 자문 등을 통해 판단기준을 명확하게 하는 것이 바람직하다.

3.3.3. 법령 규정이 불합리한 경우의 처리

합법성 감사에 있어 법령 규정은 일반적으로 감사의 판단기준이 되지만 법령의 규정 내용이 모순되거나 불합리한 경우 개선요구나 통보 등을 통해 불합리한 규정을 개선하도록 하는 방향으로 처리할 수 있다.

3.3.4. 판단기준이 상충되는 경우의 처리

한편, 특정한 업무처리에 있어 판단기준이 상충되는 경우도 있을 수 있다. 대표적인 경우가 합법성 기준과 효율성 기준의 상충이다. 업무를 효율적으로 처리하기 위하여 또는 시급한 상황에서 행정목적 달성을 위하여 법령 등에 위반되게 업무를 처리한 경우 등이 그러하다.

예컨대, 규정에 위반되었지만 당시 상황에 비추어 합리적으로 업무를 처리한 경우, 예산 절감을 위해 계약금액을 무리하게 삭감한 경우 등과 같이 판단기준에 따라 감사결론이 상충되는 경우가 있을 수 있다.

---

9) 감사대상 업무와 관련된 법령의 체계는 '국가법령정보센터'(https://www.law.go.kr)를 이용하여 파악할 수 있다.

이러한 경우 단편적인 판단기준을 적용하면 감사대상기관에서는 감사결론에 수긍하지 않게 된다. 공공감사기준은 이와 같이 감사의 판단기준이 감사결과에 상충되는 영향을 미치는 경우에는 법령이나 제도의 취지, 감사대상기관의 임무, 감사대상업무의 목적과 수행여건, 건전한 관행 등을 고려하여 합리적으로 판단기준을 적용하도록 규정하고 있다(기준 제15조 제2항). 공공감사기준에 규정된 사항 외에도 감사대상업무의 특성에 따라 업무처리의 결과가 사회나 이해관계인에게 미친 영향 등을 종합적으로 고려하여 감사결론을 내리는 것이 바람직하다.

---

issue note 20: 법령 규정이 불합리한 경우, 판단기준 적용은?

법령이나 자치법규, 공공기관의 사규 등에 규정된 내용은 일반적으로 업무를 정당하게 처리하는 방법과 기준이 되고 감사의 판단기준이 된다.

그런데 법령이나 규정 등에 위배되게 업무를 처리하였는데 관련 법령 등의 내용이 불합리한 경우가 있을 수 있다. 공공감사 실무에서는 법령 등을 위반한 공무원 등이 "법령이나 규정이 불합리하다."라는 취지로 항변하고, 실제 규정내용이 불합리한 것으로 인정되는 경우가 종종 있다.

법령 등의 내용이 불합리한 것으로 인정되는 경우라면 일반적인 법령위반사항과 동일하게 처리하는 것은 적절하지 않으므로 제재나 시정요구 여부 등을 신중하게 검토하고, 불합리한 법령 등에 대한 개선에 필요한 조치를 하여야 할 것이다.

관련된 법령이나 규정의 내용이 단순히 행정기관 내부적으로 질서 유지나 업무를 효율적으로 처리하기 위한 것이고, 다른 사적인 이해관계나 비리가 없는 경우 규정 위반에 대해 책임을 묻기보다 해당 규정을 개선하는 방향으로 처리하는 것이 바람직할 것이다.

한편 규정의 내용이 대외적으로 이해관계가 발생할 수 있는 경우에는 규정의 목적과 취지, 규정대로 처리한 경우의 불합리한 결과의 정도, 이해관계자에게 미치는 영향 등을 종합적으로 검토하여 보다 공익에 부합하는 방향으로 처리하는 것이 바람직하다.

---

4. 감사대상업무 검증 및 위법·부당사항 확인

4.1. 의의

합법성감사의 과제는 감사대상업무가 법령 등을 준수하여 수행되었는지를 검증하고, 위법·부당하게 수행된 업무를 가려내는 것이다.

합법성감사는 업무처리가 법령 등을 위반하였는지 여부를 검증하는 감사이므로 개별적이고, 구체적인 업무처리 내용을 검토하는 방법으로 감사대상업무의 적정성 여부를 검증한다. 예컨대, 계약업무를 대상으로 감사를 하는 경우 감사대상 기간 동안 이루어진 계약체결 사항에 대해 각 건별로 정당하게 처리되었는지를 검토하여야 한다(감사대상이 방대하여 전수조사를 하기 어려운 경우 금액이나 계약방법 등 취약분야 위주로 표본을 추출하여 점검할 수 있다).

4.2. 방법 개관

합법성감사 접근방법의 핵심은 감사대상업무가 법령 등에 위반되었는지 여부를 어떻게 확인할 것인지 그 방법에 관한 것이다.

합법성감사는 기본적으로 법령 등에 규정된 정당한 업무처리 방법(what should be)과 실제 업무처리 내용(what is)을 비교하는 방식으로 접근한다. 그리고 위법·부당 여부를 확인하는 가장 기본적인 방법은 업무처리 관련 문서나 자료의 내용을 검토(이하 '문서 검증'이라고 한다)하여 위법·부당하게 처리된 내용을 확인하는 것이다.

문서 검증에 의해 위법·부당사항을 확인하는 것이 기본적인 방법이지만 문서 검증만으로는 충분하지 않은 경우가 많이 있다. 공문서 등 관련서류의 내용으로는 업무처리가 법령 규정에 부합되는 것으로 되어 있으나 실제로는 그렇지 않은 경우(공무원 등이 공문서를 사실과 다르게 작성되거나 민원인이 허위의 민원서류를 제출한 경우 등)가 있는 등 공문서나 관련서류만으로는 법령위반 여부가 확인되지 않는 경우가 많이 있기 때문이다.

따라서 합법성감사를 충실하게 수행하기 위하여는 아래에 기술한 다양한 감사 방법을 복합적으로 적용하여 업무의 적정성 여부를 검증하는 것이 바람직하다.

합법성감사에 있어 위법·부당 여부를 확인하기 위해 주로 사용하는 방법으로는 ① 문서 검증, ② 관련 자료와 대사(對查, data_matching, cross_checking), ③ 데이터 마이닝(data_mining), ④ 업무관련자 조사 , ⑤ 현장 및 실물 확인, ⑥ 공인기관 조회(유권해석, 사실관계 조회 등), ⑦ 시험·실험 및 검사, 감정 등이 있다.

4.3. 문서 검증

문서 검증은 모든 감사과정에서 기본적으로 적용하는 방법이다. 업무처리 관련 문서나 자료 등을 제출받아 법령 등에 규정된 방법과 절차, 기준 등에 따라 업무가 처리되었는지 여부를 확인하여 위법·부당 여부를 확인하는 것이다.

문서 검증 과정에서 필요한 경우 법령 등에서 정한 방법이나 기준에 따라 업무가 처리되었는지를 업무처리의 과정별로 대조해 보거나, 재계산(再計算) 또는 검산(檢算)하는 등의 방법으로 업무처리가 적정한지 여부를 검토하고 판단기준과 부합되지 않은 업무를 추출한다.

4.4. 자료 대사(對查, data_matching, data cross_checking)[10]

4.4.1. 개념

자료 대사는 일반적인 의미로는 둘 이상의 서로 다른 자료의 특정 항목이 일치하는지 여부를 확인하는 방법을 말하는데, 공공감사에 있어서는 감사대상 업무와 관련되는 자료의 진위(眞僞), 적부(適否) 등을 확인하기 위하여 "다른 자료의 내용과 비교하여 위법·부당 여부를 확인하는 감사기법"을 의미한다.

대사 기법은 공공감사 실무에서 감사대상업무의 위법·부당 여부를 확인하는 방법으로 광범위하게 활용되고 있다.

---

10) '대사(對查)'는 일반적으로 사용되는 용어는 아니지만 공공감사 분야에서 "둘 이상의 서로 다른 자료를 비교, 일치 여부를 확인하여 위법·부당 여부를 판단하는 감사기법"을 의미한다. 일반적으로 사용되는 용어인 "대조(對照, matching)"와 유사한 의미이다.

4.4.2. 용도

감사대상업무의 위법·부당 여부를 확인하는 것은 일차적으로 업무처리와 관련된 문서 검증을 통해 할 수 있지만 문서 검증만으로 위법·부당 여부를 확인하기 어려운 경우가 대부분이다. 이러한 경우 감사와 관련되는 사실관계의 진위 등을 확인할 수 있는 다른 자료가 있다면 그 자료를 통해서 쉽게 위법·부당 여부를 확정할 수 있다.

예컨대, 경력직 공무원 채용시험에 응시한 사람이 관련 업체와 공모하여 경력증명서를 허위로 작성하여 제출하였다면 업무처리 관련 서류에 대한 검토, 관련 업체에 경력조회 등을 하더라도 허위경력을 확인할 수 없다. 하지만, 직장에 근무한 사람은 국민건강보험 또는 국민연금에 의무적으로 가입하게 되어 있어, 그 가입 이력을 확인하면 응시자가 과거에 재직한 직장과 재직기간을 확인할 수 있다. 만약 감사인이 이러한 내용을 알고 있다면 건강보험공단에 해당 자료(건강보험자격득실확인서)를 요구하여 쉽게 경력의 진위를 확인할 수 있는 것이다.

이와 같이 위법·부당사항을 확인하기가 어려운 내용을 대사자료를 통해 쉽게 확인할 수 있다는 점에서 대사기법은 공공감사에서 대단히 유용하고 중요한 감사방법이라 할 수 있다.

대사기법은 과거부터 공공감사 실무에서 활용되어 왔지만 최근 들어 각종 행정정보시스템 구축과 빅데이터(Big Data) 등 디지털 자료분석 기술의 발전 등으로 감사에 활용할 수 있는 자료가 대폭 증가하였고, 많은 양의 자료를 신속하게 대사·분석할 수 있게 되어 그 중요성과 활용도가 확대되고 있다.

대사는 개별 업무처리의 위법·부당 여부를 확인하는 데도 유용하지만 방대한 감사대상에 대하여 일괄적으로 위법·부당 의심 자료를 분석·확인하는 데 유용하게 활용될 수 있다.

4.4.3. 대사자료 확보 방법

따라서 감사실무에서 감사와 관련되는 사실관계 등의 진위를 확인할 수 있는 다른 자료, 즉 대사자료를 확보하는 능력은 대단히 중요하다. 대사자료를 확보하기 위하여는 일차적으로 "어디에, 어떤 자료가 있는지"를 알아야 한다.

감사 실무에서는 정부기관과 공공기관 등이 관리하고 있는 자료(국세·지방세·관세 등 관련자료와 부동산 및 금융자산 관련자료, 건강보험 및 국민연금 등 가입이력 자료 등)를 대사자료로 많이 활용하고 있지만 검증하고자 하는 내용에 따라 대사자료의 종류와 그 출처는 다양하므로 대사자료를 확보하는 방법을 일률적으로 설명하기는 쉽지 많다.

기본적인 방법으로는 아래 "예시"와 같이 확인하고자 하는 대상(사람, 물건, 의약품, 농작물 등)에 대하여 그 업무가 처리되는 과정과 그 과정에서 생산되는 문서나 자료를 파악하거나, 감사대상과 관련되는 물품의 생산 및 유통경로, 공적인 신고절차 및 신고자료, 자료 관리기관 등을 파악하는 과정에서 유용한 대사자료를 확보할 수 있다.

Ref.3 **대사자료를 확보하여 위법·부당사항을 확인한 감사사례** (예시)

- **감사대상 업무:** ○○시는 "조사료 사일리지를 생산"하는 농업법인에 대해 보조금 지원
- **보조금 지원 방법:** "조사료 사일리지 생산량"을 조사하여 그에 따라 보조급 지원
- **검증 대상:** ○○시가 조사한 생산량이 정확한지 확인 필요 (2년 전 생산량이므로 실물 확인 불가)
- **검증 방법:** ① 조사료 생산시 계량소에 생산량을 신고, 계량소를 통해 실제 생산량 자료 확보, ② 농업법인의 조사료 사일리지 판매 실적을 파악하여 실제 생산량 추정
- **확인 결과:** ○○시는 조사료 생산량을 허위로 과다 인정하고 보조금 30억 원 과다 지급
  (자세한 내용은 "제2편 제4장 감사사례 연구 case 1−7" 참조)

"제4장 감사사례 연구"에 대사자료를 활용하여 위법·부당사항을 확인한 사례가 다양하게 수록되어 있으므로 대사자료의 종류와 출처, 확보방법 등을 이해하는 데 참고가 될 것이다.

4.5. 데이터 마이닝(data_mining)

4.5.1. 개념

데이터 마이닝은 대용량 데이터에서 의미 있는 통계적 패턴이나 규칙, 관계를 분석하여 유용하고 활용할 수 있는 정보를 추출하는 기술을 말한다. 지하에 묻힌 광물을 찾아낸다는 뜻의 마이닝(mining)은 탄광에서 석탄을 캐는 작업처럼 데이터에서 숨겨진 가치를 찾아낸다는 특징 때문에 데이터 분석 용어로 사용되고 있다.

공공감사 분야에서 데이터 마이닝은 데이터 분석기술을 활용하여 감사대상 분야 중 위법·부당사항이 발생할 위험도가 높은 분야(high_risk group)나 비리 개연성이 높은 표본을 추출하는 기법을 말한다.

데이터 마이닝은 데이터에서 정보를 찾아낸다는 관점에서 보면 통계학의 원리와 유사하고 통계학에서 사용되고 있는 분석방법론[회귀분석(logistic regression), 시계열분석(time_series analysis), 군집분석(clustering analysis) 등]을 많이 사용한다.[11]

공공감사 실무에 있어 고도의 통계분석에 의한 데이터 마이닝 외에도 비교적 단순한 자료의 분류(classofication), 군집화(clustering), 연관성(assiociation) 분석 등을 통해서도 유용한 감사자료를 추출할 수 있다(이재규·권순범·임규건, 2005; 534).

최근에는 디지털 기술의 발전과 빅데이터(big data), 행정정보화의 확대 등으로 대용량 데이터를 활용하는 분석방법이 발전되어 데이터 마이닝은 공공감사 분야에서 유용성이 크게 확대하고 있고, 실제 감사에 활용하는 사례도 증가되고 있다.

4.5.2. 활용 및 방법

데이터 마이닝은 기업 활동 과정에서 축적된 대량의 데이터를 분석해 기업 경영에 필요한 가치 있는 정보를 추출하는 목적으로 많이 사용되고 있는데, 이러한 원리는 공공감사 분야에 있어서도 그대로 응용될 수 있다.

---

11) 데이터에서 정보를 찾아낸다는 관점에서 보면 데이터 마이닝은 통계학과 매우 유사하다. 데이터를 탐색하고 분석하는 이론을 개발하는 학문 분야가 통계학이기 때문이다. 데이터 마이닝을 "규모, 속도, 그리고 단순성의 통계학(statistics at scale, speed, and simplicity)"이라 부른다(Shmueli et el., 2010)[정용찬(2013) 재인용].

특히 감사대상이 방대한 경우 그 전체를 대상으로 감사를 하는 것이 불가능하거나 비효율적인 경우 일차적으로 비리 개연성이 높은 부분(고위험군, high_risk group)을 추출하고, 추출된 고위험군을 대상으로 본격적인 감사를 하는 것이 효과적이다. 이러한 과정을 도식화해보면 <그림 3-6>과 같다.

그림 3-6_ 데이터 마이닝을 통한 고위험 표분 추출

전체 감사대상 (모집단 data)		집중 감사대상 (고위험군 표본 data)
ooooxoooooxooXoXooooxooooooooo XxooxoooooooooXooooooxoooXoo oxooxooooXooooooxxoooooooxoo ooooxooXooooooxoooxooooooXoo ooxoooo o 적정 x 적정(부적정 의심) X 부적정	→ (data_mining으로위법·부당 소지가 큰 고위험 표본 추출)	xxXxxXxxXxXxxXxxxxXxxXx

데이터 마이닝의 일반적인 과정은 <그림 3-7>과 같이 기초 데이터 수집 → 데이터 처리 및 변환 → 데이터 분석(분류, 군집화 등) → 분석결과 해석 → 유용한 지식 창출 순으로 진행된다.

그림 3-7_ 데이터베이스를 통한 지식발견의 흐름

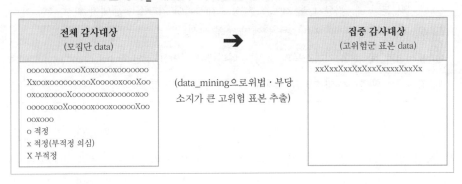

자료: Fayyad et el(1996), "From Data Mining to Knowledge in Database"

이를 공공감사 수행에 대입하여 데이터 마이닝을 통한 감사자료 추출 과정을 예시하면 다음과 같다.

┌───┐
Ref.4 데이터 마이닝을 통한 감사자료 추출 (예시)

① 감사대상업무 관련 기초자료의 수집(예, 자료 1: ○○시 소속 공무원 인적사항 자료,
　자료 2: 공무원의 기타소득자료)

② 자료의 처리 및 변환(예, 위 '자료 1'과 '자료 2'를 상호 대사할 수 있도록 공통의 key
　값에 따라 자료 변환)

③ 데이터 분석(예, '자료 1'과 '자료 2'를 상호 대사하여 기타소득 금액이 일정 금액 이
　상인 공무원 분류 및 기타소득 금액의 출처 분석)

④ 분석결과 해석(예, 기타소득의 출처가 영리행위로 인한 것인지 검토)

⑤ 감사자료 추출(예, 영리행위 소지가 있는 공무원 명단 및 소득자료 추출)
└───┘

위와 같이 방대한 감사대상 모집단(예, ○○시 소속 공무원)을 대상으로 각 개체들의 특징적인 지표나 요소(예, 기타소득 금액)를 분류(classofication)·군집화(clustering)하거나 연관성(assiociation) 등을 분석하여 위법·부당사항(예, 영리행위 종사)이 발생할 개연성이 높은 표본(영리행위 종사 의심 공무원)을 추출할 수 있다.

이와 같이 데이터 마이닝을 통해 추출된 고위험군을 위주로 위법·부당 여부를 구체적으로 확인함으로써 감사를 효율적이고 효과적으로 할 수 있다.

4.5.3. 감사활용 사례

<표 3-8>의 감사사례들은 감사대상으로 검토하여야 할 자료 또는 대상자가 수만 건에서 수백만 건에 달하여 그에 대해 전수조사를 하는 것은 사실상 불가능하다. 그리고 임의로 표본을 추출하여 감사를 실시하면 다수의 위법·부당 사례가 감사대상에서 제외될 수 있는 위험이 있다.

이러한 상황에서 데이터 마이닝으로 위법·부당 소지가 높은 자료나 대상자를 일차로 선별하고 그에 대해 각 건별로 감사를 실시함으로써 감사를 효과적이고 효율적으로 실시한 사례라 할 수 있다.

표 3-8_ 데이터 마이닝을 이용한 고위험군 선별 감사사례

감사사례	전체 감사대상	자료분석을 통한 데이터 마이닝	집중 감사대상 (고위험군)
세종시 아파트 특례분양 적정성 점검[12]	특례분양을 받은 공무원 2.6만 명	특별공급 당첨자 명단, 입주자 취득세 납부 내역, 부동산 매매정보 등 자료를 분석, 입주자 모집공고일 기준으로 당첨자의 소속기관 정보 등을 파악하여 비자격자 의심군 추출	특별공급 대상기관 종사자가 아닌 자, 중복 당첨자 등을 추출, 집중 감사 대상으로 선정
주택공시가격 산정 적정성 점검[13]	부동산 공시가격 산정의 기초가 되는 현장 사진 data, 200만 건	3년간 공시가격 산정에 사용된 사진을 AI를 이용한 딥러닝(deep_learning) 방식에 의해 유사도 및 불일치 정도를 분석	불일치율이 상위 5%인 1.4만 건

4.5.4. 한계와 유의사항

데이터 마이닝은 방대한 감사대상 모집단 중에서 위법·부당의 개연성이 높은 집단(고위험 집단, high_risk group)을 추출하여 감사를 효율적으로 수행하는 데 유용하지만 그 분석결과 자체가 위법·부당사항을 최종적으로 증명하는 것은 아니므로 추출된 고위험 집단에 대하여 개별적으로 위법·부당 여부를 확인하여야 한다.

그리고, 데이터 마이닝은 "자료"를 "분석"하여 위법·부당 소지가 높은 분야나 대상을 추출하기 때문에 자료가 행정 현실이나 사회현상을 정확하게 반영하지 못하거나 분석방법이 잘못된 경우 그 결과로 생성되는 감사정보에 오류가 발생할 수 있다.[14] 예컨대, 부정확한 자료나 부적절한 분석방법을 적용한 경우 비리 혐의가 있는 대상자가 많이 누락될 수 있으므로 이러한 점을 유의하여 분석대상 자료의 정확성과 분석방법의 적절성 여부에 대하여 검증이 필요하다.

---

12) 자세한 내용은 "제4장 감사사례 연구 case 1-8" 및 감사원 감사보고서 공개문(2022. 7. 5. '세종시 이전기관 종사자 주택 특별공급 점검) 참조

13) 자세한 내용은 "제7절 5.4. 고도의 디지털 기술을 사용한 감사사례" 참조.

14) "자료에 의존하여 현상을 해석하고 개선하려고 하기 때문에 자료가 현실을 충분히 반영하지 못한 상태에서 정보를 추출한 모형을 개발할 경우 잘못된 모형을 구축하는 오류를 범할 수가 있다"(이재규·권순범·임규건, 2005; 534).

4.6. 업무관련자 조사(調査, investigation)

4.6.1. 의의

업무관련자 조사는 위법·부당한 업무처리와 관련된 사람을 대상으로 문답(問答) 등의 방법으로 업무처리 경위, 책임의 소재 등을 파악하기 위하여 조사하는 것이다.

업무관련자 조사는 확인된 위법·부당사항에 대하여 그 업무처리 경위와 책임의 소재를 규명하기 위해 활용되는 방법으로, 문서로서 확인하기 어려운 위법·부당사항이 발생한 구체적인 사유와 경위, 책임의 소재 등을 밝히기 위한 목적으로 실시한다.

4.6.2. 조사의 초점 및 방법

일반적으로 업무관련자를 조사하는 것은 업무처리가 위법·부당(업무규범 위반)한 것을 전제로 관계자가 업무를 위법·부당하게 처리하게 된 원인이 된 "구체적인 행위"를 밝히기 위한 목적으로 실시[15]한다.

따라서 조사는 관계자의 고의·과실 또는 업무 태만 여부 또는 상사 등의 부당한 지시 여부 등 업무가 위법·부당하게 처리되는 과정에서 "직무상 의무위반 행위"(행위규범 위반) 여부를 규명하는 데 초점을 둔다.

업무관련자는 감사대상기관의 업무담당자(상·하급자 등을 포함), 업무와 관련되는 유관 부서 및 기관의 관계자, 민원인과 이해관계인 등을 말한다.

업무관련 서류의 검토 등으로 업무처리가 위법·부당한 점은 확인할 수 있지만 그 업무처리 경위 등은 확인되지 않는 경우가 많이 있다. 이러한 경우 업무관련자의 진술을 통해 서류에 나타나지 않는 "상급자의 부당한 지시" 등 구체적인 업무처리 경위와 책임의 소재 등을 규명할 수 있는 것이다.

---

15) 업무처리의 위법·부당 여부와는 관계없이 공직자의 행위규범을 위반한 행위(영리행위, 직장이탈, 부정한 청탁, 직무와 관련 없는 일정금액 이상의 금품수수 등)만을 대상으로 조사하는 경우도 있다.

업무관련자 조사는 사안이 간단하고 경미한 경우 업무처리 경위 등을 면담을 통해 확인하거나 확인서나 경위서로 작성하여 제출하도록 할 수 있다. 그러나 사안이 중요하고 복잡한 경우 관련자에 대해 출석·답변요구를 하여 문답서를 작성하는 방법[16]으로 그 업무처리 경위 등을 구체적으로 조사한다.

4.6.3. 유의사항

다수의 관련자 간에 업무처리 경위에 대한 진술이 다른 경우 관련자들의 진술과 다른 감사증거를 종합적으로 검토하여 진실성이 의심되는 진술에 대하여는 진술의 모순점이나 다른 객관적인 증거와의 사실관계 불일치 등을 증명하여 사실관계가 명확하게 규명될 수 있도록 한다.

그리고 관련자 조사는 위법·부당하게 업무를 처리한 경위 등을 관련자의 진술을 통해 조사하기 때문에 관련자가 사실과 다른 진술을 하거나 사실관계를 왜곡하는 경우 감사결과에 오류가 발생할 위험이 있다. 이러한 점을 유의하여 다른 감사증거와 부합하지 않는 진술은 그 진위를 객관적으로 검증하여 채택 여부를 결정하여야 한다.

4.7. 현장 및 실물(實物) 확인

현장 및 실물 확인은 감사대상 업무와 관련된 장소나 물건을 실제 확인하여 감사대상업무가 적정하게 처리되었는지를 검증하는 방법이다.

물품구매계약 등과 관련하여 물품 실물의 존재 여부, 기종·수량 등을 확인하거나 건축허가 관련 건축소재지 확인, 공사용역계약과 관련된 공사 내용 및 현장 등을 확인할 필요가 있을 때 사용하는 방법이다.

이외에도 감사대상 관련 소재지의 실제 활용실태(업무용 부동산 사용실태 확인 등) 및 현황, 식품·의약품이나 기자재 등의 관리 실태 등을 확인하는 데 활용될 수 있다.

---

16) 문답서 작성 방법은 "제2편 제2장 제4절 5.6.3. 문답서" 참조

과거에 감사대상기관에 대한 정기감사를 하는 경우 감사착수 직후 감사대상 기관이 보유하고 있는 현금 시재(時在)를 필수적으로 점검하였는데 이러한 것이 실물 확인을 통한 위법·부당 여부 확인의 대표적인 예이다.

현장 및 실물 확인에 의한 검증방법은 과거에 많이 활용되었으나 현재는 IT 기술의 발전, 전자 거래 및 전자적인 업무처리의 일상화 등으로 과거에 비해 활용도가 제한되지만 감사대상과 관련된 물건에 대해 문서를 통해 확인하기 어려운 사실을 파악할 수 있고, 실제 육안으로 직접 확인하는 방법이라는 점에서 여전히 유용성이 있다. 현장 및 실물확인에 의해 위법·부당사항을 확인하는 경우 업무 관련자를 동반하고, 위법·부당사항이 발견된 경우 사진촬영 및 확인서 징구, 표본채취 등을 통해 증거를 현장에서 확보하는 것이 바람직하다.

4.8. 공인기관 조회(照會, check)

조회는 감사와 관련되는 특정한 사실관계 또는 의견 등을 관계기관 또는 공인된 기관에 알아보는 것을 말한다.

'사실관계 조회'는 감사와 관련되는 사실관계의 진위를 확인하기 위하여 관계기관에 공식적으로 문의하는 것으로 일반적으로 많이 하는 조회는 경력이나 학력, 그리고 전문공사 실적, 중소기업 직접생산 실적 증명 등이 있다.

'의견 조회'는 법령에 대한 주무 부처의 유권해서, 감사대상업무 유관기관의 의견, 전문적인 기술, 성능 등에 대한 전문기관의 의견 조회 등이 있다.

감사를 수행하는 과정에서 특정한 사실관계(예, 경력직원 채용시험의 합격자의 경력의 진위 여부 등)가 의심스럽거나 감사대상업무와 관련된 기관의 의견을 확인할 필요가 있을 때 활용하는 방법이다.

4.9. 시험(試驗, test) 및 실험(實驗, experiment), 감정(鑑定) 등

감사대상업무과 관련되는 물건(기자재, 장비, 식품, 의약품 등)에 대해 공인된 기관의 시험 또는 실험, 검사 등을 통해 위법·부당사항을 확인할 수 있다.

시험은 감사대상과 관련된 물건, 장비, 식품, 의약품 등의 규격이나 성능이 규정된 요구사항에 합치하는지를 조사하는 방법을 말하며, 실험은 일정한 조건을 인위적으로 설정하여 규정된 성능이 발현되는지를 조사하는 방법을 말한다.

물품이나 장비에 대해 간단한 시험 등은 공공감사기구가 감사대상기관 입회 하에 직접 할 수도 있지만 전문성이 요구되는 시험 등은 전문적으로 수행할 수 있는 공인된 기관(예, 식품의 성분 시험: 한국식품연구원, 기계장비의 성능시험: 한국기계연구원)에 의뢰하여 그 결과를 활용하는 것이 바람직하다.

시험과 실험은 다양한 분야의 감사에 활용될 수 있다. 식품, 의약품 등의 안정성을 주제로 감사를 하는 경우 식품 등의 성분이나 효능을 전문기관에 의뢰하여 그 결과를 통해 위법·부당사항을 확인할 수 있다.

그 외에도 계약 분야나 공사 분야의 감사에서 필요한 경우 구매 물품이나 장비, 공사시공 현장의 자재에 대한 규격 및 성능시험 등을 실시할 수 있다.

4.10. 다양한 방법을 복합적으로 활용

합법성감사를 수행할 때는 감사대상 업무의 특성에 따라 위법·부당 여부를 확인할 수 있는 적절한 방법을 사용하되, 한 가지 방법에 의존하기 보다는 위에 열거한 다양한 방법을 복합적으로 활용하여 감사대상업무의 적정 여부를 검증하고 위법·부당사항을 확인하는 것이 바람직하다.

업무처리의 적정 여부를 제대로 확인하고 부적정한 업무처리를 확인하기 위해서는 다양한 방법을 통해 다단계에 걸쳐 확인하는 노력과 인내심이 필요하다.

예컨대 채용업무(예, 경력자 채용) 처리의 적정 여부에 대한 감사를 하는 경우를 보자. 먼저 관련 공문서를 보면 채용된 직원이 적정한 채용 자격요건(유관업무 수행 경력, 학력 등)을 갖춘 것으로 기재되어 있고, 각 경력에 대한 자격점수 산정도 기준대로 이루어져 문제가 없다. 다음으로 응시자가 제출한 서류(경력증명서, 재직증명서, 학력증명서 등)에도 채용요건을 충족하는 것으로 되어 있다. 여기까지 검토한 경우 채용업무가 적정하게 처리된 것으로 판단할 것이다.

하지만 이러한 기본적인 확인만으로는 업무처리의 적정성 여부에 대한 확인이 충분하게 이루어졌다고 할 수 없다.

재직증명서가 위·변조되었거나 실제 재직업종·근무경력이 채용요건에 부합되지 않을 수 있기 때문이다.

이러한 의문까지 확인하기 위해서는 다음 단계로 각종 경력증명서의 진위 여부를 확인하는 작업이 필요하다. 재직증명서 내용의 진위를 확인하기 위해 대사자료(응시자의 실제 경력을 확인할 수 있는 자료: 건강보험자격득실에 관한 자료, 국민연금 가입 자료 등)를 확보(응시자가 제출한 자료 또는 건강보험공단에 자료제출요구하여 확인)하여 재직기관·기간 등의 진위를 확인할 수 있다.

나아가 위와 같은 대사자료(건강보험자격득실확인서 등)를 통해 재직업체의 사업·업무내용이 명확하게 확인되지 않는 경우 재직업체에 근무내용과 기간 등을 조회하거나 현장을 확인하여 실제 어떤 업무를 하는지, 요구되는 경력에 부합하는지 여부를 확인하는 과정에서 위법·부당사항이 확인될 수 있다.

공공감사 실무에 있어서 많은 경우 위법·부당사항의 확인은 이와 같은 다단계의 확인 과정, 복합적인 검증을 통해 이루어진다.

━ Ref.5 감사대상업무의 검증 및 위법·부당 여부 확인을 위한 다단계 과정 (예시)

• **감사대상**: 경력자 신규채용 업무의 경력요건 충족 여부 확인

　1차 확인(문서검증): 채용관련 공적 문서(공고, 자격심사서류, 내부 결재문서 등) 검토
　2차 확인(문서검증): 응시자 제출서류(응시원서, 학위·재직증명서, 첨부서류 등) 검토
　3차 확인(대사): 건강보험 자격득실확인서 등 자료를 통해 자격의 진위 등 확인
　4차 확인(조회, 현장확인 등): 해당 사업체에 조회하거나 급여대장, 인사기록 등을 확인하여 실제 수행업무, 기간 등 확인

• **감사대상**: 공사용역계약 업무의 입찰참가자격요건(전문건설 실적) 충족 여부 확인

　1차 확인(문서검증): 관련 공문서(입찰, 계약, 공고, 자격심사서류 등) 검토
　2차 확인(문서검증): 업체가 제출한 전문건설 실적 자료 등 검토
　3차 확인(조회): 증명발급 기관(전문건설기술협회 등)에 전문건설 실적의 진위 확인
　4차 확인(실물·현장확인): 실제 건설공사 현장 확인 등을 통해 실적의 적격 여부 확인

다만, 감사대상이 되는 업무량이 많은 경우 모든 업무처리에 대하여 3~4단계 이상의 방법으로 확인하기는 현실적으로 어렵다.

이러한 경우 중요도에 따라 표본을 추출(일정 금액 이상의 계약 건을 선별하여 감사, 채용직군 중 선호직종 등) 하거나 데이터 마이닝 등으로 고위험군을 선별하여 중점적으로 감사를 실시하는 것이 효율적이다.

그리고 감사대상업무의 중요성, 이해관계, 업무처리과정의 의심스러운 정황 여부 등을 종합적으로 고려하여 감사방법을 결정한다.

5. 문제발생 원인 및 책임소재 규명

5.1. 의의

합법성감사는 법령위반사항이 감사대상이 되는데 위법·부당사항에 대하여 감사결과를 처리하기 위하여는 위법·부당사항이 발생한 원인과 결과, 책임의 소재 등에 대한 규명이 필요하다.

5.2. 문제발생 원인 규명

합법성감사에 있어 위법·부당한 업무처리의 발생 원인은 주로 업무담당자 등의 고의나 과실, 법령에 대한 무지, 법령검토 태만, 잘못된 업무처리 관행 등이 된다. 이러한 경우 문제발생 원인에 따라 그에 적합한 감사결과 처리방향을 정하고 업무담당자 등의 책임있는 사유로 문제가 발생된 경우 관련자의 책임의 소재와 정도를 규명한다.

그 외에 위법·부당사항 발생의 원인이 법령 등에 규정된 업무처리 방법이나 절차, 기준 등이 불합리하거나 모순된 경우로 인한 경우가 있을 수 있다(예컨대, 입찰담합 등을 한 부정당사업자에 대해 입찰참가자격 제한 조치를 하여야 하나 그 조치를 할 주체가 법령에 정해져 있지 않아 못하는 경우 등. '제4장 감사사례연구 case 3-3' 참조). 이러한 경우는 관련 법령이나 제도를 개선하도록 하는 등 행정개선감사로 감사결과를 처리한다(이에 관하여는 "제5절 행정개선감사 접근방법"에서 살펴본다).

5.3. 위법·부당사항으로 인한 결과 파악

감사대상업무가 위법·부당하게 처리된 경우 행정적으로 또는 사회적으로 부당한 결과가 발생한다. 즉, 법령에 위반된 업무처리로 인해 법령에 위반된 결과가 발생하는 것이다.

위법·부당한 업무처리의 결과는 예산 및 재정의 손실이나 낭비, 불공정한 결과의 발생, 법령에 규정된 행정처분의 누락, 이해관계인의 정당한 기회 박탈 또는 특혜 부여 등 다양한 유형이 될 수 있다.

이러한 위법·부당한 결과를 파악하여 문제를 바로잡는 조치를 하거나 관련자의 책임의 정도를 결정하는 데 반영한다.

5.4. 책임소재 규명

5.4.1. 의의

문제발생의 원인이 업무담당자 등의 위법·부당한 행위로 인한 경우 관련자에 대한 징계·주의요구 등 제재 조치를 할 필요가 있다. 이 경우 책임의 정도에 따라 적정한 제재조치를 하기 위하여는 관련자별로 책임의 정도를 가려야 하는데 이를 위해서는 책임 소재에 대한 조사가 필요하다.

업무담당자의 단순한 부주의, 과실 등으로 문제가 발생된 경우 책임 소재가 쉽게 확인될 수 있다. 하지만 상급자의 부당한 지시나 외부 인사의 개입 등으로 인한 경우 또는 관련자들의 진술이 엇갈리는 경우, 감사대상 업무 처리에 다수의 기관이나 사람이 관여한 경우 등은 사실관계나 책임소재를 규명하는 것이 쉽지 않을 수 있으므로 주의를 요한다.

5.4.2. 방법

공공행정이 위법·부당하게 수행된 경우 그에 대한 일차적인 책임은 법령에 규정된 업무담당 기관과 부서의 실무자부터 전결권자까지의 관련자들(이하 '업무담당 관련자'라 한다)이라 할 수 있다.

따라서 책임소재 규명은 법령에 규정된 관련기관 및 관련자들의 책임과 권한을 검토하여 법적인 책임이 누구에게 있는지를 명확하게 하고, 일차적으로 업무담당 관련자를 대상으로 진행한다. 업무담당 관련자 각자의 책임의 소재와 정도는 감사대상업무의 특성, 업무처리 당시의 상황 등을 종합적으로 고려하여 판단한다.

한편, 업무담당 관련자가 업무를 위법·부당하게 처리하는데 다른 기관이나 부서, 사람이 부당한 영향을 미친 경우 업무담당 관련자의 책임이 면제되거나 책임의 소재가 달라질 수 있다. 업무담당 관련자 외의 상급자 등이 업무담당 관련자에게 부당한 지시를 한 경우, 관련기관 또는 부서가 잘못된 의견이나 정보를 제공하거나 필요한 협조를 하지 않은 경우 등이 그러하다.

다만, 관련기관 등이 부당한 영향을 미쳤다 하더라도 법적인 업무담당 관련자의 책임이 당연히 면제되는 것은 아니므로 부당한 영향을 미친 내용과 정도 등을 종합적으로 검토하여 책임의 소재와 정도를 판단하여야 한다.

─ Ref.6 위법·부당한 업무처리에 대한 책임소재 규명

원칙적인 책임소재: 감사대상 업무에 대한 법적인 책임이 있는 기관, 부서, 담당자
- 업무담당자 중 실무자부터 전결권자까지 책임의 소재 및 정도 규명
- 업무담당자 간의 책임의 소재와 정도는 감사대상업무의 특성(단순, 경미, 반복적인 업무 등으로 전결권자 등이 자세한 내용을 파악하거나 업무를 구체적으로 감독하기 어려운 업무는 원칙적으로 실무자의 책임의 정도가 높다고 볼 수 있음, 반면, 중요하고 종합적인 판단이 요구되는 업무, 법령 등에 구체적인 감독방법이 규정된 경우 등은 전결권자 등 상급자의 책임의 정도가 높다고 볼 수 있음), 업무처리 당시의 상황 등을 종합적으로 검토하여 판단
- 전결권자 이상의 상급자에게 책임을 물을 사정이 있는 경우 상급자 책임도 검토

예외적인 책임소재: 업무담당 기관, 부서, 담당자가 아닌 자가 부당한 영향을 미친 경우
- 부당한 영향을 미친 내용과 정도를 검토하여 업무담당 관련자와 다른 관계자에 대한 책임의 소재와 정도를 판단

6. 조치방향 결정

6.1. 합법성감사 조치의 원칙: 시정(是正)과 제재(制裁)

6.1.1. 의의

합법성감사는 법령이나 규정을 위반하여 업무를 위법·부당하게 처리한 사안을 다루는 감사이므로 업무담당자 등의 위법·부당한 행위에 대하여 제재하고, 위법·부당한 행위로 발생된 결과를 바로잡는 조치가 필요하다.

합법성감사에 있어 감사대상업무가 위법·부당하게 처리된 경우 그로 인해 발생되는 문제는 두 각도에서 볼 수 있다. 하나는 '업무를 위법·부당하게 처리한 행위(위법·부당한 행위)'이며, 다른 하나는 '위법·부당한 행위로 인해 발생된 사회적 결과(위법·부당한 결과)'이다.

따라서 감사를 통해 위법·부당사항이 확인되면 그에 대한 조치는 ① 업무를 위법·부당하게 처리한 행위에 대해 제재(制裁)하는 조치와 ② 발생된 부당한 결과를 해결하거나 바로잡을 수 있도록 시정(是正)하는 조치를 각각 검토할 필요가 있다.

예를 들면, 경력직 채용업무에 있어 응시자가 허위의 경력을 제출하였는데도 업무담당자는 그 허위경력을 규정에 따라 확인하지 않고 그대로 정당한 경력으로 인정(담당자의 위법·부당한 행위)하여 응시자가 부당하게 채용(위법·부당한 결과)되었다면 업무담당자에 대한 징계요구 등 제재조치를 함과 동시에 부정한 방법으로 채용된 응시자에 대해 채용을 취소하도록 시정요구를 하여야 하는 것이다.

표 3-9_ 합법성감사 감사결과 조치방향 검토 logic

감사결과 확인된 문제(위법·부당 사항)	
공무원 등의 위법·부당행위	위법·부당행위로 발생된 사회적 결과
제재 조치 필요	위법·부당한 결과를 해결, 바로잡는 조치, 정당한 업무처리 상태를 회복하는 조치 필요
비위의 내용 및 정도 등에 따라 변상판정, 징계·문책·주의 등 요구	사안의 내용 및 특성, 조치의 강제성 여부 등에 따라 시정요구 또는 통보

6.1.2. 시정성 조치와 문책성 조치

위와 같이 합법성감사의 감사결과 처리는 '시정성 조치'와 '문책성 조치'로 구분된다. '시정성 조치'는 위법·부당한 결과를 해결하거나 바로잡는 조치로서, 법령에 규정된 대로 업무를 처리한 상태가 되도록 회복하는 조치 또는 문제가 없는 정당한 상태를 실현하는 조치를 말한다.

'문책성 조치'는 업무를 위법·부당하게 처리한 행위에 대해 관련자들에게 징계요구 등 제재를 하는 조치를 말한다.

감사원법 및 공공감사법 등 공공감사 관련 법령에 규정된 감사결과 조치사항 중 시정성 조치는 시정요구, 통보 등이 해당되며, 문책성 조치는 변상판정[17], 징계·문책요구, 주의요구, 통보(인사자료), 고발 등이 해당된다.

표 3-10_ 감사결과 조치의 유형: 시정과 제재

구분	개념	조치 종류
시정성 조치	• 위법·부당한 행위로 인해 발생된 결과를 해결하거나 바로잡는 조치 • 업무를 정당하게 처리한 상태가 되도록 회복하는 조치	시정 요구 개선 요구 권고·통보
문책성 조치	• 위법·부당한 행위를 한 관련자를 제재하는 조치	변상판정 징계·문책 요구 주의 요구 통보(인사자료) 고발 등 형사조치

---

17) 변상판정은 회계관계직원이 고의 또는 중대한 과실로 법령 등에 위반하여 국가 등의 재산에 손해를 끼친 경우 그 손해의 보전을 위해 회계관계 직원에 대하여 손해의 전부 또는 일부를 변상하도록 하는 조치이다. 변상판정은 위법하게 발생된 손해에 대해 회계관계직원에게 변상의 책임을 묻는 것이고, 회계업무를 위법하게 처리한 회계관계직원에게 금전적으로 변상을 하도록 불이익한 제재를 한다는 관점에서 보면 문책성 조치의 성격이 있다. 한편으로 회계관계직원의 변상으로 발생된 손해를 보전하는 관점에서 보면 시정성 조치의 성격도 있다.
변상판정시 변상금액의 감면이 일반화되어 실제 변상 금액은 손해의 일부에 불과하여 변상판정이 위법하게 발생된 결과를 실질적으로 바로잡지 못하고 있는 현실과 회계관계직원에 대하여 변상판정을 하는 경우 위법·부당한 행위에 대한 징계요구 등 문책성 조치는 경감하는 경향이 있는 점 등을 감안하면 변상판정은 회계관계직원의 위법한 행위에 대해 금전적인 불이익을 주는 문책성 조치의 성격이 더 강한 것으로 판단된다.

합법성감사를 통해 위법·부당사항이 확인되면 그에 대한 감사결과 처리는 완전하게 이루어져야 하고 정당한 사유 없이 필요한 조치를 누락하여서는 아니되므로 감사결과 조치방향은 시정성 조치와 문책성 조치를 종합적으로 검토하여 결정하여야 한다.

── Ref.7 위법·부당사항에 대한 조치 (예시)

감사결과 확인된 내용	• 인사담당 공무원이 경력직 신규직원 채용업무를 처리 • 자격요건에 미달하는 응시자가 허위로 작성·제출한 경력증명서의 내용을 확인하지 않고 채용 • 응시원서에 첨부된 건강보험자격득실확인서를 확인하면 경력증명서의 내용이 허위임을 확인할 수 있음
위법·부당 사항	1. 자격요건에 미달되는 응시자가 부당하게 채용됨 (위법·부당한 결과) 2. 인사담당 공무원의 업무 태만 (공무원의 위법·부당한 행위)
조치	1. 부정한 방법으로 채용된 응시자의 채용을 취소하도록 시정요구 (시정성 조치) 2. 경력확인업무을 태만히 한 인사담당 공무원에 대해 징계 요구 (문책성 조치)[18]

위법·부당사항의 내용, 문제발생 원인, 발생된 결과, 관련자의 책임의 정도 등을 종합적으로 고려하여 시정성 조치와 문책성 조치를 동시에 하거나 그중 하나의 조치를 하는 등 문제를 해결하고 바로잡을 수 있는 적정한 감사결과 처리방향을 결정한다.

6.2. 시정성 조치

시정성 조치에는 시정요구, 통보 등이 있다. 개선요구 및 권고의 형식으로 시정성 조치를 할 수 있으나 이는 주로 행정개선감사 및 성과감사 등에 사용되고 합법성감사의 위법·부당한 사항에 대한 조치는 주로 시정요구 또는 통보 형식으로 하고 있다.

---

18) 위 사례의 경우 허위의 경력증명서를 제출한 응시자에 대해 고발 등 형사조치(업무방해 혐의)도 검토할 수 있다.

6.2.1. 조치 종류

시정성 조치는 주로 시정요구와 통보 형식으로 이루어진다.

'시정요구'[19]는 위법·부당하다고 인정되는 사항에 대한 시정을 요구하는 것으로, 감사결과 조치내용을 구체적으로 적시하여 조치기관이 그에 따라 조치를 하도록 이행의 의무를 부여하는 조치이다. 조치기관에 조치내용대로 이행하도록 의무를 부여하는 것이므로 조치의 근거와 내용이 명확하고 구체적인 경우에 하는 것이 타당하다.

— Ref.8 **시정요구의 근거** (예시)

보조금 관리에 관한 법률(제30조 및 제31조)에 따르면 보조사업자가 보조금을 다른 용도로 사용한 경우 보조금 교부결정을 취소하고 보조금의 반환을 명하도록 되어 있다. 이러한 법령 조문이 시정요구의 근거가 된다.

이에 따라 보조금을 용도 외로 사용한 사례에 대한 감사결과 조치는 "「보조금 관리에 관한 법률」 제30조 및 제31조의 규정에 따라 용도 외로 사용된 보조금에 대하여 교부결정을 취소하고 반환을 명"하도록 조치한다.

'통보'는 시정이 필요한 사항에 대하여 조치기관에 대해 어느 정도 자율성을 부여하여 조치방안을 마련하도록 하는 것이다.[20] 위법·부당한 결과가 발생되었지만 결과를 시정할 수 있는 근거나 방법이 불명확하거나 공익의 비교형량 등 종합적인 판단이 필요한 등으로 조치기관에 어느 정도 자율성을 부여하여 시정할 수 있는 방안을 마련하도록 할 필요가 있을 때에는 통보하는 것이 바람직하다.

---

19) **감사원법 제33조(시정 등의 요구)** ① 감사원은 감사 결과 위법 또는 부당하다고 인정되는 사실이 있을 때에는 소속 장관, 감독기관의 장 또는 해당 기관의 장에게 시정·주의 등을 요구할 수 있다.

20) 권고와 통보는 그 효력이나 사유의 구분 없이 감사원법 제34조의2에 함께 규정되어 있다. 위 조항은 1995. 1. 5. 감사원법 개정으로 신설된 조항으로 감사원이 공공부문의 경제성, 효율성 등을 제고하기 위해 주요 사업이나 정책, 제도를 심도있게 분석하여 개선대안을 제시하는 조치를 함에 있어 시정·개선 요구 형식보다는 권고[recommendation, 미국이나 유럽의 최고감사기구(SAI)가 감사결과에 대하여 일반적으로 하는 조치 형식] 또는 통보의 형식을 취하는 것이 적합하다는 판단하에 권고·통보제도를 도입한 것이다. 권고와 통보가 감사원법상 차이는 없지만 관행적으로 주요 제도나 사업의 개선대안을 제안할 때는 '권고' 형식으로 하고 있고, 그 외 일반적인 행정사무에 대하여는 통보 형식으로 하고 있다.

─ **Ref.9** 통보 (예시)

　물품 구매계약을 체결한 사업자가 성능이 미달하는 저가의 물품을 납품하여 구매기관에 손해가 발생하였으나 이러한 때에 계약금의 전부 또는 일부를 반환받는 등 손해를 보전할 수 있는 근거가 계약에 명시되지 않은 경우 시정할 수 있는 법적인 근거가 없어 시정요구를 하기는 어렵다.

　이러한 경우에 계약업체가 부당한 이득을 취하고, 구매기관은 손해를 입었으므로 이를 사유로 계약업체에 대해 민법상 부당이득 반환청구나 손해배상을 청구하는 등 손해를 보전할 수 있는 방안을 마련하도록 통보한다.

6.2.2. 조치 내용

　'시정성 조치'는 위법·부당한 결과를 해결하거나 바로잡는 조치로서, 법령에 규정된 대로 정당하게 업무를 처리한 상태가 되도록 회복하는 조치를 의미한다.

　법령 등에 규정된 방법과 기준 등에 따라 업무를 처리하여야 하는데도 그렇게 하지 않아 위법·부당한 결과가 초래되었으므로 위법·부당한 결과를 제거하고, 법령 등에 따라 업무를 정당하게 처리했을 때의 상태가 실현될 수 있도록 조치를 하는 것이다.

　따라서 시정성 조치는 논리적으로 법령 등에 규정된 정당한 업무처리방법, 기준, 절차 등(이는 합법성감사의 감사판단기준이다)에 따라 업무를 처리한 상태가 회복되도록 조치 내용을 정하여야 한다. 예컨대, 세금을 법령에 정한 기준보다 적게 징수한 경우 부족하게 징수한 세금을 징수하도록 하고, 부정당사업자에 대한 제재(입찰참가자격 제한 등)가 누락되었으면 제재 처분을 하도록 하는 것이다.

6.2.3. 검토사항

　시정성 조치를 실제로 할 수 있기 위해서는 그 근거와 조건이 충족되어야 한다. 잘못된 결과가 발생되었더라도 그 결과를 바로잡는 것이 법리적·현실적으로 불가능하거나, 시정하는 것이 오히려 더 큰 공익을 침해할 소지가 있는 경우 등은 시정성 조치를 할 수 없거나 하지 않는 것이 바람직하다. 시정요구, 통보 등 조치를 하기 위한 요건에 대하여는 "제1편 제4장 감사권한"을 참조하기 바란다.

6.3. 문책성 조치

'문책성 조치'는 업무를 위법·부당하게 처리한 행위에 대해 관련자들에게 불이익한 제재를 하는 조치를 의미한다.

따라서 문책성 조치는 위법·부당 행위의 유형과 비위의 정도에 상응하게 조치의 종류와 양정을 결정하는 것이 중요하다.

6.3.1. 조치 종류

문책성 조치는 인사상·신분상 불이익 조치인 징계·문책요구, 주의요구, 통보(인사자료)와 재정상 불이익 조치인 변상판정, 형사상 조치인 고발 등이 있다.

징계·문책요구[21]는 공무원 등이 법령이나 사규 등에 규정된 징계사유에 해당하는 경우에 하는 제재 조치이다.

주의 요구는 위법·부당한 행위에 대하여 관련 기관이나 사람에 대하여 업무수행에 경각심을 갖도록 주의를 촉구하는 제재 조치이다. 일반적으로 징계사유에 이르지 않는 정도의 경미한 비위행위나 징계사유에 해당하지만 징계시효가 지난 경우 등에 한다.

변상판정은 회계관계직원이 고의 또는 중대한 과실로 법령에 위반하여 국가 등의 재산에 손해를 끼친 때에 그 손해의 전부 또는 일부를 변상하도록 하는 재정적인 제재 조치이다.

고발은 범죄혐의가 인정되는 사항에 대하여 하는 형사상의 제재 조치이다.

문책성 조치의 종류별로 그 사유와 조치의 내용, 요건 등에 관한 자세한 내용은 "제1편 제4장 감사권한"을 참조하기 바란다.

---

21) 징계(懲戒)란 일반적으로 특수권력관계 또는 공법상의 특별한 감독관계의 규율·질서를 유지하기 위하여 징계사유에 해당하는 경우 그 관계에 속하는 자에게 제재를 가하는 것이다. (법률용어사전, 2016. 1. 20., 이병태)

6.3.2. 문책성 조치의 병과(竝科) 및 일사부재리(一事不再理)

6.3.2.1. 문책성 조치의 병과

위와 같은 제재 조치들은 법적 성질을 달리하는 제재 조치이기 때문에 하나의 위법·부당행위에 대하여 병과가 가능하다.

예를 들면 국가공무원 등이 공금을 횡령한 경우 ① 국가공무원법에 규정된 법령준수의무 및 성실의무 등 직무상 의무를 위반하여 징계사유에 해당하고, ② 고의로 국가 등의 재산에 손해를 끼쳤으므로 변상책임이 인정되며, ③ 형법상의 범죄에 해당되어 고발대상이 된다. 따라서 해당 공무원 등에 대해 징계(파면 또는 해임 등)요구와 변상판정, 고발 조치를 각각 할 수 있다.

6.3.2.2. 문책성 조치의 일사부재리

한편, 동일한 사안에 대하여 같은 종류의 제재 조치를 중복하여 할 수는 없다. 관련법령에 징계처분이나 변상 판정의 일사부재리(一事不再理)[22]에 관한 명문의 규정이 있는 것은 아니지만 징계처분이나 변상 판정 등 제재 조치는 정당한 사유가 있는 경우에 할 수 있는 것이고 이미 동일한 사안에 대한 징계처분 등이 있었다면 그에 관한 징계처분 등의 사유는 해소된 것이므로 다시 그 행위에 대하여 징계처분 등을 할 수는 없는 것이다.

유의할 것은 징계처분 외에 공무원의 신분에 대하여 불이익을 주는 조치들이 있는데 직위해제, 주의, 경고 등이 그러하다. 이러한 조치들은 당사자에게 사실상의 불이익[23]이 되는 제재적 성격이 있지만 법령 등에 규정된 징계처분에 해당하지 아니하므로 징계처분과의 관계에 있어 일사부재리 원칙이 적용되지 않는다.

---

22) 일사부재리(一事不再理)는 헌법(제13조 제1항 후단)에 규정된 이중 처벌 금지의 원칙에 따른 것으로 형사소송법에 적용되는 원칙이다. 어떤 사건에 대하여 확정 판결이 내려지면 그 사건을 다시 소송으로 심리·재판하지 않는다는 원칙을 말한다.
   헌법 제13조 ① 모든 국민은 행위시의 법률에 의하여 범죄를 구성하지 아니하는 행위로 소추되지 아니하며, 동일한 범죄에 대하여 거듭 처벌받지 아니한다. ("이하 생략")

23) [대법원 1992. 7. 28. 선고 91다30729 판결] 직위해제처분을 받은 자는 위와 같이 어떠한 직무에도 종사하지 못하게 될 뿐만 아니라 원심이 설시하고 있는 바와 같이 승급, 승호, 보수지급 등에 있어서 불이익한 처우를 받게 되고, 나아가 일정한 경우에는 직위해제를 기초로 하여 직권면직처분을 받을 가능성까지 있으므로 직위해제는 인사상 불이익한 처분에 속한다.

따라서 직위해제, 주의, 경고 등 처분의 사유에 대하여 다시 징계처분의 사유로 삼더라도 일사부재리 원칙에 위배되지 않는다.

직위해제 처분과 징계처분(해임)의 일사부재리 관련 판례

[대법원 1992. 7. 28. 선고 91다30729 판결] 직위해제는 징벌적 제재인 징계와는 그 성질을 달리하는 것이어서 어느 사유로 인하여 징계를 받았다 하더라도 그것이 직위해제 사유로 평가될 수 있다면 이를 이유로 새로이 직위해제를 할 수도 있는 것이고, 이는 일사부재리나 이중처벌금지의 원칙에 저촉되는 것이 아님은 소론과 같다.

[대법원 1984. 2. 28. 선고 83누489 판결] 원고에 대한 이 사건 해임처분과 소론 1982. 5. 4.자 직위해제 사유 변경처분은 각 별개의 독립한 처분으로서 (중략) 직위해제 처분이 공무원에 대하여 불이익한 처분이기는 하나 징계처분과 같은 성질의 처분이라고는 볼 수 없으므로 동일한 사유에 대한 직위해제 처분이 있은 후 다시 해임처분이 있었다 하여 일사부재리의 법리에 어긋난다고 볼 수도 없다.

주의처분과 징계처분의 일사부재리 관련 감사원 결정례

[감사원 2021. 12. 16. 통보사항(폭행 직원에 대한 징계의결 요구 미이행)에 관한 재심의 결정] 주의 처분 등은 「국가공무원법」 제79조에서 정하고 있는 징계의 종류에 해당하지 않으므로 주의 처분 등을 한 사안이더라도 징계 사유가 있는 경우 징계의결 요구권자는 관할 징계위원회에 징계의결을 요구하여야 한다.[24]

6.3.3. 양정(量定)

징계·문책 요구 등의 양정은 법령 또는 공공기관 등의 규정에 정해진 징계의 종류와 양정기준 등을 참고하여 구체적인 사례에 따라 직무의 특성, 징계의 원인이 된 비위사실의 내용과 성질, 징계에 의하여 달성하려고 하는 행정목적, 비위행위로 발생된 결과 등을 종합적으로 고려하여 징계요구의 종류 등을 결정한다.

---

24) 인사혁신처의 「2019년도 징계 업무 편람」에 '경고는 「국가공무원법」 제79조에서 정하고 있는 징계의 종류에 해당하지 않으므로 징계 사유에 해당하는 비위가 발생했을 경우 서면경고를 하였더라도 징계 사유가 되는 이상 징계요구권자는 관할 징계위원회에 징계의결요구를 하여야 함'이라고 되어 있으며, 대법원 판례에 따르면 주의 처분 등은 「국가공무원법」 제79조에서 정하고 있는 징계의 종류에 해당하지 않으므로 주의 처분 등을 받은 사실을 징계 사유에 다시 포함하더라도 위법이라고 할 수 없음(대법원 1981. 12. 8. 선고 80누469 판결)

국가공무원의 경우 「공무원 징계령 시행규칙」(제2조 징계 또는 징계부가금의 기준, 제3조 비위행위자와 감독자의 문책기준)에 징계양정의 일반적인 기준이 규정되어 있다.

같은 사건에 관련된 행위자와 감독자에 대해서는 업무의 성질 및 업무와의 관련 정도 등을 참작하여 비위행위자와 감독자에 대한 문책기준(「공무원 징계령 시행규칙」 제3조 비위행위자와 감독자의 문책기준)을 고려하여 결정한다.

징계양정 관련 판례(대법원 2011. 11. 10. 선고 2011두13767 판결)

공무원인 피징계자에게 징계사유가 있어서 징계처분을 하는 경우 어떠한 처분을 할 것인가는 징계권자의 재량에 맡겨져 있으므로, 징계권자가 재량권의 행사로서 한 징계처분이 사회통념상 현저하게 타당성을 잃어 징계권자에게 맡겨진 재량권을 남용하였다고 인정되는 경우에 한하여 그 처분을 위법하다고 할 수 있다. 그리고 공무원에 대한 징계처분이 사회통념상 현저하게 타당성을 잃었는지 여부는 구체적인 사례에 따라 직무의 특성, 징계의 원인이 된 비위사실의 내용과 성질, 징계에 의하여 달성하려고 하는 행정목적, 징계양정의 기준, 특히 금품수수의 경우는 수수액수, 수수경위, 수수시기, 수수 이후 직무에 영향을 미쳤는지 여부 등 여러 요소를 종합하여 판단할 때 그 징계내용이 객관적으로 명백히 부당하다고 인정할 수 있는 경우라야 한다.

6.4. 시정성 조치와 문책성 조치의 예외

합법성감사를 통해 위법·부당사항을 확인한 경우 그에 대한 감사결과 조치방향은 위와 같이 시정(是正)과 제재(制裁)의 두 방향으로 검토하는 것이 원칙이고, 논리적으로도 합당하다. 다만, 실제 감사결과 조치사항을 보면 시정성 조치만 있거나 문책성 조치만 있는 경우가 많이 있다. 그 이유는 사안의 특성에 따라 시정성 조치나 문책성 조치를 하는 것이 부적절하거나 불가능한 경우가 있기 때문이다.

6.4.1. 문책성 조치를 하지 않는 사유

업무가 위법·부당하게 처리되었지만 담당자의 비위나 과실 등이 경미하여 문책성 조치를 하는 것이 부적절하거나 징계시효의 경과 및 징계대상자의 퇴직으로 조치가 불가능한 경우 등은 문책성 조치를 하지 아니한다.

─ **Ref.10**   합법성감사에서 문책성 조치를 하지 않는 사유

1. 비위·과실의 정도, 행위의 결과 등이 경미하여 문책성 조치를 하기에 부적절한 경우
2. 징계·문책의 시효가 경과하여 문책성 조치를 할 수 없는 경우 [다만, 사안에 따라 통보(인사자료), 주의요구는 가능]
3. 문책성 조치의 대상자가 퇴직, 사망하는 등으로 문책성 조치를 할 수 없는 경우
4. 적극행정 면책 요건이 충족되어 문책성 조치를 하지 않는 경우
5. 위법·부당사항의 원인이 특정인의 책임이 아닌 일반적인 업무관행 등에 기인한 것이고 감사의 주된 목적이 행정개선에 있어 문책성 조치를 하기에 부적절한 경우 등

6.4.2. 시정성 조치를 하지 않는 사유

위법·부당한 업무처리로 인해 부당한 결과가 발생하였지만 정당한 상태를 회복할 수 있는 조치를 하는 것이 불가능하거나 조치를 하는 것이 부적절한 경우에는 시정성 조치를 하지 아니한다.

─ **Ref.11**   합법성감사에서 시정성 조치를 하지 않는 사유

1. 시정성 조치를 할 수 있는 법적인 근거가 없는 경우(업무담당자의 과실로 경력채용 요건에 미달하는 응시자가 채용되었지만 채용을 취소할 수 있는 법적 근거나 응시자의 귀책사유가 없어 채용을 취소할 수 없는 경우 등)
2. 시정성 조치가 불가능한 경우(법리상 불가능: 국세 부과·징수가 누락되어 세금이 부족하게 징수되었지만 부과 제척기간이 도과하여 국세를 추가 징수할 수 없는 경우 등, 사실상 불가능: 세금을 탈루한 당사자가 사망한 경우 등)
3. 시정성 조치를 하는 것이 보다 중요한 공익을 침해하는 등 공익의 비교·형량 결과 시정성 조치를 하는 것이 부적절한 경우[25](영세민에 대한 복지사업 보조금이 과다하게 지급되었고 그에 대한 환수 근거가 있으나 개인당 과다지급 금액이 소액이고 다수의 영세민이 관련되어 있어 환수하지 않는 경우 등)

---

25) [대법원 2020. 7. 23. 선고 2019두31839 판결] 수익적 행정처분을 취소할 때에는 이를 취소하여야 할 중대한 공익상 필요와 취소로 인하여 처분상대방이 입게 될 기득권과 법적 안정성에 대한 침해 정도 등 불이익을 비교·교량한 후 공익상 필요가 처분상대방이 입을 불이익을 정당화할 만큼 강한 경우에 한하여 취소할 수 있다.

공직비리 조사 접근방법

1. 개념 및 특징

1.1. 개념

공직비리 조사는 합법성감사의 일종으로, 공직자의 부패·비리 행위에 대해 조사·처벌하는 감사를 말한다.

부패와 비리의 개념[1]은 다양한 관점에서 정의할 수 있는데, 제1편 제1장에서 기술한 바와 같이 일반적으로 공직 부패는 "사적인 이익을 위한 공적 지위의 오·남용 (misuse or abuse of public position or authority for private gains)"으로 정의된다. 이에 따르면 부패행위는 '공적 지위의 오·남용'을 통해 발생하고, 공직자 개인의 '사적인 이익'(금전적, 비금전적 이익을 포함한다)을 목적으로 한다는 특징이 있다.

한편, 부패방지권익위법(제2조)은 부패행위를 "공직자가 직무와 관련하여 그 지위 또는 권한을 남용하거나 법령을 위반하여 자기 또는 제3자의 이익을 도모하는 행위"와 "법령에 위반하여 공공기관에 대하여 재산상 손해를 가하는 행위", 그리고 "위와 같은 행위를 강요, 권고, 유인하는 등의 행위"로 규정하고 있다.

위와 같은 정의 등을 참고하면, 법령위반이나 공적지위의 오·남용 등은 공직자에게 요구되는 행위규범(行爲規範)(또는 쉬운 말로 '공직윤리'라고 할 수 있다)을 위반한 행위이므로 공직부패 또는 비리는 "공직자가 공직윤리를 위반하여 개인적인 이익을 도모하는 행위"라고 할 수 있다.

---

1) 공직 부패나 비리의 개념은 공직자의 불법적인 행위나 타락한 행위를 의미하는 것으로 현실에서 명확하게 구분하지 않고 사용되고 있다. 이 책에서도 양자를 구분하지 않고 사용하기로 한다.

따라서 '공직비리 조사'는 "공직자가 공직윤리를 위반하여 개인적인 이익을 도모하는 행위를 조사하는 활동"을 말한다. 여기서 개인적인 이익은 공직자 본인뿐 아니라 공직자와 관련이 있는 제3자의 이익을 포함하며, 금전적·비금전적인 이익을 포함한다.

1.2. 유형

공직비리는 그 행위 양태(樣態)로 보면 금품수수, 횡령, 배임, 직권남용, 직무유기 등으로 구분할 수 있으며, 직무관련성 여부 및 정도에 따라 '직무상 비리'와 '직무관련 비리', '직무 외 비리'로 구분할 수 있다.

1.2.1. 직무상 비리

'직무상 비리'는 공직자가 직무와 관련되는 법령을 위반하면서 개인적인 이익을 도모하는 행위를 말한다. 예컨대, 공금을 횡령하는 행위, 계약상대방에게 법령을 위반하여 특혜를 주고 반대급부로 금품을 수수하는 행위 등을 말한다.

1.2.2. 직무관련 비리

'직무관련 비리'는 직무와 관련되는 자로부터 구체적인 직무와 관련 없이 개인적인 이익을 도모하는 행위를 말한다. 예컨대, 일반적으로 직무상 이해관계가 있는 업체로부터 구체적인 계약사항과 관련 없이 금품 또는 향응 등을 수수하는 행위를 말한다.

1.2.3. 직무 외 비리

'직무 외 비리'는 직무와는 관련이 없지만 공직자에게 요구되는 행위규범을 위반하여 개인적인 이익을 도모하는 행위로서 공직자의 (직무와 무관한) 영리행위 종사, 직무와 관련 없는 지인 등으로부터 부정청탁금지법에서 금지하는 일정 금액을 초과하는 금품을 수수하는 행위 등을 말한다.

공직자의 순수 개인비리(사인 간의 폭행, 불륜 등)는 감사대상이 아니므로 논의의 범위에서 제외한다.

1.3. 특징

공직 비리는 직무 외 비리도 있지만 대부분의 중요한 비리는 직무와 관련되거나 직무를 매개로 이루어진다. 따라서 공직비리 조사는 "직무의 위법·부당한 처리에 대한 조사"와 "공직자의 행위규범(공직윤리)을 위반한 개인적인 이익 도모행위에 대한 조사"가 함께 이루어지는 경우가 많다.

공직자의 직무상 비리 등을 조사하는 경우 직무의 위법·부당 여부에 조사는 일반적인 합법성감사의 접근방법에 따라 조사하고, 여기에 공직자의 개인적인 이익도모 행위에 대한 조사 및 처벌에 관한 내용이 추가되는 것이다.

따라서, 공직비리 조사의 판단기준은 일반적인 합법성 감사의 판단기준 외에 공무원 등의 행위규범(공무원행동강령 등)이 추가되고, 감사결과 처리는 관련자에 대한 행정적(주로 중징계요구), 형사적(고발 등) 제재 조치가 수반된다.

2. 감사대상업무 등 파악

공직 비리는 대부분 직무와 관련하여 이루어지므로 이를 조사하는 경우에도 합법성감사와 같은 방법으로 감사대상과 관련되는 업무를 파악한다.

공직 비리의 경우 공직자의 개인적인 이해관계와 관련되는 경우가 많이 있으므로 필요한 경우 업무와 관련된 관계자의 인적사항, 관련자들 간의 인적 관계나 경제적 이해관계 등을 파악한다.

예컨대, 법령에 위반하여 수의계약을 체결한 경우 업무담당자와 계약업체의 관계를 파악하여 개인적인 이해관계가 있는 경우 이를 토대로 부당한 청탁이나 금품수수 등 비리를 조사하는 단초를 얻을 수 있다.

3. 감사판단기준

공직비리 조사의 경우에도 관련 업무의 위법·부당 여부를 판단하는 데는 일반적인 합법성감사의 판단기준이 적용된다. 일반적인 합법성감사의 판단기준은 주로 업무수행과 관련되는 법령이 적용되는 반면, 공직비리 조사는 일반 법령 외에 공무원 등이 준수하여야 할 행위기준을 정한 법령('행위규범' 또는 '공직윤리'라고 한다)이 판단기준으로 추가된다.

그러한 법령에는 국가 및 지방공무원법 등과 정부와 지방자치단체의 「공무원 행동강령(대통령령)」 및 공공기관의 「직원 행동강령」이 있고, 「부정청탁 및 금품 등 수수의 금지에 관한 법률」과 「공직자의 이해충돌 방지법」 등이 있다. 이러한 법령에는 공무원 등에 대해 금지하는 행위(금품수수 또는 부정한 청탁행위 금지 등)와 위반시의 징계 및 벌칙 규정을 두고 있으므로 이러한 규정이 판단기준이 된다.

그리고 형법에 규정된 공직자의 직무관련 범죄 등이 판단기준이 될 수 있다. 대표적으로 직권남용(제123조), 공무상 비밀의 누설(제127조), 알선수뢰(제132조), 공무집행방해(제136조), 공문서등의 위조·변조(제225조), 업무상의 횡령과 배임(제356조) 등이 있다.

따라서 공직자의 개인비리를 조사할 때는 공무원의 행위기준을 정한 법령과 형법에 규정된 범죄의 구성요건2)을 파악하여 법령 위반 또는 범죄혐의가 인정되는지 여부를 판단한다. 범죄의 혐의가 있다고 의심되는 사항에 대하여는 형법 등의 규정과 형사판례 등을 참조하여 범죄구성요건을 충족하는지 검토한다.

---

2) 구성요건(構成要件)은 형법상 금지 또는 요구되는 행위가 무엇인가를 추상적·일반적으로 기술해 놓은 것을 말한다. 즉 구성요건은 형법상 금지 또는 요구되어 있는 행위, 즉 금지의 실질을 규정한 법률요건에 해당한다. 이 법률요건에 대응하여 법률효과로서 형벌 또는 보안처분 등의 형사제재가 뒤따른다. 그러므로 구성요건과 형사제재가 합쳐져야 하나의 형벌법규를 이룬다. (법률용어사전, 2016. 01. 20., 이병태)

4. 감사대상업무 검증 및 위법·부당사항 확인

4.1. 방법

공직비리 조사 중 직무상 비리는 업무의 위법·부당한 처리를 전제로 하므로 합법성감사의 접근방법에 따라 감사대상업무의 위법·부당 여부를 확인하는 한편, 공직자가 공직윤리를 위반하여 개인적인 이익을 도모한 행위를 조사한다.

공직비리사항은 감사제보 등을 통해 조사하는 경우도 있지만 일반적인 합법성감사를 하는 과정에서 개인비리를 조사하는 경우도 적지 않다. 공직비리와 관련된 사항의 경우 업무처리가 단순한 위법·부당을 넘어 고의 또는 중대한 과실을 수반하는 경우가 대부분이다. 따라서 감사를 통해 확인된 위법·부당사항이 고의, 중대한 과실로 인한 것으로 판단되는 경우 개인비리의 개연성이 있으므로 이에 대한 조사가 필요하다.

개인비리 조사는 주로 공금횡령이나 이해관계자와의 유착관계, 금품수수, 부정한 청탁이나 지시 등 공직윤리 위반이나 직무상 의무 위반행위가 대상이 된다. 조사 대상의 특성에 따라 관련 금융기관에 금융거래자료의 제출을 요구(회계관련 사항인 경우)[3]하거나 공직자의 재산신고자료 열람, 국세청 소득자료의 확인 등 방법을 사용하여 공금횡령 사실이나 횡령금액의 사용처 조사, 금품수수 여부 등에 대해 조사할 수 있다.

그리고 공직비리 조사는 공직자의 '비리행위'가 주된 조사의 초점이 되므로 업무처리 과정에서의 공직윤리 위반 여부를 조사하기 위하여 필요한 경우 '전화 및 이메일 수발신 기록'. '청사 출입·방문 기록' 등을 조회하거나 디지털 포렌식 등을 실시할 수 있다.

공직비리 조사를 위해 필요한 경우 공용 전화나 이메일 등의 사용내역에 대해 자료제출요구나 통신기록 조회가 가능하며, 이 경우 사용자의 동의가 필수적인 것은 아니다.

---

3) 직무관련 사항인 경우 당사자의 동의를 받아 금융거래자료를 확인할 수 있다.

한편, 개인 전화나 이메일에 대하여는 자료제출 요구가 곤란하지만 개인 매체로 업무자료 등을 주고받은 사실이 확인되거나 개인 매체의 사용자가 혐의 소명 등을 위하여 스스로 제출하겠다는 의사를 밝히는 경우에는 자료제출요구가 가능하다.

이해관계자와의 유착, 부당한 청탁이나 지시 등이 의심스러운 경우에는 위와 같은 조사와 함께 관계자에 대한 문답조사를 실시하여 이를 규명한다.

공용전화 통화내역 등 조회 관련 판례 (서울고등법원 2012.7.5. 선고 2011누39495 판결)[4]

비록 피고 산하의 노동부 감사관실에서 원고의 이 사건 비위사실을 조사함에 있어 원고 가 전속으로 사용하던 업무용 휴대전화의 통화내역이나 문자 송수신 내역을 원고 개인 의 동의를 받지 않고 조회 하였다고 하더라도, 위 관용휴대전화의 명의인은 경인지방노 동청 B지청으로서 그 명의인의 의사에 따라 통화내역 등이 조회되었고, 비록 원고가 단 독으로 위 휴대전화를 사용하기는 하였으나 그것은 업무용으로 지급되었던 점, 원고의 업무에 관하여는 피고가 지시 감독할 권한을 항시 가지고 있고, 이 사건 관용휴대전화 통화내역 등의 조회는 원고의 업무집행상의 잘못이 있거나 원고의 근무태도에 문제가 있는지 여부를 살피기 위한 공익상의 목적을 위하여 행하여진 점 등에 비추어 보면 그 것이 위법한 방법에 의하여 수집된 증거라고 할 수 없다.

4.2. 조사의 유의사항

공직자의 직무관련 비리에 있어 특정한 "행위"가 행위규범 위반 또는 범죄를 구성하는지 여부는 그 '행위'가 이루어진 상황이나 맥락이 중요하다. 특정한 행위 자체가 행위규범 위반(예컨대, 공금 횡령)이 되는 경우도 있지만 일정한 맥락 속에서 특정한 행위를 하였을 경우 공직윤리 위반 또는 범죄가 되거나 되지 않을 수 있기 때문이다. 예컨대 공직자가 '침묵'하거나 보고서에 '결재'하는 행위는 그 자체로는 비난받을 행위가 되지 않지만 불법적인 행위를 하는 것을 보고받거나 알고 있으면서도 침묵하고 그대로 결재한 경우에는 공직윤리 위반 및 범죄 등이 될 수 있다.

따라서 공직자의 개인비리를 조사할 때는 그 "행위가 이루어진 상황과 맥락"이 드러나도록 "전후의 사정과 사실관계를 구체적으로 조사"하여야 한다.

---

4) 대법원에서 인용된 확정판결

4.3. 조사의 한계와 대응

감사과정에서 공직자의 개인비리나 범죄혐의가 의심되는 경우 위와 같은 방법을 사용하여 그 실체를 규명하되, 감사권한의 한계로 인해 범죄혐의를 입증하고 비리의 실체를 규명하는 데 한계가 있을 수 있다.

따라서 감사과정에서 확인된 위법·부당사항이 범죄혐의가 있는 사안으로서 증거인멸의 우려가 있다고 인정되는 경우 수사기관에 신속하게 고발 또는 수사요청5) 하고, 행정적인 사항에 대한 조사를 계속 진행하는 것도 가능하다.

5. 문제발생 원인 및 책임소재 규명

5.1. 방법

공직 부패·비리 사항은 중대한 비위로 일반적으로 중징계요구의 대상이 되고 형법상 범죄에 해당되어 고발의 대상이 될 수 있으므로 비리와 관련되는 사실관계 전반을 구체적으로 규명하여야 한다.

비리 당사자와 감독자, 그 외에 다른 상급자 등 비리에 관련되는 사람 등을 대상으로 문답 조사를 실시하여 비리가 발생하게된 구체적인 경위와 관련자의 책임의 소재와 정도를 규명한다.

비리 당사자에 대하여는 행위의 배경과 동기, 비리의 정확한 내용과 규모, 상급자의 부당한 지시나 다른 사람의 관련 여부 등을 조사하여 비리의 실체를 파악한다.

감독자에 대하여는 관련 업무에 대하여 적정하게 감독하였는지, 묵인이나 방조, 개입 여부 등을 조사한다. 감독자의 감독책임과 관련하여 법령 등에 감독방법이 구체적으로 명시되어 있는 경우(예컨대, 공금 관리의 경우 관인 관리, 상급자의 감독 등에 관한 방법이 회계관련 법령 등에 명시되어 있다)에는 감독자가 그러한 감독을 적정하게 수행하였는지를 조사하고 감독책임 여부를 판단한다.

---

5) '수사요청'은 범죄혐의가 인정되는 사항에 대하여 증거인멸이 우려되는 등으로 신속하게 수사할 필요가 있는 경우에 수사기관에 수사를 의뢰하는 조치이다.

공직비리에 관련된 사람이 계약업체나 보조사업자 등 민간인인 경우 징계요구 대상에는 해당되지 않지만 고발 대상은 될 수 있으므로 민간인이 관련된 경우 자료제출요구나 출석·답변요구 등을 통해 비리관련 내용을 조사할 수 있다.[6]

5.2. 비리 증거의 수집

공직비리 관련 사항은 중징계요구나 고발의 대상이 될 수 있으므로 업무처리의 위법·부당에 관한 내용, 행위의 동기와 배경 및 비리에 관한 구체적인 사실관계 등에 관한 증거를 면밀하게 수집하여야 한다.

특히, 관련자의 진술을 통해 비리 사실을 입증할 때는 사후에 관련자가 진술을 번복하거나 다른 관련자가 비리사실을 부인하는 경우 등에 대비하여 비리관련 사실관계를 구체적으로 진술받고, 진술을 뒷받침하는 객관적인 물증이나 정황 증거를 최대한 확보하여야 한다.

개인비리 조사는 공직자의 행위규범을 위반한 사실을 조사하는 것이므로 "위법·부당한 행위"를 구체적으로 증명하여야 한다. 이를 위해 필요한 경우 통신기록(전화, 이메일, GPS 위치 추적 등)이나 청사출입 및 출입국 기록 등을 조회하거나, 디지털 포렌식, 금융거래 자료 확인 등의 방법으로 비리 사실을 증명(제2편 제4장 감사사례연구 case 4-1, 4-2 참조)한다.

6. 감사결과 조치방향 결정

공직비리 사항의 경우 일반적으로 징계요구와 고발 등 형사처벌 대상이 되므로 조사 결과를 토대로 관련자별로 징계·문책요구의 양정과 고발 여부를 결정한다.

---

6) 민간인이라 하더라도 감사원법에 따라 감사원의 자료제출요구나 출석·답변요구 등에 대해 정당한 사유 없이 불응하는 경우 고발대상이 된다.
  감사원법 제50조(감사대상 기관 외의 자에 대한 협조 요구) ① 감사원은 필요한 경우에는 이 법에 따른 감사대상 기관 외의 자에 대하여 자료를 제출하거나 출석하여 답변할 것을 요구할 수 있다.
  제51조(벌칙) ① 다음 각 호의 어느 하나에 해당하는 자는 1년 이하의 징역 또는 1천만원 이하의 벌금에 처한다.
  3. 제27조제2항 및 제50조에 따른 정보 또는 자료의 제출이나 출석하여 답변할 것을 요구받고도 정당한 사유 없이 이에 따르지 아니한 자

한편, 공직비리와 관련된 위법·부당한 업무처리로 인해 감사대상기관 등에 재정 손실이 발생하거나 특정업체에 대한 제재처분이나 세금징수 누락 등의 결과가 초래된 경우에는 일반적인 합법성감사의 감사결과 처리와 같이 위법·부당한 결과를 바로잡을 수 있는 시정적 조치를 하여야 한다.

6.1. 징계요구 등

공직자의 금품관련 비리 등 청렴의무 위반 사항에 대하여는 「공무원 징계령 시행규칙」(제2조 제1항 별표 1의3)에 비위의 유형과 금액 등에 따른 징계기준을 <표 3-11>과 같이 정하고 있다.

위 징계기준에 따르면 직무관련자로부터 100만원 이상의 금품을 받은 경우 업무의 위법·부당한 처분 여부와 관계없이 최소징계기준이 "강등"으로 규정되어 있고, 금품을 적극적으로 요구하여 받거나, 위법·부당한 업무처리가 결부된 경우 징계기준이 파면으로 가중되며, 징계를 감경할 수 없게 되어 있으므로[7] 금품수수 관련 비리에 대하여는 이러한 징계기준을 고려하여 징계양정을 결정한다.

6.2. 고발 등

감사원법(제35조)에 따르면 감사결과 범죄 혐의가 있다고 인정할 때에는 수사기관에 고발하도록 규정되어 있으므로 공직비리 조사사항이 범죄 혐의가 있다고 인정되는 경우 고발조치를 하여야 한다.

다만, 혐의자의 도주나 증거인멸의 우려가 있는 등 신속한 수사가 필요하다고 판단되는 경우 감사결과 처리 기간 중에라도 수사기관에 수사요청을 할 수 있다.

---

7) 「공무원 징계령 시행규칙」 제4조(징계의 감경) (제1항 생략")
  ② 제1항에도 불구하고 징계사유가 다음 각 호의 어느 하나에 해당하는 경우에는 해당 징계를 감경할 수 없다.
  1. 「국가공무원법」 제78조의2제1항 각 호의 어느 하나에 해당하는 비위 ("이하 생략")
  국가공무원법 제78조의2(징계부가금) ("제1항 본문 생략").
  1. 금전, 물품, 부동산, 향응 또는 그 밖에 대통령령으로 정하는 재산상 이익을 취득하거나 제공한 경우
  2. 다음 각 목에 해당하는 것을 횡령(橫領), 배임(背任), 절도, 사기 또는 유용(流用)한 경우
    가. 「국가재정법」에 따른 예산 및 기금 ("이하 생략")

표 3-11_ 공무원 징계령 시행규칙 [별표 1의3] 청렴의 의무 위반 징계기준

비위의 유형 \ 금품·향응 등 재산상 이익	100만원 미만		100만원 이상
	수동	능동	
1. 위법·부당한 처분과 직접적인 관계없이 금품·향응 등 재산상 이익을 직무관련자 또는 직무관련공무원으로부터 받거나 직무관련공무원에게 제공한 경우	강등－감봉	해임－정직	파면－강등
2. 직무와 관련하여 금품·향응 등 재산상 이익을 받거나 제공하였으나, 그로 인하여 위법·부당한 처분을 하지 아니한 경우	해임－정직	파면－강등	파면－해임
3. 직무와 관련하여 금품·향응 등 재산상 이익을 받거나 제공하고, 그로 인하여 위법·부당한 처분을 한 경우	파면－강등	파면－해임	파면

※ 비고
1. "금품·향응 등 재산상 이익"이란 「국가공무원법」 제78조의2제1항제1호에 따른 금전, 물품, 부동산, 향응 또는 그 밖에 「공무원 징계령」 제17조의2제1항에서 정하는 재산상 이익(금전이 아닌 재산상 이득의 경우에는 금전으로 환산한 금액을 말한다)을 말한다.
2. "직무관련자"와 "직무관련공무원"이란 「공무원 행동강령」 제2조제1호에 따른 직무관련자와 같은 조 제2호에 따른 직무관련공무원을 말한다.

제 5 절

행정개선감사 접근방법

1. 의의 및 특징

1.1. 의의

'행정개선감사'는 행정이 지향하는 바람직한 가치 또는 준거(準據)를 기준으로 법령·제도·행정운영 등의 문제점을 진단하고 개선방안을 제시하는 감사이다.

행정개선감사의 주된 목적은 공공행정이 보다 바람직한 방향으로 운영될 수 있도록 개선하고 유도하는 것이며, 법령이나 제도, 행정운영, 행정사무[1] 등의 불합리나 모순, 비효율 요소를 점검·분석하여 문제점을 개선하는 방식으로 감사를 진행한다.

행정개선감사는 감사실무에 있어 합법성 감사 못지않게 많은 비중을 차지하여, 감사주체의 역량에 따라 다양한 분야, 관점에서 개선사항을 도출할 수 있다.

1.2. 합법성감사와 행정개선감사

합법성감사는 규범의 준수를 목적으로 하는 반면, 행정개선감사는 규범적 가치의 개선·향상, 보다 바람직한 상태의 실현을 목적으로 하는 점에서 차이가 있다.

하지만 합법성감사를 하는 과정에서 업무처리의 근거가 되는 법령 등에 규정된 업무처리방법, 절차, 기준 등을 파악하는데 이러한 과정에서 법령 규정이나 제도 등의 불합리나 모순점이 발견(예, 계약업무의 위법·부당 여부에 대한 합법성감사를 하는 과정에서 계약기준의 모순점을 발견하는 것 등)되거나 위법·부당사항의 원인을

---

1) 행정개선감사의 대상은 법령이나 제도, 행정운영, 행정사무 등이 될 수 있다. 편의상 이러한 대상을 통칭하여 '행정사무'라고 하기로 한다.

파악하는 과정에서 제도개선이 필요한 사항이 발견하기도 하는 등 양자는 밀접한 관련이 있다(예컨대, 부정당사업자에 대한 입찰참가자격 제한 조치가 이루어지지 않은 데 대해 법령위반 여부를 조사하는 과정에서 관련 법령의 미비점이 발견되어 법령을 개선하도록 조치하는 것이다. "제2편 제4장 감사사례 연구" case: 3-3 참조).

이러한 이유로 감사실무에 있어서는 감사대상업무에 접근할 때 합법성 여부와 함께 효율성 여부 등도 함께 검토하면서 감사를 진행하는 것이 일반적이다. 합법성 감사는 판단기준(법령, 당위)에 위배되는 업무처리(실태)를 제시하는 방법으로 접근[이를 "입증형 감사(attestation engagement)"라고 한다]하는 반면, 행정개선감사 · 성과감사는 현재의 업무처리방법(실태)보다 경제적이고 효율적인 방법을 제시하는 방법[이를 "직접보고형 감사(direct reporting engagement)라고 한다]으로 접근한다.

표 3-12_ 합법성감사와 행정개선감사 비교

합법성감사	(감사접근) 법령 등에 규정된 방법, 기준, 절차에 따라 업무를 처리하였는가? (감사결과) 법령 등에 위반된 업무처리 사실, 실태를 제시
행정개선감사	(감사접근) 법령 등에 규정된 방법, 기준, 절차 등이 합리적이고, 바람직한가? (감사결과) 현재의 방법, 기준, 실태보다 바람직한 방법 등을 게시

1.3. 행정개선감사와 성과감사

행정개선감사와 성과감사는 양자 모두 공공행정이 보다 바람직하게 수행되도록 개선 · 유도하고, 행정이 지향하는 규범적 가치의 향상을 추구하는 점에서 감사의 목적과 접근논리가 본질적으로 유사하다.

다만 행정개선감사는 주로 법령, 제도, 행정사무 등의 특정한 부분의 문제점을 다루고 상대적으로 단순한 분석 · 검토를 통해 감사를 실시하는 반면, 성과감사는 주요 정책이나 사업을 거시적으로 조망하여 심층적이고 전문적인 분석을 통해 개선방향을 도출하는 점에서 차별화된다.[2]

하지만 양자의 차이는 상대적인 것이므로 감사접근방법은 상호 보완적으로 사용될 수 있다. 특히, 행정개선감사나 성과감사에 있어 중요한 감사방법인 "분석(分析)"은 그 접근논리가 동일하므로 "제6절 성과감사 접근방법"에서 자세하게 살펴보기로 한다.

표 3-13_ 행정개선감사, 성과감사 비교

	행정개선감사	성과감사
대상	법령, 제도, 행정운영, 행정사무 (제도 등의 특정 부분을 다룸)	주요 정책, 제도, 사업 (전체를 종합적으로 다룸)
목적 및 중점	행정운영 개선 및 보다 바람직한 상태 실현	경제성, 효율성, 효과성 등 관점에서 정책이나 사업의 성과 개선
방법	법령, 제도, 업무수행 방법 등의 불합리, 모순, 비효율 요소를 분석	정책이나 사업을 거시적인 관점에서 심층적으로 분석하여 문제점을 진단하고 개선대안 도출
결과 처리	개선요구, 통보	권고 · 통보

---

2) 행정개선감사와 성과감사의 차이는 절대적이라기보다는 상대적이며, 양자를 구분하기 어려운 사례도 있다.

issue note 21: 행정개선감사와 성과감사의 관계에 대한 이해

성과감사(成果監査, performance audit)는 미국·유럽 등의 최고감사기구(SAI)에서 20세기 중반부터 개념이 발전되어 오다가 현재는 우리나라를 포함하여 국제적으로 통용되고 있는 감사유형이다.

미국 등에서 성과감사가 발전된 배경은 과거에 미국 등의 최고감사기구는 개별적인 회계집행의 부정과 오류를 방지하는 데 중점을 두고 감사를 해왔는데 이러한 감사방식으로는 현대 행정국가에서 정부의 사업 실패로 인한 대규모 예산낭비 등을 방지하는 데 한계가 있다는 인식하에 정부사업의 성과를 제고하는 데 중점을 두는 방향으로 감사를 운영하면서 성과감사 개념이 발전된 것이다.

성과감사는 종래에 미시적인 회계검사에 중점을 두던 공공감사 기능을 정부의 주요 사업에 대한 성과제고 측면에서 접근한다는 점에서 국제적으로 공공감사 발전에 기여한 바가 크다. 다만, 성과감사는 우리나라에 도입되면서 그 개념과 용어의 생소함, 기존의 감사와 다른 감사라는 오해로 인해 필요이상으로 어렵게 인식된 측면이 없지 않다.

우리나라의 공공감사 제도는 미국과 유럽 등의 감사제도와는 많은 차이가 있는데 이러한 차이에 대한 이해를 바탕으로 성과감사를 이해할 필요가 있다. 우리나라는 오래전부터 공공감사의 행정개선 기능을 중요하게 인식하여 회계부정과 오류에 대한 감사뿐만 아니라 "행정운영의 개선·향상을 기하는" 감사를 지향해왔다. 1963년에 제정된 감사원법에 이미 감사원의 임무에 대하여 "행정기관 및 공무원의 직무를 감찰하여 행정운영의 개선향상"을 기하도록 하였고, "감사의 결과 법령·제도·행정에 관하여 개선을 요한다고 인정한 때에는 내각수반·소속장관 등에게 그 개선을 요구"할 수 있도록 한 것이 그 근거이다. 이러한 감사원법에 따라 감사원은 성과감사 도입 이전에도 법령·제도·행정 등의 불합리나 모순, 비효율, 예산낭비 요인 등을 개선하는 감사를 해 온 것이다.[3]

위와 같이 행정운영의 개선·향상을 지향하는 감사는 행정을 경제성·효율성·효과성이나 형평성 등 관점에서 보다 바람직한 방향으로 유도하는 감사라는 점에서 본질적으로 성과감사의 목적이나 접근논리와 다를 바 없다.

미국의 GAO 등에서 발전된 정부사업 등에 대한 분석적 접근방법 등은 적극적으로 도입하고 벤치마킹(bench_marking)하는 것이 바람직하지만 성과감사를 우리나라에서 운영해온 행정개선감사와 전혀 다른 감사로 인식하고 접근하는 것은 성과감사의 활성화를 어렵게 할 수 있다. 성과감사를 행정개선을 위한 감사의 한 유형으로 이해하고, 그 기술적인 접근방법을 참조하는 것이 성과감사 활성화를 위해 바람직하다.

2. 감사대상업무 파악

행정개선감사는 법령, 제도, 행정운영 등의 문제점을 진단하고 개선방안을 모색하는 감사이므로 감사를 수행하기 위하여는 합법성감사와 마찬가지로 감사대상업무와 관련되는 법령, 제도, 업무수행실태 등을 파악한다.

다만 법령준수 여부가 아닌 법령이나 제도의 개선에 목적이 있으므로 감사대상업무를 파악할 때는 개별 업무처리 내용보다는 법령과 제도, 행정운영 등이 합리적이고, 효율적인지의 관점에서 그 목적과 취지, 그리고 업무처리의 방법, 기준, 절차 등을 파악한다.

합법성감사와 행정개선감사는 그 목적과 판단기준 등이 다르고 이로 인해 감사에 접근하는 논리가 차이가 있지만 현실에서 감사대상업무를 파악하고 업무의 적정성 여부를 검증할 때는 합법성 관점뿐 아니라 효율성이나 합리성 관점에서 동시에 접근하는 것이 일반적이다.

3. 감사판단기준

3.1. 판단기준 유형

공공행정은 법령을 준수하는 전제하에서 업무수행 과정과 결과기 공정하고 투명하게, 그리고 경제적이고, 효율적으로 수행되어야 한다.

행정개선감사는 이와 같이 공공행정이 지향하는 바람직한 가치가 실현되고 있는지 여부를 기준으로 법령이나 제도, 행정운영의 적정성 여부를 판단하므로 감사의 판단기준은 공정성 및 형평성, 투명성이나 경제성, 효율성[4] 등을 포함하여 행정이 지향하는 바람직한 가치들을 포괄한다고 할 수 있다.

---

3) 감사원은 현재 성과감사(performance)를 활발하게 수행하고 있는데 감사원법 개정 등 제도의 큰 변화 없이 가능한 이유는 이미 감사원법에 성과감사를 운영할 수 있는 내용이 반영되어 있기 때문이다.

4) 효율성(效率性, efficiency, effectiveness)은 효과성과 능률성을 합한 복합 개념이다. 논자에 따라서는 넓은 의미의 능률성으로 이해하기도 한다. (행정학사전, 2009. 1. 15., 이종수)

행정개선감사는 주로 법령, 제도, 행정운영 등의 모순점이나 불합리, 비효율 등을 다루는데 이러한 문제로 인해 행정목적을 달성하지 못하거나 예산이 낭비되거나 불공정한 결과가 초래되므로 행정의 효과성이나 경제성, 공정성 기준에 위배되는 것이다.

3.2. 특성

이러한 관점에서, 경제성·효율성·효과성(3E)은 성과감사의 판단기준으로 일반적으로 알려져 있지만 행정개선감사에 있어서도 판단기준이 될 수 있음은 물론이다.

합법성감사의 판단기준은 법령 등에 규정된 방법과 기준, 절차 등으로 그 기준이 구체적으로 명시되어 있는 반면, 행정개선감사의 판단기준은 추상적이며, 유동적이다. 즉, 현재의 업무처리 방법이 과거의 방법에 비해 경제적, 효율적이라 하더라도 더 나은 방법이 있다면 감사를 통해 개선하도록 할 수 있는 것이다.

따라서 행정개선감사에 있어서는 공공행정의 준거에 비추어 "현재의 바람직하지 못한 상태 또는 방법"이 감사대상이 되고 "현재보다 바람직한 상태 또는 방법"이 판단의 기준과 근거가 된다.

4. 감사대상업무 검증 및 문제점 확인

4.1. 개요

행정개선감사에 있어서 감사대상업무에 대한 적정성 검증은 공정성 및 형평성과 경제성, 효율성, 효과성 등 관점에서 법령이나 제도, 행정운영 등이 바람직하게 운영되고 있는지를 검토하는 방법으로 이루어진다.

법령이나 제도, 행정운영 등에 대해 분석적인 방법으로 접근하여 법령 등의 목적이나 취지에 맞게 업무를 처리하는 방법이나 절차, 기준 등이 적정하게 설계되고, 운영되고 있는지를 검토하는 것이다. 감사결과는 현재의 실태나 업무처리 방법, 기준보다 효율적이고 바람직한 방법 등을 제시하는 형태로 이루어진다.

4.2. 행정개선사항 도출 유형

법령이나 제도, 행정운영 등의 문제점을 파악하고, 개선사항을 도출하는 유형은 일반적으로 세 가지로 이루어진다.

4.2.1. 합법성감사 과정에서 행정개선사항 도출

위법·부당한 사항을 확인한 이후에 그 발생원인을 찾아가는 과정에서 법령이나 제도 등의 모순이나 미비, 불합리 등 문제점을 파악할 수 있다. 이는 주로 합법성감사를 통해 확인된 위법·부당사항을 토대로 개선사항을 도출하는 유형이다.

유형 1: 합법성감사 과정에서 행정개선사항 발굴 (예시)

① 위법·부당사항 확인	ex 1: 공금횡령 ex 2: 민간입찰 담합 부정당사업자에 대한 제재조치 누락5)
② 발생원인 파악	ex 1: 회계제도의 감독 시스템 등 검토 ex 2: 공정거래법 등의 부정당사업자 제재 규정 검토
③ 제도의 미비, 모순 확인	ex 1: 회계담당자에 대한 감독장치 미비 ex 2: 민간입찰 관련 부정당사업자 제재조치 담당기관 미지정
④ 행정개선사항 도출	ex 1: 회계규정 개정 및 감독장치 보완 ex 2: 관련 법령 개정, 민간입찰 부정당사업자 제재조치 담당기관 및 절차 등 규정

4.2.2. 실태분석을 통해 행정개선사항 도출

두 번째 유형은, 법령이나 제도 등의 운영실태를 분석하여 잘못된 현상을 확인하고, 그 문제발생 원인을 파악하여 제도 등의 미비, 모순, 불합리 등 개선이 필요한 사항을 도출하는 것이다. 이는 주로 성과감사 과정에서 사업이나 제도 등의 운영실태를 분석하여 문제점을 진단하고 행정개선사항을 도출하는 유형이다.

---

5) 예시한 사례는 감사원의 감사결과[2019. 10. 24. 불공정거래 조사·처리실태(하도급·가맹·유통분야)_하도급법 위반사업자 입찰참가자격 제한 관련 규정 불합리]를 도식화한 것이다. 자세한 내용은 "제2편 제4장 감사사례 연구 case: 3-3"을 참조하기 바란다.

유형 2: 법령·제도 등 운영실태 분석을 통한 행정개선사항 도출 (예시)

① 법령, 제도 등 운영실태 분석	ex 1: 지방자치단체의 민원처리 실태 분석 ex 2: 120여 개 재정융자사업의 금리 조건 등 분석[6]
② 불합리한 현상, 실태 확인	ex 1: 일부 지자체의 민원처리 기간이 장기간 소요 ex 2: 재정융자사업 별로 금리, 조건 등 상이
③ 문제발생원인 파악	ex 1: 민원처리 절차 등 비교, 검토 ex 2: 재정융자사업 관리 시스템 분석
④ 제도의 미비, 모순 등 확인	ex 1: 타 지자체에 비해 민원처리 절차가 복잡, 과다 ex 2: 재정융자사업에 대한 사업 총괄기능 미비
⑤ 행정개선사항 도출	ex 1: 민원처리 시스템 개선 및 민원처리 절차 간소화 ex 2: 법령 또는 규정 개정, 사업 총괄기능 마련

4.2.3. 합리적인 추론 및 문제점 입증을 통해 행정개선사항 도출

세 번째 유형은, 법령이나 제도 등에 대해 합리적인 추론을 통해 문제점을 인식하고, 운영실태 분석 등을 통해 문제점을 증명하여 행정개선사항을 도출하는 유형이다. 법령이나 제도 등에 규정된 업무처리 방법, 절차, 기준 등의 문제점을 먼저 인식한 후, 그 운영실태 분석하여 문제점을 증명하는 것이다.

유형 3: 합리적인 추론 및 문제점 입증을 통해 행정개선사항 도출(예시)

① 합리적인 추론을 통해 법령, 제도 등의 문제점 인식	ex 1: 공사계약관련 실적점수 평가기준(특정 실적에 대해 과도한 가점 부여 등)의 불합리한 점을 인식 ex 2: 보조금 집행기준에 사용용도가 명확하게 규정되어 있지 않은 문제점 인식
② 법령, 제도 등의 운영실태 분석	ex 1: 공사실적 점수 산정 결과를 분석 ex 2: 보조사업별로 보조금 사용 실적을 분석
③ 법령, 제도 등의 문제점 입증	ex 1: 계약이 불공정하게 이루어진 사실 입증(특정 업체만 유리한 결과 초래) ex 2: 보조금이 보조사업 목적과 다르게 집행된 문제 확인
④ 행정개선사항 도출	ex 1: 공사계약 실적평가 기준 개정 ex 2: 보조금 관련 규정 개정, 집행용도를 명확하게 규정

---

6) 예시한 사례는 감사원의 감사결과(2016. 8. 31. 재정융자사업 예산편성 및 관리실태 성과감사)를 도식화한 것이다. 자세한 내용은 "제2편 제4장 감사사례 연구 case: 4-2"를 참조하기 바란다.

법령이나 제도 등의 특정 부분의 문제점을 다루는 행정개선감사의 경우 업무처리방법 등의 불합리한 점을 먼저 인식한 후 실태분석을 통해 문제점을 증명하는 방법으로 개선사항을 도출하는 경우가 많이 있다.

4.3. 제도 등의 운영실태 분석

법령·제도 등에 대해 분석적인 접근을 통해 개선사항을 도출하는 방법(유형 2, 유형 3)은 성과감사의 주된 접근방법이지만 행정개선감사에 있어서도 필요하다.

다만, 제도 등의 운영실태를 분석할 때는 어떤 자료를 수집하여, 어떤 관점에서, 어떻게 분석·하고 검토할 것인지가 중요한데, 이러한 내용은 "제6절 성과감사 접근방법(분석)"에서 자세하게 살펴볼 것이다.

여기서는 행정개선감사 과정에서 법령이나 제도 등의 운영실태를 분석할 때 일반적으로 분석·검토하는 항목을 예시적으로 제시한다. 이 밖에도 감사대상의 특성에 따라 검토항목을 추가하거나 보다 구체화하여 접근할 수 있다. 그리고, '제5절 성과감사 접근방법(성과감사 분석 대상 및 초점)'에 예시된 항목들도 검토 대상이 될 수 있다.

표 3-14_ 행정개선감사 주요 검토사항

검토 대상	검토 항목
법령 및 제도	• 상·하위 또는 관련 법령 및 제도와 일관성이 있는지, 관련 법령이나 제도 간에 불일치, 상충되는 것은 없는지 • 필요한 규정이 누락되거나 미비된 것은 없는지 • 법령 및 제도의 시행으로 인한 현실의 결과가 바람직한지
업무처리 방법 및 절차, 기준	• 업무처리 방법 등은 법령의 취지에 맞게 설계되었는지 • 업무처리 방법은 효율적인지, 예산낭비 요인은 없는지 • 부정·오류. 위법·부당 발생 요인은 없는지 • 절차는 공정하고 효율적인지, 중복되거나 과도하지 않은지 • 기준은 합리적이고, 공정한지
정보시스템	• 설치 목적을 달성할 수 있도록 설계되었는지 • 필요한 기능이 누락된 것은 없는지 • 자료의 입력 및 관리는 적절한지 • 시스템 접근권한 및 보안 대책은 적절하게 수립되었는지

5. 문제발생 원인 파악

법령이나 제도 등의 운영실태를 분석하여 불합리한 현상이나 위법·부당한 실태가 확인되면 법령이나 제도 등에 규정된 구체적인 업무처리 방법이나 절차, 기준 등을 검토하여 문제발생의 원인을 파악한다.

문제발생 원인은 곧 개선이 필요한 사항을 의미한다. 법령이나 제도에 규정된 업무처리 방법이나 절차, 기준 등이 불합리하거나 미비, 모순된 상태가 그것이다. 행정개선감사의 경우 제도 등의 운영으로 인한 문제점이 확인되거나 입증되면 그 원인은 비교적 쉽게 파악할 수 있다(행정개선사항 도출 유형1, 유형3).

다만, 제도 등의 운영실태 분석을 통해 개선사항을 도출하는 경우는 발생된 문제(예, 민원처리기간 장기간 소요)의 원인(예, 절차의 과다·복잡 or 민원의 지연 처리 or 정보시스템 미활용 등)이 무엇 때문인지를 구체적으로 파악하여 개선이 필요한 사항을 도출한다.

문제발생 원인을 파악할 때는 외형적으로 나타난 문제보다 그 문제를 유발하는 근원적인 원인을 찾아 그에 대한 개선을 하도록 하여야 한다. 이에 관하여는 "제6절 성과감사 접근방법"에서 살펴본다.

6. 감사결과 처리방향 결정

6.1. 의의

행정개선감사의 감사결과 처리는 법령이나 제도, 행정운영 등의 불합리나 모순, 비효율 등을 해소하고 바람직한 상태가 실현될 수 있도록 하는 방향으로 업무처리 방법 등을 개선하도록 하는 조치를 한다.

6.2. 개선을 위한 조치의 종류

행정개선감사의 감사결과 처리는 주로 개선요구나 권고·통보의 형식으로 한다.

개선요구는 법령상, 제도상, 행정상 모순이 있거나 개선할 사항에 대해 법령 제·개정을 위한 조치나 제도상 또는 행정상의 개선을 요구하는 조치이다. 개선요구는 감사대상기관 등에 대해 개선에 필요한 구체적인 조치를 지정하여 그러한 조치를 하도록 의무를 부여한다.

권고·통보는 개선이 필요한 사항에 대해 구체적인 내용을 정하여 개선요구를 하는 것이 적절하지 않거나 관계기관이 자율적으로 처리할 필요가 있는 경우 또는 감사결과 행정운영 등의 경제성·효율성 및 공정성 등을 위하여 필요하다고 인정되는 경우에 개선 등에 필요한 조치를 하도록 하는 조치이다.

─ Ref.12 시정요구와 개선요구, 권고와 통보

1. '시정'과 '개선'의 차이

시정과 개선은 문제를 바로잡고 정당한 또는 바람직한 상태를 실현하기 위한 조치라는 점에서 유사한 점이 있다. 다만 감사원법의 취지로 볼 때 시정은 주로 법령 등에 위반되는 상태를 바로잡는 조치인 반면, 개선은 법령 위반과 관계없이 현재의 상태보다 바람직한 상태를 실현하기 위한 조치라고 할 수 있다.

2. '권고'와 '통보'

권고와 통보는 감사원법(제34조의2)에 함께 규정되어 있는 조치로서 법률상으로는 그 효력이나 용도에 차이가 있는 것은 아니다. 다만, 공공감사 실무에서 권고는 주로 정부의 주요 정책이나 사업 등에 대하여 경제성, 효율성, 효과성 등을 심층적으로 분석하고 그 개선대안을 제시할 때 하고 있다.

통보는 각종 처분요구(징계·문책, 시정, 개선 요구 등)를 하여야 할 필요가 있지만 처분요구가 적절하지 않거나 감사대상기관에 자율성을 부여할 필요가 있는 경우에 처분요구를 대신하는 조치이다. 따라서 통보는 문책, 시정, 개선 등 다양한 성격의 조치에 탄력적으로 사용되고 있다.

6.3. 유의사항

6.3.1. 과도한 규제 지양[7]

위법·부당사항의 재발을 방지하기 위한 조치의 일환으로 관련 업무에 대한 감독의 강화 또는 대책을 마련하도록 하는 경우 유의해야 할 점이 있다.

흔히, "문제를 방지하는 방안"은 "좋은 것"으로 생각하지만 위법·부당사항의 재발을 방지하기 위한 목적으로 한 조치라 할지라도 그러한 조치들이 누적되면 사회적으로 규제·감독 총량이 늘어나게 되어 그로 인한 비효율이 발생할 수 있다. 예컨대, R&D 자금의 부당한 사용을 막는다는 이유로 회계집행에 대한 규제(집행 절차나 증빙서류 구비 강화 등)를 과도하게 하면 부당사용은 억제할 수 있지만 본연의 연구활동에 지장을 줄 수 있다.

따라서, 문제의 재발을 방지하기 위한 목적으로 추가적인 규제·감독방안을 도입하도록 하는 경우 그로 인한 편익(benefit)과 비용(cost)을 검토하여 편익이 비용보다 명확하게 큰 경우에만 하는 등 신중하게 하여야 하고, 그 부작용 등에 대한 검토 없이 막연히 규제·감독을 강화하는 조치를 하도록 하는 것은 지양하여야 한다.[8]

6.3.2. 제재와 제도개선 병행

한편, 위법·부당사항의 발생이 제도의 불비나 모순, 담당자의 잘못된 업무처리가 복합적으로 작용하여 발생하는 경우가 있다. 예컨대, 재무담당자가 회계시스템의 미비점을 이용하여 공금을 횡령한 경우 담당자의 위법행위와 제도의 미비점이 복합적으로 발생원인이 된 것이라 할 수 있다. 이러한 경우에는 담당자에 대한 제재와 제도개선을 위한 조치를 동시에 감사결과 처리방향으로 검토한다.

---

7) 공공감사에 대해 외부에서 문제를 제기하는 사항의 하나로 "감사가 규제를 만든다." 또는 "감사로 인해 규제가 늘어난다."라는 비판이 있다. 이러한 비판은 일면 타당한 점이 있으므로 공공감사는 이러한 비판에 대해 돌아볼 필요가 있다.

8) 행정규제기본법 제5조(규제의 원칙) ("제1항 및 제2항 생략")
③ 규제의 대상과 수단은 규제의 목적 실현에 필요한 최소한의 범위에서 가장 효과적인 방법으로 객관성·투명성 및 공정성이 확보되도록 설정되어야 한다.

성과감사 접근방법

1. 의의

성과감사는 경제성·효율성·효과성에 대한 검토와 평가를 위주로 특정사업이나 정책에 대하여 수행하는 감사를 말한다(공공감사기준 제2조).

주요 사업이나 정책을 대상으로 경제성·효율성·효과성 등의 관점에서 사업의 추진체계와 집행과정, 성과 등을 심층적으로 분석하여 문제점을 진단하고 개선방향을 제시하는 방식으로 진행된다.

성과감사는 그 이름과 같이 사업의 성과(performance)를 개선·향상하는 것이 주된 목적이지만 공공행정의 성과는 물질적, 경제적 측면의 성과 외에 사업대상자인 국민의 만족도나 형평성 등을 포괄하는 개념이므로 이러한 관점에서 사업을 개선하는 것도 성과감사의 범주에 포함된다.

성과감사의 결과에 따라 개선방향이나 대안을 제시하는 경우 주로 권고 또는 통보 형식으로 하고 있다.

성과감사는 정책이나 제도, 사업 등을 종합적이고 심층적으로 분석하는 반면, 행정개선감사는 제도 등의 특정 부분을 다룬다는 점에서 차이가 있지만 양자는 본질적으로 감사의 목적이나 방법이 유사하므로 감사접근방법을 상호 보완적으로 사용할 수 있다.

2. 감사대상사업 파악

성과감사는 정부의 주요 정책이나 제도, 사업(이하에서 통칭하여 '감사대상사업'이라고 한다[1])을 대상으로 한다.

'중요 정책결정'은 감사원의 직무감찰 대상에서 제외[2])되므로 성과감사의 대상을 보다 정확하게 말하면, 정책이나 사업 그 자체가 감사대상이라기 보다는 정책이나 사업의 추진체계, 집행과정, 결과, 사후관리 등의 적정성 여부가 감사대상이다.

이러한 요소가 성과감사를 통해 분석하는 대상이 되므로 감사대상 사업을 파악할 때는 관련 법령이나 사업계획, 집행실적 자료 등을 수집하여 사업의 추진체계에 관한 내용과 사업의 집행 성과와 영향에 관한 내용을 중점적으로 파악한다.

사업의 추진체계는 사업의 목적을 달성하기 위해 조직화된 요소들의 집합체로서 사업추진 주체(기관, 조직, 인력), 사업을 수행할 수 있는 근거(법령 및 제도)와 수단(권한과 예산 등), 사업추진 방법(절차, 기준 등), 사업의 대상(수혜자, 지역, 물건 등) 등으로 구성된다.

집행과정은 사업 추진체계를 작동하여 사업을 실행하는 과정을 말한다. 집행과정에서는 사업주체의 의사결정, 권한과 예산의 사용, 절차와 기준의 적용, 대상자 선정 등이 구체적으로 이루어진다.

사업의 결과는 사업을 통해 달성한 산출과 성과, 영향을 말한다. 산출(産出, output)[3])은 사업을 통해 달성한 구체적인 결과물을 말하고 성과(成果, outcome)는 사업의 궁극적인 효과를 말한다. 예컨대, 복지사업을 집행하여 복지보조금을 지원한 대상자의 수나 지원금액이 산출이라면, 그 수혜자의 생활 수준, 삶의 질 향상 정도는 성과라고 할 수 있다.

사후관리는 사업에 대한 평가와 평가결과의 환류(feedback) 등으로 이루어진다.

성과감사를 할 때는 감사대상사업에 대하여 위와 같은 내용을 종합적으로 파악하여 감사를 중점적으로 실시할 분야와 대상을 정한다.

---

1) 정책(政策, policy, Politik)이란 정부 또는 공공기관이 공적 목표(公的目標, 공익)를 달성하기 위하여 마련한 장기적인 행동지침', 공공문제를 해결하고자 정부에 의해 결정된 행동방침을 말한다. 정책은 법률·정책·사업·사업계획·정부방침·정책지침·결의 사항과 같이 여러 형태로 표현된다. (행정학사전, 2009. 1. 15., 이종수)

2) '정부의 중요 정책결정 및 정책목적의 당부(當否)'는 감사원의 직무감찰 대상에서 제외된다(「감사원 감사사무 처리규칙」 제5조 제2항 제3호).

3) 산출(産出, output)은 행정활동의 결과로 생산된 일차적 재화와 서비스를 말한다. 산출은 궁극적 효과로서의 성과(outcome)와 구분되는 개념이다. 예를 들어 건설활동의 결과로 건설된 도로의 길이가 산출이라면, 그러한 도로의 건설로 빨라진 교통 흐름의 소통 속도를 성과로 볼 수 있다. (행정학사전, 2009. 1. 15., 이종수)

3. 감사판단기준

성과감사에 있어서 주요 판단기준은 경제성, 효율성, 효과성으로 알려져 있다. 미국, 유럽 등의 최고감사기구가 성과감사 개념을 정립하면서 성과감사는 정부가 수행하는 사업의 성과를 경제성, 효율성, 효과성(3E)[4]의 관점에서 분석하여 개선방향을 도출한다는 취지에서 감사의 판단기준이 된 것이다.[5]

경제성, 효율성, 효과성은 공공사업 또는 그 성과의 적정성 여부를 판단하는 기준을 상당부분 포괄하는 개념으로 성과감사의 중요한 판단기준이 될 수 있다. 하지만 공공사업의 성과는 경제적 가치의 기준으로 평가하기 어려운 부분이 있고, 현대 행정에서 형평성이나 국민의 수용성 등은 행정이 추구해야 하는 중요한 가치라고 할 수 있으므로 정부사업의 성과를 평가하는 기준이나, 성과감사의 판단기준을 경제성, 능률성, 효과성만으로 제한적으로 이해할 필요는 없다.

공공감사 실무에 있어서도 성과감사를 하면서 다양한 관점에서 사업을 개선하는 데 중점을 두고 있고, 경제성이나 효율성, 효과성 기준만을 적용하여 감사를 실시하는 것은 아니다. 실제로 우리나라에서 성과감사를 실시한 결과를 보면 정부 사업을 보다 형평성 있게 시행(예, 복지사업에 대한 감사에서 복지 사각지대를 발굴하는 것)하도록 하거나 국민의 수용성을 높일 수 있는 개선방안을 제시(예, 유사사업의 성공사례를 참조하여 사업추진 과정에 국민 참여를 확대하도록 하는 것) 하는 사례도 많이 있다.

따라서 성과감사의 판단기준을 경제성, 효율성, 효과성으로 한정하여 이해하기보다는 행정개선감사의 판단기준과 같이 공공행정이 지향하는 다양한 바람직한 가치를 포괄하는 개념으로 이해하여도 무방하다.[6]

---

4) 경제성(economic efficiency, 經濟性)은 일정한 수단을 가지고 최대의 성과를 얻거나 일정한 성과의 달성을 최소의 수단을 투입하여 얻는 것을 말한다. 효율성(效率性, efficiency)은 일반적으로 투입(input)에 대한 산출(output)의 비율을 말한다. 효과성(效果性, effectiveness)은 목표달성의 정도를 말한다. 목표의 달성도를 의미하는 효과성은 효율성과 매우 유사한 개념이다. 그러나 행정의 효과성은 투입과 산출의 비율로 파악하지 않고 목표의 성취도만을 따진다는 점에서 효율성과 구별되며, 또 효과성은 목표의 성취와는 상관없이 단순히 저렴과 신속에 역점을 둔 효율성에 비하여 높은 행정이념이라 하겠다. (이해하기 쉽게 쓴 행정학용어사전, 2010. 3. 25., 하동석·유종해)

5) 공공감사기준(제2조)은 성과감사를 "경제성·능률성·효과성에 대한 검토와 평가를 위주로 특정사업이나 정책에 대하여 수행하는 감사를 말한다."고 정의하고 있다.

4. 감사대상사업 검증 및 문제점 확인

성과감사의 경우 감사대상사업에 대한 검증은 경제성·효율성·효과성과 형평성 등 행정이 지향하는 바람직한 가치의 관점에서 정책이나 사업이 적정하게 운영되고 있는지를 검토하는 방법으로 이루어진다. 정책이나 사업의 추진체계와 집행과정, 결과 등이 경제적이고 효과적으로 설계·운영되고 있는지, 사업의 결과는 공정하고 형평성이 있는지 등을 분석하여 사업이 적정하게 수행되고 있는지 여부를 판단하는 것이다.

성과감사에 있어 감사대상사업 검증 및 문제점 확인은 주로 분석(分析)의 방법으로 접근한다. 그리고 유사제도와 비교하거나 우수사례(best practices)를 활용하고, 설문조사(survey)나 전문가 의견(expert opinion)을 참조하는 방법 등을 사용하기도 한다. 이 외에도 합법성감사의 방법(문서 검증, 시험 및 실험 등)도 사용될 수 있다. 특히 많은 양의 자료를 이용한 데이터 매칭(data matching), 데이터 마이닝(data mining)은 성과감사의 분석방법으로 유용하게 활용될 수 있다.

아래에서 성과감사에서 감사대상사업 검증 및 문제점 진단 등에 사용하는 방법들에 관하여 살펴본다.

4.1. 분석(分析, analysis)

4.1.1. 개념 및 중요성

4.1.1.1. 개념

분석[7]이란 일반적인 의미로, 개념이나 문장을 보다 단순한 하위의 개념이나 문장으로 나누어 그 의미를 간략하고 명료하게 하거나, 복잡하게 얽혀 있는 것을 자세히 관찰하기 위해 구성 요소를 하나씩 나누어 살펴보는 행위를 말한다.

---

6) 성과감사의 특징을 '감사판단기준'으로 이해하기보다는 '감사의 대상'(주요 정책과 사업)과 '방법'(사업을 거시적인 관점에서 심층 분석하여 문제점과 개선방향을 도출)으로 이해하는 것이 타당하다.

7) 분석(分析, analysis)이란 하나의 정보나 문제를 부분으로 나누어서 그 구성요소들을 확인하고, 구성요소들간에 존재하는 관계를 확인하는 사고작용이다. (교육심리학용어사전, 2000. 1. 10., 한국교육심리학회)

감사방법으로서의 분석은 감사대상이 되는 정책이나 사업 등을 세부 구성요소
별로 (또는 하위의 부문별로) 나누어 일이 이루어지는 과정이나 방법, 결과를 세밀
하게 살펴보고 잘못되거나 개선이 필요한 부분을 밝혀내는 행위라고 할 수 있다.

4.1.1.2. 중요성

분석에 의한 감사방법은 합법성감사에 있어서도 사안이 복잡한 경우 필요하지
만 제도나 정책, 사업 등을 개선하는 성과감사와 행정개선감사에 특히 유용하다.

공공감사에 있어서 결론을 도출할 때는 객관적인 증거와 논리에 기초하여야 하
고, 감사대상기관의 위법·부당한 업무처리에 대한 객관적인 감사결과를 기초로
문제를 바로잡는 조치를 하도록 요구할 수 있다.

따라서 공공감사는 감사결론 자체보다 감사결론을 도출하는 데 기초가 되는 위
법·부당사항을 객관적으로 입증하는 것이 더 중요하다고 할 수 있다. 객관적인
근거를 기초로 감사결과를 도출함으로써 감사결과의 설득력과 감사대상기관의
순응(順應, compliance)을 확보할 수 있는 것이다.

이러한 점에서 감사결과의 객관성 확보가 중요한데, 합법성감사에 있어서는 위
법사실에 대한 증거와 증명으로 객관성을 확보할 수 있으나 정책이나 제도, 사업
의 개선을 도모하는 성과감사에 있어서는 주관이나 가치판단이 개입될 수 있어
문제점과 개선방향에 대하여 누구나 동의할 수 있게 객관성을 확보하는 것이 특
히 중요하다.

정책이나 제도, 사업을 전체적으로 판단(정책 목적, 추진방향 등)할 때는 불가피
하게 가치판단이 개입될 수 있다. 하지만 그 정책이나 사업의 하위단위(사업추진
조직, 사업 절차, 예산 편성·집행 등)로 나누어 갈수록 가치판단이 개입될 여지가
줄어든다.

감사방법으로서 분석은 제도나 정책, 사업 등을 그 하위의 구성요소별로 세부
적으로 나누어 그 과정과 결과 등이 적정한지 여부를 살펴봄으로써 주관이나 가
치판단이 개입될 수 있는 여지를 줄일 수 있게 한다. 성과감사의 객관성 확보를
위해 분석에 의한 방법이 유용하고 중요한 이유이다.

4.1.2. 분석 대상 및 초점

성과감사에 있어 정책이나 사업의 문제점을 진단하고 개선방향을 도출하기 위하여 어떤 사항을, 어떤 관점에서, 어떻게 분석할 것인지가 중요하다. 분석을 하기 위해서는 정책이나 사업을 세부적으로 나누어 살펴보아야 하는데, 정책이나 사업의 구성요소를 나누어보면 사업추진체계와 집행과정, 결과, 사후관리 부문으로 구분할 수 있다. 이러한 각 부문들이 성과감사의 주요 분석대상이 된다.

4.1.2.1. 추진체계 분석

사업추진체계는 사업추진 주체나 사업수행에 필요한 권한 및 수단, 업무수행 방법 및 절차, 사업 대상 및 범위 등이 사업의 목적을 달성할 수 있게 적정하게 구축·설계되어 있는지 여부를 분석한다.

사업계획과 관련 법령, 사업 주체의 조직·인력, 관련 기관(총괄기관과 집행기관, 협조기관 등)의 권한과 기능, 협조체계 등을 검토하여 사업주체의 능력과 권한 등이 적정한지, 예산규모는 적정한지, 업무수행 방법과 절차, 기준 등은 효율적이고 공정한지, 사업의 대상 및 범위는 적정한지 등을 검토한다.

이러한 분석은 주로 합리적인 추론에 의한 정성적 분석(定性的 分析, Qualitative analysis)이 사용되며, 필요한 경우 다른 사업과의 비교 및 우수사례(best practice) 활용, 전문가의 의견이나 설문조사 등을 통해 문제점을 진단하고 개선방향을 모색한다.

4.1.2.2. 집행과정 분석

사업집행과정에 대한 분석은 사업의 집행과 관련되는 구체적인 방법과 절차, 집행기간, 예산 집행내역 등 실태 자료를 수집하여 사업추진체계가 집행과정에서 정상적으로 작동하는지, 오류나 부정, 위법·부당의 발생 소지가 있지는 않은지, 예산집행의 낭비나 비효율 요인은 없는지 분석한다.

성과감사의 집행과정 분석은 사업의 집행과정을 거시적으로 조망하여 불합리한 업무처리 방법이나 기준, 절차 등으로 말미암아 예산의 낭비 등이 발생할 소지가 있는지 여부를 분석하고 그 개선방안을 모색한다는 점에서 개별 업무처리가 위법·부당한지 여부를 검증하는 합법성감사와 차이가 있다.

집행과정 분석은 정성적 분석 외에 통계분석이나 데이터 매칭(data matching) 또는 데이터 마이닝(data_mining) 등의 방법으로 예산집행 내역 자료 등을 분석하여 예산의 누수, 부적정한 집행 현황을 확인할 수 있다.

4.1.2.3. 결과 분석

사업의 결과는 사업이 목표한 산출과 성과를 거두었는지, 사업의 결과는 공정한지 등을 분석하고 그러하지 못한 경우 그 원인을 분석한다.

사업의 산출과 성과 등 사업결과 분석은 사업집행 실적 자료와 사업수혜자와 관련된 자료 등을 확보하여 시계열(時系列分析, time－series analysis)·횡단면 분석(橫斷面分析, cross－section analysis), 회귀분석(回歸分析, regression analysis)·상관관계분석(相關關係分析, correlation analysis) 등 통계적기법을 적용하여 사업의 목표달성도와 성과, 영향(effect) 등을 분석할 수 있다.

그리고 사업대상자 또는 관련분야 전문가 등에 대한 설문조사를 통해 사업에 대한 만족도 등을 파악하거나 사업성과에 대한 정성적인 평가 등을 할 수 있다.

4.1.2.4. 사후관리 분석

사후관리는 사업에 대한 평가가 적정하게 이루어지고 있는지, 평가결과는 사업의 개선에 반영되고 있는지 등을 분석한다. 사후관리 분석은 사업에 대한 평가자료와 평가결과의 활용에 관한 자료를 검토하여 사업에 대한 평가나 평가결과의 환류(feedback)가 적정하게 되고 있는지 검증한다. 이러한 분석은 주로 합리적인 추론에 의한 정성적인 분석으로 이루어진다.

4.1.2.5. 분석대상 종합

성과감사에서 일반적으로 분석하는 대상과 초점을 정리하면 <표 3－15>와 같다. 이러한 일반적인 분석대상을 기초로 감사대상사업의 특성, 감사의 방향 등에 따라 분석대상과 항목을 구체화하거나 적절하게 조정할 수 있다.

예컨대, 연금재정의 안정성에 관한 감사를 하는 경우 연금재정에 대한 장기적인 수지(收支) 분석이 필요할 것이며, 사업추진 대안들의 경제적 타당성을 검토하는 경우 경제성분석(經濟性分析) 등을 할 수 있다.

표 3-15_ 성과감사의 일반적인 분석대상 및 초점

분석 대상		분석 초점
추진체계	주체(기관·조직, 인력)	• 사업수행 능력(조직·인력, 전문성 등)을 갖추었는지 • 총괄·집행기관 등 관련기관 간 협조체계는 적정한지
	법령·권한·예산	• 사업의 근거 법령은 제정되었는지 • 사업추진에 필요한 제도, 시스템은 구축되었는지 • 사업수행에 필요한 권한 및 수단은 갖추었는지 • 예산은 확보되었는지, 규모는 적정한지
	방법·기준·절차	• 사업추진 방법은 효율적으로 설계되었는지 • 기준은 합리적이고, 공정한지 • 절차는 투명하고, 공정한지
	사업 대상	• 대상 및 범위는 적정한지 • 사업대상이 중복되거나 불필요한 것은 없는지
집행과정		• 추진체계가 정상적으로 작동하는지 • 부정·오류, 위법·부당 발생 소지는 없는지 • 대상이 공정하게 선정되었는지 • 예산의 누수, 낭비는 없는지
결과와 성과, 영향		• 사업 목적, 목표는 달성하고 있는지 • 산출 및 성과는 적정한지 • 사업 목적, 목표를 달성하지 못한 원인은 무엇인지
사후관리		• 사업에 대한 평가는 적정하게 이루어지고 있는지 • 평가결과는 사업의 개선에 활용되고 있는지

4.1.3. 분석의 종류 및 방법

4.1.3.1. 정성적 분석 및 정량적 분석

[정성적 분석(定性的 分析, Qualitative analysis)] 정성적 분석은 사회현상을 비수량적인 자료를 통해 살펴보는 것을 말한다. 공공감사에 있어서는 감사대상이 되는 제도나 정책, 사업 등의 특성을 비수량적인 자료를 통해 분석하는 것을 말한다.

분석에 의한 방법은 통계분석이나 계량적인(정량적인) 분석을 주로 떠올리는데 정량적 분석이 보다 객관적인 방법이라고 할 수 있지만 공공행정에 관한 제도나 정책, 사업에 대하여 분석하는 경우 수량적인 데이터를 사용할 수 있는 분야가 제한적이므로 정성적 분석도 유용하게 활용될 수 있다.

정성적인 분석은 정책이나 제도 등의 운영실태, 성과, 영향 등을 다른 제도 등과 비교하거나 합리적인 추론을 통해 문제점과 개선대안을 도출할 수 있다.

예컨대, 공금횡령 사고가 자주 발생하는 데 대해 회계시스템을 분석하여 경비지출담당자가 단독으로 경비지출업무를 처리하고 그에 대한 점검(cross_checking) 기능이 없는 문제점을 도출하는 것, 사업목적 달성을 위해서는 사업주체의 일정한 권한이 필요한데 그러한 권한이 없어 사업추진이 어려운 문제점을 도출하는 것, 행정정보시스템(예, 공공근로사업 관련) 이용이 저조한 원인을 분석한 결과 주 이용자인 노령연령 층이 사용하기 어려운 기능이 많고, 검색범위가 제한적인 문제점 등을 도출하는 것 등은 감사인의 합리적인 추론이나 유사 기관·제도와의 비교 등 정성적 분석에 의해 이루어지는 것이다.

[정량적 분석(定量的 分析, quantitative analysis)] 정량적 분석은 사회현상을 숫자나 통계 등 수량적인 데이터를 통해서 살펴보는 것을 말한다. 공공감사에 있어서는 감사대상 제도나 정책, 사업 등의 특성을 수량적인 실적 자료를 통해 분석하는 방법이라고 할 수 있다.

공공 제도나 사업의 경우 사업성과 등을 수량적으로 표시히기가 이려운 경우가 있지만 수량데이터를 활용할 수 있는 경우 분석결과의 객관성을 확보할 수 있어 성과감사 등에 많이 활용되고 있다.

정량적 분석은 계량분석이라고도 하며, 공공감사에 있어 정량적 분석은 공공정책에 대한 분석·평가의 객관성을 확보하고자 하는 계량행정8)과 맥락을 같이한다. 성과감사에서 주로 활용하는 정량분석으로는 경제성분석이나 통계분석 등이 있다.

---

8) 계량행정(計量行政, the metrological administrative)이란 행정의 현상이나 문제를 해소하는데 도움을 얻기 위하여 사용하는 계량적 분석의 절차와 방법을 의미한다. 계량행정은 행정조직, 인력, 물적 자원 등에 대하여 객관적이고 합리적인 관리가 가능하도록 한다. 기존의 경험과 직관에 의존하지 않고, 객관적인 자료를 토대로 하여 조직관리와 인사관리 및 재무관리 그리고 정책분석 및 정책평가를 활용하여 객관성과 합리성을 제고할 수 있다. 이러한 객관적·합리적 행정은 행정기관의 책무성을 높일 뿐만 아니라 성과를 제고할 수 있게 된다. (네이버 지식백과, 학문명백과: 사회과학, 윤종현)

4.1.3.2. 경제성분석(經濟性分析, economic analysis)

경제성 분석은 공공사업의 비용과 편익을 사회적 입장에서 측정하고 이에 따라 경제적 수익률(economic rate of return)을 계산함으로써 그 타당성 여부를 결정하는 분석 방법을 말한다. 사업추진의 대안별로 경제성을 비교하거나 특정한 사업에 대해 경제적 측면의 타당성을 분석하기 위한 목적으로 주로 사용된다.

비용편익분석(費用便益分析, Cost-Benefit Analysis)이라고도 하며, 대표적인 경제성분석 방법으로는 순현재가치법(NPV)과 내부수익률법(IRR)이 있다.

— Ref.13 **순현재가치법(NPV)과 내부수익률법(IRR)**[9]

- **순현재가치법**(純現在價値, NPV, Net Present Value): 사업 혹은 정책에 수반되는 모든 비용과 편익을 현재가치로 할인하여 총편익에서 총비용을 뺀 값이 가장 큰 대안을 선택하는 방법이다.

  순현재가치란 편익과 비용을 할인율에 따라 현재가치로 환산하고 편익의 현재가치에서 비용의 현재가치를 뺀 값을 말한다. 그 순현재 가치가 0보다 크면 일단 그 대안(사업)은 채택 가능한 것으로 판단할 수 있다. (편익의 현재가치 - 비용의 현재가치 = 순현재가치, '순현재가치>0'이면 타당성이 있는 사업[10])

- **내부수익률법**(IRR, Internal Rate of Return): 투자에 관한 의사결정에서 내부수익률을 고려하는 방법이다. 미래에 발생할 수 있는 비용과 편익을 산출한 후에, 이들의 순현재가치가 0이 되도록 만드는 할인율이 얼마인지를 계산한다. 이때 계산된 할인율을 내부수익률이라고 한다.

  내부수익률과 투입자본 비용을 비교하여 수익률이 높으면 투자로부터 수익을 얻을 수 있다는 의미이고, 여러 개의 투자안이 있을 때에는 수익률이 높은 쪽을 투자하는 것이 유리하다는 의미이다.

---

9) 두산백과 doopedia
10) 이해하기 쉽게 쓴 행정학용어사전, 2010. 3. 25., 하동석·유종해

경제성분석은 정부 등이 수행하는 사업의 타당성을 경제적인 측면에서 평가하는 방법으로서 공공감사기구가 정부가 수행하는 사업의 타당성을 검토하기 위해 직접 경제성분석을 하거나 정부 등이 수행한 경제성분석 결과에 대하여 그 적정성 여부를 검증하기도 한다.

정부나 지방자치단체, 공공기관 등 사업을 수행하려는 주체는 사업추진의 필요성을 국회나 지방의회, 이사회 등에 설득하고 예산을 확보하기 위해 경제성을 적극적으로 평가하는 성향이 있다. 이러한 과정에서 사업의 편익은 과도하게, 비용은 과소하게 산출하는 사례가 종종 발생하고 있다.

경제성분석에 대한 감사를 할 때는 이러한 점을 감안하여 ① 사업의 경제성에 영향을 미치는 항목(변수)이 적정하게 반영되고 누락된 것은 없는지, ② 각 항목별로 비용과 편익은 객관적으로 산출·적용되었는지 여부를 중점적으로 분석한다.

이러한 검토를 할 때는 해당 변수와 관련되는 "객관적인 실적 자료"(인건비·관리비 등 실적치, 물품 등의 거래실례가격, 유사사업 실적자료 등)나 "공인된 기관의 자료"(한국은행의 경제성장율, 물가상승률, 금리 자료 등) 또는 "전문기관이 객관적이고 합리적인 방법으로 산출한 자료", "법령 등에 정해진 기준이 적용되는 사업은 그 기준"(전기·수도요금 단가, 소프트웨어 설계용역의 정부 노임단가 등) 등에 관란 자료를 수집하여 실제 경제성 분석에 적용된 자료와 비교하여 과다하거나 과소하게 적용된 경우 그에 대한 적정성 여부를 검토한다.

Ref.14 경제성 분석 관련 감사사례[11]

한국서부발전주식회사는 평택복합화력발전소 2단계 건설사업을 추진하기 위해 경제성 평가를 하면서 사업의 수익에 영향을 미치는 전력거래대금(한전이 발전 자회사에 지급)을 산정·적용하면서 실제로는 계통한계가격(SMP, System Maginal Price)에 정산조정계수를 적용하여 감액된 대금을 지급받고 있는데도, 정산조정계수를 적용하지 않은 SMP 가격으로 수익을 계산(사업기간 30년, 순현제가치 487억 원, 비용편익비: 1.002)하여 사업의 경제성이 있는 것으로 분석하였다.

그러나 SMP에 정산조정계수를 반영하여 사업수익을 정당하게 계산하면 사업 손실(순현재가치: △1,628억 원, 비용편익비 0.9770)이 발생하는 것으로 분석되었다.

유의할 점은 경제성분석에 적용된 변수가 공인된 전망치나 추정치 등과 다르게 적용된 경우 이를 기계적으로 부당하다고 판단하여서는 아니된다. 전망치 등을 산정한 시점 이후에 여건의 변화가 있는 경우 변화된 상황을 반영하여 적정하게 보정하는 것은 필요하므로 단순히 전망치 등과 다르다고 하여 잘못된 것으로 단정하여서는 아니되고 그에 대한 합리적인 사유가 있는지를 검토하여 적정성 여부를 판단하여야 한다.

경제성 분석은 경제적인 측면에서 사업의 타당성 여부를 판단하는 데 주로 활용되지만 그 분석의 논리(logic)는 다른 분야에도 광범위하게 응용될 수 있다. 예컨대, 각종 제도(건강보험제도[12], 국민연금제도 등)나 기금(신용보증기금 등) 등의 장기적인 재정 안정성 여부를 판단하기 위한 분석방법으로도 유용하게 활용될 수 있는데 이러한 경우 비용·편익(cost·benefit) 대신 장기적인 수입·지출(revenue and expenditure)을 계산하여 재정구조의 안정성 여부를 분석한다.

4.1.3.3. 통계분석(統計分析, statistical analysis)

통계(統計, statistics)는 사회의 집단적 현상을 수량적으로 기술한 것이라고 할 수 있다. 그리고 통계분석은 사회 현상에 관한 자료를 수량적으로 분석하여 그 실태를 밝히는 것이라 할 수 있다.

통계분석은 일반적으로 '자료의 수집 → 자료의 정리·요약 → 자료의 해석 → 모집단 특성에 대한 결론 도출'의 순으로 이루어진다.

성과감사에 주로 활용되는 통계분석 방법은 회귀분석과 상관분석, 시계열분석과 횡단면분석 등이 있다. 이러한 통계분석은 사업의 성과 또는 영향을 분석하는 데 주로 사용될 수 있으며, 사업의 성과를 시간적인 흐름(월별, 연도별 등)에 따라 그 변화 추세를 분석하거나 지역 또는 집단 간의 차이를 분석·비교하는 데 유용하게 사용될 수 있다.

---

11) 자세한 내용은 감사원 감사보고서 공개문(2015. 4. 20. "화력발전소 건설사업 추진실태_평택복합화력발전소 2단계 건설사업 경제성 평가 및 이사회 보고 부적정") 참조
12) 건강보험재정의 안정성에 대한 분석은 감사원 감사보고서 공개문(2022. 7. 28. 건강보험 재정관리 실태) 참조

┌───┐
│ ─ **Ref.15** 통계분석 기법   │
│   │
│ • 회귀분석(回歸分析, regression analysis)[13]: 둘 또는 그 이상의 변수 사이의 관계 특히 │
│   변수 사이의 인과관계를 분석하는 방법이다. 특정 변수값의 변화와 다른 변수값의 변 │
│   화가 가지는 수학적 선형의 함수식을 파악함으로써 상호관계를 추론하게 되는데 추정 │
│   된 함수식을 회귀식이라고 한다. 이러한 회귀식을 통하여 특정변수(독립변수 또는 설 │
│   명변수라고 함)의 변화가 다른 변수(종속변수라고 함)의 변화와 어떤 관련성이 있는 │
│   지, 관련이 있다면 어느 변수의 변화가 원인이 되고 어느 변수의 변화가 결과적인 현 │
│   상인지 등에 관한 사항을 분석할 수 있다.   │
│   │
│ • 상관관계 분석(相關關係分析, correlation analysis)[14]: 변수 간의 관계의 밀접한 정도, │
│   즉 상관관계를 분석하는 통계적 분석 방법을 말한다. 즉 회귀분석(regression analysis) │
│   에서 변수 사이의 관계식이 어느 정도 신빙성이 있는가를 살펴보는 것이라 할 수 있다. │
│   │
│ • 시계열 분석(時系列分析, time-series analysis): 통계숫자를 시간의 흐름에 따라 일정 │
│   한 간격마다 기록한 통계계열을 시계열 데이터라고 하는데 이러한 시계열 데이터를 │
│   분석하여 사회현상에 대한 의미있는 정보를 도출하는 분석방법을 말한다(예, 30대 여 │
│   성의 출산율을 연도별로 비교).   │
│   │
│ • 횡단면 분석(橫斷面分析, cross-section analysis): 어느 일정한 시점에서 공간이나 상 │
│   황, 대상집단 등 변수의 변화에 따른 변수값의 변화(횡단면 데이터)를 분석하여 사회 │
│   현상에 대한 의미있는 정보를 도출하는 분석방법을 말한다(예, 30대 여성의 출산율을 │
│   지역별로 비교).   │
└───┘

4.2. 유사사례 비교 및 우수사례(best practices) 활용

우수사례 활용은 동일하거나 유사한 제도나 사업, 업무를 운영하는 다수의 기
관 중에 우수한 성과를 거두거나 바람직하게 운영되는 사례(외국의 사례일 수도 있
음)의 성공요인을 분석하여 다른 사업의 제도개선 방향 등을 도출하는 방법이다.

---

13) 네이버 지식백과, 매일경제
14) 행정학사전, 2009. 1. 15., 이종수

어떤 조직 또는 사업 등의 방식, 절차, 산출물, 서비스 등을 해당 범주에서 눈에 띄게 성과를 내는 조직에 대한 사례연구를 통하여 상대적으로 성과 등이 이에 미치지 못하는 조직이나 사업에서 문제점을 발굴하는 데 유용하게 사용될 수 있다 (성용락, 2013b; 49–50).

우수사례는 다수의 기관이 전형적으로 수행하는 공통적 기능, 예를 들면 정보시스템 구축, 물자구매, 자산운용 등에 적용할 경우 효과적인데 이러한 공통적 기능을 수행하는 다수의 기관을 대상으로 업무처리의 과정과 결과를 비교해 보면 그중에서도 높은 성과를 시현하는 경우가 있다. 이러한 우수사례를 참고하여 감사대상기관의 제도나 사업 등의 개선대안을 도출하는 데 활용할 수 있다.

우수사례 활용은 실제의 사례를 모델로 제시하여 개선대안을 제시하는 것이므로 현실성이 높고, 감사대상기관의 수용성이 높다.

다만, 우수사례 특히, 외국 또는 다른 기관의 사례 등을 기초로 문제점을 진단하고 개선방향을 도출하는 경우 제도운영과 관련된 법적, 현실적 조건 등이 유사하다는 전제가 성립되어야 하므로 이러한 점을 종합적으로 검토하여야 한다.

— Ref.16 우수사례(best ptactices) 활용한 감사사례

감사원이 2016년에 실시한 성과감사("재정융자사업 예산편성 및 관리실태")에서 각 정부기관이 운영하는 120여 개의 "재정융자사업"이 일관된 기준이 없이 집행되고 있는 문제점을 지적하고, 그에 대한 개선방향으로 "국고보조사업" 및 "정부출연사업"의 경우 총괄적인 사업집행 기준을 마련하여 사업을 체계적으로 운영하고 있는 사례를 참고하여 재정융자사업의 총괄관리시스템을 마련하도록 하였다.

4.3. 설문조사(設問調査, survey)

설문조사란 구조화되어 있는 설문지나 면접을 통하여 사회현상에 관한 자료를 수집하고 분석하는 방법이다.

설문조사는 성과감사를 수행하는 과정에서 많이 활용되는 방법으로 감사대상 사업과 주제에 대하여 다수의 사람을 대상으로 설문지나 면접을 통해 얻은 응답을 분석하여 감사에 필요한 정보를 획득하는 방법이다. 감사의 내용에 따라 업무관련자나 사업 대상자, 관련분야 전문가 등에 대해 적절하게 설문조사를 할 수 있다.

설문조사는 구체적인 이슈나 주제에 대하여 많은 사람으로부터 보다 계량화가 가능한 정보를 수집할 때 유용하다. 설문조사는 핵심적인 이슈의 범위를 탐색하는 데 활용이 되고, 계획단계에서 찾아낸 이슈를 구체화할 수 있는 계량적인 정보를 제공함으로써 그 자체가 보완적인 감사증거로도 활용될 수 있다(성용락, 2013b; 44–45).

설문조사는 다수의 사람을 대상으로 의견을 취합하여 일정한 정보를 수집하는 특성으로 인해 계량화된 자료(data)가 없거나 정성적인 주제(감사대상 정책이나 사업, 업무 등에 대한 인지도 및 인식, 개선방향에 대한 의견 등)에 대하여 응답자의 의견을 계량적으로 분석하여 유의미한 정보를 도출하는 데 유용하다.

Ref.17 설문조사(survey)를 활용한 감사사례[15]

감사원이 2022년에 실시한 성과감사("건강보험 재정관리 실태 성과감사")에서 국민건강보험제도 운영과 관련된 문제점을 진단하고 개선대안을 모색하기 위해 한국재정학회 등 회원을 대상으로 설문조사를 실시하여 건강보험 재정현황과 의사결정구조의 합리성 등에 관한 자료를 수집하였다.
- 설문대상: 한국재정학회, 한국보건경제정책학회 회원 계 100명
- 조사목적: 건강보험 재정 관련 문제점을 진단하고 개선방향 모색
- 설문내용: 건강보험 재정 현황, 의사결정구조의 적정성, 요양급여 지불제도 개선방안, 건강보험 재정전망 방법의 적정 공개 범위 등

---

15) 감사원 감사보고서 공개문(2022. 7. 28. 건강보험 재정관리 실태 성과감사, 4쪽) 참조

4.4. 전문가 의견(expert opinion)

전문적인 내용의 제도나 정책, 사업에 대하여 감사를 하는 경우 문제점과 개선 방향을 판단하기 위해 전문가나 전문기관의 의견을 조회하여 참조할 수 있다.

전문가의 의견은 그 자체로 감사결론이 될 수는 없지만 감사계획을 수립하고 준비하는 단계에서 감사의 방향을 정하거나, 감사실시 과정에서 문제점을 진단하고 개선대안을 모색하는 데 도움이 될 수 있다.

전문가 의견을 감사에 활용하는 방법에는 특정 사안에 대해 의견을 구할 수 있고, 전문적이고 기술적인 내용이나 통계분석 등에 대해 조력을 받을 수 있다.

5. 문제발생 원인 파악

5.1. 의의

사업 전반에 대한 실태분석을 통해 사업추진과 관련된 문제가 확인되면 개선방향을 도출하기 위하여 문제가 발생된 원인을 파악한다.

사업의 집행과정이나 결과 등에 대한 실태분석에서 문제점이 확인되면 그러한 문제가 발생하게 된 원인을 파악하여야 제도개선 방향을 도출할 수 있다. 예컨대, 사업실적이 목표에 미달되는 문제점이 발생된 경우 그 원인이 집행기관의 노력부족 때문인지, 사업집행 절차의 비효율로 인한 것인지, 사업목표의 과도한 설정으로 인한 것인지 등을 분석하여 그 결과에 따라 제도개선 방향을 도출하는 것이다.

5.2. 방법

사안이 단순한 경우에는 합리적인 추론 등을 통해 문제발생 원인을 파악할 수 있다. 사안이 복잡한 경우, 근본원인분석(RCA, Root Cause Analysis) 방법을 응용하여 문제가 발생 되기까지 사업이 진행되어 온 과정과 문제가 발생된 경로를 순차적으로 점검함으로써 문제의 근본 원인을 파악할 수 있다.

─ **Ref.18** RCA(Root Cause Analysis, 근본 원인 분석)16)17)

사업 수행과정에서 발생한 문제점에 대한 원인을 파악하는 방법으로 RCA 방법의 원리를 이용할 수 있다. RCA는 '문제점 식별' → 'timeline에 따라 사건(events) 발생 정리' → '사건 간의 관계 파악' → '인과관계 그래프 작성' 등의 순서로 발생된 문제에 대하여 근본원인을 파악하는 방법이다.

문제발생 원인을 어떻게 파악하느냐에 따라 개선방향이 달라지므로 개선방향을 적정하게 도출하기 위하여는 문제발생의 근본 원인을 정확하게 파악하여야 한다. 아래 예시와 같은 사안에서 문제("사업실적이 목표에 미달")의 원인을 집행기관의 예산 불용처리로 파악한다면 잘못된 개선방향이 도출될 수 있는 것이다.

표 3-16_ 사업목표 미달의 원인 분석 (예시)

실태분석을 통해 확인된 문제점		(사업 결과) 사업실적이 당초 목표에 미달됨
(※ 사업추진의 역순으로 문제 발생 경로를 추적)	↓	(예산 불용) 집행기관이 예산 잔액을 불용(不用) 처리함
	↓	(사업 집행) 사업대상에 대해 모두 예산을 집행하였으나 예산 잔액이 발생함
	↓	(예산 편성) 사업대상에 비해 예산을 과다하게 편성함
근본적인 문제발생 원인		(사업계획 수립) 사업대상을 실제보다 과다하게 추정함

---

16) 원인분석(原因分析, Cause Analysis)은 문제의 원인과 결과를 추적하는 방법으로 과거 지향적이면서 부정적인 수행차이를 없애는 데 초점을 두며, 사건이 발생했을 때 문제의 원인을 밝히기 위해 사용한다. 문제를 도출한 사건들을 순차적으로 제시하여 각각의 사건들의 관계를 명백히 한다. (HRD 용어사전, 2010. 9. 6., (사)한국기업교육학회)

17) 근본원인분석(Root cause analysis)은 과학 및 공학에서 근본원인분석(RCA)은 결함 또는 문제의 근본 원인을 식별하는 데 사용되는 문제해결 방법으로서 잠재적인 근본 원인과 문제 사이에 내재하는 인과적 메커니즘에 대한 이해가 필요하기 때문에 연역적 추론의 한 형태이다. RCA는 네 단계로 구분된다. ① 문제를 명확하게 식별하고 설명, ② 정상적인 상황에서 문제가 발생할 때까지의 타임라인 설정, ③ 근본 원인과 다른 인과 요인을 구별(예, 사건 상관관계 사용), ④ 근본 원인과 문제 사이의 인과 관계 그래프 설정 (위키백과)

6. 개선대안 분석

성과감사의 경우 구체적인 개선방향이나 개선대안을 제시할 때는 개선대안이 현재의 사업추진방법보다 우월하다는 것을 입증하여야 한다. 이러한 분석에는 ① 현재 사업추진방법의 문제점에 대한 분석과 ② 개선대안의 타당성에 대한 분석이 동시에 이루어져야 한다.

유의할 점은 "개선대안의 타당성에 대한 분석"은 개선대안이 단순히 현재의 문제를 해결할 수 있다는 점을 입증하는 외에 개선대안에 따른 비용과 편익 등을 종합적으로 검토하여 "개선대안이 전반적으로 현재의 방법보다 우월하다는 점을 입증"하는 것이 바람직하다. 대안이 현재의 문제점을 해결할 수 있다 하더라도 대안의 시행으로 과도한 비용이 발생하거나 다른 부작용 등이 우려된다면 그러한 대안은 바람직한 개선방안으로 보기 어렵기 때문이다.

개선방향을 도출하기 위해 대안을 탐색하고 분석·평가하는 경우 정책분석(政策分析, policy analysis) 방법이나 유사 사업의 운영사례(best practices) 참조, 전문가를 대상으로 한 설문조사(survey) 등의 방법이 유용하게 활용될 수 있다.

그리고, 대안의 비교를 위해 필요한 경우에는 경제성 분석(비용·편익분석, 비용·효과분석 등)이나 민감도 분석(敏感度 分析, sensitive analysis)[18] 등을 실시하여 대안을 비교·평가한 후 최적의 대안을 개선방향으로 도출한다.

7. 감사결과 조치방향 결정

성과감사는 일반적으로 감사를 통해 확인된 감사대상사업의 문제점과 발생원인, 개선대안 등을 토대로 문제를 해결할 수 있는 방향이나 개선대안을 제시하여 감사대상기관 등에 개선방안을 마련하도록 권고·통보하는 방식으로 감사결과를 처리한다.

---

18) 민감도 분석은 사업에 영향을 미치는 요소의 변화에 따라 사업의 결과에 미치는 영향의 변화를 분석하는 방법이다. 사업의 투입 자원 또는 사업의 대상이나 범위를 변화하는 데 따라 사업의 결과가 어떻게 변화하는지를 파악하여 대안을 평가하고 가장 바람직한 대안을 선정하는 것이다.

7.1. 감사결과 처리 종류

성과감사는 정책이나 사업을 대상으로 하고 제도를 개선하도록 하는 내용으로 조치를 하므로 감사대상기관 등이 정책이나 사업의 개선방향을 종합적으로 검토하여 합리적으로 처리하도록 할 필요가 있다. 따라서 성과감사의 결과는 구체적인 개선방안을 제시하여 강제성 있는 조치(개선요구, 시정요구 등)를 하기보다는 감사대상기관 등에 어느 정도의 자율성을 부여하여 합리적으로 개선방안을 마련하도록 하기 위해 주로 권고, 통보의 형식으로 처리한다.

7.2. 개선방향 제시의 유형

성과감사 결과를 처리하면서 개선방향이나 대안을 제시할 때는 감사결과로 확인된 문제점과 발생 원인의 내용과 특성, 개선방향 및 대안의 명확성 여부 등을 종합적으로 고려하여 적정하게 개선방향을 제시하는 것이 바람직하다.

특히, 정부가 관련 정책이나 사업을 종합적으로 검토하여 정책적인 판단을 거쳐 개선방향을 수립할 필요가 있는 사안에 대하여는 구체적인 개선방향을 정하지 않고 "앞으로 관련 정책수립이나 제도개선에 활용하도록" 개선에 필요한 조치를 정부에 일임하는 것도 가능하다.

표 3-17_ 성과감사 결과의 조치 유형

(유형 1) "감사결과로 확인된 문제를 개선할 수 있도록 (어떻게) 개선하는 방안을 마련하시기 바랍니다."	구체적인 대안, 방법을 제시하여 개선하도록 함
(유형 2) "감사결과로 확인된 문제를 개선할 수 있도록 (어떠한) 방향으로 개선하는 방안을 마련하시기 바랍니다."	개선방향을 제시하여 개선하도록 함
(유형 3) "감사결과를 앞으로 관련 정책 수립이나 업무개선에 활용하시기 바랍니다."	감사결과에 대한 개선방안 마련을 감사대상기관에 일임

┌───┐

Ref.19 사안의 특성에 따라 개선 조치의 내용을 달리한 사례

(문제점과 개선방향이 명확한 경우: "구체적인 개선내용을 적시하여 개선하도록 조치")

• 총사업비 관리대상 사업 등록·관리의 적정성 분석 결과에 대한 조치[19]

　기획재정부장관은 앞으로 총사업비 관리대상 사업의 등록 누락 또는 지연 사례가 발생하지 않도록 … (중략) … 총사업비 관리대상으로 등록되지 않은 123건 사업에 대해 관련 법령 및 「총사업비관리지침」에 따른 관리방안을 마련하시기 바랍니다. (통보)

(개선방향에 대한 정책적인 판단이 필요한 경우: "분석결과를 개선방안 마련에 활용하도록 조치")

• 중장기 기금재정관리계획 수립 및 관리실태 분석 결과에 대한 조치[20]

　기획재정부장관은 … (중략) … 중장기 재정관리가 필요한 기금을 중장기 기금재정 관리계획 수립대상으로 추가할 필요가 있는 것으로 분석되었으니, 이러한 분석 결과를 관련 업무 개선방안 마련 등에 활용하시기 바랍니다. (권고)

• 미세먼지 관리대책 추진 실적의 평가 결과에 대한 조치[21]

　감사원의 제언 미세먼지 관리대책 실적 평가 시 정책 실효성과 효율성 등을 평가하여 계획을 보완하는 등 미세먼지 관리대책의 수립 및 평가 업무를 개선할 점이 있다고 판단되어 실태분석 결과 등을 통보하오니 국무조정실장은 관련 개선대안을 마련할 때 참고자료로 활용하시기 바랍니다. (통보)

└───┘

19) 자세한 내용은 감사원 감사보고서 공개문(2022. 5. 31. 재정지출·사업 관리제도 운영실태 I) 참조
20) 자세한 내용은 감사원 감사보고서 공개문(2021. 5. 31. 중장기 재정관리제도 운영실태) 참조
21) 자세한 내용은 감사원 감사보고서 공개문(2020. 9. 20. 미세먼지 관리대책 추진실태) 참조

제 7 절

디지털 감사(digital audit)

1. 의의 및 개념

1.1. 의의

현대는 바야흐로 디지털 세상이다. 경제, 산업 분야는 물론 개개인의 일상생활에 이르기까지 디지털(digital) 기반의 기계와 기술, 자료에 의존하여 생활하는 "디지털 혁명(digital evolution)"[1]의 시대에 살고 있다.

정부와 공공행정의 영역도 예외가 아니다. 2021년 현재 공공부문 1,118개 기관에서 운영하고 있는 정보시스템 수는 총 1만7,060개(총 구축비용은 12조 3,747억원)이고, 서비스 중인 모바일앱 수는 1,045개, 5년 동안(2017~2021년) 추진한 정보화 사업은 총 7만4,586건(19조 4,319억원)에 달한다(행정안전부, 한국지능정보사회진흥원, 2022).

정부를 포함한 공공부문의 업무는 이러한 디지털 기반의 업무처리시스템에 따라 대부분이 전자적 방식으로 처리되거나 기록·관리되고 있다. 이에 따라 공공감사를 수행하기 위하여는 정보시스템과 전자적으로 처리·관리되는 업무와 자료에 대한 이해와 활용이 필수적으로 요구된다.

---

1) 디지털 혁명은 아톰(atoms)에서 비트로 이동하는 변화다. 이러한 변화는 '돌이킬 수도 없고 멈출 수도 없는 것'이다. 디지털 혁명의 물결은 일상생활을 포함하여 우리의 삶 전체에 영향을 미친다. 산업혁명 이후 인간의 노동력은 기계의 힘과 결합하여 엄청난 생산력의 향상을 실현하였다. 기계가 생산해내는 이런 물질의 최소 단위는 아톰이다. 물질은 형태와 무게를 갖고 있으며 공간과 부피를 차지한다. 산업사회의 기계가 인간의 손과 발의 확장이었다면 이제 컴퓨터와 네트워크는 인간의 정신을 확장한다. 컴퓨터 네트워크는 인간의 두뇌를 전 세계로 확장한다(백욱인, 2013).

"디지털 전환"(digital transformation)[2]은 AI(인공지능, Aritficial Intelligence) 등 디지털 기술을 활용하여 전통적인 업무방식을 혁신하는 것을 말한다. 공공감사 분야에 있어서도 디지털 기술을 활용한 혁신, "공공감사의 디지털 전환"이 필요하다.

이러한 점에서 디지털이 공공감사에 미치는 영향과 디지털 자료와 기술을 이용하여 감사를 수행하는 방법을 살펴보는 것은 중요한 의미가 있다.

1.2. 개념

"디지털 감사(digital_audit)"를 간단하게 정의하면 "디지털 자료나 기술을 사용하여 수행하는 감사"라고 할 수 있다.

Ref.20 디지털 · 디지털 자료 · 디지털 기술의 의미

디지털(digital)은 연속된 값을 사용하는 아날로그 방식과 달리 띄엄띄엄 떨어진 값을 사용하여 정보를 가공하고 구현하는 방식을 말한다. 컴퓨터에서는 모든 정보가 디지털 신호로 처리된다. 따라서 디지털 방식은 곧 컴퓨터와 같은 전자적인 방식으로 정보를 가공하고 구현하는 방식을 말한다.

디지털 자료(digital data)란 전자적 방식으로 처리되는 부호, 문자, 음성, 음향 및 영상 등으로 표현된 모든 종류의 자료나 정보, 지식을 말한다.[3]

디지털 기술(digital technology)이란 전자적 방법으로 학습 · 추론 · 판단 등을 구현하는 기술 또는 자료를 전자적 방법으로 수집 · 분석 · 가공 등 처리하는 기술 등을 말한다.

공공감사 실무에서 디지털 자료나 기술을 사용하여 감사를 수행하는 모습을 살펴보면 디지털 자료(digital data) 또는 디지털 기술(digital technology)을 사용하여

---

2) 디지털 전환(디지털 轉換, Digital Transformation)은 디지털 기술을 사회 전반에 적용하여 전통적인 사회 구조를 혁신시키는 것을 말한다. 일반적으로 기업에서 사물 인터넷(IoT), 클라우드 컴퓨팅, 인공지능(AI), 빅데이터 솔루션 등 정보통신기술(ICT)을 플랫폼으로 구축 · 활용하여 전통적인 운영 방식과 서비스 등을 혁신하는 것을 의미한다. 디지털 전환(digital transformation)을 위해서는 아날로그 형태를 디지털 형태로 변환하는 '전산화(digitization)' 단계와 산업에 정보통신기술을 활용하는 '디지털화(digitalization)' 단계를 거쳐야 한다. (IT용어사전, 한국정보통신기술협회)
3) 지능정보화기본법(제2조)의 정의를 참고하였다.

공공사업의 운영실태를 분석하거나 위법·부당사항이 발생할 위험이 높은 분야 (고위험 분야, high risk area)를 발굴하고, 구체적인 위법·부당사항을 확인하는 등 다양하게 활용되고 있다.

이러한 실태를 반영하여 "디지털 감사"를 부연 설명하면 "디지털 자료(digital data)나 디지털 기술(digital_technology)을 사용하여 감사사항을 발굴하거나 감사대상 업무를 분석하고 검증하는 등 감사의 주된 업무를 수행하는 감사"라고 할 수 있다.

한편, '정보기술'(情報技術, IT, Information Technology)[4] 또는 '정보통신기술'(情報通信技術, ICT, Information Communication Technology)은 전기통신과 컴퓨터 기술을 포괄하는 용어로 데이터의 수집, 가공, 저장, 검색, 송신, 수신 등 정보 유통의 모든 과정에 사용되는 기술 수단을 총체적으로 표현하는 개념이다. 디지털 기술은 이와 같은 정보기술 또는 정보통신기술과 유사한 의미로 사용되고 있다. 이러한 이유로 디지털 감사를 "IT감사"라고 하기도 한다.[5]

1.3. 감사접근방법과 디지털 감사

감사접근방법 측면에서 보면, 디지털 감사는 합법성감사 등 일반적인 감사접근 방법의 논리구조(감사접근방법 logic model)를 적용하면서 디지털 기술을 이용하여 감사를 보다 효율적으로 수행하는 방법이라고 할 수 있다.

디지털 감사는 기존의 감사접근방법에 디지털 기술을 활용하는 "기술적인" 방법에 관한 것이므로 합법성감사나 성과감사 등 모든 유형의 감사에 적용될 수 있다. 디지털 감사 방법은 기존에 수행하던 감사자료 분석 등을 디지털 기술을 활용하여 보다 효율적으로 수행하거나, 예전에는 가능하지 않았지만 디지털 기술을 사용함으로써 시도할 수 있게 된 새로운 형태의 분석 방법을 포함한다.

---

4) 현대의 "정보기술"이라는 용어는 하버드 비즈니스 리뷰에서 출판된 1958년 문건에 저자, 리비트 (Leavitt)와 휘슬(Whisle)이 "새로운 기술은 하나의 확립된 이름을 아직 갖추지 않고 있다. 우리는 이를 정보기술(IT)로 부르겠습니다."라고 언급한 데에서 처음 등장하였다. Leavitt, Harold J.; Whisler, Thomas L. (1958).

5) 성용락은 'IT활용 감사'를 전산화된 감사시스템을 통해 전산자료를 수집한 후 적절한 소프트웨어를 활용하여 분석·평가 등의 과정을 거쳐 의미있는 자료를 추출(데이터 매칭, 데이터 마이닝, 시뮬레이션, 통계적 방법론 등 감사기법 사용)한 후 감사대상 업무가 지니고 있는 문제점 및 해결방안을 거시적 또는 미시적 관점에서 도출하는 업무처리 방법이라고 정의하였다(성용락, 2013b; 50).

현재의 디지털 감사는 주로 기존의 감사방법을 보다 효율적으로 수행(개별, 소수의 자료를 활용한 data_matching, data_mining → 대용량, 다양한 소스의 자료를 활용한 data_matching, data_mining)하는 형태로 이루어지고 있다. 앞으로는 디지털 기술을 사용하여 기존에 접근하기 어려웠던 분야에 대한 감사나 새로운 방식(정형화된 업무에 대한 인공지능, 기계학습에 의한 자동화된 감사 등)으로 감사를 수행하는 형태로 발전해 나갈 것이다.

2. 디지털이 공공감사에 미치는 영향

디지털 기술에 기반하는 행정정보화(informatization of public administration)는 공공 행정과 국민 생활에 많은 변화를 가져왔다. 행정서비스의 질을 높이고, 효율적이고 대응력이 뛰어난 행정을 실현하며, 국민의 요구를 반영한 행정사무를 수행할 수 있게 하여 궁극적으로 국민의 삶의 질 향상에 기여하고 있다(문신용, 1997).

디지털 행정이 국민생활에 미치는 영향을 보면 알 수 있듯이 디지털 감사는 공공감사의 수행방법, 나아가 공공감사의 대상이 되는 공공행정에 많은 긍정적인 변화를 가져올 수 있다.

디지털이 공공감사에 미치는 영향을 알아보기 위해 공공감사의 관점에서 디지털 자료와 기술의 특성을 살펴보고, 이를 활용함으로써 공공감사는 어떤 모습으로 변화하고 있고, 앞으로 변화해 나갈지를 살펴본다.

2.1. 디지털 자료 및 기술의 특성

디지털이 공공감사에 미치는 영향은 디지털 자료나 기술의 특성에서 유래한다. 공공감사의 수행방식, 접근방법과 관련되는 부분을 중심으로 디지털 자료와 기술의 특성을 요약하면, "다양하고 많은 자료의 존재(Big Data)", "높은 접근성과 이용성(accessibility & usability)", "비대면, 온라인 연결(untact, online networking)", "고도의 기술(high level technology)" 등으로 집약할 수 있다.

2.1.1. Big Data

디지털 자료는 다양하고 많은 양의 자료(이른바 'Big Data')가 존재한다.

디지털 사회에서 이용할 수 있는 자료의 종류와 양은 과거와는 비교할 수 없다. 디지털 기술은 대용량의 자료를 쉽게 처리, 가공, 유통할 수 있게 하여 전자적으로 처리되는 모든 자료가 디지털 기기를 통해 저장되고 유통되어 이용가능한 자료의 범위를 무한대로 확장한다.

공공감사에서 많이 활용되는 공공데이터만 하더라도 2023년 1월 현재「공공데이터의 제공 및 이용 활성화에 관한 법률」에 따라 등록된 공공데이터 목록 건수는 16개 카테고리, 77,596건에 이르고 있다.[6]

2013년 5,272종에 불과했던 공공데이터 종류가 2018년 10월에는 27,122종(약 5.1배)[7], 2022년에는 77,596건으로 10년 사이에 15배 가까이 증가한 것이다.

2.1.2. 높은 접근성과 이용성(接近性과 利用性, high accessibility & usability)

디지털 자료는 쉽게 접근할 수 있고, 이용할 수 있다.

디지털 자료와 기술을 사용하면 자료의 복제[8]나 전달, 가공, 공유를 쉽고 빠르게 할 수 있고, 그 비용이 '0'에 가깝다. 대용량의 자료를 USB에 저장하여 전달하거나 이메일, 정보시스템, 클라우드 컴퓨팅(cloud computing) 등을 통해 전달, 공유할 수 있고, 자료를 디지털 기술을 이용하여 전자적으로 분석, 치리할 수 있다.

2.1.3. 비대면 온라인 연결(untact online networking)

디지털 자료나 기술을 사용하면 자료에 접근하거나 전달, 공유하는 과정에서 자료 관리자, 이용자, 수령자 등이 서로 직접적인 접촉 없이 online으로 할 수 있다.

---

6) 공공데이터포털, https://www.data.go.kr/tcs/dss/selectDataSetList.do
7) 감사원 감사보고서 공개문(2019. 2. 27. 공공데이터 활용 및 품질관리 실태, 1-7쪽) 참조
8) 기계 복제는 물질에 기반을 두고 있기 때문에 원자를 복제해 낸다. 디지털 복제는 물질이 아니고 비트로 이루어진다. 비트는 무한히 복제해도 추가적으로 원료나 비용이 들어가지 않는다. 그래서 디지털 복제를 통해서 만들어진 디지털 결과물은 기계 복제에 적용되는 경제 법칙과는 아주 다른 방식을 가져온다(백욱인, 2013).

디지털 자료와 기술의 비대면성(非對面性)은 자료 접근과 이용 과정에서의 불필요한 사회적 비용을 줄인다.

2.1.4. AI 및 machine_learning 등 고도의 기술(high level technology)

디지털 기술은 기본적으로 컴퓨팅 기술을 사용하여 각종 연산 및 분석 작업을 효율적으로 수행할 수 있게 한다. 사람이 기존에 하던 연산과 분석 활동 등을 컴퓨터를 사용하여 함으로써 사람이 직접 수행할 때보다는 상상할 수 없을 만큼 많은 양의 수치를 빠르고, 정확하게 할 수 있게 되었다. 그리고, 디지털 기술은 빅데이터(Big Data)와 결합하여 많은 양의 자료를 신속하게 연결하고 분석하여 새로운 자료나 정보, 지식의 창출을 가능하게 한다.[9]

최근에는 인공지능(人工知能, AI, artificial intelligence) 등 고도의 디지털 기술이 발전되어 컴퓨터가 인간의 인지, 추론 능력을 일정 부분 수행할 수 있게 되었다.

Ref.21 인공지능(AI, artificial intelligence)과 기계학습(machine learning)

인공지능이란, 인간의 학습능력과 추론능력, 지각능력 등을 컴퓨터 프로그램으로 실현한 기술을 말한다. 인공지능 기술은 기계학습이라는 방법으로 이루어지고 있다.[10]

기계학습이란, 인공지능의 한 분야로서 사람이 학습하듯이 컴퓨터에 데이터들을 입력하여 학습하게 함으로써 새로운 지식을 얻어내게 하는 기술을 말한다. 컴퓨터가 인간이 학습하는 것과 같이 알고리즘과 프로그램을 이용한 데이터 학습을 통해 의사결정을 하거나 새로운 정보를 도출하는 것을 의미한다(차경엽, 2022; 8).

---

9) 인터넷 시대의 지식은 자동으로 아카이브에 저장되면서 새로운 대상과 연결될 준비를 하고 있다. 디지털 아카이브의 지식은 과정으로서의 지식, 다른 대상과 만남으로써 새롭게 계열화되고 새로운 맥락에 놓이면서 제3의 의미와 내용을 갖게 되는 미완결의 열린 지식이란 특성을 갖는다(백욱인, 2013).

10) 기계학습은 기계가 수학적 최적화 및 통계분석 기법을 기반으로 사람의 도움 없이도 데이터로부터 일정한 신호와 패턴을 배우고, 그것을 바탕으로 다음에 일어날 일을 예측하며 적합한 의사 결정을 내리는 알고리즘을 만드는 일에 주력한다(김대호, 2016).

2.2. 디지털로 인한 감사 수행방법의 변화

위와 같은 디지털 자료 및 기술의 특성은 개별적으로 또는 복합적으로 공공감사에 영향을 미쳐 감사를 수행하는 유형, 무형의 방식에 많은 변화를 가져오고 있다.

2.2.1. 온라인_비대면 감사(online_untact audit)

디지털 감사로 쉽게 눈에 띄는 외형적인 변화는 온라인을 이용한 원격, 비대면 감사가 가능하다는 점이다.

디지털 감사는 행정전산망 또는 정보시스템을 통해 감사대상업무와 관련된 자료에 접근하고, 감사대상기관의 감사자료 작성과 제출은 정보시스템에 입력되어 있는 자료를 추출하여 온라인으로 제출하는 등 감사 수행과정의 대부분을 비대면으로 수행할 수 있게 한다. 이 과정에서 감사인과 감사대상자의 면담(interview)이나 일반적인 소통은 이메일이나 메신저, 화상회의 등을 통해 가능하다.

현재 정부기관 등에서 일반적으로 사용하고 있는 디지털 기기와 기술을 활용하더라도 일정 수준의 감사업무는 지금도 온라인을 통한 비대면으로 진행할 수 있다. 실제로 최근에는 공공감사 현장에서 비대면 방식으로 감사를 수행하는 사례도 증가하고 있다.

특히 2020년 초에 전국적으로 확산된 COVID−19 감염병 사태에 따른 '사회적 거리두기' 정책은 공공감사 현장에서 비대면 감사가 확대되는 계기가 되어 감사원과 한국전력공사 등의 자체감사기구에서는 기관의 특성에 맞게 온라인 감사 모델을 구축하여 재외공관이나 지사에 대하여 온라인, 비대면으로 감사를 실시하는 사례(한국전력공사 'On−Tact Audit 시스템', 한전 KPS의 'Lan 線[11] Audit' 등, "5. 디지털 감사 사례" 참조)들이 나타나고 있다.

---

11) '랜선'이란 통신망을 의미하는 LAN(local area network)과 선(線)이 합쳐진 합성어이다.

2.2.2. 감사대상과 범위의 확장

디지털 자료와 기술을 사용하면 대용량의 자료를 쉽게 접근·이용할 수 있고, 빠르고 정확하게 처리·분석할 수 있으며, 소요 비용도 많지 않아 디지털 감사는 감사 대상과 범위를 크게 확장 시킬 수 있다.

과거에는 불가능하였던 방대한 감사대상에 대하여 전수조사(全數調査)에 가까운 정도로 감사를 수행할 수 있다. 실제로 최근 감사사례들을 보면 디지털 기술을 이용할 수 없었던 과거에는 불가능한 방대한 대상에 대한 감사가 현실에서 이루어지고 있다.

예컨대, 수천만 건에 달하는 국민건강보험 요양급여 지급이 적정하게 이루어지고 있는지 여부를 점검하는 일은 과거에는 극히 일부 표본에 대하여 개별적으로 확인하는 방식으로 진행되었지만 지금은 디지털 자료와 기술을 이용[12]함으로써 전수조사(全數調査)에 가깝게 점검할 수 있다.

이러한 사례는 과거에도 감사를 통해 점검할 필요가 있는 사항이었으나 그 대상의 방대함으로 인해 현실적으로 불가능하거나, 하더라도 일부 표본(sample)에 대하여만 확인할 수밖에 없었던 사항들이다. 하지만 현재는 디지털 기술을 사용함으로써 불과 몇 명의 감사인력으로 실제로 감사를 수행할 수 있게 된 것이다.

2.2.3. 고위험군(高危險群, high risk group)에 대한 선별 감사

디지털 자료와 기술을 사용하면 "다양한 출처(sources)의, 많은 자료"를 "고도의 기술"을 사용하여 분석함으로써 필요한 정보를 보다 효율적이고 정확하게 추출할 수 있다. 디지털 감사는 이러한 디지털 자료와 기술을 활용하여 감사에 필요한 정보, 즉 감사대상 중에서 위법·부당이 의심되는 고위험군(高危險群, high risk group)을 효과적으로 추출하여 선별적으로 감사를 할 수 있다.

실례로, 감사원은 2022년에 세종시 주택 공무원 특별분양의 적정성에 대한 감사[13]를 실시하면서 감사준비 기간에 다양한 자료(특별분양 수분양자 명단, 취득세 등 납부자료,

---

12) 국민건강보험공단의 소득·자산 심사자료와 국세청의 소득자료, 국토교통부의 부동산 보유 자료 등을 전산 대사(electronic data_matching) 하는 등으로 점검할 수 있다.

13) 자세한 내용은 "제2편 제4장 감사사례 연구 case 1-8" 참조

소속기관 자료, 입주신고 자료 등)를 분석하여 총 감사대상자 2.6만 명 중 부정 당첨이 의심되는 수백 명 이내의 고위험군을 추출하여 이들에 대해 중점적으로 감사를 실시하였다.

2.2.4. 감사의 자동화(audit_automation)

감사의 자동화(audit_automation)는 감사 수행과정의 주요 부분인 위법·부당 사항 탐지 및 확인을 정보시스템이 자동으로 수행하는 것이라고 할 수 있다. 현재의 디지털 기술 수준으로는 감사업무를 전면적으로 자동으로 수행할 수 있는 단계는 아니며, 앞으로도 상당 기간은 그렇게 되기는 어려울 것이다.

하지만 현재의 디지털 기술 수준으로도 인공지능, 기계학습(AI, machine_learning) 등 고도화된 디지털 기술을 사용하면 단순하고, 정형화된 업무에 대하여는 디지털 프로그램이나 알고리즘을 구현하여 정보시스템이 위법·부당사항 또는 비정상적인 업무처리를 자동으로 탐지하게 할 수 있다.

예컨대, 공공기관 예산집행지침에 업무추진비를 휴가 중에 집행할 수 없도록 하는 규정이 있다면 이를 정보시스템에 프로그래밍(programing)하거나 알고리즘(algorithm)[14]을 설치하면 휴가 중에 업무추진비를 집행하는 사례가 발생한 경우 자동적으로 시스템이 탐지하여 경고(warning)하는 방식이다.

이와 같이 이상징후 및 부정 탐지기능의 자동화는 회계업무뿐 아니라 정형화된 행정사무에 대하여도 적용이 가능할 것이며, 디지털 기술의 발전에 따라 정보시스템에 의한 자동화된 부정 탐지[15]의 영역은 지속적으로 확대되어 나갈 것이다.

이미 사기업이나 공공부문의 적지 않은 기관에서 실제 이러한 기능을 기관 내의 회계 또는 감사시스템에 적용하고 있다. 일부 금융기관에서 적용하고 있는 이상금융거래 탐지시스템(FDS, Fraud Detection System)이 대표적인 사례이다.[16]

---

14) 알고리즘(algorithm)은 문제를 해결하기 위해 명령들로 구성된 일련의 순서화된 절차다(김종훈·김종진, 2013).

15) 부정위험 탐지는 데이터 내 잘 정의된 정상적인 패턴을 따르지 않는 비정상적인 데이터를 찾아내는 것으로, 부적정 지출, 회계부정, 네트워크 침입 등을 탐지하는 용도로 활용하고 있다(차경엽, 2022; 17).

16) FDS(이상금융거래탐지시스템)는 결제자의 다양한 정보를 수집해 패턴을 만든 후 패턴과 다른 이상 결제를 잡아내고 결제 경로를 차단하는 보안 방식이다. 보안 솔루션에 의존하던 기존 보안과 달리, 빅데이터를 바탕으로 적극적인 보안 개입을 하는 것이 특징이다(네이버 지식백과, 용어로 보는 IT).

금융기관이 운영하는 FDS를 공공부문의 감사에 그대로 적용하는 것은 제한적이겠지만 시스템 구축 및 운영 원리는 광범위하게 응용될 수 있을 것이다.

— Ref.22 이상금융거래 탐지시스템(FDS: Fraud Detection System) 구성 요소

① 정보 수집: 이상금융거래 탐지의 정확성을 위한 이용자 매체 환경 정보와 금융거래 유형 정보의 수집 기능

② 분석 및 탐지: 수집된 정보를 이용자 유형별, 거래 유형별로 다양한 상관관계 분석 및 규칙 검사 등으로 이상행위를 분석하고 탐지하는 기능

③ 대응: 분석된 이상 금융거래 행위에 대한 거래 차단 등의 대응 기능

④ 모니터링 및 감사(audit): 이상금융거래탐지를 종합적인 절차를 통합하여 관리하는 모니터링 기능과 해당 탐지 시스템을 침해하는 다양한 유형에 대한 감사 기능

2.3. 공공감사에 미치는 영향[17]

위와 같이 디지털 감사는 비대면 감사를 가능하게 하고, 감사대상과 범위를 확장한다. 그리고 고위험군에 대한 선별 감사, 단순하고 정형화된 업무에 대한 자동화된 감사를 가능하게 한다.

이러한 공공감사 수행방법의 변화는 궁극적으로 공공감사의 효율성 향상과 고도화에 기여하고 감사의 사회적 비용과 감사대상자의 부담을 감소시킬 것이다.

2.3.1. 감사의 효율성 및 객관성 제고

디지털 자료는 이용, 공유, 분석 등이 용이하고 비용이 적게 들어 감사비용을 줄일 수 있고, 신속하고 정확한 분석이 가능하여 감사 수행을 효율적으로 할 수 있다. 또한, 디지털 자료와 기술을 이용하여 자료를 분석함으로써 수작업에 비해 정확한 분석을 할 수 있으며, 다양하고 대량의 자료를 이용하여 분석함으로써 감사결과의 객관성을 높일 수 있다.

---

17) 성용락은 IT활용 감사의 필요성으로 전산화된 행정환경에 대응, 감사의 효율성 제고, 대상기관의 수감부담 완화를 제시하고 있다(성용락, 2013b; 50-52).

2.3.2. 감사의 사회적 비용 및 감사대상자의 부담 경감

기존의 감사방식은 감사대상기관에 출장하여 감사를 수행하고, 감사대상기관은 감사자료를 수작업으로 작성하여 제출하며, 감사대상 공무원과 대면하여 감사를 수행하는 등으로 감사 수행과정에서 불가피하게 시간, 인력, 비용이 많이 소요된다. 이러한 감사방식은 감사대상기관과 공무원 등에게 감사부담을 주고, 감사에 대한 거부감을 형성하는 요인이 되었다.

디지털 감사는 감사 과정의 많은 부분을 비대면으로 수행할 수 있어 감사를 받는 부담과 저항을 줄이는 한편, 감사과정의 갈등 요인도 완화시킬 것이다.

특히, 디지털 감사가 고도화되어 위법·부당의 소지가 있는 업무를 추출하고 그에 대해 선별적으로 감사가 이루어지면 업무를 정당하게 처리한 경우에는 감사대상에서 제외될 수 있어 선량한 공무원의 감사부담이 크게 줄어들 것이다.

기존의 감사는 업무를 위법·부당하게 처리한 경우는 물론 적정하게 처리한 경우라도 그에 대한 검증을 받는 과정에서 적지 않은 부담과 시간이 투입되어야 했다. 업무를 위법·부당하게 처리한 경우라면 감사를 받는 것이 당연하지만 업무를 정당하게 처리한 경우에 대한 감사는 감사를 하는 입장에서나 받는 입장에서 결과적으로는 실익이 없는 일이다. 사전에 다양한 자료의 분석을 통해 위법·부당 소지가 있는 업무를 선별할 수 있다면 불필요한 행정비용과 감사부담을 크게 줄일 수 있다.

2.3.3. 감사의 고도화

감사대상 업무처리의 이상징후 포착, 위법·부당사항 확인은 공공감사가 수행하는 업무의 핵심적인 부분이고 감사의 고유영역으로 인식되고 있다. 그런데 감사대상 업무의 부정·오류, 위법·부당 등을 탐지·추출하는 일을 일정 부분 정보시스템이 자동으로 수행하게 되면 공공감사 운영에 상당한 변화가 올 것이다.

정보시스템에 의해 위법·부당 사항을 자동적으로 탐지하는 기능이 확대되면 현재의 감사업무의 일정 부분은 정보시스템에 의해 대체될 수 있다. 예를 들면, 정부 예산집행지침에 따르면 업무추진비를 유흥업소에서 집행하는 것은 금지되어 있다.

그런데 과거에 업무추진비를 현금으로 집행하던 시기나 공용카드로 집행한 초기에는 공무원 등이 업무추진비를 유흥업소에서 집행하는 사례가 있었고, 감사를 통해 이러한 문제를 조사하는 사례가 적지 않게 있었다. 하지만 현재는 정부공용카드 부당사용을 금융전산망을 통해 차단함으로써 이러한 문제의 대부분은 자동으로 방지되게 되었다. 이와 관련된 감사업무의 비중이 대폭 감소한 것은 물론이다.

이러한 사례는 디지털 기술이 공공감사에 미치는 영향에 관해 많은 시사점을 준다. 디지털 기술을 정보시스템에 적절하게 구현함으로써 정보시스템을 통해 비정상적인 업무처리를 탐지하거나 방지할 수 있고, 그에 따라 감사기능도 변화하게 된다는 점을 알 수 있다. 단순하고 정형화된 업무의 위법·부당사항을 정보시스템을 통해 방지하거나 탐지할 수 있게 되면 공공감사는 보다 높은 차원의 판단이 필요한 분야나 중요한 분야에 감사를 집중할 수 있을 것이다.

2.3.4. 디지털 상시감사(常時監査) 실현

디지털 감사는 개별 감사사항에 대한 감사를 효율적으로 수행할 수 있도록 할 뿐 아니라 공공감사기구 차원에서는 감사운영을 한 차원 진보(upgrade)시킬 수 있는 수단이 될 수 있다.

공공행정이 적정하게 수행되는지 여부를 검사·감독하는 공공감사는 위법·부당사항을 신속하게 확인하고 바로잡을 수 있도록 상시(常時) 감사를 하는 것이 이상적이다. 이에 따라 감사원법(제25조 및 26조)은 상시 서면감사를 원칙으로 규정하면서 필요한 경우에 실지감사를 할 수 있도록 규정하고 있다.

하지만 기존의 행정여건과 감사방식으로는 상시감사는 그 수단의 제약과 과도한 수감 부담을 초래할 수 있어 제한적으로 운영되었고, 주요 감사활동은 대부분 실지감사를 통해 이루어지고 있다.

실지감사 위주의 감사활동은 감사비용과 부담을 유발하는 한편, 감사를 실시할 수 있는 대상과 범위의 제한을 가져오는 한계가 있다. 따라서 실지감사가 반드시 필요한 감사업무(위법·부당사항의 발생경위, 책임소재 조사 등) 외에는 디지털 감사를 통한 비대면, 상시감사로 대체해 나간다면 공공감사 및 행정의 효율화를 위해 바람직할 것이다.

디지털 감사는 상시감사의 제약요인이 되었던 감사수단의 제약과 감사부담 문제를 상당부분 해결해 준다. 감사대상 업무에 대한 자료 접근과 감사자료 작성 및 제출·수령, 감사자료의 가공과 분석 등을 모두 online을 통해 할 수 있으므로 감사대상과 범위의 제약을 극복할 수 있고, 감사비용과 부담을 줄이면서도 상시감사를 가능하게 한다. 이를 통해 행정기관과 공무원의 부담은 줄이면서도 공공행정의 위법·부당사항은 신속하게 시정할 수 있을 것이다.[18]

2.4. 디지털이 공공감사에 미치는 영향 및 효과 종합

위에서 설명한 디지털이 공공감사에 미치는 영향과 효과를 종합, 정리하면 <그림 3-8>과 같이 정리할 수 있다.

그림 3-8_ 디지털이 공공감사에 미치는 영향·효과

(디지털 자료 및 기술의 특성)
Big Data, 자료 접근성 및 이용성, 비대면·online 연결, 고도화된 기술

⇩

(감사 수행방식 및 접근방법의 변화)
비대면·online 감사, 감사 대상·범위 확장, 고위험군에 대한 선별감사, 자동화된 감사

⇩

(공공감사에 미치는 영향)
감사의 고도화 및 효율성·객관성 제고, 감사의 사회적 비용과 감사대상자 부담 경감

---

18) 감사원이 2022년에 조직개편을 단행하여 사무처에 「디지털 감사 지원관」(국장급 개방형 직위, 그 소속에 디지털감사담당관, 디지털혁신담당관, 정보시스템운영담당관을 둠)을 신설하고 감사연구원에 「디지털 감사 연구팀」을 신설한 것은 이러한 맥락에서 이해되고 바람직한 방향으로 평가된다.

3. 디지털 감사 활성화를 위한 과제

공공감사가 디지털 사회와 행정에 발맞추어나가고, 디지털의 장점을 받아들여 긍정적인 변화와 발전을 이루기 위하여는 필요한 몇 가지 과제들이 있다. 기존의 아날로그, 오프라인(offline) 방식에 맞추어져 있는 제도와 감사운영을 디지털, 온라인(online)에 맞게 가다듬는 "디지털 전환"(digital transformation)이 필요하고, 공공감사기구와 감사인력이 디지털 역량을 갖출 수 있도록 교육·훈련 등이 필요하다.

3.1. 감사제도 및 운영의 정비

3.1.1. 디지털 감사 운영체계 구축

디지털 환경에 맞추어 실지감사 위주에서 온라인 상시감사로 감사운영의 전환이 필요하다. 공공감사기구는 평상시에 감사대상기관의 행정업무망에 접근하여 업무처리의 적정성을 검증하고, 실지감사는 문제발생 경위와 책임소재를 조사하는 등 반드시 필요한 경우 위주로 한다.

회계관련 업무, 일반행정사무 등을 위주로 상시감사를 운영하고 점진적으로 그 범위를 확대해 나갈 필요가 있다.

이를 위해서는 공공감사기구가 상시적으로 정부 및 지방자치단체, 공공기관 등의 행정업무망에 접근할 수 있도록 행정전산망 접근 절차와 방법, 접근 대상과 범위, 기록 관리 등에 관한 체계를 정비할 필요가 있다.

3.1.2. 전자 감사문서 관리체계 정비

감사 운영과 수행방식에 있어서도 변화가 필요하다. 행정업무망에 저장된 문서를 증거로 채집할 때는 전자문서로 제출·수령하고, 전자문서 그대로 감사증거로 관리(현재는 업무망에 있는 전자문서를 출력, 종이문서로 제출, 공공감사기구는 다시 스캔하여 전자적으로 관리)할 수 있도록 하는 등 전자 문서 및 기록물의 작성, 제출, 감사증거 수집, 관리에 이르는 일련의 과정에 대한 정비가 필요하다.

3.1.3. 정보시스템 접근 통제 및 기록·관리

디지털 자료의 용이한 접근과 처리는 장점이지만 이러한 장점은 반대로 자료에 대한 접근 및 이용에 대한 관리·통제가 제대로 되지 않으면 개인정보나 기밀자료의 유출, 자료의 목적 외 사용 등 오·남용 문제가 발생할 소지가 있다.

디지털 자료의 접근, 열람, 가공, 처리 등 일련의 과정에 있어 불필요한 접근 및 이용을 방지하고 자료의 오·남용을 방지할 수 있도록 자료 접근 및 이용에 대한 적정한 통제 및 보안관리, 기록관리 등을 위한 규정을 마련할 필요가 있다.

3.2. 디지털 감사역량의 확보 및 교육·훈련

디지털 감사가 활성화되기 위하여는 현장에서 감사업무를 수행하는 공공감사기구나 인력이 디지털 기술을 이해하고 감사에 적용할 수 있는 역량을 갖추어야 한다.[19] 디지털 기술과 문화가 사회에 확산되면 앞으로 일정 수준의 디지털 기술에 대한 지식과 활용능력은 공공감사인에게 요구되는 기본적이고 필수적인 역량이 될 것이다.

따라서 디지털 감사에 대한 기본적인 능력을 갖출 수 있도록 교육·훈련 프로그램과 감사매뉴얼, 감사인력에 대한 교육과 훈련이 필요하다.

업무용 pc가 행정기관에 처음 보급되던 1980~90년 즈음 기존에 수기(手記)로 문서를 작성(사무보조 직원이 타이핑을 함)하던 공무원들이 pc로 문서를 작성하기 위해 한글워드프로세스를 배우고 연습하던 시절이 있었다. 당시에는 pc로 직접 문서를 작성하는 능력이 특별하게 보였지만 지금은 기본적인 역량이 되었다. 이러한 예와 같이, 지금은 디지털 기술을 사용하는 능력이 특별하게 보이지만 머지 않아 공공감사인이 갖추어야 하는 필수적인 역량이 될 것이다.

---

19) 공공감사기구가 디지털 감사역량을 갖추는 방법은 외부 전문인력을 채용하거나 용역 지원을 받는 방법, 기존 감사인력에 대한 교육·훈련 등의 방법이 있다. 고도의 디지털 기술을 사용하는 경우에는 외부 전문인력의 지원을 받는 방법이 효율적일 수 있지만 외부 인력의 지원을 받거나 전문인력을 충원하는 것은 공공분야의 충원인원의 제한과 외부인력의 공공감사에 대한 이해 부족, 감사기밀유지 등으로 인해 활용에 한계가 있다. 따라서 디지털 감사가 활성화되기 위하여는 현재의 감사인력이 기본적인 디지털 역량을 갖추어 일반적인 디지털 감사는 스스로 수행할 수 있도록 하는 것이 바람직하다.

정보시스템에 접근하여 감사자료를 추출·분석하여 감사에 필요한 정보를 생산하고, 나아가 고도화된 디지털 기술을 활용하여 기존에 접근이 어려웠던 감사 분야에 대해 감사를 실시할 수 있도록 하기 위해서는 감사인력에 대한 교육·훈련이 필수적이다.

디지털 감사에 대한 교육은 디지털 감사를 수행하는 역량을 갖추기 위하여도 필요하지만 디지털 기술을 사용하는 행정업무의 증가에 대응하기 위해서도 필요하다. 공공부문에 AI기반의 업무처리시스템(공공부문 일자리 매칭 등) 구축[20]이 증가하고 있는데 이러한 디지털 정보시스템의 구축 및 운영의 적정성을 점검하는데도 일정 수준의 디지털 지식이 필요하기 때문이다.

4. 디지털 자료 분석·활용 유형[21]

디지털 자료와 기술을 사용함으로써 다양한 원천의, 대용량의 자료를 쉽고, 빠르게 분석하여 감사에 유용한 정보를 추출할 수 있다고 하였다. 사실 디지털 자료의 분석에 있어 고차원의 논리적 사고가 적용되는 것은 아니다. 디지털 기술의 장점은 데이터를 특정한 조건에 따라 분석하는 계산능력이 인간의 능력을 초월한다는 점이다.[22]

디지털 기술을 사용하여 감사에 필요한 정보를 추출하는 방법과 및 유형을 알아두면 감사에 유용하게 활용할 수 있다.

---

20) '17년부터 '21년 8월말 까지 인공지능 정보시스템 구축 관련 계약은 총 117건이 수행되었고, '20년 이후 급증하는 경향을 보인다. (허수정, 윤일기. 2021)

21) 디지털 자료의 감사 활용 유형은 감사원의 「감사자료분석시스템 가이드 book」을 참고하였다.

22) 머신러닝에서의 예측은 인간의 추론방법에서 보면 귀납적 방식에 해당한다. 머신러닝의 기본원리가 인간이 사용하지 않는 특별하고 획기적인 방법을 사용하는 것은 아니다. 또한 문제해결 방식에 있어서도 인간은 귀납적 방법뿐만 아니라 전제적 사실에서 특정 결론을 이끌어 내는 연역적 방식도 함께 사용하고 있어 인간이 머신러닝보다 다양한 문제해결 능력을 갖고 있다고 볼 수 있다. 그럼에도 불구하고 머신러닝의 예측능력과 그에 따른 업무수행이 인간의 경험이나 능력을 앞서게 보이는 데에는 학습대상과 계산능력이 인간의 능력을 초월하다는 점에 있다(설민수, 2017).

4.1. 감사자료 추출

자료 추출은 대량의 원시자료에서 감사에 필요한 특정한 자료를 추출하는 것이다. 감사사항에 따라서는 감사대상과 관련되는 모집단을 구성하는 자료의 수가 대단히 많은 경우가 있다. 이러한 경우 수작업으로는 그중 필요한 자료를 추출하기가 사실상 불가능하거나 장시간이 소요될 것이다.

하지만 디지털 기술을 활용하면 많은 자료 중에서 필요한 자료만을 단시간에 추출해 낼 수 있다. 이러한 방법은 디지털 자료 활용의 기초적인 방법으로서 감사대상의 현황을 파악하거나 감사대상을 압축하고, 다른 자료와의 비교를 위한 자료 추출 등에 활용될 수 있다.

━ Ref.23 감사자료 추출 (예시)

- **감사사항:** ○○도의 소액수의계약 체결 적정성 점검
- **감사자료 추출:** ○○도가 최근 3년간 체결한 전체 계약 list → 수의계약 체결 list → 소액수의계약 list → 세분화된 기준(계약종류, 금액, 업체, 지역 등)에 따라 작성된 소액수의계약 list[23]

4.2. 중첩 분석

중첩 분석은 다양한 원천의 자료를 공통의 key 값(성명, 주민번호, 사업자번호 등)을 기준으로 대사·비교하여 중복 등 감사에 필요한 특정 조건의 자료를 생산하는 것이다.

이러한 방법은 R&D 자금이나 사회복지사업 중복수혜 등 사업 성격상 2개 사업 이상으로부터 지원을 받을 수 없거나 실업급여와 고용보조금 중복수혜 등 동시에 지원받을 수 없는 사항을 점검하는 데 유용하게 활용할 수 있다.

---

23) 논리적으로는 다단계로 자료가 추출되지만, 조건을 적절하게 입력하면 곧바로 소액수의계약 현황 또는 특정 업체와 체결한 소액수의계약 자료 등을 추출할 수 있다.

- **감사사항**: 기업에 대한 신용보증의 중복 지원 점검
- **감사자료 추출**: 신용보증기금과 기술보증기금, 지역신용보증재단의 보증지원 자료 → 보증지원 사업자의 사업자등록번호, 대표자 성명 등을 기준으로 보증지원 내역 분류 → 2개 이상의 보증기관으로부터 중복지원 받은 사업자 list 추출 → 중복으로 추출된 사업자에 대하여 보증지원의 적정성 점검

4.3. 합산 분석

합산은 다양한 원천의 자료에 있는 금액이나 수량을 일정한 조건(기관, 사람, 날짜 등)에 따라 더하여 감사에 필요한 정보를 생산하는 것이다.

공공기관의 법인카드 사용내역, 물품 구매내역 등이나 사업자의 소득 및 매출자료 등 발생 건별 또는 유형별로 축적된 자료를 특정 조건을 기준(금액, 횟수 등)으로 합산하여 법령 등에 정해진 기준을 충족하는지 여부를 점검하는 데 유용하다.

─ **Ref.25** 합산 분석을 통한 감사자료 추출 (예시)

- **감사사항**: 복지사업 대상자 선정의 적정성 점검
- **감사자료 추출**: 복지사업 대상자 list → 대상자의 근로소득, 사업소득, 자산소득 등 각종 소득자료 → 각 소득자료의 금액 합산 → 복지사업 대상 자격기준 소득을 초과하는 대상자 list 추출

4.4. 기간 분석

기간 분석은 다양한 원천의 자료에서 특정한 항목을 기간을 기준으로 대사하여 감사에 필요한 정보를 생산하는 것을 말한다. 이러한 방법은 부정당 사업자 입찰 참가 제한기간과 계약체결 일자 등 특정 기간에 서로 중첩할 수 없는 항목의 자료를 생산하여 법령 위반사항 등을 점검하는 데 유용하게 활용할 수 있다.

┌───┐
— Ref.26 기간 분석을 통한 감사자료 추출 (예시)

- **감사사항:** 입찰참가 제한 사업자의 입찰참가 여부 점검

- **감사자료 추출:** 입찰참가 제한 사업자 및 제한기간 자료(A) → 공공입찰·계약체결
  사업자 list(B) → 자료 'A'와 'B'를 전산대사 → (입찰참가 제한 기간에 이루어진)
  계약체결 list
└───┘

4.5. 공간 분석

공간 분석은 주소 등 위치정보를 이용하여 타 위치정보와의 공간적 관계(거리,
중첩, 반경 등)를 분석하여 감사에 필요한 정보를 생산하는 것을 말한다.

건축 인허가 조건 등에 있어 지역적 제한(군사시설보호구역 내 건축제한, 상수도보
호구역 내 공장 설립 제한 등)이나 특정 시설물과의 거리 제한(학교와 일정 거리이내
유흥업건축 제한 등) 등이 있는 사항을 점검하는 데 유용하게 활용할 수 있다.

이외에도 특정 공간적 범위 내의 시설물(체육, 문화 교통 시설 등) 현황을 분석하
여 도시개발계획의 문제점과 개선방향을 도출하는 등에 적용될 수 있다.

┌───┐
— Ref.27 공간 분석을 통한 감사자료 추출 (예시)

- **감사사항:** 대기오염물질 배출사업장의 입지제한 위반 여부 점검

- **감사자료 추출:** 광역자치단체의 대기오염물질 배출사업장 자료 추출 → 국토공간
  정보시스템을 통해 입지제한 지역 분석 → 입지제한 지역 내에 위치한 사업장 list
  추출 → 사업장 별로 건설 인허가의 적정성 검토

- **감사사항:** 생활밀착형 국민체육센터 건립을 위한 입지선정의 적정성 분석

- **감사자료 추출:** 체육시설 사각지대 해소를 목적으로 건립하는 '체육센터 건립대상지'
  자료 → 건립대상에서 '탈락한 후보지', '기존 체육시설 소재지' 등 자료 → 건립대
  상지와 기존 체육시설, 탈락 후보지 등의 공간 분석 → 비사각지대에 선정된 건립
  대상지, 사각지대인데도 탈락한 후보지 등 추출 → 사업계획의 적정성 검토
└───┘

4.6. 복합 분석

복합 분석은 다양한 원천, 다른 형식의 자료들을 공통의 key값이나 특정한 조건에 따라 중첩·합산 분석하거나, 기간·공간 등을 복합적으로 분석하여 감사에 필요한 자료를 생산하는 것을 말한다.

Ref.28 복합 분석을 통한 감사자료 추출 (예시)

- **감사사항:** 고용장려금 지원의 적정성 점검
- **감사자료 추출:** 각종 고용장려금 지원사업의 참여자격기준(소득기준, 정규직 등), 지원제외대상(사업주의 가족 등) 등 파악 → 고용장려금 지원사업 참여자 및 월별 지원내역 자료 추출 → 참여자의 소득자료, 가족관계등록자료 등을 추출 → 각 자료를 정제, 가공, 분석하여 부당지원 의심자료(고소득자 또는 가족 등에 지급된 고용장려금 등) 추출 → 의심사례에 대해 부당수급 여부 확인

---

5. 디지털 감사 사례

여기서는 공공감사 현장에서 디지털이 어떻게 활용되고 있는지 구체적인 모습을 알 수 있도록 디지털 자료와 기술을 사용하여 감사를 실시하거나 감사시스템을 구축한 사례를 살펴본다.

5.1. 비대면 온라인으로 감사를 실시한 사례

디지털 기술을 사용하여 외국이나 지방 등 지역적으로 떨어져 있는 감사대상기관에 대하여 직접 방문하지 않고 원격으로 감사를 실시한 사례이다.

─ Ref.29 online 감사운영 사례

1. 감사원 해외 공관감사[24]

감사원은 2021년 COVID-19 사태로 해외 공관에 대한 감사를 비대면 감사로 진행하였다. 주인도네시아대사관 등 6개 공관을 대상으로 회계 분야와 인사 분야에 중점을 두고 감사를 실시하였다. 감사준비 기간에 업무처리에 사용되는 통합사증정보시스템, 통합전자행정시스템 등의 전산자료를 분석하여 부당집행 의심사례를 추출하였다. 감사착수 당일은 온나라 영상회의시스템 등을 이용하여 공관 금고에 보관 중인 현금 시재액과 중요 물품 등을 점검하고, 자료분석 결과 의심사항 등은 이메일·스캔(scan) 파일 등으로 확인하는 한편, 심층 확인이 필요한 사항은 관련 자료를 행낭으로 제출받아 검토하였다.

2. 한국전력공사 "On-Tact Audit 시스템" (한국전력공사 감사실, 2022)

비대면 감사 실시를 위해 화상감사장을 설치하고 관련 장비를 구축하는 한편, 사전에 화상감사 업무절차를 마련하여 감사대상기관에 안내하였다. 감사증거서류는 스캔, 이메일 등을 통해 제출받고, 사내 메신저에 원격 접속하는 방법으로 감사를 진행하였으며, 문답을 위한 별도 공간을 마련하여 온라인 화상문답을 실시하였다.

3. 한전 KPS의 "Lan線 Audit" (한전KPS 감사실, 2022)

영상회의 솔루션과 사용자 장비를 구비하고 비대면 감사장을 설치하여 산하 사업소의 업무 전 분야에 대한 종합감사를 전면 비대면으로 수행하였다. 감사 개시와 마감 회의는 영상회의로, 감사자료는 감사 준비기간에 요청하여 등기우편으로 수령, 업무담당자 면담은 영상장비(녹화)를 통해 감사증빙서류를 실시간 공유하면서 감사를 진행하였디.

4. 감사원의 online 회계자료 분석을 통한 공금횡령 적발

2013년 전후에 감사원은 교육재정시스템에 입력되어 있는 회계집행 관련 자료(지출원인행위 및 지출 관련 자료 등)를 분석하여 전국에 산재한 수십 개 기관의 공금횡령 사건을 적발하였다. 당시 감사는 감사업무(회계집행 자료에 접근, 자료 분석 및 검토, 횡령혐의 포착 등)의 대부분을 정보시스템을 통해 실시하였고, 실지감사는 횡령 당사자에 대한 조사와 회계감독시스템을 점검하는 일에 국한하여 이루어졌다.

위와 같이 digital online 감사를 실시함으로써 감사대상기관 출장, 자료제출 요구 및 수령, 업무담당자 면담 등의 과정이 생략되어 감사를 효율적으로 실시하고, 감사대상자의 부담을 크게 줄었다.

5.2. Big Data를 이용한 감사대상 선별 사례

빅데이터와 디지털 자료분석 기술을 사용하여 방대한 감사대상 중에서 위법·부당사항으로 의심되는 고위험군을 선별하여 감사를 효과적으로 실시한 사례이다.

― Ref.30 세종시 아파트 특별분양의 적정성 점검

2022년에 감사원은 국회의 감사요구에 따라 '세종시 아파트 공무원 특별분양의 적정성'에 대한 감사를 실시하였다.

세종시 특별분양을 받은 공무원은 2.6만 명에 달한다. 감사원은 위 감사에서 2.6만 명의 특별분양 공무원에 대해 다양한 원천의 자료(수분양자 명단, 재직 기관 자료, 취득세 납부자료, 입주신고 자료 등)를 분석하여 위법·부당 소지가 있는 사례를 추출하여 개별 공무원을 대상으로 하는 조사는 수백 명 이내로 선별적으로 실시하였다.

감사대상에 대해 전수조사를 하면서도 자료분석을 통해 위법 혐의가 있는 대상을 선별하고 혐의가 없는 경우는 실지감사 대상에서 제외함으로써 감사의 목적은 달성하면서도 불필요한 감사비용은 방지한 것이다.

이러한 사례가 주는 시사점은 ① 디지털 감사의 활용으로 감사기구와 감사대상기관에 모두 긍정적인 효과를 줄 수 있다는 점과 ② 각각 다른 목적으로 서로 다른 기관에서 생산·관리하고 있는 자료(big data)들을 수집하여 분석할 경우 감사에 필요한 유용한 정보를 추출할 수 있다는 점이다.

5.3. 자동화된 감사시스템(digital audit system, automation_audit) 구축 사례

사람이 감사를 수행하는 논리 과정을 알고리즘으로 정보시스템에 구현하여, 업무처리의 적정 여부를 시스템이 판단하고, 위법·부당 소지가 있는 사항을 추출할 수 있도록 디지털 감사시스템을 구축·운영하는 사례이다.

---

24) 감사원 감사보고서 공개문[2021. 10. 19. 재외공관에 대한 감사(비대면 시범감사)] 참조

— Ref.31 정보시스템에 의한 감사대상 선별 및 이상거래 탐지 등

1. 신용보증기금 감사대상선별시스템 (신용보증기금 감사실, 2022)

신용보증기금은 기관의 주요 업무별로 위험요인을 추출하여 업무처리의 적정 여부를 전산시스템으로 점검하고, 리스크가 높은 업무의 이상거래를 시스템이 감지할 수 있도록 시스템을 구축하였다. 그리고 시스템이 제공하는 점검결과 및 이상거래 자료를 활용하여 위법·부당 소지가 높은 업무를 선별하여 감사를 실시하고 있다.

(위험요인 및 감사체크리스트 개발): ① 기관의 주요 업무 단위별로 위험요인을 식별하여 76개 항목을 선정 → ② 위험요인에 대하여 전산 로직 및 데이터로 점검가능한 87개 항목의 감사체크리스트를 작성 → ③ 시스템 로직을 다중 설계하여 서로 연계되는 전산자료들 간에 자동적으로 crosscheck 하고, 각 업무 단위별로 체크리스트 저촉 여부를 시스템이 판단, 그 결과를 추출 → ④ 업무처리의 리스크가 높은 업무취급 정보를 추출 → ⑤ 시스템이 제공하는 체크리스트 저촉 사항, 리스크가 높은 업무취급 정보 등을 감사를 통해 확인

(이상거래 모니터링시스템): ① 부적절한 행태 발생 가능성이 높은 19개 업무를 이상거래 모니터링 대상업무 등록 및 이상거래 점검항목별 데이터 추출조건을 정의하여 시스템으로 구축 → ② 점검항목별로 배치프로그램(batch program)[25]을 개발하여 일정 주기(월, 분기, 반기, 년 등)별로 데이터 추출 → ③ 시스템이 제공하는 정보를 통해 해당업무에 대한 지점 및 업무담당자 등의 업무행태 파악 가능 → ④ 감사정보로 활용

2. 국민건강보험공단(감사실) 스마트감사시스템 (국민건강보험공단 감사실, 2022)

국민건강보험공단은 공단 자체감사 수행의 최적화를 지원하기 위한 감사행정 및 위험관리 시스템을 구축·운영하고 있다.

① 공단의 178개 지사에서 동일한 규정에 따라 공통적으로 처리하는 보험료 징수 및 급여관리 등 12개 분야 157개 업무에 대하여 적정 여부를 전산시스템을 통해 온라인으로 확인 → ② 업무를 전산시스템에서 처리하고 그 결과 생성된 데이터를 표준점검표(부적정하게 처리할 가능성이 있는 사항을 점검하는 표준화된 도구)의 조건에 따라 추출하여 적정처리 여부를 확인 → ③ 표준점검표에 따른 점검이 전산시스템에서 자동으로 진행되고, 점검 결과가 자동으로 추출되며, 그에 대한 감사결과 심의안과 감사결과보고서도 자동으로 생성되도록 구현하여 운영

5.4. 고도의 디지털 기술(deep_learning)을 사용한 감사 사례

인공지능 등 고도의 디지털 기술(deep—learning)을 사용하여 위법·부당 의심 사례를 추출하여 감사를 효과적으로 실시한 사례이다.

딥러닝(deep_learning, 심층기계학습)은 인공신경망에 기반을 둔 기계학습 기술의 한 종류로 일반적인 기계학습(machine_learning) 모델보다 더 깊은 신경망 계층 구조를 이용하는 기술이다. 기계학습 기술은 방대한 감사대상에서 고위험군(high risk group)을 선별하는 데이터 마이닝에 유용하게 활용될 수 있다.

머신러닝 기법을 감사업무에 활용하는 목적은 직·간접적인 감사증거를 수집하기보다는 주로 사전에 감사대상 업무의 위험요인을 선별하여 감사대상을 선정하는 데 있다.[26]

공공감사 분야에서 아직까지는 사례가 많지 않지만 한국부동산원 감사실이 딥러닝기술을 활용하여 감사를 수행한 사례는 디지털 기술을 이용함으로써 기존에 분석하기 어려운 감사대상에 접근하고, 방대한 감사대상에 대한 효율적인 분석 등 공공감사 수행방법의 발전에 많은 시사점을 준다.

앞으로 공공감사가 디지털 기술을 활용함으로써 감사대상과 영역이 무한히 확장될 수 있고, 보다 다양한 방법과 자료(문서 자료 외에 사진, 동영상, 음성 자료 등)를 활용하여 감사를 수행할 수 있음을 상기시켜주는 사례이다.

---

25) 배치(Batch) 프로그램이란 일련의 작업들을 하나의 작업 단위로 묶어 연속적으로 일괄 처리하는 것을 말한다(한국데이터산업진흥원).

26) 다만, 분석결과가 절차적 정당성을 확보하기 위해서는 절차 및 방법이 체계적이고 과학적으로 적용하여야 한다. 이와 관련하여 INTOSAI는 데이터 분석 가이드라인[INTOSAI(2019), Data Analytics Guideline]에서 데이터 분석 기준으로 충분성, 적절성, 관련성, 신뢰성을 제시하고 있다(차경엽, 2022; 17).

━ Ref.32   deep_learning을 활용한 감사사례 (공동주택 공시가격 조사의 적정성 분석)

1. 감사 배경

한국부동산원은 2005년부터 매년 수행하고 있는 공동주택 가격공시는 국민들의 관심이 높은 분야로서 그 적정성 여부에 대한 감사 실시가 필요하였다.

2. 감사대상 및 범위

가격공시 조사물량이 집중된 수도권본부 소속 12개 지사를 대상으로 2018년부터 2020년 7월까지 수행한 가격공시 조사업무를 대상으로 감사를 실시하였다.

3. 감사접근방법

가격공시 조사업무의 적정 여부를 검증하기 위하여는 가격 조사자가 촬영한 현장사진의 적정성 여부를 검토하면 조사의 충실도를 효과적으로 점검할 수 있다. 하지만 현장사진을 육안으로 비교하는 전통적 방법으로는 방대한 사진의 비교는 불가능하고, 12개 지사의 현장조사 사진은 200만 장의 사진파일로 이루어져 있어, 일반적인 방법으로는 자료를 제출받기도 어렵다.

이에 따라 70Gb의 사진자료를 일주일에 걸쳐 데이터베이스 형태로 다운받아 데이터 분석을 위한 Raw Data를 구성하고, R과 PYTHON[27])을 이용, 구글(Google)이 오픈소스로 공개한 딥러닝 라이브러리인 텐서플로우(Tensorflow)[28]) 도입하여, 단지별 최대 유사도(Similarity)를 구하여 현장사진의 유사도가 낮은 목록을 추출하였다. 그리고 현장사진의 불일치율이 높은 상위 5%(20만 단지의 5%인 1만 단지)를 검토하여 현장사진을 부당하게 수집하고 가격조사를 부실하게 수행한 사례를 다수 적발히었다. (한국부동산원 감사실, 2022)

---

27) 오픈 소스 통계분석 프로그램이다,

28) 텐서플로(TensorFlow) 구글(Google)사에서 개발한 기계학습(machine learning) 엔진. 검색, 음성 인식, 번역 등의 구글 앱에 사용되는 기계 학습용 엔진으로, 2015년에 공개 소프트웨어(OSS, Open Source Software)로 전환되었다. (IT용어사전, 한국정보통신기술협회)

제 4 장

감사사례 연구

지금까지
감사의 대상과 권한, 감사사무와 접근방법 등 공공감사 제도와
실무에 관한 내용을 전반적으로 살펴보았다.

제4장에서는
다양한 분야의 실제 감사사례를 활용하여 감사제도와 사무, 방법을
어떻게 현실에 적용하여 감사를 수행하는지 살펴본다.
감사사례 연구는 감사 현장에서 부딪히는 복잡하고 다양한 문제
들을 해결해나가는 데 도움이 될 것이다.

제 1 절

사례연구의 의의와 대상

1. 의의

감사사례 연구는 감사원이 실제로 수행한 감사사례를 이용하여 각 사례별로 감사를 수행한 방법을 살펴본다. 감사사례의 내용을 단순히 소개하기 보다는 해당 감사를 어떤 기준과 방법으로 수행하였는지 설명하는 데 중점을 두었다.

감사의 유형별로 감사사례를 선정한 사유와 그 내용을 설명하고, "감사판단기준은 어떻게 설정하였는지", "위법·부당사항은 어떻게 확인하였는지", "조치방향은 어떻게 결정하였는지" 등 감사를 실시한 접근방법을 구체적으로 살펴본다.[1]

감사사례 연구의 목적은 사례와 유사한 감사를 실제 수행할 수 있도록 하고, 감사 현장의 다양하고 복잡한 상황 속에서 감사권한과 방법을 적절하게 활용하여 감사를 수행할 수 있도록 하는 데 있다.

2. 사례선정 기준

감사사례들은 다음과 같은 점을 염두에 두고 선정하였다.

① 감사접근방법을 설명하고, 현실에 응용하기에 적합한 사례를 위주로 선정하였다. 특이한 내용이나 감사의 난이도가 높은 사례도 있으나 공공감사 실무에서 일반적으로 다루는 내용의 사례를 위주로 선정하였다.

---

1) 1. 사례에 대한 설명은 저자의 감사 경험을 토대로 감사보고서에 수록된 정보를 해석하여 감사접근방법을 유추한 것이므로 실제와 일부 차이가 있을 수 있다. 2. 각 사례의 "감사결과 요지"는 설명의 목적에 맞게 감사결과를 발췌, 요약, 편집한 것이다. 실제 감사결과는 각주에 기재된 감사보고서 원문을 참조하기 바란다.

② 각 사례는 감사대상업무 분야, 감사방법, 조치사항 등을 다양하게 구성하여 감사접근방법을 종합적으로 이해할 수 있도록 하였다.

③ 감사의 유형별로 사례를 선정하되, 실제 감사현장에서 이루어지는 감사의 비중을 고려하여 합법성감사 사례(총 27건: 합법성 감사 7개 분야 18건, 공직비리조사 3건, 행정개선감사 4건, 성과감사 2건)를 보다 많이 선정하였다.

④ 성과감사 사례는 정책이나 제도, 사업 등에 대한 종합적인 '감사접근방법 설계'와 '개별 사안에 대한 접근방법'을 함께 살펴볼 수 있는 사례를 선정하였다.

3. 감사사례 목록

감사사례는 총 27건으로, 각 사례의 특징은 <표 4-1>과 같다.

표 4-1_ 감사사례 목록

	위법·부당사항 유형	조치 종류	특징
합법성감사			
1-1-1~ 1-1-2	예산집행 부적정	주의요구(기관)	기본적인 사안
1-2-1~ 1-2-6	수의계약 부적정	징계·주의요구, 통보 등	계약 분야, 다양한 감사 기법
1-3	입찰 적격심사 부적정	징계요구	계약 분야
1-4	승진임용업무 부당처리	징계·주의요구	인사(승진) 분야
1-5-1~ 1-5-6	경력직 채용업무 부당처리	징계·주의요구, 시정요구, 통보 등	인사(채용) 분야, 다양한 감사기법
1-6	농지전용허가업무 부당처리	징계요구, 통보	허가 분야
1-7	보조사업자 선정 및 보조금 집행업무 부당처리	징계요구, 고발 등	보조사업 분야, 공직비리 포함
1-8	행복도시 주택 특별공급업무 부당처리	징계·주의요구	빅데이터를 분석하여 감사대상 선별
공직비리조사			
2-1	지방의회 의원의 부정한 보조사업 청탁 등	징계요구, 고발 등	직무의 위법·부당한 처리 및 개인비리
2-2	직무관련 금품 및 향응 수수 등	징계요구(파면), 수사요청, 통보 등	직무관련 비리
2-3	청탁금지법 위반 금품수수	통보(비위)	개인 비리
행정개선감사			
3-1	지자체 정보시스템 운영 개선	통보	정보시스템 개선
3-2	코로나-19 피해 소상공인 지원기준 개선	통보(시정완료)	예산 집행기준 개선
3-3	법령상의 미비점 개선	통보	법령 개선
3-4	부족징수된 지방세 추가 징수 및 지방세 정보시스템 개선	통보(시정, 개선)	합법성감사 및 행정개선 감사
성과감사			
4-1	건강보험재정 운영실태	권고, 통보	전형적인 성과감사 운영
4-2	정부 재정융자사업 관리실태	권고, 통보	다수 기관 관련사업 개선 재원배분 효율성 분석

합법성감사 사례연구

1. 「예산집행 부적정」 사례

1.1. 사례선정 사유 및 사건 요지

아래 사례는 공공감사 실무에서 일반적으로 다루는 예산집행 분야로서 예산집행 지침 등을 위반하여 예산을 집행한 데 대해 주의요구(기관)한 사안이다.

합법성 감사의 기초적인 접근방법을 이해할 수 있도록 하기 위해 비교적 감사를 수행하기가 용이한 감사사례를 먼저 살펴본다.

---

case 1-1-1: 업무추진비 집행 부적정(주의요구)[1]

1. 업무 개요

각 중앙행정 관서는 공식적인 업무 추진 등을 위해 업무추진비를 집행하고 있다.

2. 관계법령 및 판단기준

「국가재정법」 제45조에 따르면 세출예산이 정한 목적 외에 경비를 사용할 수 없도록 되어 있다. 그리고 「국고금 관리법」 제24조 및 「수입 및 지출 등에 관한 회계예규」 제20조, 「예산 및 기금운용계획 집행지침」 등에 따르면 업무추진비는 현금으로 사용할 수 없으며, 불가피한 공식 업무를 위해 상품권을 구매한 경우 지급대장에 지급대상자 등을 반드시 기재하도록 되어 있다.

한편, 우수 부서·직원 등에 대한 격려금 등은 기타운영비로 집행하되 업무와 관련 없이 내부직원 격려용으로 사용할 수 없게 되어 있다.

---

3. 감사결과 확인된 문제점

1) 업무추진비로 상품권을 구매하여 직원에게 지급

○○○위원회는 업무추진비 예산으로 24만 원 상당의 상품권(카드)을 구입하여 사무국 월례 직원조회를 하면서 추첨을 통해 선정된 직원에게 ▽▽ 상품권을 지급하였고, 지급일시·지급대상자를 기재한 지급대장을 별도로 작성·관리하지 않았다.

2) 기타운영비로 집행해야할 경비를 업무추진비로 집행[2]

□□위원회는 자체 평가 우수부서(14개 부서)·직원(40명) 등에게 지급할 온누리상품권 구입비용 총 1,190만 원을 예산 전용절차를 거치지 않고 관서업무추진비로 집행하였다.

4. 관계기관 의견

○○○위원회와 □□위원회는 앞으로 예산집행 관리를 철저히 하겠다고 답변하였다.

5. 조치할 사항

○○○위원회 위원장과 □□위원회 위원장은 앞으로 업무추진비 예산을 목적 외 용도로 집행하거나 정당한 예산전용 절차를 거치지 않고 관서업무추진비를 기타운영비 용도에 집행하는 일이 없도록 관련 업무를 철저히 하시기 바랍니다. (주의)

case 1-1-2: 관서운영경비 집행 부적정(주의요구)[3]

1. 업무 개요

○○청 □□본부는 「국고금 관리법」 제24조 등에 따라 관서운영경비를 집행하고 있다.

2. 관계법령 및 판단기준

「국고금 관리법」 제24조 및 같은 법 시행규칙 제52조 등에 따르면 운영비는 건당 500만 원 이하인 경우에 관서운영경비로 지급할 수 있다.

3. 감사결과 확인된 문제점

○○청은 직원 편의시설 수리 용역 대금 19,504,760원을 관서운영경비로 지급하는 등 건당 500만 원을 초과하는 운영비 2건 계 2,536만 원과 건당 500만 원을 초과하는 운영비 3건 계 2,350만 원을 건당 500만 원 이하로 분할하여 관서운영경비로 집행하였다.

4. 대상기관 의견

○○청은 업무 미숙으로 발생한 사례로서 재발방지를 위해 노력하겠다고 답변하였다.

5. 조치할 사항

○○청장은 앞으로 건당 500만 원을 초과하는 운영비 예산을 관서운영경비로 집행하는 일이 없도록 관련 업무를 철저히 하시기 바랍니다. (주의)

1.2. 판단기준

예산집행에 관한 판단기준은 예산 관련 법령이나 지침에 규정된 예산집행기준, 방법 등이 감사의 판단기준이 된다.

법률로는 국가재정법과 국가회계법, 국고금관리법 등이 있고, 그 외 하위 법령(국가재정법사행령 및 시행규칙 등)과 정부 예산집행지침(기획재정부가 연도별로 수립하는 「○○○○년도 예산 및 기금운용계획 집행지침」, 「공기업 준정부기관 예산집행지침」 등) 등이 있다. 위 사례에 있어서는 국가재정법과 국고금관리법, 예산집행지침 등에 규정된 예산집행 기준이 판단기준이 된 것이다.

예산집행 분야는 공공감사에서 필수적으로 점검하는 분야이므로 예산관련 법령과 집행지침의 내용을 기본적으로 숙지할 필요가 있다.

1.3. 위법·부당사항 확인

위 사례는 「2021회계연도 국가결산검사」등 예산 및 회계 집행의 적정성 점검에 중점을 두고 감사를 실시하는 과정에서 확인된 문제이다. 회계검사에서 자주 지적되는 문제 유형이고, 일반적인 접근방법에 따라 문제를 확인한 것이다.

예산과목(관서운영경비, 업무추진비 등)별로 집행 현황과 명세 자료를 요구하고, 각 건별로 집행 내용을 검토하여 법령 등에 규정된 기준과 방법, 절차 등에 따라 집행하였는지를 검토하여 위법·부당한 예산집행을 확인한다.

방대한 예산집행 분야를 대상으로 감사를 하는 경우 문제가 자주 발생하는 예산과목(업무추진비, 관서운영경비 등)이나 취약 분야 위주로 점검하거나 합리적인 기준(금액, 기간, 부서 등)에 따라 표본점검할 수 있다.

---

1) 원문은 감사원 홈페이지(https://www.bai.go.kr) 감사보고서 공개문(2022. 4. 29. 대통령 소속 6개 위원회 업무추진비 및 정책연구용역비 집행 실태) 참조
2) 감사보고서(2022. 5. 31. 2021회계연도 국가결산검사_업무추진비 집행 부적정) 참조
3) 감사보고서(2022. 5. 31. 2021회계연도 국가결산검사_관서운영경비 집행 부적정) 참조

1.4. 조치사항

감사결과 조치는 예산집행 기준을 위반하여 예산을 집행한 데 대해 앞으로 업무를 철저히 하도록 '주의요구'하였다. 주의요구 대상자를 지정하지 않고 기관에 대하여 주의를 요구(기관 주의요구)한 것이다.

(개인 책임을 묻지 않는 사유) 위 사례들의 업무담당자는 예산집행지침 등을 위반한 잘못이 있으나 부당 집행 건수가 많지 않고, 금액이 비교적 소액인 등 비위의 정도가 경미하여 담당자를 지정하여 주의요구(개인 주의요구)하지 않고 기관에 대하여 주의요구한 것이다.

(시정성 조치를 하지 않는 사유) 업무추진비 등이 예산집행기준에 위반되거나 목적 외 용도로 집행되었으나 직원 격려 목적 등 공적인 용도에 사용되어 원상회복 등 시정성 조치는 하지 아니한 것이다.

2. 「수의계약업무 부당 처리」 사례

2.1. 사례선정 사유 및 사건 요지

계약업무는 경제적 이해관계가 걸린 사안이므로 공정하고 정확하게 수행되어야 한다. 하지만 공공부문의 계약은 방법과 절차 등이 복잡하고, 이해관계가 첨예하게 대립되어 계약업무 담당자가 고의 또는 과실로 관련 법령을 위반하여 계약을 체결하는 사례가 적지 않게 발생한다.

특히, 특정 상대방을 지정하여 계약을 체결하는 수의계약은 경쟁계약에 비해 절차가 단순하여 계약을 효율적으로 진행할 수는 있으나 법령에 근거 없이 수의계약을 체결하는 경우 계약상대방에게 특혜를 주고, 계약에서 배제된 다른 업체의 참여 기회를 박탈하는 문제가 있다. 이에 따라 계약 분야는 기관운영감사를 실시할 때 예산집행 분야 등과 함께 필수적으로 점검하는 분야이다.

아래 사례는 위법·부당하게 수의계약을 체결한 사례들로서 감사에서 빈번하게 지적되는 유형이므로 계약 분야의 감사접근방법을 이해하는 데 유용하다.

case 1-2-1: 2천만 원을 초과하는 물품을 수의계약으로 구매[4]

1. 업무 개요

○○대사관은 신축 청사 및 관저에 필요한 가구 등을 수의계약으로 구매하였다.

2. 관계법령 및 판단기준

「국가를 당사자로 하는 계약에 관한 법률」 제7조와 같은 법 시행령 제26조에 따르면 각 중앙관서의 장 등은 계약을 체결하려면 일반경쟁에 부쳐야 하고, 추정가격이 2천만 원 이하인 물품의 구매계약 등에 한하여 수의계약을 체결할 수 있도록 되어 있다.

따라서 재외공관은 청사 및 관저에서 사용하는 가구 등을 구매할 때 추정가격이 2천만 원을 초과하는 경우 일반경쟁에 부쳐 구매계약을 체결하여야 한다.

3. 업무담당자 등의 부당한 업무 처리

위 대사관 대사 A와 총무담당 B는 일정 규모 이상의 물품구매를 할 때는 일반경쟁계약을 하는 것을 알고 있으면서도 청사 및 관저의 가구 구매 금액이 각각 2천만 원을 초과하는데도 수의계약을 할 수 있는 대상인지 여부를 검토하지 않았다.

그리고 A는 B에게 특정 업체의 연락처를 알려주고 계약을 추진하도록 지시하고, B는 법령에 위배하여 수의계약을 체결함으로써 계약질서를 문란하게 하고 특정 업체에 특혜를 주었다.

4. 조치할 사항

대사 A에 대하여 인사자료 통보, 담당자 B에 대하여 징계요구

case 1-2-2: 경쟁입찰이 가능한 공사를 특정공법 명목으로 수의계약 체결[5]

1. 업무 개요

ㅁㅁㅁ구는 아케이드 설치공사(금액: 7.8억 원)를 특허공법 사유로 수의계약으로 추진하였다.

2. 관계법령 및 판단기준

「지방자치단체를 당사자로 하는 계약에 관한 법률」 제9조와 같은 법 시행령 등에 따르면 지방자치단체의 장은 체결하려는 경우에는 이를 공고하여 일반입찰에 부쳐야 하되, 계약의 목적·성질·규모 및 지역특수성 등을 고려하여 필요하다고 인정되면 참가자를 지명하여 입찰에 부치거나 수의계약을 할 수 있도록 규정하고 있다.

그리고 특허공법에 의한 공사나 특허물품 구매 등은 사실상 경쟁이 불가능하거나 적절한 대용품이나 대체품이 없는 경우에 수의계약을 체결할 수 있도록 되어 있다.

3. 감사결과 확인된 문제점

그런데 □□□구는 위 공사의 경우 유사한 공사사례가 많은 일반적인 설치공사인데도 시장 상인회가 특정 업체의 제품으로 설치해달라고 요청하자 공법선정위원회 심의 등 절차도 거치지 않고 대체·대용품이 없다는 사실과 다른 사유를 들어 수의계약으로 추진하였다. 그 결과 수의계약을 체결한 업체는 특혜를 받고, 다른 업체는 입찰참여 기회를 잃게 되었다.

4. 조치할 사항: 업무 담당자 주의요구

case 1-2-3: 통합 발주하는 것이 적정한 공사를 분할하여 수의계약 체결[6)]

1. 업무 개요

□□군은 총 61건의 배수로 정비공사를 1인 견적에 의한 수의계약으로 체결하였다.

2. 관계법령 및 판단기준

「지방자치단체를 당사자로 하는 계약에 관한 법률 시행령」제30조 및 「지방자치단체 입찰 및 계약 집행기준」(행정안전부 예규) 제5장 제3절 '수의계약 대상과 운영요령'에 따르면 추정가격 2천만 원을 초과하는 공사는 지정정보처리장치에 수의계약 안내 공고를 하고 2인 이상으로부터 견적서를 제출받아 최저가격으로 제출한 자를 계약상대자로 결정하도록 되어 있다. 그리고 「지방자치단체 세출예산 집행기준」(행정안전부 예규)에 따르면 지방자치단체장은 사업 내용이 유사한 사업은 통합발주를 위하여 노력하여 지출 성과를 극대화 하도록 되어 있다.

3. 감사결과 확인된 문제점

그런데 □□군은 공사내용과 계약 시기가 같거나 유사한 공사들을 통합발주하지 않고 분할 발주하여 1인 견적에 의한 수의계약 방식으로 총 61건(계약금액 9.9억 원)의 계약을 체결하였다. 그 결과 다수 업체에 공정한 계약 참여기회를 제공하지 못하였고, 2인 이상 견적에 의한 수의계약이 아닌 1인 견적에 의한 수의계약을 함으로써 6천만 원 상당의 예산을 절감하지 못하였다.

4. 조치할 사항: 주의 요구(기관)

case 1-2-4: 무면허 공사업체와 수의계약 체결[7)]

1. 업무 개요

□□군은 공사예정금액이 20백만 원 이하인 공사에 대해서 「지방자치단체를 당사자로 하는 계약에 관한 법률」제9조 등에 따라 공사업체와 수의계약을 체결하고 있다.

2. 관계법령 및 판단기준

「지방자치단체를 당사자로 하는 계약에 관한 법률」 등에 따르면 20백만 원 이하인 소액 전문공사는 면허보유업체와 1인 견적으로 수의계약할 수 있도록 되어 있고, 다른 법령에 규정된 자격요건을 갖추어야 하는 경우 해당 자격요건에 적합한 자와 계약을 체결하도록 되어 있다.

그리고 「건설산업기본법」 제9조 등에 따르면 15백만 원 이상의 전문공사를 하는 건설업자는 업종별로 건설업 등록을 하도록 되어 있다.

3. 감사결과 확인된 문제점

그런데 계약담당 과장 E는 위와 같은 규정을 알면서도 하급자 D에게 지시하여 지인이 운영하는 업체 등 5개 무면허업체와 전문공사를 수의계약으로 체결하도록 하였다.

4. 조치할 사항

① 징계요구: E (정직), D (경징계 이상)

② 통보: 무면허 공사업체에 대하여 법령에 따라 고발 및 과징금 부과 등 조치 (통보)

case 1-2-5: 지방자치단체가 부정당 업자와 수의계약 체결[8]

1. 업무 개요

○○○○○주식회사는 발전소 정비에 필요한 물품 구매계약 6.1만 건(750억 원)을 수의계약으로 구매하였다.

2. 관계법령 및 판단기준

「공기업·준정부기관 계약사무규칙」 제2조에 따라 준용되는 「국가계약법」 제27조에 따르면 공공기관의 장은 입찰참가자격을 제한받은 자와 수의계약을 체결할 수 없도록 되어 있다.

그리고 「국가종합전자조달시스템 이용약관」(조달청 고시)에 따르면 각 수요기관의 장은 반드시 전자조달시스템(조달청 나라장터)을 이용하여 부정당 업자 제재 통보 등을 하도록 되어 있으므로, 위 전자조달시스템을 통해 계약상대자가 부정당 업자인지 여부를 확인할 수 있다.

3. 감사결과 확인된 문제점

그런데 ○○○○○주식회사는 계약상대자가 입찰참가자격을 제한받고 있는 부정당 업자인지 여부를 확인하지 아니한 채 부정당 업자인 23개 업체와 101건(1.6억 원)의 수의계약을 체결하였다.

4. 조치할 사항: 주의 요구(기관)

case 1-2-6: 지방자치단체가 지방의회 의원이 운영하는 업체와 수의계약 체결[9)]

1. 업무 개요

□□도 ○○지소는 □□도의회 의원 D와 그의 배우자가 자본금 총액의 50%를 초과 보유하고 있던 업체와 9건(1.5억 원)의 도로 보수공사를 수의계약으로 체결하였다.

2. 관계법령 및 판단기준

지방계약법 제33조 등에 따르면 지방자치단체의 지방의회 의원과 그 배우자 등이 소유하는 자본금 합산금액이 자본금 총액의 100분의 50 이상인 사업자는 그 지방자치단체와 영리를 목적으로 하는 수의계약을 체결할 수 없도록 되어 있다.

그리고 지방자치단체의 장 등은 수의계약을 체결할 수 없는 자인지 여부를 확인하기 위하여 행정기관 등에 자료의 제출이나 사실 조회를 요구하도록 되어 있고, 요구받은 관계 행정기관 등은 특별한 사유가 없으면 조회 결과를 통보하도록 되어 있다.

한편, 지방자치단체의 장은 같은 법 제33조를 위반하여 계약을 체결한 계약상대자에 대해 지체없이 계약심의위원회 심의를 거쳐 입찰 참가자격을 제한하도록 되어 있다.

3. 감사결과 확인된 문제점

그런데 ○○지소는 각종 도로 보수공사를 위 업체와 수의계약으로 체결하면서 수의계약을 체결할 수 있는지에 대해 국세청 등 관계 행정기관을 통해 확인하지 않은 채 총 9건(총액 153백만여 원)의 도로 보수공사를 수의계약하였다.

4. 조치할 사항

□□도지사는 ① 「지방자치단체를 당사자로 하는 계약에 관한 법률」 제33조를 위반하여 지방자치단체와 수의계약을 체결한 위 업체에 대하여 같은 법 제31조에 따라 입찰 참가자격을 제한하는 조치를 하고 (통보)

② 앞으로 계약업무를 철저하게 수행하시기 바랍니다. (주의)

---

4) 감사보고서(2018. 5. 30. 재외공관 및 외교부 본부 운영실태_청사 및 관저 가구 구매 수의계약 부당 체결) 참조

5) 감사보고서(2020. 5. 21. 해운대구 기관운영감사_물품구매 및 공사 수의계약 부적정) 참조

6) 감사보고서(2020. 4. 29. 화순군·해남군 기관운영감사_통합발주 가능 공사 분할 수의계약 부적정) 참조

7) 감사보고서(2021. 8. 23. 제천시 등 4개 기초자치단체 정기감사_무면허 공사업체와 부당 수의계약 및 사후처리 부적정) 참조

8) 감사보고서(2019. 12. 26. 공공기관 불공정관행 및 규제 점검 III_부정당업자와 수의계약 체결 부적정) 참조

9) 감사보고서(2019. 6. 5. 지역토착비리 등 기동점검(IV)_특수관계 사업자와 수의계약 체결 부적정) 참조

2.2. 판단기준

국가 및 지방자치단체의 계약에 관한 업무처리 방법은 각각 「국가를 당사자로 하는 계약에 관한 법률」(국가계약법) 및 「지방자치단체를 당사자로 하는 계약에 관한 법률」(지방계약법)과 같은 법 시행령, 시행규칙 등에서 일반적인 내용을 규정하고 있다. 그리고 계약 방법 등에 관한 구체적인 내용은 기획재정부 및 행정안전부가 정하는 훈령이나 예규[계약업무에 관한 세부 기준, 「지방자치단체 입찰 및 계약 집행기준」(행정안전부 예규) 등] 등과 계약 및 입찰과 관련된 고시, 공고 등으로 정하고 있다.

공공기관의 계약에 관한 사항은 「공기업·준정부기관 계약사무규칙」(기획재정부령)과 각 공공기관 내부 규정 등에 따라 국가계약법령을 준용하도록 되어 있다.

따라서 계약 분야에 대한 감사에 있어서는 위와 같은 법령과 계약관련 업무처리 기준 등에 규정된 계약의 방법과 절차, 요건 등이 감사의 판단기준이 된다.

2.3. 위법·부당사항 확인

위 법령에 따르면 계약의 공정을 기하기 위해 원칙적으로 일반경쟁의 방식으로 계약을 체결하되, 계약의 금액이나 특성, 계약상대방의 조건(중소기업 등) 등에 따라 제한경쟁, 지명경쟁, 수의(隨意)에 의한 계약 등을 할 수 있도록 하고 있다. 그리고 각 계약유형별로 계약의 방법과 절차 등을 구체적으로 정하고 있다.

따라서 계약 분야의 감사접근방법은 개별 계약체결 관련 서류 등을 검토하여 계약업무 처리가 법령 등에 규정된 방법과 절차 등에 따라 이루어졌는지를 검토하는 것이 기본적인 방법이다. 이러한 검토에 따라 수의계약 기준을 위반한 문제(case 1−2−1, 1−2−2, 1−2−3)를 확인할 수 있다.

계약법령 외에 다른 법령에 규정된 수의계약 제한사항(부정당 업체·입찰참가 제한 업체, 전문건설업 미등록 업체, 지방의회 의원이 경영하는 업체 등)에 대하여는 계약업무 담당자도 잘 모르는 경우가 있는데 이러한 수의계약 제한 업체의 명단을 파악하여 수의계약을 체결한 업체 명단과 비교하는 방법으로 법령위반 사항을 확인(case 1−2−4, 1−2−5, 1−2−6)할 수 있다.

부정당사업자 명단은 국가전자조달시스템(조달청 나라장터)을 통해 확보할 수 있고, 전문건설업 등록 여부는 관할 광역자치단체를 통해 확인할 수 있다.

그리고 지방의회 의원이 경영하는 업체인지 여부는 계약업체 대표자 등의 가족관계증명서, 주주 명부 등을 관련기관에 요구하여 확인할 수 있다.

2.4. 조치사항

계약업무는 관련 업체 간에 이해관계가 대립되고, 공정한 업무처리가 특히 요구되는 분야이므로 업무가 위법·부당하게 처리된 경우 원칙적으로 계약 담당자 등 관련자의 책임 소재를 가려 문책성 조치 여부를 검토한다. 다만, 계약관련 법령이 복잡다기하여 계약방법이나 절차의 구체적인 내용을 담당자들이 이해하기 어려운 점도 있으므로 이러한 사정을 종합적으로 고려하여 조치 방향을 정한다.

'case 1-2-1'과 'case 1-2-4'의 경우 쉽게 알 수 있는 규정을 위반하거나 지인이 운영하는 업체를 특정하여 수의계약을 체결하도록 하는 등 비위의 정도가 무겁다고 인정되어 징계요구 또는 통보(인사자료)한 사안이다.

한편, 다른 사례의 경우 위법·부당하게 수의계약을 체결한 잘못이 있으나 특정 업체에 특혜를 주기보다는 해당기관에서 과거부터 해오던 관행에 따라 처리(case 1-2-2, 1-3-3)하거나 계약담당자가 수의계약 제한 업체를 파악하기가 어려운 점(case 1-2-5, 1-2-6) 등을 고려하여 주의요구(기관 또는 개인 주의요구)한 것으로 보인다.

3. 「입찰 적격심사 부당 처리」 사례[10]

3.1. 사례선정 사유 및 사건 요지

아래 사례는 계약업무에 있어 입찰참가 적격심사를 위법·부당하게 처리한 데 대해 징계요구한 사례이다.

---

10) 감사보고서(2022. 7. 21. 재외공관 및 외교부 본부 정기감사_청사 리모델링 설계용역 계약업무 부당 처리) 참조

계약업무에 있어서 문제가 자주 발생하는 적격심사업무의 위법·부당사항 확인, 조치방향 결정 등에 대한 이해를 돕기 위한 사안이다.

---

case 1-3: 청사 리모델링 설계용역 계약업무 부당 처리(징계요구)

1. 업무 개요

□□부는 "○○대사관 청사 리모델링 설계용역"의 적격심사를 실시하여 ㈜▽사무소를 낙찰자로 결정한 뒤 ○○대사관으로 하여금 위 설계용역 계약(계약금액: 미화 145,348달러)을 체결하도록 하였다.

2. 관계법령 및 판단기준

위 설계용역 입찰 공고문에 따르면 입찰자의 용역 수행능력 심사의 설계경험 분야는 당해 설계용역금액 대비 유사설계 실적 누계액 비율을 산정하여 실적비율 구간별로 차등 배점하도록 되어 있고, 실적 증빙서류는 780평 이상의 업무시설 설계 실적증명서로 되어 있다. 그리고 실적 비율 환산은 면적규모 단위가 아닌 금액단위로 하도록 되어 있다.

3. 감사결과 확인된 문제점

그런데 □□부 A는 담당자로서 설계경험 등 수행능력을 심사하면서 입찰 공고문상 실적을 개별 실적이 아닌 유사설계 누계 실적으로 오인하여 ▽사무소가 제출한 실적 중 설계면적 기준 780평에 미달하는 실적을 제외하지 아니하고 나머지 실적과 합하여 유사설계 실적을 과다하게 인정하였다.

또한 A는 입찰 공고문의 심사기준을 직접 작성하고서도 유사설계 실적액 비율을 금액 단위가 아닌 규모(평) 단위로 산정하여 ▽사무소에 대해 설계경험 점수를 과다하게 부여하였다.

그 결과 ▽사무소는 실적점수에 미달되어 부적격 처리해야 되어야 하는데도 낙찰자로 결정되었다.

4. 조치할 사항

□□부장관은 계약업무를 부당하게 처리한 A를 「국가공무원법」 제82조에 따라 징계처분(경징계 이상)하시기 바랍니다. (징계)

3.2. 판단기준

용역계약을 위한 적격심사의 점수산정기준은 계약의 내용에 따라 다르고, 기술적이고 구체적인 내용이므로 법령보다는 입찰 공고문 등에 명시된다.

이러한 경우 입찰 공고문에 명시된 적격심사 실시 기준, 실적점수 산정방법 등이 감사의 판단기준이 된다. 사례는 입찰 공고문에 명시된 '실적 비율' 산정방법이 판단기준이 되었다.

3.3. 위법·부당사항 확인

사례는 입찰 공고문에 명시된 적격심사 실적점수 산정 기준에 따라 실적점수가 산정되었는지를 검토하여 문제가 확인를 확인하였다. 업체가 제출한 실적자료 중에서 "실적기준에 해당하지 않는 실적을 제외"하고 "정당한 방법에 따라 실적점수를 다시 계산"하여 실적점수가 부당하게 산정된 것을 확인한 것이다.

계약 및 입찰 관련 업무는 입찰참여 업체 간에 이해관계가 첨예하므로 공고된 내용에 따라 적격심사가 정확하고 공정하게 이루어져야 하지만 담당자의 고의 또는 과실로 적격심사 점수를 잘못 산정하여 탈락되어야 할 업체가 낙찰되는 경우가 종종 있다. 따라서 계약업무에 대한 감사를 할 때는 이러한 점을 유의하여 적격심사 점수 산정 등 업무처리가 적정하게 수행되었는지 여부를 면밀히 점검할 필요가 있다.

3.4. 조치사항

감사결과 조치는 적격심사 업무를 부당하게 처리한 담당자에 대해 징계요구하였다. 실적점수 산정방법이 복잡하여 실수로 발생한 문제로 볼 수도 있으나 담당자가 직접 공고문을 작성하여 그 방법을 충분히 알 수 있었던 점, 이해관계가 걸린 입찰업무를 잘못 처리하여 부적격 업체가 낙찰되는 특혜를 받은 점 등 비위의 정도가 무겁다고 인정되어 징계요구한 것으로 보인다.

(상급자 책임을 묻지 않는 사유) 위 사례의 문제발생 경위는 담당자가 적격심사 실적점수 산정을 잘못하여 발생된 것이고, 실적점수 산정은 기술적이고 구체적인 업무로서 상급자는 점수 산정이 잘못되었는지를 확인하기 어려운 점, 기타 상급자가 적격심사 과정에 부당하게 관여한 사실은 확인되지 않은 점 등을 고려하여 상급자에 대하여는 책임을 묻지 않은 것으로 보인다.

(시정성 조치를 하지 않는 사유) 부적격 업체가 낙찰되어 특혜를 받았으나 그 사유는 업무담당자가 적격심사 실적점수를 잘못 산정한 데 있고, 낙찰업체는 허위서류를 제출하거나 부정한 행위를 하는 등의 귀책사유가 없으며, 이러한 경우에 입찰을 취소할 수 있는 근거가 없어 입시정성 조치를 하기는 어려운 사안으로 보인다.

4. 「승진임용 업무 부당 처리」 사례[11]

4.1. 사례선정 사유 및 사건 요지

사례는 승진인사 업무를 법령에 위반되게 처리한 사안이다. 인사분야는 기관정기감사를 하는 과정에서 중점적으로 점검하는 분야 중 하나이다. 행정사무 분야에 대한 감사 접근방법과 조치방향 결정 등에 관한 이해를 돕기 위한 사례이다.

---

case 1-4: 교육훈련시간 미충족자에 대한 승진임용 업무 부당 처리(징계요구)

1. 업무 개요

ㅁㅁㅁㅁ부는 소속 공무원에 대하여 교육훈련시간을 반영하여 승진임용을 하고 있다.

2. 관계법령 및 판단기준

「국가공무원법」 제50조 및 「공무원 임용령」 제10조의2, 「공무원 인재개발법 시행령」 [별표 1] "교육훈련시간의 승진임용에의 반영방법 및 산출기준 등"에 따르면 승진에 필요한 교육훈련시간을 채우지 못한 공무원은 승진심사 대상에서 제외하도록 되어 있다.

---

11) 감사보고서(2022. 6. 16. 기획재정부 정기감사_교육훈련시간 미충족자에 대한 3급 승진임용업무 부당 처리) 참조

한편, 「ㅁㅁㅁㅁ부 교육훈련시간 승진반영제도 운영규정」(훈령) 등에 따르면 직무수행상의 특별한 사유로 교육훈련시간을 충족하지 못한 공무원에 대한 승진임용의 예외를 인정하기 위해서는 인사혁신처장과 사전 협의 등 요건을 준수하도록 되어 있다.

3. 업무담당자의 부당한 업무 처리

그런데 승진인사업무 담당자 A와 팀장 B는 승진임용 업무를 담당하면서 교육훈련시간이 부족한 승진후보자에 대해 예외를 인정하기 위한 인사혁신처장과의 사전 협의 등 절차를 거치지 않은 채 인사권자의 결정만으로 교육훈련시간을 승진임용에 반영하지 않아도 되는 것으로 잘못 판단하고 상급자 C와 D에게 보고하였다.

그리고 C와 D는 규정을 확인하지 않은 채 그대로 업무를 처리함에 따라 교육훈련시간을 충족하지 못한 승진후보자 4명이 승진임용되었다.

4. 관계기관 등 의견 및 검토결과

① 관련자 의견 및 검토결과 A와 B는 관련 규정을 면밀히 검토하지 못한 잘못을 인정하면서도 당시에는 인사권자가 결정만 하면 승진임용에 문제가 없을 것으로 판단하였다고 주장하고 있다.

그러나 규정에 따라 엄격하게 운영되어야 하는 승진업무를 인사담당자들이 관련 규정에 대해 검토하지 않은 점을 볼 때 정당한 의견으로 받아들이기 어렵다.

② 관계기관 의견 ㅁㅁㅁㅁ부는 감사결과를 받아들이면서 앞으로 이와 같은 사례가 발생하지 않도록 노력하겠다는 의견을 제시하였다.

5. 징계요구 양정

업무와 관련된 규정을 제대로 검토하지 않은 채 승진후보자 명단 작성업무를 태만히 한 A와 B의 행위는 「국가공무원법」 제56조에 위배된 것으로 같은 법 제78조 제1항 제2호의 징계사유에 해당한다

6. 조치할 사항

ㅁㅁㅁㅁ부장관은 ① 승진임용 업무를 부당하게 처리한 A, B를 「국가공무원법」 제82조에 따라 징계처분(경징계 이상)하고 (징계) ② 앞으로 승진임용에 필요한 교육훈련시간을 충족하지 못하였는데도 승진임용하는 일이 없도록 승진후보자 명단 작성 업무를 철저히 하며 관련자(C, D)에게는 주의를 촉구하시기 바랍니다. (주의)

4.2. 판단기준

인사업무에 대한 판단기준은 정부의 경우 「국가공무원법」과 「공무원 임용령」 등 법령과 각종 업무처리지침, 훈령 등에 규정된 업무처리 방법과 기준 등이 된다.

위 사례에 있어서는 「국가공무원법」 및 「공무원 임용령」, 「공무원 인재개발법 시행령」 [별표 1] "교육훈련시간의 승진임용에의 반영방법 및 산출기준 등"과 「□□□□부 교육훈련시간 승진반영제도 운영규정」(훈령) 등에 규정된 "승진임용 시 교육훈련시간 반영 기준"이 감사의 판단기준이 된 것이다.

4.3. 위법·부당사항 확인

사례는 「□□□□부 정기감사」[12) 과정에서 확인된 문제로, 인사업무 감사에서 자주 발생하는 문제 유형이다. 승진임용 대상자의 교육훈련시간 실적 자료[13)를 요구하여, 각 대상자별로 법정 교육훈련 시간을 충족하였는지를 여부를 확인하고, 미충족자가 승진임용된 경우 그 사유와 예외적인 승진임용 요건을 갖추었는지 여부를 검토하여 위법·부당 여부를 판단한다.

4.4. 조치사항

법령 등을 위반하여 승진인사업무를 처리한 데 대해 업무담당자와 팀장을 징계 요구하고, 상급자 2명을 주의요구(개인)하였다.

담당자 등은 엄격하게 처리하여야 할 승진임용 업무를 수행하면서 관련 법령 등을 확인하지 아니하고 위법·부당하게 처리 한 점, 그로 인해 승진임용에서 제외되어야 할 대상자들이 승진하게 되는 특혜를 받고, 이들로 인해 승진에서 탈락한 사람들은 불이익을 받게 되는 등 비위의 정도가 무거우므로 징계요구한 것이다.

---

12) 정기감사는 일정한 기간 동안 감사대상기관이 수행한 업무를 대상으로 실시한다. 주로 예산·회계 집행, 계약, 인사·인허가 및 규제·감독 등 기본적인 행정사무 처리에 대해 점검한다.
13) 공무원의 교육훈련 실적은 인사관련 정보시스템(정부의 경우 'e-사람')에 입력되어 있다.

(상급자에 대해 징계요구 하지 않은 사유) 상급자(C와 D)의 경우 관련 법령을 확인하지 아니하고 인사업무를 잘못 처리한 책임은 있으나 담당자 등으로부터 보고를 받고 그에 따라 업무를 처리한 점을 고려하여 주의요구한 것으로 보인다.

상급자가 담당자 등으로부터 보고받은 데로 업무를 처리하였다 하여 항상 책임이 감면되는 것은 아니고, 업무처리의 내용과 상황 등을 종합적으로 고려하여 상급자들의 책임이 무거운 경우 징계요구 등을 할 수 있다.

위 사안의 경우 업무가 실무적인 내용이고, 제반 상황을 감안할 때 상급자가 담당자 등의 보고를 신뢰하고 업무를 처리한 것이 수긍 될 수 있는 상황으로 인정되어 주의요구한 것으로 보인다.

(시정성 조치를 하지 않는 사유) 위 사례의 경우 교육훈련 실적이 법정기준에 미달하여 승진임용대상이 될 수 없는 사람들이 승진임용되는 부당한 결과가 초래되었으나 이러한 결과는 업무담당자들의 부당한 업무처리로 인한 것인 점, 승진대상자들이 부정행위를 하는 등 귀책사유가 없는 점, 이러한 경우에 승진임용을 취소할 수 있는 근거가 없는 점을 등을 고려하여 승진임용 취소 등 시정성 조치는 하지 않은 것이다.

5. 「경력직 채용업무 부당 처리」 등 사례

5.1. 사례선정 사유 및 사건 요지

사례는 경력직 신규채용을 하면서 자격요건에 미달되는 응시자를 위법·부당하게 채용한 사례들로서 공공감사 과정에서 자주 다루는 문제 유형이다.

경력직 채용업무와 관련된 여러 사례를 통해 위법·부당사항을 확인하는 다양한 방법과 조치방향 결정 등을 종합적으로 이해할 수 있다.

case: 경력직 신규채용업무 부당처리 및 자격요건 확인 업무 태만 등

(판단기준: 공통) 정부기관 및 공공기관 등의 경력직 직원 채용 관련 규정 및 공고 등에 따르면 서류전형은 응시자의 자격, 경력 등이 정해진 기준에 적합한지 등을 심사하여

적격 또는 부적격을 판단하도록 되어 있다. 따라서 채용공고 등에 명시된 경력요건에 미달되는 응시자를 채용하는 일이 없어야 한다.

case 1-5-1: 기관장의 부당한 지시로 경력요건 미달자를 채용14)

(사건 내용) □□□□시 ○○공단은 경력직 직원을 채용하면서 응시자 A는 응시원서만 제출하고 경력증명서(응시기간 내 미제출시 불합격 처리)를 면접전형 종료시까지 제출하지 않았는데도 공단 이사장 B는 추후 경력 증명을 받도록 하면서 합격처리하도록 지시하여 A가 채용되었다.

A는 합격 후 4종의 경력증명을 제출하였으나 확인한 결과, 경력요건에 해당하지 않거나 증명서의 공신력이 없는 등 경력요건 미달로 확인되었다.

(조치사항) B(퇴직)의 비위 내용을 인사자료로 관리하도록 통보(인사자료)

case 1-5-2: 경력점수를 부당하게 산정하여 탈락대상자가 채용되는 결과 초래15)

(사건 내용) ○○○○시 ○○청은 운전직렬 공무원을 경력경쟁시험을 통해 채용하면서 공고에 따르면 운전경력증명서상 5년 이상 무사고인 경우 우대 가점을 주도록 되어 있는데도 서류전형 심사위원들이 응시자 C는 요건에 해당되지 않는데도 가점을 주고, 응시자 D는 요건에 해당되는 데도 가점을 주지 않아 탈락하여야할 C는 합격, 합격대상인 D는 불합격되는 결과를 초래하였다.

(조치사항) 주의요구(기관)

case 1-5-3: 신뢰성이 없는 경력을 확인하지 않은 채 경력 미달자를 채용16)

(사건 내용) □□군은 일반임기제공무원을 경력채용하면서 응시자 E는 민간회사 경력증명서 외에 필수구비서류인 경력 증빙서류(건강보험자격득실확인서 등)를 제출하지 않았고, 위 회사 근무기간이 회사의 개업일 보다도 이른 시기로 되어 있는 등 경력을 신뢰하기 어려운데도 확인하지 않고 E를 채용하였다.

그러나 E가 근무한 회사의 급여지급내역 등을 조사한 결과 근무경력이 확인되지 않아 채용요건이 충족되지 않았다.

(조치사항) 업무담당자 주의요구(개인)

case 1-5-4: 허위 또는 중복 경력을 확인하지 않고 경력 미달자를 채용[17]

(사건 내용) ◇◇◇◇부는 전문임기제 공무원을 신규채용하면서 응시자 F의 경력 중 일부는 허위이고, 일부는 중복산정되어 이를 제외할 경우 경력요건에 미달되는데도 업무 담당자는 허위, 중복경력 등을 확인하지 않고 자격요건을 충족하는 것으로 처리하였다.

(조치사항) 담당자(채용업무 태만) 징계요구, 응시자 F(허위서류 제출) 임용을 취소하도록 통보

case 1-5-5: 허위 경력을 알면서도 경력 미달자를 채용[18]

(사건 내용) △△시는 공보분야 시간선택제임기제 공무원을 채용하면서 응시자 G의 경우 인터넷 신문사 등에서 고정급여와 근무시간도 없는 비상근 프리랜서 형식으로 근무하고도 주당 50시간 이상을 근무한 것으로 경력증명서를 사실과 다르게 제출하였고, 이에 대한 증빙서류(건강보험가입기록, 급여지급 자료 등)도 전혀 제출하지 못하는데도 담당자와 상급자들은 G의 경력이 허위임을 알면서도 그대로 인정하고 채용하였다.

(조치사항) 담당자 등 5명 징계요구, 응시자 G(허위서류 제출)의 채용 취소 통보

case 1-5-6: 경력 증빙서류에 없는 경력을 인정하여 경력 미달자를 채용[19]

(사건 내용) ㅁㅁ자치도는 공보담당 일반임기제 공무원을 채용하면서 응시자 H가 제출한 법무법인 등 근무경력 중 일부만 경력증빙서류인 건강보험자격득실확인서에 기재되어 있고, 나머지는 기재되어 있지 않은데도 경력을 제대로 확인하지 않고 채용하였다.

법무법인(채용계약서, 급여이체내역 등 등) 및 국세청(소득세 납부 내역 등) 등 확인 결과 응시자 H의 근무사실이 확인되지 않거나 자격요건과 무관하여 부적격으로 확인되었다.

(조치사항) 업무담당자 등 관련자 징계요구 또는 주의요구

---

14) 감사보고서(2021. 10. 6. 부평구, 연수구 정기감사_경력직 채용업무 부당 처리) 참조
15) 감사보고서(2021. 4. 28 인천·충남지방경찰청 정기감사_경력직 경쟁채용 서류전형 심사업무 처리 부적정') 참조
16) 감사보고서(2020. 12. 11. 고창군 등 기관정기감사_임기제공무원 채용업무 처리 부적정) 참조
17) 감사보고서(2019. 4. 3. 행정안전부 기관운영감사_전문임기제 나급 신규채용업무 처리태만) 참조
18) 감사보고서(2019. 11. 06. 오산시 등 기관운영감사_시간선택제임기제 채용업무 부당 처리) 참조

5.2. 판단기준

공무원 등 채용에 관한 일반적인 절차, 방법 등은 인사관련 법령에 규정되어 있고, '채용 자격요건' 등 구체적인 내용은 '채용공고'에 명시된다. 따라서 위 사례들의 경우 '채용공고'에 명시된 자격요건 등이 판단기준이 되었다.

정부기관 등의 채용공고에는 학력과 경력 등 구체적인 자격요건, 자격심사 기준, 각종 제출서류(응시원서 및 학력·경력증명서, 민간회사 경력인 경우 국민건강보험 자격득실확인서 등 입증서류 등)와 제출기한 등이 명시되어 있다. 따라서 채용업무에 대한 감사를 할 때는 채용공고의 내용을 파악하고 개별 업무처리의 적정성 여부를 검토한다.

5.3. 위법·부당사항 확인

(자격요건 미달 사실의 확인) 위 사례들은 공통적으로 응시자의 경력이 자격요건에 미달되는 데 이러한 사실관계를 확인하는 것이 감사의 1차 과제이다.

위 사례들의 감사보고서 원문을 보면 다양한 접근방법에 따라 자격요건 미달 사실 등을 확인한 것으로 나타난다.

이러한 감사에서 기본적으로 검토하는 서류는 '채용 자격요건 심사서류'와 '응시자가 제출한 경력사항 및 경력증명서류' 등이다. 서류의 내용을 검토하여 '자격요건에 해당하지 않는 경력'(case 1-5-1), '경력점수 산정의 오류'(case 1-5-2), '경력기간 중복 산정'(case 1-5-3, 1-5-4) 등을 확인할 수 있다.

그리고, '응시원서 등 각종 구비서류 접수현황' 자료를 검토하여 접수기한내 경력 증명서류 등 미제출 사실을 확인(case 1-5-1)할 수 있고, '건강보험공단의 건강보험자격득실확인서' 및 '국세청의 사업자등록, 소득세 납부' 자료 등[20]을 통해 경력의 허위·과다 사실을 확인(case 1-5-3, 1-5-4, 1-5-5, 1-5-6)할 수 있다.

---

19) 감사보고서(2020. 5. 21. 제주특별자치도 기관운영감사_임기제 공무원 채용업무 부당 처리) 참조

20) 건강보험자격득실 자료를 통해 응시자의 근무 기관과 기간을 파악할 수 있으며, 국세청의 사업자등록 자료를 통해 민간사업자나 법인의 개업일, 폐업일 등을 파악할 수 있다.

그리고, 의심스러운 경력에 대하여는 관련 회사에 대하여 '경력증명서 발급현황'을 조회(case 1-5-1)하거나 '급여지급·수령 자료', '채용계약서 등 인사 관련 서류' 등 확인을 통해 경력의 진위나 구체적인 근무내용을 확인(case 1-5-3, 1-5-5, 1-5-6)할 수 있다.

감사가 충실하게 이루어지기 위해서는 위와 같이 다양한 방법을 통해 업무의 적정성 여부를 검증할 필요가 있다. 자격요건 심사서류와 응시자가 제출한 서류의 검토만으로 위법·부당사실이 확인되는 경우도 있지만 많은 경우 관계 기관과 관련 회사의 자료 등을 대사·검토하는 과정에서 문제가 확인된다는 점을 유념할 필요가 있다.

(기관장의 부당한 지시 사실 확인) 'case 1-5-1'은 자격요건 미달 사실 등을 확인하는 외에 기관장의 부당한 지시 사실을 확인한 사례이다.

이러한 감사는 '행정사무감찰'을 실시하여 채용 관련 업무처리의 위법·부당사항(구비서류 기한내 미제출 및 경력미달 응시자 채용)을 확인하고, 이후 업무담당자에 대해 업무처리 경위와 책임소재를 조사하는 '대인감찰'을 실시하여 상급자 또는 기관장의 부당한 지시 사실을 확인할 수 있다.

응시 기간 및 면접 종료 때까지 경력을 증명하는 서류를 전혀 제출하지 않고, 자격요건에 미달하는 응시자를 그대로 채용한 것은 업무처리 과정에서 발생한 오류나, 담당자의 단순한 과실로 보기에는 석연치 않은 점이 있으므로 그 경위에 대한 정확한 사실관계와 책임의 소재를 조사할 필요가 있다.

위 사례와 같이 위법·부당한 업무처리가 담당자의 단순한 과실로 인한 것으로 보기 어려운 경우에는 관련자들에 대한 문답서 작성, 업무용 pc에 대한 포렌식 등을 통해 상급자의 부당한 지시 여부 등 정확한 사실관계를 규명하여야 한다.

5.4. 조치사항

채용업무를 위법·부당하게 처리한 데 대하여는 기본적으로 문책성 조치가 필요하므로 사안별로 관련자의 책임과 비위의 정도를 검토하여 문책성 조치의 종류를 정한다. 그리고 응시자가 허위서류를 제출하여 채용되는 등 귀책사유가 있는 경우에는 채용을 취소하도록 하는 등 시정성 조치를 하여야 한다.

(문책성 조치) 'case 1-5-1'의 경우 문제발생 원인이 기관장의 부당한 지시로 인한 것이고, 담당자 등은 '부적격'으로 보고하는 등 책임감면 사유가 있어 기관 장(감사 당시 퇴직)에 대하여만 그 비위 사실을 인사자료로 관리하도록 통보(인사자료)한 것으로 보인다.

'case 1-5-2와 1-5-3'의 경우 업무가 부당하게 처리되었지만 심사위원들의 점수산정 오류를 확인하거나 관련 회사에 문의하여 경력을 확인하는 것이 쉽지 않은 점 등을 고려하여 징계요구하지 않고 주의요구한 것으로 보인다.

'case 1-5-4와 1-5-5, 1-5-6'의 경우 각각 담당자 등이 경력 중복 사실을 쉽게 확인할 수 있는 점, 경력증빙서류의 미제출과 허위 경력임을 알고 업무를 처리한 점 등을 고려할 때 비위의 정도가 무겁다고 인정되어 각각 징계요구한 것으로 보인다.

(시정성 조치) 'case 1-5-4와 1-5-5'의 경우 응시자가 경력을 허위로 제출하는 등 귀책사유가 있고, 이러한 경우 채용을 취소할 수 있는 근거가 공고에 명시되어 있으므로 응시자에 대한 채용을 취소하도록 통보한 것이다.[21]

6. 「농지전용허가 업무 등 부당 처리」 사례

6.1. 사례선정 사유 및 사건 요지

인·허가 업무는 계약업무와 마찬가지로 민원인의 이해관계가 큰 사안이고, 인·허가 요건 등이 복잡하여 공무원 등이 고의 또는 과실로 위법·부당하게 업무를 수행하는 사례가 많이 발생하는 분야이다.

사례는 지방자치단체에 대한 감사에서 농지전용허가와 사후관리를 위법·부당하게 한 데 대해 징계요구 등을 한 사안이다. 인허가 업무에서 자주 발생하는 문제 유형이므로 감사접근방법을 이해하는 데 도움이 될 것이다.

---

21) 다른 사례의 경우 응시자의 귀책사유가 불분명하거나 감사 당시 퇴직하는 등으로 시정성 조치는 하지 않은 것으로 보인다.

case 1-6: 농지전용허가 부당 처리 및 농지 무단전용 관리 부적정[22]

1. 사건 개요

○○군은 민원인의 농지전용허가 신청에 대해 허가하고, 사후관리하고 있다.

2. 농지전용허가 부당 처리

가. 관계법령 및 판단기준

「농지법」 제37조 등과 농림축산식품부의 「농지업무편람」 등에 따르면 농지를 단독주택부지로 사용하려는 경우 1,000㎡를 초과한 농지의 전용을 허가할 수 없다고 되어 있다.

그리고 전용제한면적을 산정할 때는 그 농지의 면적과 이전 5년간 연접하여 전용한 농지면적을 합산하도록 되어 있고, 2인 이상이 동일 농지를 같은 종류의 시설부지로 전용신청한 경우 1인이 신청하는 것으로 간주하도록 되어 있다.

한편, 「농지법 시행규칙」에 따르면 농지전용허가를 한 후 '지방자치단체 행정시스템'(새올시스템)에 허가받은 자의 인적사항, 농지소재지, 전용면적 등 농지전용허가대장을 작성하도록 하고 있으므로 새올시스템을 통해 민원인 및 해당 농지지번의 과거 농지전용허가 이력을 확인할 수 있다.

나. 업무담당자의 부당한 업무 처리

가) 1인이 연접 농지의 전용을 신청하였는데도 면적 미합산

○○군 업무담당자 A는 2017. 12월 민원인 C로부터 농지전용허가 신청(단독주택 건설, 면적: 565㎡)을 접수하여 현장조사 후 2018. 1월 과장 B의 결재를 받아 허가 처리하였다.

그리고, A는 2018. 1월 민원인 D(C의 배우자)로부터 위 농지와 연접한 농지에 농지전용허가 신청(면적: 674㎡)을 받아 현장조사를 하고, 과장의 결재를 받아 허가 처리하였다.

그런데 A는 2018. 2월 C로부터 위 농지에 연접한 잔여농지에 대한 농지전용허가 신청(면적: 733㎡)을 접수하고 현장조사를 하면서, 40일 전에 해당 농지 및 연접한 농지에 대해 전용허가를 하였던 것을 알고 있으면서도 5년 이내에 전용한 농지의 면적을 합산(1,938㎡로 제한면적 1,000㎡를 초과)하여 허가를 반려하지 않고 과장 B의 결재를 받아 허가 처리하였다.

그 결과 C와 D는 농지법에서 정한 전용제한면적 (1,000㎡)을 초과하여 농지전용허가를 받은 후 3채의 단독주택을 신축하였다.

나) 2인 이상이 동일 농지의 전용을 신청하였는데도 면적 미합산

A는 민원인 E와 F(E의 배우자)가 농지(면적: 2,469㎡)에 단독주택(각각 1동)을 건설하기 위해 각각 제출한 농지전용허가 신청(전용면적: 각각 1,000㎡)을 접수한 후 현장조사를 하여 2인 이상이 동일 농지에 대하여 전용신청한 것임을 알고 있었다.

그런데 A는 E와 F의 전용신청 면적을 합산하면 2,000㎡로 전용제한면적을 초과하는데도 각각의 신청면적이 1,000㎡를 초과하지 않는다는 사유로 과장 B의 결재를 받아 허가 처리하였다.

3. 농지 무단전용에 대한 관리 부적정

가. 관계법령 및 판단기준

「농지법」제42조 및 제57조에 따르면 농지전용허가를 받지 않고 농지를 전용한 자에게 원상회복을 명할 수 있도록 되어 있고, 농업진흥지역의 농지를 허가받지 않고 전용한 자는 5년 이하의 징역 또는 벌금에 처한다고 되어 있다.

그리고 ○○군은 2018. 2월 위 C에게 농지전용을 허가하면서 잔여농지를 불법으로 전용할 경우 고발 대상임을 고지한 바 있다.

나. 감사결과 확인된 문제점

그런데 ○○군은 C와 D가 농지에 대해 3채의 단독주택을 건축한 후 연접한 농지에 대한 전용허가를 받지 않은 채 단독주택 건물의 부대시설(정원)로 무단전용하고 있는데도 해당 사실을 알지 못한 채 원상회복 및 고발 등의 조치를 하지 않고 있었다.

4. 조치할 사항

○○군수는 ① 농지 전용허가 업무를 부당하게 처리한 A와 B를 「지방공무원법」제72조에 따라 징계처분(경징계 이상)하고 (징계)

② 농지에 대해 전용허가를 받지 않고 무단으로 전용한 C와 D를 「농지법」제57조에 따라 고발하는 한편, C와 D에게 해당 농지의 원상회복을 명하는 방안을 마련하시기 바랍니다. (통보)

---

22) 감사보고서(2021. 8. 23. 제천시 등 4개 기초자치단체 정기감사_농지전용허가 부당 처리 및 농지 무단전용 관리 부적정) 참조

6.2. 판단기준

사례의 경우 농지법과 시행령 및 시행규칙, 농지업무편람 등에 규정된 농지전용허가 요건과 허가면적을 산정하는 방법이 판단기준이 되었다.

위 법령 등에 따르면 단독주택을 건설하기 위해 농지를 전용할 수 있는 면적은 1,000㎡를 초과할 수 없고, 연접한 부지의 경우 과거 5년의 농지전용면적을 합산하고, 2인 이상이 허가신청한 경우에도 1인이 한 것으로 간주하여 허가면적을 산정하도록 되어 있다. 그리고 농지를 무단으로 전용한 경우 고발 조치하고, 원상회복 명령을 하도록 되어 있다.

이와 같이 인·허가 업무의 경우 관련 법령에 인·허가 요건 등이 자세하게 규정되어 있다. 허가 분야에 대한 감사는 주로 법령에 규정된 허가요건을 준수하였는지를 점검하는 방법으로 이루어지므로 허가요건을 정확하게 파악하는 것이 중요하다. 법률과 하위법령, 지침 등에 규정된 허가요건을 구체적으로 파악하여야 허가업무의 적정성 여부를 정확하게 판단할 수 있기 때문이다.

6.3. 위법·부당사항 확인

사례의 경우 위법·부당 여부를 확인하기 위하여 관련 업무처리 문서와 정보시스템에 입력된 과거의 농지전용허가 이력 검토, 허가지역에 대한 현장확인 등을 통해 위법·부당사항을 확인하였다.

지방자치단체의 행정시스템('새올시스템')에는 농지의 지번에 따라 과거 농지전용허가 내용이 입력되어 있으므로 농지전용허가 사항별로 과거의 허가 내용을 검토하여 연접부지에 과거 5년간 농지전용허가 이력이 있는 경우 그 허가면적을 합산하여 허가면적이 적정한지 여부를 검토하여 위법·부당사항을 확인할 수 있다.

그리고 위 사례는 허가지역에 대한 "현장 확인"을 하여 허가지역이 연접 부지이고, 같은 종류의 시설이라는 사실과 감사일 현재 무단으로 농지(잔여 농지)를 전용하여 사용하고 있는 사실 등을 확인할 수 있다.

6.4. 조치사항

업무담당자와 과장은 각각 허가신청 지역에 대한 현장확인을 하거나 보고내용 검토 등을 통해 허가신청 지역이 연접부지인 것을 알고 있었는데도 법령에 규정된 농지전용허가 요건을 숙지하지 않고 업무를 처리하였다. 그 결과 농지전용제한 면적을 초과하여 허가를 하였고, 그로인해 민원인에게 특혜를 주는 결과를 초래하는 등 비위의 정도가 무겁다고 인정되어 징계요구하였다.

한편, 민원인 C와 D가 잔여농지를 무단으로 전용하여 사용하는 데 대하여는 농지법에 따라 고발하도록 하고, 원상복구 명령을 하도록 통보하였다.

7. 「보조사업자 선정 및 보조금 집행업무 등 부당 처리」 사례[23]

7.1. 사례선정 사유 및 사건 요지

국가 및 지방자치단체의 민간에 대한 보조금 지원 분야는 공공감사 과정에서 문제가 많이 지적되는 분야이다. 보조금을 지원받는 개인이나 민간단체 등은 국가 등 공공기관에 비해 예산집행 절차와 방법 등을 모르는 경우가 많고 목적 외 사용 등에 대한 문제인식이나 경각심이 부족한 경우가 많기 때문이다.

그리고 보조금은 국가 등의 예산으로 민간단체나 그 사업을 지원하는 성격으로 인해 국가 등 공공기관과 보조사업자 간의 유착관계로 보조사업자를 부당하게 선정하는 사례도 적지 않다.

아래 사례는 민간 보조사업과 관련하여 보조사업자 선정, 보조금 집행 및 정산 등 다양한 유형의 문제를 다루고 있어 보조사업 분야에 대한 감사접근방법을 이해하는 데 많은 도움이 될 것이다.

---

23) 감사보고서(2021. 8. 24. 경기지역 농업법인 운영 및 관리실태_조사료 사일리지 제조비 지원사업 사업대상자 선정 및 보조금 집행 부당처리) 참조

case 1-7: 조사료 사일리지[24] 제조비 지원사업[25] 사업대상자 선정 및 보조금 집행 부당처리

1. 업무 개요

ㅁㅁ시는 농림축산식품부와 경기도로부터 국비와 지방비를 교부받아 조사료 제조비 지원사업을 추진하면서 4개 농업법인을 보조사업자로 선정하고 5년간 총 45억 원의 보조금을 지원하였다.

2. 사업대상자 부당 선정

가. 관계법령 및 판단기준

농림축산식품부의 「조사료생산기반확충사업 시행지침」 등에 따르면 보조사업 대상자가 농업법인일 경우 출자금 1억 원 이상 및 농업경영정보 등록 등 요건이 규정되어 있다. 그리고 공정한 사업대상자 선정을 위하여 선정위원회를 구성·운영하도록 되어 있다. 한편, 농업법인 등은 사업신청 시 농가와 조사료 공급계약을 체결하고 계약서를 첨부하도록 되어 있으며, 사업시행기관의 장은 사업대상지 확보 여부 등을 확인하도록 되어 있다.

나. 감사결과 확인된 문제점

그런데 ㅁㅁ시는 조사료 사업대상자를 선정하면서 A가 실질적으로 운영하고 있는 4개 농업법인은 1억 원 이상의 출자금 미확보, 농업경영정보 미등록, 공급계약서 미제출, 사업대상지 미확보 등으로 보조사업자 요건을 갖추지 못하였는데도 이를 확인하지 않고, 선정위원회도 개최하지 않은 채 위 4개의 농업법인을 사업대상자로 선정하였다.

3. 보조금 부당 지급 및 정산

가. 관계법령 및 판단기준

위 사업지침 등에 따르면 농업법인이 사진, 법인통장 입출금내역 등 증빙서류를 첨부하여 보조금 지급신청을 하면 이를 검토하여 확인된 조사료 생산량에 따라 보조금을 지급하도록 되어 있다. 그리고 지방자치단체는 사업비를 집행할 때 「보조금 관리에 관한 법률」 등을 준수하고, 사업자금이 타 용도로 사용되지 않도록 관련 증빙서류 확인 등을 철저히 하며, 자부담금(총사업비의 10%)의 집행내역은 보조금 지급 전까지 제출받도록 되어 있다.

그리고 보조금법과 「지방재정법」 등에 따르면 보조사업자는 법령 등에 따라 성실히 보조사업을 수행하고, 보조금을 다른 용도로 사용하거나 부정한 방법으로 교부받은 경우 해당 보조금 교부 결정을 취소하고 반환명령을 하도록 되어 있다.

나. 감사결과 확인된 문제점

1) 생산량 조사를 허위로 하는 등으로 보조금 부당 지급

그런데 □□시 업무담당자 B는 조사료 사일리지의 생산량 확인을 위한 현장출장을 하면서 실제 생산량보다 훨씬 많은 생산량을 확인한 것으로 출장복명서를 허위로 작성하는 등 실제 생산된 조사료보다 10배 이상 많은 생산량을 인정하고 6억 원의 보조금을 과다하게 지급하였다.

또한, 3개 농업법인이 허위로 발급받아 제출한 조사료 계량 증명서 7,979장을 아무런 확인 없이 그대로 인정하여 36억 원의 보조금을 지급하였다.

2) 자부담 이행여부 확인 없이 보조금 교부

□□시는 보조사업자의 자부담 내역을 보조금 교부 전에 제출받지 않고, 자부담으로 인정될 수 없는 증빙을 그대로 인정하여 농업법인들이 자부담을 부족하게 하였는데도 보조금을 교부하였다.

3) 보조금의 사적 사용 등 확인없이 부당 정산

□□시는 3개 농업법인과 실질운영자인 A가 지급된 보조금 42억 원 중 34억 원을 보조사업과 관련 없는 사적 용도 등에 사용하였는데도 법인통장 입출금 내역을 받아 보조금의 부당 집행 여부 등을 검토하지 않은 채 그대로 정산하였다.

4. 직무관련 금품수수

C는 위 보조사업 담당 과장, 국장을 역임하면서 관련 업무를 부당처리하고 A로부터 금품을 수수하였다.

5. 조치사항

징계요구 5명(출장복명서 허위 작성자 B 해임요구, 4명 경징계 이상), 인사자료 통보 2명(징계시효 경과 1명, 퇴직자 C), 주의요구 3명

통보(보조사업자가 허위로 청구하거나 및 목적 외 사용한 보조금 계 43억 원 환수)

수사요청(허위 공문서 작성, 직무관련 금품수수 등 혐의로 수사요청)

---

24) 조(粗)사료는 볏짚 등 되새김질을 하는 가축의 사료를 통칭하며, 영양성분을 높이고 보관이 용이토록 조사료를 둥글게 말아 비닐로 밀봉, 발효시킨 것을 조사료 사일리지(silage: 저장목초)라 한다.

25) 국산 조사료 생산·이용을 활성화하여 생산비 절감 등 축산업 경쟁력을 강화할 목적으로 농림축산식품부가 주관하는 보조사업이다.

7.2. 판단기준

국가 및 지방자치단체의 보조금 관리 및 보조사업 수행에 관하여는 국가와 지방자치단체의 「보조금 관리에 관한 법률」과 지방재정법에 기본적인 절차와 방법 등이 규정되어 있다. 구체적인 보조사업자 자격요건, 선정 절차 등은 위 사례(「조사료 생산기반 확충사업 시행지침」)와 같이 개별 보조사업의 시행지침 등에 규정되어 있다.

위 법령 등에 따르면 보조금을 목적 외로 사용할 수 없게 되어 있고, 국가 등은 보조금이 목적 외로 사용되지 않도록 관련 증빙서류 확인 등 감독을 철저히 하며, 목적 외로 집행된 보조금은 반환명령을 하도록 되어 있다.

7.3. 위법·부당사항 확인

(보조사업자 부당 선정) 법령과 보조사업자 선정에 관한 공고 등에 명시된 보조사업자 자격요건을 파악하고 보조사업자의 사업자 현황과 보조사업 신청서류 등을 검토하여 자격요건이 충족되는지를 확인한다.

사례의 경우 법령에 명시된 출자금 납입, 사업대상지 확보 등 보조사업자 자격요건 전반을 미충족하여 보조사업자로서 부적격으로 확인되었다.

(보조금 부당 지급) 사례에서는 조사료 사일리지 생산량을 담당 공무원이 허위로 과다하게 인정하거나 보조사업자가 허위 생산량 증명서를 제출하는 방법으로 보조금을 위법·부당하게 지원받은 사실이 확인되었다. 감사접근방법에 있어 위법·부당이 의심되는 사실관계(사례의 경우 '조사료 생산량')가 있을 때 그 진위(眞僞)를 확인할 수 있는 대사자료를 확보하여 활용하는 것이 중요하다.

위 사례에서는 생산량의 진위를 확인하기 위해 '조사료 생산량 계량소의 측정자료'와 '보조사업자의 조사료의 판매대금' 등을 조사하여 보조금이 지급된 생산량이 실제 생산량보다 훨씬 많은 사실을 확인한 것으로 보인다.

(보조금 사적 사용 및 부당 정산) 보조사업 관련 법령 등에 따르면 지방자치단체 등 사업시행기관은 보조금 집행 증빙서류 확인[26] 등을 통해 보조금이 목적 외로 사용되지 않도록 집행과 정산 업무를 철저히 하도록 되어 있다.

보조금의 목적 외 사용 사실은 보조금 계좌의 입출금 내역과 보조금 집행 증빙 서류를 각 건별로 검토하여 집행 용도가 보조사업 목적에 부합하는지 여부를 확인할 수 있다. 보조금은 해당 보조사업의 수행을 위해 집행하여야 하고 보조금 집행 용도는 보조사업 공고 등에 명시되어 있으므로 공고 내용 등을 확인하여 보조금 집행 용도가 적정한지 여부를 판단할 수 있다.

(금품 수수) 위 사례의 보조사업을 담당하는 국장 C는 보조사업자 A로부터 금품을 수수한 것으로 되어 있다. 직무관련 금품수수는 수사권이 없는 공공감사기구가 조사하여 확인하기는 쉽지 않다.

다만 위 사례는 국가 및 지방 보조사업을 집행하는 과정에서 발생된 문제를 감사한 것으로 회계검사 사항에 해당하여 감사원은 관련 금융기관에 금융거래정보를 제출하도록 요구[27]하여 금품수수 사실을 확인하거나, 위 사업의 보조금 관리 계좌의 금융거래 내용 등을 구체적으로 확인·추적하는 과정에서 금품수수 사실을 확인할 수 있다.

7.4. 조치사항

(문책성 조치) 보조사업 수행과 관련된 업무가 전반적으로 위법·부당하게 처리되어 총 10명에 대하여 징계요구 또는 통보(인사자료), 주의요구 조치를 하였다.

이중 출장복명서를 허위로 작성하여 조사료 생산량을 과다하게 인성하고, 보조금을 부당하게 지급한 업무담당자 B의 경우 고의가 있고 비위의 정도가 무거워 해임요구 하였다.

보조사업 담당 과장, 국장 등을 역임한 C의 경우 부당한 지시를 하고, 보조사업자로부터 금품을 수수하는 등 비위의 정도를 감안할 때 징계 중 가장 무거운 파면요구를 하는 것이 적정하나 감사 당시 이미 퇴직하여 통보(인사자료)한 것으로 판단된다. '통보(인사자료)'는 중징계사유에 해당하는 등 중대한 비위가 있으나

---

26) 보조사업 관련 법령 및 사업지침 등에 따르면 보조사업자는 보조금을 별도의 계좌로 관리하고 집행 증빙서류를 보관하도록 되어 있다.

27) 감사원은 감사원법 제27조 제2항에 따라 회계검사에 필요한 경우 금융기관에 금융거래정보의 제출을 요구할 수 있다.

징계시효가 경과한 공무원에 대하여 엄중한 인사조치를 하도록 인사권자에게 통보하거나, 고위직 공무원이 중징계 사유에 상응한 비위가 있으나 이미 퇴직한 경우 인사혁신처에 인사자료로 관리하도록 통보하는 조치이다.

한편, 위 사례의 경우 업무담당자의 공문서 허위 작성, 담당 국장의 직무 관련 금품 수수 사실 등 범죄혐의가 확인되어 수사기관에 수사요청을 하였다. 범죄혐의가 인정되는 사항에 대하여는 고발 또는 수사요청을 하는데 증거 인멸 등이 우려되어 신속한 수사가 필요한 경우 수사요청을 한다.

(시정성 조치) 보조사업자가 보조금을 부정한 방법으로 청구하여 지급받은 사실과 보조금을 목적 외로 사용한 사실이 확인되었다. 이러한 경우「보조금 관리에 관한 법률」등 관련 법령에 따르면 보조사업자에 대해 보조금 교부를 취소하고 보조금 반환명령을 할 수 있도록 규정되어 있다.

이에 따라 관련기관으로 하여금 해당 보조금(43억 원)에 대한 교부결정을 취소하고 반환명령을 하도록 통보한 것이다.

8. 「행복도시 주택 특별공급 업무 부당 처리」 사례[28]

8.1. 사례선정 사유 및 사건 요지

아래 사례는 국회의 감사요구에 따라 감사원이 2022년에 감사를 실시한 '세종시 이전기관 종사자 특별공급에 대한 감사'의 감사결과 중 일부이다.

감사의 주된 목적은 관련 공무원이 세종시 주택의 특별공급 업무를 위법·부당하게 처리하거나 특별분양을 부당하게 받은 사실을 확인하는 것인데 2.6만 명에 달하는 감사대상자 중에서 각종 전산자료 대사 및 분석을 통해 위법·부당 소지가 있는 사람을 선별하여 감사를 효율적이고 효과적으로 실시한 사례이다.

이와 유사한 감사를 수행하는 경우 감사접근방법으로 활용하기 좋은 사례이다.

---

28) 원문은 감사원 홈페이지(https://www.bai.go.kr) 감사보고서 공개문(2022. 7. 5. 세종시 이전기관 종사자 주택 특별공급 점검_특별공급 대상기관 관리 및 비대상자 확인서 발급 등 부적정) 참조

case 1-8: 특별공급 대상기관 관리 및 비대상자 확인서 발급 등 부적정

1. 업무 개요

□□부는 행복도시로 이전하는 국가기관 등의 종사자에게 주택을 특별공급할 수 있도록 하고 있다. ○○청은 주택건설사업자로 하여금 행복도시에 건설하는 주택의 일부를 특별공급하도록 하고 있다. 특별공급 대상기관의 장은 특별공급에 당첨된 직원에게 계약에 필요한 확인서를 발급하고 있다.

2. 특별공급 대상기관 확인 및 관리 업무 부당처리

가) 관계법령 및 판단기준

「주택공급 규칙 및 특별공급 세부기준」에 따르면 특별공급 대상자는 행복도시 예정지역으로 이전하거나 예정지역에 설치하는 특별공급 대상기관의 종사자로 한정되어 있다.

그리고 행복도시로 일부 소속기관만 이전하는 경우 해당 기관이 실제 행복도시로 이전하였는지 여부 등 자격요건을 검토하여 특별공급 대상 여부를 판단하도록 되어 있다.

나) 감사결과 확인된 문제점

그런데 ○○청 A는 △△청 소속 '□실'이 특별공급 대상기관에 해당하는지 여부를 검토하면서 □실은 행복도시 이전 기관이 아닌데도 그 사실관계를 검토하지 않은 채 □실을 특별공급 대상기관에 추가하고, □실 소속 직원들에게 특별공급 대상자격을 부여하는 것으로 내부 문서를 작성하여 B 및 과장 C의 결재를 받고 관련 업무를 처리하였다.

그 결과 □실에 근무하던 2명이 부당하게 특별공급에 당첨되었다.

3. 주택 특별공급 대상자 확인서 발급 부적정

가) 관계법령 및 판단기준

특별공급 세부기준에 따르면 주택 공급계약에 필요한 확인서는 특별공급 대상기관의 장이 발급하는 것이므로 특별공급 대상기관이 아닌 자가 확인서를 발급해서는 아니 된다.

나) 감사결과 확인된 문제점

그런데 ◇◇경찰서 D와 E는 특별공급에 당첨된 위 2명이 확인서 발급을 요청하자 파견자가 특별공급 대상기관에 종사하면 특별공급이 가능한 것으로 임의로 판단하여 확인서를 발급해주었다.

그 결과 특별공급 대상자 자격이 없는 위 부적격당첨자 2명은 특별공급 비대상기관의 장으로부터 발급받은 확인서를 사업주체에게 제출하여 주택 공급계약을 체결하였다.

4. 관계기관 의견 및 검토결과

① ㅁㅁㅁㅁ부는 특별공급 대상자가 아닌 파견자가 특별공급받은 주택에 대하여 「주택법」 제65조 등에 따라 계약취소 등 적정한 조치를 함과 아울러 앞으로 부적격당첨자가 주택을 공급받는 사례가 발생하지 않도록 점검 체계를 개선하겠다는 의견을 제시하였다.

② ○○청은 ㅁ실을 행복도시로 이전하였는지 여부 등 자격요건을 온전하게 파악하는 데 한계가 있었다고 답변하였다.

③ ◇◇경찰서는 특별공급 제도에 대한 이해가 부족한 일선 부서 담당자가 특별공급 대상자 자격요건까지 판단하는 것은 현실적으로 어려웠다고 답변하였다.

5. 조치할 사항

ㅁㅁㅁㅁ부장관은

① 특별공급 대상기관에 해당하지 아니한 기관의 종사자 2명에게 공급된 주택(2호)에 대해 「주택법」 제65조의 주택 공급질서 교란 행위 여부 등 사실관계를 조사한 후, 그 결과에 따라 주택 공급계약 취소 등 적정한 조치 방안을 마련하고 (통보)

② 특별공급 대상기관 자격요건 검토업무 등을 부당하게 처리한 C를 「국가공무원법」 제82조에 따라 징계처분(경징계 이상)하시기 바랍니다. (징계)

○○청장은 특별공급 대상기관 자격요건 검토업무 등을 부당하게 처리한 A와 B를 「국가공무원법」 제82조에 따라 징계처분(경징계 이상)하시기 바랍니다. (징계)

◇◇경찰서장은 관련 업무를 철저히 하고 관련자 D와 E에게는 주의를 촉구하시기 바랍니다. (주의)

8.2. 판단기준

위 사례의 판단기준은 행복도시 주택 특별공급 대상과 절차 등을 규정한 '주택공급 규칙' 및 '특별공급 세부기준' 등이다. 이러한 규정에 따르면 특별공급 자격요건과 중복 당첨 금지 등이 구체적으로 명시되어 있다. 이러한 규정을 토대로 특별공급 당첨자의 자격요건의 적정성 여부를 검토한다.

8.3. 위법·부당사항 확인

위 감사의 중점 확인사항 중 하나는 국회감사요구의 취지에 따라 행정중심복합도시 주택 특별공급이 적정하게 이루어졌는지, 특별공급 대상이 아닌 자가 부당하게 특별공급을 받은 것은 없는지 여부를 확인하는 것이다.

위 감사중점사항을 확인하기 위하여는 2.6만 명에 달하는 특별공급 당첨자별로 자격요건이 충족되는지 여부 등을 점검하여야 한다.

2.6만 명의 공무원을 개개인별로 당첨 자격을 확인하는 것은 사실상 불가능하고, 극소수의 부적격 당첨자를 적발하기 위해 수많은 선량한 공무원을 장기간 감사하게 되면 그에 따른 사회적 비용이 적지 않다. 따라서 당첨자 중에서 불법 소지가 있는 사람('위험군'이라 한다)을 선별하여 그에 대해 특별공급 자격요건 충족여부, 자격 취득경위 등을 구체적으로 확인하는 것이 바람직하다.

따라서 '위험군'을 선별하는 일이 감사의 일차적인 관건이다. 이에 대하여 감사원 감사보고서는 아래와 같은 방법으로 선별하였다고 밝히고 있다.

━ Ref.1 감사대상자 중에서 고위험군 추출 방법

"감사대상기관 등으로부터 특별공급 대상기관 현황(행정중심복합도시건설청), 특별공급 당첨자 명단(한국부동산원), 특별공급 입주자 모집공고 및 취득세 납부 내역(세종특별자치시), 부동산 매매정보(국토교통부) 등 기초자료를 수집·분석하고, 이를 국민건강보험공단으로부터 제출받은 당첨자의 건강보험 득실 내역과 대사하여 입주자 모집공고일 기준으로 당첨자에 대한 소속기관 정보를 추출한 후, 해당 기관으로부터 당첨자의 인사자료를 확보하였다.

이를 토대로 행정중심복합도시 특별공급 대상기관 종사자 외의 당첨자, 특별공급 중복 당첨, 자격상실(정년퇴직자)이 의심되는 당첨자 명단 등을 추출한 후 (중략) 실지 감사하였다."[29]

---

29) 감사원 감사보고서 공개문(세종시 이전기관 종사자 주택 특별공급 점검) 3쪽에서 발췌. 원문은 감사원 홈페이지(https://www.bai.go.kr) 감사보고서 공개문(2022. 7. 5. 세종시 이전기관 종사자 주택 특별공급 점검) 참조

위 내용과 같이 "특별공급 당첨자 명단 등 자료 수집"(한국부동산원 자료 등) → "입주자 모집 공고일 현재 소속기관 자료 추출"(국민건강보험공단 자료 등) → "당첨자 인사자료 확보"(소속기관 인사자료 등) 등과 같은 과정을 거쳐 특별공급 부적격자로 의심되는 위험군을 선별한 것으로 되어 있다.

당첨자 명단에 2회 이상 기재된 경우는 중복 당첨이, 입주자 공고일 현재 소속기관이 특별공급 대상기관이 아닌 경우 부적격 소지가 높은 것이다. 이와 같은 과정을 거쳐 2.6만 명에 달하는 당첨자 중에서 감사를 실시할 필요가 있는 '위험군'을 선별함으로써 감사를 효율적이고 효과적으로 수행할 수 있는 것이다.

공공감사 과정에서 불특정 다수의 사람이나 기관, 기업 등을 대상으로 감사를 실시하는 경우 위 사례와 같이 위험군을 적절하게 선별하는 과정이 대단히 중요하다. 그렇지 않을 경우 방대한 감사대상에 대해 위법·부당 여부를 제대로 확인하기가 어렵고, 문제가 없는 감사대상에 대해 확인하는 과정에서 감사자원이 낭비되거나 과도한 사회적 비용이 발생할 수 있다.

위 사례와 같이 정보시스템과 디지털 자료 및 기술을 적극적으로 활용하여 방대한 감사대상 중 위험군을 선별(예, 수백만 명에 달하는 복지자금 수령자 중 부적격 의심자 추출 등)하여 감사를 실시하는 것이 바람직하다.

8.4. 조치사항

(부적격 당첨자에 대한 시정성 조치) 부적격자로서 특별공급 받은 2명에 대하여는 사실관계 조사 등을 거쳐 특별공급 취소 등 적정한 조치를 하도록 통보하였다. 부적격자가 법령에 위배되게 행복도시 주택을 특별공급 받은 경우 주택공급을 취소할 수 있는 법적 근거가 있고, 부적격자에게도 상당한 귀책사유가 있는 것으로 보이므로 부당하게 발생된 결과를 원상회복하도록 하는 시정성 조치를 한 것이다.

(업무 부당처리 관련자에 대한 문책성 조치) 특별공급 대상기관 검토업무를 부당하게 처리한 관련자와 특별공급 대상 확인서를 부당하게 발급한 관련자에 대하여는 각각 비위의 정도에 따라 징계요구 또는 주의요구 하였다.

공직비리조사 사례연구

1. 「지방의회의원의 부정한 청탁에 따라 보조사업 추진」 사례

1.1. 사례선정 사유 및 사건 요지

사례는 지방의회 의원이 지방자치단체 공무원에게 특정한 사업자를 대상으로 보조사업을 추진하도록 청탁하여 보조사업이 위법·부당하게 추진된 사안이다.

"업무의 위법·부당한 추진과 공직자의 개인비리가 결부된 사안"으로 공직비리 조사의 감사판단기준과 보조사업과 관련된 개인비리 조사방법 등을 이해하는 데 도움이 되는 사례이다.

한편으로, 지방의회 의원이 공무원에게 보조사업을 청탁한 사안으로 선출직 공무원의 비리에 대한 조치방향을 결정하는데 참고가 될 것이다.

---

case 2-1: 지방의회의원이 청탁한 업체와 협의하여 보조사업 부당 추진[1]

1. 사건 개요

ㅁㅁ시는 「지방재정법」 등에 규정된 절차에 따라 지방보조사업 예산을 편성하고, 공모를 통해 보조사업자를 선정하는 등 지방보조사업을 추진하고 있다.

2. 지방보조사업 변경 부적정

가. 관계법령 및 판단기준

구 「지방재정법」 제32조의2에 따르면 지방보조금은 해당 지방보조사업의 성격, 지방보조사업자의 비용부담능력에 따라 적정한 수준으로 책정하여야 하고, 지방자치단체의 장은 지방보조금심의위원회의 심의를 거쳐 지방보조금 예산을 편성하도록 되어 있다.

따라서 지방보조사업의 적격자가 없어 새로운 지방보조사업을 추진할 때에는 해당 지방보조사업의 성격, 지방보조사업자의 비용부담능력 등을 검토하고, 지방보조금심의위원회 심의와 지방의회의 의결을 거쳐 추진하여야 한다.

나. 감사결과 확인된 문제점

□□시는 2017년 12월 □□시의회로부터 시의회의원 A가 발의한 낚시교육사업의 사업비 2억 원을 2018년도 예산 신규항목(민간경상보조사업)으로 설치해 줄 것을 요청받았다. 이에 대해 □□시장은 사업자 공모를 조건으로 예산증액 요구에 동의하였고, 이후 ○○과는 위 사업을 공모를 통해 추진하였으나 적격자가 없어 사업추진이 어려워지게 되었다. 이에 ○○과는 2018년 6월 A의원에게 낚시교육사업 추진이 어려워졌으며 사업비를 불용하거나 다른 사업으로 전용하는 것으로 대면보고하였다.

이후 A의원은 2018년 7월 중순경 ○○과에 낚시교육사업을 △△홍보사업으로 변경하도록 제의하면서 B주식회사와 추진할 것을 청탁하였다. 이에 따라 ○○과는 2018년 8월 지방보조금심의위원회 심의 등 절차 없이 낚시교육사업을 △△홍보사업으로 변경하는 것으로 결정하여 사업추진계획을 수립하였다.

그 결과 낚시교육사업과 사업목적이 다른 새로운 지방보조사업인 △△홍보사업을 지방보조금심의위원회 심의와 지방의회의 의결을 거치지 않고 추진하게 되었다.

3. 지방보조사업자 공모 및 선정 부적정

가. 관계법령 및 판단기준

「부정청탁 및 금품등 수수의 금지에 관한 법률」 제5조 등에 따르면 누구든지 보조금 등의 업무에 관하여 법령을 위반하여 특정 단체가 보조금을 지원받도록 공직자 등에게 청탁을 할 수 없게 되어 있다. 그리고 부정청탁을 받은 공무원은 이를 거절하도록 되어 있으며 이를 위반한 경우 징계처분하도록 되어 있다. 그리고 「지방재정법」에 따르면 지방보조금은 공모절차에 따른 신청자를 대상으로 교부하도록 되어 있고, 「□□시 공무원 행동강령」 제5조에 따르면 공무원은 공정하게 직무를 수행하도록 되어 있다.

따라서 공무원은 지방의회의원으로부터 법령을 위반하여 특정 단체에 보조금을 지원하도록 부정청탁을 받은 경우 이를 거절하여야 하며, 지방보조사업을 추진하면서 보조사업자 공모기준 등을 특정업체와 사전에 협의하는 등의 방법으로 공모기준을 불공정하게 설정하여 특정업체가 유리한 평가를 받도록 하여서는 아니된다.

나. 감사결과 확인된 문제점

그런데 ○○과는 위 A의원의 청탁에 따라 2018. 8월 B회사와 △△홍보사업 추진과 관련하여 논의를 하고, 위 회사로부터 공모 기준과 정량적 평가기준을 제출받은 후 그대로 한강홍보사업 추진계획에 반영하여 보조사업자를 공모(公募)하였다.

그 결과 한강홍보사업 공모에 응모한 2개 업체 중 B회사만 공모 기준을 충족하였고, 지방보조사업자로 선정되어 지방보조금 2억 원을 교부받게 되었다.

4. 조치사항

　① 업무를 부당하게 처리한 관련자 4명 징계요구 또는 주의요구

　② 지방의회 의원 A의 비위행위(부정청탁)를 □□시의회에 통보

　③ 위 사건 관련자를 수사기관에 고발

1.2. 판단기준

사례의 경우 업무의 위법·부당과 개인비리가 결부되어 있어 감사판단기준은 두 가지로 구분된다. 지방보조사업의 추진절차, 방법 등을 규정한 지방재정법 등 관련 법령과 부정한 청탁을 받은 공직자는 이를 거부하고 신고하도록 하는 등 공무원 등의 행위규범을 규정한 부정청탁금지법과 공무원 행동강령 등이 감사의 판단기준이 되었다.

"공직비리 조사 접근방법"에서 설명한 바와 같이 공직비리 사안의 경우 "직무와 관련된 법령"과 "공무원 등의 행위규범을 정한 법령"을 함께 검토하여 업무처리의 적정성 여부와 개인 비리 여부를 판단한다.

1.3. 위법·부당사항 확인

사례와 같이 업무의 위법·부당과 공직자의 개인비리가 결부된 사건에 대하여는 일차적으로 관련 업무처리의 위법·부당한 사실을 증명하고, 다음으로 업무처리 과정에서 공무원 등의 개인비리 여부를 조사한다.

사례의 경우 지방보조사업 추진과 관련된 서류를 검토하여 법령에 규정된 보조사업 절차와 실제 보조사업 추진 절차를 대조하여 보조사업이 법령에 규정된 절차를 거치지 않고 추진된 사실을 확인할 수 있다.

---

1) 원문은 감사원 홈페이지(https://www.bai.go.kr) 감사보고서 공개문(2022. 3. 31. 지방자치단체 계약 등 관련 비리점검_지방의회의원이 청탁한 업체와 사전 협의하여 지방보조사업 부당 추진) 참조

한편으로, 사업추진 과정의 개인비리 여부에 대한 조사는 보조사업 추진이 위법·부당하게 이루어진 사실을 기초로 업무담당자와 결재자 등에 대한 문답조사 등을 통해 업무처리 경위를 추궁하여 비리사실을 규명하는 것이 일반적이다.

업무처리의 부적정에 대한 감사 외에 개인비리 여부를 조사하여 정확한 실체적 진실을 규명하기 위하여는 심도있는 조사가 필요하다.[2] 감사보고서 원문에 따르면 보조사업 담당 부서(○○과)와 보조사업자(B회사) 간의 통화기록 및 이메일 수·발신 내용, 보조사업자의 청사 출입기록 등을 조사하여 담당 부서와 보조사업자가 사전에 접촉하여 공모기준을 상의하고, 보조사업자가 공모기준을 담당 부서에 전달한 사실 등을 파악한 것으로 보인다.

1.4. 조치사항

(업무담당자에 대한 조치) 업무담당자 등은 직무에 관한 부정한 청탁을 받고 거절하지 아니한 점, 청탁받은대로 업무를 처리하는 과정에서 법령을 위반하여 보조사업을 추진한 점, 보조사업자와 사전에 공모(共謀)하여 공모(公募)기준을 정하는 등 업무를 불공정하게 수행한 점 등 비위의 정도가 무거우므로 문책성 조치로 징계요구 및 주의요구를 하였다.[3]

그리고 위 사안은 청탁금지법에서 금지하고 있는 부정한 청탁에 해당되며, 위반 시 청탁한 사람과 받은 사람 모두 벌칙규정이 적용되는 사항이므로 위 관련자에 대하여 수사기관에 고발 조치하였다.

(지방의회 의원에 대한 조치) 한편으로, 부정한 청탁을 한 지방의회의원(A의원)은 선출직 공무원으로서 지방공무원법에 따른 징계 규정이 적용되지 않는다.

하지만 「지방의회의원 행동강령」(대통령령) 제8조 제1항 및 지방자치단체의 「의회의원 행동강령 조례」 등에 따르면 지방의회의원은 직위를 이용하여 타인이

---

2) 공직자의 개인 비리에 조사 방법은 사안의 특성에 따라 다양하고, 조사방법을 자세하게 다루는 것은 적절하지 않은 면이 있다. 다만, 감사원의 공직비리 조사 관련 각종 감사보고서를 열람하여 조사방법을 참고할 수 있다.

3) 위 사례는 보조사업 담당 공무원이 보조사업자와 공모(公募)기준을 미리 공모(共謀)하는 등 비위의 정도가 심각하여 일반적인 사안이라면 중징계 사유에 해당될 수 있을 것으로 판단된다. 다만, 공무원이 지방의회의원의 청탁을 거절하기가 현실적으로 어려운 점을 고려하여 중징계요구는 하지 않은 것으로 보인다.

부당한 이익을 얻도록 해서는 아니되도록 되어 있고, 이를 위반한 경우 지방의회는 윤리특별위원회의 심사를 거쳐 의결로써 지방의회의원을 징계를 할 수 있도록 되어 있다(지방자치법 제98조 및 제100조 등).4)

이러한 법령에 따라 감사원은 아래와 같이 위 지방의회의원의 비위 내용을 시의회의장에게 통보하여 법령 및 조례 등에 따라 적정한 조치를 하도록 하였다.

— Ref.2   통보(비위): 지방보조사업자 선정 관련 부정청탁

□□시의회의원 A의 행위는 「부정청탁 및 금품등 수수의 금지에 관한 법률」 제5조 제1항 제8호 및 「지방의회의원 행동강령」 제8조 제1항5), 「□□시의회 의원 행동강령 조례」 제8조 제1항을 위반한 것으로 엄중한 조치가 필요하다고 판단되어 그 비위내용을 통보하오니, □□시의회 의장은 위 A에 대해 「부정청탁 및 금품등 수수의 금지에 관한 법률」 제21조, 같은 법 제23조 제1항 제1호 및 제7항, 「□□시의회 회의규칙」 제84조에 따라 적정한 조치를 하시기 바랍니다.

---

2. 「직무관련 향응 및 금품수수」 사례

2.1. 사례선정 사유 및 사건 요지

사례는 지방자치단체 공무원이 직무관련 업체의 관계자에게 특혜를 주고 금품과 향응을 수수하는 등 다양한 비리를 조사하여 징계요구(파면) 및 수사요청한 내용이다. 조사의 내용은 업무상의 위법·부당보다는 법령에 규정된 "행위규범을 위반한 공무원의 개인비리"에 초점이 맞춰져 있다. 공직자의 직무와 관련된 개인비리를 조사하는 감사접근방법을 이해하는 데 도움이 되는 사례이다.

---

4) 지방자치법 제98조(징계의 사유) 지방의회는 지방의회의원이 이 법이나 자치법규에 위배되는 행위를 하면 윤리특별위원회의 심사를 거쳐 의결로써 징계할 수 있다.

5) 「지방의회의원 행동강령」(대통령령) 제8조(이권 개입 등의 금지) ① 의원은 그 직위를 직접 이용하여 부당한 이익을 얻거나 타인이 부당한 이익을 얻도록 해서는 아니 된다.
② 의원은 사적 이익을 위하여 소속 지방의회의 명칭이나 직위를 공표·게시하는 등의 방법으로 이용하거나 타인에게 이용하게 해서는 아니 된다.

case 2-2: 직무 관련 향응 및 금품수수 등[6]

1. 사건 개요

ㅁㅁ광역시 상수도사업본부는 2020. 4. 27. 한국지능정보사회진흥원이 공고한 '지능형 초연결망 선도·확산사업'에 주관기관으로 선정되어 2년간 국가연구개발과제를 수행하는 등 총 3개의 사업(사업비 계 44억 원)을 수행하면서 ㅁㅁ광역시 관내 상수도에 원격검침용 무선통신단말기 1,570대 등을 시범 설치하는 정보화사업을 추진하고 있다

2. 논문 대필의 대가로 연구과제 참여기관으로 선정한 후 향응 및 금품 수수

1) 관계법령 및 판단기준

「지방공무원법」제53조와 「부정청탁 및 금품등 수수의 금지에 관한 법률」과 「ㅁㅁ광역시 공무원 행동강령 규칙」제17조 등에 따르면 공무원은 ① 직무의 범위를 벗어나 사적 이익을 위하여 소속 기관의 명칭이나 직위를 공표·게시하는 등의 방법으로 이용하여서는 아니 되고, ② 직무와 관련하여 직접적이든 간접적이든 사례·증여 또는 향응을 주거나 받을 수 없도록 되어 있으며, ③ 직무 관련 여부 및 기부·후원·증여 등 그 명목에 관계없이 동일인으로부터 1회에 100만 원 또는 매 회계연도에 300만 원을 초과하는 금품 등을 받거나 요구 또는 약속해서는 아니 되고, ④ 학연·지연 등을 이유로 특정인에게 특혜를 주거나 특정인을 차별하여서는 아니 된다.

2) 감사결과 확인된 문제점

가) 자신의 직위를 공표하여 석사학위 논문 대필 요구

위 사업을 담당하는 A팀장은 지인으로부터 소개받은 ㈜▽▽의 대표이사 D에게 자신의 대학원 석사학위 논문을 대필해달라고 요구한 후 논문 초안 및 수정본 등을 3회에 걸쳐 이메일로 전송받아 ㅇㅇ대학교에 제출하여 같은 해 8. 20. 대학원을 졸업하고 석사학위를 취득하였다. 이와 같이 A팀장은 자신의 사적인 이익을 위하여 공무원 직위 등을 공표하는 등의 방법으로 D에게 논문을 대필하게 하였다.

나) 논문 대필의 대가로 ㈜▽▽을 연구과제 참여기관으로 선정

A팀장은 'ㅁㅁ광역시 지능형 물관리체계 구축사업'을 검토하던 중 논문 대필의 대가로 2019. 10월 D에게 상수도 원격검침용 무선통신단말기 개발을 검토하도록 한 다음, 2020. 4. 20. 지능형 초연결망 선도·확산사업 연구과제에 ㈜▽▽을 6곳의 컨소시엄 중 하나의 참여기관으로 선정하고, 상수도 원격검침용 무선통신단말기 등을 개발·납품하는 것으로 협약을 체결하였다.

다) ㈜▽▽을 연구과제 참여기관으로 선정한 대가로 향응 및 금품 수수

A팀장은 지능형 초연결망 선도·확산사업 연구과제 등을 추진하면서 2020. 10월 ㅇㅇ학회가 주최하는 공동학술발표회에 참석하여 특별세션을 주관하기로 결정하였으면서도 참석수당 등 소요예산을 마련하지 않고 있다가 2020. 11월 D에게 "D 대표가 해당 학회에 대한 수당지급 등 비용을 내줘"라고 현금을 요구하여 250만 원의 금품을 수수하였다.

더욱이 A는 2020. 8. 6. D 및 주무관 F과 함께 저녁식사를 하면서 D에게 "오늘 좋은 술집이나 갑시다"라고 먼저 향응을 요구하여 ㅁㅁ광역시에 있는 유흥주점에서 접대를 받는 등 3회에 걸쳐 130만 원 상당의 향응을 받았다.

3. 금품수수의 대가로 통신단말기 설치업체 선정에 개입하는 등 부당이익 제공

1) 관계법령 및 판단기준

「ㅁㅁ광역시 공무원 행동강령 규칙」 제16조 등에 따르면 공무원은 자신의 직위를 직접 이용하여 부당한 이익을 얻거나 타인이 부당한 이익을 얻도록 하여서는 아니 되며, 직무수행과 관련하여 자기 또는 타인의 부당한 이익을 위하여 직무관련자를 다른 직무관련자에게 소개하여서는 아니 될 뿐 아니라 공직자가 아닌 자에게 알선·청탁 등으로 계약 당사자 선정 등에 개입하거나 영향을 미치도록 하는 행위를 하여서는 아니 된다.

그리고 「정보통신공사업법」 제3조 등에 따르면 정보통신공사업자가 아니면 정보통신공사를 도급받거나 시공할 수 없도록 되어 있다.

2) 감사결과 확인된 문제점

A팀장은 2019. 9월 ㅁㅁ광역시청 인근 음식점에서 D와 ㈜◇◇ 대표이사 H 등과 함께 식사를 하면서 향후 추진하게 될 '대전광역시 상수도 원격검침 무선통신시스템 구축 사업' 등에 D, H가 함께 참여하기로 공모(共謀)하였다.

그리고 A팀장은 2019. 11. 15. H로부터 5,000만 원을 수수하고 같은 날 제3금융권의 고금리 대출액 28백만 원을 상환하는 등 개인 용도로 사용하였다. 이후 A팀장은 2021.10월경 다른 참여기관이었던 △△㈜ I에게 무선통신단말기를 조달제품으로 구매·납품하도록 하면서 설치는 H에게 발주하도록 요구하였고, 해당 제품의 설치단가(조달가격 47,300원)를 알면서도 H의 견적가격(180,800원)으로 발주하도록 지시하였다. 이에 I는 H로부터 견적서를 제출받은 후 정보통신공사업 면허가 없는 II에게 무선통신단말기 50대 등 설치용역을 발주(금액 1,300만 원)하였다.

이와 같이 A팀장은 H에게 5,000만 원을 수수한 대가로 주관기관의 권한을 이용하여 I로 하여금 정보통신사업 면허가 없는 H에게 무선통신단말기 설치용역 계약을 체결하도록 지시한 결과, H가 13백만 원의 부당이득을 얻도록 특혜를 제공하였다.

4. 조치사항

- 징계요구 (A팀장: 파면, 주무관 F: 경징계 이상)
- 수사요청 (위 사건 관련자)
- 통보: ① 정보통신공사업 면허 없이 통신단말기 설치공사 등을 수행한 ㈜◇◇를 고발하는 방안을 마련하고, ② ㈜◇◇의 부정행위(설치공사비 과다 산정 등)를 한국지능정보사회진흥원 등에 통보하는 방안 마련
- 주의요구: 무자격업체를 정보통신공사에 참여시키는 일이 없도록 업무 철저

---

6) 감사보고서(2022. 8. 11. 대전광역시 정기감사_직무관련 향응 및 금품수수 등) 참조

2.2. 감사판단기준

사례의 경우 업무처리와 관련된 위법·부당사항보다는 공무원의 행위규범을 위반하여 직무관련자에게 특혜를 주고 금품을 수수하는 등 개인비리에 대한 조사가 주된 내용이다.

이에 따라 감사판단기준도 업무처리방법 등에 관한 내용보다는 「지방공무원법」과 「부정청탁 및 금품등 수수의 금지에 관한 법률」, 「공무원 행동강령」 등에 규정된 내용이 주를 이루고 있다.

위 법령에 따르면 공무원은 직위를 사적으로 이용하거나, 직무와 관련하여 금품 등을 수수하지 못하고, 계약 등에 부당하게 개입할 수 없도록 되어 있는 등 공무원의 금지행위를 규정하고 있는데 이러한 규정이 감사의 판단기준이 되었다.

2.3. 위법·부당사항 확인

감사보고서 원문의 내용을 보면 감사제보 또는 이해관계인의 비리에 대한 진술 등이 있었던 것으로 보인다. 제보 또는 입수된 정보를 기초로 공무원의 비리를 조사하는 경우 제보 내용이 사실과 다르거나 왜곡된 경우도 종종 있으므로 제보 등의 내용에 대하여 객관적인 사실 여부를 확인하고, 비리 사실을 증명하는 구체적인 증거(직접증거 및 간접증거)를 수집하여야 한다.

제보 내용이나 일방 당사자의 진술 외에 객관적인 증거가 충분하지 않은 경우 상대방의 반박이나 반증(反證) 등에 따라 감사결론을 도출하기 어려울 수 있기 때문이다.

감사보고서 원문에 따르면 위 사례의 경우 업무관련 자료 수집과 함께 관련자 간의 이메일 송수신 자료와 통화기록, 비리사실에 관한 개연성을 입증하는 대화 녹취록, GPS 위치 자료, 향응수수 관련 동석자 등에 대한 문답조사와 영수증 등을 감사증거로 수집하여 비리사실을 입증하였다.

2.4. 조치사항

사례의 A팀장은 금품수수 등 공무원의 행위규범을 위반한 정도가 중대하여 가장 무거운 제재인 중징계(파면)요구를 하였다. 향응 수수에 동석한 주무관 F에 대하여는 행동강령 등 위반을 사유로 징계(경징계 이상)요구를 하였다.

그리고 직무관련 금품수수는 「부정청탁 및 금품등 수수의 금지에 관한 법률」에 규정된 금지사항으로 위반시 형사처벌 대상[7]이 되므로 위 사건에 대하여 경찰청에 수사요청하였다.

한편, 전기통신공사 면허 없이 통신단말기를 설치한 ㈜◇◇에 대하여는 관련 법령에 따라 고발 조치 등을 하도록 통보하였다.

3. 「청탁금지법에 위반된 공무원의 금품수수에 대해 비위 통보」 사례[8]

3.1. 사례선정 사유 및 사건 요지

사례는 공무원이 지인으로부터 1년간 3,600만 원의 금품을 수령한 사실을 적발하고, 「부정청탁 및 금품등 수수의 금지에 관한 법률」(청탁금지법)에 따라 적정한 조치를 하도록 소속기관장에게 통보(비위)한 사안이다.

직무와 관련이 없는 부정청탁금지법 위반사항으로, 해당 공무원은 어려운 처지에서 지인으로부터 경제적 지원을 받은 것이므로 청탁금지법 위반이 아니라고 주장하여 법에 규정된 "어려운 처지"에 대한 해석 및 판단이 쟁점이 된 사안이다.

---

7) 「부정청탁 및 금품등 수수의 금지에 관한 법률」 제8조(금품등의 수수 금지) ① 공직자등은 직무 관련 여부 및 기부·후원·증여 등 그 명목에 관계없이 동일인으로부터 1회에 100만원 또는 매 회계연도에 300만원을 초과하는 금품등을 받거나 요구 또는 약속해서는 아니 된다.
제22조(벌칙) ① 다음 각 호의 어느 하나에 해당하는 자는 3년 이하의 징역 또는 3천만원 이하의 벌금에 처한다.
1. 제8조제1항을 위반한 공직자등(제11조에 따라 준용되는 공무수행사인을 포함한다). ("이하 생략")
8) 감사보고서(2022. 2. 17. □□□□청 정기감사_금품 수수로 부정청탁 및 금품 등 수수의 금지에 관한 법률 위반) 참조

청탁금지법은 정부와 지방자치단체, 공공기관 등의 공직자 등을 규율대상으로 하고, 법 위반행위에 대하여는 일반적으로 공공감사기구가 조사하여 처리하므로 법 위반 여부에 대한 판단기준 설정, 조사·처리 방법 등을 참고할 필요가 있다.

---

case 2-3: 금품 수수로 「부정청탁 및 금품 등 수수의 금지에 관한 법률」 위반

1. 업무 개요

□□청은 「부정청탁 및 금품등 수수의 금지에 관한 법률」 등에 따라 소속 공무원이 금품을 제공받지 않도록 하는 등 복무를 관리·감독하고 있다.

2. 관계법령 및 판단기준

청탁금지법 제8조 등에 따르면 공직자는 직무 관련 여부 및 기부·후원·증여 등 그 명목에 관계없이 동일인으로부터 1회에 100만 원 또는 매 회계연도에 300만 원을 초과하는 금품 등을 받아서는 아니 되며, 공공기관의 장 등은 공직자가 이 법을 위반한 경우 징계처분을 하도록 되어 있다.

한편 청탁금지법 제8조에 따르면 공직자와 특별히 장기적·지속적인 친분관계를 맺고 있는 자가 질병·재난 등으로 어려운 처지에 있는 공직자에게 제공하는 금품 등은 수수를 금지하는 금품 등에 해당하지 아니한다고 되어 있다.

3. 관련자의 위법·부당 행위

□□청 소속 공무원 A는 배우자가 췌장암 판정을 받자 배우자 간병을 위해 가사휴직을 하기로 계획하고, 자신의 이러한 사정을 대학 선배인 B에게 이야기하였다. 이후 B가 자신이 대표이사로 있는 회사의 자금으로 매월 300만 원씩, 1년간 계 3,600만 원을 A명의 계좌에 이체하자 A는 위 금품을 그대로 수수하였다.

이에 A가 B로부터 받은 금품이 청탁금지법에서 예외적으로 인정하는 금품 등 수수 사유인 질병·재난 등으로 어려운 처지에서 받은 것인지 여부를 검토하였다.

그런데 A의 수입·지출 및 재산 변동 내역과 그 밖에 생활영위 상태, 휴직기간 이후의 금품수수 내용 등을 종합적으로 고려할 때 A가 불가피하게 타인으로부터 물질적 도움을 받아야 할 만큼 전반적인 생활 영위 상태 등이 어려운 처지에 있었다고 보기 어렵다고 판단된다.

따라서 E의 행위는 청탁금지법 제8조 제1항에 위배된 것으로 같은 법 제21조에 해당한다.

4. 관계기관 등 의견 및 검토결과

□□청과 A는 질병·재난 등에 처한 상황으로 인해 특별히 장기적·지속적인 친분관계를 맺고 있는 자로부터 금품 등을 수수한 경우, '질병·재난 등에 처한 상황'이라는 그 사실관계 자체로도 청탁금지법 제8조에서 규정한 '어려운 처지'에 있었다고 볼 수 있다고 주장한다.

그러나 청탁금지법 제1조에 따르면 이 법은 공직자 등에 대한 부정청탁 및 공직자 등의 금품 등의 수수(收受)를 금지함으로써 공직자 등의 공정한 직무수행을 보장하고 공공기관에 대한 국민의 신뢰를 확보하는 것을 목적으로 한다고 되어 있다.

그리고 국민권익위원회가 발행한 "청탁금지법 유권해석 사례집"에 따르면 질병·재난 등의 사유가 아니라 주식투자, 자녀의 해외유학 등 다른 사유로 어려운 처지에 있는 경우는 제외한다고 되어 있는 바 이는 질병·재난과 유사한 사유가 발생하였을 뿐만 아니라 이로 인해 어려운 처지에 놓일 것이 필요하다고 해석하는 것으로 판단된다.

따라서, 금품 수수를 예외적으로 허용하는 '질병·재난 등으로 어려운 처지'에 있다는 의미는 단순히 공직자나 그 가족이 질병에 걸리거나 재난을 당한 경우를 의미하는 것이 아니라 이와 같은 사정으로 인해 지인 등으로부터 불가피하게 도움을 받아야 할 만큼 전반적인 생활 영위 상태 등이 어려운 처지에 있는 경우를 의미한다고 할 것이므로 위 주장을 인정하기 어렵다.

5. 조치할 사항

A의 금품 수수 행위는 「부정청탁 및 금품등 수수의 금지에 관한 법률」 제8조 제1항을 위반한 것으로 엄중한 조치가 필요하다고 판단되어 그 비위내용을 통보하오니, □□청장은 같은 법 제21조에 따라 A의 금품 수수 행위에 대하여 적정한 조치를 하시기 바랍니다. [통보(비위)]

3.2. 판단기준

위 사례의 금품수수가 청탁금지법 위반인지 여부에 관한 판단기준을 정함에 있어 쟁점은 청탁금지법에서 금품 수수의 예외로 허용하는 사유 중 하나인 "질병, 재난 등으로 어려운 처지"를 어떻게 해석할 것인가이다.

이에 대해 A와 소속기관은 "'질병·재난 등에 처한 상황'이라는 그 사실관계 자체로도 청탁금지법 제8조에서 규정한 '어려운 처지'에 있었다고 볼 수 있다"고 주장하였다.

그러나 감사원은 청탁금지법의 제정 목적과 국민권익위원회의 유권해석 사례 등을 근거로 "'질병·재난 등으로 어려운 처지'에 있다는 의미는 단순히 공직자나 그 가족이 질병에 걸리거나 재난을 당한 경우를 의미하는 것이 아니라 이와 같은 사정으로 인해 지인으로부터 불가피하게 도움을 받아야 할 만큼 전반적인 생활 영위 상태 등이 어려운 처지에 있는 경우를 의미한다."고 해석하고 위 주장을 받아들이지 않았다.

사례와 같이 합법성 감사에서 법령 규정을 해석하고 법 위반 여부를 판단할 때는 관련 법률의 제정 목적과 취지, 소관 중앙행정기관의 유권해석 등을 종합적으로 검토하여 판단하는 것이 바람직하다.

3.3. 위법·부당사항 확인

사례의 위법·부당사항은 금지된 금품을 수수한 사실이다. 감사보고서에 따르면 지인 B가 금품을 A의 계좌로 지급하였다고 되어 있으므로 최종적으로 A의 계좌를 확인하여 위법사실을 확인한 것으로 보인다.

감사보고서 원문에 따르면 지인 B가 금품을 직원 인건비 명목으로 공무원 A에게 지급한 것으로 되어 있어 A에게 급여소득이 발생하여 이러한 소득자료(국세청 기타소득자료)에 대해 그 출처를 규명하여 금품수수 사실을 확인할 수 있다.

3.4. 조치사항

위 사례는 법률 위반 금품수수에 대해 소속 기관장에게 청탁금지법 관련규정에 따라 적정한 조치를 하도록 '통보(비위)'하였다.

공무원의 직무관련 금품수수 행위에 대하여는 징계(중징계)요구를 하는 것이 일반적이다. 그런데 위 사례와 같이 징계요구하지 아니하고 통보(비위)한 사유는 위 금품수수가 직무와 무관한 청탁금지법 위반행위이기 때문이다.

청탁금지법은 공직자 등에 대해 직무관련 여부와 관계없이 일정금액 이상의 금품수수를 금지하면서, 법 위반 사실에 대하여 감사원 등에 신고하도록 되어 있고, 감사원은 이에 대해 감사 및 조치를 하도록 되어 있다.

감사원은 직무와 관련이 없는 청탁금지법 위반행위 등에 대하여 감사결과를 처리할 때는 일반적으로 '통보(비위)' 형식으로 처리하고 있다.

행정개선감사 사례연구

1. 「정보시스템의 부실한 운영을 개선」한 사례[1]

1.1. 사례선정 사유 및 사건 요지

사례는 지방자치단체가 운영하는 정보시스템을 점검하여 문제점을 확인하고 그 기능과 운영을 개선하도록 통보한 사안이다.

행정개선감사에서 일반적으로 다루는 유형이므로 감사의 기본적인 접근방법을 이해할 수 있다. 그리고 합법성감사를 하는 과정에서 감사대상업무와 관련되는 정보시스템의 문제점을 확인하고 개선한 것으로 감사 실무에서 합법성감사와 행정개선감사의 관계를 이해하는 데 도움이 되는 사례이다.

---

case 3-1: 폐기물 계량시스템 운영 부적정

1. 업무 개요

□□군은 폐기물 처리 용역대가를 지급하기 위한 처리 물량 확정 등을 목적으로 차량 계량시스템을 설치하여 운영하고 있다.

2. 관계법령 및 판단기준

지방계약법에 따르면 지방자치단체의 장은 필요한 경우 단가계약을 체결할 수 있고, 대가는 계약 목적물에 대한 물량 확정 후 지급하도록 되어 있다.

---

1) 원문은 감사원 홈페이지(https://www.bai.go.kr) 감사결과 공개문(2022. 7. 7. '순천시·광양시·임실군·구례군 기관정기감사_폐기물 계량시스템 운영 부적정') 참조

한편, □□군은 위 시스템을 통해 출력되는 계량증명서를 근거로 폐기물 처리 물량을 확정하고 대가를 산정·지급하고 있으므로 시스템의 적정한 운영이 중요하다.

따라서 담당자 외에는 위 시스템에 접속하지 못하도록 입력 권한을 관리하고, 내용을 수정하는 경우 수정 사유 등을 기록·관리하는 등 시스템의 신뢰성이 확보되도록 관리할 필요성이 있다.

3. 감사결과 확인된 문제점

그런데 □□군은 위 시스템의 아이디(ID)와 비밀번호를 부서 내 공유하고 있고, 입력된 데이터를 임의로 수정할 수 있도록 하면서 수정 사유 등을 기록·관리하지 않고 있다.

이와 관련하여 시스템에 입력, 수정된 자료 등을 분석한 결과 현실적으로 측정 불가능한 데이터가 입력된 사례가 있는가 하면, 담당자가 폐기물 처리량을 매일 기록하여 결재받은 근무일지의 입력 데이터와 다른 데이터가 입력되어 있고, 시스템을 통해 차량 중량을 계량하지 않고도 계량증명서 발급이 가능하도록 운영되고 있는 등 시스템의 관리가 부실하였다. 그 결과 폐기물 처리 물량이 과다하게 산정되어 그 처리비용이 과다하게 지급될 우려가 있었다.

4. 대상기관 의견

□□군은 감사결과를 수용하면서 시스템을 개선하겠다는 의견을 제시하였다.

5. 조치할 사항

□□군수는 폐기물 차량 계량시스템의 입력 권한에 대한 관리를 철저히 하고 입력된 데이터를 수정하는 경우 수정 이력 등이 관리되도록 시스템을 개선하는 방안을 마련하시기 바랍니다. (통보)

1.2. 판단기준

행정사무개선 감사에 있어 판단기준은 경제성, 효율성, 효과성, 형평성 등으로 업무처리 방법, 기준, 절차 등이 행정목적을 경제적이고 효율적으로 달성할 수 있는지 여부가 판단기준이 된다. 사례는 정보시스템 운영의 효율성, 효과성 여부가 판단기준이 되었다.

위 정보시스템은 지방자치단체가 폐기물 처리업체와 폐기물 처리에 관한 단가계약을 체결하고 그 처리물량을 입력, 관리하기 위해 설치한 것인데 "현재의 정보시스템 기능과 운영으로 그 설치 목적을 효율적이고, 효과적으로 달성할 수 있는지?"의 관점에서 적정성 여부를 판단한 것이다.

1.3. 문제점 확인

사례는 지방자치단체에 대한 정기감사 과정에서 정보시스템의 운영과 기능상의 문제점을 확인한 것이다.

지방자치단체는 정책수립보다는 예산, 계약, 인허가 등과 관련된 집행업무가 많아 지방자치단체에 대한 정기감사는 집행업무의 적성성 여부가 주된 감사대상이 된다. 집행업무의 적정성 여부를 검토할 때는 일차적으로 법령이나 규정에 맞게 처리되었는지 여부를 검토하는 합법성 감사로 접근하고, 그 과정에서 업무처리 방법, 기준 등이 불합리한 경우 행정사무개선 감사로 처리한다.

사례의 감사과정을 유추해 보면 '폐기물 차량 계량시스템'은 설치 목적이나 적용범위가 제한적이어서 처음부터 시스템 개선에 목적을 두고 감사를 했다기보다는 단가계약에 따른 대금 지급의 적정성 여부를 점검하는 합법성감사를 하는 과정에서 시스템 운영상의 문제점이 발견되어 이를 개선하도록 행정개선감사로 처리한 것으로 보인다.

즉, 단계계약 체결된 폐기물 처리 물량의 산정과 대금 지급이 적정하게 이루어지고 있는지를 점검하기 위해 전산시스템에 입력된 자료와 대금 지급이 일치하는지 여부를 확인하는 과정에서 입력된 자료가 신뢰성 있게 입력, 관리되지 않고 있는 문제점을 파악하고 시스템 운영을 개선하는 조치를 하게 된 것으로 보인다.

이러한 사례와 같이 공공감사 과정에서는 합법성감사를 하는 과정에서 관련 행정사무의 처리방법, 기준 등이 불합리한 문제점을 확인하고 개선하도록 하는 경우가 많이 있다. 반대의 경우도 있음은 물론이다.

따라서 감사를 수행할 때는 감사대상 업무의 합법성 여부와 함께 경제성, 효과성, 형평성 등 다양한 관점(판단기준)에서 접근하는 것이 바람직하다.

1.4. 조치사항

감사결과 조치는 전산시스템 운영과 관리의 문제점을 개선하도록 통보하였다. 이와 같이 행정사무개선 감사의 결과는 대체로 '통보'(또는 개선 요구) 형식으로 처리된다.

행정사무개선 감사의 경우 그 성격상 감사결과 처리에 있어 특정인에 대한 제재 조치 등 문책성 조치를 하는 경우는 드물다. 하지만 예외적으로 불합리한 사항의 발생이 특정인에게 책임이 있거나 중요한 제도나 업무시스템을 부실하게 설계·운영하여 기관의 주요 업무수행에 차질이 발생 되는 등의 경우 개선을 위한 조치(통보 등)와 함께 개인 또는 기관에 대해 제재(징계·주의요구 등) 조치를 할 수도 있다. 개인에 대한 제재조치 여부는 문제발생 원인과 개인 책임의 인과관계, 그로 인한 결과 등을 종합적으로 검토하여 판단한다.

2. 「코로나-19 피해 소상공인 지원기준 개선」 사례

2.1. 사례선정 사유 및 사건 요지

사례는 지방자치단체가 소상공인에 대한 재난지원금 지원기준을 불합리하게 운영하는 문제를 개선하도록 통보한 사안이다. 비교적 단순한 사안이지만 제도운영에 따른 문제점을 거시적인 시각에서 검토하여 불합리한 점을 도출한 사안으로 행정개선감사의 접근방법을 이해하는 데 참고가 될 수 있다.

---

case 3-2: 코로나-19 피해 등 소상공인 지원 제도 운영 불합리[2]

1. 업무 개요

지방자치단체는 조례 등을 제정하여 코로나-19 피해 소상공인에 대한 지원제도를 운영하고 있다. 한편, 중앙행정기관은 「지방자치법」에 따라 지자체 사무에 관하여 권고·지도 등을 할 수 있다.

---

2. 판단 기준

정부 및 지자체가 코로나-19 피해 소상공인에 대해 지원하는 경우 지원에 사각이 발생하거나 중복지원 되지 않도록 소상공인의 영업장 및 거주지 등 지원요건을 합리적으로 정하여야 한다.

3. 감사결과 확인된 문제점

이와 관련하여 「ㅁㅁㅁ도 소상공인 지원 조례」제2조 등에 따르면 지원요건으로 도내에 주소를 가지거나 영업장을 둔 소상공인으로 정하고 있다.

그런데 ㅁㅁㅁ도는 위 조례와 다르게 거주지 주소와 영업장 주소를 모두 둔 경우에만 지원하기로 방침을 시달함에 따라 관내 시·군은 ㅁㅁㅁ도에 거주지 주소와 영업장 주소를 모두 둔 소상공인(11만 명)에게만 긴급생활안정자금(계 828억 원)을 지원하였다.

그런데 각 지자체가 이러한 기준을 적용하면 거주지와 영업장 주소가 같은 시·도가 아닌 소상공인은 어느 지자체로부터도 지원을 받지 못하여 소상공인 지원시책의 사각이 발생할 수 있다.

4. 조치할 사항

위 감사결과 지적내용에 대하여 ○○부가 각 지방자치단체에 소상공인 지원조례 제·개정 시 사업자등록증의 주소를 대상으로 소상공인을 정의하도록 관련 공문을 통보 조치함에 따라 시정이 완료되었으나, 향후 유사 사례 등 재발 방지를 위하여 그 내용을 통보하오니 ○○부장관은 관련 업무에 참고하시기 바랍니다. [통보(시정완료)]

2.2. 판단기준

사례의 경우 소상공인 지원시책의 효과성, 공정성 등이 판단기준이 되었다. 코로나-19사태로 인해 피해를 입은 소상공인을 지원하기 위해 시행한 시책이 그 목표를 달성할 수 있는지(시책의 효과성), 시책을 집행한 결과는 공정한지(시책의 공정성)의 관점에서 시책의 적정성 여부를 판단한 것이다.

---

2) 원문은 감사원 홈페이지(https://www.bai.go.kr) 감사보고서 공개문(2020. 11. 17. 충청남도 기관정기감사_코로나-19 피해 등 소상공인 지원 제도 운영 불합리) 참조

2.3. 문제점 확인

위 소상공인 지원시책의 집행기준에 대하여 합리적으로 추론해보면 특정한 자치단체에 영업장과 거주지 주소를 모두 두고 있지 소상공인은 어느 지방자치단체에서도 지원을 받지 못하게 될 수 있는 문제점을 어렵지 않게 확인할 수 있다.

사례와 같이 제도나 정책, 사업의 운영이 적정한지 여부를 검토할 때는 특정 지역이나 사업 단위를 넘어 국가 전체 또는 다른 지역이나 사업 등에 미치는 영향을 거시적인 관점에서 파악하여 문제점 여부를 진단하는 것이 바람직하다.

2.4. 조치사항

사례는 특정한 지방자치단체에서 발생한 문제이지만 다른 지방자치단체도 위와 같은 문제가 있을 수 있으므로 관련 중앙행정기관에 통보하여 유사사례가 발생하지 않도록 통보(시정완료)하였다. "통보(시정완료)"는 감사결과가 공식적으로 확정·시행 되기 전에 감사대상기관 등이 감사결과에 대하여 미리 문제점을 개선·시정한 경우에 하는 조치이다.

감사결과에 따른 조치는 원칙적으로 감사결과가 공식적으로 확정·시행된 내용에 따라 하여야 하지만, 감사결과의 문제점과 시정·개선의 방향이 명확하고, 신속하게 조치할 필요가 있는 등의 경우에는 감사대상기관 등이 감사결과가 확정되기 전에 먼저 문제점을 시정하는 등의 조치를 할 수 있다. 그리고 그 내용을 감사원에 통보하면 감사원은 "통보(시정완료)"로 처리하고 있다.

사례의 경우 코로나-19사태로 인해 피해를 입은 소상공인에 대한 지원이 시급한 상황을 고려하여 관련 기관에서 신속하게 개선 조치를 한 것으로 보인다.

3. 「법령상의 미비점 개선」 사례

3.1. 사례선정 사유 및 사건 요지

사례는 부정당 사업자에 대한 입찰참가자격 제한과 관련된 법령의 미비점(공정거래위원회가 요청하는 부정당사업자 제재에 대한 조치기관이 지정되지 않았거나 또는 중복)에 대해 개선하도록 한 사안이다.

공공행정에 있어 부정당사업자 제재 등 여러 법령과 기관이 관련되는 제도가 많이 있는데 그 업무처리 기준이나 방법이 일치하지 않거나 서로 연계되지 않아 업무처리에 공백이나 상충이 발생하는 경우가 있다.

공공감사는 다양한 제도나 기관을 대상으로 감사를 하므로 관련되는 제도 간에 부조화(mismatch)가 발생하는 문제를 확인할 수 있는 장점이 있다. 이번 사례는 부정당사업자에 대한 제재와 관련된 법령 간에 연계가 되지 않은 문제점을 개선하도록 한 사례로 행정개선 감사의 접근방법을 이해하는 데 좋은 참고가 된다.

---

case 3-3: 하도급법 위반사업자 입찰참가자격 제한 관련 규정 불합리[3]

1. 업무 개요

공정거래위원회는 「하도급거래 공정화에 관한 법률」을 위반한 사업자에 대하여 중앙행정기관 및 지방자치단체 등에 입찰참가자격 제한 조치를 요청하고 있다.

기획재정부 및 행정안전부는 입찰참가자격 제한의 근거가 되는 「국가를 당사자로 하는 계약에 관한 법률」 및 「지방자치단체를 당사자로 하는 계약에 관한 법률」을 각각 운용하고 있다.

2. 판단기준

국가계약법 및 지방계약법은 입찰 담합 등 하도급법 위반사업자 등을 입찰참가자격 제한 대상으로 규정하고, 국가나 자방자치단체 등이 발주한 입찰과 관련하여 해당 발주기관이 법 위반 사업자 등에 대하여 입찰참가자격을 제한할 것을 예정하고 있다.

한편, '하도급법 위반으로 공정위가 입찰참가자격 제한을 요청'하는 경우 관련 계약이 2개 이상으로 입찰참가자격 제한 여부의 결정 주체가 다수이거나, 공공발주 계약이

아닌 민간발주 계약이어서 입찰참가자격 제한 여부 등을 결정할 발주기관(국가기관 등)이 없는 경우가 있을 수 있다.

따라서 하도급법 위반사업자에 대하여 입찰참가자격 제한 조치를 하지 못하거나 중복되게 하는 일이 없도록 입찰참가자격 제한을 결정하는 주체 및 절차 등을 명확히 규정할 필요가 있다.

3. 감사결과 확인된 문제점

그런데 국가계약법 등에는 공정위가 요청하는 입찰참가자격의 제한을 결정할 주체 및 절차 등이 명확하게 규정되어 있지 않아 입찰참가자격 제한 조치가 누락되거나 중복적으로 되고 있었다.

1) 제한 주체가 없어 제재를 하지 못한 경우

공정위는 민간입찰에서 하도급법을 위반한 5개 사업자에 대하여 39개 중앙행정기관 등에 입찰참가자격 제한조치를 요청하였으나 위 중앙행정기관 등은 계약상대자가 아니어서 제한 조치가 되지 않고 있었다.

2) 다수의 기관에서 중복제재 등을 하는 경우

공정위는 ㈜△△에 대하여 각 중앙행정기관과 관련 공공기관에 입찰참가 제한 조치를 요청한 결과 2개 관련기관이 각각 제한 조치를 하여 입찰참가자격 제한 조치가 중복되게 이루어졌다.

4. 관계기관 의견

공성위, 기획재정부 및 행정안전부는 감사결과를 수용하면서 관계기관과 협의하여 입찰참가자격 제한 제도의 실효성을 확보할 수 있도록 관련 규정을 정비하겠다는 의견을 제시하였다.

5. 조치할 사항

기획재정부장관과 행정안전부장관은 공정거래위원회가 요청한 입찰참가자격 제한 대상 사업자에 대한 주체, 절차, 기간 등을 규정하는 기준을 관련 법령에 명확하게 규정하는 방안을 마련하시기 바랍니다. (통보)

---

3) 감사보고서(2019. 10. 24. 불공정거래 조사·처리실태(하도급·가맹·유통분야)_하도급법 위반사업자 입찰참가자격 제한 관련 규정 불합리) 참조

3.2. 판단기준

국가계약법 등에 따라 운영되는 부정당사업자 입찰참가자격 제한 제도는 입찰과정에서 부정당 행위를 한 사업자를 제재하기 위한 목적으로 운영되는 제도이다. 따라서 제도의 목적이 달성되기 위하여는 부정당 사업자에 대한 입찰참가자격 제한 조치가 누락되거나 중복되지 않고 적정하게 이루어지도록 제도가 설계되고 운영되어야 한다.

사례는 부정당사업자 입찰참가자격 제도의 목적이 달성되고 있는지의 관점에서 제도의 설계와 운영이 적정한지를 검토하여, 공정위가 요청하는 입찰참가제한 요청에 대한 조치기관이 국가계약법 등에 명확하게 규정되지 않아 제도의 목적을 제대로 달성하지 못하고 있는 문제점을 도출한 것이다.

3.3. 문제점 확인

사례는 부정당사업자 입찰참가자격 제한에 관한 법령(국가계약법 등과 공정거래법)들 간에 내용이 연계되지 않아 규제의 공백 또는 중복이 발생되는 문제점을 찾아내어 보완하도록 한 것이다.

이와 같은 관련 법령 간의 부조화(mismatch) 문제는 두 방향에서 접근할 수 있다. 먼저, 관련 법령의 체계와 내용을 분석·검토하여 법령 간의 내용이 불일치하거나 연계되지 않는 등의 문제를 확인할 수 있다.

한편으로, 합법성감사를 실시하는 과정에서 법령 위반사항을 먼저 확인하고, 역으로 그 원인을 분석하여 법령이나 제도의 모순점이나 미비점을 확인할 수 있다. 현실에서는 이와 같은 과정을 거쳐 행정개선사항을 도출하는 사례도 적지 않다.

사례는 공정위가 요청한 입찰참가 제한 조치가 관련기관에서 제대로 조치가 되고 있는지 점검하는 과정에서 조치가 누락되거나 중복되는 사례가 확인되어 그 원인을 분석하는 과정에서 법령상의 미비점을 확인한 것으로 보인다.

3.4. 조치사항

사례의 문제발생 원인은 국가계약법과 지방계약법에서 부정당사업자 입찰참가 제한 제도를 규정하면서 공정위가 입찰잠가제한을 요청하는 경우(관련 입찰이 2개 이상이거나 민간입찰 부정당사업자)에 대한 조치기관을 명확하게 규정하지 않아 발생한 것이다. 이에 따라 국가 및 지방계약법을 관장하는 기획재정부와 행정안전부에 각각 법령을 보완하도록 통보하였다.

4. 「부족징수된 지방세 추가 징수 및 지방세 정보시스템 개선」 사례

4.1. 사례선정 사유 및 사건 요지

사례는 합법성감사를 통해 지방세가 부족하게 징수된 것을 확인하여 지방세를 추가 징수하도록 하는 한편, 그 문제발생 원인을 분석하여 지방세 관련 정보시스템의 미비점을 확인하고 정보시스템을 개선하도록 통보한 사안으로, 합법성감사에 따른 시정 조치(부족하게 징수된 지방세 추가징수)와 행정개선감사에 따른 개선조치(정보통신망 개선)가 함께 이루어진 사례이다.

사례와 같은 행정개선사항을 도출하기 위하여는 지방세법과 과세표준에 대한 이해와 함께 지빙세정보시스템과 법원의 부동산 공매 제도에 대한 이해 등 다양한 분야에 대한 깊이 있는 이해가 필요하여 감사의 난이도가 높은 사안이다.

---

case 3-4: 공매로 취득한 부동산의 취득세 과세표준 산정 부적정(통보)[4]

1. 업무 개요

○○시 등은 공매 부동산의 취득세 신고·납부 내역을 검증하여 부족세액을 부과·징수하고 있다.

행정안전부는 「지방세기본법」에 따라 지방자치단체의 지방세 부과·징수 업무를 지원하기 위해 표준지방세정보시스템을 운영하면서 유관기관 간 지방세 과세자료를 상호 공유하거나, 관련 자료를 제출받는 등 위 정보시스템에 과세 자료를 수집·종합하고 있다.

---

2. ○○시 등의 공매 취득 부동산 취득세 과세표준 산정 부적정

가. 관계법령 및 판단기준

「지방세법」 제10조 등에 따르면 공매를 통한 부동상 취득 시 취득세 과세표준은 해당 물건을 취득하기 위한 직접비용뿐만 아니라 채무인수액 등 간접비용까지 포함하도록 되어 있다. 한편, 「주택임대차보호법」, 「민법」 등에 따르면 대항력 있는 임차보증금과 유치권 관련 채권금액은 채무인수액에 해당하여 취득세 과세표준에 포함하여야 한다.

나. 감사결과 확인된 문제점

그런데 ○○시 등은 공매 낙찰자가 인수하는 임차보증금 등을 과세표준에 포함하였는지 확인하는 등 취득세 과세표준의 적정성을 검증하지 않고 있었다. 이에 따라 공매를 통한 부동산 취득세 신고 372건에 대해 취득세 신고서 및 법원의 매각물건명세서 등을 분석하여 임차보증금 등이 취득세 과세표준에 포함되어 있는지를 확인하였다.

그 결과 낙찰자가 인수하는 임차보증금과 유치권 해소비용 등 간접비용이 취득세 과세표준(18억 원)에 포함되지 않아 취득세 등이 부족징수(5.5천만 원)된 것으로 추정된다.

3. 취득세 과세표준 누락방지를 위한 지방세정보시스템 개선 필요

가. 관계법령 및 판단기준

「지방세기본법」에 따르면 행정안전부 장관은 지방세 정보통신망을 설치하여 지방세 부과·징수 등에 필요한 정보를 제공하여야 하고, 지방세 업무의 효율성을 높이기 위하여 지방세정보시스템과 다른 정보시스템과의 연계방안을 마련할 수 있도록 되어 있다.

따라서 행정안전부는 지방세정보시스템과 유관 정보시스템을 연계하는 등으로 취득세 과세표준에 포함되는 간접비용 확인에 필요한 자료를 지자체가 확인할 수 있도록 하는 것이 바람직하다.

나. 감사결과 확인된 문제점

그런데 위 '2-나'와 같은 지방세 과세표준 누락 원인을 확인한 결과, 대항력 있는 임차보증금 등은 법원의 매각물건명세서 등을 통해 확인할 수 있는데, 지방세정보시스템에는 이러한 전산자료가 제공되고 있지 않아 지자체는 위와 같은 사실을 확인하기 어려운 실정으로 나타났다.

4. 대상기관 의견

○○시와 △△시는 간접비용을 과세표준에 포함하여 부족세액을 징수하겠다고 답변하였다. 그리고 ㅁㅁㅁㅁ부는 지방세정보시스템에 관련 자료를 제공할 수 있도록 유관기관 협의 및 법적근거 마련 등을 추진하겠다는 의견을 제시하였다.

4.2. 판단기준

　사례는 합법성감사와 행정개선감사가 함께 이루어진 감사이다.

　합법성감사에 있어서는 지방세(취득세) 과세표준 산정과 관련된 지방세법과 민법 등의 규정을 종합적으로 검토하여 판단기준("대항력 있는 임차보증금과 유치권 관련 채권금액은 채무인수액에 해당하여 취득세 과세표준에 포함하여야 함")을 도출하였다. 이러한 기준에 따라 공매로 취득한 부동산의 취득세가 지방세법 등에 규정된 기준에 따라 적정하게 부과·징수되었는지 여부를 판단한 것이다.

　행정개선감사에 있어서는 지방세정보시스템 운영의 효과성 및 효율성이 판단기준이 되었다. 시스템의 설치 목적인 "지방세 과세표준 산정에 필요한 자료가 적정하게 수집되고, 이용자에게 제공되고 있는지 여부"를 기준으로 시스템을 분석하여 과세표준 산정에 필요한 자료가 누락된 문제점을 확인하고 개선사항을 도출한 것이다.

4.3. 문제점 확인

　사례는 지방자치단체에 대한 정기감사를 하면서 지방세(취득세)가 부족하게 징수된 사실을 확인하여 부족 징수된 지방세를 추가 징수하도록 하는 한편, 이러한 문제를 개선하기 위해 지방세정보시스템의 미비점과 보완방안을 분석하여 개선방안을 도출하는 방법으로 감사가 이루어졌다.

---

4) 감사보고서(2022. 7. 7. 순천시·광양시·임실군·구례군 기관정기감사_공매로 취득한 부동산의 취득세 과세표준 산정 부적정) 참조

위 사례와 같은 감사를 하기 위하여는 다양한 능력이 요구된다.

지방세법 규정과 판례 등 법령해석에 관한 전문적인 지식(공매로 취득한 부동산의 취득세 과세표준은 취득에 필요한 직접비용뿐 아니라 임차보증금 등 간접비용도 포함된다는 세법 관련 지식)과 지방세 관리·운영시스템에 관한 이해(지방세정보시스템을 통해 지방세 징수에 필요한 자료가 수집되고, 지자체에 자료가 제공되는 체계에 대한 이해), 전문적인 감사능력(법원의 매각물권명세자료를 통해 공매 취득 부동산의 간접비용을 파악하는 대사자료의 확보 능력) 등이 결합되어 위와 같은 감사결과가 도출된 것이다.

(지방세 부족징수) 지방세(취득세) 징수에 관하여는, ① 취득세 과세표준에 포함되는 금액항목 가운에 지자체가 파악하기 어려운 항목(사례의 경우 공매 부동산의 임차보증금 등)을 추출하고, ② 이러한 항목에 관한 자료(법원의 공매 '매각물건명세서'에 기재된 임차보증금액 등)를 수집하여, ③ 지자체가 취득세(공매로 취득한 부동산) 과세표준 산정시 위 항목을 반영하였는지를 점검하여 지방세가 부족하게 징수된 사실을 확인할 수 있다.

Ref.3 대사자료 확인에 관한 보충 설명

사례의 경우 "공매부동산의 임차보증금 등 간접비용은 지방세 업무 담당자들이 파악하기 어려워 취득세 과세표준 산정에 반영되지 않았을 것"이라는 가설(假說)에서 감사가 출발 된다. 이러한 가설의 진위여부와 취득세 부과의 적정성 여부를 확인하기 위해서는 "취득세 과세표준 신고 자료"와 "공매 부동산의 임차보증금" 등에 관한 자료가 있어야 한다. 과세표준 신고 내용은 지방세정보시스템에 입력되어 있어 감사대상기관에 자료 제출을 요구하여 쉽게 확보할 수 있다.

하지만 공매 부동산의 임차보증금 등 자료는 지방세 전산망에 입력되어 있지 않은 자료이므로 이러한 자료를 어디서, 어떻게 확보할 수 있는지가 관건이다.

각각의 공매 부동산 취득세 신고 건별로 임차보증금 등 간접비용 유무와 과세표준 신고 여부 등을 검토할 수는 있지만 확인이 쉽지 않고, 방대한 양의 감사대상을 점검하기는 사실상 불가능하다. 사례의 경우 법원의 공매 부동산의 '매각물건명세서' 자료를 통해 임차보증금 등을 확인할 수 있다는 것을 파악하고, 해당 자료를 법원으로부터 제출받아, 과세표준 신고 내용과 비교하여 취득세 부족 징수 사실을 확인한 것으로 보인다.

(정보시스템 개선) 지방세(취득세) 과세표준의 적정한 산정을 위하여는 공매 부동산의 임차보증금 등 자료가 필요하지만 지방자치단체는 자체적으로 수집하기가 어렵다는 사실에 기초하여 지방세 정보시스템을 통해 관련 자료를 제공하도록 개선방향을 도출한 것이다.

4.4. 조치사항

(지방세 부족징수에 대한 조치) 부족하게 징수된 것으로 추산되는 지방세에 대하여는 관할 지방자치단체에 추가 징수하는 방안을 마련하도록 통보하였다.

지방세 관련법령에 따르면 지방세가 부족하게 징수된 경우 추가 징수할 수 있는 근거가 있으므로 부족하게 징수된 사실과 금액이 명확한 경우 시정요구할 수도 있지만 사례의 경우 취득세 부과·징수 금액을 확정하기 위해서는 관할 지방자치단체의 추가 확인작업이 필요하여 시정요구 대신 통보한 것이다.

(지방세 부족징수 관련자에 대한 책임을 묻지 않은 사유) 사례의 업무담당자는 지방세를 법령에 위반되게 부족하게 징수하여 그에 대한 책임을 검토할 수 있으나 과세표준 신고내용의 적정성 여부를 검토할 수 있는 임차보증금 등 자료를 파악하기가 어려운 점을 고려하여 문책성 조치는 하지 않은 것으로 보인다.

(지방세정보시스템의 개선 조치) 지방세정보시스템을 관장하는 행정안전부에 대하여 공매 부동산의 임차보증금 등 자료를 수집하여 지자체에 제공하는 등 개선방안을 마련하도록 통보하였다.

제 5 절

성과감사 사례연구

성과감사 사례연구에서는 감사원이 실시한 성과감사 사례(2건)에 대하여 ① "전체적인 감사접근방법"을 어떻게 설계하였는지, ② "사업의 분야별로 구체적인 접근방법"은 어떻게 설계하였는지를 살펴본다.[1]

성과감사는 정책이나 사업을 종합적으로 분석하여 문제점을 도출하고 개선대안을 제시하는 감사이므로 개별 분야 또는 사안에 대한 접근방법을 이해하는 것도 필요하지만 감사의 전체적인 접근방법을 살펴보는 것도 중요하기 때문이다.[2]

1. 「건강보험 재정관리 실태」 성과감사[3]

1.1. 사례선정 사유 및 감사 개요

사례는 감사원이 2022년에 감사를 실시한 「건강보험 재정관리 실태」 성과감사의 감사결과 중 일부이다. 건강보험제도를 감사대상으로 하여 건강보험의 재정 안정성을 높이고. 재정지출과 수입관리의 효율을 기하기 위하여 실시한 감사이다.

---

1) 성과감사 사례는 감사원의 성과감사보고서 내용 중 일부를 발췌, 요약하였다. 200쪽이 넘는 감사보고서 (원문)를 축약하고 정부가 운영하는 사업의 구체적인 내용을 다루고 있어 내용이 다소 어려울 수 있다. 감사대상 사업의 내용보다 감사접근방법을 이해하는 데 중점을 두기를 권장한다.
2) 합법성감사, 행정개선감사 등은 개별 업무처리 또는 제도나 행정운영의 특정한 부분을 대상으로 감사가 이루어지기 때문에 개별 사건 단위로 감사접근방법을 살펴본 것이다
3) 감사보고서 공개문(2022. 7. 28. 건강보험 재정관리 실태 성과감사) 참조

감사를 체계적으로 실시하기 위해 감사 준비과정에서 전문가 자문과 전문기관 세미나, 설문조사, 감사전문교육 등을 실시하는 한편, 빅데이터를 활용하여 관련 분야의 실태와 문제점을 분석하는 등 성과감사를 실시하는 과정과 방법을 전형적으로 보여주는 사례이다.

성과감사를 실시하는 과정과 접근방법(감사 준비, 감사중점 분야 및 감사초점 설정, 분석방법 설계 등)을 종합적으로 이해하는 데 도움이 된다.

---

case 4-1: 건강보험 재정관리 실태(성과감사) 개요

1. 감사목적: 건강보험 재정관리체계 및 지출·수입관리시스템의 재정누수 요인을 종합적으로 점검하여 건강보험 재정의 지속가능한 운용을 지원

2. 감사 범위 및 대상: 보건복지부의 건강보험 수입·지출 관리제도 운영, 건강보험심사평가원의 요양급여 심사업무, 건강보험공단의 보험료 부과업무 등

3. 감사중점 분야: ① 재정관리체계 분야, ② 지출관리 분야, ③ 수입관리 분야

4. 감사결과(총괄): 제도개선 권고 등 총 34건의 감사결과 시행

5. 분야별 감사결과(개요)

   재정관리체계 분야: 건강보험 통제구조: 의사결정기구인 건정심의 안건 상정기준이 미흡하고 외부통제 부재로 의사결정의 책임성이 저하되어 건정심 운영을 개선하고 외부 통제 강화 방안 필요

   건강보험 재정추계 및 전망: 건보재정 전망이 과소·과다추계되었고, 재정추계·전망 방법을 공개하지 않아 검증이 어려워 재정전망을 철저히 하고 공개범위를 확대할 필요

   지출관리 분야: 요양급여 심사·현지조사: 인정횟수 등에 대한 심사 방안을 마련하지 않아 기준 위반 의심사례 1,431억 원에 대해 심사없이 급여 지급, 기준과 달리 현지조사를 지연하는 등 심사·현지조사 개선 필요 등

   수입관리 분야: 보험료 부과 형평성: 전년도 사업소득이 있어도 현재 사업중단 상태이면 법적근거 없이 보험료를 감면하는 등 연 1.7조 원의 보험료를 불합리하게 미부과하여 부과 체계 개편 필요 등

아래에서 감사 실시에 관한 "총괄적인 설계"와 "재정관리체계 분야"의 감사접근방법을 살펴본다.

1.2. 총괄 감사접근방법 설계

1.2.1. 감사대상사업 및 쟁점 파악

사례의 경우 감사를 준비하는 과정에서 아래와 같이 전문기관 세미나 개최, 설문조사, 감사전문교육 등을 실시하여 감사대상사업에 대한 기본적인 내용과 분야별 쟁점을 파악하였다. 그리고 이를 토대로 감사중점 분야를 선정하고 감사접근방법을 설계하는 등 감사를 체계적으로 실시하기 위한 제반 준비를 하였다.

Ref.4 감사 준비 및 실시 과정

① 감사 준비: 분야별 감사중점을 바탕으로 건강보험 재정관리와 관련한 기존의 감사결과, 언론 보도 및 국회 논의사항, 각종 연구보고서 등을 수집하여 분석

② 빅데이터 분석: 국민건강보험공단, 건강보험심사평가원, 금융감독원 등 관련 기관에서 관리하는 빅데이터를 활용하여 건강보험법령에 규정된 요양급여 기준과 요양기관에서 진료비를 청구한 자료 및 지급 내역을 대사하여 급여기준과 달리 진료비를 청구한 내역을 추출하는 등 관련 실태 및 문제점을 분석

③ 전문연구기관 세미나 개최 및 감사전문교육 실시

- 세미나: 한국조세재정연구원 및 한국보건사회연구원, 대한의사협회 전문가와 건강보험 재정건전성 관련 세미나를 개최

- 감사전문교육: 요양급여 심사 체계, 요양급여 기준 결정 과정 등 건강보험심사평가원의 주요 업무와 관련한 교육 실시

④ 전문가 설문조사

- 설문대상: 한국재정학회, 한국보건경제정책학회 회원 계 100명

- 조사목적: 건강보험 재정 관련 문제점을 진단하고 개선방향 모색

- 설문내용: 건강보험 재정 현황, 건강보험 의사결정구조의 적정성, 요양급여 지불제도 개선방안, 건강보험 전망방법의 적정 공개 범위 등

1.2.2. 감사중점 분야 선정

분야 선정은 건강보험 기금이 적자구조로 전환되고 2020년대 중반에 고갈될 전망으로 있어 건강보험의 재정관리 체계와 지출 및 수입 관리를 개선하여 재정 안정화에 기여하고자 '건강보험재정 관리체계', '지출 관리', '수입 관리' 등 3개 분야를 감사중점 분야로 선정하였다.

감사보고서에 따르면 감사중점 분야를 선정한 구체적인 사유는 아래와 같다.

Ref.5 감사중점분야 선정 사유

저출산·고령화 및 건강보험 보장성 확대에 따라 건강보험 요양급여 이용량이 증가하여 건강보험 재정지출은 급증하고 있는 반면, 생산가능인구의 감소에 따라 수입은 감소할 것으로 예측되고 있어 건강보험 재정 고갈이 심화될 것으로 분석

따라서 건강보험 재정지출 및 수입관리 시스템이 이러한 환경변화에 대응할 수 있도록 설계되어 있는지 진단하고, 문제점을 개선하기 위하여 3개 분야를 감사중점으로 선정

① 건강보험 재정지출 및 수입 시스템의 구조를 결정하는 과정이 합리적인지 점검하기 위해 '재정관리체계 분야' 선정

② 심사 등 지출통제제도가 급여이용량을 제대로 통제하고 있는지 등 지출관리제도의 실효성을 점검할 필요성이 있어 '지출관리 분야' 선정

③ 합형평싱 측면에서 보험료 등 주요 건강보험 수입의 누락은 없는지 점검하기 위해 '수입관리 분야' 선정

건강보험 감사중점 및 감사분야

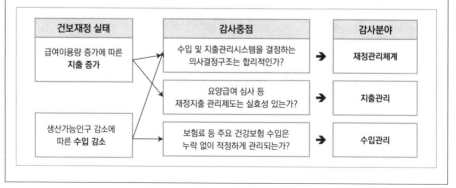

1.2.3. 분야별 분석·점검대상(감사초점) 선정

위와 같이 감사 중점을 선정한 후 분야별로 분석·점검하여야 할 주요 쟁점사항을 아래와 같이 선정하였다.

「재정관리 체계 분야」는 국회 등에서 지속적으로 문제를 제기하고 있는 건강보험 재정에 대한 외부통제와 주요 의사결정기구인 건정심(건강보험정책심의위원회) 운영, 건강보험 재정추계의 적정성 등을 분석대상으로 선정하였다.

「지출관리 분야」는 2020년 기준 전체 건강보험 지출의 97.3%인 요양급여비의 지출 규모를 관리하는 요양급여 심사와 급여항목 확대에 대한 지출관리 등을 분석대상으로 선정하였다.

「수입관리 분야」는 전체 건강보험 수입의 85.1%를 차지하는 건강보험료의 부과체계 및 체납·징수 관리를 분석대상으로 선정하였다.

이와 같이 성과감사는 감사 분야를 정하고 나면, 분야별로 감사의 중점과 점검항목 구체화하고, 분석방법을 설계해 나간다.

표 4-2_ 분야별 주요 감사중점 및 감사초점

재정관리체계 분야	건강보험재정 의사결정구조의 합리성	• 보험재정 의사결정에 대한 외부통제 기능이 적절한지? • 보험재정 심의·의결기구인 건정심 운영은 적정한지? • 보험재정 전망은 검증 가능하고 정확하게 작성되는지?
지출관리 분야	지출관리제도의 실효성	• 과잉·부정청구 예방을 위한 심사 및 현지조사 시스템이 실효성 있게 구축·운영되는지? • 급여항목 확대에 따른 지출 관리방안이 적절한지?
수입관리 분야	재정수입 관리의 적정성	• 보험료는 형평성 측면에서 가입자의 부담능력에 따라 누락 없이 부과되고 있는지?

1.2.4. 분석 방법 설계

감사중점 분야와 분석·점검 대상(감사초점)을 정한 후에 각 감사초점별로 문제점을 진단하고 개선방안을 도출하기 위해 각각의 감사초점의 특성에 맞게 분석방법을 설계하였다.

「재정관리체계의 분야」는 국민연금제도 등 '유사 제도의 재정관리체계와 비교'하거나 '전문가 설문조사', '재정추계모형 재검증' 등의 방법을 설계하였다.

「지출관리 분야」는 제도개선방안 도출을 위해 '해외의 요양급여지불제도 사례'를 참조하고, '전문가 설문조사' 등을 실시하는 한편, 지출관리의 적정성 여부를 검증하기 위해 '빅데이터 분석'[4]을 통해 요양급여 지급실태를 분석하였다.

「수입관리 분야」는 지역가입자의 보험료가 불합리하게 감액, 면제된 사례를 분석하여 제도개선방안을 도출하는 방안을 설계하였다.

1.3. 「재정관리체계 분야」 감사접근방법

1.3.1. 감사대상사업 파악

위 감사분야의 초점은 건강보험 재정관리체계[건강보험정책심의위원회(건정심) 운영, 건강보험 재정추계 등] 운영의 적정성 여부를 분석하는 데 있다.

따라서 이를 검토하기 위해 필요한 관련 법령과 제도, 보험재정 심의·의결기구인 건정심의 운영실태, 재정추계모델의 구성과 운영 내용, 유사 제도 또는 외국의 사례, 연구논문 등 각종 문헌, 국회의 논의사항 등 자료를 수집하여 재정관리체계의 문제점과 개선방향에 관한 개괄적인 내용을 파악하였다.

그리고 한국보건경제정책학회 등 전문연구기관을 대상으로 세미나를 개최하고, 설문조사를 하는 등 전문가의 의견을 수렴하여 감사방향과 초점을 설정하였다.

이에 따라 재정관리체계 분야는 ① 건강보험 의사결정에 대한 외부통제 기능이 적정한지, ② 의사결정기구인 건정심이 제대로 작동하는지, ③ 보험재정 전망이 적정하게 이루어지고 검증 가능한지 등을 감사초점으로 정하였다.

---

4) 지출관리의 적정성 여부를 분석하기 위해 건강보험심사평가원: "MRI 및 초음파 등 진료비 청구자료 및 심사자료"(2018년부터 2021년 3월까지, 159만 건), "전산심사 메시지 발생자료"(2020년 4,460만 건), 국민건강보험공단: "본인부담상한제 환급대상 자료"(2019년부터 2020년까지 317만 명), "사업중단 등을 신고한 사업자 자료"(128만여 명) 등

1.3.2. 감사판단기준

의사결정구조에 대한 판단기준은 ① "보험재정 의사결정에 대한 외부통제 기능이 적절한지"(의사결정 과정에서 국민과 가입자 의사의 적정한 반영 여부), ② "보험재정 심의·의결기구인 건정심 운영은 적정한지"(법령상 건정심의 심의대상인 안건의 실제 건정심 상정 여부) 등으로 설정하였다.

이와 같은 판단기준 설정은 건강보험은 준조세적 성격의 보험료와 적자보전 성격의 정부지원금을 주된 재원으로 하여 사업을 추진하고 있음에도 불구하고 다른 사회보험성 기금과는 달리 복지부와 건정심이 외부 통제 없이 재정을 관리하는 구조로 운영되고 있는 점을 반영한 것이다.

그리고, 보험재정 추계 및 전망에 대한 판단기준은 ③ "보험재정 전망이 적정하게 이루어지고 검증 가능한지"(재정추계가 기준에 따라 이루어지는지 및 공개 범위가 충분한지 여부)로 설정하였다. 이는 공공기관은 국민이 알아야 할 필요가 있는 정보를 국민에게 공개하도록 적극적으로 노력하여야 하는 점(「공공기관의 정보공개에 관한 법률」 제7조 제2항), 건강보험의 중장기 재정전망 모형의 정확성과 객관성의 확보를 위하여 내·외부의 검증 과정이 필요한 점 등을 고려한 것이다.

1.3.3. 문제점 확인

1.3.3.1. 분석 방법

감사대상업무 파악을 통해 감사를 중점적으로 실시할 감사초점(분석항목)을 정하고, 각 초점별로 제도나 운영이 적정한지 여부를 분석, 조사하기 위한 방법을 <표 4-3>과 같이 설계하였다.

재정관리체계의 의사결정 구조의 적정성 여부를 검토하기 위해 "국민연금 등 다른 사회보험의 재정관리체계와 비교"하는 한편, 보험재정에 영향을 미치는 사항이 건정심 안건으로 상정되고 있는지 "실태를 조사"하였다. 그리고 재정 추계 및 전망의 적정성 여부를 검토하기 위해 "재정전망모형과 추계방법을 재검증"한 후 "재정전망 결과를 재추계"하였고, 재정전망 공개범위의 적정성 분석을 위해 "국민연금 제도의 사례와 비교"하였다.

표 4-3_ 감사초점에 대한 분석·점검 방법 설계(재정관리체계 분야)

감사초점 1: 건강보험 의사결정에 대한 외부통제 기능이 적정한지?
• 국민연금 등 다른 사회보험의 재정관리체계와 비교, 건강보험 및 재정분야 전문가(한국
  재정학회·한국보건경제정책학회) 대상 설문조사 실시 등

감사초점 2: 의사결정기구인 건정심이 제대로 작동하는지?
• 복지부 부령(「국민건강보험 요양급여의 기준에 관한 규칙」), 고시 개정안 및 건정심 안건
  자료를 기초로 보험재정에 영향을 미치는 사항이 건정심 안건으로 상정되었는지 분석

감사초점 3: 보험재정 전망이 적정하게 이루어지고 검증 가능한지?
• 재정전망모형 및 추계방법을 재검증한 후 재정전망 결과 재추계
• 재정전망 공개범위의 적정성 분석을 위해 국민연금 사례와 비교하고 한국재정학회 및
  한국보건경제정책학회 전문가 대상 설문조사 실시

1.3.3.2. 분석 결과

위와 같은 방법으로 건강보험의 재정관리체계를 분석하여 아래와 같은 주요 문제점과 개선방향 등을 도출하였다.

2020년 기준 건강보험 수입의 12.5%가 정부지원금이고 준조세적인 성격을 가지며 국민의 대부분이 건강보험 가입자인데도 건강보험 재정 의사결정이 복지부와 복지부 소속인 건정심 위주로 이루어지고, 국회와 국민의 의견이 반영될 수 있는 외부 통제장치가 없다는 문제점이 확인되었다. 이에 따라 건강보험재정 의사결정에 대한 외부통제를 강화할 필요성이 있었다.

그리고, 의사결정기구인 건정심의 경우 복지부가 건정심 안건 상정 기준을 마련하지 않아 건강보험 재정에 영향을 미치는 의사결정 사안인데도 안건으로 상정되지 않는 사례가 확인되어 이를 개선할 필요가 있었다.

한편, 건강보험료율 등 주요 건강보험 정책 결정의 기초자료가 되는 건강보험 재정전망이 잘못 추계되어 누적수지가 과다 평가되고 있는데도 전망방법 등이 공개되지 않아 검증이 불가능하다는 문제가 확인되어 재정전망의 정확성을 높이기 위해 전망방법 등에 대한 공개를 확대할 필요가 있었다.

1.3.4. 조치사항

위와 같은 문제점과 개선방향에 대한 분석결과를 토대로 보건복지부장관에게 건강보험 재정관리에 대한 외부통제 강화 방안과 건강보험정책심의위원회 심의 안건 기준 마련, 건강보험 중장기 재정전망의 결과와 방법 등의 공개 범위를 확대 하는 방안을 마련하도록 각각 통보하였다.

그리고 국민건강보험공단 이사장에 대하여는 앞으로 건강보험 관련 전망모형 에 정책·제도의 변화가 건강보험 재정에 미치는 영향을 재정전망에 잘못 반영하 거나 누락하는 일이 없도록 관련 업무를 철저히 하도록 주의요구하였다.

2. 「재정융자사업 예산편성 및 관리실태」 성과감사[5]

2.1. 사례선정 사유 및 감사 개요

사례는 감사원이 2016년에 실시한 「재정융자사업 예산편성 및 관리실태」성과 감사의 감사결과 중 일부이다.

정부가 정책 목적 달성을 위해 시행하는 각종 재정융자사업(12개 정부 부처, 126 개 사업, 예산 조 원)을 대상으로 '융자사업 총괄관리체계의 적정성', '재원배분의 효 율성', '개별 융자사업 운영의 적정성' 등 3개 분야로 나누어 감사를 실시하였다.

유사한 사업을 다수의 기관에서 시행하는 경우 각각의 사업을 전체적으로 총괄· 조정하는 기능이 적정하게 작동하지 않으면 정부기관 간에 같은 업무를 다른 기 준으로 처리하거나, 각 기관의 관점에서 예산을 편성·집행하는 과정에서 국가 전 체적으로 재원배분의 효율성이 떨어지는 일이 발생할 수 있다.

이러한 문제를 방지하기 위하여는 국가 전체의 관점에서 사업을 운영하는 합리 적인 기준을 정하는 한편, 재원배분이 효율적으로 배분되고 있는지를 평가하여 우선순위를 고려하여 재원 배분을 개선·조정할 필요가 있다.

---

5) 감사보고서(2016. 8. 31. 재정융자사업 예산편성 및 관리실태 성과감사) 참조

이러한 일은 개별 정부기관이 하기는 어려운 일이며, 정부 전체를 감사대상으로 하는 감사원이나 정부의 재정과 예산을 총괄하는 기획재정부 등이 수행하는 것이 적합한 일이다. 실제로 위 감사는 감사원이 기획재정부의 협조하에 실시하였다.

사례는 "다수의 기관이 수행하는 사업"을 대상으로 하고, "국가 전체의 관점에서 재원배분의 효율성을 분석"한 사안으로, 이와 유사한 감사를 할 때 감사접근방법을 설계하는 데 참고하기 좋은 사례이다.

---

case 4-2: 「재정융자사업 예산편성 및 관리실태」(성과감사) 개요

1. 감사목적: 재정융자사업 전반에 대한 종합적인 분석을 실시하고, 이를 통해 확인되는 문제점을 개선하여 재정융자사업 운영의 효율성 및 성과 제고

2. 감사대상: 기획재정부 등 12개 부처가 관리하는 126개 재정융자사업

3. 감사중점 분야: ① 사업 관리체계, ② 재원배분의 효율성 ③ 사업 운영의 적정성 분야

4. 감사결과(총괄): 분야별로 제도개선 사항을 권고하는 등 총 22건의 감사결과 시행

5. 분야별 주요 감사결과 및 조치사항

융자사업 관리체계 분야: 각 재정융자사업의 융자조건 결정 기준이나 융자금 집행에 대한 관리, 융자금 지원 효과의 적정성 등을 검증할 수 있는 평가 등이 적정하게 이루어지는지 등을 점검 ⇒ 감사결과, 정부의 재정융자사업 전반에 대한 체계적이고 일관된 관리체계나 집행 기준이 없어 융자금 지원 정책의 일관성을 저해하고 재정낭비 등 초래

기획재정부장관에게 재정융자사업이 일관성 있고 효율적으로 운영될 수 있게 사업에 관한 총괄관리체계를 마련하도록 권고

재원배분의 효율성 분야: 재정융자사업에 대해 정책적 우선순위, 경제적 지원 필요성 등을 기준으로 국가적인 관점에서 재원배분의 효율성을 분석·평가 ⇒ 분석 결과, 우선순위와 경제적 지원 필요성이 낮은 사업에 과도한 재원이 지원되는 등 문제점 확인

기획재정부에 감사결과를 향후 사업운영방향 수립 및 예산편성에 활용하도록 통보

세부 융자사업 운영의 적정성 분야: 불합리하게 운영하고 있는 문제점 등 확인, 교육부 등 관련 기관에 문제점에 대한 개선방안을 마련하도록 통보

2.2. 총괄 감사접근방법 설계

2.2.1. 감사 중점분야 선정

성과감사를 할 때는 감사대상 사업의 특성과 감사를 준비하는 과정에서 수집된 각종 자료와 예상 문제점을 분석하여 감사를 중점적으로 실시할 분야를 정한다.

감사를 실시하는 사업의 특성과 분야에 따라 감사의 중점과 접근방법 등이 다를 수 있으므로 감사중점 분야별로 그에 적합한 감사접근방법을 설계하기 위함이다.

사례는 감사대상 사업의 특성과 감사준비 과정에서 수집된 예상 문제점을 반영하여 감사중점 방향을 ① "재정융자사업 총괄관리체계의 적정성", ② "재원배분의 효율성", ③ "개별 사업운영의 적정성" 등 세 분야로 정하였다.

사례의 감사대상은 12개 정부부처가 운영하는 126개의 재정융자사업[6] 사업이다. 다수의 사업을 개별 기관 단위로 운영하는 사업은 사업에 대한 종합적인 관리가 쉽지 않아 집행기준 등에 일관성이 없는 경우가 있다.

그리고 여러 기관이 각자의 기준에 따라 소관 융자사업을 운영하다 보면 국가적인 관점에서 재원배분의 효율성이 떨어지거나 사업집행 과정에서 부적정한 업무처리가 발생하기도 한다.[7]

이러한 문제를 감사를 통해 개선하기 위하여는 "각종 재정융자사업에 대한 총괄적인 관리가 제대로 이루어지고 있는지", "융자사업의 재원은 국가적인 관점에서 효율적으로 배분되고 있는지", "개별 융자사업은 적정하게 집행되고 있는지" 등을 분석·점검할 필요가 있기 때문에 위와 같이 감사중점 분야가 설정된 것이다.

감사를 중점적으로 실시할 분야를 정하면 분야별로 점검, 분석할 구체적인 항목을 정하고 방법을 설계한다.

---

6) 재정융자사업은 1954년 「대충자금(對充資金)특별회계법」 시행에 따라 미국 등의 원조자금을 재원으로 기간산업 육성, 생활필수품 등 소비재공업을 진흥하기 위하여 시작되었다. 그리고 "경제개발 5개년 계획 수립" 등 경제개발이 본격적으로 추진됨에 따라 1960년대부터는 사회 인프라 구축 및 국가 기반산업 육성 등 경제성장에 필요한 자금을 공급하기 위한 수단으로 활용되었다. 이처럼 재정융자사업은 과거 시중자금 및 국가재정 여력이 미약했던 시기에 특정산업의 육성 및 발전을 위한 효과적인 지원 사업이었다.

7) 감사보고서에 따르면 감사를 준비하는 과정에서 수집한 자료를 통해 위와 같은 문제가 상당 부분 확인되었다.

2.2.2. 분야별 분석·점검항목(감사초점) 설정

감사 분야별로 아래와 같이 감사초점과 분석·점검을 실시할 항목(감사초점)을 구체적으로 정하였다. 항목별로 감사대상 사업이 적정하게 운영되고 있는지를 점검·분석하여 사업의 문제점을 진단하고 개선방향을 도출하는 것이다.

표 4-4_ 감사 분야별 분석 및 점검 항목(감사 초점)

사업관리체계 분야	• 사업목적·대상·방식별로 금리·수수료 등이 합리적으로 설정되어 있는지? • 부정 수급, 목적 외 사용 등 도덕적 해이 방지 방안이 마련되어 있는지? • 사업의 적정성을 정기적으로 평가할 수 있는 체계가 마련되어 있는지?
재원배분의 효율성 분야	• 사업환경 변화 등을 고려하여 사업타당성을 재검토하고 있는지? • 사업타당성에 맞게 재원이 배분(예산 편성)되고 있는지? • 유사·중복사업을 추진하고 있지는 않은지?
사업 운영의 적정성 분야	• 사업 취급기관에서 대규모 예산이 사장되고 있지는 않은지? • 융자실행 요건을 불합리하게 정하여 사업취지를 저해하고 있지는 않은지? • 사업목적과 달리 융자금을 수령하여 집행하고 있는 사례는 없는지?

2.2.3. 분석 방법 설계

감사를 중점적으로 실시할 분야, 분석·점검 항목 등을 정하고 나면 각 분야와 항목의 특성에 맞게 분석하거나 점검하는 방법을 설계한다. 각 분야와 분석·점검 항목별로 사업의 문제점을 진단하고 개선대안을 도출하기 위한 방법을 적정하게 설계하여야 감사를 효율적으로 실시할 수 있다.

위 감사는 전문가 자문 등을 거쳐 각 분야별로 '평가지표 개발을 통한 사업평가', '설문조사', '구체적인 집행실태 점검' 등의 분석·점검 방법을 설계하였다.

표 4-5_ 감사 분야별 분석 및 점검 방법

사업관리체계 분야	• 126개 융자사업을 대상으로 한국조세재정연구원을 통해 재정보조율을 산출하여 세부 융자사업별 재정보조 효과를 산출 • 각 융자사업의 융자금 집행실태를 점검하고, 소관부처의 사업담당자 100명에게 융자사업 평가제도의 만족도 및 개선방향 등 설문조사 실시
재원배분의 효율성 분야	• 전문가 자문, 소관부처 자체평가 및 기획재정부 평가를 통해 사업의 "경제적 지원 필요성"과 "정책적 시급성" 기준으로 각 사업의 타당성 평가 • 평가 방법: 연구기관·학계 전문가 자문을 실시하고, 그 결과를 반영하여 "사업타당성 평가표"를 마련, '경제적 지원 필요성'과 '정책적 시급성' 평가항목 기준으로 평가요소·지표 구성, 총 13개 평가지표를 정함 • 평가 과정: 소관부처 자체평가와 기획재정부 평가 등 2단계 평가를 실시 하고, 평가 결과 "경제적 지원 필요성" 평가항목과 "정책적 시급성" 평가 항목의 평가결과가 낮은 사업 위주로 심층 점검 실시
사업 운영의 적정성 분야	• 주요 재정융자사업을 대상으로 사업집행의 구체적인 실태와 내용을 확인

자료: 감사보고서의 분야별 분석·점검 방법을 취합, 정리

2.3. 「재원배분의 효율성 분야」 접근방법

"재원배분의 효율성 분야"는 8개 정부 부처가 운영하는 92개 재정융자사업(중소기업 지원·산업, 사회·복지, 농림·수산 분야 등, 소관 중앙부처 8개, 2016년 사업비 예산액: 계 23.9조 원)에 투입되는 재원이 국가적인 우선순위에 따라 효율적으로 배분되고 있는지를 분석하여 개선방향을 도출하기 위한 목적으로 감사를 실시하였다.

2.3.1. 감사대상사업 파악

위 분야는 각 정부 부처가 운영하는 재정융자사업에 대해 재원배분의 효율성 관점에서 사업의 타당성을 평가하는 것이 주된 목적이다.

따라서 사업을 파악할 때는 각 융자사업의 목적과 대상, 투입되는 예산 규모, 사업의 수요 실적(사업 집행율, 목표 대비 실적, 융자 신청 대비 지원율 등) 및 성과 등 사업 타당성 평가에 필요한 내용을 위주로 파악하고 그에 관한 자료를 수집한다.

2.3.2. 감사판단기준

재원배분의 효율성 분야의 판단기준은 "재정융자사업 예산이 사업 수요와 정책적 시급성 등을 고려하여 국가적인 우선순위에 따라 심의·편성하고 있는지" 여부이다.

정부가 운영하는 재정융자사업은 정책적 우선순위와 사업 수요를 고려하여 예산을 편성하는 것이 바람직하고, 정부의 예산편성지침에 따르면 세부 융자사업의 예산편성 요구액은 최근 3년간의 집행실적과 향후 집행가능성을 종합적으로 검토하여 산정하되, 수요 부진 등으로 집행실적이 연례적으로 저조한 사업은 해당 사업을 폐지하거나 예산 요구액을 감액하도록 되어 있는 점을 고려하여 감사판단 기준을 설정한 것이다.

2.3.3. 문제점 확인

재원배분의 효율성 분야의 경우 재정융자사업 예산이 사업 수요와 정책적 우선순위 등에 따라 편성되고 있는지를 분석하기 위해 92개 융자사업에 대해 타당성 분석을 실시하였다.

정부가 공익목적으로 운영하는 사업은 수익성을 중요시하는 민간사업에 비해 사업 타당성을 객관적으로 평가하기가 쉽지 않다. 사업 타당성에 대한 평가 및 감사결과의 객관성을 확보하기 위하여는 누구가 동의할 수 있는 평가지표와 평가방법을 설계하는 것이 중요하다.

2.3.3.1. 사업타당성 평가 기준 및 방법

각 융자사업의 사업 타당성을 평가하기 위하여 전문연구기관 및 학계 전문가에게 자문하여 평가지표와 기준을 마련하고, 소관부처 자체평가와 기획재정부 평가 등 2단계 평가를 실시하였다.

사업타당성 평가에 있어 정책적 우선순위를 평가하는 부분은 가치판단이 개입될 수 밖에 없어 객관적인 평가결과를 도출하는 것이 관건인데 위와 같이 전문가 자문을 통해 평가기준을 마련하고, 자체평가 등 2단계 평가를 실시하는 방법으로 감사결과의 객관성을 확보한 것이다. 구체적인 평가 기준과 방법은 아래와 같다.

표 4-6_ 사업타당성 평가를 위한 평가기준

평가 항목	평가요소	평가지표
경제적 지원 필요성	해당 세부 융자사업에 대한 수요가 충분한지?	• 소관 세부 융자사업의 최근 3년간 실집행(당초 예산액 대비 융자금)이 충분한지? (1개 지표)
	금융시장보다 해당 세부 융자사업을 통해 자금을 조달하는 것이 유리한지?	• 소관 세부 융자사업과 동일한 목적으로 개설한 시중은행 금융상품이 있는지? 등 (총 4개 지표)
	시중은행 등에서 소관 세부 융자사업의 융자 지원대상자를 상대로 금융상품을 개설할 유인이 있는지?	• 세부 융자사업의 연체율은 시중은행 대출상품의 연체율 대비 높은 편인지? 등 (총 3개 지표)
정책적 시급성	다른 세부 융자사업에 비해 해당 세부 융자사업을 정부가 시급히 수행할 필요성이 있는지?	• 소관 세부 융자사업을 추진할 법적 근거가 명확한지? • 소관 세부 융자사업은 최근 4년간 예산 감액없이 추진되고 있는지? 등 (총 5개 지표)

▶ (평가대상) 산업통상자원부, 중소기업청, 고용노동부, 농림축산식품부, 해양수산부, 국토교통부, 기획재정부, 문화체육관광부(8개 부처) 소관의 92개 세부 융자사업

▶ (평가방법) 소관부처 및 기획재정부와 협의하여 "경제적 지원 필요성" 평가항목의 8개 평가지표와 "정책적 시급성" 평가항목의 5개 평가지표에 각각 7점 척도를 부여하고, 각 질문항목에 응답하는 방식으로 소관부처 자체평가 및 기획재정부 평가 실시

2.3.3.2. 사업타당성 평가 결과

위와 같은 방법으로 각 융자사업의 타당성을 평가한 결과, 소관부처 자체평가는 <그림 4-1>과 같이 총 92개 융자사업 중 A영역(경제적 지원 필요성과 정책적 시급성이 평균 이상)에 31개 사업(19.3조 원), B영역(경제적 지원 필요성은 평균 이상, 정책적 시급성이 평균 이하)에 22개 사업(2.0조 원), C영역(경제적 지원 필요성은 평균 이하, 정책적 시급성은 평균 이상)에 16개 사업(1.7조 원), D영역(경제적 지원 필요성과 정책적 시급성이 평균 이하)에 23개 사업(0.8조 원)으로 평가되었다.

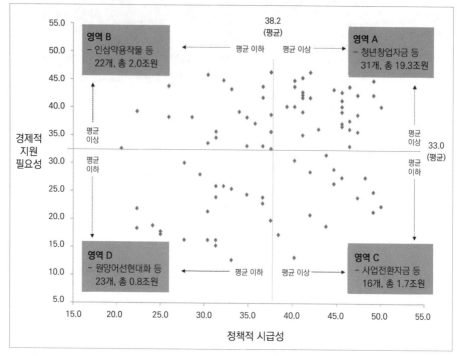

그림 4-1_ 4개 영역별 소관부처 자체 평가결과^{수)}

주: 기획재정부 평가결과, 92개 사업 중 74개의 평가영역 일치(18개 사업은 주로 정책적 시급성 차이)
(1) A영역: 경제적 지원 필요성과 정책적 시급성이 평균 이상인 사업
(2) B영역: 경제적 지원 필요성은 평균 이상이나, 정책적 시급성이 평균 이하인 시업
(3) C영역: 경제적 지원 필요성은 평균 이하이나, 정책적 시급성은 평균 이상인 사업
(4) D영역: 경제적 지원 필요성 및 정책적 시급성이 평균 이하인 사업

2.3.3.3. 감사결론(재정융자사업 운영 개선방향) 도출

위와 같은 각 융자사업의 타당성에 대한 평가결과를 토대로 "경제적 지원 필요성" 평가항목이 낮게 평가된 12개 융자사업(C·D영역)은 매년 대규모 불용액이 발생하는 등 예산 배분의 비효율이 나타나는 것으로 분석하고, "경제적 지원 필요성" 및 "정책적 시급성"이 낮은 분야의 예산을 감액하여, "경제적 지원 필요성" 등이 높은 분야에 예산을 배분하는 등 <표 4-7>과 같이 재정융자사업 운영을 개선할 필요가 있다는 감사결론을 도출하였다.

표 4-7_ 사업타당성 분석결과 예산 조정 등 필요한 사업 유형(단위: 억 원)

영역	문제유형	융자사업 수	사업비	개선 방향
A영역	수요에 비하여 자금 공급 부족	일반경영안정 자금 등 8개	32,350	• 사산 증액편성 등 자금공급 확대
B영역	전대 방식과 이차 보전 방식을 병행	공공분양주택 사업 등 2개	1,697	• 전대방식을 이차보전방식으로 전환 검토
C영역	수요에 비하여 과다한 자금 공급	가공식품수출 지원 등 2개	4,613	• 수요에 맞게 예산 감액 편성 • 이차보전 방식 전환 등 검토
D영역	수요부진 및 사업효과 불분명	원양어선 현대화 등 10개	4,183	• 예산 감액편성 , 사업 타당성 재검토

2.3.4. 문제발생 원인 분석

사례는 "경제적 지원 필요성" 평가항목이 낮게 평가된 C·D영역에 속한 12개 융자사업에 대하여 융자사업 예산이 과다하게 편성·집행되고 있는 문제를 개선하기 위해 각 융자사업의 사업수요 및 효과 등을 검토하여 문제발생 원인을 분석하였다.

분석 결과, 불합리하게 사업수요를 예측하여 융자사업 예산을 과다하게 편성하거나 제반 사업여건의 변경 등으로 당초 계획한 사업목표를 달성할 수 없는데도 해당 사업 규모를 조정하지 않고 관행적으로 집행하는 등이 원인으로 확인되었다.

2.3.5. 조치 방향

위와 같은 평가결과와 감사결론 등을 토대로 재정융자사업 재원이 보다 효율적으로 배분될 수 있도록 재정부장관에게 재정융자사업에 대한 예산편성 시 경제적 지원 필요성과 정책적 시급성 등을 종합적으로 고려하여 구조조정 방안을 마련하도록 통보하였다.

그리고, 재원이 과도하게 배분되고 있는 융자사업을 관장하는 소관 기관에 대하여는 각 사업별로 타당성을 재검토하고, 예산을 감액 편성하는 등 개선방안을 마련하도록 통보하였다.

참고문헌

해외문헌

Arter, D. R.(2003), Quality Audits for improved performance, ASA Quality Press

Birskyte, L.(2013), "The effect of tax audit: Does the deterrent deter?" *Journal of economics, Business, and ICT*, Vol 8, No 2.

Bovens, M., Schillemans, T., Goodin, R. E.(2014), "Public Accountability', in Bovens, M., Schillemans, T., Goodin, R. E., (eds), Public Accountability, Oxford University Press.

Congressional Research Service(2008), "GAO: Government Accountability Office and General Accounting Office", *CRS report for congress*

Crerar, L.(2007), Crerar Review: the report of the independent review of regulation, audit, inspection and complaints handling of public services in Scotland, Scottish government

Department for International Trade(2014), Characteristics of Different External Audit Systems

European Court of Auditors(2019), Public audit in the European Union, eca.europa.eu

Fayyad et al(1996), "From Data Mining to Knowledge Discovery in Database", *AI Magazine*, Vol.17, No.3, Fall 1996

Flint, D.(1988), Philosophy and principles of auditing:An introduction, The Macmillan Press

Funnell, W.(1994), "Independence and state auditor in Britain; A constitutional keystone or a case of reified imagery?", *A Journal of Accounting, Finance, Business Studies*, Vol 30, Issue 2

Geist, B.(1991), "State Audit: An Introduction", In B.Geist, ed, State Audit: Developments in public accountability, London: Macmillan

GIAA(2022), Annual report and accounts 2021-22

Government Accountability Office(2007), "Enhancing performance, accountability and foresight", *GAO−07−165CG*

Government Accountability Office(2018), "Government Auditing Standards", *GAO− 21−368G*

Guy, D. M., Alderman, C. W., Winters, A. J.(1990), Auditing, Harcourt Brace Jovanovich College Publishers, Orlando−Florida.

Hay, D., Cordery, C.(2017), "The value of public sector audit: literature and history", *Journal of accounting review*, 40. Nov

Howlett and Mukherjee(2017), "Policy Design: from tools to patches", *Canadian Public Administration*, Vol. 60, Issue 1

Institute of Internal Auditors(2012), The role of auditing in public sector governance, IIA

Institute of Internal Auditors(2017), International Professional Practices Framework (IPPF), IIA

INTOSAI GOV 9140, Internal audit independence in the public sector, INTOSAI

INTOSAI GOV 9150, Coordination and Cooperation between SAIs and Internal auditors in the public sector, INTOSAI

INTOSAI GUID 5270, Guideline for the audit of corruption prevention, INTOSAI

INTOSAI IDI(2021). Performance Audit: ISSAI Implementation Handbook(version1)

INTOSAI−P 1, The Lima Declaration, INTOSAI

INTOSAI−P 10, Mexico Declaration on SAI Independence, INTOSAI

INTOSAI−P 12, The Value and Benefits of SAIs−making a difference to the lives of citizens, INTOSAI

INTOSAI−P 20, Principle of Transparency and Accountability, INTOSAI

ISSAI 100, Fundamental Principles of Public−sector auditing, INTOSAI

ISSAI 130, Code of Ethics, INTOSAI

ISSAI 140, Quality Control for SAIs, INTOSAI

ISSAI 150, Auditor Competence, INTOSAI

ISSAI 200, Financial audit principles, INTOSAI

ISSAI 300, Performance audit principles, INTOSAI

ISSAI 400, Compliance audit principles, INTOSAI

Keister, O. R.(1963), "Commercial Record—Keeping in Ancient Mesopotamia", *The Accounting Review*(April)

Kligaard, R.(1998), "International cooperation against corruption", Finance & Development, Vol. 35, No. 1

Leavitt, Harold J., Whisler, Thomas L. (1958). "Management in the 1980s". *Harvard Business Review*, Vol. 35, No. 6

Mehmer, A. A.(2015), "Theoretical framework of the public audit", *Review of Arts and Humanities*, Vol. 4, No. 2

Moore, M.(2013), Recognizing Public Value, Harvard University Press.

Murara, L. K.(2012). "The end of ex—ante audits? Belgium takes a leap towards Westminster", *IMF PFM Blog*, Oct 31

Normanton, E., L.(1966), The Accountability and audit of governments: A comparative study, Manchester University Press

OECD(2016), Supreme Audit Institutions and Good Governance, OECD

OECD·SIGMA(2016), Methodological Framework for the Principles of Public Administration, OECD

Pierre and Licht(2017), "How do Supreme audit institutions manage their autonomy and impact? A comparative analysis", *Journal of european public policy* 26. No. 2

Power, M.(1999), The Audit Explosion, London:Demos

Sabet, D. M(2020), "Auditing as a tool of government accountability? Exploring divergent causal mechanisms through three Honduran cases", *Public Admin. Dev.*

Santiso, C.(2007), "Eyes wide shut?", *CIPPEC*

Sharkansky, I.,(1988), "Israel's auditor as a policy—maker", *Public Administration*

Stone, W. E.(1969), "Antecedents of the Accounting Profession", *The Accounting Review*(April)

UK HM Treasury(2016), Audit and Risk Assurance Committee Handbook, www.gov.uk/government

UK HM treasury, Cabinet Office(2017), Corporate Governance in Central Government departments: code and good practice, www.gov.uk/government

UK National Audit Office(2001), Modern Policy–Making; ensuring policies deliver
　　　value for money
UK National Audit Office(2005), State Audit in the European Union
UK National Audit Office(2022), NAO annual report and accounts 2021–2022
UN(2013), Citizen engagement practices by Supreme Audit Institutions
Woolf, A. H.(1912), A Short History of Accountants and Accountancy, Gee & Co. Ltd
Zhibin Chen et al(2017), "The Evolution and Reforms of government accounting in
　　　China", Zhijun Lin (eds), *The Rouledge Handbook of Accounting in Asia*,
　　　Rouledge

국내문헌

감사연구원(2013), 「감사리스크 관리 노하우」

감사연구원(2017), 「OECD 국가 감사제도 개황」

감사연구원(2020), 「OECD 국가 감사원의 국회감사요구제도 현황」

감사원(2000), 「1999년도 감사연보」

감사원(2001), 「행정개혁 지원을 위한 최고감사기구의 역할」, 감사원

감사원(2005), 「2004년도 감사연보」

감사원(2006), 「2005년도 감사연보」

감사원(2010), 「2009년도 감사연보」

감사원(2014), 「공공감사에 관한 법률의 이해」

감사원(2015), 「자료수집 가이드라인」

감사원(2016), 「감사혁신 종합백서」

감사원(2017a), 「감사절차법」

감사원(2017b), 「국가감사제도에 대한 이해」

감사원(2018a), 「감사원법 바로알기」

감사원(2018b), 「자체감사 통합 매뉴얼」

감사원(2018c), 「감사원 70년사」

감사원(2018d), 「감사활동개선 종합대책」

감사원(2019), 「감사원 혁신·발전 백서」

감사원(2020a), 「2019년도 감사연보」

감사원(2020b), 「변상판정 해설」

감사원(2021a), 「2020년도 감사연보」

감사원(2021b), 「사전컨설팅 및 적극행정 사례집」

감사원(2022a), 「2021년도 감사연보」

감사원(2022b), 「2022년 자체감사활동 심사결과 보고」

감사원(2022c), 「2021 회계연도 결산검사보고서」

감사원(2023), 「2023 자체감사활동 심사 편람」

감사원 보도자료(2022. 09. 21). "고위공직자범죄수사처와 공직비리 근절을 위한 실무 협약 체결", www.bai.go.kr

권영성(2005), 「헌법학 원론」, 개정판, 법문사

고재학(2010), "공공행정에 대한 행정학적 정의", 「한국정책연구」, 제10권 제3호

국민건강보험 감사실(2022), "스마트감사시스템", 경북대학교 행정대학원 감사행정전공 공공감사 발표자료

국회 법제사법위원회(2010), 「공공감사에 관한 법률안 심사보고서」, 2010. 2

개인정보보호위원회(2020), 「개인정보보호 법령 및 지침·고시 해설」

기획재정부(2022), 「2021년도 공기업·준정부기관 상임감사, 감사위원 직무수행실적 평가보고서」

기획재정부·조세재정연구원(2022), 「2022 공공기관 현황편람」

김대호(2016), 「4차 산업혁명」, 커뮤니케이션즈북스

김명수 외(2007), 「자체감사론」, 대영문화사

김명수·박준(1995), 「공공감사론」, 대명출판사

김유환(2019), "합법성 감사와 합목적성 감사의 공법적 연구", 「공법연구」, 제47집, 제4호

김종훈·김종진(2013), 「컴퓨터개론」, 한빛아카데미

김찬수(2014), "역사적 접근을 통해 바라본 감사의 의미와 발전과제", 「감사」 124호, 감사원

김찬수(2016), "예산거버넌스 확립을 위한 감사원의 역할 연구", 「한국정책학회보」, 제25권 제1호

김찬수(2022), "공공감사의 개념과 본질", 「공공감사의 이해」, 감사원 감사연구원

김철수(2010), 「헌법개설」, 박영사

문신용(1997), 「전자정부 구현을 위한 행정정보서비스의 발전방안」, 한국행정연구원

문호승(2002), "감사원의 역할에 관한 연구", 「감사논집」 제7호

문호승(2010), "최고감사기구 의미 역할 및 유형", 「세계의 감사원」, 조명문화사

문호승(2017). "자체감사의 독립성과 전문성", 제8차 KIPA-KAPA 정부혁신 Forum, 한국행정연구원

문호승(2018), "감사원의 독립성에 대한 감사정책의 변화", 문호승 외「감사정책의 역사적 변동과 전망」, 서울대학교출판문화원

박광국·박진·손창동·임보영(2006), 「대한민국 시스템 up」, 중앙 M&B

박수영 외(2009), 「현대사회와 행정」, 대영문화사

백욱인(2013), 「디지털 데이터, 정보, 지식」, 커뮤니케이션북스

박재완(1997), "공공감사의 사회적 효익과 비용", 「한국정책학회보」, 제6권 제2호, 한국정책학회

방동희(2010). "행정통제와 권리구제의 조화적 실현수단으로서의 감사원 심사청구제도의 발전방안에 관한 연구", 「公法研究」 第39輯 第1號

방동희(2010), "재정헌법기관으로서의 감사원의 지위와 재정권능의 실효성 제고방안에 관한 연구", 「법제연구」 제38호

백상기·김정욱(1990), 「감사제도론」, 교보문고

법제처(2010), 「헌법주석서 Ⅲ」

서울대학교 산학협력단(2017). 「주요 정책 및 사업에 대한 감사수행방안 연구」. 감사연구원 용역보고서

설민수(2017), "머신러닝 인공지능과 인간전문직의 협업의 의미와 법적 쟁점: 의사의 의료과실 책임을 사례로", 「저스티스」 제163호

성낙인(2011), 「헌법학」, 법문사

성용락(2013a), 「공공감사제도의 새로운 이해 Ⅰ:공공감사의 이론과 실무」, 석탑출판

성용락(2013b), 「공공감사제도의 새로운 이해 Ⅱ:공공실무 해설 및 사례연구」, 석탑출판

손승태(2007), 「감사이론과 실무」, 박문각

신민철(2011), "공공감사기준 개편 방향에 대한 소고: 해외 주요 공공감사기준들과의 비교를 중심으로", 「한국행정논집」, 제23권 제4호

신민철(2014), "부패척결을 위한 최고감사기구의 역할: 한국 감사원의 기능적 특성을 중심으로", 「한국미래행정학보」, 제3권 제1호

신민철·박성문(2021), "공공부문 자체감사기구 평가제도를 통한 역량진단에 관한 연구: 서울시 투자·출연기관을 중심으로", 「한국부패학회보」, 제26권 제1호, 한국부패학회

신용보증기금 감사실(2022), "감사대상선별시스템 개선", 경북대학교 행정대학원 감사행정전공 공공감사 발표자료

심광호(2022), "공공정책과 공공감사", 「공공감사의 이해」, 감사원 감사연구원

양건(2013), 「헌법강의」, 제4판, 법문사

양지숙(2022), "자체감사기구", 「공공감사의 이해」, 감사원 감사연구원

오영민 외(2014), 「신공공관리론의 평가와 정책적 시사점」, 조세재정연구원

윤석준·김성연(2020), 「2017－2018년도 자체감사기구 운영현황」, 감사원 감사연구원

이병철(2015), 「내부통제」, 신평

이석원·신재은(2021), "새로운 정책 감사의 개념 정립 및 그 필요성에 관한 논거", 「국가정책연구」 제35권 4호.

이용택·오창석(2016), "선진적인 감사계획 설계기법의 이해와 활용", 계간 감사(2016.2)

이재규·권순범·임규건(2005), 「경영정보시스템원론(제2판)」, 법영사

이정호(역)(1985), 회계사상사, Chatfield, M(1977), A History of Accounting Thought, 경문사

염차배·진상기(2011), 「지방정부감사론」, 법문사

장영수(2022), '반복되는 감사원 문제, 근본적 해결은?', 펜앤드마이크

전훈(2022), "공공감사의 변화과정과 발전과제", 「공공감사의 이해」, 감사원 감사연구원

정문식(2020), "헌법상 적법절차 원칙", 「외법논집」 제44권 제3호

정용찬(2013), 「빅데이터」, 커뮤니케이션북스

정정길 외(2003), 「정책학 원론」, 대명출판사

조소영·허진성·윤수정(2018), 「감사원과 국회·정부·국회의 관계정립방안 연구」, 감사원 감사연구원 연구용역 보고서

조형석(2017), 「지방자치단체 합의제 감사기구 설치 및 운영개선을 위한 이슈분석」, 감사원 감사연구원

차경엽(2022), 「머신러닝 기법의 감사적용방안 연구」, 감사원 감사연구원

최승필·임현·서승환(2017), "감사원 독립성의 규범적 의미와 기능에 대한 연구", 「공법연구」 vol 45, no 4

최재해(2018), 「감사원 역할의 변화 추이에 관한 연구 : 1949~2016년 감사결과 분석을 중심으로」, 성균관대학교 국정전문대학원 행정학과 박사학위 논문

최진욱(2022), "부패방지와 공공감사", 「공공감사의 이해」, 감사원 감사연구원

한국부동산원 감사실(2022), "4차산업혁명시대 AI를 활용한 감사기법", 경북대학교 행정대학원 감사행정전공 공공감사 발표자료

한국전력공사 감사실(2022), "비대면 화상감사", 경북대학교 행정대학원 감사행정전공 공공감사 발표자료

한국전력공사 감사실(2023), 「한전FMS(주) 및 한전CSC(주) 종합감사 보고서」, www.alio.go.kr

한부영·박재희(2019), 「국가와 지방자치단체간 사무배분 원칙과 기준 재정립방안 연구」, 지방행정연구원

한수웅(2013), 「헌법학」3판, 법문사

한전KPS 감사실(2022), "랜선 Audit 비대면 감사', 경북대학교 행정대학원 감사행정전공 공공감사 발표자료

행정안전부·한국지능정보사회진흥원(2022), 「2022년도 범정부EA기반 공공부문 정보자원 현황 통계보고서」

허수정·윤일기(2021), 「AI 기반 정보시스템 감사이슈 및 방법 조사연구」, 감사원 감사연구원

황의관(2021), "Bosher vs. Synar 판결을 통해서 본 미국연방감사원(GAO)의 법적위상 문제와 법제적 시사점에 관한 연구", 「감사논집」 제37호

홍정화·장영란(2013), 「회계제도 및 사상사」, 두남

홍종현(2016), 「미국 연방감찰관의 법제와 현안: 정보접근권을 중심으로」, 감사원 감사연구원

찾아보기

저자약력

손창동

영남대학교와 서울대학교 행정대학원, Michigan State Univ. 정치행정대학원에서 행정학을 전공(MPA)하였다.

1991년 제35회 행정고시에 합격하여 1993년부터 2022년까지 감사원에서 대변인, 특별조사국장, 산업·금융감사국장, 재정·경제감사국장과 감사교육원장, 기획조정실장, 제2사무차장을 거쳐 감사위원(정무직 차관급)으로 재직하였다.

감사원에 재직하는 동안 '대우조선해양 분식회계', '정부의 담뱃세 인상 부실 추진', '공공기관장 경영 비리', '금융공공기관 경영개선' 등 주요 감사를 지휘하는 한편, 「감사혁신추진단장」과 「국가감사제도연구 TF」의 단장 등을 역임하면서 「공공감사에 관한 법률」 제정을 실무적으로 총괄하고, 「적극행정면책제도」와 「감사권익보호관제도」, 「공직비리 근절 유관기관 협력체계」 등 주요 감사제도를 직접 입안하고 설계하였다.

현재는 경북대학교 행정대학원에서 공공감사 제도와 실무를 강의하고 있고, 저서로는 "대한민국 시스템 up"(공저, 2006)이 있다.

김찬수

서울대학교 경제학과를 졸업하였으며, 동 대학원에서 경제학 석사와 경제학 박사학위를 취득하였다.

2006년부터 감사원 감사연구원에 근무하고 있으며, 연구3팀장, 연구1팀장을 거쳐 현재 경제감사연구팀장으로 재직 중이다.

감사연구원에 재직하면서 공공감사 이론과 제도, 재정경제분야 감사방법론과 관련된 연구를 주로 수행하였고, 2022년에는 공공감사 제도를 다룬 「공공감사의 이해(공저, 감사연구원)」 발간을 총괄하였다. 2018년에는 「국가감사제도연구 TF」에 참여하여 국가감사제도 개편과 관련된 연구를 진행하였다.

주요 저서 및 논문으로는 「공기업 재무건전성 및 재정위험 연구(감사연구원, 2012)」, 「위험기반 감사전략 수립방법론 연구(공저, 감사연구원, 2013)」, "예산거버넌스 확립을 위한 감사원의 역할 연구(한국정책학회보, 2016)" 등이 있다.

공공감사론

초판발행	2023년 7월 20일
지은이	손창동 · 김찬수
펴낸이	안종만 · 안상준
편 집	양수정
기획/마케팅	조성호
표지디자인	Ben Story
제 작	고철민 · 조영환
펴낸곳	(주) **박영사**
	서울특별시 금천구 가산디지털2로 53, 210호(가산동, 한라시그마밸리)
	등록 1959. 3. 11. 제300-1959-1호(倫)
전 화	02)733-6771
f a x	02)736-4818
e-mail	pys@pybook.co.kr
homepage	www.pybook.co.kr
ISBN	979-11-303-1787-8 93350

* 파본은 구입하신 곳에서 교환해 드립니다. 본서의 무단복제행위를 금합니다.

정 가   46,000원